suhrkamp taschenbuch
wissenschaft 2317

Max Weber gilt heute vielen als der bedeutendste Kultur- und Sozialwissenschaftler überhaupt, das Genie mit eigener Briefmarke ist weltweit in aller Munde. Warum? Was macht seine Größe aus? Wie hat er es in seiner Disziplin auf ein Niveau gebracht, das mit dem Goethes in der Literatur und Kants in der Philosophie vergleichbar ist? Zu Webers 100. Todestag begibt sich Hans-Peter Müller auf die Spurensuche nach der Botschaft des herausragenden Soziologen und stellt fest: Seine Genealogie der Moderne lässt uns begreifen, wie wir wurden, was wir sind – warum die von Weber beschriebenen Probleme des Kapitalismus, der Demokratie und des Individualismus also auch heute noch die unsrigen sind. Mit anderen Worten: Wer Weber liest, wird sein Leben in der Moderne besser verstehen.

Hans-Peter Müller

Max Weber

Eine Spurensuche

Suhrkamp

2. Auflage 2024

Erste Auflage 2020
suhrkamp taschenbuch wissenschaft 2317
Originalausgabe

Umschlag nach Entwürfen
von Willy Fleckhaus und Rolf Staudt
Druck und Bindung: BoD, Norderstedt
Printed in Germany
ISBN 978-3-518-29917-3

www.suhrkamp.de

Inhalt

Vorwort 7
Einführung 11

1. Max Weber in seiner Zeit 22
2. Die mühsame Suche nach einer Methode: Grundzüge einer soziologischen Wissenschaftslehre 40
3. Der Geist des Kapitalismus: Die »Protestantismus-These« 67
4. Besichtigungstermin in der Moderne: Max Weber in Amerika 91
5. Religion und Kapitalismus im globalen Maßstab 106
6. Wirtschaft und Gesellschaft 147
7. Politik und Gesellschaft: Herrschaft und Bürokratie als Schicksal, Nation und Demokratie als Chance? 182
8. Klasse, Stand und »Rasse«: Spielarten sozialer Ungleichheit 238
9. Die dunkle Seite der Moderne: Krieg, Sozialismus, Zusammenbruch und Revolution 284
10. Das Weber-Paradigma 308
11. Wirtschaft und Geschichte: Die Genealogie des Kapitalismus 353
12. Die Dämonen: Wissenschaft und Politik als Beruf 380

Schlussbetrachtung: Max Weber und wir 419

Literaturverzeichnis 435
Namenregister 476

Vorwort

Wozu denn noch ein Buch über Max Weber? Wer die ausufernde Sekundärliteratur zu Werk und Person konsultiert – sie füllt mittlerweile ganze Bibliotheken –, den beschleicht sogleich das Gefühl, zu Weber sei bereits alles gesagt. Das stimmt auch. Denn viel, in manchen Augen allzu viel, ist über Weber geschrieben worden. Was in der unerschöpflichen Rezeption und kleinteiligen Interpretation dabei leicht verloren zu gehen droht, ist die Botschaft Max Webers, die Eigenartigkeit und Einzigartigkeit seines Werks. Was wollte uns der mittlerweile zum Klassiker erhobene Autor mit diesem riesenhaften Torso, diesem Werkungetüm eigentlich sagen?

Eine Antwort darauf fällt erklärtermaßen schwer, hat sich Weber doch mit einer schier überbordenden Vielfalt von Themen und Problemen auseinandergesetzt, die einen roten Faden durchaus vermissen lassen. Denn was könnte wohl der kleinste gemeinsame Nenner sein von Themen wie der römischen Agrargeschichte nebst der Eigenart antiker Feldmesstechniken, dem Schicksal von ostelbischen Landarbeitern, dem Geschehen an der Börse und dem Schicksal von Industriearbeitern, der Fideikommissfrage und der Psychophysik der Arbeit, dem Einfluss des asketischen Protestantismus auf eine methodisch rationale Lebensführung und Studien zur Wirtschaftsethik der Weltreligionen, den Aussichten auf eine politische Revolution in Russland, der Eigenart okzidentaler Musik, einer Typologie von Herrschaftsformen oder der Säkularisierung und Entzauberung der Welt sowie dem Schicksal Deutschlands in der Weltpolitik? Themen über Themen, Probleme über Probleme, Fragen über Fragen.

Das vorliegende Buch begibt sich deshalb nochmals auf eine Spurensuche, um in der Fülle der Themenvielfalt Webers zentrale Überlegungen und Einsichten herauszuarbeiten. Angesichts der komplexen Sachlage bietet es sich an, diese Spurensuche über die verschiedenen Argumentationsstränge hinweg zu verfolgen. Freilich, eine kohärente Interpretation als geschlossenes Ganzes wird nicht das Ergebnis sein. Sicher, Einheit ist zwar das Ziel, Vielfalt indes die Werkwirklichkeit. Selbst wenn eine Präsentation von Einheitlichkeit gelänge, wäre sie womöglich falsch; zu fragmentarisch und zerrissen präsentiert sich Webers Werk. Das macht auch die fulminante *Max Weber-Gesamtausgabe* mit ihren 47 Bänden, die kurz vor der Vollendung steht, nochmals mit Nachdruck deutlich. Stil und Form seines Werkes sind einer leichtfüßig-flüssigen Darstellungsweise ebenfalls nicht gerade zugänglich. Weber lässt sich nicht erzählen – er ist narrativ widerborstig. Das Leben, wissenschaftliches Arbeiten und Leiden, Forschen und Erkennen, das Denken und Schreiben ergeben keine schöne Erzählung. Wenn doch, dann ist es häufig genug eine Interpretation des Biographen, denn flotte Erzählungen lassen sich besser verkaufen, als mühselige und mühsam zu lesende Werkrekonstruktionen. Je tiefer und komplexer der Denker, desto flacher und verständlicher muss er gemacht werden. Das könnte man »narrative Anschlussfähigkeit« nennen.

Was ist nun seine Botschaft, um das Geheimnis gleich am Anfang ein wenig zu lüften? Auf seine Weise versucht sich Weber an einer Genealogie der Moderne, ohne dass er eigens und explizit so etwas wie ein klar geschnittenes Forschungsprogramm auflegen würde. Weber hat keine Gesellschaftstheorie vorgelegt, sondern bestenfalls eine Gesellschaftsgeschichte. Er hat kein System entwickelt, sondern allenfalls eine Systematik, darin seinem Kollegen und Freund Georg Simmel vergleichbar. Gerade diese Unabgeschlossenheit und Fragmentarität sind es eben, die immer wieder zur Rezeption und Interpretation des Werks reizen.

Diese Spurensuche soll kein Buch für Max-Weber-Spezialisten sein. Die Experten der Weber-Interpretationsindustrie werden wohl gelangweilt registrieren, dass hier »nichts Neues unter der Weber-Sonne« dargeboten wird, keine sensationelle Entdeckung einer neuen Quelle, keine bahnbrechend originelle Deutung, kein ganz »neuer Weber«. Das Buch richtet sich an eine Leserschaft, die einen Zugang zu dem übermächtigen Klassiker finden will. Webers »Größe« flößt Respekt ein, ja macht Angst, so dass manche vor einer eigenständigen Auseinandersetzung am Ende zurückscheuen mögen. Max Weber ins 21. Jahrhundert zu holen, heißt, seine Lektionen jeder Generation aufs Neue zur Verfügung zu stellen. Am 14. Juni 2020 begehen wir seinen 100. Todestag, dies mag als Hinweis dafür gelten, dass uns Weber immer ferner rückt. Es gilt, ihn uns wieder näher heranzuholen.

Dieses Buch macht aus der Not eine Tugend. Mit dem Anspruch eines verständlichen Stils versucht es zugleich, keinerlei Abstriche an der Komplexität und Verquertheit des Werkes zu machen. Was dabei an narrativer Geschlossenheit vielleicht verloren gehen mag, hofft es zu kompensieren, indem es wieder neugierig auf Werk und Autor selbst macht. Gerade wenn am Ende nicht alles restlos verständlich wird, könnte es die Leserschaft durchaus reizen, sich selbst ein Bild zu verschaffen. So viel sei eingangs versprochen: Max Weber eröffnet das wohl größte Lektüreabenteuer für jene, die die Moderne verstehen wollen. Auch wenn wir heute in der Spätmoderne leben mögen – mit dem Kollaps am Horizont kann es nicht schaden, nochmal den rumorenden Vulkan zu inspizieren, auf dem wir alle nervös sitzen.

Mein Dank gilt Freunden, Kollegen und Studierenden, die in den letzten Jahren mit mir das Leseabenteuer Weber immer wieder gewagt haben und nicht verzagt sind. Michael Makropoulos und Ingrid Gilcher-Holtey haben einzelne Partien des Buches in hilfreicher Weise kritisch kommentiert. Henri Band und Laurin Schwarz waren eine große Hilfe bei der zügigen Fertigstellung und Endredaktion des Bandes. Eva Gilmer, Philipp Hölzing und Jan-Erik Strasser teilten mit mir den Enthusiasmus, Max Weber auch im 21. Jahrhundert als lebendigen Klassiker zu lesen. Wie gewohnt, war die Zusammenarbeit mit ihnen vorzüglich, wofür ich mich sehr bedanke.

Hans-Peter Müller, im November 2019

Einführung

Als Max Weber am 14. Juni 1920 unerwartet stirbt, sind die Zeitgenossen zutiefst bestürzt. Wie ein Blick auf die zahlreichen Nachrufe[1] offenbart, wird vor allem der eindrucksvollen Persönlichkeit, dem patriotischen Deutschen und dem großen Intellektuellen nachgetrauert. Über sein Werk fällt kaum ein Wort. Sicher, man kannte die Diskussion um die »Protestantische Ethik«. Wirtschafts- und sozialpolitisch informierte Kreise im Kaiserreich hatten seine Enqueten zu den Land- und Industriearbeitern verfolgt. Ökonomisch interessierte Kreise waren mit seinen Schriften über die Börse vertraut. Dass Max Weber jedoch ein Werk verfasst hatte, das ihn dereinst zu *dem* Klassiker der Kultur- und Sozialwissenschaften machen sollte, blieb den Zeitgenossen verborgen.

Selbst Menschen, die sich ihm nah fühlten und die mit ihrer eigenen Forschung in die Fußstapfen dieser eindrucksvollen Person treten wollten, waren recht ahnungslos. So bemerkte Karl Jaspers[2] in seiner Gedenkrede auf Max Weber vor Heidelberger Studenten im Jahre 1920:

> Sieht man sein *Werk* an, wie es vorliegt, so findet man eine Fülle einzelner Arbeiten. Aber eigentlich sind alle *Fragmente*. […] Es ist kaum je ein Buch von ihm erschienen, früher einmal die Römische Agrargeschichte, eine Broschüre über die Börse, in den letzten Jahren einige Vorträge als Hefte, sonst nichts. Alles andere steckt in Zeitschriften, Archiven, Zeitungen.

Vor diesem Hintergrund wirft Jaspers die entscheidende Frage auf: »Ist es möglich, angesichts dieses fragmentarischen Charakters Max Weber als den geistigen Gipfel der Zeit zu empfinden?«[3] Seine weiteren Überlegungen machen sofort klar, dass dies einer

1 Ein eindrucksvolles Zeugnis von Nachrufen und Würdigungen zum hundertsten Geburtstag gibt der Band *Max Weber zum Gedächtnis*, herausgegeben von René König und Johannes Winckelmann, Sonderheft 7/1963 der *Kölner Zeitschrift für Soziologie und Sozialpsychologie*, Opladen ²1985.

2 Karl Jaspers, »Max Weber. Eine Gedenkrede« (1920), in: ders., *Max Weber. Gesammelte Schriften.* Mit einer Einführung von Dieter Henrich, München, Zürich 1988, S. 32f.

3 Ebd., S. 33.

rein rhetorischen Frage gleichkommt. Denn Jaspers sieht in Weber einen Philosophen, der den Geist der Zeit in seiner Person regelrecht verkörpert hat. »Einen existentiellen Philosophen aber haben wir in Max Weber leibhaftig gesehen. Während andere Menschen wesentlich nur ihr persönliches Schicksal kennen, wirkte in seiner weiten Seele das Schicksal der Zeit. [...] Der Makroanthropos unserer Welt stand in ihm gleichsam persönlich vor uns.«[4]

Zu Beginn der Rezeption kurz nach seinem Tod überlagert die große Persönlichkeit das Werk. Zu dünn, zu verstreut und zu fragmentarisch wirken Webers Schriften auf seine wissenschaftliche Umwelt. Was bleibt, ist die Erinnerung an den charismatischen Genius mit kompetenter Urteilskraft, enzyklopädischem Wissen, überlegener Weitsicht und bemerkenswerter Ausstrahlung auf seine Mitmenschen. Weber gilt als der »Mythos von Heidelberg«,[5] dessen mächtige Stimme nun ein für alle Mal verstummt ist.

Dieses Weber-Bild, das ganz an seiner Persönlichkeit ausgerichtet war, sollte sich mit der Herausgebertätigkeit von Marianne Weber, von Johannes Winckelmann und den heutigen Herausgebern der *Gesamtausgabe*[6] ändern. Mit der Edition seiner Schriften in den Jahren nach seinem Tod wurden Güte und Umfang des Werkes von Max Weber einer größeren wissenschaftlichen Öffentlichkeit im In- und Ausland bekannt. Langsam, aber sicher trat die Person hinter das voluminöse Œuvre zurück, auch wenn die Neugier auf sein Leben und Leiden bis zum heutigen Tag kaum gestillt scheint. Davon zeugen gleich drei neuere Biographien,[7] die zu seinem 150. Geburtstag im Jahre 2014 erschienen sind und die sein Leben in

4 Ebd., S. 36.

5 Hubert Treiber und Karol Sauerland porträtieren das »Weltdorf« Heidelberg und betten Max Weber in sein intellektuelles Umfeld ein. Vgl. dies. (Hg.), *Heidelberg im Schnittpunkt intellektueller Kreise. Zur Topographie der ›geistigen Geselligkeit‹ eines Weltdorfes 1850-1950*, Opladen 1995.

6 Dazu gehören bzw. gehörten Horst Baier (1933-2017), Gangolf Hübinger, M. Rainer Lepsius (1928-2014), Wolfgang J. Mommsen (1930-2004), Wolfgang Schluchter und Johannes Winckelmann (1900-1985).

7 Den Anfang machte Joachim Radkau mit *Max Weber. Die Leidenschaft des Denkens*, München 2005, die 2014 in zweiter Auflage erschien. Dirk Kaeslers jahrzehntelange Arbeiten zur Person mündeten in seine umfassende Studie *Max Weber. Preuße, Denker, Muttersohn. Eine Biographie*, München 2014. Jürgen Kaube gelang mit *Max Weber. Ein Leben zwischen den Epochen*, Berlin 2014, ein besonders lebendiges Porträt.

allen Facetten ausleuchten. Außerdem macht ein Handbuch,[8] welches nun in der zweiten Auflage erscheint, den Versuch einer ersten Vermessung von Werk und Person.

Dieses eminente Interesse an Weber hängt auch mit seinem zwischenzeitlich gewonnenen Status als Aushängeschild wissenschaftlicher Schaffenskraft und intellektueller Redlichkeit zusammen. Der Name einer Person wird zur Programmatik eines Landes. Das begann bereits kurz nach dem Zweiten Weltkrieg in den Zeiten des Ost-West-Gegensatzes zwischen der Bundesrepublik und der Deutschen Demokratischen Republik. Max Weber wird im Kampf der politischen Systeme als Antipode zu Karl Marx in einer Art Kalter Krieg der Kulturen genutzt. Die 1973 beschlossene *Max Weber-Gesamtausgabe*, deren erster Band 1984 erscheint, wartet mit ähnlich eindrucksvollen Band-Zahlen[9] auf wie die Marx-Engels-Gesamtausgabe (MEGA) in der Sowjetunion und die Marx-Engels-Werke (MEW) in der DDR. Im Schlepptau des Marx-Weber-Gegensatzes wird Max Weber zur Lichtgestalt des Westens als liberale Figur, gleichermaßen kapitalismus- wie demokratietauglich und hochgradiger Individualist. Was der Politik recht war, dem musste die Wissenschaft nicht folgen. Denn der Marx-Weber-Gegensatz interessierte hüben wie drüben, die wissenschaftliche Neugier ließ sich nicht aufhalten, und so setzte auch eine Weber-Rezeption im Osten ein wie zuvor eine Marx-Rezeption durch den Neomarxismus im Westen. Und je weiter der Vergleich getrieben wurde und das Wissen um die beiden Denker wuchs, desto eher stellten die Protagonisten verblüfft fest, dass sich allen Unterschieden in Philosophie und Kapitalismusanalyse zum Trotz doch auch viele Gemeinsamkeiten zwischen den beiden scharfsinnigen Denkern feststellen ließen. Christian Gneuss und Jürgen Kocka hatten noch vor dem Mauerfall 1989 eine Funkserie im Norddeutschen Rundfunk veranstaltet, die sie anschließend aufgrund der hohen Resonanz

8 Vgl. Hans-Peter Müller und Steffen Sigmund (Hg.), *Max Weber-Handbuch. Leben – Werk – Wirkung*, Stuttgart 2014, in erweiterter Neuauflage 2020.

9 Wie weit die antipodische Rivalität getrieben wurde, zeigt die scheinbar »zufällige« Koinzidenz von Band 23 an: In der MEW ist es *Das Kapital. Kritik der politischen Ökonomie*, Erster Band und in der MWG Ist es *Wirtschaft und Gesellschaft. Soziologie unvollendet 1919-1920*. »Honi soit qui mal y pense« – »ein Schelm, wer Böses dabei denkt«.

auch in Buchform[10] vorlegten. Schon dort wird die hohe Wertschätzung für die wissenschaftlichen und intellektuellen Leistungen Max Webers deutlich, die im wiedervereinigten Deutschland noch einmal wachsen sollte. Im Jahre 2014 wird Weber der erste Soziologe, dessen Kopf eine deutsche Briefmarke ziert mit seinem berühmten Ausspruch: »Der Einfall ersetzt nicht die Arbeit.« Auch die 2002 gegründete Stiftung Deutsche Geisteswissenschaftliche Institute im Ausland schmückt sich ab 2012 mit seinem Namen. Die Max Weber Stiftung (MWS) unterhält zehn Institute in Beirut, Istanbul, London, Moskau, Paris, Rom, Tokio, Warschau und Washington D.C. »Weber 2.0« heißen die wissenschaftlichen Blogs der Institute. So wird eine Person nicht nur zur Institution gemäß dem klassischen Diktum von Arnold Gehlen: »Eine Persönlichkeit: das ist eine Institution in *einem* Fall.«[11] Vielmehr wird auf diese Weise über Länder- und Disziplingrenzen hinweg Webers Name verbreitet und bleibt so in aller Munde. Welchem Soziologen, außer Karl Marx vielleicht, wäre je eine solche Ehre und Auszeichnung widerfahren? Im digitalen Zeitalter zeigt sich in der Tat, dass Marx und Weber die Soziologen mit der größten globalen Prominenz[12] sind. Keine Autoren unter den ersten zwanzig Soziologen weltweit werden so häufig »angerufen«, weil am häufigsten zitiert.

Was aber mit wachsendem zeitlichem Abstand immer undeutlicher wird, ist die »Klassizität« dieses Klassikers: Wozu eigentlich Max Weber? Was hat er uns heute noch zu sagen? Wie steht es um ein »Weber-Paradigma«,[13] also ein Forschungsprogramm, dem

10 Christian Gneuss und Jürgen Kocka (Hg.), *Max Weber. Ein Symposion*, München 1988. Dieser Diskussionsband von namhaften Geschichts-, Politik- und Sozialwissenschaftlern vermittelt ein lebendiges Bild von Weber, der dort zur Gründungsfigur für ein westliches und demokratisches Deutschland gemacht wird. Vgl. auch das letzte Interview mit M. Rainer Lepsius im Themenheft »Max Weber und M. Rainer Lepsius« des *Berliner Journals für Soziologie*, Jg. 24 (4), S. 559-582, der diese Stellung als vorzeigbarer Deutscher, Wissenschaftler und Intellektueller nochmals unterstreicht.

11 Arnold Gehlen, *Die Seele im technischen Zeitalter. Sozialpsychologische Probleme in der industriellen Gesellschaft*, Reinbek 1957, S. 118.

12 Siehe Pablo Beytia und Hans-Peter Müller, »Towards a Digital Reflexive Sociology: Exploring the Most Globally Disseminated Sociologists on Multilingual Wikipedia«, Ms. Berlin 2019.

13 Gert Albert et al. (Hg.), *Das Weber-Paradigma. Studien zur Weiterentwicklung von Max Webers Forschungsprogramm*, Tübingen 2003.

heutige Kultur- und Sozialwissenschaften folgen sollten? Und wenn es eins gibt, warum existiert dann keine weberianische Soziologie mehr? Warum arbeitet man gern *über* Weber, wie die nicht abreißende Flut an Sekundärliteratur national und international beweist, aber weniger *mit* Weber? Ist uns Weber als Klassiker historisch geworden? Erleidet er also das gleiche Schicksal, wie der von ihm bewunderte Goethe? Also der unzweideutige Status als deutscher Nationaldichter, aber kaum noch gelesen, so dass es schon der Jugendfilme mit drastischem Titel[14] bedarf, um an seinen Namen ohne Kenntnis seines Werkes zu erinnern? Wird also, wie es M. Rainer Lepsius[15] ausdrückte, Max Weber zum Vertreter der »Maximen und Reflexionen« von Kultur- und Sozialwissenschaften ohne nähere Auseinandersetzung mit seinem Denken?

Tatsächlich ist Max Weber längst nicht mehr der »Makroanthropos unserer Welt«. Vieles von dem, was er wohl abgelehnt hätte, scheinen wir heute realisiert zu haben: eine Massendemokratie ohne politische Führung, einen umfassenden Sozialstaat mit ausgebauter Sozialpolitik von der Wiege bis zur Bahre, ein kapitalistisches Wirtschaftssystem, dem es nur um die drei »Ws«, also Wachstum, Wohlstand und Wohlfahrt geht und nicht mehr um die Bildung von Menschen, die »den Adel unserer Natur«[16] ausmachen sollen. Max Weber scheint in der gegenwärtigen ideologischen Großwetterlage in Deutschland der berühmt-berüchtigte »alte, weiße Mann« zu sein: Ein Mensch mit ausgeprägter Männlichkeit, der sich in alle möglichen »Ehrhändel« verwickeln ließ, ein glühender Nationalist und Patriot mit Interesse an den Weltmachtambitionen Deutschlands, ein – wenn auch ambivalenter – Befürworter des Kapitalismus als vermeintliche Gegenmacht zu ausuferndem Staat und wuchernder Bürokratie, ein titanischer Mensch, der nach Größe strebte und sich zur methodisch-rationalen Lebensführung regelrecht zwingen musste, ganz im Dienste des eigenen Werkes. Ein entschiedener Befürworter einer Kultur der Freiheit und nicht der Gleichheit, zu der

14 Siehe die Film-Trilogie *Fack ju Göhte*.

15 M. Rainer Lepsius, »Eigenart und Potenzial des Weber-Paradigmas«, in: ders., *Max Weber und seine Kreise*, Tübingen 2016, S. 3. Lepsius' *Essays*, so der Untertitel, sind für das Verständnis Webers sehr informations- und aufschlussreich.

16 Max Weber, »Der Staat und die Volkswirtschaftspolitik« (1895), in: ders., *Gesammelte Politische Schriften*, mit einem Geleitwort von Theodor Heuss, Tübingen ^{3}1971, S. 3.

sich eine geistesaristokratische »Moral der Vornehmheit«[17] gesellte. Kein Zweifel: Max Weber würde heute weltanschaulich und politisch wohl eher im konservativen Lager verortet und nicht mehr in der (links-)liberalen Mitte, der er sich zeitlebens verbunden wusste.

Freilich ist das nur die eine Seite Webers, in der er uns fremd und regelrecht »unzeitgemäß« geworden ist. Die andere Seite würde seine Sorge um Deutschland hervorheben, sein Interesse an der Parlamentarisierung der Politik, der Einhegung der Bürokratie, ja der Weltoffenheit und des kosmopolitischen Weitblicks für das, was einst »Universalgeschichte« hieß. Neben dem bildungsbürgerlichen Kanon zieht ihn alles an, was modern und unkonventionell zu sein scheint. Seien es die erotischen Radierungen von Max Klinger, die er seiner Frau schenkt. Sei es sein Einsatz für die bürgerliche Frauenbewegung, in der sich Marianne Weber engagiert. Weber tritt dezidiert für Wissenschaftler jüdischer Abstammung in der deutschen Hochschule ein, wie etwa Georg Simmel, dessen Berufung nach Heidelberg er vergeblich betreibt. Im Kaiserreich, in dem die deutsche Jugend rechts und national eingestellt ist, provoziert er mit dem Gedanken, dass die Universität durch Sozialisten und Kommunisten durchaus bereichert werden könnte, wenn sie sich an das Postulat der Wertfreiheit in Forschung und Lehre halten würden. Weber lädt den Rassentheoretiker Alfred Ploetz zum Vortrag auf den Soziologentag ein, nur um ihm dann minutiös nachzuweisen, dass *sein* Rassenbegriff wissenschaftlich unbrauchbar, weil zu undifferenziert ist. Die weitreichenden Erklärungsansprüche der Rassenbiologie auch für gesellschaftliche Zustände seien völlig ungedeckt und die von ihm konstatierten Rassenunterschiede seien eher das Ergebnis von sozialen Vorherrschaftsansprüchen der Weißen denn biologischer Natur. In Berlin lernt er W. E. B. Du Bois kennen, den er auf seiner Amerikareise wiedertreffen wird. Du Bois hatte mit *The Philadelphia Negro* die erste brauchbare empirische Studie über das soziale Schicksal der Schwarzen vorgelegt. *The Souls of Black Folk*[18] begeistert Weber so sehr, dass er – ebenfalls vergeblich – eine deutsche Übersetzung anregt.

17 Vgl. Christian Marty, »Leidenschaft – Verantwortungsgefühl – Augenmaß. Max Weber zur Moral der Vornehmheit«, erscheint in: *Berliner Journal für Soziologie*, Jg. 30 (1), 2020.

18 W. E. B. Du Bois, *The Philadelphia Negro*, Philadelphia 1899; ders., *The Souls of Black Folk*, Chicago 1903, dt. *Die Seele der Schwarzen*, Freiburg 2003. Zur

Bei alledem ist Weber kein typischer Theoretiker der Moderne, der mit einem Begriff die Welt erklären will. Denn von Großtheorien hält er nichts, weil sie ein überlegenes Wissen vorspiegeln, wo es sich um wilde Spekulationen handelt. Diese fast instinktive Ablehnung von Gesellschaftstheorie und Weltanschauungsproduktion hat ihn lange vor dem seinerzeit und auch heute noch normativen Fach »Soziologie« zurückschrecken lassen. Mit Dilettanten und ideologischen Virtuosen wollte er nichts zu tun haben. Steril aufgeregtes Literatengeschwätz, also Aufmerksamkeit bloß um der Aufmerksamkeit willen, war ihm ein Gräuel.

Gleichwohl hat er sich für alle möglichen Visionen und Utopien interessiert, sofern sie neue geistige Horizonte zu erschließen versprachen. Überall da, wo er nicht Schau in der Selbstdarstellung gewittert, sondern metaphysische Leidenschaft im Denken gespürt hat, hat er sich sofort mit ihnen auseinandergesetzt. So diskutiert er im Februar 1920 eineinhalb Tage lang mit Oswald Spengler über dessen *Untergang des Abendlandes* im Münchner Rathaus, wie er überhaupt noch die radikalsten Ideensysteme erst einmal ernstgenommen hat, um sie dann mit überzeugenden Argumenten umso klarer kritisieren zu können. Nach Beendigung der Diskussion, in der Spengler sich über Nietzsche und Marx als veraltete Figuren des 19. Jahrhunderts lustig gemacht hatte, sagte Weber zu seinen Studenten:

> Die Redlichkeit eines heutigen Gelehrten, und vor allem eines heutigen Philosophen, kann man daran messen, wie er sich zu Nietzsche und Marx stellt. Wer nicht zugibt, daß er gewichtigste Teile seiner eigenen Arbeit nicht leisten könnte, ohne die Arbeit, die diese beiden getan haben, beschwindelt sich selbst und andere. Die Welt, in der wir selbst geistig existieren, ist weitgehend eine von Marx und Nietzsche geprägte Welt.[19]

Weber steht auf den Schultern der Riesen Marx und Nietzsche,[20] nicht weil er Marxist oder Nietzscheaner ist, sondern weil sie ihn

einhundertjährigen Verspätung der Übersetzung und dem gescheiterten Weber-Projekt siehe auch Hans-Peter Müller, »Das Gefühl, ein Problem zu sein«, in: *Merkur* 58 (2004), S. 344-348.

19 Diese Aussage Webers berichtet Eduard Baumgarten, *Max Weber. Werk und Person*, Tübingen 1964, S. 554f.

20 Vgl. hierzu Hans-Peter Müller, *Max Weber. Eine Einführung in sein Werk*, Köln u. a. 2007, S. 22-25.

die Grundkonfiguration der Moderne besser verstehen lassen. Weber ist Marxianer insofern, als er methodisch die Hypothese der materialistischen Geschichtsauffassung als Kontrastfolie für seine eigene Arbeit nutzt und sachlich den Kapitalismus ebenfalls als die »schicksalsvollste[] Macht unsres modernen Lebens«[21] ansieht. Weber ist kein Nietzscheaner, aber methodisch folgt er den Spuren des großen ikonoklastischen Destrukteurs aller »-ismen« wie Materialismus, Historismus, Naturalismus, Evolutionismus und Positivismus. Sachlich teilt Weber Nietzsches Diagnose vom Tod Gottes. Marx und Nietzsche liefern Weber methodisch und theoretisch die Mittel zur Kritik der bürgerlichen Gesellschaft. Seine Kritik des Kapitalismus folgt in ihrer Ambivalenz ganz der Marx'schen Linie: technischer und ökonomischer »Fortschritt« ja, aber um den Preis der Seelenlosigkeit der wirtschaftlichen Maschinerie. Nietzsche gibt ihm die Stichworte zur Auseinandersetzung mit und Kritik an der bürgerlichen Moral. Die Entzauberung und Säkularisierung der Welt untergräbt das alte Pathos des Christentums, ohne dass eine neue Religion und Moral es ersetzen könnte. Die Moderne wird eine »Gesellschaft ohne Baldachin«.[22]

Auch wenn Marx und Nietzsche zur grundlegenden Orientierung von Webers Denken beigetragen haben mögen, geht er doch seinen eigenen Weg. Ihn interessiert die Entstehung der modernen Welt, die verschlungenen Pfade und Verästelungen vieler Entwicklungen, die sie dann als überraschendes Ergebnis hervorgebracht haben. Die »okzidentale Moderne« – wie er sie nennt und eben nicht »Abendland« wie Spengler – lässt sich nicht durch eine geschlossene Gesellschaftstheorie verstehen, wie es Marx in seiner politökonomischen Kapitalismusanalyse versucht hat. Vielmehr hilft nur eine offene Gesellschaftsgeschichte, die nicht von einem System und seinen Gesetzen ausgeht, sondern den Entwicklungen auf vielen Feldern nachgeht, um dann die »Verkettung von Umständen« anzugeben, die zum *Take-off* der Moderne im Westen geführt haben. Wie Marx findet auch Weber spät zu seinem Lebensthema, und ähnlich wie bei Nietzsche spielen Fragen der Religion und Moral eine zentrale Rolle. Deshalb interessiert ihn nicht der Kapitalismus

21 Max Weber, »Vorbemerkung«, in: ders., *Gesammelte Aufsätze zur Religionssoziologie*, Bd. 1, Tübingen 1972, S. 4.

22 Hans-Georg Soeffner, *Gesellschaft ohne Baldachin. Über die Labilität von Ordnungskonstruktionen*, Weilerswist 2000.

per se, sondern die *Kulturbedeutung* des Kapitalismus. Diese Anlage seines Denkens bringt es mit sich, dass er die moderne Gesellschaft in ihren zahlreichen Verzweigungen und Verästelungen historisch-empirisch untersucht und in komplexen Konstellationsanalysen zu fassen versucht. Und wie in einem guten Kriminalroman wird er die Auflösung seines »Falls der Moderne«[23] ganz auf das Ende seines Lebens verschieben und dann in der »Vorbemerkung« seiner Religionssoziologie buchstäblich verstecken.

Webers Weg zur Darstellung der Genealogie der Moderne zu erzählen ist deshalb gar nicht so einfach. Es ist ein krummer Weg, der bei ihm zum Ziel führt. Deshalb soll einerseits der konventionellen Dreiteilung seines Werkes gefolgt werden, andererseits werden jeweils Tiefenbohrungen in den folgenden Kapiteln vorgenommen. Die erste Phase reicht von seinen Qualifikationsarbeiten Dissertation und Habilitation bis zu seinem Nervenzusammenbruch im Jahre 1898. In seiner Dissertation »Entwickelung des Solidarhaftprinzips und des Sondervermögens der offenen Handelsgesellschaft aus den Haushalts- und Gewerbegemeinschaften in den italienischen Städten« (1889), danach als Buch *Zur Geschichte der Handelsgesellschaften im Mittelalter*[24] publiziert, studiert Weber die Trennung des Firmenvermögens von der Familiengemeinschaft als eine wichtige Voraussetzung für die Entstehung des Kapitalismus. Die Habilitation *Die römische Agrargeschichte in ihrer Bedeutung für das Staats- und Privatrecht*[25] diskutiert den umkämpften »ager publicus« und wie Gemein- in Privateigentum umgewandelt wurde. Bereits in den Qualifikationsarbeiten demonstriert Weber nicht nur den analytischen Scharfsinn des Juristen, sondern das Interesse des Historikers an den Wurzeln des Kapitalismus. Gleich danach stürzt er sich in empirische Enquetearbeiten. Er beteiligt sich an der Studie über »Die Verhältnisse der Landarbeiter in Deutschland« und wird sich mit Ostdeutschland beschäftigen, wo er die Transformation von einer patriarchalischen zu einer kapitalistischen Arbeitsorganisati-

23 Siehe Friedrich H. Tenbruck, *Die kulturellen Grundlagen der Gesellschaft. Der Fall der Moderne*, Opladen 1989.

24 Max Weber, *Zur Geschichte der Handelsgesellschaften im Mittelalter.* Schriften 1889-1894, in: MWG I/1, hg. von Gerhard Dilcher und Susanne Lepsius, Tübingen 2008.

25 Max Weber, *Die römische Agrargeschichte in ihrer Bedeutung für das Staats- und Privatrecht,* 1891, in: MWG I/2, hg. von Jürgen Deininger, Tübingen 1986.

on aufzeigt. Hier demonstriert der junge Weber seine enorme Arbeitskraft, denn innerhalb eines Jahres erstellt er eine 891-seitige Studie,[26] die ihn schlagartig im Deutschen Reich bekannt machen sollte. 1894 steuert er seine Studie über *Die Börse*[27] für Friedrich Naumanns Reihe *Göttinger Arbeiterbibliothek* bei, um auch der Arbeiterschaft zu zeigen, wie notwendig eine solche Institution als Finanzbasis für einen dynamischen Kapitalismus ist. Fachlich strebt der gelernte Jurist in die Wirtschafts-, Rechts- und Sozialgeschichte mit dem thematischen Schwerpunkt »Kapitalismus«, ist aber trotz soziologischer Färbung seiner Studien von *seiner* »Soziologie« noch ziemlich weit entfernt. Das wird sich mit seiner Genesung ändern.

Mit dem Beginn der zweiten Phase im Jahre 1903/1904 tritt er mit methodischen und universalgeschichtlichen Arbeiten hervor, die ihn weiter bekannt und heute berühmt machen sollten. Er schreibt die wichtigen Texte, die dann Marianne Weber nach seinem Tod als *Wissenschaftslehre* herausgeben sollte. Er verfasst die »Protestantische Ethik«, die eine langanhaltende Diskussion auslösen sollte, die er 1910 mit einem »antikritischen Schlußwort« beendet. Zugleich betätigt er sich weiter in empirischer Sozialforschung und beteiligt sich an einer Enquete zu den Industriearbeitern. Das Thema der Arbeit lässt ihn nicht mehr los und deshalb schreibt er eine »Psychophysik der Arbeit«,[28] um die psycho-physiologischen Bedingungen und Folgen der Arbeitsproduktivität aufzudecken. In dieser zweiten Phase legt Weber die methodischen und sachlichen Grundlagen seiner »Soziologie«.

In der dritten Phase von 1910 bis 1920 widmet er sich schließlich seinen beiden, innerlich eng zusammenhängenden Großprojekten: seinem eigenen Beitrag zum Grundriss der Sozialökonomik *Wirt-*

26 Max Weber, *Die Lage der Landarbeiter im ostelbischen Deutschland,* 1892, in: MWG I/3, hg. von Martin Riesebrodt, 2 Halbbände, Tübingen 1984.

27 Max Weber, *Börsenwesen.* Schriften und Reden 1892-1899, in: MWG I/4, hg. von Wolfgang Mommsen in Zusammenarbeit mit Rita Aldenhoff, 2 Halbbände, Tübingen 1993.

28 Bei der Enquete über die Industriearbeiter verfasst Weber nur eine Einleitung mit Auswertungsfaden. Ders., »Erhebungen über Auslese und Anpassung (Berufswahl und Berufsschicksal) der Arbeiterschaft der geschlossenen Großindustrie« und »Zur Psychophysik der industriellen Arbeit«, beide in Max Weber, *Zur Psychophysik der industriellen Arbeit.* Schriften und Reden 1908-1912, MWG I/11, hg. von Wolfgang Schluchter in Zusammenarbeit mit Sabine Frommer, Tübingen 1995.

schaft und Gesellschaft, dessen ersten Teil er noch selbst zum Druck bringen kann, sowie den *Gesammelten Aufsätzen zur Religionssoziologie*, die seine Überlegungen zur Kulturbedeutung des Kapitalismus und des Aufstiegs der »okzidentalen Moderne« in eine vergleichende Religions- und Gesellschaftsgeschichte der Weltregionen einbetten. Beide Großprojekte sollten ihn bis zu seinem Tod 1920 beschäftigen, ohne dass er sie wirklich zu Ende bringen konnte.

Diese konventionelle Erzählung anhand der drei Phasen seiner Werkbiographie wird gebrochen durch Tiefenbohrungen in sein Werk, die vielleicht auch die bleibenden Einsichten und Erkenntnisse Webers zutage fördern können. Sie werden die Spuren offenlegen, die Weber in seinen zahlreichen Studien hinterlassen hat. Die Schlussbetrachtung »Max Weber und wir« wird am Ende nochmals die Frage aufnehmen, was wir mit diesem großen und großartigen Werk, mit diesem Riesentorso eines »Stoffhubers« *und* »Sinnhubers«[29] heute noch anfangen können. Der vorliegende Ein- und Ausblick soll zeigen, dass auch in der Gegenwart noch viel von Weber für das Studium und das Verständnis heutiger Gesellschaften zu lernen ist. Die Max Weber Stiftung – Deutsche Geisteswissenschaftliche Institute im Ausland hatte wohl die richtige Intuition, sich diesen Namenspatron auszusuchen.

29 So charakterisiert Weber die beiden grundsätzlichen Typen von Wissenschaftlern. Nur: Er ist in ganz unvergleichlicher Weise beides in einer Person – Stoff- *und* Sinnhuber. Er bemächtigt sich zunächst des gesamten verfügbaren Wissens seiner Zeit zu einem Phänomen, sichtet und ordnet den Stoff gemäß seiner Problemstellung, um dann in einer Konstellationsanalyse durch entwicklungsgeschichtliche und typologische Vergleiche dem Sinn des Sachverhalts auf die Spur zu kommen. Siehe »Die ›Objektivität‹ sozialwissenschaftlicher und sozialpolitischer Erkenntnis« (1904), in: ders., *Gesammelte Aufsätze zur Wissenschaftslehre*, Tübingen [4]1973, S. 214, und jetzt auch in der *Max Weber-Gesamtausgabe*, MWG I/7, hg. von Gerhard Wagner in Zusammenarbeit mit Claudius Härpfer u. a., *Zur Logik und Methodik der Sozialwissenschaften. Schriften 1900-1907*, Tübingen 2018, S. 233.

1. Max Weber in seiner Zeit

Max Weber lebt zwischen zwei Welten und gleichsam zwischen den Zeiten.[1] Er wird kurz vor Beginn des Kaiserreichs geboren und sein Tod fällt in die Zeit des turbulenten Übergangs nach dem verlorenen Ersten Weltkrieg, des Zusammenbruchs und der Revolution, die dann zur Geburt der ersten demokratischen Republik von Weimar führen sollten. Prägend für sein Leben und sein Wirken wird das Kaiserreich.[2] Das wilhelminische Zeitalter fußt auf der autoritären Einigung des deutschen Reichs durch Otto von Bismarck, der dem sich modernisierenden Deutschland einen konservativ-militärischen Traditionscharakter verleiht mit einem Kaiser an der Spitze, seinem Hof und dem Militär als ›Staat im Staate‹. Nach drei erfolgreichen Kriegen und der Reichseinigung unter preußischer Vorherrschaft vermag der durchsetzungsstarke Bismarck seine charismatische Herrschaft bis in das Jahr 1890 durchzuhalten. Nach außen gelingt ihm durch seine geschickte, vermittelnde Bündnispolitik, das verunsicherte Europa mit der Idee eines saturierten, weil endlich geeinigten Deutschland zu versöhnen. Hier glänzt der »Eiserne Kanzler« als »ehrlicher Makler«. Nach innen hingegen lässt er jegliches diplomatische Geschick vermissen, zettelt erst einen Kulturkampf gegen die Katholiken an, um dann mit seiner Sozialistengesetzgebung gegen die Sozialdemokraten als angeblich ›innere Reichsfeinde‹ vorzugehen. Deutschland zeigt sich nach außen stark, bleibt aber innerlich tief gespalten, weil Katholiken und Arbeiterschaft gleichsam als Bürger zweiter Klasse außerhalb des Reiches[3] zu stehen scheinen. Das ist Bismarcks ambivalentes Erbe. Schon seit 1888 schickt sich der junge Kaiser Wilhelm II. an, selbst regieren zu wollen mit willigen Kanzlern seiner Wahl. Seine

1 So charakterisiert Jürgen Kaube Webers Biographie. Siehe ders., *Max Weber. Ein Leben zwischen den Epochen*, Berlin 2014.

2 Im Folgenden stütze ich mich auf die einführenden Überlegungen des *Weber-Handbuches*. Siehe Hans-Peter Müller und Steffen Sigmund (Hg.), *Max Weber-Handbuch. Leben – Werk – Wirkung*, Stuttgart 2014, S. 1-29.

3 In seiner klassischen Studie hat Guenther Roth diese Stellung der Arbeiterklasse treffend als »negative Integration« bezeichnet. Siehe ders., *The Social Democrats in Imperial Germany. A Study in Working-Class Isolation and National Integration*, New York ²1979.

Regentschaft läutet das Ende einer ausgewogenen, friedensorientierten Balance- und Bündnispolitik ein – mit fatalen Folgen für Deutschland und die Welt.

Seither treiben die Modernisierungskräfte von Wirtschaft, Wissenschaft und Technik und die reaktionären Traditionsmächte von Kaiser, Adel und Militär immer weiter auseinander. Tradition und Moderne stehen sich in der wilhelminischen Gesellschaft unversöhnlich gegenüber, worin Größe *und* Elend des Kaiserreichs zugleich zum Ausdruck kommt. Wohin soll die Reise in Zukunft gehen? Wieder stärker zurück zu Tradition und feudalen Verhältnissen oder weiter voran Richtung Modernisierung und Industrialisierung? So lauten die unvereinbaren Alternativen im Kampf zwischen preußischem Adel, dem erstarkenden Bürgertum und der Arbeiterklasse. Deutschland hatte sich längst zu einer wirtschaftlichen Großmacht gemausert, die ihre europäische Konkurrenz überholt hat und sich auf Augenhöhe mit der anderen aufstrebenden Großmacht, den Vereinigten Staaten von Amerika, befindet. Politisch unsicher, ist dieses deutsche Kaiserreich noch auf der Suche nach seiner Position im Konzert der anderen, viel erfahreneren Nationen und seiner eigenen, exponierten Stellung in der Welt. Gern hätte der Novize auch einen »Platz an der Sonne«, schwadroniert lauthals von Lebensraum und Vorherrschaft in Mitteleuropa. Das Ende vom Lied sind die falschen Bündnisse in den kommenden militärischen Auseinandersetzungen. Deutschland setzt ein letztes Mal auf Tradition und liegt falsch. Der fatale Dreibund mit Italien und mit dem seinem Untergang geweihten Habsburgerreich zieht am Ende auch Deutschland in den historischen Abgrund.

Das Finale dieser dilettantischen Politik läutet der Beginn des Ersten Weltkrieges ein, die europäische Urkatastrophe des 20. Jahrhunderts. Die Kriegsniederlage führt zu einer Achsendrehung von Deutschlands Schicksal: Von einer angehenden Großmacht in Europa zum Pariavolk der Welt – so zumindest die Wahrnehmung vieler Zeitgenossen. Immerhin wirft die Revolution von 1918 und die Weimarer Republik den Ballast der Monarchie ab, der den Hiatus von Tradition und Moderne in Deutschland begründet hatte. Nach der Flucht des Kaisers nach Holland findet damit die Hohenzollerndynastie ihr unrühmliches Ende – mit der Folge, dass die Monarchie in Deutschland nie wieder in der Geschichte eine Chance bekommen sollte.

Max Weber als eminent politischer Mensch,[4] der schon im Elternhaus auf die Größen der nationalliberalen Partei trifft, ist ein glühender Patriot, dem Größe und Schicksal Deutschlands zur Leitlinie politischen Denkens wird. Seine politische Sozialisation fällt in die Zeit der beiden zentralen Führungsfiguren des Kaiserreichs: des eisernen Kanzlers mit seinen charismatischen Stärken und seinen unübersehbaren Schwächen sowie des jugendlich-nervösen Kaisers mit seinen unausgegorenen Weltmachtambitionen.

Diese Spannungsgeladenheit der Politik kehrt in Webers Wirklichkeitsverständnis wieder: In soziologischer Hinsicht vertritt er eine agonale Wirklichkeitsauffassung, denn Leben heißt ihm unaufhörlicher Kampf um Lebenschancen, Macht und Herrschaft. Zentral für seinen Ansatz ist seine Herrschaftssoziologie, die sich für die Prinzipien und Konstellationen von Machtbeziehungen samt ihren Institutionalisierungsformen, Rechtsverordnungen und Verwaltungsapparaten in Geschichte und Gesellschaft interessiert. Flankiert werden Politik, Herrschaft und Verwaltung durch Wirtschaft, Technik und Kapitalismus einerseits, Kultur, Religion und Wissenschaft andererseits. Der Kapitalismus als dynamische Antriebskraft gilt Weber, wie bereits erwähnt, als »schicksalsvollste[] Macht unsres modernen Lebens«,[5] weshalb der Kapitalismus wie bei Karl Marx vor ihm und bei seinem Zeitgenossen Werner Sombart zu seinem Kardinalthema wird. Religion, Wissenschaft und Kultur verkörpern die Mächte, die dem sozialen Leben wie der individuellen Lebensführung überhaupt erst Sinn und Bedeutung geben. ›Was ist gut, was ist böse?‹, ›Was macht Sinn, was hat Bedeutung?‹ und ›Wie soll ich leben?‹ – das genau sind die Fragen, worauf die Religion als oberste geistige wie geistliche Lebensführungsinstanz Antworten zu geben verspricht. Die moderne Wissenschaft unterstützt diese Orientierungssuche durch ihre rasant wachsenden neuen Erkenntnisse und Technologien, indem sie immer mehr Bereiche der Natur und der Gesellschaft kontrollier- und berechenbar zu machen versucht. Angesichts dieser komplexen Sachlage betrachtet Weber Wirtschaft, Politik und Kultur in Antike, Mittelalter und Moderne. Seine Studien umfassen daher einen denkbar weit ge-

4 So Wolfgang Mommsen in seinem Standardwerk *Max Weber und die deutsche Politik*, Tübingen 1974.

5 Max Weber, »Vorbemerkung«, in: ders., *Gesammelte Aufsätze zur Religionssoziologie*, Bd. 1, Tübingen 1972, S. 4.

spannten Forschungskosmos: Weber thematisiert »Welt«, um die »Moderne« zu verstehen.

Gleichwohl war er ein Kind seiner Zeit. Heute erscheint Weber uns als ein durchweg wilhelminisch geprägter Mensch – trotz seiner fundamentalen Kritik am Kaiserreich. Dirk Kaesler, der die wohl umfassendste Biographie zu Weber verfasst hat, nennt ihn »Preuße, Denker, Muttersohn«.[6] Angesichts seines weiten Horizonts ist er zugleich besonders sensibel für die Ambivalenzen und Konflikte der Moderne. Als »Wilhelminer« steht er uns fern und mutet uns fremd an, als »Moderner« wirkt er uns nah und vertraut. Fern und fremd sind uns die Konflikte des wilhelminischen Kaiserreichs gerückt, die nur noch von historischem Interesse sind. Nah und vertraut bleiben uns die typischen Probleme der Moderne, weil wir auch heute noch in der Spätmoderne unter ihnen leben und leiden. Gerade weil Weber sich einer *Genealogie der Moderne* widmet, um zu zeigen, wie wir geworden sind, was wir sind, ist er unser Zeitgenosse, dessen Wort nach wie vor zählt.

Bevor wir Schritt für Schritt seine Genealogie der Moderne untersuchen, sei kurz und knapp die Biographie von Person und Werk vorgestellt.

Stationen eines Gelehrtenlebens

Als erstes von acht Kindern wird Max Weber am 21. April 1864 in Erfurt in die großbürgerliche Familie von Max Weber sen. und Helene Fallenstein geboren. Sein Vater, ein gelernter Jurist, entstammt dem Bielefelder Handelspatriziat, arbeitet zunächst als Magistrat in Erfurt, um dann im Jahre 1869 zum Stadtrat in Berlin ernannt zu werden und zugleich eine Karriere in der Nationalliberalen Partei im Preußischen Abgeordnetenhaus zu starten. Webers Vater ist ein typisch bürgerlicher Politiker, pragmatisch, am politischen Tagesgeschäft ausgerichtet; er verkörpert das, was Wolfgang Mommsen »selbstzufriedenen Honoratiorenliberalismus«[7] nennt. Seine hedonistische Lebensführung prallt immer wieder mit der pietistisch

6 Dirk Kaesler, *Max Weber. Preuße, Denker, Muttersohn*, München 2014.

7 Ebd. Siehe auch Wolfgang Mommsen, *Max Weber. Gesellschaft, Politik und Geschichte*, Frankfurt/M. 1974, S. 23.

ernsthaften Lebensauffassung der Mutter zusammen. Denn Helene Fallenstein, hoch gebildet – für Frauen in dieser Zeit eher die Ausnahme als die Regel –, beschäftigt sich mit religiösen sowie sozialen Fragen gleichermaßen und setzt sich für die Bedürftigen ein, was zur Einrichtung einer Armenverwaltung innerhalb der Charlottenburger Stadtverwaltung führt. Sie stammt aus einer sehr guten Familie, denn ihr Großvater wirkte schon als Regierungsrat und später als geheimer Finanzrat im Berliner Ministerium.

Der junge Max ist ein Sorgenkind. Schon mit vier Jahren leidet er an Meningitis, hat einen mächtigen Schädel, was Angst vor einem Wasserkopf auslöste, genießt infolgedessen eine überprotektive Erziehung durch die Mutter. Und gerade Sorgenkinder im Jugendalter werden oft zu Lieblingskindern bis weit in deren Erwachsenenzeit. Helene wird ihrem Max zeit ihres Lebens, man könnte sagen, ihre Höchstaufmerksamkeit schenken. In der Praxis sieht das so aus, das sie stets und ständig am liebsten alles wissen möchte, was »ihren Max« betrifft. Kein Wunder, dass Kaesler angesichts dieser symbiotischen Nähe Max Weber als »Muttersohn« bezeichnet. Max als Kronprinz pocht schon früh auf sein Recht als Erstgeborener und setzt sich gern als Vermittler zwischen Eltern und Kindern in Szene. Eine »Jugend in Berlin«[8] wie gemalt, mit der Residenz in der Charlottenburger Villa vor den Toren von Berlin, so dass man der lauten und grellen Großstadt jederzeit in die bürgerliche Vorstadtidylle entfliehen kann, was die Melancholie des jungen Weber jedoch nicht recht aufhellen will. Er wird als verschlossen angesehen und scheint die Welt vorwiegend durch die Brille von Familie und Verwandtschaft wahrgenommen zu haben. Weber wirkt emotional gehemmt, ja schüchtern und zurückhaltend, denn ihm fällt es denkbar schwer, Gefühle zu offenbaren. Dafür ist seine intellektuelle Entwicklung umso beeindruckender. Mit 13 Jahren hat er bereits Schopenhauer, Spinoza und Kant gelesen. Goethe wird heimlich unter der Schulbank studiert. Mit 15 Jahren hat er sämtliche antike Klassiker verschlungen wie Homer, Herodot, Vergil, Lucius, Cicero und Sallust. Wie er selbst von sich meinte: »Ich bin intellektuell früh, in allem übrigen aber sehr spät reif geworden«.[9]

8 So Nicolaus Sombart in seiner Autobiographie, die die Jahre im großbürgerlichen Elternhaus von Werner Sombart im Grunewald schildert. Ders., *Jugend in Berlin, 1933-1943. Ein Bericht*, München 1984.

9 Marianne Weber, *Max Weber. Ein Lebensbild*, mit einem Essay von Günther Roth,

Im Jahr 1882 macht er sein Abitur am Königlichen Kaiserin-Augusta-Gymnasium in Charlottenburg und nimmt das Studium der Jurisprudenz, Geschichte, Philosophie, Theologie und Nationalökonomie auf. Zunächst verbringt er drei Semester in Heidelberg, 1883 absolviert er seine einjährige Militärzeit in Straßburg, wo er die Nähe zur Familie Baumgarten sucht. Sein Onkel Hermann, ein alter 48er, wird zum Ersatzvater und Mentor für den politisch interessierten Max. Was er mit seinem eigenen Vater nicht diskutieren kann, das Schicksal des Liberalismus in Deutschland, das gelingt ihm mit Hermann Baumgarten. 1883/1884 studiert er zwei Semester Jura in Berlin, um dann noch ein Vorbereitungssemester in Göttingen draufzusatteln.

Max Weber ist ein vielseitig interessierter und denkbar fleißiger Studiosus. Dem Wunsch seines Vaters folgend, tritt er in die Burschenschaft Alemannia in Heidelberg ein, holt seine ›Satisfaktionsfähigkeit‹ auf dem Paukboden ein und lernt das harte Trinken im Kreis der Burschenschaft. Der exzessive Alkoholkonsum wird eine Leidenschaft, denn noch als junger Professor in Freiburg ist er sichtlich stolz darauf, seine Studenten »unter den Tisch trinken« zu können. 1886 legt er sein juristisches Staatsexamen erfolgreich ab und muss schon des lieben Geldes halber bis 1893, dem Jahr seiner Heirat, ins Elternhaus nach Berlin zurückkehren. Mit dreißig Jahren noch immer unter dem Dach des patriarchalischen Vaters und der moralisch dominanten Mutter leben zu müssen, dürfte den Stolz des jungen Weber kräftig verletzt haben. Das passiert ausgerechnet ihm, dem »Kronprinzen« und ältesten Sohn, der dabei ist, eine bemerkenswerte Universitätskarriere zu machen.

Im Jahre 1889 promoviert er sich bei Levin Goldschmidt mit einer Dissertation über »Die Entwickelung des Solidarhaftprinzips und des Sondervermögens der offenen Handelsgesellschaft aus den Haushalts- und Gewerbegemeinschaften in den italienischen Städten«. Zwei Jahre später folgt die Habilitation bei August Meitzen mit der Schrift »Die römische Agrargeschichte in ihrer Bedeutung für das Staats- und Privatrecht«.

1891 kommt die junge Marianne Schnitger, eine Bielefelder Cousine zweiten Grades, nach Berlin und wird von Helene Weber wie ihre eigene Tochter in die Familie aufgenommen. Max und

München 1989, S. 521. Vgl. auch Norbert Fügen, *Max Weber. Mit Selbstzeugnissen und Bilddokumenten*, Reinbek 1985, S. 18.

Marianne verstehen sich auch ganz gut, so reift der Plan einer Heirat bei den beiden Frauen[10] heran. Da es Weber aufgrund seiner emotionalen Zurückhaltung wohl kaum gelingen wird, sich selbst eine Ehefrau zu suchen, muss man ein wenig nachhelfen. Immerhin hatte Weber in seiner Straßburger Zeit Emmy Baumgarten ein Verlobungsversprechen gemacht, auch um seiner bevorzugten Zweitfamilie nahe zu sein. Bevor er heiraten kann, muss er dieses Versprechen lösen, was ihm nicht leichtfällt. Helene hat diese Liaison eingefädelt, weil sie glaubt, dass es für ihren ältesten Sohn an der Zeit ist, in den Stand der Ehe einzutreten. Entsprechend nüchtern geht es zwischen den beiden »Liebenden« zu, denn freundschaftliche Sympathie sollte nicht mit erotischer Liebe verwechselt werden. Ein Auszug aus seinem Werbungsbrief um Marianne gibt einen Eindruck von dem Umgangston zwischen den beiden wie auch der Tönung ihrer Beziehung. Weber schreibt:

> Hoch geht die Sturmflut der Leidenschaften und es ist dunkel um uns, – komm mit mir, mein hochherziger Kamerad, aus dem stillen Hafen der Resignation, hinaus auf die hohe See, wo im Ringen der Seelen die Menschen wachsen und das Vergängliche von ihnen fällt. Aber *bedenke*: im Kopf und Busen des Seemanns muß es klar sein, wenn es unter ihm brandet. Keine phantasievolle Hingabe an unklare und mystische Seelenstimmungen dürfen wir in uns dulden. Denn wenn die Empfindung Dir hoch geht, mußt Du sie bändigen, um mit nüchternem Sinn Dich steuern zu können.[11]

Das ist der Kern seines Heiratsantrages, der von Marianne liebend gern angenommen wurde. Sie nimmt billigend in Kauf, dass leidenschaftliche Liebesempfindungen als »mystische Seelenempfindungen« auf den Verbotsindex des zukünftigen ehelichen Zusammenlebens kommen. Nach der Hochzeit am 20. September 1893 in Oerlinghausen nimmt es wenig Wunder, dass diese Verbindung, die ein Leben lang halten sollte, den Charakter einer Kameradschaftsehe annahm, die sexuell wohl niemals wirklich vollzogen wurde. Weber litt schließlich nach wie vor unter seinen emotionalen Hemmungen. Es wird dauern, bis er die Erotik und den Zauber der

10 Kaube, *Max Weber*, bringt es auf den Punkt: »Max Weber wird geheiratet«, ebd. S. 86-97.

11 Marianne Weber, *Max Weber*. S. 190. Ihre Reaktion: »Als das Mädchen diesen Brief las, erschütterte sie das Unnennbare, Ewige. Sie begehrte nichts weiter. Ihr Dasein sollte hinfort ein Dankopfer sein für das Geschenk dieser Stunde«, ebd.

Liebe entdeckt. Dieses Erlebnis wird er dann aber nicht mit seiner Frau, sondern außerhalb der Ehe erfahren.

»Max Weber und die Frauen« ist ein Thema für sich, wie Ingrid Gilcher-Holtey[12] eindrucksvoll aufgezeigt hat. Vier Frauen sind für Webers Leben entscheidend. An erster Stelle steht die Mutter Helene und sie bleibt es fast ein Leben lang, denn sie stirbt erst 1919, nur ein Jahr vor dem Tod ihres Lieblingssohnes. Als ethisches Vorbild unantastbar, hat Weber seine Mutter stets vor den patriarchalischen Zumutungen des Vaters in Schutz genommen. Die Kehrseite dieser engen Bindung ist die lückenlose Überwachung der Lebensführung des Sohnes Max, der zwar etwas Distanz zwischen sich und sie zu bringen versucht, indem er ihr eben nicht mehr alles aus seinem Leben berichtet. Diese Berichtsfunktion übernimmt dafür bereitwillig Marianne, die sogar die an sie selbst gerichteten persönlichen Briefe von Max der Mutter ohne dessen Kenntnis von Freiburg und Heidelberg nach Berlin weiterleitet. Aus lauter Sorge wird Max Weber ein Leben lang von den beiden Frauen streng überwacht, eine fürsorgliche Belagerung. An zweiter Stelle steht die Ehefrau, mit der er eine lebenslange Beziehung in Gestalt einer unverbrüchlichen Gefährtenschaft pflegen sollte: »1893 bis ins Pianissimo des höchsten Alters«, wie die Widmung im ersten Band der *Gesammelten Aufsätze zur Religionssoziologie* am Ende seines Lebens lauten sollte. Obgleich nicht berufstätig, ist Marianne wissenschaftlich sehr interessiert und engagiert sich aktiv in der bürgerlichen Frauenbewegung.[13] Drittens lernt Weber Mina Tobler kennen, eine Schweizer Pianistin, die sich als Klavierlehrerin in Heidelberg niederlässt und in den Kreisen der Webers verkehrt. Seit 1910 wird sie nicht nur

12 Ingrid Gilcher-Holtey, »Max Weber und die Frauen«, in: Christian Gneuss und Jürgen Kocka (Hg.), *Max Weber. Ein Symposion,* München 1980, S. 142-154.

13 Marianne Weber schreibt eine Art Promotionsstudie bei Heinrich Rickert über *Fichte's Sozialismus und sein Verhältnis zur Marx'schen Doktrin,* Tübingen 1900, denn Frauen durften damals nicht offiziell studieren. Sie wird in der Folgezeit zahlreiche Arbeiten zur Frauenfrage publizieren. Zentral sind vor allem drei Bücher von ihr: *Ehefrau und Mutter in der Rechtsentwicklung. Eine Einführung,* Tübingen 1907; *Frauenfragen und Frauengedanken. Gesammelte Aufsätze*, Tübingen 1919 und eben *Max Weber. Ein Lebensbild,* Tübingen 1926, hier zitiert nach der Neuauflage München 1989. Zur Einordnung siehe die dortige, informative Einleitung von Guenther Roth, »Marianne Weber und ihr Kreis«, S. IX-LXXII. Zu Marianne Weber einschlägig die Biographie von Bärbel Meurer, *Marianne Weber. Leben und Werk*, Tübingen 2010.

seine erotische Muse, sondern ihr verdankt Weber die Entdeckung, dass auch die okzidentale Musik einem Prozess der Rationalisierung[14] unterliegt. In diesem Zusammenhang verfasst er seine Musiksoziologie, die erst posthum[15] erscheinen wird. Seine große Liebe freilich gilt der vierten Frau in seinem Leben: Else Jaffé-von Richthofen. Sie ist die erste Studentin von Weber, promoviert Ende Juli 1900[16] bei ihm und wird die erste Fabrikinspektorin in Baden. Da sie »zur ersten höheren Staatsbeamtin Deutschlands ernannt« wird, »schlägt sie eine Bresche in ein Berufsfeld, das bisher den Frauen hierzulande völlig verschlossen war«.[17] Dennoch hält es sie nur zwei Jahre im Beruf, dann heiratet sie den vermögenden Edgar Jaffé und bekommt drei Kinder von ihm und ein Kind von Otto Gross, dem Psychiater, Anhänger der erotischen Bewegung und Propagandist der »freien Liebe«. Sie beginnt außereheliche Liebesbeziehungen, zunächst mit dem Privatdozenten für Chirurgie und späteren berühmten Urologen Friedrich Voelcker, dann ab 1909 mit Max Webers Bruder Alfred. Das sollte zur Entfremdung zwischen Max und Else führen, da er zum einen zu diesem Zeitpunkt wohl bereits selbst ein Auge auf sie geworfen hatte, zum anderen die beginnende »Ménage à trois« zwischen dem Ehemann Edgar, seinem Bruder Alfred und Else scharf kritisierte. Erst 1916 sollte es zur Aussöhnung kommen, 1918 wird sie auch die Geliebte von Max Weber. Nach dessen Tod und nach dem Tod von Edgar Jaffé 1921 wird sie ihr Leben gemeinsam mit Alfred Weber verbringen.

Dank Mina Tobler und Else Jaffé-von Richthofen wird Weber einen emotionalen Lernprozess durchlaufen, der ihn schließlich die

14 Siehe die luzide Studie von M. Rainer Lepsius, »Mina Tobler, die Freundin Max Webers«, in: Bärbel Meurer (Hg.), *Marianne Weber. Beiträge zu Werk und Person,* Tübingen 2004, S. 77-89; jetzt auch wieder abgedruckt in ders., *Max Weber und seine Kreise,* Tübingen 2016, S. 210-231.

15 Max Weber, *Die rationalen und soziologischen Grundlagen der Musik,* Berlin 1985; jetzt in der *Max Weber-Gesamtausgabe* als MWG I/14, *Zur Musiksoziologie.* Nachlaß 1921, hg. von Christoph Braun und Ludwig Finscher, Tübingen 2004, wiedererschienen.

16 Elisabeth von Richthofen, *Über die historischen Wandlungen in der Stellung der autoritären Parteien zur Arbeitsschutzgesetzgebung und die Motive dieser Wandlungen,* Diss. phil. Heidelberg 1901.

17 So Eberhard Demm in seiner umfassenden wie informativen Studie über *Else Jaffé-von Richthofen. Erfülltes Leben zwischen Max und Alfred Weber*, Düsseldorf 2014, S. 19.

Erotik als eigenständige Wertsphäre begreifen lässt. Ein Auszug aus der »Zwischenbetrachtung« der *Religionssoziologie*, die er 1919 auch mit Else Jaffé-von Richthofen[18] diskutiert, liest sich etwas anders als sein Heiratsantrag:

> Gerade darin: in der Unbegründbarkeit und Unausschöpfbarkeit des eigenen, durch kein Mittel kommunikablen, *darin* dem mystischen ›Haben‹ gleichartigen Erlebnisses, und nicht nur vermöge der Intensität seines Erlebens, sondern der unmittelbar besessenen Realität nach, weiß sich der Liebende in den jedem rationalen Bemühen ewig unzugänglichen Kern des wahrhaft Lebendigen eingepflanzt, den kalten Skeletthänden rationaler Ordnungen ebenso völlig entronnen wie der Stumpfheit des Alltags.[19]

Gegen Ende seines Lebens trifft Max Weber Verabredungen mit seiner Frau Marianne über die Widmungen für die *Gesammelten Aufsätze zur Religionssoziologie*: Der erste Band über Protestantismus und Konfuzianismus ist ihr gewidmet. Der zweite Band über Hinduismus und Buddhismus wird Mina Tobler zugeeignet. Den dritten Band über das antike Judentum widmet Weber Else Jaffé-Richthofen.

Nach der Heirat mit Marianne 1893 legt Weber einen rasanten wissenschaftlichen Aufstieg hin. Mit gerade einmal 29 Jahren wird er Extraordinarius für Handelsrecht an der Berliner Universität, bevor er ein Jahr später, 1894, einem Ruf als Ordinarius für Nationalökonomie nach Freiburg folgen wird. Wiederum nur zwei Jahre später, 1896, erhält er einen Ruf nach Heidelberg und wird Nachfolger des berühmten Nationalökonomen Karl Knies. Vergleicht man Webers atemberaubende Karriere mit den beiden anderen Klassikern der Soziologie, Ferdinand Tönnies und Georg Simmel, dann wird deutlich, was für ein »Götterliebling« Weber in der wilhelminischen Kultusbürokratie war. Ferdinand Tönnies macht bereits mit 16 Jahren in Husum Abitur, ist mit 22 an der Universität Tübingen promoviert und mit 25 habilitiert er sich an der Universität Kiel mit seiner bekannten Hobbes-Studie. 1887 schreibt er sein Hauptwerk *Gemeinschaft und Gesellschaft* und wird zu einem Begründer der deutschen Soziologie. Aber er muss dortselbst 27 Jahre als Pri-

18 Demm, *Else Jaffé-von Richthofen*, S. 182.

19 Max Weber, »Zwischenbetrachtung: Theorie der Stufen und Richtungen religiöser Weltablehnung«, in: ders., *Gesammelte Aufsätze zur Religionssoziologie*, Bd. 1 (1920), Tübingen [6]1972, S. 536-573.

vatdozent zubringen, weil die preußische Kultusbürokratie den Ruf auf eine Professur blockiert. Ganz ähnlich ergeht es Georg Simmel, auch er ein Wunderkind an der Berliner Universität, der ebenfalls ein langes Leben als Privatdozent und Extraordinarius vor sich hat, bevor er im zarten Alter von 56 Jahren endlich 1914 eine Professur in Straßburg erhält. Freilich kann er dort nicht wirklich lehren, bricht doch im August der Erste Weltkrieg aus. Sicher, Weber hat schon Recht, wenn er die Universitätskarriere ganz einfach als »Hasard«[20] bezeichnet, in dem in einem hohen Grade Zufall und Glück dieses Würfelspiels das Avancement beherrschen würden. Denn nicht alle, die berufen sind, können aufgrund des extrem hierarchischen Zuschnitts der deutschen Universitätslandschaft damit rechnen, auch einen Ruf zu erhalten. Doch Zufall und Glück sind es nicht allein, die dem jungen Weber so rasch eine Professur bescheren, sondern dank seines hohen sozialen Kapitals wird er eben durch das »System Althoff«[21] entscheidend gefördert.

Webers Bilderbuchkarriere erhält indes einen jähen Riss, als es zum fatalen Konflikt mit seinem Vater kommt. Webers Eltern besuchen das junge Paar in Heidelberg. Weber, der die Autorität des Vaters stets respektiert und mit Kritik an dessen patriarchalem Gebaren sich zurückgehalten hat, wagt die Auseinandersetzung mit ihm, um der Mutter mehr Freiraum zu eröffnen. So darf sie nur in Begleitung ihres Mannes reisen und muss sich stets dessen Zeitplänen unterordnen. Der Disput mit dem Vater eskaliert und führt zum Zerwürfnis, so dass der Sohn den Vater vor die Tür setzt. Max Weber sen. fährt allein nach Berlin zurück. Einige Wochen später auf einer Reise nach Riga verstirbt Weber sen. unerwartet, so

20 So Max Weber, »Wissenschaft als Beruf«, in: ders., *Gesammelte Aufsätze zur Wissenschaftslehre* (1922), Tübingen ⁴1973, S. 582-613, hier S. 585.

21 Mit dem »System Althoff« ist die höchst einflussreiche Wissenschaftspolitik des preußischen Verwaltungsbeamten Friedrich Althoff gemeint, der sich zwar um den Auf- und Ausbau der Wissenschaften im Kaiserreich große Verdienste erworben, gleichwohl aber als »Bismarck des Hochschulwesens« auch auf Berufungen entscheidenden Einfluss genommen hat. Webers eigenes Eingeständnis, er habe »es einigen absoluten Zufälligkeiten zu verdanken [...], daß ich seinerzeit in sehr jungen Jahren in eine ordentliche Professur eines Faches berufen wurde, in welchem damals Altersgenossen unzweifelhaft mehr als ich geleistet hatten«, ebd. S. 585, ist deshalb ein Euphemismus, der noch im Zugeständnis eigener Privilegierung das Wirken des Sozialkapitals geschickt verschleiert. Vgl. dazu auch Kaesler, *Max Weber*, S. 387-407.

dass Vater und Sohn für immer unausgesöhnt voneinander scheiden. Dieses unglückliche Ende einer Vater-Sohn-Beziehung lastet schwer auf dem ohnehin chronisch überarbeiteten und angespannten Sohn, mit der Folge, dass Weber 1898 völlig zusammenbricht. Seine schwere Krankheit, eine psycho-physische Nervenkrise,[22] setzt ihn außer Gefecht, so dass er letztlich gezwungen ist, sich aus der Universität ganz zurückzuziehen. Das einzige Mittel, das ein wenig zu helfen scheint, ist das Reisen, so dass er zwischen 1900 und 1902 kaum in Heidelberg weilt. In seinem Krankheitsleben wechseln sich in der Folge längere Aufenthalte in Sanatorien, vielfältiges Reisen und »stumpfes Brüten« ab. Angesichts der langsamen und schleppend einsetzenden Genesung ist an wissenschaftliches Arbeiten nicht mehr zu denken. Das Jahr 1903 bringt den endgültigen Ausstieg aus der Professur. Weber wird von der Universität Heidelberg zum Honorarprofessor mit Lehrauftrag, aber ohne Promotions- und Mitspracherecht in seiner Fakultät gemacht.

Aus heutiger Sicht ist nur sehr schwer vorstellbar, dass Max Weber, der eines der größten Werke in den Kultur- und Sozialwissenschaften vorlegen sollte und als großer Denker meist in einer Reihe mit Marx, Nietzsche und Freud genannt wird, zu privatisieren gezwungen ist. Er wird Privatgelehrter – und genau dieser Rückzug in das eigene Arbeitszimmer eröffnet ihm die Chance, ein großes Werk zu schaffen. Seelischer Rückhalt und das Vermögen seiner Frau sowie ab 1910 die Villa am Neckarufer mit Blick auf das Heidelberger Schloss bieten Weber ordentliche Arbeitsbedingungen. Krankheit als Lebensform, ja Krankheit als Privileg zum legitimen Rückzug aus den vielfältigen Zumutungen von Universität und Gesellschaft kann, falls kreativ genutzt, auch eine Chance sein. Und doch stellte die Krankheit eine tiefe Zäsur in Webers Leben dar. Nichts ist mehr so wie vorher, ist doch die Welt der Kranken durch eine unsichtbare, aber wirksame Scheidemauer von der Welt der Gesunden getrennt. Dem rasanten Aufstieg folgte der jähe Absturz

22 Vgl. dazu die beiden Studien von Jörg und Sabine Frommer, »Max Webers Krankheit – soziologische Aspekte der depressiven Struktur« und dies., »Max Webers Krankheit. Recherchen zur Krankheitsgeschichte um die Jahrhundertwende«, beide in: *Fortschritte der Neurologie Psychiatrie*, 61 (1993), S. 161-171 und 66 (1998), S. 193-200. Ihre Diagnose von Webers Krankheit lautet: »schwere depressive Krise bei einer hypernomisch strukturierten narzißtischen Persönlichkeit«, ebd., S. 193.

in Krankheit und Depression, von dem er sich allmählich erholen konnte, ohne jemals wieder völlig zu genesen. Die Angst vor der Rückkehr der Krankheit wird ihn in steter Sorge um sein labiles Nervenkostüm halten und immer wieder die bange Frage aufwerfen, was und wie viel er sich zumuten darf.

Und doch wird das Jahr 1903/1904 den Beginn einer neuen Wirkungsphase anzeigen, die gleich wieder von einem unglaublichen Arbeits- und Schaffensdrang zeugt. Trotz seiner Angst vor jeder Art gesundheitsgefährdender Belastung nimmt Weber die Einladung von Hugo Münsterberg zu einem wissenschaftlichen Kongress im Rahmen der Weltausstellung nach St. Louis, Missouri, sehr gerne an. Nach mehr als sechs Jahren hält er wieder einen Vortrag über »Kapitalismus und Agrarverfassung«.[23] Wie wir sehen werden, wecken die Vereinigten Staaten von Amerika seine Lebensgeister und ihm imponieren die USA als paradigmatisch moderne Gesellschaft.

Gemeinsam mit Edgar Jaffé und Werner Sombart gibt er die Zeitschrift *Archiv für Sozialwissenschaft und Sozialpolitik* heraus, beteiligt sich am Geleitwort und platziert seinen berühmtesten Methodenaufsatz über »Die Objektivität sozialwissenschaftlicher und sozialpolitischer Erkenntnis«[24] gleich als ersten Artikel der neuen Zeitschrift. Hier publiziert Weber 1904/1905 ebenfalls seinen ersten universalgeschichtlichen Aufsatz über die »Protestantische Ethik«,[25] der – darauf wird nachfolgend zurückzukommen sein – langanhaltende Diskussionen auslösen sollte.

Als im Jahre 1909 die Deutsche Gesellschaft für Soziologie formiert wird, gehört er zu den Gründungsmitgliedern. Er betätigt sich als Kassenwart und beginnt einen hartnäckigen Kampf um die »Werturteilsfreiheit« dieser neuen Wissenschaft. Trotz seines

23 Max Weber, »Kapitalismus und Agrarverfassung«, in: *Zeitschrift für die gesamte Staatswissenschaft*, Jg. 308 (3), 1952, S. 431-452. Es handelt sich dabei um eine Rückübersetzung von Hans Gerth. Weber hatte auf Deutsch vorgetragen, das Manuskript ist verlorengegangen und der Text musste aus der holprigen englischen Übersetzung rekonstruiert werden. Peter Ghosh hat das englische Manuskript neu ediert als »Max Weber on ›The Rural Community‹: A Critical Edition of the English Text«, in: *History of European Ideas* 31, 2005, S. 327-366.

24 Max Weber, »Die Objektivität sozialwissenschaftlicher und sozialpolitischer Erkenntnis«, in: ders., *Gesammelte Aufsätze zur Wissenschaftslehre*, S. 146-214.

25 Max Weber, »Die protestantische Ethik und der Geist des Kapitalismus«, in: ders., *Gesammelte Aufsätze zur Religionssoziologie*, Bd. 1, S. 17-206.

unbändigen Einsatzes für die Gesellschaft wird er 1914 wieder austreten, hatte sich dieses Prinzip als unerlässliche Voraussetzung für die »Wissenschaftlichkeit« der Soziologie doch nicht durchsetzen lassen. Im Frühjahr 1913 und 1914 reist Weber gleich zwei Mal nach Ascona am Lago Maggiore und wird am Monte Veritá Zeuge der Lebensführung von Naturmenschen, Vegetariern und Anarchisten. Er möchte eine Fastenkur einlegen und zugleich Frieda Gross, der geschiedenen Ehefrau von Otto Gross, in ihrem Sorgerechtsstreit mit ihrem ehemaligen Schwiegervater Peter Gross beistehen. Auch wenn seine Briefe an Marianne stets bemüht sind, die Distanz zwischen ihrer bürgerlichen Existenz und der alternativen Lebensweise der »Aussteiger« zu betonen, scheint sein Verständnis für die lebensreformerischen Bewegungen durch die Begegnungen mit dieser Form alternativer Lebensführung zu wachsen. Außenseiter unter sich – er, der chronisch Nervenkranke und die Anhänger neuer Lebensformen.

Eine historische Zäsur für Person und Werk ist der Ausbruch des Ersten Weltkrieges. Sofort lässt Weber die wissenschaftliche Arbeit an seinen beiden Großprojekten – *Wirtschaft und Gesellschaft* und der *Wirtschaftsethik der Weltreligionen* – ruhen. Sehr zum Leidwesen seines Verlegers, denn Paul Siebeck hatte auf eine Fortsetzung des *Handbuchs für Sozialökonomik* gehofft. Weber sucht sich eine Tätigkeit, um dem Vaterland wenigstens an der Heimatfront zu dienen, und wird als Reserveoffizier zum Dienst in das Lazarett von Heidelberg eingezogen. Als aufrechter Patriot stimmt er zunächst in die allgemeine Kriegsbegeisterung ein. Als aber die Ultrarechten mit ihren immer höher gesteckten Kriegszielforderungen aufwarten, wächst seine Skepsis und er hofft auf einen glimpflichen Friedensschluss.

Nach Beendigung seines Lazarettdienstes kehrt er zu den Studien über die *Wirtschaftsethik der Weltreligionen* zurück und tröstet seinen Verleger damit, dass die ersten Aufsätze im *Archiv für Sozialwissenschaft und Sozialpolitik* erscheinen. Zu *Wirtschaft und Gesellschaft* sollte er erst gegen Ende seines Lebens zurückkehren.

Die endgültige Kriegsniederlage kommt ihn hart an, weckt aber auch sein politisches Engagement für die Neuordnung Deutschlands nach dem Krieg. So wie Lord Keynes auf englischer Seite ist auch Max Weber Mitglied der deutschen Friedensdelegation und nimmt an den Verhandlungen zum Versailler Vertrag teil. Ähnlich wie Keynes, der die Härte des Friedensschlusses in seinem Buch *The Economic Consequences of the Peace* (1919) mit scharfen Worten geißelt, ist auch Weber voller Sorge um die Zukunft Deutschlands. Der Gelehrte versucht Politiker zu werden, tritt gleich 1918 in die Deutsche Demokratische Partei ein, beteiligt sich an der Ausarbeitung der Weimarer Reichsverfassung und plädiert für die Parlamentarisierung Deutschlands unter Führung eines vom Volk gewählten Reichspräsidenten.

Seine politischen Pläne zerschlagen sich jedoch und Weber nimmt seine Lehrtätigkeit probeweise in Wien wieder auf. 1919 nimmt er einen Ruf an die Universität München als Nachfolger von Lujo Brentano an, zumal Else Jaffé-von Richthofen nach Wolfratshausen gezogen war. Die brisante erotische Konstellation[26] – Max Weber weiß sich seiner Ehefrau und Mina Tobler zutiefst verpflichtet, Else ihrem kranken Ehemann und Alfred Weber – muss weder offengelegt noch gelöst werden. Max Weber stirbt am 14. Juni 1920 unerwartet an einer zu spät behandelten Lungenentzündung in München.

Ein solch knappes biographisches Stenogramm kann weder Leben noch Persönlichkeit von Max Weber erschöpfend behandeln. Das gelingt ja selbst den umfassenden Biographien nicht recht, die seit Marianne Webers *Lebensbild* mit über 700 Seiten nunmehr auf jeweils 1000 Seiten angeschwollen sind, wie bei Joachim Radkaus *Leidenschaft des Denkens* und Dirk Kaeslers *Preuße, Denker, Muttersohn*. Da nimmt sich Jürgen Kaubes *Ein Leben zwischen den Epochen*[27] mit knapp 500 Seiten fast asketisch schmal aus. Eine komplexe Persönlichkeit wie Max Weber ergibt kein ausgeklügeltes Buch, sondern scheint eher Kants Definition des Menschen zu bestätigen: »aus so krummem Holze, als woraus der Mensch gemacht ist, kann nichts ganz Gerades gezimmert werden«.[28] Und noch ein zweiter Gewährsmann kann angerufen werden, um Webers Persönlichkeit gerecht zu werden: Goethes Faust. »Zwei Seelen wohnen,

26 Siehe M. Rainer Lepsius, »Max Webers Liebe zu Else Jaffé«, in: ders., *Max Weber und seine Kreise*, S. 232-251, hier S. 238-240.

27 Marianne Weber, *Max Weber*; J. Radkau, *Max Weber. Die Leidenschaft des Denkens*, München 2005; Dirk Kaesler, *Max Weber. Preuße, Denker, Muttersohn*; Jürgen Kaube, *Max Weber. Ein Leben zwischen den Epochen*.

28 Immanuel Kant, *Idee zu einer allgemeinen Geschichte in weltbürgerlicher Absicht* (1784), Darmstadt 1983, S. 41.

ach!, in meiner Brust«[29] – das drückt auch gut die Antinomien in Webers Persönlichkeit aus. Einerseits entspricht er dem Ideal des asketischen Puritanismus, wie er es selbst in seiner »Protestantischen Ethik« gezeichnet hat: sachlich, arbeitsam, nüchtern und diszipliniert ist er ein eifriger Diener im Weinberg des Herrn der Wissenschaft. Weber kämpft für Wertfreiheit, plädiert wie Nietzsche für wissenschaftliche Redlichkeit, sieht sich nur einem Wert verpflichtet, dem der Wahrheit. Die »politische Korrektheit«, wie sie heute von den Medien, der Politik sowie den Geistes- und Sozialwissenschaften als »anständige«, weil vermeintlich diskriminierungsfreie Redeweise eingefordert wird, hätte er als unerträglichen Angriff auf die Freiheit der Wissenschaft verstanden und wäre auf die Barrikaden gegangen. Was ihn auszeichnet, ist ein ungeheure wissenschaftliche und politische Urteilskraft als unbestechlicher Beobachter von Gesellschaft und Politik.

Andererseits rumort eine vulkanische Leidenschaft in ihm, die sich kognitiv zwar gebändigt, aber in der Wucht doch elementar in Debattenbeiträgen und öffentlichen Diskussionen entlädt. Sie äußert sich auch in seinem Alkohol- und Drogenproblem: ersteres als Erbe seiner couleurstudentischen Burschenschaftsexistenz, letzteres als Folge seiner Krankheit, scheint doch jedes Mittel gerechtfertigt, solange es ihm nur etwas Linderung in Aussicht stellt. Und als in späteren Jahren seine emotionale Verschlossenheit und Kargheit aufgebrochen ist, schießt auch seine erotische Leidenschaft empor und erschüttert die Grundfesten seiner bürgerlichen Lebensführung. Ähnlich wie Goethe, der auch erst in einem gewissen Alter seine erotische Erfüllung erlebt hatte, überschritt Max Weber bewusst die Grenzen der Gefährtenehe in seinem erotischen Verhältnis zu Mina Tobler und Else Jaffé. Was er persönlich als Befreiungsakt erlebt und genossen haben mag, musste gleichwohl mit einem gehörigen Anflug von »schlechtem Gewissen« vor Mutter und Ehefrau streng geheim gehalten werden.

Die Ambivalenz seiner Einschätzung der Moderne spiegelt sich

29 Johann Wolfgang Goethe, *Faust. Texte*, hg. von Albrecht Schöne, Frankfurt/M. 2003, Vers 1112, S. 17. Siehe zu dem Persönlichkeitskonzept, das auch Weber teilt, Hans-Peter Müller, »The Ambivalence of Modernity and the Faustian Ethos of Personality«, in: Christofer Edling und Jens Rydgren (Hg.), *Sociological Insights of Great Thinkers. Sociology through Literature, Philosophy, and Science*, Santa Barbara u. a. 2011, S. 169-176.

in der Antinomie seiner Persönlichkeit wider. Zum einen verkörpert Max Weber mit seiner bürgerlich-erfolgsorientierten Lebensführung, seinem atemberaubenden Aufstieg in der wilhelminischen Wissenschaftswelt, seinen Studien und Forschungen, aber auch seiner großbürgerlichen Ehe ganz die protestantisch-rationalen Werte und Lebensformen. Das ist der »Hochglanz-Weber«, auf dessen Spuren uns Marianne Weber mit der emphatischen Biographie ihres Mannes gesetzt hat. Es ist der heroische Mensch und Wissenschaftler, wie er in der Rede vom »Mythos von Heidelberg« verehrungsvoll zum Ausdruck kommt. Zum anderen – und das ist die Kehrseite der Medaille – ist da der andere Weber, nicht die Lichtgestalt, sondern der Schattenmann, der seine »Sehnsüchte« ausleben, das Gehäuse der bürgerlich-beruflichen Hörigkeit aufbrechen und aus dieser geordneten, routinisierten Welt ausbrechen will. Daher sein Interesse für die Lebensreform, für den neuen erotischen Diskurs, für den Anarchismus,[30] für Ascona,[31] aber auch für die russische Revolution und Tolstoi,[32] der das einfache Leben propagiert und selbst realisiert. Das ist der tiefere Grund seines Faibles für das Charisma, dessen Macht und Anziehungskraft ganze wohl etablierte Ordnungen aus den Angeln zu heben vermag.

So wundert es nicht, dass bis heute der Person fast genauso großes Interesse entgegengebracht wird wie dem komplexen und komplizierten Werk. Das ›Faszinosum Weber‹,[33] seine Größe und Antinomie, hatten schon die Zeitgenossen[34] notiert. Genie und

30 Siehe dazu Sam Whimster (Hg.), *Max Weber and the Culture of Anarchy*, London 1999.

31 Zu »Ascona« und dem »Monte Verità« vgl. Martin Green, *Mountain of Truth. The Counterculture begins. Ascona, 1900-1920,* Hanover 1986; siehe auch Stefan Bollmann, *Monte Verità 1900. Der Traum vom alternativen Leben beginnt,* München 2017.

32 Weber plante, ein Buch über Tolstoi zu schreiben. Vgl. Edith Hanke, *Prophet des Unmodernen. Leo N. Tolstoi als Kulturkritiker in der deutschen Diskussion der Jahrhundertwende*, Berlin 1993, Reprint 2015.

33 So Karl-Ludwig Ay und Knut Borchardt (Hg.), *Das Faszinosum Max Weber. Die Geschichte seiner Geltung*, Konstanz 2006.

34 Siehe die eindrückliche Sammlung von Zeitzeugen bei René König und Johannes Winckelmann (Hg.), *Max Weber zum Gedächtnis* (1963), Opladen ²1985 und Hideharu Andō, »Die Interviews mit Else Jaffé, Edgar Salin und Helmuth Plessner über Max Weber 1969/70«, in: *Kölner Zeitschrift für Soziologie und Sozialpsychologie* 55 (3), 2003, S. 596-610.

Dämonie liegen bei ihm nun mal ganz nah beieinander. Dieser ständige Kampf mit sich selbst: Askese und Leidenschaft lassen sich nicht ohne weiteres in einer souveränen Lebensführung vereinbaren. Seine Person durchzieht deshalb ein tragischer Grundzug,[35] der sich auch in seinem Werk beobachten lässt.

35 So auch Stefan Breuer, *Max Webers tragische Soziologie,* Tübingen 2006, S. 1-9 und Michael Sukale, *Max Weber. Leidenschaft und Disziplin*, Tübingen 2002.

2. Die mühsame Suche nach einer Methode: Grundzüge einer soziologischen Wissenschaftslehre

Weber als methodologischer Kritikaster

Eigentlich konnte Max Weber Diskussionen über Methoden und Methodologie recht wenig abgewinnen. Statt Wissenschaftstheorie zu betreiben, wollte er lieber Wissenschaft machen. In seinen Augen wurde eine neue Wissenschaft noch nie durch eine Methode begründet, sondern stets durch die *Eigenart der Probleme*,[1] die sich mit den gängigen Disziplinen nicht ohne weiteres lösen ließen. Wir werden sehen, dass ihn genau diese Erfahrung am Ende auf die Bahn der so wenig geliebten Soziologie bringen sollte. Für ihn steht jedenfalls fest, dass die Methodologie »sowenig Voraussetzung fruchtbarer Arbeit [ist, HPM], wie die Kenntnis der Anatomie Voraussetzung ›richtigen‹ Gehens. Ja, wie derjenige, welcher seine Gangart fortlaufend an anatomischen Kenntnissen kontrollieren wollte, in Gefahr käme zu stolpern, so kann das Entsprechende dem Fachgelehrten bei dem Versuche begegnen, auf Grund methodologischer Erwägungen die Ziele seiner Arbeit anderweit zu bestimmen.«[2]

Worüber geriet denn dann Max Weber ins »Stolpern«? Vor Ausbruch seiner Krankheit hatte er jedenfalls eifrig geforscht und geschrieben, ohne große Gedanken an methodische Probleme zu verschwenden. Weshalb beginnt er ausgerechnet im Zuge seiner Genesung mit komplizierten Erwägungen methodologischer Grundsatzfragen, die auch heute noch, nach über hundert Jahren, der Leserschaft regelmäßiges Kopfzerbrechen bereiten? Man ma-

1 So notiert Weber bereits in den *Nervi-Notizen*, benannt nach dem Winterkurort an der ligurischen Riviera in der Nähe von Genua, wo er vom Dezember 1902 bis Januar 1903 zur Erholung weilte, unter dem Stichwort: »›Neue Wissenschaften‹«: »G[e]genstände treten in das Reich des *Wissenswerthen* ein dadurch, daß sie *Probleme* werden, *neue* Fragen entstehen[.] Dadurch [,] daß wir *erkennen*, daß wir etwas *nicht* wissen.« (MWG I, 7, S. 626)

2 So in seiner Auseinandersetzung mit Eduard Meyer: »Kritische Studien auf dem Gebiet der kulturwissenschaftlichen Logik« (1906), in: Max Weber, *Gesammelte Aufsätze zur Wissenschaftslehre*, Tübingen [4]1973, S. 215-290, hier S. 217.

che die Nagelprobe und schlage eine x-beliebige Seite der *Wissenschaftslehre* auf, wie Marianne Weber die »Gesammelten Aufsätze zur Logik und Methodik der Sozialwissenschaft«[3] in Anlehnung an Fichte genannt hat. Man wird überrascht sein, mit welch hartnäckiger Leidenschaft und welch kleinteiligem Furor sich Weber in Fragen der Methodologie vertieft. Kaum genesen, schwingt er sich sogleich zum methodischen Richter auf und liest den Größen von Nationalökonomie und Geschichtswissenschaft seiner Zeit die Leviten. Er beginnt mit der historischen Nationalökonomie und macht Wilhelm Roscher und Karl Knies, dessen Lehrstuhlnachfolger er in Heidelberg geworden war, den Prozess[4] und das in drei Folgen: 1903, 1905 und 1906. Dann legt er mit seinem Artikel »Die ›Objektivität‹ sozialwissenschaftlicher und sozialpolitischer Erkenntnis«[5] eine eigene methodologische Grundsatzbestimmung vor. 1906 folgen seine »Kritische Studien auf dem Gebiet der kulturwissenschaftlichen Logik«,[6] in denen er minutiös sämtliche methodischen Fehler des berühmten Althistorikers Eduard Meyer, einer Institution im Kaiserreich, vorführt. 1907 kritisiert er dann »mit rücksichtsloser Offenheit« Rudolf Stammlers[7] Auseinandersetzung

3 Die erste Auflage hatte Marianne Weber besorgt, dann aber Johannes Winckelmann hinzugezogen, der die weiteren, immer wieder verbesserten Auflagen vorgenommen hat. Die Herausgeber der *Max Weber-Gesamtausgabe* haben den an Fichte erinnernden Titel *Wissenschaftslehre,* der von Marianne Weber stammt, fallengelassen und die *Wissenschaftslehre* in zwei Bände aufgespalten. 2018 sind endlich nach langen und zähen Vorarbeiten in der Verantwortung des zwischenzeitlich verstorbenen Horst Baier nun von Gerhard Wagner in Zusammenarbeit mit Claudius Härpfer, Tom Kaden, Kai Müller und Angelika Zahn *Zur Logik und Methodik der Sozialwissenschaften.* Schriften 1900-1907, Tübingen 2018 als MWG I/7 und in der Verantwortung von Johannes Weiß in Zusammenarbeit mit Sabine Frommer *Verstehende Soziologie und Werturteilsfreiheit. Schriften und Reden 1908-1917,* Tübingen 2018 als MWG I/12 herausgekommen. Dennoch wird weiter primär nach der alten Ausgabe zitiert, weil die *Wissenschaftslehre* leichter zugänglich ist als die, wenn auch sündhaft teuren, verbindlichen und vorbildlichen MWG-Ausgaben, die nur sekundär zu Rate gezogen werden.

4 Max Weber, »Roscher und Knies und die logischen Probleme der historischen Nationalökonomie«, in: *Wissenschaftslehre*, S. 1-145.

5 Max Weber, »Die ›Objektivität‹ sozialwissenschaftlicher und sozialpolitischer Erkenntnis«, in: *Wissenschaftslehre*, S. 146-214.

6 Ebd., S. 215-290.

7 Max Weber, »R. Stammlers ›Überwindung‹ der materialistischen Geschichtsauffassung«. in: *Wissenschaftslehre*, S. 291-359, hier S. 291.

mit der materialistischen Geschichtsauffassung. Ihm zeigt er auf, dass sein »kritischer Idealismus« auf den Spuren von Kant keinen Deut besser ist als der alte historische Materialismus. Ein Jahr später nimmt er sich die Grenznutzenlehre vor, die die Makroökonomie zur neoklassischen Wirtschaftstheorie auf mathematischer Grundlage revolutionieren sollte, und entlarvt die Annahme eines »psychophysischen Grundgesetzes«[8] im Sozialleben als Absurdität. Den methodologischen Reigen beschließt 1909 seine Abrechnung mit den »›Energetischen‹ Kulturtheorien« des berühmten Chemikers Wilhelm Ostwald,[9] bei dem ein unbefangener Naturalismus und ein naives Plädoyer für »technologische Ideale [...] in unbekümmerter Souveränität das Wort führen«.[10]

Im ersten Jahrzehnt des 20. Jahrhunderts legt Weber als »methodologischer Kritikaster« gleich über vierhundert Seiten zu methodischen Grundsatzfragen vor. Der Tenor der Schriften und zugleich sein Hauptergebnis lautet unisono: *So* geht es nicht. Wozu dann aber diese mühselige Anstrengung, wo er doch weiß, »daß Kritisieren einer Leistung stets leichter ist, als selbst etwas zu leisten«?[11] Man könnte vermuten, dass seine persönliche Krise eine Parallele in einer Wissenschaftskrise[12] findet. Tatsächlich hatten sich die Naturwissenschaften gegen Ende des 19. Jahrhundert rasant entwickelt, so dass das Gros der Nobelpreise für Deutschland vor dem Ersten Weltkrieg verliehen wurde. In den Staatswissenschaften dagegen regierte die alte Fächerkombination, ohne dass die Gesellschaftswissenschaften diese Vorherrschaft nachhaltig zu erschüttern gewusst hätten. Und in der Nationalökonomie schwelte der alte Streit zwischen Carl Menger und Gustav Schmoller weiter, also zwischen der Wirtschaftswissenschaft als theoretischer Disziplin auf der einen oder als historischer Disziplin auf der anderen Seite. Weber wollte hier ein für alle Mal eine Klärung herbeiführen. Über diesen Versuch wird er in der Soziologie einen dritten Weg zwischen Natur- und Geisteswissenschaften finden und die wissenschaftstheo-

8 Max Weber, »Die Grenznutzlehre und das ›psychophysische Grundgesetz‹«, in: *Wissenschaftslehre*, S. 384-390.

9 Max Weber, »›Energetische‹ Kulturtheorien«, in: *Wissenschaftslehre*, S. 400-426.

10 Ebd., S. 401.

11 Ebd., S. 293.

12 So die These von Jürgen Kaube, *Max Weber. Ein Leben zwischen den Epochen*, Berlin 2014, S. 149.

retische Basis für seine eigene Positionierung in dieser noch jungen Disziplin[13] legen. Sie sollte so einflussreich werden, dass heute von einem »Weber-Paradigma«[14] die Rede ist.

Die Zeitschrift als Plattform

Im Jahre 1904 übernimmt Max Weber mit Edgar Jaffé und Werner Sombart die Zeitschrift *Archiv für Sozialwissenschaft und Sozialpolitik*. Sie wird seine Plattform, um die Art von Kultur- und Sozialwissenschaft, wie sie ihm vorschwebt, einem breiteren Publikum vorzustellen. Gleich im »Geleitwort«,[15] das seine unnachahmliche Handschrift trägt, macht Weber die neue Programmatik dieser Zeitschrift gegenüber ihrer Vorgängerin[16] deutlich. Sie besteht aus zwei Neuerungen thematischer und theoretischer Natur. Das beherrschende *Thema* wird »die historische und theoretische Erkenntnis der *allgemeinen Kulturbedeutung der kapitalistischen Entwicklung*«.[17] Diese Problemstellung machte durchaus Sinn, hatte doch gerade erst Georg Simmel im Jahre 1900 sein Opus magnum *Die Philosophie des Geldes*[18] vorgelegt. Es folgte Werner Sombart 1902 mit der ersten Auflage seines Standardwerkes *Der moderne Kapitalismus*,[19]

13 Im Folgenden stütze ich mich auf Überlegungen aus meinem *Max Weber. Eine Einführung in sein Werk*, Köln u.a. 2007. S. 50-75. Allerdings ist der Akzent hier ein anderer: nicht so sehr auf den technischen Details seiner Methodologie, sondern auf dem Verhältnis von Wissenschaft und Leben.

14 Siehe Gert Albert et al. (Hg.), *Das Weber-Paradigma. Studien zur Weiterentwicklung von Max Webers Forschungsprogramm*, Tübingen 2003.

15 »Geleitwort«, in: Max Weber, *Zur Logik und Methodik der Sozialwissenschaften. Schriften 1900-1907*, Tübingen 2018, S. 125-134 oder MWG I/7; das »Geleitwort« findet sich auch in der wohl besten Sammlung Weberscher Schriften in *einem* Band: Max Weber, *Schriften 1894-1922*, ausgewählt und hg. von Dirk Kaesler, Stuttgart 2002, S. 69-76.

16 Heinrich Braun (1854-1927), Publizist, Sozialdemokrat und Sozialpolitiker, gab das *Archiv für soziale Gesetzgebung und Statistik. Vierteljahrsschrift zur Erforschung der gesellschaftlichen Zustände aller Länder* von 1888 bis 1903 heraus, um es schließlich an Edgar Jaffé zu veräußern.

17 MWG I/7, S. 130 und Weber, *Schriften*, S. 74.

18 Georg Simmel, *Die Philosophie des Geldes*, Leipzig 1900, jetzt in der *Georg Simmel-Gesamtausgabe* (GSG), Bd. 6, hg. von David P. Frisby und Klaus Christian Köhnke, Frankfurt/M. 1989.

19 Werner Sombart, *Der moderne Kapitalismus*, Leipzig 1902.

der diesen Begriff für die moderne Wirtschafts-, Gesellschafts- und Lebensform salonfähig machen sollte. Weber wird seine berühmte These vom asketischen Protestantismus 1904 in einer ersten Aufsatzversion im *Archiv* publizieren und damit eine langanhaltende Debatte auslösen. Die beherrschende Form wird die *Theorie*, denn »wir werden sowohl die Erörterung sozialer Probleme unter *philosophischen* Gesichtspunkten im wesentlich verstärktem Maße zu berücksichtigen haben, wie die im engeren Sinn ›*Theorie*‹ genannte Form der Forschung auf unserem Spezialgebiet: die Bildung klarer Begriffe«.[20] Thematische Ausrichtung, Begriffs- und Theoriebildung sowie Analysen gelten vornehmlich dem Kapitalismus, seiner Entstehung und Kulturbedeutung. Aber es sollen auch methodologische Erörterungen breiten Raum finden, wie eine Kultur- und Gesellschaftswissenschaft erfolgversprechend zu betreiben ist.

Der Ankündigung der Herausgeber folgt die Tat auf dem Fuße. Denn Max Weber positioniert seinen programmatischen Aufsatz über »Die ›Objektivität‹ sozialwissenschaftlicher und sozialpolitischer Erkenntnis« gleich als ersten Beitrag des neuen *Archivs*. Die Politik der Zeitschrift passt prima mit Webers eigenem Wissenschaftsprogramm[21] zusammen. Folglich definiert er:

> Die Sozialwissenschaft, die *wir* treiben wollen, ist eine *Wirklichkeitswissenschaft*. Wir wollen die uns umgebende Wirklichkeit des Lebens, in welches wir hineingestellt sind, *in ihrer Eigenart* verstehen – den Zusammenhang und die Kultur*bedeutung* ihrer einzelnen Erscheinungen in ihrer heutigen Gestaltung einerseits, die Gründe ihres geschichtlichen So-und-nicht-anders-Gewordenseins andererseits.[22]

20 Ebd., MWG I/7, S. 133 und Weber, *Schriften*, S. 76.

21 Ein guter Überblick findet sich bei Rainer Prewo, *Max Webers Wissenschaftsprogramm*, Frankfurt/M. 1979; grundlegend Wolfgang Schluchter, »Max Webers Forschungsprogramm«, in: ders., *Religion und Lebensführung*, Bd. 1, Frankfurt/M. 1988, S. 23-113; ders., »Kantianisierende Soziologie – Max Weber«, in: ders., *Grundlegungen der Soziologie*, Bd. I, Tübingen 2009, S. 197-316. Wichtig bleiben auch die frühen Auseinandersetzungen mit Webers Methodologie. Siehe Alexander von Schelting, *Max Webers Wissenschaftslehre*, Tübingen 1934; Dieter Henrich, *Die Einheit der Wissenschafslehre Max Webers*, Tübingen 1952; Thomas Burger, *Max Weber's Theory of Concept Formation. History, Laws, and Ideal Types*, Durham 1987.

22 Weber, »Die ›Objektivität‹«, S. 170 f. und MWG I/7, S. 174.

Weber zielt also auf die Realität und nicht die Idealität des gesellschaftlichen Lebens, auf das Sein und nicht auf das Sollen. Es soll die jeweilige Eigenart und der spezifische Charakter einer sozialen Wirklichkeit herausgearbeitet werden, um den Zusammenhang, die Kulturbedeutung, die Gestalt und die Entstehungsgründe ihrer einzelnen Erscheinungen zu erfassen.

Ein kleines Beispiel zur Illustration: Karl Marx und Max Weber, auch »bürgerlicher Marx«[23] genannt, haben *ein* Lebensthema gemeinsam, den *Kapitalismus*. Worin sich jedoch die beiden größten Analytiker der kapitalistischen Welt signifikant unterscheiden, sind Ansatz und Methode. Marx versucht auf der Basis der Politischen Ökonomie eine Gesellschaftstheorie, eine Gesellschaftsanalyse und eine Gesellschaftskritik dieser sozialen Formation zu entwickeln, mit der er den Dreiklang von Theorie, Analyse und Kritik ins Stammbuch einer kritischen Soziologie bis zum heutigen Tage schreiben sollte. Wie er im *Kapital*[24] sagt, geht es ihm um das ökonomische Bewegungsgesetz moderner Gesellschaften, die er mit den »Gesetzmäßigkeiten der kapitalistischen Produktionsweise« ein für alle Mal auf den Begriff bringen will. Kurz: Marx interessiert der Kapitalismus *an und für sich*. Ihm geht es um das *Wesen* dieser Gesellschaftsformation. In Webers Sprache übersetzt, zielt er auf den Gattungsbegriff des Kapitalismus, auch wenn Weber dessen großartiges Werk als »historisches Individuum«[25] durchaus ernst nimmt.

Weber dagegen interessiert sich weniger für das Gattungswesen, sondern für die verschiedenen historischen Formen des Kapitalismus, vor allem den modernen bürgerlichen Betriebskapitalismus heutiger Zeit. Er will nicht Gesellschafts*theorie*, sondern eher

23 So Albert Salomon, »Max Weber (1926)«, in: ders., *Werke*, Bd. 1, Wiesbaden 2008, S. 148.

24 Karl Marx, *Das Kapital. Kritik der Politischen Ökonomie* (1867), Bd. 1, in: Marx-Engels-Werke (MEW), Bd. 23, Berlin 1973, S. 15.

25 So Weber, »Kritische Studien auf dem Gebiet der kulturwissenschaftlichen Logik«, S. 253 und MWG I/7, S. 431 f.: »Das ›Kapital‹ von Karl Marx teilt die Qualität als ›Literaturprodukt‹ mit jedem der allwöchentlich im Brockhausschen Verzeichnis stehenden Kombinationen von Druckerschwärze und Papier, – was es für uns zu einem ›historischen Individuum‹ macht, ist aber doch nicht etwa jene Zugehörigkeit zur Gattung, sondern umgekehrt der durchaus einzigartige ›geistige Gehalt‹, den ›wir‹ in ihm ›niedergelegt‹ finden.« Weber hat an verschiedenen Stellen seines Werkes immer wieder seine Wertschätzung für das Werk von Marx zum Ausdruck gebracht.

Gesellschafts*geschichte* betreiben und da interessiert natürlich der historisch-empirische Vergleich verschiedener Kapitalismen im Plural. Entstehung und Eigenart historischer Formen des Kapitalismus, also das, was die heutige Politische Ökonomie »Varieties of Capitalism«[26] nennt, umreißt Webers Erkenntnisinteresse. Nicht die *Gattung*, sondern die verschiedenen *Arten*, nicht die *Einheit*, sondern die *Differenzen* sind es, die seine Soziologie historisch und empirisch untersuchen möchte. In der Sprache der Philosophie seiner Zeit geht es jeweils um das »historische Individuum« bzw. die »historischen Individuen«.[27]

Sozialwissenschaften als dritte Kultur: Verstehen und Erklären

Aber wie geht das? Wie lassen sich »historische Individuen« soziologisch analysieren? Webers Soziologie als Wirklichkeitswissenschaft lehnt sich an der Unterscheidung von Natur- und Geschichtswissenschaften an, um sie dann zugunsten eines dritten Weges zwischen den beiden Wissenschaftskulturen zu überwinden. Er greift hierzu auf Wilhelm Diltheys[28] Überlegungen aus dessen *Einleitung in die Geisteswissenschaften* (1883) sowie auf Wilhelm Windelbands Unterscheidung zwischen nomothetischer und idiographischer Methode[29] zurück – wie jener den Unterschied in seiner berühm-

26 Zu den Spielarten des Kapitalismus vgl. Peter A. Hall, David Soskice, *Varieties of Capitalism*, Oxford 2001 sowie Hans-Peter Müller, »Europäischer Kapitalismus?«, in: Robert Hettlage, Hans-Peter Müller (Hg.), *Die europäische Gesellschaft*, Konstanz 2006, S. 249-269 und Richard Whitley (Hg.), *Competing Capitalisms. Institutions and Economies*, 2 Bde., Cheltenham 2002.

27 Weber unterstreicht das in aller Deutlichkeit: »Ausgangspunkt des sozialwissenschaftlichen Interesses ist nun zweifellos die *wirkliche*, also individuelle Gestaltung des uns umgebenden sozialen Kulturlebens in seinem *universellen*, aber deshalb natürlich nicht minder *individuell* gestalteten, Zusammenhange und in seinem Gewordensein aus anderen, selbstverständlich wiederum individuell gearteten, sozialen Kulturzuständen heraus.« (Weber, »Die ›Objektivität‹ sozialwissenschaftlicher und sozialpolitischer Erkenntnis«, S. 172 f.) Man merkt der zerknirschten Umständlichkeit der Sprache an, wie wichtig Weber dieser Punkt ist.

28 Siehe Wilhelm Dilthey, *Einleitung in die Geisteswissenschaften. Versuch einer Grundlegung für das Studium der Gesellschaft und Geschichte*, Bd. 1, Leipzig 1883.

29 Wilhelm Windelband, *Geschichte und Naturwissenschaft.* Rede zum Antritt des

ten Rektoratsrede *Geschichte und Naturwissenschaft* (1894) genannt hatte. Die Naturwissenschaften setzten als Mittel die nomothetische Methode ein, um ihr Ziel der Erklärung durch die Aufstellung von Naturgesetzen zu erreichen. Die Geschichtswissenschaft indes bediene sich des Mittels der idiographischen Methode, um ihr Ziel des Verstehens vermittels phänomenologischer Beschreibung zu erreichen. Max Weber schlägt für die Sozialwissenschaften einen dritten Weg ein und sucht geschickt das brauchbare Erbe beider Wissenschaftstraditionen zu verknüpfen. Seine Lösung für das Begründungsproblem einer Soziologie als eigenständiger Wissenschaft lautet daher: Verstehen *und* Erklären.[30]

Geht man von C. P. Snows alter Unterscheidung zweier Kulturen[31] – Natur- und Geisteswissenschaften in der Universität – aus, so sieht man, dass Weber die Sozialwissenschaften als dritte Kultur[32] etablieren will. Der konkrete Ausgangspunkt für ihn wird der erste Methodenstreit in der Nationalökonomie.[33] Er wurde ausgefochten zwischen Carl Menger, der die theoretische Richtung, und Gustav Schmoller, der die jüngere historische Schule innerhalb der Nationalökonomie vertrat. Menger hatte im Verein mit Léon Walras und Vilfredo Pareto das Grenznutzentheorem aufgestellt, was die Chance bot, der Ökonomie als Wissenschaft eine strikt theoretische Grundlage zu geben. Die dahinterstehende Hoffnung bestand darin, das Fach auf Augenhöhe mit den Naturwissenschaften zu bringen. Die Wirtschaftswissenschaft würde fürderhin mit rein quantitativen Methoden ökonomische Erklärungen im Rah-

Rektorats der Kaiser-Wilhelms-Universität Straßburg, geh. am 1. Mai 1894, Straßburg 1894.

30 Tatsächlich verfolgt diese Debatte die Soziologie bis auf den heutigen Tag. Eine gute Übersicht über diese Problematik anhand zentraler Autoren des Faches geben Rainer Greshoff et al. (Hg.), *Verstehen und Erklären. Sozial- und kulturwissenschaftliche Perspektiven*, München 2008.

31 Charles Percy Snow, *The Two Cultures* (1959), Reprint, Cambridge 2005.

32 So Wolf Lepenies, *Die drei Kulturen. Soziologie zwischen Literatur und Wissenschaft*, München 1985 mit etwas anderer Akzentsetzung und einem gelungenen Vergleich zwischen englischer, französischer und deutscher Soziologie.

33 Zum historischen Hintergrund dieses Streits siehe Dieter Lindenlaub, *Richtungskämpfe im Verein für Sozialpolitik*, Wiesbaden 1967. Zur theoretischen Bedeutung dieses Streits siehe Wolfgang Schluchter, *Religion und Lebensführung*, Bd. 1, Frankfurt/M. 1988, S. 23-79.

men von »Gesetzeswissen« abgeben. Es war dann Alfred Marshall,[34] dem es gelang, diesen Anspruch durch Kodifizierung im Rahmen des neoklassischen Paradigmas[35] einzulösen, wie es bis auf den heutigen Tag, wenn auch mit erkennbar großen Rissen, noch immer Geltung besitzt. Gustav Schmoller hingegen, der »Kathedersozialist«, wollte wirtschaftliche Phänomene auf der Basis qualitativer Methoden historisch und empirisch verstehen. Seiner Auffassung nach gibt es keine Gesetze menschlichen Handelns, weshalb man induktiv, wie es die Historiker tun, empirische Daten sammeln und in makroökonomischen Konstellationen analysieren sollte. Auch wenn es heute wieder einen Institutionalismus in Wirtschafts-, Politik- und Sozialwissenschaften[36] gibt, hat seine Fraktion diesen paradigmatischen Kampf auf ganzer Linie verloren. Die Ökonomie sieht sich als Naturwissenschaft mit eigenem Nobelpreis, während die Soziologie nichts dergleichen hat.

Max Webers dritter Weg folgt weder einfach dem Positivismus von Carl Menger, noch dem Historismus der Schmoller-Schule. Gleichwohl findet er in beiden Lagern anregende Überlegungen: Er teilt Mengers methodologischen Individualismus, der vom einzelnen individuellen oder kollektiven Akteur ausgeht. Auch will er die Kausalanalyse übernehmen, warnt aber im selben Atemzug vor einer Überschätzung von Gesetzeswissen.[37] Das gesamte soziale

34 Alfred Marshall, *Principles of Economics*, London 1890.

35 Das ist der Grund, warum Talcott Parsons seine Analyse der klassischen Soziologie mit der paradigmatischen Revolution von Alfred Marshall einsetzen lässt. »The great revolutionary discovery which marked the advent of the new era was that of the principle of marginal utility.« Ders., *The Structure of Social Action*, Bd. 1, (1937), New York 1968, S. 129.

36 Für die Ökonomie siehe Oliver Williamson, *Die ökonomischen Institutionen des Kapitalismus,* Tübingen 1990 und Douglas C. North, *Institutionen, institutioneller Wandel und Wirtschaftsleistung*, Tübingen 1992; für die Politikwissenschaften James G. March, Johan P. Olsen, *Rediscovering Institutions. The Organizational Basis of Politics*, New York 1989; für die Soziologie Walter L. Powell und Paul DiMaggio (Hg.), *The New Institutionalism in Organizational Analysis*, Chicago u. a. 1991. Ein guter Überblick über die Diskussion bei Michael Schmid, *Der ›Neue‹ Institutionalismus. Studien zum Vergleich seiner Forschungsprogramme*, Wiesbaden 2018.

37 Weber illustriert dies ironisch mit einem Zitat aus Wilhelm Buschs »Plisch und Plum«: »Wer sich freut, wenn wer betrübt, macht sich meistens unbeliebt.« In seinen Augen ist das ein »ganz tadellos formuliertes ›historisches Gesetz‹«. Weber,

Leben ist nicht durch Gesetze komplett geregelt, denn Menschen sind keine Marionetten und Gesellschaft funktioniert nicht nach den Grundsätzen der Mechanik. Umgekehrt schätzt er an der historischen Schule die Orientierung am »historischen Individuum«, die den Respekt für die Eigenart und Einzigartigkeit der zu analysierenden Phänomene festhält. Aber eine noch so große Fülle von empirischen Studien auf dem gleichen Feld wird niemals zu so etwas wie einer Theorie oder Erklärung vorstoßen und insofern mit dem Suchprozess des Verstehens auf der Stelle treten.

Webers dritte Kultur, die die Soziologie zwischen Natur- und Geschichtswissenschaften ansiedelt, wird die beiden unversöhnlichen Positionen ganz neu konfigurieren und dadurch kongenial verbinden. Weber nennt seinen Ansatz »verstehende Soziologie«. Das heißt nun nicht, dass er Kausalanalysen von vornherein ablehnt. Ganz im Gegenteil – sie sollten immer am Anfang eines komplexen und komplizierten Prozesses des Verstehens stehen. Stets besteht der erste Schritt jedes erklärenden Verstehens darin, Ursache-Wirkungs-Relationen zu entdecken. Aber »Faktoren« und »Gesetze« gelten Weber nur als Vorarbeit. Denn im zweiten Schritt gilt es, die isolierten Faktoren individuell anzuordnen, ihre Bedeutung abzuschätzen und ihr Zusammenwirken in einer Konstellation zu eruieren. Drittens muss man die Entstehung der Faktoren feststellen »und ihre historische Erklärung aus früheren, wiederum individuellen Konstellationen«[38] herleiten. In einem vierten Schritt müsste es dann darum gehen, »mögliche Zukunftskonstellationen«[39] abzuschätzen. Eine vollständige sozialwissenschaftliche Erklärung verlangt demnach vier Schritte: Die Kausalanalyse, die individuelle Konstellationsanalyse, die genetische Analyse und die projektive Zukunftsanalyse. Nur so, davon ist Weber überzeugt, wird es gelingen, zu einem immerhin halbwegs vollständigen Verständnis eines zu analysierenden Phänomens zu gelangen.

In den Fußstapfen von Carl Menger sieht sich Weber als Anhänger des methodologischen Individualismus. Das heißt, dass jedes verstehende Erklären oder erklärende Verstehen beim Akteur und

»Roscher und Knies und die logischen Probleme der historischen Nationalökonomie«, S. 1-145, hier S. 112 und MWG I/7, S. 336.

38 Weber, »Die ›Objektivität‹ sozialwissenschaftlicher und sozialpolitischer Erkenntnis«, S. 146-214, hier S. 175 und MWG I/7, S. 181.

39 Ebd.

seinem subjektiv gemeinten Sinn anzusetzen hat. Denn nur Akteure, seien es individuelle oder kollektive, handeln. Weber lehnt den methodologischen Kollektivismus von Marx bis Schmoller dezidiert ab, weil sie mit Kollektivbegriffen hantieren. Begriffe wie *die* Gesellschaft, *der* Volkscharakter, *die* Rasse oder *die* Klasse sind nicht nur unteranalysiert, sondern in der kollektivistischen Redeweise schwingt häufig mit, dass Gesellschaft, Volk, Rasse oder Klasse selbst handeln könnten. »Die Gesellschaft ist schuld!« ist eine beliebte Anklage von Menschen oder Gruppen auch heute noch, die sich diskriminiert fühlen. Soziologisch gesehen, machen solche Aussagen wenig Sinn, können bestenfalls ein Problem signalisieren, was es dann erst einmal zu analysieren gälte und dann ließen sich vielleicht auch Ross und Reiter nennen. Also: Wer diskriminiert wen, wann, wie und warum? Der methodologische Kollektivismus ist in Webers Augen besonders ideologieanfällig. »Es haben fast alle Wissenschaften, von der Philologie bis zur Biologie, gelegentlich den Anspruch erhoben, Produzenten nicht nur von Fachwissen, sondern auch von ›Weltanschauungen‹ zu sein.« Das trifft auf die materialistische Geschichtsauffassung mit ihrer Konzentration auf den Klassenkampf genauso zu wie auf die Biologie und Anthropologie, die mit dem Rassenbegriff hantiert. Das liegt an dem Glauben, »daß ›in letzter Linie‹ alles historische Geschehen Ausfluß des Spiels angeborener ›Rassenqualitäten‹ gegeneinander sei. An die Stelle der kritiklosen bloßen Beschreibung von ›Volkscharakteren‹ trat die noch kritiklosere Aufstellung von eigenen ›Gesellschaftstheorien‹ auf ›naturwissenschaftlicher‹ Grundlage.«[40]

Kollektivbegriffe sind nicht nur unteranalysiert, tun so, als ob sie handeln könnten, und sind ideologisch anfällig für Weltanschauungen, sie verhindern auch, zu einer spezifischen und analytisch klaren Problemstellung zu gelangen. »Der Gebrauch der undifferenzierten Kollektivbegriffe, mit denen die Sprache des Alltags arbeitet, ist stets Deckmantel der Unklarheit des Denkens oder Wollens, oft genug das Werkzeug bedenklicher Erschleichungen, immer aber ein Mittel, die Entwicklung der richtigen Problemstellung zu hemmen.«[41]

Handeln lässt sich daher in Webers Augen am besten verstehen, wenn man am subjektiv gemeinten Sinn des Akteurs ansetzt. Dazu

40 Ebd., S. 167 und MWG I/7, S. 170.
41 Ebd., S. 212 und MWG I/7, S. 231.

bedarf es nach Weber weder einer eigenständigen philosophischen Methode wie der Hermeneutik noch sei notwendigerweise auf die Psychologie zurückzugreifen. Vielmehr sind die Menschen als soziale Wesen Mitglied einer Gesellschaft und Träger ihrer Kultur. Es ist die Kultur einer Gesellschaft, welche ihre Mitglieder über Sprache, Traditionen und Konventionen, Werte und Normen mit Spielregeln für das Verhalten versorgt. Zudem machen die Menschen Erfahrungen mit ihren Mitmenschen und vermögen allein deshalb ihr Verhalten im Durchschnitt zu verstehen. Weber bemüht den Begriff der Rationalität, um zu verdeutlichen, dass die Menschen in aller Regel in vernünftiger und das heißt einfach: intersubjektiv nachprüfbarer Weise ihre Mittel so einsetzen, dass sie ihre Ziele auch erreichen können. Das »versteht« man. Der subjektiv gemeinte Sinn eines Akteurs ist also der durchschnittlich anzunehmende Sinn, der einer Handlung ihre nachvollziehbare Bedeutung verleiht. »Verstehen« als der Prozess, Handlungen auf Motive, Intentionen und Umstände »zuzurechnen«, wie Weber sagt, ist deshalb in Alltag und Wissenschaft durchaus vergleichbar. »All dies sind verständliche *Sinnzusammenhänge*, deren Verstehen wir als ein *Erklären* des tatsächlichen Ablaufs des Handelns ansehen. ›Erklären‹ bedeutet also für eine mit dem Sinn des Handelns befaßte Wissenschaft soviel wie: Erfassung des Sinn*zusammenhangs*, in den, seinem subjektiv gemeinten Sinn nach, ein aktuell verständliches Handeln hineingehört.«[42] Max Weber wird eigens eine Handlungstheorie ausarbeiten, um genauer zu zeigen, wie er seine methodologischen Erwägungen verstanden wissen will.

Soziologie, verstanden als Wissenschaft vom sozialen Handeln, also als durchaus systematische Handlungs-, nicht jedoch als genuine Systemwissenschaft, fokussiert auf Sinn und Bedeutung, auf Handeln als »verständliches«, weil nachvollziehbares Sich-Verhal-

42 So Max Weber in den »Soziologischen Grundbegriffen«, in: ders., *Wirtschaft und Gesellschaft. Grundriß der verstehenden Soziologie*, Tübingen [5]1972, S. 1-30, hier S. 4 und in der *Max Weber-Gesamtausgabe Wirtschaft und Gesellschaft. Soziologie unvollendet 1919-1920*, hg. von Knut Borchardt et al., Tübingen 2013, S. 155. Ich zitiere in der Folge nach beiden Ausgaben. Obgleich die Herausgeber das Textkonvolut »Wirtschaft und Gesellschaft« zerlegt haben, wird der Klassiker »WuG«, wie er abgekürzt heißt, sicherlich weiter verwendet werden, zumal er auch leichter zugänglich ist als die MWG. Die deutlich kostengünstigere Studienausgabe (MWS) ist nicht textidentisch mit der MWG, so dass Irritationen in der Zitationsweise nicht ausbleiben werden.

ten – Weber richtet seine Sozialwissenschaft als Kulturwissenschaft so aus, dass Erklären und Verstehen, Kausal- und Sinnanalyse passgenau ineinandergreifen.

Theorie als Begriffsbildung: Die Konstruktion von Idealtypen

Wie schon das »Geleitwort« der Zeitschrift gezeigt hat, setzt Weber auf Theorieentwicklung durch präzise Begriffsbildung. Er folgt an dieser Stelle dem südwestdeutschen Neukantianismus und hier vor allem Heinrich Rickert in »der entscheidenden Eigenart kulturwissenschaftlicher Betrachtungsweise«. Sie geht aus von der prinzipiell unausschöpfbaren Mannigfaltigkeit der Wirklichkeit. Um in diesen unendlichen Kosmos überhaupt analytische Schneisen zu schlagen, bedarf es klar geschnittener Problemstellungen, wohl definierter Begriffe und das, was man heute spezifische Erkenntnisinteressen nennt. Das bringt die Kultur und die Kulturbedeutung der Lebenserscheinungen ins Spiel, die unser wissenschaftliches Erkenntnisinteresse verdienen.

Wir haben als ›Kulturwissenschaften‹ solche Disziplinen bezeichnet, welche die Lebenserscheinungen in ihrer Kultur*bedeutung* zu erkennen streben. Die *Bedeutung* der Gestaltung einer Kulturerscheinung und der *Grund* dieser Bedeutung kann aber aus keinem noch so vollkommenen System von Gesetzesbegriffen entnommen, begründet und verständlich gemacht werden, denn sie setzt die Beziehung der Kulturerscheinungen *auf Wertideen* voraus. Der Begriff der Kultur ist ein *Wertbegriff.* Die empirische Wirklichkeit *ist* für uns ›Kultur‹, weil und insofern wir sie mit Wertideen in Beziehung setzen, sie umfaßt diejenigen Bestandteile der Wirklichkeit, welche durch jene Beziehung für uns *bedeutsam* werden, und *nur* diese.[43]

Weber zieht Kultur, Wert, Sinn und Idee ganz eng zusammen, um zu demonstrieren, dass nur durch die Wertbeziehung Themen, Fragen und Probleme für die Sozialwissenschaften relevant werden, die dann den Untersuchungsgegenstand, das »historische Individuum«, stiften. Um diesen Punkt mit allem Nachdruck zu unterstrei-

43 Weber, »Die ›Objektivität‹«, S. 175 und MWG I/7, S. 181 f.

chen, spricht Weber sogar von »*Kulturwertideen*«.[44] Denn nur, was Kulturbedeutung hat, bedarf der kausalen Erklärung der jeweils individuellen Konstellation.

Neben Hermeneutik und Psychologie lehnt Weber es zudem ab, seine Überlegungen in einer Anthropologie zu fundieren. Und doch kommt auch er nicht ohne eine Minimalbestimmung aus, die Kultur und Mensch ganz eng aufeinander bezieht. »›Kultur‹ ist ein vom Standpunkt des *Menschen* aus mit Sinn und Bedeutung bedachter endlicher Ausschnitt aus der sinnlosen Unendlichkeit des Weltgeschehens.« Es ist die Kultur, die ihr strahlendes Licht auf die Bereiche der sozialen Wirklichkeit richtet, die für uns relevant und interessant sind, und die deshalb das Erkenntnisinteresse des Forschers erheischen: »Transzendentale Voraussetzung jeder *Kulturwissenschaft* ist *nicht* etwa, daß wir eine bestimmte oder überhaupt irgend eine ›Kultur‹ *wertvoll* finden, sondern daß wir *Kulturmenschen sind,* begabt mit der Fähigkeit und dem Willen, bewußt zur Welt *Stellung* zu nehmen und ihr einen *Sinn* zu verleihen.«[45]

Damit schließt sich der Kreis und Weber hat mit der Wertbeziehung und den Wertideen gezeigt, was für uns relevant ist und insofern wichtiger Gegenstand soziologischer Forschung wird. Hierzu bedarf es freilich der von ihm geforderten, klar geschnittenen Begriffe. Weber entwirft dafür das Konzept der sogenannten »Idealtypen«. Das klingt auf Anhieb nach einem Ideal und einer idealistischen Methode. Das wäre freilich ein grobes Missverständnis. Idealtypische Begriffe sind analytische Konstruktionen, um die soziale Wirklichkeit zu untersuchen. Sie sind aber kein Vorbild, wie die Realität sein sollte.

Der Idealtypus »wird gewonnen durch einseitige *Steigerung eines* oder *einiger* Gesichtspunkte und durch Zusammenschluß einer Fülle von diffus und diskret, hier mehr, dort weniger, stellenweise gar nicht, vorhandenen *Einzel*erscheinungen, die sich jenen einseitig herausgehobenen Gesichtspunkten fügen, zu einem in sich einheitlichen *Gedanken*bilde. In seiner begrifflichen Reinheit ist dieses Gedankenbild nirgends in der Wirklichkeit empirisch vorfindbar, es ist eine Utopie, und für die *historische* Arbeit erwächst die Aufgabe, in jedem *einzelnen Falle* festzustellen, wie nahe oder wie fern die Wirklichkeit jenem Idealbilde steht [...].[46]

44 Ebd., S. 178 und MWG I/7, S. 184.
45 Ebd., S. 180 und MWG I/7, S. 188 f.
46 Ebd., S. 191 und MWG I/7, S. 203 f.

Der Idealtypus verkörpert kein Ziel an sich, sondern dient als ein methodisches Mittel, um sozialwissenschaftliche Erkenntnisse zu gewinnen. In diesem Sinn kann man den Idealtypus verstehen als

> ein Gedankenbild, welches nicht die historische Wirklichkeit oder gar die ›eigentliche‹ Wirklichkeit *ist*, welches noch viel weniger dazu da ist, als ein Schema zu dienen, *in* welches die Wirklichkeit als *Exemplar* eingeordnet werden sollte, sondern welches die Bedeutung eines rein idealen *Grenz*begriffes hat, an welchem die Wirklichkeit zur Verdeutlichung bestimmter bedeutsamer Bestandteile ihres empirischen Gehaltes *gemessen*, mit dem sie *verglichen* wird. Solche Begriffe sind Gebilde, in welchen wir Zusammenhänge unter Verwendung der Kategorie der objektiven Möglichkeit konstruieren, die unsere, an der Wirklichkeit orientierte und geschulte *Phantasie* als adäquat *beurteilt*.[47]

Idealtypen lassen sich auf verschiedenen Ebenen und mit unterschiedlicher Reichweite konstruieren. Zunächst ganz allgemein als *Gattungsbegriff*, als Bezeichnung *wesensmäßiger* Zusammengehörigkeit, wie wir anhand von Marx' Analyse des Kapitalismus gesehen haben. Sodann als Begriff verschiedener *Formen* mit raum-zeitlicher Fixierung, wie Webers Spielarten des Kapitalismus demonstrieren. Weiterhin lassen sich auch Idealtypen von *Ideen* entwickeln wie etwa Marxens Vorstellungen von Sozialismus und Kommunismus. Schließlich kann man auch Idealtypen von *Idealen* aufstellen, wie etwa die Trias von »Freiheit, Gleichheit, Brüderlichkeit« aus der Französischen Revolution von 1789. Schließlich wird man nicht nur singuläre Idealtypen postulieren, sondern *theoretische Konstruktionen* von mehreren miteinander verknüpften Idealtypen in einer komplexen Konstellationsanalyse, wie Weber das in seiner »Protestantischen Ethik« versucht hat.

Gattung, Formen, Ideen, Ideale und theoretische Konstruktionen eröffnen ein weites Feld der Bildung von Idealtypen. Aber wie erkennt man die Brauchbarkeit, die Güte und die Triftigkeit von Idealtypen? Wie verhält sich der Idealtyp zur Wirklichkeit?

Je wichtiger ein Thema, ein Problem oder ein Phänomen ist, desto mehr Versuche wird es geben, einen Idealtyp zu bilden, um das in Frage stehende Thema aufzugreifen und das Problem analytisch zu fassen. Der geschichtsmächtige Kapitalismus etwa hat Myriaden von Definitionen auf sich gezogen, und das bis auf den

47 Ebd., S. 194 und MWG I/7, S. 208.

heutigen Tag, wie die Rede von Finanzmarktkapitalismus, Plattformkapitalismus und digitaler Kapitalismus anzeigt. Entscheidend für die Güte eines Idealtypus ist, auf welche Weise es ihm gelingt, *die zentralen* Aspekte und Facetten eines Phänomens kongenial in einem Begriff, der semantisch stimmig, sachlich angemessen und logisch widerspruchsfrei ist, zu bündeln. Auch hier gibt es letztlich kein definitives methodisches oder methodologisches Kriterium. Vielmehr erweist sich seine Brauchbarkeit ausschließlich praktisch in dem Maße, wie häufig mit ihm offenkundig erfolgreich gearbeitet wird. Das nennt Weber die »empirische Geltung« eines Begriffs, was nicht mit seiner »normativen Gültigkeit« zu verwechseln ist. Begriffe sind nicht »wahr«, sondern als Erkenntnisinstrument nützlich oder eben nicht. Fällt die Arbeit mit einem Idealtyp dagegen unbefriedigend aus, dann sorgt die Kritik in der Wissenschaft für die Revision eines Begriffes und eine neue Fassung des Idealtyps wird das Rennen im Konkurrenzsystem der Wissenschaft machen.

Weber warnt deshalb auch vor dem Fehlschluss des monistischen Naturalismus. Ein Begriff kann nicht die Realität vollständig abbilden, sondern konstruiert sie abstrakt und bildet sie in vereinfachter Form nach. Der »hiatus irrationalis«, die Kluft zwischen Begriff und Wirklichkeit, ist insofern unüberwindbar, aber eben auch kein Problem, solange das in Frage stehende Thema oder Problem angemessen konzeptualisiert werden kann. Tatsächlich trifft das in logischer wie soziologischer Hinsicht zu: *logisch,* denn je reiner der Begriff, desto unwahrscheinlicher wird die Deckungsgleichheit mit der stets unreinen sozialen Wirklichkeit; *soziologisch,* weil sich das jeweilige Handeln stets aus einem Motivationsgemisch speist und das, was als »rational« ausgegeben wird, sich bei genauerem Hinsehen häufig genug als »Rationalisierung« *post festum* erweist. Ein Polizist als Beamter etwa handelt in der Regel nach Recht und Gesetz, kann aber in der Ausübung seiner hoheitlichen Pflichten eben auch in ultimative Stresssituationen geraten, in denen er plötzlich als »Mensch« agiert oder reagiert. In dem Maße, in dem er dabei seine Pflichten in der Amtsausübung verletzt, kann er dann wiederum juristisch zur Rechenschaft gezogen werden.

Insofern besteht grundsätzlich ein Abstand zwischen Begriff und Realität. Der Idealtyp wird als Gradmesser für die Bewertung der Realitätsnähe einer wissenschaftlichen Darstellung genutzt, d. h. inwieweit ein empirisch beobachtbares Handeln bzw. eine empirisch rekonstruierte Handlungskonstellation der gedanklich konstruierten Typik des Phänomens entspricht. Die idealtypische Methode erfasst also die Wirklichkeit niemals *direkt,* wie bei der naturalistischen Methode der Abbildung, sondern nur *indirekt,* wobei das Maß der Abweichung zwischen Realität und Begriff methodisch kontrolliert und bei der Bewertung der empirischen Geltung von Aussagen über einen Sachverhalt explizit berücksichtigt wird.

Wird freilich der Hiatus so groß, dass der Idealtyp das fragliche Phänomen gar nicht mehr fassen kann, ist er offenkundig ungeeignet, weil unbrauchbar konstruiert. Dann ist nach Alternativen Ausschau zu halten.

Wertideen, Werturteilsfreiheit und Wertdiskussionen

Die Wertbeziehung, so Weber, stiftet die Themen, Probleme und Fragen zur sozialwissenschaftlichen Analyse. Ihre Relevanz wird durch die »Kulturwertideen« bestimmt. Aber die eigentliche soziologische Analyse hat dann strikt »werturteilsfrei« zu erfolgen, hier dürfen Tatsachen- und Werturteile unter keinen Umständen vermischt werden, wenn die »Wahrheitsfähigkeit« der Analyse nicht unter die Räder kommen soll. Das »Prinzip der Werturteilsfreiheit« ist vielleicht das auffälligste Kennzeichen einer weberianischen Kultur- und Sozialwissenschaft – sie ist *das* Markenzeichen seiner Soziologie.

Eigentlich formuliert es eine Banalität. Wissenschaftliche Studien haben »werturteilsfrei« zu sein und strikt nach Sachgesetzlichkeiten zu erfolgen, sonst sind sie nicht objektiv im Sinne von intersubjektiv nachprüfbar und das heißt, weder valide, also genau, noch reliabel, also zuverlässig. Objektivität, Validität und Reliabilität umschreiben den methodischen Anforderungskatalog jeder wissenschaftlichen Untersuchung, die diesen Namen verdienen will. Gleichgültig, welches Methodenbuch man aufschlägt, wird man mit diesem Anforderungskatalog an gute Wissenschaft konfrontiert werden. Und doch ist das »Prinzip der Werturteilsfreiheit« bis auf den heutigen Tag umstritten. Warum?

Zu Webers Zeiten war es durchaus üblich, Tatsachen- und Werturteile zu vermischen, um die Überzeugungskraft für die eigenen

Argumente zu stärken. Die materialistische Geschichtsauffassung von Marx und Engels und viele Studien in ihrer Folge etwa verband eine luzide wissenschaftliche Analyse des Kapitalismus mit der selbstverständlichen politischen Forderung nach seiner Abschaffung durch eine sozialistische Revolution, um der mit dieser Gesellschaftsformation einhergehenden Ausbeutung, Entfremdung und Klassenherrschaft ein Ende zu bereiten. Heinrich von Treitschke indoktrinierte von seinem Katheder herab die Studenten mit seinem Nationalismus und Antisemitismus, unter dem Weber selbst noch persönlich gelitten hatte. Gustav Schmoller und Adolph Wagner wurden »Kathedersozialisten« genannt, weil sie ihre volkswirtschaftlichen Analysen in den geschützten Räumen der Alma Mater regelmäßig in sozialpolitische Forderungen praktischer Art ausmünden ließen. Die südwestdeutsche Schule des Neukantianismus von Wilhelm Windelband und Heinrich Rickert verbanden ihre philosophischen Studien zur Theorie der Erkenntnis und Ethik zugleich mit dem Versuch, ein »System der Werte« für die Moderne aufzustellen, um ihr Sinn, Bedeutung und Orientierung zu verleihen. Marxismus, Kathedersozialismus und Neukantianismus wollten doch alle nur das Beste für ihre Zeit und Gesellschaft. Was ist daran eigentlich problematisch? Die technokratische Formel dazu lautet bekanntlich: »Problem erkannt, Problem gebannt!« Wozu also »Wertfreiheit«? Ist sie nicht unmöglich, wo doch bereits in den »Kulturwertideen« selbst eine starke Wertung steckt? Wie sollen sich dann »Wertbeziehung« und »Werturteile« voneinander trennen lassen? Behauptet das »Prinzip der Werturteilsfreiheit« nicht ein Ding der Unmöglichkeit?

In Webers Augen sprechen drei Gründe nachdrücklich für dieses Prinzip: erstens, die nachmetaphysische Situation der Moderne; zweitens, der Wert der Wahrheit als Signum der Wissenschaft; drittens, die Behauptung menschlicher Freiheit. Was ist das Kennzeichen der nachmetaphysischen Moderne? Und wie charakterisiert es Weber?

Das Schicksal einer Kulturepoche, die vom Baum der Erkenntnis gegessen hat, ist es, wissen zu müssen, daß wir den *Sinn* des Weltgeschehens nicht aus dem noch so sehr vervollkommneten Ergebnis seiner Durchforschung ablesen können, sondern ihn selbst zu schaffen imstande sein müssen, daß ›Weltanschauungen‹ niemals Produkt fortschreitenden Erfahrungswissens sein können, und daß also die höchsten Ideale, die uns am mächtigsten bewegen, für alle Zeit nur im Kampf mit anderen Idealen sich auswirken, die anderen ebenso heilig sind, wie uns die unseren.[48]

Tatsächlich liegen die Grenzen der Erfahrungswissenschaften genau an dem Punkt, an dem früher Religion und metaphysische Philosophie noch ein verbindliches und vorbildliches Verständnis des Kosmos liefern konnten. Es ist diese Figur der »großen Kette der Wesen«,[49] vom Einzeller bis zu Gott, die religiösen und metaphysischen Traditionen jenen transzendenten Überbau geliefert hat, wie die Idee des Kosmos, in der jede Entität ihren genau bestimmten Platz hat, in der Sinn und Bedeutung des großen Ganzen also eindeutig und vermeintlich transparent für jeden Menschen feststeht, der überhaupt solche Existenzfragen stellt. Genau das vermögen neuzeitliche Wirklichkeitswissenschaften nicht mehr zu leisten. Die Wissenschaften können Religion und Metaphysik nicht ersetzen – wenn auch manche Naturwissenschaften, heute »Lebenswissenschaften« genannt, dies in ihren populärwissenschaftlichen Traktaten etwas naiv suggerieren mögen. Ganz egal also, wie sehr wir unsere Welt verwissenschaftlichen und durchforschen, das zutage geförderte Wissen wird weder das »Haben« des Glaubens ersetzen können noch kann es uns die Entscheidung darüber abnehmen, was wir wollen sollen. »Eine empirische Wissenschaft vermag niemanden zu lehren, was er *soll*, sondern nur, was er *kann,* und – unter Umständen – was er *will.*«[50]

Es ist ein Imperativ des modernen Bewusstseins, Sein und Sollen, Tatsachen- und Werturteile, Erkenntnis und Ideologie streng voneinander zu trennen. Wissenschaft und Weltanschauung gehen seither getrennte Wege. Die Trennung von Wertideen und Werturteilen ist im wissenschaftlichen Alltag freilich nicht ganz einfach, denn es ist eine »haarfeine Linie, welche Wissenschaft und Glauben scheidet«.[51] Wertideen stiften die Problemstellung, die soziologische Analyse hat dann werturteilsfrei zu erfolgen. Aber heißt das etwa, die Soziologie nach Weber habe durchgängig »wertfrei« zu sein? Eine solche pauschale Einschätzung, wie sie populärwissenschaftlich immer wieder geäußert wird, ist regelrecht falsch. Weber

48 Ebd., S. 134 und MWG I/7, S. 153.

49 So Arthur O. Lovejoys einschlägige Studie, *Die große Kette der Wesen. Geschichte eines Gedankens* (1936), Frankfurt/M. 1985.

50 Weber, »Die ›Objektivität‹«, S. 151 und MWG I/7, S. 149.

51 Ebd., S. 212 und MWG I/7, S. 231.

ist ein großer Anhänger der Wertdiskussion. Werte, Ideen, Ideale, Weltanschauungen und Ideologie lassen sich durchaus kritisch reflektieren und im Zuge dieser Abwägung lassen sich ihre Vorzüge und Nachteile, ihre Folgen und Nebenfolgen diskutieren.

Die Vorzüge der Wertdiskussion lassen sich an einem schönen Beispiel aus der *Wissenschaftslehre* verdeutlichen, wo es eigentlich zunächst um die Varianten sinnvoller Interpretation und Diskussion geht. Das Beispiel bezieht sich auf Goethes Briefe an die Frau von Stein, mit der den jungen Goethe eine lange, mehr platonische denn erotische Liebe und Freundschaft[52] verbunden hat. Weber zeigt sechs Gesichtspunkte auf, »unter welchen ›Tatsachen‹ des Kulturlebens wissenschaftlich in Betracht kommen können«. Eine erste Deutung der Literaturgeschichte könnte versuchen, »die mit einer unerhört gewaltigen Leidenschaft verbundene Askese jener Jahre« darauf hin zu untersuchen, welchen Einfluss sie auf »Goethes literarische[] ›Persönlichkeit‹«[53] hatte. Zweitens könnte man versuchen, daraus Erkenntnisse für seine »Lebensführung und Lebensauffassung« zu gewinnen, wenn Lebensauffassung heißt: »ein kollektiv-begrifflicher Zusammenhang ererbter und durch Erziehung, Milieu und Lebensschicksale erworbener persönlicher Qualitäten Goethes und (vielleicht) bewußt angeeigneter ›Maximen‹, nach denen er lebte und welche sein Verhalten und seine Schöpfungen mitbedingten«. Drittens ließe sich auf den »geistigen Habitus jener Kreise«, in denen Goethe sich bewegte, schließen, um ihn vergleichend mit der »Lebensführung anderer Zeiten, Nationen und Gesellschaftsschichten«[54] zu untersuchen. Viertens ließe sich daraus eine »Psychologie der Erotik« gewinnen, die Psychiater als »›idealtypisches‹ Beispiel für bestimmte asketische ›Verirrungen‹« nutzen könnten, »wie zweifellos z. B. Rousseaus Confessions für den Nervenarzt Interesse haben«[55] Fünftens enthalten solche Wertdiskussionen einen Eigen- und Aufklärungswert an sich:

Und wenn wir uns als Objekt der Interpretation nacheinander Karl Marx' ›Kapital‹ oder den Faust oder die Decke der Sixtinischen Kapelle oder

52 Siehe dazu die gelungene Studie von Helmut Koopmann, *Goethe und Frau von Stein. Geschichte einer Liebe*, München 2004.

53 Weber, »Kritische Studien auf dem Gebiet der kulturwissenschaftlichen Logik«, S. 241 und MWG I/7, S. 417.

54 Ebd., S. 242 und MWG I/7, S. 418 f.

55 Ebd., S. 243 und MWG I/7, S. 420.

Rousseaus Confessions oder die Erlebnisse der heiligen Teresa oder Madame Roland oder Tolstoi oder Rabelais oder Marie Bashkirtseff oder etwa die Bergpredigt denken, dann ergibt sich eine endlose Mannigfaltigkeit ›wertender‹ Stellungnahmen, und die Interpretation dieser höchst verschiedenwertigen Objekte hat [...] uns eben die *möglichen* ›Standpunkte‹ und ›Angriffspunkte‹ der ›Wertung‹ aufzudecken.[56]

Aber damit noch nicht genug. Denn, sechstens, gleichgültig, wie jemand zu der asketischen Leidenschaft der Briefe Goethes an Frau von Stein steht, ob zustimmend oder ablehnend, ob positiv oder negativ, vermag ein solches Deutungsunternehmen vielleicht auch die Empathie des Forschers selbst zu steigern, insofern die Interpretation der Briefe »sein eigenes inneres ›Leben‹, seinen ›geistigen Horizont‹ erweitert, ihn fähig macht, Möglichkeiten und Nuancen des Lebensstils als solche zu erfassen und zu durchdenken, sein eigenes Selbst intellektuell, ästhetisch, ethisch (im weitesten Sinn) differenzierend zu entwickeln, seine ›Psyche‹ – sozusagen – ›wertempfindlicher‹ zu machen«.[57]

Deutung und Interpretation, Verstehen und die Maßstäbe der Wertdiskussion selbst kommen, wie Webers Beispiel zeigt, allesamt ohne »Werturteil« aus. Ob der Forscher oder Germanistik-Student das Briefkonvolut »gut« oder »schlecht« findet, ist vollkommen unerheblich, weil für den Forschungsprozess selbst folgenlos. Die Dignität der Analyse wird also keineswegs gehoben, indem man seine eigenen kleinen und häufig kleinlichen »Werturteile« (»find ich gut!« in der Sprache der heutigen medialen »Like«-Industrie) in die Analyse noch mit »einschmuggelt«. Für Weber besteht der Wert der Wissenschaft in der unbefangenen und rückhaltlosen *Suche nach Wahrheit*, ungetrübt von den eigenen Wertempfindungen. Nüchternheit, Sachlichkeit und Distanz zum Gegenstand der Forschung helfen dabei, diesem Gebot der intellektuellen Rechtschaffenheit zu folgen.

Die »haarfeine Linie zwischen Wissen und Glauben«, zwischen Werturteilsfreiheit und Wertbeziehung, kann man sich anhand einer Unterscheidungsreihe verdeutlichen, die zwischenzeitlich zum Standard aller Methodenbücher[58] geworden ist. Gemeint ist die wis-

56 Ebd., S. 246 und MWG I/7, S. 423.

57 Ebd., S. 247 und MWG I/7, S. 424.

58 Genannt sei nur das altehrwürdige Methodenbuch meines Lehrers Peter Atteslander, *Methoden der empirischen Sozialforschung*, Berlin [13]2010.

senschaftstheoretische Unterscheidung von Entdeckungs-, Begründungs- oder Erklärungs- und Verwendungs- oder Verwertungszusammenhang. Im *Entdeckungszusammenhang* spielen die Wertideen eine Schlüsselrolle, spenden sie doch die Forschungsprobleme. Was wichtig oder unwichtig für die Forschung ist, entscheidet sich hier. Das meint Weber mit der *Wertbeziehung*, die konstitutiv ist, weil sie die Relevanz der Forschungsthemen und -probleme anzeigt. Im *Begründungszusammenhang* geht es um die Begriffs- und Theoriebildung, die Methodenwahl, um die Analyse und Erklärung, die objektiv, valide und reliabel erfolgen muss. Hier sollte nach Weber unbedingt das Postulat der Werturteilsfreiheit herrschen, weil ansonsten die Güte der wissenschaftlichen Resultate leidet. Der *Verwendungs-* und *Verwertungszusammenhang* schließlich bezieht sich auf Politik und Gesellschaft, denn welche praktischen Schlussfolgerungen aus wissenschaftlichen Ergebnissen gezogen werden sollten, ist eine Frage an die Öffentlichkeit und fällt nicht in den Aufgabenbereich der Wissenschaft *als* Wissenschaft. Alles andere wäre ein *technokratisches* Missverständnis, wonach nur die wissenschaftlichen Experten sagen können, was gemacht werden soll. Webers Befürchtung ist nicht ganz unbegründet, dass die Wissenschaft mit ihren Technologien die Herrschaft über die Gesellschaft antritt. Gerade weil Wissenschaft und Technik eine solche zentrale Rolle in modernen Gesellschaften spielt, muss sie politisch und gesellschaftlich »eingehegt« werden. Der Expertendiskurs verlangt als politisches Komplement den »Laiendiskurs« von uns allen, die betroffen sind. In einer Demokratie sollte die Entscheidung darüber, wie wir leben wollen und sollen, dem Staatsbürgervolk überlassen werden.

Das Prinzip der Werturteilsfreiheit war für Webers Wissenschaftsverständnis essentiell, ja existentiell wichtig. Er hat es mit einer solchen Leidenschaft und der Urgewalt seiner kraftvollen Rhetorik stets und ständig verteidigt, das schon seine Zeitgenossen ihm sein Plädoyer als idiosynkratische Obsession unterstellt haben. Wie todernst es ihm damit war, zeigt, dass er auch vor radikalen Schritten nicht zurückschreckte. In den beiden wichtigsten Fachorganisationen, in denen er mitwirkte, dem Verein für Socialpolitik und der Deutschen Gesellschaft für Soziologie (DGS), zog er sich zurück oder trat er sogar aus, wie aus der DGS im Jahre 1914, da er den Eindruck gewann, dass man es dort mit dem Postulat nicht recht ernst meinte.

Das demonstriert ein Blick auf den »Werturteilsstreit«, der im Jahr 1909 ausbrach. Auf einer Sitzung des Vereins für Socialpolitik brach es mit aller Wucht und Gewalt aus ihm heraus, als Eugen von Philippovich seinen Vortrag »Über die Produktivität der Volkswirtschaft« beendet hatte. Philippovich hatte nur das Mantra der Wirtschaftswissenschaft ausgebreitet, dass »Produktivität« die Gretchenfrage jeder modernen Wirtschaft sei. An dieser Sichtweise, dass das der oberste Leitwert jeder Ökonomie ist, hat sich bis auf den heutigen Tag nichts geändert. Nur Produktivität und Effizienz verbürgen die drei »W«: Wachstum, Wohlstand und Wohlfahrt. Was kann man denn dagegen einwenden? Dieser Wert ist doch so unwiderstehlich, dass niemand ihm widersprechen kann. Oder doch? Max Weber schon und in seinem Angriff auf Eugen von Philippovich, dessen kurzzeitiger Nachfolger auf dessen Lehrstuhl in Wien Weber werden sollte, offenbart sich die Stoßrichtung seines Denkens:

> Der Grund, weshalb ich so außerordentlich scharf bei jeder Gelegenheit, mit einer gewissen Pedanterie meinetwegen, mich wende gegen die Verquickung des Seinsollens mit dem Seienden, ist nicht der, daß ich die Fragen des Sollens unterschätze, sondern gerade umgekehrt: weil ich es nicht ertragen kann, wenn Probleme von weltbewegender Bedeutung, von größter ideeller Tragweite, in gewissem Sinne höchste Probleme, die eine Menschenbrust bewegen können, hier in eine technisch-ökonomische ›Produktivitäts‹-Frage verwandelt und zum Gegenstand der Diskussion einer *Fach*disziplin, wie es die Nationalökonomie ist, gemacht werden.[59]

In seiner Kritik stecken gleich drei Vorwürfe, die jede Wissenschaft auf sich zieht, wenn sie Sein und Sollen nicht auseinanderhält. Erstens hat in der gesamten Menschheitsgeschichte die Frage der Versorgung stets eine große Rolle für alle Typen von Gesellschaft gespielt. Aber in der Moderne und im Zeitalter des Kapitalismus machen sich dieser Lebensbereich und dessen Wissenschaft auch noch anheischig, den Leitwert für die gesamte Gesellschaft zu bestimmen. Sie verwandelt einen fachlichen Maßstab in einen gesellschaftlichen Maßstab. Weber findet das Vorurteil bestimmter Kreise empörend, »daß eine Wissenschaft, die sich mit dem Streben

59 Max Weber, »Diskussionsreden auf den Tagungen des Vereins für Socialpolitik (1905, 1907, 1909, 1911)«, in: Ders., *Gesammelte Aufsätze zur Soziologie und Sozialpolitik*, hg. von Marianne Weber, Tübingen 1924, S. 419.

nach Geldverdienst als causa movens des sozialen Lebens zu befassen hat, *deshalb* auch jenes Streben als einzigen Maßstab der Bewertung von Menschen oder Dingen oder Vorgängen zu betrachten habe«.[60] Über die Kritik an dieser Art von Ökonomisierung, die heute weit fortgeschrittener ist als zu Webers Zeiten, kann er es, zweitens, nur schwerlich ertragen, wenn heilige Wertfragen auf profane Wirtschaftsfragen runtergebrochen werden. In seinen Augen wackelt da der Schwanz des Hundes mit dem Kopf. Die Kultur in ihrer Fülle und Mannigfaltigkeit ist nicht nur der edelste Teil einer Gesellschaft, sondern die »Kulturwertideen« geben Mensch und Gesellschaft die Richtung vor. Sie leiten an, sie geben Führung, sie geben Orientierung und Halt. In Webers Augen ist es ein regelrechtes Sakrileg, wenn man der Kostenrechnung bornierter Ökonomen die Verwirklichung von Kulturwerten anvertraut. Das tun nur Krämerseelen und Spezialisten der Buchführung, heute als »accounting« zur Profession geadelt. Jener krasse Materialismus ist jedoch nicht nur ein schlechter Lebensführungsratgeber, sondern er schneidet drittens auch massiv in die Freiheit jedes Einzelnen ein. In einer ökonomistischen Ära geht es nicht mehr um Werteverwirklichung, sondern nur noch darum, wie viel an Werten und welche Werte man sich überhaupt noch leisten kann. Alles das, was das Leben lebenswert macht, gerät ins Visier der Schematik von Kosten-Nutzen-Rechnung. Der Horizont einer Fülle von Wertverwirklichungsmöglichkeiten schrumpft und trübt sich materialistisch ein. Der Reichtum des Menschseins schwindet und übrig bleibt der »homo oeconomicus«, jener rechnende und berechnende, vermeintlich rationale Anpassungsmensch. Um jeglichen Missverständnissen jedoch gleich vorzubeugen: doppelte Buchführung und »cost-benefit-analysis« schätzt Weber durchaus hoch ein, ja so hoch, dass er darin *eine*, wenn auch *nur eine* technische Voraussetzung für die Entstehung des modernen Kapitalismus sieht. Aber wer aus einem wichtigen Mittel eine zentrale Zielsetzung macht, verwechselt da etwas in der Zweck-Mittel-Logik. Mittel sind dazu da, Zwecke zu verwirklichen, und sollten nicht zum Selbstzweck werden. Weber formuliert an dieser Stelle eine ganz ähnliche Kritik wie Georg Simmel, der in seiner *Philosophie des Geldes* diese Zweck-Mittel-Verkehrung anhand des Geldes nachgewiesen und

60 Ebd., S. 419.

im »Superadditum des Reichtums« das Geheimnis für den krassen Materialismus in der Moderne entdeckt hatte.

Wie seine Kritik am Produktivitätsideal zeigt, ist für Weber dieser Kampf um die Wertfreiheit der Wissenschaft weit mehr als eine Marotte persönlicher Besessenheit. Hier geht es ums Ganze: Freiheit, Haltung und Persönlichkeit sowie die Lebensführung des modernen Menschen. Wirtschaft, Wissenschaft und Technik sollten nicht den Heilswert der Religionen ersetzen, obgleich die Moderne sich den »Fortschritt« als ultimatives Ziel der Entwicklung auf ihre Fahnen geschrieben hat. Wissenschaftler sollten nicht eine neue »Priesterherrschaft der Intellektuellen« begründen, indem sie sich als besserwisserische »Experten« und »Professionelle« aufspielen, die der Gesellschaft vorschreiben wollen, wie sie zu leben hat. *Wissen* sollte nie zu Zwecken des *Glaubens* missbraucht werden. Wissenschaft sorgt für *Klarheit* – darin liegt die aufklärerische Mission der Wissenschaft. Aber sie darf dem Einzelnen nicht die Freiheit zur Wahl der eigenen Lebensführung abnehmen wollen. Dann mutiert Wissenschaft von einem Kapabilitätsgenerator und unentbehrlichen Mittel der Orientierung *im* Leben zur obersten Entscheidungsinstanz *über* das Leben. Dann tritt sie aus ihrer Funktion der »Ermöglichung« und »Ermächtigung« des modernen Individuums heraus und wird zur neuen Religion, die Menschen beherrscht und gegebenenfalls eben auch manipuliert. Aus einer Lebenschance für alle, dem Wert der Wissenschaft zur Orientierung im Leben, wird so eine Machtchance für wenige, die, falls erfolgreich, zur symbolischen Herrschaft des Menschen (des »Experten«) über den Menschen (den »Laien«) degeneriert. Gerade an diesem Punkt, der haarscharfen Linie zwischen »Wissen« und »Glauben«, sieht Weber den Scheitelpunkt zwischen Wissenschaft und Religion und den Umschlagspunkt[61]

61 Beispiele für diese »axiologische Kehre« – also die Drehung der Orientierungsrichtung um 180 Grad und ethisch gesehen von »gut« zu »böse« – gibt es zuhauf. Der »wissenschaftliche Sozialismus« wurde zur herrschenden Ideologie, der alles bestimmen können sollte: die sozialistische Produktions- und Lebensweise, den sozialistischen Menschen, die sozialistische Kunst, die sozialistische Zukunft. Da es sich hier angeblich um »Wissenschaft« handelte, war Widerstand dagegen von vornherein zwecklos: Denn wer kann schon gegen die »Wahrheit« sein? Wer gegen die »Wahrheit« rebelliert, gilt als »verrückt« und als gefährlicher »Volksschädling«, der »umerzogen« oder eben als tödliche Gefahr für die sozialistische Gesellschaft »weggeschlossen« werden muss. So wurde der wissenschaftliche

von Aufklärung zur Barbarei, in die die moderne Zivilisation[62] fallen kann.

Die *Max Weber-Gesamtausgabe* hat den ursprünglichen Titel der »Wissenschaftslehre« zugunsten von zwei Bänden mit den Titeln »Zur Logik und Methodik der Sozialwissenschaften« und »Verstehende Soziologie und Werturteilsfreiheit« abgeändert. Technisch macht das Sinn, weil diese Arbeiten genau zu dieser Problematik verfasst sind. Sachlich soll der neue Titel vor dem Eindruck schützen, Weber habe so etwas wie eine »Methodologie« ureigenster Art entwickelt, die es nun aus den disparaten Aufsätzen zu extrahieren gelte. In einem tieferen Sinn jedoch deutet der ursprüngliche Titel die Stoßrichtung seiner leidenschaftlichen Bemühungen besser an, auch wenn sie letztlich Stückwerk blieben: Webers *Wissenschaftslehre* ist eine *Lebenslehre*. Das zeigt nicht nur der häufige Gebrauch von *Leben* in ganz unterschiedlichen Konnotationen und Kontexten, sondern Weber geht in einer fast sozialphilosophischen Art und Weise auf erkenntnistheoretische und methodologische Fragen der Sozial- als Kulturwissenschaften ein. Er fragt sich, welche Rolle die Wissenschaft in der Moderne spielt, wie es um die Unterschiede zwischen Natur- und Geschichtswissenschaften steht, wie eine Sozialwissenschaft auf die Probleme der Lebensführung des modernen Menschen ein- und mit ihnen umgeht, kurz: wie es um die Freiheit und Entwicklungschancen der »Persönlichkeit« unter modernen Bedingungen[63] steht.

Sozialismus zur obersten geistigen Herrschaftsinstanz, die die Machtausübung einer sozialistischen Partei jahrzehntelang perfekt legitimierte und widerständige Menschen übelst kujonierte.

62 Die frühe Kritische Theorie wird Weber in dieser Einschätzung folgen. Siehe Max Horkheimer und Theodor W. Adorno, *Dialektik der Aufklärung. Philosophische Fragmente* (1944), mit einem Nachwort von Jürgen Habermas, Frankfurt/M. 1969. Zu diesem Topos siehe auch die kluge Studie von Karsten Fischer, *»Verwilderte Selbsterhaltung«. Zivilisationstheoretische Kulturkritik bei Nietzsche, Freud, Weber und Adorno*, Berlin 1999.

63 Die frühe Sekundärliteratur hat das auch durchaus gesehen. Siehe Alexander von Schelting, *Die Wissenschaftslehre* und Dieter Henrich, *Die Einheit der Wissenschaftslehre.* Grundlegend auch Wilhelm Hennis, *Max Webers Fragestellung. Studien zur Biographie des Werks*, Tübingen 1987 und ders, *Max Webers Wissenschaft vom Menschen. Neue Studien zur Biographie*, Tübingen 1996. Jetzt auch mit Nachdruck und Überzeugung Christian Marty, *Max Weber. Ein Denker der Freiheit*, Weinheim, Basel 2019.

Deshalb setzt er den Ausgangspunkt bei Kultur und Kulturmenschentum, diskutiert Erklären und Verstehen, und macht Idealtyp und Werturteilsfreiheit zu zentralen Bausteinen seiner Methodologie, die gleichzeitig zur Basis für seine verstehende Soziologie wird. Die Rolle der Wissenschaft im modernen Leben lässt Weber zeit seines Lebens nicht mehr los. Am Ende wird er sich nochmals in seinem berühmten Vortrag »Wissenschaft als Beruf« an einer grundlegenden Einschätzung der Stellung der Wissenschaft in den Wert- und Lebensordnungen und der Lebensweltrelevanz des Wissenschaftlerberufes versuchen, die zu seinem geistigen Vermächtnis wird, weshalb wir später noch ausführlich auf den Vortrag zu sprechen kommen.

3. Der Geist des Kapitalismus: Die »Protestantismus-These«

Das Problem

Weber beginnt nach seiner Krankheit nicht nur eine ausgedehnte Diskussion über Methodenfragen, sondern legt auch seine erste universalgeschichtliche Studie vor. Sie folgt ganz der Programmatik des *Archivs*, denn sie widmet sich der *Kulturbedeutung des Kapitalismus*. Es sollte nicht nur Webers kühnste, sondern auch berühmteste Schrift werden. Denn die Aufsatzfolge zum Thema »Die protestantische Ethik und der Geist des Kapitalismus«[1] wird eine lange Diskussion auslösen, die Weber zwar 1910 mit einem »Antikritische[n] Schlußwort«[2] zumindest für sich entschieden beendete, die aber, wenn auch mit verändertem Kontext, bis zum heutigen Tage unvermindert[3] anhält. Auch trotz oder gerade aufgrund dieser Um-

1 Max Weber, »Die protestantische Ethik und der Geist des Kapitalismus«, in: ders., *Gesammelte Aufsätze zur Religionssoziologie*, Bd. I., Tübingen [6]1972, S. 17-206. Jetzt als MWG I/9 unter dem Titel *Asketischer Protestantismus und Kapitalismus*. Schriften und Reden 1904-1911, hg. von Wolfgang Schluchter in Zusammenarbeit mit Ursula Bube, Tübingen 2014 für die ursprüngliche Version von 1904/1905 *und* als MWG I/18 für die Endversion von 1920 als *Die protestantische Ethik und der Geist des Kapitalismus. Die protestantischen Sekten und der Geist des Kapitalismus. Schriften 1904-1920*, hg. von Wolfgang Schluchter in Zusammenarbeit mit Ursula Bube, Tübingen 2016. Ich folge der ersten Ausgabe, wenn auch die Einführungen von Wolfgang Schluchter in den MWG-Bänden zu den jeweiligen Versionen der *PE* wertvolle Informationen enthalten.

2 Die zeitgenössische Diskussion dokumentiert der von Johannes Winckelmann herausgegebene Band: Max Weber, *Die protestantische Ethik II. Kritiken und Antikritiken*, Gütersloh 1978.

3 Hier eine kleine Auswahl, die die Etappen der über 100-jährigen Rezeption widerspiegelt, die selbst eine ansehnliche kleine Bibliothek füllt, wenn man auch die fremdsprachigen Interpretationen mit einbezieht: Für die ältere Diskussion siehe Constans Seyfarth, Walter M. Sprondel (Hg.), *Seminar: Religion und gesellschaftliche Entwicklung*, Frankfurt/M. 1973; für die jüngere Diskussion siehe Hartmut Lehmann, Guenther Roth (Hg.), *Weber's Protestant Ethic. Origins, Evidence, Contexts*, Cambridge 1993; für die jüngste Diskussion Lutz Kaelber, William H. Swatos (Hg.), *The Protestant Ethic Turns 100. Essays on the Centenary of the Weber Thesis*, London, New York 2005; Jack Barbalet, *Weber, Passion and Profits. ›The*

strittenheit wurde die »Protestantische Ethik« oder »PE«, wie sie abkürzungstechnisch nur heißt, von der International Sociological Association im Jahre 1998 unter die zehn wichtigsten Bücher der Soziologie des 20. Jahrhunderts gewählt.

Man muss sich schon fragen, wie Weber darauf kommen konnte, Wirtschaft und Religion, Kapitalismus und Protestantismus zusammen zu denken. Tatsächlich war er nicht der Erste, dem die Zusammenhänge zwischen religiösem Handeln und wirtschaftlichem Erfolg aufgefallen waren. Seine Kollegen in Heidelberg Georg Jellinek, Eberhard Gothein und Ernst Troeltsch[4] hatten bereits in eine ähnliche Richtung gedacht und geforscht. Auch Weber selbst hatte bereits vor der Jahrhundertwende in der Vorlesung »Allgemeine (›theoretische‹) Nationalökonomie«[5] diesen Zusammenhang angedeutet.

Ironischerweise aber liegen die Ursprünge für die wissenschaftliche Ausarbeitung dieser These ausgerechnet im katholischen Rom. Mit Blick auf den Petersdom als dem katholischen Zentrum der Welt und dem Versuch der gesundheitlichen Genesung scheint Weber einen Weg gefunden zu haben, die Kulturbedeutung des asketischen Protestantismus nicht nur zu konstatieren, sondern auch nachzuweisen. Als er durch sein Leben im Süden wieder allmählich zu Kräften kommt, beschäftigt er sich intensiv mit der »Geschichte und Verfassung der mittelalterlichen Klöster und Orden«.[6]

Protestant Ethic and the Spirit of Capitalism‹ in Context, Cambridge 2008; Peter Ghosh, *A Historian reads Max Weber. Essays on the Protestant Ethic*, Wiesbaden 2008; ders., *Max Weber and the Protestant Ethic. Twin Histories*, Oxford 2014. Zu einer Fundamentalkritik, die alle wesentlichen Einwände gegen die PE im Laufe der Geschichte in einem Band komprimiert bündelt: Heinz Steinert, *Max Webers unwiderlegbare Fehlkonstruktionen. Die protestantische Ethik und der Geist des Kapitalismus*, Frankfurt/M. 2010.

4 Siehe Georg Jellinek, *Die Erklärung der Menschen- und Bürgerrechte. Ein Beitrag zur modernen Verfassungsgeschichte*, Leipzig 1895; Eberhard Gothein, *Wirtschaftsgeschichte des Schwarzwaldes und der angrenzenden Landschaften*, Straßburg 1892 und Ernst Troeltsch, *Schriften zur Bedeutung des Protestantismus für die moderne Welt (1906-1913)*, Bd. 8 der kritischen Gesamtausgabe, hg. von Trutz Rendtorff, Berlin, New York 2001.

5 Max Weber, *Allgemeine (»theoretische«) Nationalökonomie*. Vorlesungen 1894-1898, MWG III/1, hg. von Wolfgang J. Mommsen in Zusammenarbeit mit Cristof Judenau, Heino N. Nau, Klaus Scharfen und Marcus Tiefel, Tübingen 2009.

6 Marianne Weber, *Max Weber. Ein Lebensbild*, mit einem Essay von Günther Roth, München 1989, S. 340.

Das Muster, welches sich ihm in der mönchischen Lebensführung verkörpert zeigt, scheint in seiner Untersuchung einen zentralen Stellenwert zu erlangen. Es sind die Klöster, die einen geregelten Tagesablauf, regiert durch den Glockenschlag, einführen. Neben dem »ora«, also dem Beten, geht es auch um das »labora«, das Arbeiten, das stetig, systematisch und diszipliniert organisiert wird. Angesichts einer religiös gebotenen, bescheidenen Lebensführung resultieren aus der konzentrierten Berufsarbeit kontinuierliches Wachstum und die Erwirtschaftung von Gewinnen. Da ihnen kein protzartiger Konsum gegenübersteht, der diese Gewinne sofort wieder verbrauchen würde, wird Kapital akkumuliert. Das langfristige Ergebnis dieses erfolgreichen Wirtschaftens und konzentrierten Arbeitens ist ein veritabler Wohlstand, aus dem dann auf lange Sicht alle *die* Anfechtungen resultieren, die typischerweise mit »Reichtum« verbunden sind. Freilich: Das eine ist vielleicht ein daraus resultierendes Wohlleben der Mönche, die nicht länger bettelarm sind, wie sie es eigentlich sein sollten. Aber daraus folgt noch keineswegs zwangsläufig das andere, der Geist des Kapitalismus. Der Reichtum verbleibt innerhalb der Klostermauern und erobert noch nicht als investives Kapital die Welt. Um das zu ermöglichen, musste die klösterliche Askese in die Welt hinauswirken und als innerweltliche Askese Arbeit, Beruf und Lebensführung der Menschen anleiten. Da Religionen in der Vergangenheit die größten Lebensführungsmächte waren, sucht Weber nach der geeigneten religiösen Strömung, die diesen Schritt vollzog, und findet sie im Puritanismus.

Aber worum genau geht es ihm in seiner historisch-empirischen Studie? Gemäß seiner Problemstellung, der *Genealogie des Kapitalismus*, stellt Weber sich die Frage, wie ein aus menschlicher Sicht letztlich doch »perverses« Wirtschaftssystem hat entstehen und sich erfolgreich durchsetzen können. Was den Kapitalismus als Wirtschafts-, Gesellschafts- und Lebensform so unnatürlich macht, ist seine axiologische Kehre, seine *Konversion*, die seinen *»perversen«* Charakter etabliert. Denn er dreht die »natürliche« Folge um: Statt zu »arbeiten, um zu leben«, wie es in allen gesellschaftlichen Verhältnissen vor der Moderne der Fall war, zwingt er die Menschen zu »leben, um zu arbeiten«. Wie ist das möglich? Warum lassen sich Menschen in das Korsett eines solchen Wirtschaftssystems pressen? Welchen Anreiz könnten sie wohl dazu gehabt haben?

Wenn man sich nicht einfach mit Zwang, Macht und Gewalt zufriedengeben will, die historisch stets auch eine gewichtige Rolle[7] bei der Durchsetzung neuer Wirtschafts-, Gesellschafts- und Lebensformen gespielt haben, muss nach den kulturellen Voraussetzungen gefragt werden, die ein solches Wirtschaftssystem ermöglicht oder gar begünstigt haben. Weber glaubt im »asketischen Protestantismus« und hier vor allem im Calvinismus eine Religion gefunden zu haben, die zur Entstehungszeit des modernen Kapitalismus die Durchsetzung dieses Wirtschaftssystems mit ihrem »Geist« einer asketischen Berufsethik begünstigt hat. Seine These lautet ganz allgemein, dass es eine *Wahlverwandtschaft zwischen dem Puritanismus und dem Kapitalismus* gibt. In dieser »weichen« Lesart ist die »Weber-These« berühmt geworden. Seine Fragestellung ist aber ungleich spezifischer, denn er interessiert sich im Einzelnen, welchen Beitrag der Puritanismus zur Entstehung einer Wirtschaftsethik, dem »Geist des Kapitalismus«, geleistet hat. Und es ist dieser »Geist«, der als spiritualistisches Fundament dem materialen kapitalistischen Wirtschaftssystem entscheidend zum Durchbruch verholfen hat.

Wie weist man eine solche komplexe These nach? Wie soll eine Religion eigentlich die Wirtschaft beeinflussen? Was genau meint dabei Wahlverwandtschaft? Wie werden überhaupt Ideen in der Geschichte wirksam? Das ist der Fragekreis, den Weber in seiner Studie in Angriff nimmt.

Werkgeschichtlich gesehen, hat Weber seine Arbeiten in mehreren Folgen im *Archiv für Sozialwissenschaft und Sozialpolitik* publiziert, um sie dann im ersten Band der *Gesammelten Aufsätze zur Religionssoziologie* in überarbeiteter Form zu präsentieren. Diese Überarbeitung zeigt, dass er bis zuletzt damit gerungen hat, der »PE« eine Form zu geben, in der sie wissenschaftlich von Bestand sein kann. Aber auch das hat ihrem kontroversen Charakter keinen Abbruch zu tun vermocht. Gerade damit lässt sich an Webers Beispiel indes vorzüglich studieren, wie eine These das Zeug dazu hat, berühmt zu werden. Zunächst bedarf es eines wichtigen Themas, das allen auf den Nägeln brennt: Die Genealogie des Kapitalismus und die Frage, wie und warum er entstanden ist. Dann bedarf es

7 Die klassische Studie zur gewalttätigen Landnahme ist Karl Polanyi, *The Great Transformation. Politische und ökonomische Ursprünge von Gesellschaften und Wirtschaftsweisen* (1944), Frankfurt/M. 1973.

einer knappen und eindeutigen Form, die sich leicht popularisieren lässt und daher »populär« werden kann. In dieser einfachen Form ist sie – genau genommen – natürlich historisch-empirisch falsch. Es wird ein direkter Bezug zwischen Religion und Wirtschaft, Protestantismus und Kapitalismus hergestellt und dann behauptet, dass eine habe das andere hervorgebracht. In der einfachsten Version heißt es dann, die Reformation habe den Kapitalismus erzeugt. Diese verblüffende Simplizität, denn diese These ist einfach Unsinn, ruft sogleich die Kritik auf den Plan und tritt eine heftige Kontroverse los. Selbstverständlich operiert die fragliche Studie eigentlich mit einer viel komplexeren und komplizierteren Argumentationsanlage, die letztlich nur noch Spezialisten zugänglich ist. Dieser professionelle Diskurs wird über die Zeit aber so vielschichtig und ausdifferenziert, dass es wiederum (wenn überhaupt) nur philologisch raffinierten Ideenhistorikern möglich wird, hier mit dem avancierten Stand der Diskussion Schritt zu halten. So verschwindet die berühmte »Weber-These« mit der Zeit hinter der »Weber-Interpretationsindustrie«, und am Ende fragt sich der unbefangene Leser verwirrt, was denn nun eigentlich stimmt.[8]

Gerade weil die »Weber-These« ein Paradebeispiel für diese Art von intellektuellem Verwirrspiel ist, muss man schon sehr genau lesen, *was* Weber *wie* und *in welcher Folge* behauptet hat. Nur so wird man ein wenig Licht in das Dunkel bringen. Notgedrungen müssen wir erst einmal sehr genau nachverfolgen, wie Weber seine Argumentation[9] angelegt hat.

Seine Studie besteht aus zwei großen Teilen, denen er noch einen Aufsatz über »Die protestantischen Sekten und der Geist des Kapitalismus«[10] anfügt. In einem ersten Teil skizziert Weber »Das Problem«, indem er zunächst auf den Zusammenhang von »Konfession und soziale Schichtung« eingeht; sodann stellt er seine

8 Nach dieser Komplexitätsüberfrachtung mit Interpretationsversuchen, die die Originalthese fast zum Verschwinden gebracht hat, kann man nicht mehr unbefangen wie Weber, sondern nunmehr höchst gelehrt wie Hartmann Tyrell erneut fragen: »Worum geht es in der Protestantischen Ethik? Ein Versuch zum besseren Verständnis Max Webers«, in: ders., *»Religion« in der Soziologie Max Webers*, Wiesbaden 2014, S. 91-134.

9 Ich folge an dieser Stelle meinen Überlegungen zu »Max Webers Sozialökonomik«, in: Klaus Kraemer, Florian Brugger (Hg.), *Schlüsselwerke der Wirtschaftssoziologie*, Wiesbaden 2017, S. 89-134, hier S. 109-118.

10 Weber, »Protestantische Ethik«, S. 207-236.

Konstruktion des Idealtypus vor: »Der ›Geist‹ des Kapitalismus«; schließlich setzt er sich mit »Luthers Berufskonzeption« auseinander und umreißt die »Aufgabe der Untersuchung«.[11] Die Tatsache, dass Weber allein zur Entfaltung seiner Problemstellung sechsundsechzig Seiten benötigt, verdeutlicht bereits die Schwierigkeit des Unternehmens. Im zweiten Teil entwickelt er »Die Berufsethik des asketischen Protestantismus« in dem er zunächst »Die religiösen Grundlagen der innerweltlichen Askese« schildert und dann unter der Überschrift »Askese und kapitalistischer Geist« den inneren Zusammenhang von Puritanismus und Kapitalismus aufzeigt.[12]

Die religiöse Basis: Dogma und Praxis

Ausgangspunkt seiner Analyse ist die empirische Beobachtung, dass Protestanten häufiger als Katholiken das Unternehmertum und die gebildeteren Arbeiterkreise stellen. Damit stellt sich die Frage, woher denn die »spezifische Neigung zum ökonomischen Rationalismus«[13] bei den Protestanten rührt. Diese Neigung ist sicherlich kein Ergebnis der Reformation, dass jene etwa die moralischen Zügel gelockert und dem ökonomischen Erwerb Tür und Tor geöffnet hätte. Ganz im Gegenteil, so Weber, bedeutete sie im Alltag eine »unendlich lästige und ernstgemeinte Reglementierung der ganzen *Lebensführung*«.[14] Woher (wenn nicht aus der Wiege der Reformation) stammt dann diese behauptete Wahlverwandtschaft zwischen Religion und Wirtschaft, Puritanismus und Kapitalismus? Zur Beantwortung konstruiert Weber seinen Idealtyp vom »Geist des Kapitalismus«, worunter er das »Ideal des *kreditwürdigen* Ehrenmannes« versteht. Dem amerikanischen »Businessman« als Nachfolgemodell des englischen »Gentleman« geht es einzig und allein darum, mit ehrlichen Mitteln und durch unaufhörliches Streben sein Kapital zu vermehren. »*Kapitalbildung* durch *asketischen Sparzwang*«,[15] so Weber, bedeutet mehr als nur reine Technik oder Geschäftsklugheit, sondern »nimmt hier den Charakter einer

11 Ebd., S. 17-83.
12 Ebd., S. 84-206.
13 Ebd., S. 23.
14 Ebd., S. 20.
15 Ebd., S. 192.

ethisch gefärbten Maxime der Lebensführung an«.[16] Er verdeutlicht das am Beispiel von Benjamin Franklin. Denn bei ihm hätten die puritanischen Tugenden bereits eine stark utilitaristische Färbung erhalten, wie sie noch heute für das Geschäftsgebaren von Unternehmern und Managern typisch sind. Gleichwohl stößt Weber hier zugleich auf eine wichtige Brücke zwischen Religion und Wirtschaft: *Tüchtigkeit im Beruf*. Die Reformation bringt eine mächtige moralische Aufwertung der Arbeit[17] mit sich, wie er sowohl anhand von Luthers als auch von Calvins Berufskonzeption demonstriert. Das strukturkonservative Luthertum schließt Weber in der Folge aus, weil die lutherische Frömmigkeit (»sola fide« – allein der Glaube zählt) auf eine gottgewollte mystische Gefühlskultur zielt, die den Einzelnen im Alltag in seinem sozialen Status traditionalistisch festhält (»Schuster, bleib bei Deinem Leisten!«) und folglich wenig für die ökonomische Dynamik leistet. Ganz anders die Lehre von Johannes Calvin, denn die reformierte Frömmigkeit (»fides efficax« – nur *der* Glaube zählt, der wirkt) legt gottgefälliges, asketisches Handeln nahe und begünstigt somit eine methodisch-rationale Lebensführung, die der Wirtschaft die entscheidende Dynamik stürmischer Entwicklung verleiht.

Webers Augenmerk richtet sich daher auf die Berufsethik des asketischen Protestantismus. Die geschichtlichen Träger dieser von ihm als asketischer Protestantismus oder Puritanismus bezeichneten religiösen Strömungen sind der Calvinismus, der Pietismus, der Methodismus und die aus der Täuferbewegung hervorgegangenen Sekten (Baptisten, Mennoniten und Quäker). Ihn interessiert, warum und wie diese religiösen Ethiken die puritanische Berufsidee hervorgebracht haben, die wiederum der für die Entstehung und Etablierung des Kapitalismus notwendigen methodisch-rationalen Lebensführung den Weg ebnete. Im Zentrum des Calvinismus steht für Weber die Lehre von der Gnadenwahl. Es ist die Prädestination, also die Vorherbestimmung durch Gott, die darüber entscheidet, wer in den Himmel und wer in die Hölle kommt. Gott gilt als »deus absconditus«, als unergründliches Wesen, das frei und

16 Ebd., S. 33.

17 Das zeigt die Geschichte der Arbeit seit der Antike. Siehe Daniel Mercure, Jan Spurk (Hg.), *Le travail dans l'histoire de la pensée occidentale*, Québec 2003; darin Hans-Peter Müller, »Travail, Profession et ›Vocation‹. Le concept de travail chez Max Weber«, S. 251-277.

willkürlich seine Entscheidung über die Verteilung von Seligkeit und Verdammnis der Menschen fällt – und zwar ungeachtet ihrer diesseitigen Verdienste. Die Wirkung dieser reinen Lehre ist eine »pathetische Unmenschlichkeit« und das »Gefühl einer unerhörten, inneren Vereinsamung des einzelnen Individuums«,[18] denn kein Prediger, kein Sakrament wie die Beichte und letztlich auch nicht dieser Gott selbst kann dem Einzelnen helfen, sich seines Seelenheils zu vergewissern. Der Mensch ist in seiner Heilsangst vollkommen auf sich allein gestellt, soll dennoch zum Wohle Gottes wirken und kann letztlich nur hoffen, durch gottwohlgefällige Lebensführung dessen Gnade zur Rettung vor dem ewigen Höllenschicksal zu erringen. Das harte Dogma der Prädestination zeitigt ethische Konsequenzen, die für den Kapitalismus im Besonderen und für die Moderne im Allgemeinen von gewichtiger Bedeutung waren. Denn die Folge ist die Entstehung eines religiösen Individualismus (»Gott hilft dem, der sich selbst hilft!«), der »eine der wichtigsten geschichtlichen Grundlagen des modernen ›Individualismus‹«[19] werden sollte.

Weber ist klar, dass die reine calvinistische Lehre nur von einer Minderheit religiöser Virtuosen ausgehalten werden konnte. Allen voran wahrscheinlich von Johannes Calvin, der als Begründer des Puritanismus selbstgewiss wie selbstverständlich davon ausgehen konnte, dass ihn als gelehriger Zögling Gottes auf Erden dessen Gnade treffen und er in den Himmel kommen würde. Also nicht: »Paradise lost«,[20] sondern Paradies garantiert, weil mit Stiftung dieser Lehre bereits reserviert. Die Mehrheit religiöser Laien hingegen brauchte seelsorgerische Unterstützung in der wichtigsten Frage ihres Lebens: der »certitudo salutis« oder Heilsgewissheit und damit in der Frage nach ihrem Schicksal im Jenseits. Weber interessiert sich folglich nicht nur für die reine Lehre und ihre pathetische Unmenschlichkeit, sondern vor allem für die seelsorgerische Praxis und ihre Folgen. Anhand der Schriften von Richard Baxter untersucht er, wie die Puritaner im Alltag mit dieser Lehre umgegangen sind. Zwei Ratschläge waren es am Ende, die Baxter den Gläubigen empfahl: 1. Die Umbiegung des *Dogmas*: Jeder hat sich für erwählt

18 Weber, »Protestantische Ethik«, S. 93.

19 Ebd., S. 235.

20 So das berühmte Gedicht von John Milton, *Das verlorene Paradies* (1667), Wiesbaden 2008. Weber zitiert die letzte Strophe des Poems, ebd., S. 80.

zu halten. Wer selbst schon an sich zu zweifeln beginnt, der beweist nur, dass er den Anfechtungen des Teufels zu erliegen droht. 2. Die Wahl der *Mittel*: Die »rastlose Berufsarbeit« eröffnet einen Weg, um die eigenen Ängste abzubauen und die Selbstgewissheit zu erlangen, zu den »beati electi«, den glücklich Auserwählten Gottes, zu gehören.

Der reine Calvinismus führt dagegen, logisch zu Ende gedacht, zu schicksalsergebenem *Fatalismus*. Denn man kann ohnehin nichts für sein Seelenheil tun, steht ja Gottes Ratschluss von jeher und seit Ewigkeiten fest. »Deus absconditus« ist der unergründliche, weil verborgene Gott, dessen Ratschluss kein Mensch erkennen kann. Und Gott wäre eben nicht Gott, wenn menschliches Maß ihn entschlüsseln könnte. Der »Deus revelatus«, der geoffenbarte Gott, bleibt somit ein theologischer Traum, den nicht nur Luther geträumt hat. Das genannte Lebensführungsethos des baxterianischen Puritanismus sorgt demgegenüber für eine *axiologische Kehre*, also für die Umkehrung der Wirkung bezüglich des Wollens im Glauben. Statt fatalistischer Schicksalsergebenheit führt die Pflicht zum Glauben an die Selbsterwähltheit und die Praxis rastloser Berufsarbeit zur Selbst- und Weltbeherrschung. An die Stelle des Fatalismus, den die reine Lehre von Calvin bewirkt hätte, tritt dynamischer Aktivismus. Es ist dieser *religiöse Bewährungsgedanke*, der mittels methodisch-rationaler Lebensführung zur lebenslangen Kontrolle des Gnadenstandes in der Berufsarbeit zwingt. »Diese *Rationalisierung* der Lebensführung innerhalb der Welt im Hinblick auf das Jenseits war die Wirkung der *Berufskonzeption* des asketischen Protestantismus.«[21]

Innerweltliche Askese und kapitalistischer Geist

Im zweiten Teil diskutiert Weber die ökonomischen Auswirkungen dieser puritanischen Idee einer asketischen Berufsethik und studiert ihre indirekten und direkten Einflüsse auf Wirtschaft, Arbeit und Lebensführung. Die *indirekten* Einflüsse lassen sich unter den Stichworten Reichtum, Zeit, Arbeit und Arbeitsteilung, Berufsarbeit und -mobilität sowie Armut zusammenfassen. Allen Religio-

21 Ebd., S. 163.

nen ist *Reichtum* suspekt, denn verdirbt er nicht den Charakter und führt er nicht zur Hybris der Menschen? Halten sich Menschen nicht für gottgleich, wenn sie unermesslich reich geworden sind? Und fallen sie nicht am Ende vom Glauben ab, weil sie annehmen, ihn für ihre Selbstverwirklichung auf Erden nicht mehr benötigen zu müssen? Der Puritanismus macht darin keine Ausnahme. Auch er glaubt, die dämonische Verführungskraft des Reichtums zu kennen. Und doch unterscheidet sich seine Haltung gegenüber anderen Religionen. Der Puritanismus verurteilt nur das Ausruhen auf dem Besitz oder seinen eitlen Genuss, nicht aber seine unbeschränkte Anhäufung. Denn der ökonomische Erfolg hienieden gilt ja als Zeichen der »Auserwähltheit« durch Gott dort droben. Weber notiert daher einen Hang zur Selbstgerechtigkeit bei den Puritanern, weil sie ökonomischen und religiösen Erfolg derart engführen. Wer auf Erden durch rastlose Berufsarbeit gottwohlgefällige Lebensführung an den Tag gelegt hat, wer sich also selbst so erfolgreich geholfen hat, dass er reich geworden ist, dem wird auch Gott helfen und folglich einen Platz im Paradies anweisen. Was in der praktischen Lehre nur eine Wegmarke und ein gutes Zeichen sein sollte, wird bei den selbstbewussten Gläubigen schließlich zur Selbstgewissheit: »Ich bin reich, also bin ich erwählt!« *Zeit* spielt dabei in der methodisch-rationalen Lebensführung eine Schlüsselrolle, denn »Zeit ist Geld«. Waren die Mönche die ersten Menschen, die ihr Leben dem Regime des Glockenschlags unterstellt hatten, so wird daraus im Puritanismus die minutenhafte Präzision einer durchrationalisierten Tagesorganisation im Wirtschaftsleben. Wenn Zeit als Geld gilt, dann darf man keine Zeit verschwenden, denn Zeitverschwendung ist gleich Geldverschwendung. Und da Geld *der* Rohstoff für den Reichtum ist, wird Geldverzicht zu einer regelrechten Sünde. Nach dem Motto: »Wer Geld verschmäht, ist des Paradieses nicht wert!« Die Puritaner adeln harte, stetige und disziplinierte körperliche oder geistige *Arbeit* als Heilsmittel wie als Schutz gegen ein »unclean life«. Denn: »Wer arbeitet, sündigt nicht.« Ebenso treiben sie die *Arbeitsteilung* voran, wenn denn Spezialisierung die eigene Arbeitsleistung zu steigern verspricht. *Berufsarbeit* und nicht Tätigkeit an sich, *Berufsmobilität* und nicht Treue zum angestammten Beruf stehen im Zentrum der religiösen Bewährungsethik, zumal sie Gottwohlgefälligkeit und Profitabilität kongenial zu kombinieren erlauben. Die Berufsarbeit wird so zur

Berufung für den Einzelnen, weil er die Bahnen legt, auf denen ein Leben lang durch kontinuierliche, berufliche Pflichterfüllung der Weg ins ewige Heil gefunden wird. *Armut* hingegen ist *das* Skandalon des Puritanismus. Wenn Reichtum potentiell Gottes Gnade anzeigt, muss Armut das Gegenteil bewirken: ewige Verdammnis. Es ist ein regelrechtes Menetekel, gilt sie doch als untrügliches Anzeichen von Sündhaftigkeit und falscher Lebensführung. Der Arme demonstriert schon durch seine Armut, dass er wohl des Teufels ist. Zudem sieht die religiöse Meritokratie, also die Verteilung der Plätze im Himmel nach Maßgabe des Verdienstes auf Erden, nicht vor, dass alle Menschen ins Himmelreich eingehen, sondern nur die »beati electi«, die glücklich Auserwählten, die ihr Glück selbst verdient haben. Ganz anders sieht das Los für die Armen aus: Die wohlverdiente Unterstützung besteht nicht etwa in Wohlfahrtsleistungen der politischen Gemeinschaft. Denn: »Wer nicht arbeitet, soll nicht essen!« Vielmehr sind es die Puritaner, die durch die Errichtung von Arbeitshäusern den Einzelnen wieder auf den rechten Weg zu Gott führen wollen. Wer faul und arm ist, wer also vom rechten Weg abgekommen ist, dem hilft nur harte Arbeit, um zu einem gottwohlgefälligen Leben zurückzufinden. Und die »Güte« der Puritaner besteht darin, dass sie verführten Menschen Arbeitshäuser als sanatoriumsgleiche Institutionen anbieten, damit sie die Chance bekommen, ihr eigenes Seelenheil vor der ewigen Verdammnis zu retten. Auch hier reicht die »Hilfe zur Selbsthilfe« nur so weit, dass die Armen wieder ein »clean life«, ein sauberes Leben, führen können. Wer diese Chance nicht nutzt, der ist an seinem Schicksal, der ewigen Verdammnis in der Hölle, selbst schuld.

Weber fasst den »innere[n] Gesamthabitus des Puritaners«[22] wie folgt zusammen:

> Wie die Einschärfung der asketischen Bedeutung des festen Berufs das moderne *Fachmenschentum* ethisch verklärt, so die providentielle Deutung der Profitchancen den *Geschäfts*menschen. Die vornehme Läßlichkeit des Seigneurs und die parvenumäßige Ostentation des Protzens sind der Askese gleichermaßen verhaßt. Dagegen trifft ein voller Strahl ethischer Billigung den nüchternen bürgerlichen Selfmademan.[23]

22 Ebd., S. 182.
23 Ebd., S. 178.

Die *direkten* Einflüsse der puritanischen Berufsidee bündeln sich vor allem im Verbot, das Dasein unbefangen zu genießen. Leben heißt Verzicht. Triebhafter Lebensgenuss verstößt gegen »das Prinzip asketischer Lebensführung«,[24] woraus sich eine ambivalente Haltung gegenüber der Kultur ergibt. So wird Theater leicht zu »idle talk« und geschwätziger Unterhaltung. Literatur, sofern sie nicht eigens zu Gottes Ruhm verfasst wird, gerät zu »superfluities« und überflüssiger Verführung hinein in imaginierte Phantasiewelten, die vom geraden Pfad des harten Berufsalltags nur ablenken. Kunst erscheint als »vain ostentation«, vor allem wenn sie Ansprüche auf gottgleiche Perfektion erhebt. Das Genussverbot hat gravierende Konsequenzen für Konsumtion, Produktion sowie den Umgang mit Reichtum und seinen Gefahren. Im Bereich des Konsums wird dem Puritaner zwar ein gewisser »comfort« zugestanden; alles, was Leben wie Lebensführung erleichtert, damit aber auch zusätzlichen Raum für mehr und bessere Berufsarbeit schafft, wird erlaubt. Jede Form von Protzerei und Zurschaustellung des eigenen Reichtums indes gilt als verpönt, ja muss als Ausweis fehlgeleiteter Lebensführung gelten. Angesichts des bescheidenen Konsums sind alle Kräfte auf die Produktion gerichtet, so dass die puritanische Lebensführung einer regelrechten Akkumulationsethik gleichkommt: »*Kapitalbesitz* durch *asketischen Sparzwang*«[25] – Webers Version der »ursprünglichen Akkumulation des Kapitals« (Karl Marx) und der Geburt des modernen Kapitalismus aus dem Geist des Puritanismus. Dennoch hat die Askese eine Schattenseite, so dass sich hier die *Paradoxie der Wirkung gegenüber dem Wollen* zeigt, denn die »Askese [ist, HPM] die Kraft, ›die stets das Gute will und stets das Böse‹ – das in ihrem Sinn Böse: den Besitz und seine Versuchungen – ›schafft‹.«[26] Von daher gehen von großem Reichtum stets die gleichen Gefahren aus: die *Aristokratisierung* durch den Erwerb von Schlössern und den Kauf von Adelstiteln. Dennoch, so Webers Fazit:

> Soweit die Macht puritanischer Lebensauffassung reichte, kam sie unter allen Umständen – und dies ist natürlich weit wichtiger als die bloße Begünstigung der Kapitalbildung – der Tendenz zu bürgerlicher, ökonomisch *rationaler* Lebensführung zugute; sie war ihr wesentlichster und vor allem;

24 Ebd., S. 184.
25 Ebd., S. 192.
26 Ebd., S. 191 f.

ihr einzig konsequenter Träger. Sie stand an der Wiege des modernen ›Wirtschaftsmenschen‹.[27]

Die Liaison zwischen Puritanismus und Kapitalismus endet tragisch, denn der einmal eingerichtete Kapitalismus, so Weber, bedarf nicht länger dieses puritanischen »Geistes«. Im Gegenteil: Der vom Kapitalismus erzeugte enorme Wohlstand säkularisiert die Gesellschaften und unterminiert eine rein religiöse Lebensführung. Weber gibt am Ende der »Protestantischen Ethik« eine denkbar düstere Zeitdiagnose. »Der Puritaner *wollte* Berufsmensch sein – wir *müssen* es sein. [...] Indem die Askese die Welt umzubauen und in der Welt sich auszuwirken unternahm, gewannen die äußeren Güter dieser Welt zunehmende und schließlich unentrinnbare Macht über den Menschen, wie niemals zuvor in der Geschichte.« Der Kapitalismus errichtet »ein stahlhartes Gehäuse«, das »Fachmenschen ohne Geist, Genußmenschen ohne Herz [züchtet, HPM]: dies Nichts bildet sich ein, eine nie vorher erreichte Stufe des Menschentums erstiegen zu haben«.[28]

Die kühne These in der Diskussion

Weber ist sich bewusst, dass er in seiner »Protestantischen Ethik« eine bewusst einseitige Rekonstruktion der Geschichte der Entstehung des modernen Kapitalismus vornimmt, die vor allem auf spirituelle und geistige Faktoren abhebt. Kein Wunder, dass er als »idealistischer« Gegenspieler von Marx wahrgenommen wurde, der die materialistische Geschichtsauffassung zu überwinden suchte. Weber ist indes alles andere als ein »Idealist«. Sein Anspruch ist wesentlich bescheidener. Er versucht nur, »den Einschlag, welchen religiöse Motive in das Gewebe der Entwicklung unserer aus zahllosen historischen Einzelmotiven erwachsenen modernen spezifisch ›diesseitig‹ gerichteten Kultur geliefert haben, etwas deutlicher zu machen«.[29] Das Resultat seiner Studie lautet dementsprechend: »Einer der konstitutiven Bestandteile des modernen kapitalistischen Geistes, und nicht nur dieses, sondern der modernen Kultur: die rationale Lebensführung auf Grundlage der Berufsidee, ist [...]

27 Ebd., S. 195.
28 Ebd., S. 203 f.
29 Ebd., S. 82.

geboren aus dem Geist der christlichen Askese.«[30] Deshalb spricht er auch nicht von »Kausalität«, sondern nur von einer »Wahlverwandtschaft« zwischen Religion und Kultur, Reformation und Kapitalismus. Weber rekurriert auf Goethes Roman *Die Wahlverwandtschaften* (1808/1809), um die kreuzweise und unwahrscheinliche Verschlingung von ökonomischen (Produktion und Konsum) und kulturellen (Religion und Lebensführung) Faktoren zu verdeutlichen. Die Reformation bringt eine religiös inspirierte methodisch-rationale Lebensführung hervor, eine Wirtschafts- und Berufsethik, die zum Kapitalismus in seiner Entstehungszeit kongenial »gepasst« hat. Die Reformatoren wollten jedoch alles andere als den Kapitalismus schaffen, sondern die Menschen zum rechten Glauben bekehren. Es ging um Religion und religiöse Erneuerung und nicht um Wirtschaft und deren Motivationsbasis.

Aber diese scheinbar »perverse« Kopplung von Puritanismus und Kapitalismus hält eine interessante Geschichtslektion bereit, wie *Ideen* in Geschichte und Gesellschaft ihre Gestaltungskraft entfalten. »Ideen« werden nicht »intentione recta« und somit direkt wirksam, sondern meist indirekt und zeitigen unintendierte wie unvorhergesehene Effekte. Weber beschreibt die Arbeit der Reformatoren als rein *religiöse* Mission und Vision. Nicht »ethische Reformprogramme« oder die Gründung von »Gesellschaften für ›ethische Kultur‹« waren ihr Programm. »Das Seelenheil und dies allein war der Angelpunkt ihres Lebens und Wirkens. [...] Und wir werden deshalb darauf gefaßt sein müssen, daß die Kulturwirkungen der Reformation zum guten Teil – vielleicht sogar für unsere speziellen Gesichtspunkte überwiegend – unvorhergesehene und geradezu *ungewollte* Folgen der Arbeit der Reformatoren waren, oft weit abliegend oder geradezu im Gegensatz stehend zu allem, was ihnen selbst vorschwebte.«[31]

Weber nennt dieses Muster »die Paradoxie der Wirkung gegenüber dem Wollen«.[32] Der asketische Protestantismus wollte über rastlose Berufsarbeit und methodisch-rationale Lebensführung das

30 Ebd., S. 202.

31 Ebd., S. 82.

32 Max Weber, »Die Wirtschaftsethik der Weltreligionen. Konfuzianismus und Taoismus«, in: ders., *Gesammelte Aufsätze zur Religionssoziologie,* Bd. I, Tübingen [6]1972, S. 237-573, hier S. 524 und MWG I/19, hg. von Helwig Schmidt-Glintzer in Zusammenarbeit mit Petra Kolonko, Tübingen 1991, S. 464.

Seelenheil der Gläubigen hienieden für das persönliche Schicksal im Jenseits sicherstellen. Doch diese asketische Berufsethik stellte den »Geist« des Kapitalismus bereit, der diesem Wirtschaftssystem seinen *Take-off* ermöglicht hat. Ideen wirken also auch über nicht-intendierte Folgen intendierten Handelns, die etwas möglich machen, was nicht vorgesehen, geschweige denn gewollt war. Die soziologische Forschung nach Weber bezeichnet die Verkehrung von Intention und Folge mitsamt ihren unvorhergesehenen Konsequenzen als »perverse Effekte« (Boudon).

Kurz: Der Kapitalismus, der seine Etablierung unter anderem auch der religiösen Berufsethik des Puritanismus verdankt, trägt nun seinerseits zur Entzauberung und Säkularisierung der Welt bei, was die religiöse Basis dieser Berufsethik in der Folge erodiert.

Wie diese knappe Skizze zeigt, legt Weber eine komplexe, recht verschlungene und regelrecht kontraintuitive Argumentation vor. Kein Wunder, dass schon seine Zeitgenossen sich verwundert die Augen rieben, was die Stichhaltigkeit der Argumentations- und Erklärungslogik anbetrifft. Sie fanden die These recht unwahrscheinlich, denn seit wann hätte der »Idealismus« und nicht der »Materialismus« das Weltgeschehen beherrscht. Aber selbst wenn man einen Zusammenhang zwischen Puritanismus und Kapitalismus zugesteht, hatten sie zudem erhebliche Mühe, die komplizierte Argumentationsanlage in ihrer Konstellation überhaupt zu verstehen. Was genau war denn nun Webers *Thema*: der Kapitalismus, die Reformation, der Puritanismus, die Askese, die Arbeitsethik, der Beruf, die Geburt des Bürgertums, die methodisch-rationale Lebensführung? Die Antwort lautet: Alles in enger Verschlingung. Aber wie? Wie lautet seine *These*? Welchen *Zusammenhang* behauptet er? Wie muss man die von ihm angeordnete *Konstellation* verstehen?

Sicher hat Weber erst einmal Recht. Die Reformation bringt eine Aufwertung von Arbeit und Beruf mit sich. Selbst der konservative Luther predigt das »ora et labora« als Stützpfeiler religiöser Lebensführung. Sein »Schuster bleib bei deinem Leisten« hat aber zur Folge, dass Arbeit und Beruf als Schicksal gelten, dem man nicht entrinnen kann oder soll. Wo Gott den Einzelnen in die Welt gesetzt hat, da ist sein Platz in der Gesellschaft. Den gilt es würdig zu vertreten, aber nicht zu verlassen, um etwas »Besseres« zu werden. Das setzt keine Heilsprämie auf Berufsmobilität. Die findet Weber nur in der asketischen Version des Calvinismus. Die

Calvinisten müssen versuchen, dem Damoklesschwert der Prädestination, die über ihr Heil entscheidet, durch rastlose Berufsarbeit zu entkommen. Es gilt, sich für erwählt zu halten und beruflich erfolgreich zu sein, was im akkumulierten Reichtum zum sichtbaren Ausdruck kommen soll. Aber ist es wirklich wahrscheinlich, dass eine solch religiöse Virtuosenethik den Alltag puritanischer Kaufleute im Amerika des 17. Jahrhundert bestimmt haben soll? War es nicht vielleicht genau andersherum, als von Weber behauptet? Haben sich erfolgreiche Kaufleute den Puritanismus nicht als kongeniale Glaubensdoktrin zugelegt, zumal er ihren Reichtum in den Augen der Zeitgenossen als glorreiches Resultat einer »gottwohlgefälligen« Lebensführung auszeichnete und damit rechtfertigte? Weber selbst notiert ja schon die chronische Selbstgerechtigkeit der Puritaner als Folge ihres religiösen Habitus.

Ferner: Wenn Weber so etwas wie strikte »Ideenkausalität« ablehnt, jedoch gleichwohl eine Untersuchung der »Wirkungen« von Ideen anvisiert, wie muss man sich den schwächeren Mechanismus der »Wahlverwandtschaft« vorstellen? Handelt es sich um zeitliche Koinzidenz? Aber religiöse Revolution und industrielle Revolution finden zeitversetzt statt. Die Reformation ereignet sich historisch deutlich früher als der Beginn des Kapitalismus. Im 16. Jahrhundert kann man noch nicht von Kapitalismus sprechen, der in England erst ab 1750 einsetzt. Benjamin Franklin, den Weber als Kronzeugen anruft, offenbart im 18. Jahrhundert jedoch eine rein säkulare Arbeits- und Berufsethik (»Zeit ist Geld«). Sie soll den »Geist« des Kapitalismus in seiner verweltlichten Form anzeigen. Weber unterstellt also die Langzeitwirkung eines »Gesamthabitus der Puritaner«, der dann in die säkulare Geschäftstüchtigkeit des Yankeetums einmünden soll. Wie kann das sein? Die religiöse Wurzel, so Weber, ist abgestorben, die Arbeitsethik aber bleibt. Könnte nicht der Kapitalismus selbst sich entweder durch Anreiz oder notfalls durch Zwang die notwendige Arbeitsmotivation beschaffen? Weber leugnet nicht, dass der etablierte Kapitalismus keiner religiösen Basis mehr bedarf, sondern aus sich heraus als Form *ohne* Geist funktionieren kann. Heißt das, dass der Kapitalismus nur zu Beginn eines religiös inspirierten Geistes bedarf, danach aber nicht mehr? Das würde bedeuten, aus der »idealistischen Konstruktion« der »Protestantischen Ethik« am Anfang ein materialistisches Konstrukt am Ende zu machen. Von nun an regierte wieder die klassische »auri sacra fames«,[33] die traditionelle Geldgier, die Weber als universales Motiv in der Menschheitsgeschichte unterstellt. Was wird dann aber aus dem nüchternen, methodisch-rationalen bürgerlichen Betriebskapitalismus, für den Profitabilität, aber nicht Habgier angeblich die Grundlage sein soll? War also der Kapitalismus nur in seiner Jugend »wertrational«, weil durch das »Ideal des kreditwürdigen Ehrenmannes« des Benjamin Franklin gezähmt? Kaum etabliert, entwickelte er dann die Wucht als Wirtschafts-, Gesellschafts- und Lebensform, wie sie uns auch heute noch als digitaler Finanz- und Plattformkapitalismus entgegenschlägt?

Fragen dieses Typus beantwortet Weber nicht. Denn ihm geht es nur um die *Kulturbedeutung des Kapitalismus* und die kann man am ehesten an seiner Wurzel packen, deshalb sein Interesse für dessen *Genealogie*. Genau das markiert seine Fragestellung:

> Damit jene der Eigenart des Kapitalismus angepaßte Art der Lebensführung und Berufsauffassung ›ausgelesen‹ werden, d. h.: über andere den Sieg davon tragen konnte, mußte sie offenbar zunächst entstanden sein, und zwar nicht in einzelnen isolierten Individuen, sondern als Anschauungsweise, die von Menschen*gruppen* getragen wurde. Diese Entstehung ist also das eigentlich zu Erklärende.[34]

Obgleich die Protestantische Ethik von Beginn an auf Skepsis, Kritik und Ablehnung stieß, hat sie eine unglaubliche Diskussion ausgelöst, die weit über Webers begrenztes Interesse an einer dem Kapitalismus passenden, religiösen Berufsethik hinausging. Es dürfte wohl kaum eine einzige soziologische Studie geben, die so intensiv und breit bis auf den heutigen Tag immer wieder studiert wird. An dieser Stelle können wir diese ausufernde Diskussion nicht ausführlich dokumentieren, vielleicht aber systematisieren. Die komplexe und unübersichtliche Rezeption von Webers »Protestantismus-These« lässt sich in drei Kategorien einteilen: Zeitdiagnose, Theorie und Analyse.

Die breiteste Wirkung erzielte seine pessimistische *Zeitdiagnose* zu den *Pathologien der Moderne*. Vor allem die Kritische Theorie[35]

33 Ebd., S. 41.

34 Ebd., S. 37.

35 Max Horkheimer, Theodor W. Adorno, *Dialektik der Aufklärung. Philosophische Fragmente,* Frankfurt/M. 1969; Jürgen Habermas, *Theorie des kommunikativen Handelns.* Zwei Bde., Frankfurt/M. 1981. In der *Dialektik der Aufklärung* wur-

griff auf das Bild des Kapitalismus und seiner Kulturbedeutung als verhängnisvolles stahlhartes Gehäuse zurück. Auch heute noch gilt der Kapitalismus nach wie vor als größtes Problemkind der Spätmoderne, denn Landnahme, Beschleunigung und Aktivierung gelten als die drei Mechanismen,[36] die unsere Gesellschaften im Zeitalter der Globalisierung heftig unter Druck setzen. Die Globalisierung ihrerseits macht jene »Externalisierung«[37] möglich, so dass der globale Norden den globalen Süden auszubeuten vermag. Seine Mechanismen sorgen aber auch für Resonanzkatastrophen[38] im Inneren der kapitalistischen Gesellschaften, die ein gelungenes (Selbst-) Verhältnis zur modernen Welt so gut wie unmöglich machen sollen. Heute rückt auch die Rezeption von Webers Darstellung des modernen Menschen und seiner Lebensführung immer mehr ins Zentrum der Zeitdiagnosen. Denn »die Fachmenschen ohne Geist, Genußmenschen ohne Herz« von Weber tauchen in vielen neueren Zeitdiagnosen auf wie dem Ethos des »flexiblen Menschen«, des »unternehmerischen Selbst« und des »Arbeitskraftunternehmers«.[39] Aber auch die »Kommerzialisierung der Gefühle«, die hypertrophe Individualisierung und die damit verbundenen Pathologien des »erschöpften Selbst«[40] werden diskutiert. Überdies scheint die Spätmoderne auch so etwas wie ein Zeitalter der »Singularitäten«[41]

de Webers pessimistische Einschätzung als nochmals zugespitzte Diagnose einer verhängnisvollen modernen Zivilisation, die zwangsläufig in Barbarei umschlägt, in die ganze Welt getragen.

36 Klaus Dörre, Stephan Lessenich, Hartmut Rosa, *Soziologie-Kapitalismus-Kritik. Eine Debatte,* Berlin 2009.

37 So die These von Stephan Lessenich, *Neben uns die Sintflut. Die Externalisierungsgesellschaft und ihr Preis,* München 2016.

38 Hartmut Rosa, *Resonanz. Eine Soziologie der Weltbeziehung,* Berlin 2016.

39 Richard Sennett, *Der flexible Mensch. Die Kultur des neuen Kapitalismus,* Berlin 1998; Ulrich Bröckling, *Das unternehmerische Selbst. Soziologie einer Subjektivierungsform,* Frankfurt/M. 2007; G. Günter Voß, Hans J. Pongratz, »Der Arbeitskraftunternehmer. Eine neue Grundform der Ware Arbeitskraft?«, in: *Kölner Zeitschrift für Soziologie und Sozialpsychologie*, H. 1 (1998), S. 131-158.

40 Arlie R. Hochschild, *Das gekaufte Herz. Zur Kommerzialisierung der Gefühle,* Frankfurt/M. 1990; Alain Ehrenberg, *Das erschöpfte Selbst. Depression und Gesellschaft in der Gegenwart,* Frankfurt/M. 2004; Axel Honneth (Hg.), *Befreiung aus der Mündigkeit. Paradoxien des gegenwärtigen Kapitalismus,* Frankfurt/M., New York 2002.

41 So Andreas Reckwitz, *Die Gesellschaft der Singularitäten. Zum Strukturwandel der Moderne,* Berlin 2017.

eingeläutet zu haben, in dem das alte Persönlichkeitsmodell der Individualität von Weber zugunsten der Singularität abgelöst worden sein soll.

In der *Theorie* überwiegen die Versuche, das Erklärungsmodell der »Protestantischen Ethik« systematisch zu fassen. Berühmt geworden ist James Colemans Theorie rationaler Wahl mit seiner »Badewanne«,[42] denn tatsächlich glaubt er zeigen zu können, dass Weber bereits ein Mikro-Makro-Modell der Erklärung entwickelt hat. Auf der Makroebene bietet die protestantische Berufsethik den Gläubigen die religiösen Werte an, die auf der Mikroebene ihr ökonomisches Verhalten (asketischer Sparzwang) so beeinflussen, dass auf der Makroebene der Kapitalismus ermöglicht wird. Seither hat die »Badewanne« als theoretisches Modell mit dem Beispiel von Webers Protestantismusthese Karriere[43] gemacht.

Wichtiger für die Wirtschaftssoziologie wurden indes die *Analysen* zur historisch und gesellschaftlich vergleichenden Wirtschafts- und Arbeitsethik im Anschluss an Max Weber. Auch die Studien zur Wirtschafts- und Arbeitsethik lassen sich in drei Kategorien einteilen: Funktionale Äquivalente, Säkularisierung und neuer Geist. Schon bald stellte sich die Frage, ob es nicht auch *funktionale Äquivalente* in anderen Religionen geben könnte. Ist nur der Protestantismus günstig für die Entstehung des Kapitalismus gewesen oder ist das auch in anderen Religionen so? Robert Bellah suchte den Aufstieg Japans[44] zu einer führenden Industrienation durch den Rekurs auf religiöse Werte zu erklären, wie sie in einer Mischung aus Buddhismus, Konfuzianismus und dem einheimischen Shintoismus im Tokugawa-Shogunat (1603-1868) gebildet wurden. Zunächst in der Klasse der Samurai beheimatet, übertrugen sich Werte wie Selbstdisziplin, produktive Arbeit und Durchhaltevermögen in großen

42 James S. Coleman, *Foundations of Social Theory*, Cambridge 1990. Zur Diskussion über Coleman siehe Hans-Peter Müller, Michael Schmid (Hg.), *Norm, Herrschaft und Vertrauen. Beiträge zu James Colemans Grundlagen der Sozialtheorie*, Wiesbaden 1998.

43 Zur Popularisierung dieses Modells in Deutschland hat vor allem Hartmut Essers Lehrbuch *Soziologie. Allgemeine Grundlagen*, Frankfurt/M., New York 1993, hier insb. S. 98 beigetragen. Eine Systematisierung aus Weberscher Sicht nimmt Wolfgang Schluchter, *Die Entzauberung der Welt. Sechs Studien zu Max Weber*, Tübingen 2009, S. 62 vor.

44 Robert N. Bellah, *Tokugawa Religion. The Values of Pre-Industrial Japan*, New York 1957.

Projekten auch auf die aufsteigende Händlerklasse, so dass sie eine der »Protestantischen Ethik« vergleichbare Wirtschafts- und Berufsethik für den industriellen Aufstieg bereitstellten. Ähnliche Studien gibt es für das konfuzianische China, das hinduistische Indien, das katholische Lateinamerika und jüngst für den Raum des Islam in Gestalt der IWE – der »islamic work ethic«. Geht man jedoch vom Tatbestand der *Säkularisierung* aus, wirft das die Frage auf, ob es nicht auch funktionale Äquivalente zur Religion selbst gibt. Ein genauerer Blick auf die konstitutiven Elemente der Protestantischen Ethik fördert eine Trias von Eigenschaften zutage: *Professionalisierung* in Gestalt von speziellem Wissen und Expertise, *Leistung* durch Produktivität und Effizienz, und *Bewährung* in Gestalt von Berufserfolg. Tatsächlich spielen alle diese drei Eigenschaften eine zentrale Rolle in der Organisation heutiger Arbeits-, Leistungs- und Disziplinargesellschaften,[45] wenn auch in komplett weltlicher Form und, wenn man so will, als neue diesseitige Religion. An die Stelle einer religiösen *Theodizee* tritt eine säkulare *Soziodizee*,[46] wie Pierre Bourdieu im Anschluss an Weber die Berufs-, Klassen- und Erfolgsethik nennen sollte. Verschiedene Anläufe zu einer Professionalisierungstheorie[47] haben versucht, diesen Komplex von Professionalisierung, Leistung und Bewährung weiterzuentwickeln. Auf jeden Fall steht damit fest, dass Weber über den Komplex von Leistung, Professionalisierung und Bewährung auf die Grundidee der Meritokratie[48]

45 So zuerst bahnbrechend David McClelland, *The Achieving Society*, Princeton 1961.

46 Pierre Bourdieu, *Der Staatsadel*, Konstanz 2004, S. 466.

47 Siehe Ulrich Oevermann, »Theoretische Skizze einer revidierten Theorie professionalisierten Handelns«, in: Arno Combe, Werner Helsper (Hg.), *Pädagogische Professionalität. Untersuchungen zum Typus pädagogischen Handelns*, Frankfurt/M. 1996, S. 70-182; Constans Seyfarth, »Über Max Webers Beitrag zur Theorie professionellen beruflichen Handelns, zugleich eine Vorstudie zum Verständnis seiner Soziologie als Praxis«, in: Johannes Weiß (Hg.), *Max Weber heute. Erträge und Probleme der Forschung*, Frankfurt/M. 1989, S. 371-405.

48 Der Begriff der Meritokratie, der Herrschaft des Verdienstes, wurde von Michael Young geprägt in: *The Rise of Meritocracy 1870-2033. An Essay on Education and Society*, London 1958, dt. *Es lebe die Ungleichheit. Auf dem Wege zur Meritokratie*, Düsseldorf 1961. Zur Kritik an dieser Idee und Ideologie siehe Hans-Peter Müller, »Meritokratie als Schimäre? Gleichheit und Ungleichheit in Bildungsprozessen und ihre Folgen«, in: ders., Tilman Reitz (Hg.), *Bildung und Klassenbildung. Kritische Perspektiven auf eine Leitinstitution der Gegenwart*, Weinheim, Basel 2015, S. 104-122.

stößt. Die Puritaner sind gleichsam die ersten religiösen Meritokraten. Auch hier findet nur eine Säkularisierung statt, um von Religion auf Erfolg umzustellen und zugleich die Ungleichverteilung von Ressourcen zu legitimieren.

In einer Reihe von Studien wurde der *neue Geist* des Kapitalismus diskutiert, wie er sich in Gestalt der Massenwohlstandsgesellschaft nach dem Zweiten Weltkrieg entwickelt hat. Daniel Bell verwies auf die »kulturellen Widersprüche des Kapitalismus«,[49] denn in modernen Konsumgesellschaften wird dem Menschen ein gespaltenes Verhältnis zur Arbeit und Freizeit abverlangt. Im Berufsleben zählen nach wie vor die asketischen Tugenden von Leistung, Disziplin und Durchhaltevermögen, während im Privatleben jeder hedonistisch zum Konsum verführt wird. In Bells Augen führt diese Spaltung auf lange Sicht zur motivationalen Auszehrung des Kapitalismus. Eine hedonistische Konsumethik verdrängt die puritanische Berufsethik mit der Folge, dass das Leistungsprinzip im Kapitalismus unterminiert wird. David Brooks erblickt genau in dieser schizoiden Haltung – Askese im Beruf, Ekstase in der Freizeit – den Habitus der »Bobos in Paradise«.[50] Denn die »Bourgeois Bohemians« sind in ihrem Arbeitsleben »workaholics«, in ihrer knapp bemessenen Freizeit spielen sie die Rolle der konsumorientierten Künstler-Bohemiens. Während Bell und Brooks inhaltlich innerhalb des Weberschen Bezugsrahmens verbleiben und die Transformationen der Protestantischen Ethik bis in die Gegenwart verfolgen, erzählt Colin Campbell eine alternative Geschichte, behält aber ebenfalls die Webersche Argumentationslogik bei. In seiner Studie *The Romantic Ethic and the Spirit of Modern Consumerism*[51] rekonstruiert er zunächst den »Geist des modernen Konsumismus«, den er als »autonomen imaginativen Hedonismus« identifiziert und der das Pendant zur kapitalistischen Konsumgesellschaft bildet. In einem zweiten Schritt geht er den historischen Ursprüngen nach und behauptet, dass die romantische Ethik sich aus einer emotional-sentimentalen Seitenlinie des Puritanismus heraus entwickelt

49 Daniel Bell, *The Cultural Contradictions of Capitalism*, New York 1976, dt. *Die kulturellen Widersprüche des Kapitalismus*, Frankfurt/M., New York 1991.

50 David Brooks, *Bobos in Paradise. The New Upperclass and How They Got There*, New York 2000, dt. *Die Bobos. Der Lebensstil der neuen Elite*, Berlin 2002.

51 Colin Campbell, *The Romantic Ethic and the Spirit of Modern Consumerism*, Oxford 1987.

habe. Heute hingegen – nach dem Ende der Romantik – werden in der Kernfamilie neben der puritanischen Leistungsethik durch die instrumentelle Rolle des Vaters auch romantische Werte durch die expressive Rolle der Mutter weitergegeben.

Während Bell, Brooks und Campbell der neuen Realität der westlichen Konsumgesellschaft Rechnung tragen wollen, werfen Luc Boltanski und Ève Chiapello die Frage auf, ob der neue globale Kapitalismus nicht auch einen »neuen Geist«[52] benötigen und, wenn ja, wie er aussehen würde. Selbst ein so mächtiges Wirtschaftssystem wie der Kapitalismus braucht Legitimität sowie Anerkennung und eine solche Rechtfertigung kann sich nicht allein auf dessen Gewalt- und Ausbeutungsverhältnisse stützen. Deshalb untersuchen sie die neuen Rechtfertigungsmuster. Boltanski und Chiapello sehen im Gefolge von 1968 eine wichtige Weichenstellung im Modus der Kritik. Seit seinen Anfängen gehört zum Kapitalismus konstitutiv dessen Kritik. Kapitalismus und Kritik sind wie siamesische Zwillinge: unauflöslich vereint, doch innig entzweit. Weit davon entfernt, Kritik nur negativ zu betrachten, sehen Boltanski und Chiapello darin auch eine positive Quelle des Lernens. Mit dem Ereignis von 1968 tritt neben die klassische Sozialkritik, die sich am Marxschen Konzept der Ausbeutung orientiert hatte, eine moderne Künstlerkritik, die auf dem Marxschen Konzept der Entfremdung basiert. Es geht also nicht mehr so sehr um soziale Ungleichheit und ihre Verteilungsfragen, sondern um kulturelle Ungleichheit und Selbstverwirklichungsprobleme. Der neue Kapitalismus verspricht mehr Selbstverwirklichung, denn seine netzwerk- und projektartige Struktur eröffnet Räume und Chancen zur Handlungsautonomie und Entscheidungsfreiheit des Einzelnen. Auch wenn sich das Versprechen im Alltag häufig als illusorisch erweist, bildet es einen Anreiz für unternehmerisch gesinnte Menschen, sich für diese Form des Kapitalismus beherzt zu engagieren. Erst wenn der Netzwerk- und Projektmensch, der immer so gut funktioniert hat, am Ende plötzlich ausrangiert wird, realisiert er den illusorischen Charakter des nach wie vor auf dem Profitprinzip basierenden Kapitalismus.

Wie dieser kurze und keineswegs vollständige Abriss zeigt, dreht sich die Diskussion auch heute noch um die mit der Protestan-

52 Luc Boltanski, Ève Chiapello, *Der neue Geist des Kapitalismus*, Konstanz 2006.

tismusthese verbundenen Fragen nach einer Wirtschafts- und Arbeitsethik, die Unternehmern und Managern, Angestellten und Arbeitern die notwendige Motivation vermitteln würde, um in diesem »unnatürlichen System« des Kapitalismus engagiert mitzumachen. Freilich: Das ist nur die »profane«, weil praktische Anwendung dieses Schlüsseltextes. Im Kern demonstriert Weber – und das macht die »Protestantische Ethik« zu einem »heiligen«, weil konstitutiven Werk –, wie eine Ideengeschichte soziologisch auszusehen hätte, die dem Anspruch auf erklärendes Verstehen und verstehendes Erklären zu entsprechen vermag. Webers Kulturanalyse des Puritanismus zeigt paradigmatisch und exemplarisch auf, wie Ideen in der Geschichte wirksam werden. *Die Paradoxie der Wirkung gegenüber dem Wollen*, wie seine schöne Formel lautet, verweist darauf, dass Ideen auch dann wirken, wenn sie womöglich das Gegenteil von dem bewirken, was sie eigentlich verwirklichen sollten. Ideen haben unintendierte, kontraintuitive und regelrecht »perverse« Effekte, die historisch und gesellschaftlich im Vorhinein nicht vorauszusehen waren. Diese Erfahrungen, gleichsam zwischen Engagement und Enttäuschung,[53] spiegeln sich in vielen Buchtiteln und Redensarten wider: »Was wir wollten, was wir wurden«,[54] reflektiert die Folgen der Studentenrevolution. »Wir wollten Gerechtigkeit und bekamen den Rechtsstaat!«, konstatiert die bekannte DDR-Bürgerrechtlerin Bärbel Bohley die Folgen der Wiedervereinigung der beiden Staaten zu einem Land, in der die kommunistischen Eliten schonend behandelt wurden, um das Werk der Einheit nicht zu gefährden. Diese Form von verkehrter »Ideenkausalität« scheint fast zu einem konstitutiven Spezifikum des Faches zu gehören, so dass manche Philosophen der Soziologie das Studium unintendierter Folgen intentionalen Handelns zur Hauptaufgabe machen wollen, wie etwa Karl Popper, der Doyen des kritischen Rationalismus, der ihr ins Stammbuch schrieb: »And this remark gives us an opportunity to formulate the main task of the theoretical social sciences. It is to trace the unintended social repercussions of intentional human actions.«[55]

53 So Albert O. Hirschman, *Engagement und Enttäuschung. Über das Schwanken der Bürger zwischen Privatwohl und Gemeinwohl*, Frankfurt/M. 1988.

54 Peter Mosler, *Was wir wollten, was wir wurden. Zeugnisse der Studentenrevolte*, Reinbek 1977.

55 Karl Popper, *Conjectures and Refutations. The Growth of Scientific Knowledge*, London 1989, S. 342.

Auch wenn es zwischen dem methodologischen Individualismus Webers und dem kritischen Rationalismus Poppers eine verbindende Linie geben mag, sind doch weder Weber selbst noch die Soziologie insgesamt diesem Ratschlag gefolgt. Der Gegenstands- und Untersuchungsbereich von Webers Kultur- und Sozialwissenschaft reicht weit über diesen engen Fokus hinaus. Auch wenn Weber die Diskussion um die »Protestantische Ethik« 1910 beendet, wird er sie im Rahmen seiner Religionssoziologie, die ihn in den nächsten Jahren beschäftigen sollte, noch in einen größeren Zusammenhang einzubetten versuchen.

4. Besichtigungstermin in der Moderne: Max Weber in Amerika

»In the beginning all the World was America«[1] – so John Locke in seinem *Second Treatise on Government*[2] im Jahre 1690, und das sollte auch das Bild werden, mit dem Europa sein *Alter ego*, die Vereinigten Staaten von Amerika, von nun an betrachten sollte, wenngleich in einem etwas anderen Sinne als Locke. Wie in einem Zeitraffer ließ sich in ein und demselben Land die gesellschaftliche Evolution gleichsam vom Naturzustand bis zur Moderne in Augenschein nehmen. Die USA versammelten alle Gesellschaftsformationen der Menschheitsgeschichte auf ihrem Territorium. So verdienten die ersten Siedler und die Ureinwohner ihren Lebensunterhalt als Jäger und Sammler, als Pelzhändler und Viehzüchter, der Süden der USA etablierte eine traditionale Plantagenwirtschaft auf der Basis von Sklaverei, während der Norden und Westen über großflächige Landwirtschaft und Fabrikproduktion die Industrialisierung und Urbanisierung vorantrieben. Ein Land mit multiplen Gesellschaftsformationen[3] – und das in einem modernen demokratischen Rahmen. Was für ein Ereignis für jeden sozialwissenschaftlich interessierten Beobachter, der sich dem Studium von verschiedenen Typen von Gesellschaft verschrieben hat. Die »neue Welt« von Amerika, Werdegang und Schicksal der Amerikaner wurden zu einem bevorzugten Gegenstand der Neugier der Europäer.

So bemerkte schon Goethe in seinen »Zahmen Xenien« im Jahre 1827, dass es Amerika besser als der alte Kontinent[4] habe. Tocquevil-

1 Im Folgenden nehme ich Überlegungen aus meinem »Max Weber in Amerika«, in: *Merkur* 66, H. 756 (2012), S. 433-440 wieder auf.

2 Peter Laslett, *Locke's Two Treatises of Government. A Critical Edition with Introduction and Notes*, Cambridge ²1979, S. 390.

3 Vgl. Georg Kamphausen, *Die Erfindung Amerikas in der Kulturkritik der Generation von 1890*, Weilerswist 2002, S. 169 f.

4 Es lohnt sich, Goethes Gedicht »Den Vereinigten Staaten« (in: ders., *Sämtliche Werke*, Bd. 18.1. Münchner Ausgabe, München, Wien 1997, S. 13) zur Gänze zu zitieren, weil es die Gegenüberstellung zwischen alter und neuer Welt idealtypisch auf den Begriff bringt:
Amerika, du hast es besser
Als unser Kontinent, das alte,

le erklärte 1835 in seiner neu geschaffenen Politikwissenschaft[5] auch genau, weshalb dem so ist, und diskutiert die günstigen Voraussetzungen zur gesellschaftlichen Entwicklung und Demokratie: erstens, ein scheinbar jungfräulicher Kontinent, dünn besiedelt durch die einheimische Bevölkerung und ohne äußere Feinde, weil fast gleichbedeutend mit einer Insellage; zweitens, die Überfülle von Land zur Besiedlung; wo aber keine Landknappheit herrscht, bildet sich auch kein Adel. Auch diese gleichermaßen entstratifizierende Funktion der »weiten Räume« des neuen Kontinents weckte das Interesse der europäischen Intellektuellen. Drittens, gut gebildete, freiheitlich gesinnte und religiös gestimmte Einwanderer aus Europa – ein unablässiger Immigrationsstrom, der die neuesten technologischen Erkenntnisse aus Europa mitbringt. Hierüber konnte die »Demokratie in Amerika« auf der Basis von Freiheit und Gleichheit im Rahmen eines republikanisch gesinnten Individualismus gelingen, so Tocquevilles Überzeugung, der damit seinen eigenen Landsleuten die Angst vor Gleichheit und Demokratie nehmen wollte. Was Modernität angeht, könnte man von Amerika lernen und Europa den Spiegel seines eigenen zukünftigen Entwicklungshorizonts vor Augen halten.

Die Gretchenfrage lautete deshalb: Wird es auf lange Sicht zur »Amerikanisierung« von Europa kommen oder zur »Europäisierung« von Amerika? Das ist der Diskurs,[6] in den sich im Folgenden alle wechselseitigen Beobachtungen und transatlantischen Lernprozesse einschreiben sollten. Die alte Welt von Europa spiegelt sich in der neuen von Amerika. Auf der Basis einer Wertegemeinschaft, die

Hast keine verfallene Schlösser
Und keine Basalte.

Dich stört nicht im Innern,
Zu lebendiger Zeit,
Unnützes Erinnern
Und vergeblicher Streit.

Benutzt die Gegenwart mit Glück!
Und wenn nun eure Kinder dichten,
Bewahre sie ein gut Geschick
Vor Ritter-, Räuber- und Gespenstergeschichten.

5 Alexis de Tocqueville, *Über die Demokratie in Amerika*, 2 Bde. (1835 u. 1840), Bd. 1, Zürich 1987, S. 9-82.

6 So Claus Offe, *Selbstbetrachtung aus der Ferne. Tocqueville, Weber und Adorno in den Vereinigten Staaten*, Frankfurt/M. 2004, S. 59-90.

Max Weber »okzidentale Moderne« nennt, beobachtet man sich, vergleicht sich und lernt voneinander. Europa hat meist – zumindest im Hinblick auf die Heraufkunft der modernen kapitalistisch-demokratischen Gesellschaft –, wenn überhaupt, von Amerika gelernt,[7] nicht aber von den anderen Kontinenten Afrika, Asien oder Australien.

Auch Max Weber schreibt sich in diesen Diskurs ein, untersucht er doch den Aufstieg des modernen okzidentalen Kapitalismus, ja, wie wir sehen werden, des gesamten Rationalisierungsprozesses der okzidentalen Moderne. Warum ist es ausgerechnet in Europa um 1500 zu diesem *Take-off* gekommen und nicht etwa in China oder Afrika? Woher rührt diese einzigartige und historisch unbestritten wirkmächtige Konfiguration aus Wirtschaft, Wissenschaft und Technik, modernem Staat, moderner Bürokratie und modernem Recht, ja moderner Kultur?

Zur Weltausstellung in St. Louis

Angesichts dieser genuin universalgeschichtlichen Fragestellung überrascht es nicht, dass Weber die Einladung in die USA zur Weltausstellung nach St. Louis, Missouri, gern annimmt. Seit Ende des 19. Jahrhunderts hatte die moderne westliche Welt angefangen, sich in sogenannten Weltausstellungen selbst zu feiern und sich ihrer »Fortschritte« zu versichern. Angefangen in Chicago 1893 folgte Paris im Jahre 1900 und St. Louis, Missouri, 1904. Zudem hatte man für die Woche vom 19. September 1904 einen »Congress of Arts and Sciences« vorgesehen, bei dem der staunenden Welt die Einheit des gesamten wissenschaftlichen Wissens in 128 Sektionen mit insgesamt 300 Vorträgen[8] vorgestellt werden sollte. Es war die Prominenz der wissenschaftlichen Welt geladen, und mit wenigen Ausnahmen sind die meisten Koryphäen ihres Faches diesem verlockenden Ruf – es gab ein Honorar von 500 US-Dollar oder 2100 Reichsmark – in die Neue Welt gefolgt.

7 Vgl. Hans-Peter Müller, »Auf dem Weg in eine europäische Gesellschaft? Begriffsproblematik und theoretische Perspektiven«. In: *Berliner Journal für Soziologie* 1 (2007), S. 7-31.

8 Siehe Howard J. Rogers (Hg.), *Congress of Arts and Science: Universal Exposition, St. Louis, 1904*, 6 Bde., Boston 1905-6.

Webers Vortrag am Nachmittag des 21. September 1904 in einem sozialwissenschaftlichen Panel über »Rural Communities« befasst sich mit »Kapitalismus und Agrarverfassung«.[9] Da Weber auf Deutsch vorträgt, halten sich die Besucherzahlen im Rahmen. Gleichwohl sind alle wichtigen amerikanischen Ökonomen anwesend, die zu diesem Zeitpunkt entweder deutschsprachige Auswanderer oder in Deutschland ausgebildete Wirtschaftswissenschaftler sind. Angesichts der Vorrangstellung deutscher Universitäten vor dem Ersten Weltkrieg ist Deutsch nach wie vor eine wichtige Wissenschaftssprache, auch wenn sich Englisch allmählich durchsetzen sollte und heute längst zur *lingua franca* in der Wissenschaft geworden ist. Weber ist gut gerüstet für das Thema. Zum einen umschreiben agrarpolitische und -historische Fragen recht gut seine Erkenntnisinteressen der frühen Werkphase bis 1898. Zum anderen wird der Kapitalismus, wie im vorigen Kapitel gesehen, ihm immer mehr zum Kardinalproblem am Beginn des 20. Jahrhunderts. Die kühne These einer »Wahlverwandtschaft« zwischen Puritanismus und Kapitalismus sollte zeigen, dass die protestantische Berufsethik eine, wenn auch nicht die alleinige Komponente für den »Geist des Kapitalismus« war, der dieser Wirtschaftsform im Westen durch die Prämiierung einer methodisch-rationalen Lebensführung zum Aufstieg verholfen hat. Wo, wenn nicht in Amerika, dem gelobten Land des Kapitalismus, konnte er seine Studien weiter vertiefen?

Schon durch seine Familie war Webers Neugier auf die amerikanischen Verhältnisse geweckt worden. Sein Vater hatte 1883 zusammen mit Georg Siemens, Carl Schurz, James Bryce und Henry Villard eine Eisenbahnreise auf der Northern Pacific Route von Minneapolis-St.Paul bis nach Portland, Oregon, und Seattle, Washington, unternommen, um europäische Investitionschancen in Amerika[10] zu eruieren. Friedrich Kapp, einst Weggefährte von Karl Marx und Moses Hess und berühmter Emigrant der 1848er-Revolution, hatte dem 11-jährigen Max eine deutsche Ausgabe von Benjamin Franklins *Autobiographie* mit seiner eigenen enthusiastischen Einführung geschenkt. Als 1888 James Bryces zweibändige

9 Max Weber, »Kapitalismus und Agrarverfassung«, in: *Zeitschrift für die gesamte Staatswisssenschaft* 108 (1952), S. 431-452.

10 Vgl. Guenther Roth, *Max Webers deutsch-englische Familiengeschichte 1800-1950*, Tübingen 2001.

Studie *The American Commonwealth*[11] erschien, wurde sie ebenfalls vom jungen Weber verschlungen. Über die Kontakte zu Villard und Kapp hinaus hatte es auch einen Teil der Weber-Familie nach Amerika verschlagen. Es waren die Nachkommen von jenem berühmten Georg Friedrich Fallenstein, Max' Großvater mütterlicherseits, in dessen Villa am Neckarstrand ab 1910 Max Weber bis zu seinem Tode residieren sollte. Hugo Münsterberg, ein Psychologie-Kollege aus den Freiburger Tagen, der mittlerweile von William James an die Harvard-Universität berufen worden war und den Kongress in St. Louis mit organisierte, hatte Anfang 1904 zudem sein zweibändiges Werk *Die Amerikaner*[12] publiziert, das Max Weber auch sofort las.

Gründe genug also, ihn letztlich dazu zu bewegen, beherzt nach Amerika aufzubrechen mit Ehefrau Marianne, einer engagierten Frauenrechtlerin, und seinem »Fachmenschenfreund« Ernst Troeltsch, dem Theologen und späteren Mitbewohner in der Fallenstein-Villa. Am 20. August 1904 ist es so weit: Sie schiffen sich in Bremen auf der »Bremen« ein und kommen zehn Tage später in New York an. Die Webers werden drei Monate und zwölf Tage unterwegs sein, sie werden rund 5000 Meilen zurücklegen, meist mit der Eisenbahn, insgesamt 180 Stunden. Wie der nüchterne Weber überschlägt, kostet sie das Amerika-Abenteuer 7000 Reichsmark, abzüglich des Kongress-Honorars von 500 US-Dollar oder 2100 Reichsmark. Ein Blick auf die Route zeigt, dass ihre Rundreise durch die Staaten der von Tocqueville sehr ähnelt. Sie werden Großstädte wie New York, Chicago, Washington, Philadelphia und Boston kennenlernen, aber auch indianisches Territorium in Oklahoma oder das Tuskegee Institut in Alabama besichtigen.

Was sind ihre Eindrücke? Welche Erfahrungen sammeln sie? Und vor allem, wie spiegeln sich diese amerikanischen Reiseerlebnisse im Werk von Max Weber wider? Diesen Fragen hat sich jüngst Lawrence A. Scaff[13] in einer vorzüglichen Studie zum Problemkomplex »Weber und Amerika« angenommen. Tatsächlich behandelt Scaff zwei, in seinen Augen innerlich verwandte Fragen: die Reise nach Amerika, Begegnungen, Erfahrungen und ihre Widerspiege-

11 James Bryce, *The American Commonwealth* (1888), 2 Bde., mit einem Geleitwort von Gary L. McDowell, Indianapolis 1995.

12 Hugo Münsterberg, *Die Amerikaner* (1904), 2 Bde., Charleston 2009.

13 Lawrence A. Scaff, *Max Weber in America*, Princeton, Oxford 2011, dt. *Max Weber in Amerika*, mit einer Einführung von Hans-Peter Müller, Berlin 2013.

lung im Werk; das Werk Webers in Amerika und die Fabrikation eines ewig jugendlichen Klassikers der Soziologie. In systematischer Hinsicht sind es vier bzw. fünf Problemkomplexe, die Weber in Amerika interessieren: der Kapitalismus, die »Frontier« mit ihrer »Indianer«-Romantik, das Rassenproblem, die Religion und – als die größte Hoffnung für die Demokratie – die freiwilligen Assoziationen der Zivilgesellschaft.

Die Schlachthöfe von Chicago

Hatte ihn in New York die moderne Metropole mit ihren Wolkenkratzern und dem »rasenden Verkehr« an- und aufgeregt, so war es in Chicago die kapitalistische Großindustrie. Mehr als 80% der amerikanischen Fleischproduktion wird um 1900 in den »Stockyards«, gegründet 1864 durch ein Konsortium von neun Eisenbahnunternehmen, mit mehr als 25000 Arbeitern abgewickelt. Es sind die »Stockyards« mit ihrer Fließbandarbeit, die Henry Ford zu seinem Fabrikmodell des »Fordismus« im Jahre 1913 inspirieren werden, nur mit dem Unterschied, dass Ford seinen Arbeitern den unglaublichen Stundenlohn von 5 US-Dollar zahlten sollte, damit auch sie sein T-Modell kaufen können. Von dieser Hochlohnidylle konnte in den ausbeuterischen »Stockyards« keine Rede sein. Weber notiert beeindruckt:

> Überall fällt die gewaltige Intensität der Arbeit auf: Am meisten in den Stock yards mit ihrem ›Ozean von Blut‹, wo täglich mehrere tausend Rinder und Schweine geschlachtet werden. Von dem Moment an, wo das Rind ahnungslos den Schlachtraum betritt, vom Hammer getroffen zusammenstürzt, dann als bald von einer eisernen Klammer gepackt, in die Höhe gerissen wird und seine Wanderung antritt, geht es unaufhaltsam weiter an immer neuen Arbeitern vorüber, die es ausweiden, abziehen usw., immer aber, im Tempo der Arbeit, an die Maschine gebunden sind, die es an ihnen vorbeizieht. Man sieht ganz unglaubliche Arbeitsleistungen in dieser Atmosphäre von Qualm, Kot, Blut und Fellen, in der ich mit einem boy, der mich gegen ½ Dollar führte, herumbalanzierte, um nicht im Dreck zu ersaufen – und wo man das Schwein von der Kofe bis zur Wurst und Konservenbüchse verfolgt.[14]

14 Marianne Weber, *Max Weber. Ein Lebensbild.* Mit einem Essay von Guenther Roth, München, Zürich 1989, S. 299 f.

Ihn interessiert auch das logistische Problem, täglich 25 000 Arbeiter an die Stätte ihrer Arbeitsproduktion zu transportieren, und die »Irrationalität« einer rein ökonomisch »rationalen Kalkulation«, wenn es um Fragen der öffentlichen Gesundheit und Verkehrssicherheit geht.

Stundenweit haben die Leute vielfach, wenn um 5 Uhr die Arbeit aus ist, nach Hause zu fahren – die Tram-Gesellschaft ist bankerott, seit Jahren – wie üblich – verwaltet sie ein ›Receiver‹, der kein Interesse an der Abkürzung der Liquidation hat und daher keine neuen Wagen anschafft – die alten versagen alle Augenblick. Jährlich gegen 400 Leute werden tot oder zu Krüppeln gefahren, ersteres kostet laut Gesetz die Gesellschaft 5000 Dollar (an die Witwe oder die Erben), letzteres 10 000 Dollar (an die Verletzten solange sie nicht bestimmte Vorsichtsmaßregeln trifft). Sie hat nun kalkuliert, dass sie die 400 Entschädigungen weniger kosten, als die verlangten Vorsichtsmaßregeln und bringt diese nicht an.[15]

Ebenfalls im Jahre 1904 recherchierte ein junger unbekannter Journalist und sozialistischer Schriftsteller in den Stockyards, um zwei Jahre später mit *The Jungle*[16] einen Bestseller zu landen. Präsident Theodore Roosevelt handelte sofort: Er lud Upton Sinclair nach Washington ein und verabschiedete 1906 den U.S. Food und Drug Administration Act, der noch heute die Lebensmittelsicherheit in den USA garantieren soll. Der »muckraking journalism«, wie Roosevelt Sinclairs erfolgreiche Aufklärungsbemühungen nannte, hatte die mächtige Fleischverarbeitungsindustrie in die Knie gezwungen.

Im »Indianerland«

Nach seinem Vortrag in St. Louis wendet sich Weber nicht wie die anderen Kongressteilnehmer nach Washington, um an einem Empfang bei Präsident Theodore Roosevelt teilzunehmen, sondern er reist spontan nach Oklahoma in das »Indianerland«. Er will mit eigenen Augen die »Frontier« sehen und das Geschehen erfassen. Der Zeitpunkt könnte nicht besser gewählt sein, denn für den 30. September ist eine große Landauktion angesetzt, und am 1. Ok-

15 Ebd., S. 299 f.
16 Upton Sinclair, *The Djungle*, New York 1906.

tober soll der Creek-Stamm finanziell entschädigt werden. Weber hatte sich mit den Problemen der amerikanischen Ureinwohner genauestens auseinandergesetzt und die problematische Entwicklung nach der Jackson-Zeit, die schon Tocqueville notiert hatte, verfolgt. Bis 1889 gehörte das gesamte Land den Ureinwohnern. Dann hatten die Creek und Cherokee die Hälfte des Territoriums an die Vereinigten Staaten für den symbolischen Preis von 15 Millionen US-Dollar verkauft, was jedem Stammesmitglied die Einmalzahlung von 500 US-Dollar eröffnete – Geld, das rasch ausgegeben war. Auch die Schwarzen erhielten nach dem Bürgerkrieg ihr Stück Land, mit dem Unterschied, dass sie es bis auf 40 Hektar verkaufen durften. Das Resultat, so Weber, bestand darin, dass jedes Jahr 2000 Farmen den Besitzer wechselten – von schwarzen zu weißen Farmern. Ähnliches wurde dann auch für das Farmland der Ureinwohner möglich mit dem Unterschied, dass der Verkauf unter der Leitung eines Beauftragten für »Indianerfragen« der Vereinigten Staaten zu erfolgen hatte. Mit der Entdeckung von Öl wurde Weber vollends klar, dass die Weißen die Schwarzen und Ureinwohner an den Rand drücken würden. Die Vereinigung zu einem Staat Oklahoma war in seinen Augen nur eine Frage der Zeit und erfolgte tatsächlich im Jahre 1907.

Nirgends so wie hier mischt sich die alte Indianerpoesie mit modernster kapitalistischer Kultur. [...] Am meisten Lederstrumpf-Poesie haben die größeren Flüsse wie der Canadian River (Weber verwechselt ihn mit dem Arkansas River), die in ihrem gänzlich wilden Zustand, mit riesigen Sandbänken und dichtem dunklen Grün an den Ufern, in Verkrümmungen und Verzweigungen ihre Fluten dahinwälzen [...]. Aber die Stunde des Urwalds hat auch hier geschlagen. Man sieht im Walde zwar gelegentlich Gruppen richtiger alter Blockhäuser – die indianischen kenntlich an den buntfarbigen Shawls und der aushängenden Wäsche, – aber doch auch ganz moderne Holzhäuser und -häuschen aus der Fabrik, zum Preise von 500 D. an, auf Steine gelegt, dabei eine große Lichtung mit Mais und Baumwolle bepflanzt. [...] Dann kommen große Präriestrecken [...] und plötzlich fängt es an, nach Petroleum zu stinken: Man sieht die hohen eiffelturmartigen Gerüste der Bohrlöcher, selbst mitten im Walde und kommt in eine ›Stadt‹. [...] Ein fabelhaft reizvolles – d. h. nicht ästhetisch reizvolles – Bild des Werdens, welches im nächsten Jahr schon ganz den Charakter von Oklahoma City, d. h. den jeder anderen westlichen Stadt angenommen haben wird. Die Einwanderer kommen aus dem Norden und Osten, sind meist arme Teufel und können tatsächlich in wenigen Jahren reiche Leute sein: der ›boom‹ ist daher kolossal, und trotz aller Gesetze blüht die Landspekulation.[17]

Weber erlebt denn auch Landauktion und Geldverteilung in Muskogee und ist als kritischer Soziologe wenig überrascht, wie das Spiel ausgeht. »Heut sah ich die Indianer truppweise kommen, ihr Geld zu holen – die Vollblutleute haben einen eigenen müden Zug im Gesicht und sind sicherlich dem Untergang geweiht, unter den anderen sieht man intelligente Köpfe. Die Tracht ist fast regelmäßig europäisch. (…) Doch genug von dieser Fahrt ›ins alte romantische Land‹ – wenn ich das nächstemal hinkomme, wird der letzte Rest ›Romantik‹ dahin gegangen sein.«[18] Weber sollte die USA nie wieder betreten, behielt mit seinem nüchternen Urteil gleichwohl Recht. Dass die Moderne unaufhaltsam ist, diese Einsicht konnte er sich durch die amerikanische Erfahrung bestätigen.

Das Los der Schwarzen

Ähnlich skeptisch schätzt er das Los der Schwarzen ein. Weber hatte in St. Louis W. E. B. Du Bois wiedergetroffen, den er schon aus seiner Zeit an der Friedrich-Wilhelms-Universität kannte. Du Bois hatte ein Stipendium der Harvard-Universität genutzt, um in Berlin von 1892-1894 bei den gleichen Lehrern wie schon Max Weber vor ihm zu studieren: Heinrich von Treitschke in Geschichte, Adolph Wagner und Gustav Schmoller in Politischer Ökonomie. Im Seminar beim Kathedersozialisten Schmoller darf er auch seine Dissertation vorstellen. Aber er wird nicht rechtzeitig fertig, so dass sein großer Traum, in Deutschland zu promovieren, zerplatzt. Als erster Schwarzer promoviert er an der Harvard University 1895, nur um die Erfahrung zu machen, dass der wohl am besten gebildete Schwarze seiner Zeit – er zitiert gern Kant, Goethe, Schiller und Wagner, als ob es seine Zeitgenossen wären – keine Chance auf eine Anstellung an einer weißen Universität haben sollte. Ein schwarzer Doktor zählt offenkundig nicht so viel wie ein weißer Doktor, so dass er sein neu gewonnenes Kulturkapital der Bildung nicht in eine angesehene akademische Position umsetzen konnte. Kulturkapital

17 Marianne Weber, *Max Weber*, S. 304.
18 Ebd., S. 307.

zieht also keineswegs immer und notwendig ökonomisches Kapital nach sich. Erst 1897 vermag er eine Professur für Wirtschafts- und Geschichtswissenschaft an der Atlanta-Universität zu bekommen. Weber ist begeistert von Du Bois' Studie über *The Souls of Black Folk* (1903), weshalb er Else Jaffé und den Verlag Mohr Siebeck zu einer Übersetzung überreden will, was, wie erwähnt, letztlich scheitert. Immerhin steuert Du Bois einen Artikel über »Die Negerfrage in den Vereinigten Staaten« 1906 für das *Archiv*[19] bei. Erst hundert Jahre nach Webers erstem fehlgeschlagenen Versuch sollte das Buch auf Deutsch[20] erscheinen. Weber interessiert theoretisch das Verhältnis von Klasse und Rasse und praktisch die Versuche der Schwarzen, nach dem Ende der Sklaverei in Amerika als »Neubürger« auf gleicher Augenhöhe mit den Weißen zu verkehren. Um die Spannungen und Konflikte zu studieren, die aus der »color line« entspringen, besucht Weber das von Booker T. Washington ins Leben gerufene berühmte Tuskegee Institut in Alabama und ist begeistert.

Niemand darf in Tuskegee nur geistige Arbeit treiben, Zweck ist die Züchtung von Farmern, ›conquest of the soil‹ ausgesprochenes Ideal. Ein ungeheures Maß begeisterten Enthusiasmus wird bei Lehrern und Schülern entwickelt, und zumal für die zahlreichen Halb-, Viertels- und Hundertstel-Neger, die ja alle gesetzlich von der Ehe mit Weißen, faktisch von jedem Verkehr ausgeschlossen, auf eigene Waggons, Wartesäle, Hotels, Parks (so in Knoxville) angewiesen sind, und die kein Nicht-Amerikaner von Weißen unterscheiden kann, bildet Tuskegee die einzige Stätte freier Luft. [...] Über Booker Washington und sein Werk hat jeder von ihnen eine andere Meinung, von tiefstem Abscheu gegen jede Negerbildung, welche den Pflanzern die ›Hände‹ nimmt, bis zu der bei südlichen Weißen nicht seltenen Meinung, er sei der größte Amerikaner aller Zeiten außer Washington und Jefferson, – aber ausnahmslos teilen sie die Ansicht, ›social equality‹ und ›social intercourse‹ sei unmöglich, auch oder vielleicht gerade mit der gebildeten und oft zu neun Zehnteln weißen Oberschicht der Neger.[21]

19 W. E. Burghardt Du Bois, »Die Negerfrage in den Vereinigten Staaten«, in: *Archiv für Sozialwissenschaft und Sozialpolitik*, Bd. 22 (1906), S. 31-79.

20 W. E. B. Du Bois, *Die Seelen der Schwarzen*, Freiburg 2003; vgl. auch Hans-Peter Müller, »Das Gefühl, ein Problem zu sein. Über W.E.B. Du Bois«, in: *Merkur* 660 (2004), S. 344-348.

21 Marianne Weber, *Max Weber*, S. 308 f.

Diese Erfahrung bestärkt Weber in der Überzeugung, dass der Rassenbegriff soziologisch völlig unbrauchbar ist – jede rassische Erklärung, wie sie etwa Ploetz u. a. zu seiner Zeit vorgelegt hat, von daher *per se* falsch ist. Ethnische Ressentiments überlagern meist nur Klassenunterschiede oder die Erfahrung der Deklassierung. »Der ›poor white trash‹, die besitzlosen und, bei dem Mangel an Arbeitsgelegenheit für freie Arbeit, sehr oft ein elendes Dasein fristenden Weißen der amerikanischen Südstaaten, war in der Sklavereiepoche der eigentliche Träger der den Pflanzern selbst ganz fremden Rassenantipathie, weil gerade ihre soziale ›Ehre‹ schlechthin an der sozialen Deklassierung der Schwarzen hing.«[22]

Ethnische Gemeinschaftsbildung, so Webers spätere Einsicht, geht daher nicht primär auf Blut und Abstammung zurück, sondern auf Erfahrungen der Privilegierung oder Diskriminierung, weshalb die betroffenen Statusgruppen daher entweder für die exklusive Schließung oder für die radikale Öffnung sozialer Beziehungen plädieren. Webers Interesse an der Religion, vor allem an der Protestantischen Ethik, dehnt er deshalb auf schwarze Kirchen und Sekten aus, um die Formen schwarzer Gemeinschaftsbildung genauer zu studieren. In Washington wohnt er einem Gottesdienst von Schwarzen bei, der ihn tief beeindruckt: Die Zuversicht, der Enthusiasmus und die Inbrunst des Gesanges interessieren auch den angehenden Musiksoziologen Max Weber. Aufmerksam hatte er das Buch von Karl Bücher *Arbeit und Rhythmus*[23] aus dem Jahre 1896 studiert, in dem sein volkswirtschaftlicher Kollege verschiedene Gesangskulturen in ihrer Bedeutung für Arbeit und Gemeinschaft untersucht hatte.

Die Zivilgesellschaft

Die Dynamik des Kapitalismus, die unaufhaltsam vorrückende *Frontier*, das schwere Los von Ureinwohnern und Schwarzen, von Rasse und Klasse – all diese Probleme der amerikanischen Gesellschaft können weder ein schwacher Zentralstaat noch die Menschen selbst allein lösen. Vielmehr sind es vielfältigste Formen in-

22 Max Weber, *Wirtschaft und Gesellschaft*, Tübingen [5]1972, S. 239.
23 Karl Bücher, *Arbeit und Rhythmus*, Leipzig 1899.

termediärer Assoziationen der Zivilgesellschaft, die Verbände und Klubs auf der Grundlage säkularisierter Sektenorganisation, welche die Kräfte mobilisieren, um diese gewaltigen Probleme zu lösen. Das ist jedenfalls das wesentliche Resultat von Webers Amerikareise, die sich in seinem Werk an verschiedenen Stellen, vor allem aber in seinem berühmten Sektenaufsatz, niederschlagen sollte. Denn »in der Vergangenheit und bis in die Gegenwart hinein war es ein Merkmal gerade der spezifisch amerikanischen Demokratie: daß sie nicht ein formloser Sandhaufen von Individuen, sondern ein Gewirr streng exklusiver, aber voluntaristischer, Verbände war«.[24] Der amerikanische Individualismus führt eben nicht, wie es in der Folgezeit dann diskutiert werden sollte, zur Vereinzelung. Die Amerikaner sind keine »einsame Masse«[25] und das Individuum mit seiner »self-reliance« betreibt kein »bowling alone«, wie Robert Putnam[26] das zeitgenössische Amerika charakterisieren sollte. So weit fortgeschritten ist die Moderne zu Webers Zeiten offenkundig noch nicht.

Die Sekte als die »gute Gesellschaft« im Kleinen war vielmehr Basis und Einheit für die Organisation der hoch komplexen, differenzierten Großgesellschaft »Amerika«.

Vom Boys'club auf der Schule angefangen zum Athletic Club oder zur Greek Letter Society oder zu einem anderen studentischen Klub gleichviel welcher Art und dann zu einem der zahlreichen Honoratioren-Klubs der Geschäftsleute und des Bürgertums oder schließlich zu den Klubs der Plutokratie in den Großstädten geleitete den typischen Yankee noch der letzten Generation eine Serie von solchen exklusiven Gesellschaften durch das Leben. Zu ihnen Zutritt zu erlangen war gleichbedeutend mit einem Billett zum Aufstieg, vor allem mit der Bescheinigung vor dem Forum *seines eigenen* Selbstgefühls: sich ›bewährt‹ zu haben.[27]

Diese Bewährung als »Gentleman« sicherte nicht nur das jenseitige Seelenheil, sondern vor allem den diesseitigen Erfolg. Der »letter of recommendation« der Heimatgemeinde besiegelte die eigene

24 Max Weber, »Die Protestantischen Sekten und der Geist des Kapitalismus«, in: ders., *Gesammelte Aufsätze zur Religionssoziologie*, Bd. 1, Tübingen [6]1972, S. 215.

25 So das berühmte Buch von David Riesman, *Die einsame Masse. Eine Untersuchung der Wandlungen des amerikanischen Charakters*, Reinbek 1968.

26 Robert Putnam, *Bowling alone. The Collapse and Revival of American Community*, New York 2000.

27 Weber, »Die Protestantischen Sekten und der Geist des Kapitalismus«, S. 215.

Anständigkeit und beglaubigte damit die »Kreditwürdigkeit« zum Businessman. Glauben und Geschäft, gute Gesellschaft und angesehener Beruf, Religion und Kapitalismus gehen so in Webers Augen Hand in Hand – eine nahezu unschlagbare Kombination.

Weber glaubt, damit das Geheimnis dieser neuen Gesellschaft Amerikas und, wenn man so will, der okzidentalen Moderne insgesamt gelüftet zu haben.

> Denn [...] nicht die ethische *Lehre* einer Religion, sondern dasjenige ethische Verhalten, auf welches durch die Art und Bedingtheit ihrer Heilsgüter *Prämien* gesetzt sind, ist im soziologischen Sinn des Wortes ›ihr‹ spezifisches ›Ethos‹. Jenes Verhalten war beim Puritanismus eine bestimmte methodisch-rationale Art der Lebensführung, welche – unter gegebenen Bedingungen – dem ›Geiste‹ des modernen Kapitalismus die Wege ebnete; die Prämien waren gesetzt auf ›Bewährung‹ vor Gott im Sinn der Versicherung des Heils: bei *allen* puritanischen Denominationen, vor den Menschen im Sinn der sozialen Selbstbehauptung: innerhalb der puritanischen *Sekten*. Beides ergänzte einander in der gleichen Wirkungsrichtung: es half den ›Geist‹ des modernen Kapitalismus, sein spezifisches *Ethos*, heißt: das Ethos des modernen *Bürgertums*, entbinden. Die asketische Konventikel- und Sektenbildung insbesondere, mit ihrer radikalen Sprengung der patriarchalen und autoritären Gebundenheit und *ihrer* Art der Wendung des Satzes: daß man Gott mehr gehorchen müsse als den Menschen, bildete eine der wichtigsten Grundlagen des ›modernen Individualismus‹.[28]

Kapitalismus, Demokratie und Individualismus begründen eine eigenartige wie spannungsgeladene Konfiguration von Wirtschaft, Politik und Kultur, die für Dynamik und Entwicklung der Gesellschaft sorgt, aber auch für ständigen Kampf und Konflikt unter den Menschen. Das ewige Werden, das Weber in Amerika beobachtet, darf wohl als Muster der westlichen Moderne generell gelten. Aber wohin wird die Reise am Ende gehen? Wird sich Amerika europäisieren oder Europa amerikanisieren? Weber nimmt in diesem Diskurs eine eigenwillig ambivalente Stellung ein – er registriert nämlich beides. Wenn Europa vor bürokratischer Stagnation bewahrt werden soll, wird es dynamisierende Elemente übernehmen und von der amerikanischen Erfahrung lernen müssen. Weber zählt dazu die Dynamik von Wissenschaft und Großindustrie, die Parteimaschinen mit plebiszitär gewonnenem Führer, wie er es an der

28 Ebd., S. 234 f.

Wiederwahl von Roosevelt während seines Besuchs beobachtet, die Vitalität der Zivilgesellschaft – er regt deshalb eine Studie über das Vereinswesen in Deutschland an – und die »self-reliance« in der Lebensführung als Erziehungsziel für junge Erwachsene. So könnte Europa und – das heißt für Weber eben auch und vor allem – Deutschland zu seinem eigenen Wohl stärker »amerikanisch« werden. Dennoch konstatiert er auch mit einem gewissen Unbehagen die Gegenbewegung in der Neuen Welt. Mit der Schließung der *Frontier*, mit dem Druck weiterer Immigration, mit der Plutokratie wird die amerikanische Gesellschaft säkularer, inegalitärer und elitärer insgesamt werden. Die goldene Ära von Freiheit, Gleichheit und Individualismus, die schon Tocqueville notiert hatte, wird dann an ihr Ende gelangen. Was als großartiges Experiment in demokratischer Gesellschaftsgestaltung begonnen hatte, könnte schlussendlich im Mahlstrom grauer, eintöniger Modernität enden.

Dennoch ist die Amerikareise für Weber wie ein Jungbrunnen. Sie erschöpft ihn zwar ungemein, so dass er nach der Rückkehr nach Deutschland erst einmal ruhen muss. Zugleich aber schöpft er neuen Mut und gerät wieder in seine übliche Arbeitswut. Durch einschlägige Literatur und Diskussion mit Kennern gut vorgebildet, hatte er sich ein eigenes Bild von Amerika machen können. Die Moderne, die er dort erlebt und die Erfahrungen, die er auch im Austausch mit vielen Menschen aus den unterschiedlichsten Kreisen in verschiedenen Teilen des Landes machen konnte, beeindrucken ihn nachhaltig. Er ist begeistert von Amerika, gerade auch im Vergleich mit Deutschland und findet alles besser als in der versteinerten wilhelminischen Gesellschaft zu Hause. Die alteuropäische Nörgelei des Kollegen und Freundes Ernst Troeltsch, der Karten nach Hause schreibt mit dem Tenor »Herzliche Grüße einstweilen aus dieser grauenhaften Kulturhölle« und die Wall Street als »Götterdämmerung der Kultur«[29] bezeichnet, kann er nicht nachvollziehen. Entscheidend für Weber sind die Aufbruchsstimmung, der Enthusiasmus und der Optimismus der Menschen sowie die ungeheure Dynamik der Gesellschaft, wovon Deutschland sich durchaus eine Scheibe abschneiden könnte. Weber wird jedenfalls ein unerschütterlicher »Amerika-Freund«, der mit dem deutschen Kulturpessimismus, wenn es um die Vereinigten Staa-

29 Dirk Kaesler, *Max Weber*, S. 570.

ten geht, nicht viel anfangen kann. Es ist jedenfalls auffällig, wie sehr Weber in seiner Amerika-Begeisterung die Schattenseiten der Vereinigten Staaten vergleichsweise vernachlässigt. Das hat viel mit seiner Person zu tun. Gerade weil er sich selbst zum ersten Mal seit langem wieder stark, gut, optimistisch und »gesund« fühlt, wird der Amerika-Aufenthalt für ihn wie ein »Geschenk«. Es ist fast so, als haben ihm die Vereinigten Staaten ein zweites Leben gewährt, denn in der Folgezeit wird er zwar nicht an die Universität zurückkehren, aber zu neuen Forschungsgroßtaten aufbrechen.

5. Religion und Kapitalismus im globalen Maßstab

Von der Protestantischen Ethik zur Wirtschaftsethik der Weltreligionen

Weber war von Anfang an klar, dass seine »Protestantische Ethik« eine bewusst einseitige Studie ist und nur eine solche sein kann. Er hatte versucht, bestimmte religiöse Ideen und ihren langfristigen Einfluss auf die Wirtschaft im Geschichtsverlauf zu verfolgen. Tatsächlich, so sein zentrales Ergebnis, hat die protestantische Berufsethik unfreiwillig und unvorhergesehen dem Kapitalismus *den* »Geist« zur Verfügung gestellt, der neben vielen anderen Faktoren dessen Aufstieg begünstigt hat. Allerdings hatten Skepsis und Kritik seiner Zeitgenossen ihm auch gezeigt, dass er diese Studie in eine komplexere Konstellation einbetten muss, wenn seine These längerfristig Bestand haben soll.

Das gilt intern wie extern. *Intern,* denn er wollte diese These mit der gesamten Geschichte des Christentums abgleichen, vom Urchristentum bis zu den protestantischen Sekten. Als er sieht, dass sein theologischer Kollege und Mitbewohner in der Heidelberger Fallenstein-Villa Ernst Troeltsch diese Idee ebenfalls verfolgt, lässt er sie erst einmal fallen. Dessen Buch über *Die Soziallehren der christlichen Kirchen*[1] entspricht zwar nicht gänzlich dem, was Weber[2] vorhatte; gleichwohl ist es in seinen Augen eine materi-

1 Ernst Troeltsch, *Die Soziallehren der christlichen Kirchen und Gruppen*, Tübingen 1912. Jetzt neu aufgelegt als Bd. 9, 1-3 der Kritischen Gesamtausgabe, hg. von Friedrich Wilhelm Graf, Berlin 2015. Der ursprüngliche Text von fast 1000 Seiten wurde erweitert durch Troeltschs handschriftliche Überarbeitungswünsche, was den Bandumfang noch einmal um 40 Prozent steigern sollte und deshalb das ursprüngliche Buch in drei Teilbänden herausgekommen ist.

2 Zumal Weber als Mitherausgeber des *Archivs*, in dem das Buch zunächst in zwölf Folgen als Einzelartikel von 1908-1910 erschien, mitbekam, dass das Werk wächst und wächst, ohne dass ein Ende abzusehen gewesen wäre. Troeltschs protestantischer »Serienroman« sollte die Abonnentenzahl der teuren Zeitschrift so massiv drücken, dass Edgar Jaffé die Reißleine ziehen musste, weil er sein Organ nicht zum Vorabdruck eines immer länger werdenden Buchs benutzt sehen wollte. Siehe zum Hintergrund Stefan Pautler, »Ernst Troeltschs ›Die Soziallehren der christlichen Kirchen und Gruppen‹«, in: *Akademie aktuell* 1 (2015), S. 1-5.

algesättigte Geschichte dieser Problematik, auf die man sich bei Bedarf beziehen kann. Statt also erst einmal tiefer in die Religionssoziologie des Christentums einzusteigen, weitet er seinen Blick – und das enorm. *Extern* geht es ihm in der Folge darum, alle sechs großen Weltreligionen daraufhin zu untersuchen, ob sich bei ihnen ähnliche Ansätze auffinden lassen wie beim Puritanismus und Kapitalismus. Gibt es also eine vergleichbare »Wirtschaftsethik« wie beim asketischen Protestantismus? Wenn ja, wie genau sieht sie aus? Wenn nein, warum nicht? Weber plant also, die »Wirtschaftsethik der Weltreligionen« vergleichend zu analysieren, und lädt sich damit ein ungeheures Forschungsprogramm auf. Denn nicht nur muss er alle Weltreligionen nach Dogma und Praxis studieren. Um sie einzubetten, sollte er sich auch mit der Wirtschaft, der Politik und der Gesellschaft, in denen die Religion gelten soll, näher beschäftigen. Das Studium der Welt*religionen* wird gleichzeitig zum Studium der Welt*regionen* in *räumlicher* Hinsicht und ihrer Geschichte in *zeitlicher* Hinsicht. Webers Blick wird global, denn er setzt zu einer Universalgeschichte der praktisch wirksamen Weltreligionen an, unter der Fragestellung, wie sie es mit dem Kapitalismus halten. Sind sie ihm günstig? Stehen sie ihm indifferent gegenüber? Oder verhindern sie ihn gar obstruktiv? Diese Haltung (Freund-Neutralität-Feind) will er erkunden, aber natürlich plant er keine Gesamtdarstellung der Religionen.

> Es handelt sich bei den nachfolgenden Darlegungen also in keiner Art um eine *systematische* ›Typologie‹ der Religionen. Andererseits freilich auch nicht um eine rein historische Arbeit. Sondern ›typologisch‹ ist die nachstehende Darstellung in dem Sinne, daß sie das für den Zusammenhang mit den großen Gegensätzen der *Wirtschafts*gesinnung in typischer Art Wichtige an den historischen Realitäten der religiösen Ethiken betrachtet, und Anderes vernachlässigt. Nirgends beansprucht sie also ein voll abgerundetes Bild der dargestellten Religionen zu bieten.[3]

Eine solche *Typologie* schält die Wirtschaftsethiken deshalb in viel reinerer Form heraus, als sie historisch-empirisch in der sozialen Wirklichkeit aufgetreten sind. Sie wird auch insofern keiner der behandelten Religionen vollends gerecht werden können, weil sie

3 Max Weber, »Einleitung«, in: ders., *Gesammelte Aufsätze zur Religionssoziologie*, Bd. I, S. 237-275, hier S. 265.

nicht jeweils bis in die verschiedensten Verästelungen ihrer Ausformungen hinein verfolgt wird. Die idealtypische Methode erlaubt diese Freiheit zur reinen Konstruktion dann, wenn sie nicht von vornherein komplett verfehlt ist. Wäre das der Fall, so würde der Idealtyp zu einem vorurteilsbehafteten Stereotyp degenerieren. Die idealtypische Übersteigerung – die Reinheit und die damit einhergehende Einseitigkeit – bleibt so lange zulässig, wie sie in eine Problemstellung eingebettet ist und von einer theoretischen Systematik angeleitet wird. Das macht Webers methodische Zielsetzung nachdrücklich deutlich: »Es sind vielmehr stets diejenigen Züge im Gesamtbilde einer Religion unterstrichen, welche für die Gestaltung der *praktischen* Lebensführung in ihren *Unterschieden* gegen andere Religionen die entscheidenden waren.«[4]

Wie gehabt, hat Weber eine ganz spezifische Problemstellung und sie hat mit der »Protestantischen Ethik« zu tun. Warum kam es nur hier, in Europa und den Vereinigten Staaten, zum Aufstieg des Kapitalismus, aber nicht in anderen Weltregionen und Weltreligionen?

Kapitalismus und Rationalismus – Geschichte einer Entdeckung

Das ist und bleibt die hauptsächliche Stoßrichtung seiner Fragestellung. Mit dem Übergang von der Protestantischen Ethik zur Wirtschaftsethik der Weltreligionen ist freilich noch eine große, ja großartige Entdeckung Max Webers verbunden: der *Rationalismus*. Und diese Entdeckung sollte seine Problemstellung nochmals entscheidend erweitern zu einer *Universalgeschichte der modernen Kultur*.

Marianne Weber berichtet, dass er um 1910, nachdem er angefangen hatte, sich dank seiner Freundschaft mit Mina Tobler intensiv mit Musiktheorie und Musikgeschichte zu beschäftigen, auf ein Phänomen von universalgeschichtlicher Bedeutung gestoßen sei. Danach scheint es im Okzident eine alle möglichen Lebensbereiche durchziehende Tendenz zum Rationalismus gegeben zu haben, die

4 Ebd., S. 267.

in ihrem Zusammenspiel erst den Kontext gebildet hat, indem der Kapitalismus gedeihen konnte.

Für Weber bedeutet diese Erkenntnis der Besonderheit des okzidentalen *Rationalismus* und der ihm zugefallenen Rolle für die abendländische Kultur eine seiner wichtigsten Entdeckungen. Infolge davon erweitert sich seine ursprüngliche Fragestellung nach dem Verhältnis von Religion und Wirtschaft nun zu der noch umfassenderen, nach der *Eigenart der ganzen abendländischen Kultur*.[5]

Es geht also nicht mehr nur um den Kapitalismus und hier im Besonderen um den modernen Kapitalismus. Es geht auch nicht nur um den *Geist*, also um die Wirtschaftsgesinnung, und wie er sich in den verschiedenen Wirtschaftsethiken der Weltreligionen ausmünzt. Vielmehr geht es ihm darum, »die besondere *Eigenart* des okzidentalen und, innerhalb dieses, des modernen okzidentalen, Rationalismus zu erkennen und in ihrer Entstehung zu erklären«.[6] In seiner 1920 verfassten »Vorbemerkung« entwickelt Weber demnach eine doppelte Fragestellung: Kapitalismus *und* Rationalismus.

In einer Universalgeschichte der Kultur ist also für uns, rein wirtschaftlich, das zentrale Problem [...] die Entstehung des *bürgerlichen Betriebs*kapitalismus mit seiner rationalen Organisation der *freien Arbeit*. Oder, kulturgeschichtlich gewendet: die Entstehung des abendländischen *Bürgertums* und seiner Eigenart, die freilich mit der Entstehung kapitalistischer Arbeitsorganisation zwar im nahen Zusammenhang steht, aber natürlich doch nicht einfach identisch ist.[7]

Webers große Entdeckung am Ende seines Lebens besteht also darin, dass der moderne Kapitalismus mit seiner rationalen Berufsethik und Arbeitsorganisation in eine eigenartige wie einzigartige okzidentale Konstellation eingebettet ist. Zu ihr gehören der moderne Staat mit rationalem Recht und rationaler Bürokratie, die moderne Wissenschaft, die rationale Kunst und das rational geschulte Fachmenschentum. Noch einmal sei Marianne Weber zitiert, die mit Nachdruck Webers unwahrscheinliche Entdeckung hervorhebt:

5 Marianne Weber, *Max Weber*, S. 349.

6 Max Weber, »Vorbemerkung«, in: ders., *Gesammelte Aufsätze zur Religionssoziologie*, Bd. I, Tübingen [6]1972, S. 1-16, hier S. 12.

7 Ebd., S. 10.

Die Zeit schmäht den Rationalismus und namentlich viele Künstler beurteilen ihn als Hemmung ihrer Schöpferkraft, deshalb erregt Weber jene Entdeckung ganz besonders. Er plant nun auch eine Soziologie der Kunst, und unternimmt als ersten Versuch dazu inmitten seiner andern Arbeiten die Untersuchung der Musik auf ihre rationalen und soziologischen Grundlagen etwa um 1910. Sie führt ihn in die entlegensten Gebiete der Völkerkunde und zu den schwierigsten Untersuchungen der Tonarithmetik und Symbolik.[8]

Freilich: Aus der Soziologie der Kunst sollte aufgrund seines frühzeitigen Todes nichts werden. Seine »Musiksoziologie« erschien erst 1921 posthum und wurde auch über Jahrzehnte hinweg als aparte Gelegenheitsarbeit abgetan. Dabei markieren »Die rationalen und soziologischen Grundlagen der Musik«[9] die eigentliche Geburtsstunde von Webers Rationalismus- und Entzauberungsthese.

Die Resultate seiner vorliegenden Forschungen können in den drei Bänden, *Gesammelte Aufsätze zur Religionssoziologie*, nachgelesen werden. Der erste Band beschäftigt sich mit Puritanismus, Konfuzianismus und Taoismus, also dem Westen und China.[10] Der zweite Band behandelt den Hinduismus und Buddhismus, also Indien und Fernasien.[11] Der dritte Band gilt dem antiken Judentum, also Israel und Vorderasien.[12]

8 Marianne Weber, *Max Weber*, S. 349.

9 In der *Max Weber-Gesamtausgabe* als MWG I/14 *Zur Musiksoziologie*. Nachlaß 1921, hg. von Christoph Braun und Ludwig Finscher, Tübingen 1984, erschienen.

10 Max Weber, *Gesammelte Aufsätze zur Religionssoziologie*, Bd. I, Tübingen ^{6}1972. Die *Max Weber-Gesamtausgabe* hat die »Protestantische Ethik« ausgekoppelt und auf zwei Bände verteilt. Die erste Version von 1904/5 in MWG I/9, *Asketischer Protestantismus und Kapitalismus*. Schriften und Reden 1904-1911, hg. von Wolfgang Schluchter in Zusammenarbeit mit Ursula Bube, Tübingen 2014. Dieser Band enthält auch die Kritiken und Antikritiken, also die Gesamtdiskussion bis 1911. Die zweite Version ist abgedruckt in MWG I/18, *Die protestantische Ethik und der Geist des Kapitalismus/Die protestantischen Sekten und der Geist des Kapitalismus. Schriften 1904-1920*, hg. von Wolfgang Schluchter und Ursula Bube, Tübingen 2014. Die MWG I/19 enthält *Die Wirtschaftsethik der Weltreligionen. Taoismus und Konfuzianismus* sowie die Schriften 1915-1920, hg. von Helwig Schmidt-Glinzer in Zusammenarbeit mit Petra Kolonko, Tübingen 1989.

11 Max Weber, *Gesammelte Aufsätze zur Religionssoziologie*, Bd. II, Tübingen ^{6}1978. Jetzt als MWG I/20 *Die Wirtschaftsethik der Weltreligionen. Hinduismus und Buddhismus*. Schriften 1916-1920, hg. von Helwig Schmidt-Glinzer in Zusammenarbeit mit Karl-Heinz Golzio, Tübingen 1996 erschienen.

12 Max Weber, *Gesammelte Aufsätze zur Religionssoziologie*, Bd. III, Tübingen ^{6}1976.

Die materialen Studien[13] werden werktechnisch eingerahmt durch drei systematische Texte, die zum besseren Verständnis des gesamten Vorhabens einladen sollen: 1. Die »Vorbemerkung« (1920),[14] die das Forschungsprogramm zum okzidentalen Rationalismus entwirft. Von Weber in seinem Todesjahr abgefasst, macht sie explizit, was ihn in seiner Forschung offenkundig die ganze Zeit seit 1910, seiner großen Entdeckung des Rationalismus, implizit angeleitet hat. 2. Die »Einleitung« (1915/1920),[15] die sein Verständnis von Weltreligionen enthält und den konzeptuellen Ansatz entwickelt, der seine Studien anleiten soll. 3. Die »Zwischenbetrachtung«,[16] die sein Modell von verschiedenen Wertsphären und Lebensordnungen unterbreitet und im Lichte dieses Modells die potentiellen Wertantinomien und -konflikte zwischen der rein religiösen Ordnung und den profanen Lebensbereichen der modernen Gesellschaft schildert. Obgleich einfach nur »Zwischenbetrachtung« genannt, enthält dieser Text im Kern Max Webers Gesellschaftstheorie, wenn er denn vorgehabt hätte, so etwas überhaupt zu entwickeln. Hatte er nicht, und deshalb ist die »Zwischenbetrachtung« eine kleine und feine, ja geniale Skizze, wie er sich die Architektonik der Moderne aus Wertsphären und Lebensordnungen vorstellt. Aber auch hier gilt, wie in fast allen anderen theoretisch interessanten Stücken seines Werkes – es wird nur angedeutet, so weit wie nötig und bleibt so wenig ausgearbeitet wie möglich. Theorie gilt Weber gemäß seiner eigenen methodologischen Programmatik als unentbehrlich. Aber man mache nur sparsamen Gebrauch von ihr, um nicht der

Jetzt in zwei Halbbänden als MWG I/21 *Die Wirtschaftsethik der Weltreligionen. Das antike Judentum.* Schriften 1911-1920, hg. von Eckart Otto, unter Mitwirkung von Julia Offermann, Tübingen 2005 erschienen.

13 Ursprünglich waren von Weber vier Bände angedacht: Bd. I wie erschienen; Bd. II sollte noch »Allgemeine Grundlagen der okzidentalen Sonderentwicklung« und »Die ägyptischen, byzantinischen und persischen Verhältnisse« sowie »Das antike Judentum« enthalten. Letzteres ist Bd. III geworden. Der geplante dritte Band sollte das Urchristentum, das talmudische Judentum, das orientalische Christentum und den Islam enthalten. Bd. IV sollte »Das Christentum des Okzidents« behandeln.

14 Max Weber, »Vorbemerkung«, S. 1-16.

15 Max Weber, »Einleitung«, S. 237-275.

16 Max Weber, »Zwischenbetrachtung: Theorie der Stufen und Richtungen religiöser Weltablehnung«, in: ders., *Gesammelte Aufsätze zur Religionssoziologie*, Bd. 1 (1920), Tübingen [6]1972, S. 536-572.

analytischen Spekulation abgehoben von der sozialen Wirklichkeit Tür und Tor zu öffnen. Dieser »Andeutungsduktus« in seiner Theoriearbeit macht Webers Werk so eminent anschlussfähig für weitergehende Explikationen im Weber-Diskurs. Denn es ist natürlich verlockend, sich vorzustellen, wie Weber denn wohl argumentiert haben würde, hätte er so etwas wie eine Gesellschaftstheorie entwickeln wollen. Das Resultat dieser sekundäranalytischen Bemühungen ist dann das bereits genannte »Weber-Paradigma«.[17] Daraus wird aber im Grunde genommen eine Soziologie im Anschluss an Max Weber.[18] 4. Als vierten Text zum Projekt der »Wirtschaftsethik der Weltreligionen« sollte man noch Webers »Religionssoziologie« aus *Wirtschaft und Gesellschaft*[19] hinzuziehen, die man als seine »Religionssystematik«[20] bezeichnen könnte, weil er hier den Begriffsapparat entwickelt, mit dem er durchgängig arbeitet.

So reichhaltig, ja klassisch seine Texte zur Religion auch sind, sie runden sich nicht zu einer Theorie, sondern unterbreiten eine

17 Vgl. Gert Albert u. a. (Hg.), *Das Weber-Paradigma*, Tübingen 2005.

18 Wolfgang Schluchter, der nach Talcott Parsons' *The Structure of Social Action*, Bd. II über Weber (1937), New York, London 1968 und neben Jürgen Habermas' *Theorie des kommunikativen Handelns*, 2 Bde., Frankfurt/M. 1981, sich wohl am meisten um das Verständnis von Webers Werk verdient gemacht hat, spricht in der Zwischenzeit auch davon, »im Anschluss an Max Weber« zu arbeiten. Vgl. grundlegend *Religion und Lebensführung*, 2 Bde., Frankfurt/M. 1988 und *Grundlegungen der Soziologie*, 2 Bde., Tübingen 2009. Zu dieser für Schluchter neuen Wendung siehe ders., *Handlung, Ordnung und Kultur*, Tübingen 2005 und ders., *Handeln im Kontext*, Tübingen 2018.

19 Max Weber, »Religionssoziologie (Typen religiöser Vergemeinschaftung)«, in: Ders., *Wirtschaft und Gesellschaft*, Tübingen [5]1972, S. 245-381. Nach der Aufspaltung von *Wirtschaft und Gesellschaft* ist dieser Text in der MWG I/22-2 als *Religiöse Gemeinschaften*, hg. von Hans G. Kippenberg in Zusammenarbeit mit Petra Schilm und unter Mitwirkung von Jutta Niemeier, Tübingen 2005, S. 1-157, erschienen. Ich zitiere hinfort diesen Text als *Religionssystematik* nach der ursprünglichen Ausgabe von *Wirtschaft und Gesellschaft*. Eine gute Explikation der Begrifflichkeit findet sich bei Hans G. Kippenberg, Martin Riesebrodt (Hg.), *Max Webers ›Religionssystematik‹*, Tübingen 2001. Siehe auch zum besseren Verständnis die gesammelten Aufsätze zur Thematik von Hartmann Tyrell, *»Religion« in der Soziologie Max Webers*, Wiesbaden 2014.

20 Diesen Ausdruck verwendet Weber selbst in einem Brief an Heinrich Rickert, um anzudeuten, wie man das religiöse Phänomen durch ein klassifikatorisches Begriffsgerüst systematisch fassen kann. Siehe die Briefbände in der *Max Weber-Gesamtausgabe* MWG II/8, S. 262.

konzeptuelle Heuristik zur Klassifikation von Weltreligionen und ihrem Verständnis von Affinität oder Distanz zum Kapitalismus und Rationalismus. Weber gibt nicht einmal eine Definition von Religion, denn die könnte in seinen Augen höchstens am Ende seiner Studien stehen. Angesichts des gewaltigen Projekts und des ungeheuren und weit ausgreifenden Umfangs wird damit auch klar, dass es zu einer Definition wohl nicht kommen würde, weil er mit diesem Forschungsprogramm auch bei längerer Lebenszeit niemals hätte fertig werden können. Es wäre auch so stets bei genialen systematischen Skizzen geblieben, selbst wenn Weber sich noch mit dem Islam hätte beschäftigen und im vierten Band mit dem okzidentalen Christentum auseinandersetzen können.

Trotzdem hat Weber klar geschnittene Vorstellungen, welchen Sinn und welche Bedeutung die Religion für die Menschheit hat, was man begrifflich benötigt, wenn man sie studieren will, und worauf es letztlich ankommt für seine Problemstellung. Das macht vor allem seine Religionssystematik deutlich, die über ein Netzwerk von Begriffen das Feld von Magie und Religion abzuschreiten und zu erschließen hilft. Ohne Übertreibung lässt sich feststellen, dass es auch heute noch nichts Vergleichbares an Systematik gibt, wenn es darum geht, ganz nüchtern zu verstehen, was Religion als Idee und Institution eigentlich heißt und praktisch bedeutet. Zudem wird deutlich, warum die Religion über Jahrhunderte die größte Lebensführungsmacht gewesen ist, hat sie doch den Menschen aufgezeigt, wie sie leben sollen und was als ein gutes wie erfülltes Leben gelten darf.

Auf der Grundlage dieser begrifflichen Bestimmungen lässt sich das Studium der »Wirtschaftsethik der Weltreligionen« in Angriff nehmen. Angesichts der Materialfülle geht es nicht um eine Rekonstruktion der einzelnen Studien oder ihre kritische Diskussion im Lichte des heutigen Forschungsstandes.[21] Vielmehr soll syste-

21 Wolfgang Schluchter hat genau das in den 1980er Jahren versucht und mit den Spezialisten der jeweiligen Religion Webers Religionssoziologie einer »Interpretation und Kritik« unterzogen, wie der Untertitel der Bände stets lautet: *Max Webers Studie über das antike Judentum*, Frankfurt/M. 1981; *Max Webers Studie über Konfuzianismuns und Taoismus*, Frankfurt/M. 1983; *Max Webers Studie über Hinduismus und Buddhismus*, Frankfurt/M. 1984; *Max Webers Sicht des antiken Christentums*, Frankfurt/M. 1985; *Max Webers Sicht des Islams*, Frankfurt/M. 1987; *Max Webers Sicht des okzidentalen Christentums*, Frankfurt/M. 1988.

matisch geprüft werden, wie Weber die sechs Weltreligionen einschätzt, welche Wirtschaftsethik sie entwerfen und welche Weltreligionen sich am ehesten zur wirtschaftlichen Entwicklung des Kapitalismus eignen. Im Hintergrund läuft stets die zweite Fragestellung mit, welche Art von Rationalismus sie, wenn überhaupt, entwickelt haben. Das werden wir nochmals im Kapitel »Wirtschaft und Gesellschaft« systematisch aufnehmen.

Mensch und Religion: Webers Religionssystematik

Wie kommt der Mensch eigentlich zur Religion? Max Weber hat keine philosophische Anthropologie begründet oder den Menschen als »homo religiosus« gefasst. Gleichwohl gilt er als einer der Klassiker der Religionssoziologie, so wie seine Zeitgenossen Émile Durkheim und Georg Simmel in Europa und William James in den Vereinigten Staaten auch. Interessanterweise sind die Gründerväter der Soziologie, obwohl selbst nicht gläubig – Durkheim wird Soziologe statt Rabbi wie sein Vater in alter Familientradition, Weber bezeichnet sich als »religiös unmusikalisch«, Georg Simmel praktiziert als protestantisch getaufter Jude weder Christen- noch Judentum, William James ist Philosoph wie Psychologe und kein Theologe –, überzeugt davon, dass Religionen mehr als nur Irrglauben und »Priesterbetrug« darstellen. Es gibt einen überschießenden Eigenwert der Religion, den weder Aufklärung noch Wissenschaft auf ihrem Gebiet, dem Glauben, jemals werden ersetzen können. *Glauben* ist das eine, *Wissen* das andere – es sind unterschiedliche Territorien, unterschiedliche Autoritäten und unterschiedliche Welten. Das *Haben* der Wissenschaft kann daher das *Sein* der Religion nicht ablösen – ein szientifischer Grundirrtum von Auguste Comte und Karl Marx bis zum sogenannten wissenschaftlichen Sozialismus. Es reicht bestenfalls bis zur Ideologie, aber nicht bis zur Religion, obwohl auch sie gern für ideologische Zwecke missbraucht werden kann. Dann wird rasch aus jeder Religion mit Alleinvertretungsanspruch ein Fundamentalismus, sei es die evangelikale, die islamistische oder die hinduistische Spielart.

Auf diese Weise grenzen sich die soziologischen Klassiker radikal von der gängigen Religions*kritik* ab, wie sie von Ludwig Feuerbach[22] und Karl Marx (»Opium des Volkes«)[23] bis zu Sigmund Freud (»Die Zukunft einer Illusion«)[24] reichen. Stattdessen versuchen sie alle, wenn auch auf verschiedene Weise, dem Geheimnis von Magie und Religion *soziologisch* auf die Spur zu kommen. Émile Durkheim will in seiner Studie *Die elementaren Formen des religiösen Lebens* von 1912 den Urtyp von Religion bestimmen, um ihre Struktur und Funktionsweise prinzipiell aufzudecken. Goethe hätte wohl von dem »Urphänomen« gesprochen, denn Durkheim möchte das *Wesen* der Religion ein für alle Mal aufdecken.[25] In den Vorstellungen der australischen Ureinwohner glaubt er schließlich fündig geworden zu sein. Die Religion eröffnet *Gemeinschaft* in Kultus und Ritus, sie spendet *Sinn* für alles, was der Fall ist, sie verankert den Menschen im *Kosmos* und verleiht *Transzendenz* über das Hier und Jetzt hinaus, sie gibt *Moral* und Ideale wie »gut« und »böse« und sie liefert *Erklärungen* so wie heute die Wissenschaft. Gemeinschaft, Sinn, Transzendenz, Moral und Kosmologie – diese Multifunktionalität der Religion verleitet Durkheim dazu, von der Koexistenz von Religion und Gesellschaft am Beginn der Menschheitsgeschichte auszugehen. Religion bestimmt und führt die Gesellschaft. In Weberscher Diktion hieße das, die Religion ist die größte Lebensführungsmacht auf Erden.

Als Philosoph *und* Soziologe setzt Georg Simmel noch einmal abstrakter an und untersucht *Religiosität* im Allgemeinen statt Religionen im Besonderen. Der Mensch ist ein »homo religiosus«, denn Seele und Welt existieren nur in intimer Wechselwirkung. »Das Religiöse in seinem spezifischen Wesen, seinem reinen, von allem ›Ding‹ freien Dasein ist ein *Leben*; der religiöse Mensch ist

22 Ludwig Feuerbach, *Das Wesen des Christentums*, Leipzig 1841, jetzt auch Stuttgart 2005 und digitalisiert im Volltext im Deutschen Textarchiv erhältlich.

23 Karl Marx, »Zur Kritik der Hegelschen Rechtsphilosophie, Einleitung«, in: *Marx-Engels-Werke (MEW)*, Bd. I, Berlin 1978, S. 378: »Die Religion ist der Seufzer der bedrängten Kreatur, das Gemüt einer herzlosen Welt, wie sie der Geist geistloser Zustände ist. Sie ist das *Opium* des Volks.«

24 Sigmund Freud, »Die Zukunft einer Illusion« (1927), in: Ders., *Kulturtheoretische Schriften*, Frankfurt/M. 1986, S. 135-189. Freud ist allerdings vorsichtiger als Feuerbach und Marx. »Es liegt nicht im Plane dieser Untersuchung, zum Wahrheitswert der religiösen Lehren Stellung zu nehmen. Es genügt uns, sie in ihrer psychologischen Natur als Illusionen erkannt zu haben.« Ebd., S. 167.

25 Émile Durkheim, *Die elementaren Formen des religiösen Lebens*, Frankfurt/M. 2007.

einer, der auf eine bestimmte, nur ihm eigene Art *lebt.*«[26] In ganz ähnlicher Weise wie Georg Simmel versucht Henry James in einer Art von Religionspsychologie dem Phänomen von *Glauben* auf die Spur zu kommen. Was heißt es zu glauben? Welche Wirkungen entfaltet der Glaube? Was macht er mit dem Gläubigen?[27]

Weder die elementarste Religion noch die Religiosität an sich oder den Glauben an sich studiert Max Weber, sondern den asketischen Protestantismus einerseits, die »Wirtschaftsethik der Weltreligionen« als moderne Formen andererseits. Aber was führt den Menschen bei Weber zu Magie und Religion? Erneut ist hier der Ansatzpunkt: der Mensch als Kulturwesen, begabt mit der Fähigkeit, den Dingen Sinn und Bedeutung zu verleihen. Ernst Cassirer wird später vom »animal symbolicum« sprechen und eine Theorie der symbolischen Formen[28] entwickeln. Weber setzt ungleich bescheidener an. Dinge und ihre Bedeutung, Phänomene und ihr Sinn sind der Ausgangspunkt, um zu zeigen, dass Magie und Religion neben und über die reale, empirisch erlebbare Welt hinaus so etwas wie eine *Hinterwelt* öffnen. In Webers Worten:

> Nicht die Persönlichkeit oder Unpersönlichkeit oder Ueberpersönlichkeit ›übersinnlicher‹ Mächte ist das zunächst Spezifische dieser ganzen Entwicklung, sondern: daß jetzt nicht nur Dinge und Vorgänge eine Rolle im Leben spielen, die da sind und geschehen, sondern außerdem solche, welche und weil sie etwas ›bedeuten‹. Der Zauber wird dadurch aus einer direkten Kraftwirkung zu einer *Symbolik.*[29]

Mit dieser anderen Welt, der Hinter-, Unter- oder Überwelt, muss kommuniziert werden und dafür entwickeln sich geeignete *Trägerfiguren*, die das übersinnliche Geschäft in ihren Dienst nehmen. Aber für diese Dienstleistungen müssen sie magisch oder religiös

26 Georg Simmel, *Die Religion* (1912), in: *Georg Simmel Gesamtausgabe* (GSG), Bd. X, Frankfurt/M. 1995, S. 47. Siehe auch die Beiträge von Volkhard Krech, »Religion« und »Die Religion«, in: Hans-Peter Müller, Tilman Reitz (Hg.), *Simmel-Handbuch. Begriffe, Hauptwerke, Aktualität*, Berlin 2018, S. 453-460 und S. 682-690.

27 William James, *Die Vielfalt religiöser Erfahrung. Eine Studie über die menschliche Natur* (1901/2), übersetzt von Eilert Herms und Christian Stahlhut, mit einem Vorwort von Peter Sloterdijk, Frankfurt/M., Leipzig 1997.

28 Ernst Cassirer, *Philosophie der symbolischen Formen*, 3 Bde., Berlin 1923-1929 und Neudruck, Darmstadt [10]1994.

29 Weber, *Religionssystematik*, S. 248.

qualifiziert sein, um das »mana«, das »orenda« oder das »maga« – daher rührt der Begriff der Magie – zu beherrschen. Ohne sich mit den verschiedenen Ausformungen von Magie und Religion zu befassen, wie das Durkheim getan hatte, implizieren Animismus, der Glauben an Dämonen, Geister und Götter bis hin zu dem einen Gott allesamt die Vorstellung, dass es berufene Menschen gibt, die laut Weber »Charisma« besitzen, um diese Kommunikation mit Hinter-, Unter- oder Überwelt zu leisten. Unter *Charisma* versteht er die an einer Person oder einem Objekt haftende oder zugeschriebene Gabe. Weber nennt als in Frage kommende Trägergruppen *Zauberer*, *Priester* und *Propheten*.

Diese Reihenfolge der Trägerfiguren ist kein Zufall. Denn der *Zauberer* ist der älteste aller Berufe, macht er doch aus seiner Tätigkeit eine wichtige und angesehene Berufung.

Der Zauberer ist der dauernd charismatisch qualifizierte Mensch im Gegensatz zum Alltagsmenschen, dem ›Laien‹ im magischen Sinn des Begriffs. Er hat insbesondere die spezifisch das Charisma repräsentierende oder vermittelnde Zuständlichkeit: die *Ekstase*, als Objekt eines ›Betriebs‹ in Pacht genommen. Dem Laien ist die Ekstase nur als Gelegenheitserscheinung zugänglich. Die soziale Form, in der dies geschieht, die *Orgie*, als die urwüchsige Form religiöser Vergemeinschaftung, im Gegensatz zum rationalen Zaubern, ist ein Gelegenheitshandeln gegenüber dem kontinuierlichen ›Betrieb‹ des Zauberers, der für ihre Leitung unentbehrlich ist.[30]

Der Zauberer, wie etwa der Medizinmann, ist zuständig für die Magie, der *Priester* hingegen für die Religion. Auch wenn die Abgrenzung zwischen Magie und Religion in der Praxis fließend ist und Weber jegliche Entwicklungsgeschichte nach dem Muster »Von der Magie zur Religion« ablehnt, zieht er analytisch eine scharfe Begriffsunterscheidung.

Man kann diejenigen Formen der Beziehungen zu den übersinnlichen Gewalten, die sich als Bitte, Opfer, Verehrung äußern, als ›Religion‹ und ›Kultus‹ von der ›Zauberei‹ als dem magischen Zwange scheiden und dementsprechend als ›Götter‹ diejenigen Wesen bezeichnen, welche religiös verehrt und gebeten, als ›Dämonen‹ diejenigen, welche magisch gezwungen und gebannt werden.[31]

30 Ebd., S. 246.
31 Ebd., S. 259.

Der Zauberer versucht also mit seiner Magie Dämonen und Geister durch Zwang zu bannen, während der Priester in der Religion Götter und Gott mit Hilfe von Opfer, Verehrung, Bitte und Gebet gnädig zu stimmen versucht. Zauberer bieten Gottes*zwang*, Priester dagegen Gottes*dienst* an.

Der *Prophet* als dritte Trägergestalt kommt ins Spiel, wenn sich Widerstand gegen die etablierte Priesterschaft, also die *Hierokratie*, regt. »Es steht geschrieben, ich aber sage Euch!« – das ist der typische Gestus und Habitus des Propheten. Der herrschenden *Orthodoxie*, hier also dem Dogma der Priesterherrschaft oder Hierokratie, wird die widerständige *Heterodoxie* als Protest und Kritik etablierter religiöser Verhältnisse gegenübergestellt. Weber versteht unter einem Propheten

> einen rein *persönlichen* Charismaträger, der kraft seiner Mission eine religiöse *Lehre* oder einen göttlichen Befehl verkündet. Wir wollen dabei hier keinen grundsätzlichen Unterschied darnach machen: ob der Prophet eine (wirklich oder vermeintlich) alte Offenbarung neu verkündet oder gänzlich neue Offenbarungen zu bringen beansprucht, ob er also als ›Religionsneuerer‹ oder als ›Religionsstifter‹ auftritt.[32]

Auch hier gilt wieder, dass die Grenzen in der sozialen Wirklichkeit durchaus flüssig sind. War etwa Jesus ein Religionsneuerer oder ein Religionsstifter? Sicherlich hat er sich anfänglich eher als Glaubenserneuerer gesehen, aber am Ende doch eine gänzlich neue Religion gestiftet. Was als Reform des Judentums begann, endet in der Schaffung des Christentums. Ähnliches gilt für Martin Luther. Auch er wollte nicht das Schisma, sondern den christlichen Glauben von Grund auf erneuern und die Kirche vom Kopf auf die Füße stellen. Aus der Reform des Katholizismus wurde die Reformation[33] und die Geburt des Protestantismus. Auf jeden Fall zentral für den Propheten ist stets seine Botschaft. Es geht ihm also nicht um ei-

32 Ebd., S. 268.

33 Das macht die einschlägige Literatur zum 500-jährigen Jubiläum der Reformation deutlich. Siehe Thomas Kaufmann, *Erlöste und Verdammte. Eine Geschichte der Reformation*, München ²2017; Volker Leppin, *Die fremde Reformation. Luthers mystische Wurzeln*, München 2016; Heinz Schilling, *Martin Luther. Rebell in einer Zeit des Umbruchs. Eine Biographie*, München ⁴2016. Eine gleichsam soziologische Einführung in die Luther-Zeit gibt Bruno Preisendörfer, *Als unser Deutsch erfunden wurde. Reise in die Lutherzeit*, Berlin ⁸2017.

nen Dienst oder ein Amt wie im Falle von Zauberer und Priester. Es dreht sich auch nicht um einen Verdienst, denn der Prophet lebt nicht *von* der Religion, sondern *für* die Religion – auch hier im Gegensatz zu Zauberer und Priester. Er verkündet seine Lehre ungefragt, ungebeten und unentgeltlich. Religion ist ihm in aller Regel weder Betrieb noch Geschäft. Als Vorbild für diese Figur dienen Weber die von ihm so geschätzten altisraelitischen Propheten wie Elia.

Je nach der Sendung und inhaltlichen Offenbarung unterscheidet Weber die Typen der Prophetie. Wenn es sich um einen Gesetzgeber handelt, so spricht er von *ethischer* Prophetie. Wenn es sich um einen vorbildlichen und verbindlichen Lehrer handelt, so bezeichnet er das als *exemplarische* Prophetie. Jesus, der das Christentum als Religion der Liebe geschaffen hat, ist ein ethischer Prophet. Buddha, als großer und großartiger Lehrer, der durch seine Lebensführung als Beispiel gewirkt hat, war ein exemplarischer Prophet. Aus dem Beispiel wurde ein Paradigma und so entstand der Buddhismus. Was die historisch-empirische Verteilung der Typen angeht, so war Asien die Stätte exemplarischer Prophetien, der Okzident die Stätte ethischer Prophetien.

Diese Unterscheidungsreihe kann man natürlich vom religiösen Feld auf das soziale Feld übertragen und dann erleben wir die Geburt des *Intellektuellen* als säkularem Heilskünder. Zygmunt Bauman etwa hat Webers Unterscheidung übernommen und in seiner Soziologie von »legislators and interpreters«[34] gesprochen. Helmut Schelsky hat seine Kritik der Intellektuellen schon in den Untertitel seiner weberianisch inspirierten Studie gepackt: Die »Priesterherrschaft der Intellektuellen«.[35] M. Rainer Lepsius hat in seiner Untersuchung »Kritik als Beruf«[36] den Versuch unternommen, Webers Überlegungen auf Lage und Stellung von Intellektuellen zu übertragen. Auch Pierre Bourdieu hat Anleihen bei Webers Religionssoziologie gemacht, denn die »Politische Ökonomie des

34 Zygmunt Bauman, *Legislators and Interpreters. On Modernity, Post-Modernity and Intellectuals*, Cambridge 1987.

35 Helmut Schelsky, *Die Arbeit tun die anderen. Klassenkampf und Priesterherrschaft der Intellektuellen*, Opladen 1975.

36 M. Rainer Lepsius, »Kritik als Beruf. Zur Soziologie der Intellektuellen«, in: ders., *Interessen, Ideen und Institutionen*, Opladen 1990, S. 270-285.

Heilsgeschehens«[37] lässt sich auch auf das Feld der französischen Intellektuellen[38] übertragen.

Eine weitere Unterscheidung betrifft das Problem der *religiösen Qualifikation*. In dem Maße, wie der religiöse Betrieb ausdifferenziert und als eigenständiger Bereich etabliert wird, empfinden sich Zauberer, Priester und Propheten als *Professionelle* und Experten für den Heilsdienst, dem auf der anderen Seite die ahnungslosen, weil ungelehrten *Laien* gegenüberstehen. Deshalb unterscheidet Weber zwischen Virtuosenreligiosität – die reklamieren Zauberer, Priester und Propheten für sich – und Massen- oder Laienreligiosität, das sind die einfachen Leute.[39]

Bezieht man diese Unterscheidung von Virtuosen und Laien auf die Formen der Organisation von Religion, dann stößt man auf Webers Unterscheidung von *Sekten* und *Kirchen*. Sekten bilden auch nach ihrem eigenen Selbstverständnis den Hort von religiösen Virtuosen. Zwar kann im Prinzip jeder und jede dort Mitglied werden, aber dann, nach der eingehenden Prüfung und Aufnahme in die Sekte, untersteht die Lebensführung einer strikten Gesinnungskontrolle. Wer sich nicht an die ethischen Maximen der Sekte hält, wird untragbar und schließlich von der Heilssuche ausgeschlossen. Die Kirche dagegen, so Weber, versteht sich als eine universale Gnadenanstalt mit der Folge, dass auch noch ein Platz für die größten »Sünder« stets bereitsteht. Sie bespielt die Massen, indem sie sich ihrer Seelsorge annimmt. Sekten ähneln ihrem Selbstverständnis nach exklusiven Klubs der Heilsaristokratie und ihrem Selbstverständnis als religiöser Elite entspricht die

37 Pierre Bourdieu hatte sich schon 1971 mit Webers Religionssoziologie auseinandergesetzt. »Eine Interpretation der Religion nach Max Weber« und »Genese und Struktur des religiösen Feldes« ist jetzt im Band *Religion. Schriften zur Kultursoziologie* 5, hg. von Franz Schultheis und Stephan Egger, Konstanz 2009, S. 7-29 und S. 30-91 sowie als Bd. 13 im Suhrkamp Verlag 2011 erschienen.

38 Pierre Bourdieu, *Die Intellektuellen und die Macht*, hg. von Irene Dölling, Hamburg 1991. Siehe auch Hans-Peter Müller, »Die Intellektuellen und die Macht«, in: ders., *Pierre Bourdieu. Eine systematische Einführung*, Berlin 2014, S. 288-336.

39 Georg Vobruba hat den alten Begriff stärker soziologisiert und *Die Gesellschaft der Leute. Kritik und Gestaltung der sozialen Verhältnisse*, Wiesbaden 2009 entworfen. Neuerdings hat er *Die Kritik der Leute. Einfachdenken gegen besseres Wissen*, Weinheim, Basel 2019 entwickelt, um den Gegensatz zwischen Intellektuellen sowie Experten und den »einfachen Leuten« im Wissens- und Kritikmodus herauszuarbeiten.

Vorstellung, dass sie besonders nahe an Gott sind. Eine Nähe, aufgrund der der Gläubige qua teuer erkaufter Mitgliedschaft wie auch strikter religiöser Lebensführung einen Platz im Himmel so gut wie sicher haben dürfte. Kirchen dagegen können nicht elitär sein, weil sie sich ihre Gläubigen nicht aussuchen dürfen. Sie sind universalistisch orientiert und demokratisch ausgerichtet, während Sekten partikularistisch und elitär funktionieren. Kirchen können sich nur Inklusion, Sekten dagegen dürfen sich Exklusivität *und* Exklusion leisten. Sekten haben ein »dickes« Glaubensverständnis, Kirchen dagegen ein »dünnes«, um eine bekannte Unterscheidung von Clifford Geertz,[40] dem berühmten Ethnologen, zu übernehmen. Kirchen müssen demokratisch, Sekten dürfen aristokratisch sein.

Man sieht auch an dieser analytischen Unterscheidung, dass sie keineswegs nur für die Religion gilt, sondern auf die Kultur insgesamt übertragen werden kann. Hochkultur und Massenkultur, Spitzen- und Massenkonsum, klassische Musik und Popmusik oder Distinktion und Notwendigkeit als Geschmackskulturen, wie in Bourdieus *Die feinen Unterschiede*[41] – Webers analytische Unterscheidungen sind meist so klug gewählt, dass sie eine enorme theoretische Reichweite ermöglichen. Diese Reichweite ist so hoch, dass häufig der weberianische Ursprung der konzeptuellen Distinktion gar nicht mehr erkannt wird.

Eine weitere wichtige Unterscheidung für die Religionspraxis und deren Verständnis betrifft die *Heilsmittel*. Weber unterscheidet drei Formen, wie man seine Heilsziele erreichen kann: 1. orgiastisch-ekstatische, 2. kontemplative und 3. asketische Mittel. Magie und Zauberer bedienen sich vor allem *orgiastisch-ekstatischer* Mittel, um spektakulär sichtbar ihre Außeralltäglichkeit zu zelebrieren. Im säkularen Kontext wird Erving Goffman diese Praxis als *impression management*[42] bezeichnen. Es gilt auf jeden Fall, einen überzeugenden Eindruck zu machen, auch wenn sich der Erfolg nicht unbedingt gleich einstellen mag. Ein berühmt gewordenes Beispiel zur

40 Clifford Geertz, »Thick Description. Toward an Interpretive Theory of Culture«, in: ders., *The Interpretation of Cultures. Selected Essays*, New York 1973, S. 3-30.

41 Pierre Bourdieu, *Die feinen Unterschiede. Kritik der gesellschaftlichen Urteilskraft*, Frankfurt/M. 1982.

42 Erving Goffman, *The Presentation of Self in Everyday Life*, New York 1959, dt. *Wir alle spielen Theater. Die Selbstdarstellung im Alltag*, mit einem Vorwort von Ralf Dahrendorf, München 1969.

Illustration ist der Regentanz der Hopi: Die Ureinwohner dieses Teils von Arizona, die weiträumig verteilt auf ihren Mesas leben, haben gelernt, einer sehr trockenen Gegend den Mais-Anbau abzutrotzen. Dennoch regnet es selten, auch wenn der Medizinmann das Ritual des Regentanzes anberaumt. Robert K. Merton entwickelte deshalb auf einer Linie mit der funktionalistischen Anthropologie, beeinflusst durch Émile Durkheim, Bronislaw Malinowski und Alfred Radcliffe-Brown, die wichtige Unterscheidung von manifesten und latenten Funktionen.[43] Auf dieser Basis bot er die Erklärung an, dass zwar die manifeste Funktion des Rituals der Regentanz, die latente Funktion indes die Gemeinschaftsbildung der Stammesgesellschaft sei. Denn die Hopi leben weit verstreut in Arizona und das Ritual des Regentanzes ist das einzige kollektive Ereignis, das sie zusammenführt und so den Zusammenhalt bekräftigt.

Tatsächlich hatte mich als Soziologen schon immer gewundert, wie ein Medizinmann der Hopi das fortgesetzte Versagen seines magischen Charismas zu überleben vermag. Angesichts seiner chronischen Erfolglosigkeit erfährt er doch keinerlei Bewährung. Bei einem Besuch im Hopi-Center vor einigen Jahren stellte ich diese Frage dem Leiter. Er musste schallend lachen und erklärte mir, dass die Schuld nie beim Medizinmann lag, sondern immer bei den Ureinwohnern, die Fehler im minutiös geregelten Ritual des Tanzes begangen hätten. Ein Fehler – und die Wirkung musste verpuffen. Angesichts seines überlegenen Wissens in Ritual und Kultus waren die Hopi gezwungen, dem Medizinmann zu »glauben«, weil sie es selbst nicht nachprüfen konnten. Webers These, dass konsequenter Misserfolg in der Bewährungssituation auf lange Sicht zur Aberkennung des magischen Charismas führen würde, hatte sich in diesem Fall also nicht bestätigt. Im Gegenteil: Der Leiter des Hopi-Zentrums bestätigte, dass es in dieser Region sowieso so gut wie nie regnete, und wenn, dann nicht *nach* einem Regentanz. Das würde dem Ritual aber keinen Abbruch tun und auch die Stellung des Medizinmannes überhaupt nicht gefährden.

Orgiastisch-ekstatische Heilsmittel können aber auch in allen Religionen zur Anwendung kommen, nicht nur in der Magie. »Das mystische, orgiastische, ekstatische Erleben ist ja das spezifisch Au-

43 Robert K. Merton, »Manifest and Latent Functions«, in: ders., *Social Theory and Social Structure*, New York, London 1968, S. 73-138, hier S. 118.

ßeralltägliche, vom Alltag und von allem rationalen Zweckhandeln Abführende, eben *deshalb* als ›heilig‹ Geachtete.«[44]

Ein religiöser Berufsstand lehnt die orgiastisch-ekstatischen Mittel der Heilssuche jedoch als ethisch würdelos und sozial gefährlich, weil unkontrollierbar ab. Deshalb präferieren Priester eher *kontemplative* oder *asketische* Heilsmittel. Weber stellt nun fest, dass »kontemplative Weltflucht« bevorzugt dort eingesetzt wird, wo die Welt als unpersönliche Ordnung begriffen wird, die der Einzelne ohnehin nicht verändern kann. Vor allem in den asiatischen Religionen von China und Indien wurde dieses Heilsmittel zur Heilssuche bevorzugt eingesetzt wie im Konfuzianismus, Buddhismus und Hinduismus. Im Okzident herrschte dagegen eher die asketische Heilssuche vor, wie Weber sie am asketischen Protestantismus studiert hat. Freilich ist das nur eine erste Unterscheidung, die an Hegels Religionsphilosophie[45] erinnert, der die Scheidelinie in der Ausgestaltung der Religion ja ebenfalls zwischen Orient und Okzident gezogen hatte. Doch will Weber keineswegs behaupten, dass der Okzident ausschließlich Askese, der Orient nur Kontemplation gekannt habe. Das ist nicht nur Unsinn, sondern historisch und empirisch falsch. Deshalb bezieht er als weitere Überlegung die Unterscheidung zwischen innerweltlich und außerweltlich mit ein. Danach überwiegt im Orient die außerweltliche Askese, im Okzident die innerweltliche. Gleiches gilt für die Kontemplation. Aus der Zweierunterscheidung werden also vier Mittel, wie die Heilssuche erfolgen kann.

Religionen lassen sich weiterhin auch danach klassifizieren, wie sie grundsätzlich zur Welt stehen. *Religion und Welt* können in ihrem Verhältnis ganz unterschiedlich ausgestaltet werden. Weber unterscheidet hier zwischen Weltbejahung und Weltverneinung einerseits, Weltabwendung und Weltzuwendung andererseits. Wie noch zu sehen sein wird, gilt der Konfuzianismus als die typisch weltbejahende Religion. Alle anderen großen Religionen hingegen sind weltverneinend. Das Christentum in seiner mönchischen Variante, aber auch Hinduismus und Buddhismus gelten als weltabgewandt, während die protestantische Ethik, das Urchristentum,

44 Weber, *Religionssystematik*, S. 262.

45 Vgl. Georg Wilhelm Friedrich Hegel, *Vorlesungen über die Philosophie der Religion I*, in: ders., Werke in 20 Bänden, Bd. 16, Frankfurt/M. 1986.

das orientalische Christentum, das antike Judentum und der Islam eher weltzugewandt sind.

Die vorgenannte, nur in Grundzügen skizzierte Unterscheidungsreihe charakterisiert Webers Religionssystematik. Sie umschreibt das begriffliche Gerüst, mit dem er durchgängig arbeitet. Aber wir können noch einen Schritt weitergehen. Nach der Wirtschaftsethik der Weltreligionen sollen die Kulturreligionen gemäß Webers Begriffsapparat klassifiziert und das Verhältnis von Religion und sozialer Schichtung untersucht werden. Auf dieser Basis wird ein Vergleich von Puritanismus und Konfuzianismus exemplarisch zeigen, welche Art von Erkenntnissen aus seinem religionssoziologischen Ansatz gezogen werden können.

Die Wirtschaftsethik der Weltreligionen

Weber macht von Anfang an klar, dass es ihm nicht um ein komplettes Kompendium aller Religionen in ihrem Verhältnis zur *Wirtschaft und Gesellschaft*[46] allgemein gehen soll. Seine Aufgabe ist zugleich bescheidener und doch auch sehr viel schwieriger. Denn der Zusammenhang zwischen Religion und Wirtschaftsethik ist ja nicht so leicht zu identifizieren. Genau deshalb interessiert ihn in erster Linie, ob und wenn ja, wie Religionen eine Wirtschaftsethik unterstützen, eher indifferent sind oder sie gar obstruieren. Zu diesem Zweck unterbreitet er unter anderem sein Verständnis von Weltreligionen, setzt sich mit »Klassenlage« (Marx) oder »Ressentiment« (Nietzsche) als Determinanten von Religion auseinander, diskutiert die Bedeutung von Theodizeen, die Rolle von Heilsgütern, die Intellektuellen und ihre Rationalisierungsleistungen sowie schließlich die Beziehung zwischen Schichten und Religion.

»Unter ›Weltreligionen‹ werden hier, in ganz wertfreier Art«, so Weber,

> jene fünf religiösen oder religiös bedingten Systeme der Lebensreglementierung verstanden, welche besonders große *Mengen* von Bekennern um sich zu scharen gewußt haben: die konfuzianische, hinduistische, bud-

46 Siehe zum Folgenden Hans-Peter Müller, »Die Wirtschaftsethik der Weltreligionen. Einleitung (1915/1920)«, in: ders, Steffen Sigmund (Hg.), *Max Weber-Handbuch. Leben – Werk – Wirkung*, Stuttgart 2014, S. 262-264.

dhistische, christliche, islamitische religiöse Ethik. Ihr tritt als sechste mitzubehandelnde Religion das Judentum hinzu, sowohl weil es für jedes Verständnis der beiden zuletzt genannten Weltreligionen entscheidende geschichtliche Voraussetzungen enthält, als wegen seiner teils wirklichen, teils angeblichen historischen Eigenbedeutung für die Entfaltung der modernen Wirtschaftsethik des Okzidents.[47]

Wie in der »Protestantischen Ethik« interessiert sich Weber nicht primär für das *Dogma*, sondern für »die in den psychologischen und pragmatischen Zusammenhängen der Religionen gegründeten *praktischen Antriebe zum Handeln*«. Ihm geht es nicht so sehr um die reine Lehre, sondern die seelsorgerische Praxis, also nicht um den Buchstaben oder Geist einer Religion, sondern ihr Leben und ihr tatsächliches Wirken. Es geht nicht um die Theorie einer Religion, sondern um ihre Praxis. Natürlich ist die Wirtschaftsethik nirgendwo und niemals nur reiner Ausfluss einer Religion gewesen, sondern stets auch von »Eigengesetzlichkeiten« historischer oder wirtschaftsgeographischer Natur bestimmt worden. Dennoch: »Zu den Determinanten der Wirtschaftsethik gehört als eine – wohlgemerkt: nur *eine* – auch die religiöse Bestimmtheit der Lebensführung.«[48]

Weber sucht in der vergleichenden »Wirtschaftsethik der Weltreligionen« »die richtunggebenden Elemente der Lebensführung derjenigen sozialen *Schichten* herauszuschälen, welche die praktische Ethik der betreffenden Religion am stärksten bestimmend beeinflusst und ihr die charakteristischen – d. h. hier: die sie von anderen unterscheidenden *und* zugleich für die Wirtschaftsethik wichtigen – Züge aufgeprägt haben«.[49] Webers Augenmerk ist also auf die Trägergruppen gerichtet, ihre materielle sowie ideelle Interessenlage, ihren spezifisch religiösen Habitus und die Ausrichtung ihrer Lebensführung.

Die beiden einflussreichsten Ansätze zur Erklärung dieser Zusammenhänge stammen im 19. Jahrhundert von Karl Marx und Friedrich Nietzsche. Für Marx ist es die »Klassenlage«, die das religiöse Bewusstsein in letzter Instanz bestimmt. Für Nietzsche verbreitet die christliche Religion eine miserabilistische Ethik, eine Mitleidsethik, wonach die Letzten auf Erden die Ersten im Paradies

47 Weber, »Einleitung«, S. 237 f.
48 Ebd., S. 238.
49 Ebd., S. 239.

sein werden. Diese »Umwertung der Werte« verurteilt Größe und verherrlicht Leiden. Insofern ist die christliche Moral in Nietzsches Augen der Ausdruck des »Ressentiments« der Mühseligen und Beladenen. Webers Kritik richtet sich nicht gegen die Fruchtbarkeit dieser Einsichten – im Gegenteil, er nutzt sie selbst, wenn er das Verhältnis von Klasse und Religion untersucht oder verschiedene Typen von Theodizeen ausmacht. Vielmehr lehnt er Marx' und Nietzsches Ansatz als »Erklärungen« von Religiosität ab. Für Weber speisen sich Religionen stets primär aus ihrem ideellen Gehalt. Sie enthalten einen ideellen Überschuss, der weit über profane, materialistische Interessen hinausreicht. Marx hätte hier wohl von »ideellem Mehrwert« gesprochen. Freilich: Das schließt Wahlverwandtschaften zwischen Schichten und spezifischen Formen der Religiosität gerade nicht aus.

> Interessen (materielle und ideelle), nicht: Ideen, beherrschen unmittelbar das Handeln der Menschen. Aber: die ›Weltbilder‹, welche durch ›Ideen‹ geschaffen wurden, haben sehr oft als Weichensteller die Bahnen bestimmt, in denen die Dynamik der Interessen das Handeln fortbewegte. Nach dem Weltbild richtete es sich ja: ›wovon‹ und ›wozu‹ man ›erlöst‹ sein wollte und – nicht zu vergessen – konnte.[50]

Dieses berühmte Zitat, seine *Weichensteller-Metapher,* verdeutlicht Webers Denkweise. Im Alltag beherrschen unmittelbar Interessen die Menschen und ihre Verhaltensstrategien, seien diese materieller oder ideeller Art. Insofern folgt Weber etwa der schottischen Aufklärung mit ihrem »homo oeconomicus«, wie er von Adam Smith ansatzweise skizziert wurde, oder eben auch Marxens Materialismus der Klasseninteressen. Aber die Interessenverfolgung geschieht niemals in einem luftleeren Raum, sondern stets im Rahmen einer spezifischen Kultur. Kulturelle Ideen prägen Weltbilder aus, auch und vor allem religiöser Natur. Diese nun sind es, die die Bahnen festlegen, auf der sich die materiellen und ideellen Interessen realisieren lassen. Daher das Monitum von Weber, es seien die Weltbilder, welche die Heilsziele, Heilsmittel und Heilswege festlegten. Gerade Erlösungsreligionen, das hatte seine Studie über die »Protestantische Ethik« ja zu zeigen versucht, schreiben dem Einzelnen eine Lebensführung vor, die sich im Falle des Puritaners um sein

50 Ebd., S. 252.

Seelenheil und seine Heilsgewissheit (»certitudo salutis«) dreht. Und die Suche nach Heilsgewissheit macht aus dem Puritaner mit seiner methodisch-rationalen Lebensführung einen guten und erfolgreichen Geschäftsmann, der in seinem Beruf eine »Berufung« erblickt. Es darf vermutet werden, dass Weber diese Weichensteller-Metapher auch für entzauberte moderne Gesellschaften entwickeln könnte. Aus den Heils- werden dann Erfolgsziele, aus den Heilsmitteln Erfolgsstrategien, die auf ihre Weise eine erfolgversprechende Lebensführung nahelegen.

Tatsächlich konstatiert Weber historisch eine *Umwertung* des Leidens. Ursprünglich galt es als gefährlich für die kultische Gemeinschaft, denn der Betreffende, der Kranke, der Leidende, der chronische Unglücksrabe, konnte von einem Dämon besessen sein oder den Zorn der Götter auf sich gezogen haben. Die Perhorreszierung des Leidens, so Weber, bediente deshalb ein pharisäisches Bedürfnis des Menschen. Der Leidende soll am besten selbst »schuld« an seiner Misere sein, denn dann geschieht es ihm nur Recht, wenn er vom Leben benachteiligt wird. Und umgekehrt möchte der Glückliche sein Los »verdient« haben, denn nur so lassen sich die eigenen Privilegien *und* die überlegene Stellung in der Gesellschaft unbefangen genießen.

Das Glück will legitim sein. Wenn man unter dem allgemeinen Ausdruck: ›Glück‹ alle Güter der Ehre, der Macht, des Besitzes und des Genusses begreift, so ist dies die allgemeinste Formel für jenen Dienst der Legitimierung, welchen die Religion dem äußeren und inneren Interesse aller Herrschenden, Besitzenden, Siegenden, Gesunden, kurz: Glücklichen zu leisten hatte: die Theodizee des Glückes.[51]

So gesehen, stellt die *Theodizee des Glücks* den Normalfall in Gesellschaften dar, in denen die Religion den Herrschenden die eigene *Größe* als gut und richtig, vorbildlich und verbindlich vorspiegelt und damit erfolgreich legitimiert. Aber wie kann es dann zu einer Theodizee des Unglücks kommen, die das Leiden auch noch ethisch als »höherwertig« verklärt? Weber schildert den Übergang vom Magier zum Mystagogen, der die Seelsorge übernimmt und Wege zur Erlösung vom Übel sucht. Überall da, wo Erlösungshoffnungen geweckt wurden, konnte sich eine *Theodizee des Leidens* entwickeln.

51 Ebd., S. 242.

Eine solche Theodizee erklärt das Leiden, macht es also verständlich, ohne es zu rechtfertigen. Ganz im Gegenteil – indem sie nach Mitteln und Wegen sucht, um die Leiden abzubauen, prangert sie die unhaltbaren Zustände der Welt an, die offenkundig ungerecht sind. Diese kognitive Leistung, die Konfrontation der Misere, wie sie *ist*, mit der Aussicht auf ein Leben, wie es sein *soll*, fräst nicht nur einen tiefen Riss in die Welt von Sein und Sollen. Vielmehr sorgt sie in dem Maße, in dem die Welt rational betrachtet wurde, auch dafür, dass das »Bedürfnis nach einem ethischen ›Sinn‹ der Verteilung der Glücksgüter unter den Menschen«[52] stieg.

Theodizeen können demnach als Versuch gelten, die »Inkongruenz zwischen Schicksal und Verdienst«[53] zu erklären. Denn gerade wenn man von einem allmächtigen und allwissenden Gott ausgeht, fällt es ja schwer, das Leiden der Welt zu »erklären«. Warum lässt Gott so viel Leiden auf der Welt zu, wenn er doch die Macht hätte, sie von ihren Übeln zu erlösen? Warum tut Gott nichts? Wo ist Gott? Diese Diskrepanz zwischen Religion und Gesellschaft ist in Webers Augen nur von drei Lehren der Theodizee überzeugend gelöst worden. Erstens, von der indischen Karmanlehre, denn im Hinduismus wird der Einzelne in eine Kaste geboren, muss deren Dharma-Regeln als Pflichten peinlich nachkommen, denn nicht im diesseitigen Leben, sondern nur von der »Wiedergeburt« kann man sich bei guter religiöser Lebensführung einen Aufstieg in eine andere Kaste erhoffen und bleibt gleichwohl in dem ewigen Kreislauf der Wiedergeburten gefangen. Hier verheißt nicht die unpersönliche Ordnung des Kosmos selbst, sondern die religiöse Lebensführung des Einzelnen den Weg zur Erlösung. Zweitens, vom zarathustrischen Dualismus, in der der Sinn in das ewige Ringen zwischen den guten und bösen Mächten im Kosmos verlegt wurde. »In derjenigen prophetischen Religiosität, welche diese Konzeption am konsequentesten durchführt: dem Zarathustrismus, knüpfte der Dualismus direkt an den magischen Gegensatz von ›rein‹ und ›unrein‹ an, in den alle Tugenden und Laster eingegliedert wurden.«[54] Drittens, gewährt der Prädestinationsglauben der Puritaner eine überzeugende Lösung des Theodizeeproblems, denn der Sinn wird in der Bewährung im Beruf und einer Gott wohlgefälligen Lebens-

52 Ebd., S. 245.

53 Ebd., S. 245 f.

54 Weber, »Zwischenbetrachtung«, S. 572.

führung gefunden. Weber erachtet nur die indische Karmanlehre, den zarathustrischen Dualismus und den Prädestinationsglauben der Puritaner als wirklich überzeugende Lösungen und macht deutlich, dass trotz ihrer »Jenseits«-Orientierung die Religion ein vornehmlich *diesseitiger* Betrieb ist, der sich um die Sorgen und Nöte der Menschen auf Erden ganz praktisch kümmert. Religion mag auf das Jenseits gerichtet sein – und doch geht es stets und ständig um das Diesseits.

Die »Sublimierung des religiösen Heilsbesitzes zum ›Erlösungs‹-Glauben«[55] war überall das Werk von *Intellektuellen*, die vornehmlich für den theoretischen Rationalismus empfänglich sind. *Kriegerische Ritterklassen* und *Bauern* neigen eher zum praktischen Rationalismus, wobei Erstere in vornehmer Distanz zur Religion eher einem Schicksalsglauben (»Moira«) anhängen, während Letztere, eingebunden in den irdischen Naturkreislauf, häufig magisch gebunden bleiben. Das *Bürgertum* ist die »vieldeutigste Schicht«,[56] ist aber offen für eine *ethische* Lebensreglementierung. Wie wir gleich sehen werden, arbeitet Weber die hiermit angedeutete Klassenbedingtheit der Religion nach ihren verschiedenen Trägergruppen noch viel stärker aus.

Weber unterscheidet, wie gesehen, nach den Typen der *Prophetie* exemplarische und ethische Prophetie. Im ersten Fall lebt ein als heilig verehrter Mensch das meist *kontemplative* Leben vor, das zum Heil führt – er ist ein »Gefäß des Göttlichen«; im zweiten Fall stellt ein Gott durch die Verkündigung des *asketischen* Propheten *ethische* Forderungen an seine Gläubigen, so dass der Prophet zum »Werkzeug Gottes« wird. Eng damit verknüpft sind die Typen von *Göttlichkeit* und ihre regionale Verteilung auf der Welt: Im ersten Fall geht es um eine *unpersönliche* göttliche Ordnung, wie bei der indischen und chinesischen Religiosität. Im zweiten Fall steht im Zentrum ein *persönlicher Schöpfergott*, eine Vorstellung, die man vor allem im iranischen, vorderasiatischen und okzidentalen Raum antrifft.

Darüber hinaus spricht Weber das Problem der *ungleichen religiösen Qualifikation* an: Der *Virtuosen-Religiosität* der Talentierten steht die *Massen-Religiosität* der »*religiös* ›Unmusikalischen‹«[57]

55 Weber, »Einleitung«, S. 252.
56 Ebd., S. 256.
57 Ebd., S. 260.

gegenüber. Dieses religiöse Ungleichheitsgefälle übersetzt sich im Alltag häufig in eine Macht- und Herrschaftsasymmetrie, aber das muss nicht parallel und eins-zu-eins geschehen. Vielmehr finden sich eine Reihe von Ausgestaltungsmöglichkeiten zwischen religiöser Stellung und Herrschaft: Wer in der religiösen Hierarchie ganz oben steht, kann in der gesellschaftlichen Wertschätzung auch ganz unten stehen. Es ist hier in der »Einleitung«, dass Weber zum ersten Mal seine Herrschaftssoziologie skizziert, indem er idealtypisch zwischen legaler, charismatischer und traditionaler Herrschaft unterscheidet. Und auch hier beeilt er sich hinzuzufügen, dass in der Wirklichkeit die Legitimität einer Herrschaftsordnung häufig durch Mischungen und Kombinationen erzeugt wird und sich die Ungleichheit zudem in unterschiedliche soziostrukturelle Formationen übersetzt. Ein *Stand* wird durch eine gemeinsame verbindliche und vorbildliche Vorstellung von Ehre und eine spezifisch geartete Lebensführung zusammengehalten. *Klassen* bzw. Klassenlagen dagegen sind letztlich Marktlagen, also Gruppierungen, die aus dem Wirtschaftsleben emporwachsen und spezifische Lebenschancen gemeinsam haben. Aufgrund der zentralen Bedeutung seiner Herrschafts- und Ungleichheitssoziologie, werden wir uns mit beiden Komplexen in eigenen Kapiteln näher auseinandersetzen.

Zusammenfassend kann man zwei Resultate festhalten. Zum einen wird eine Wirtschaftsethik, soweit sie religiös gespeist ist, durch vier Elemente bestimmt: 1. Soziale Schichtung; 2. Eigenart der Religion; 3. Spannung zwischen Virtuosen- und Massenreligiosität; 4. Spannung zwischen dem magischen Traditionalismus und der ethischen Rationalisierung des Alltags. Zum anderen geht es um die Wahlverwandtschaft zwischen Religion und Wirtschaft. Die außeralltägliche Kontemplation steht der Wirtschaft sehr fern, während die innerweltliche Askese wirtschaftsnah agiert. »Das rational zum Beruf gesteigerte Alltagshandeln wurde Bewährung des Heils. Die Sekten der religiösen Virtuosen bildeten im Okzident die Fermente für die methodische Rationalisierung der Lebensführung einschließlich auch des Wirtschaftshandelns, nicht aber, wie die Gemeinschaften der kontemplativen oder orgiastischen oder apathischen Ekstatiker Asiens, Ventile für die Sehnsucht aus der Sinnlosigkeit des innerweltlichen Wirkens.«[58]

58 Ebd., S. 263 f.

Zunächst gilt es, die Klassenbedingtheit der Religion näher zu betrachten, um zu sehen, welche Schichten zu den typischen Trägergruppen ihrer Religion wurden. Sodann kann man sich die in Webers religionssoziologischem Werk enthaltene Klassifikation der Weltreligionen anschauen. Zum Schluss sollen Puritanismus und Konfuzianismus als die beiden Gegenpole im religiösen Feld verglichen werden.

Klasse und Religion

Auch wenn Weber der Auffassung ist, dass jede Religion einen »spiritualistischen Mehrwert« besitzt und von daher nicht umstandslos auf die Klassenlage zurückgeführt werden kann, folgt er doch dem Grundsatz des historischen Materialismus von Karl Marx und fragt sich, ob und wenn ja, wie Religion und soziale Schichtung zusammenhängen. Wie steht es um die Wahlverwandtschaft zwischen Klasse und Religion? Welche Trägergruppen machten sich welche Religion zu eigen und warum?

Da Webers historischer Blick auch und vor allem auf traditionale Gesellschaften mit einer Agrarverfassung gerichtet ist, ist für ihn wichtig, wie die *Bauern* zur Religion stehen. Aufgrund ihres Berufs in der Landwirtschaft sind sie stark in den Kreislauf der Natur eingebunden und von kritischen Wetterereignissen schicksalhaft abhängig. Aufgrund dieser praktischen Eingebundenheit rund um die Uhr, gehen von der Bauernschaft keine Impulse zu religiöser Rationalisierung oder Entwicklung aus. Sie sind und bleiben meist einer einfachen Volksreligiosität und zum Teil auch magischen Vorstellungen verhaftet. Denn:

> Je stärker bäuerlich orientiert eine Kulturentwicklung ist: im Okzident in Rom, im fernen Osten in Indien, in Vorderasien in Aegypten, desto stärker fällt gerade dies Bevölkerungselement in die Waagschale des Traditionellen und desto mehr entbehrt wenigstens die Volksreligiosität der ethischen Rationalisierung. […] In aller Regel bleibt die Bauernschaft auf Wetterzauber und animistische Magie oder Ritualismus, auf dem Boden einer ethischen Religiosität aber auf eine streng formalistische Ethik, des ›do ut des‹ dem Gott und Priester gegenüber, eingestellt.[59]

59 Weber, *Religionssystematik*, S. 286.

Wenn also heutzutage gerade Bauern noch als »kirchenmodern« eingeschätzt werden, so Weber, dann ist das eine spezifisch moderne, städtische Sichtweise auf die traditionelle Bauernschaft.

Der *Kriegsadel* steht der Religion in aller Regel ziemlich fremd gegenüber, vor allem, wenn es sich um die strengen moralischen Anforderungen einer Erlösungsreligion handelt.

Die Lebensführung des Kriegers ist weder der Gedanke einer gütigen Vorsehung, noch derjenige systematischer ethischer Anforderungen eines überweltlichen Gottes wahlverwandt. Begriffe wie ›Sünde‹, ›Erlösung‹, religiöse ›Demut‹ pflegen dem Würdegefühl aller politisch herrschenden Schichten, vor allem des Kriegeradels, nicht nur fern zu liegen, sondern es direkt zu verletzen.[60]

Anders sieht die Sache bei dem sogenannten »Glaubenskämpfer« aus, der »seine« Religion entweder verteidigt oder im Wege der Eroberungskriege die Vormacht seiner Religion auszuweiten bestrebt ist. Die Idee des »heiligen Krieges« stammt aus dem Judentum, wird von Mohammed für den Islam übernommen und findet dann seine Fortsetzung in christlichen Glaubenskriegen. Freilich weist Weber auch hier neben den ideellen Interessen (die Vormacht der eigenen Religion) auf die materiellen Interessen (das Beutemachen und die Gewinnung von Pfründen) hin. »Der islamische Glaubenskrieg noch mehr, weil noch ausdrücklicher, als derjenige der Kreuzritter – denen Papst Urban die Notwendigkeit der Expansion zur Gewinnung von Lehen sehr nachdrücklich nahezulegen nicht versäumte –, war eine wesentlich an feudalen Renteninteressen orientierte Unternehmung zur grundherrlichen Landnahme.«[61]

Auch eine herrschende *Bürokratie* wird in aller Regel der Religion weitgehend entraten können. Zwar nennt Weber als Gegenbeispiel den pietistischen deutschen *Beamten*. Aber es handelt sich hier wohl um eine Ausnahme.

Aber in aller Regel ist nicht dies die Haltung einer herrschenden Bürokratie zur Religiosität. Sie ist stets Träger eines weitgehenden nüchternen Rationalismus einerseits, des Ideals der disziplinierten ›Ordnung‹ und Ruhe als absoluten Wertmaßstabes andererseits. Eine tiefe Verachtung aller irrati-

60 Ebd., S. 288.
61 Ebd., S. 289.

onalen Religiosität, verbunden mit der Einsicht in ihre Brauchbarkeit als Domestikationsmittel, pflegt die Bürokratie zu kennzeichnen.[62]

Bestenfalls folgt die Beamtenschaft der Etikette nach der offiziellen Religion, besonders dann, wenn sie als ein probates Mittel zur Disziplinierung der Massen eingesetzt werden kann. Diese konventionelle Haltung zur Religion begrüßt sie als ideologischen Herrschaftsmechanismus zur Aufrechterhaltung von Ruhe und Ordnung.

Das *Bürgertum* hingegen weist die größten inneren Kontraste auf, abhängig von der sozialen Lage und der Stellung innerhalb der Gesellschaft. Auch für das Bürgertum gilt, dass hoher Status und Religiosität negativ korreliert sind. Denn: »Je privilegierter die Lage der Händlerschaft war, desto weniger zeigt sie überhaupt Neigung zur Entwicklung einer Jenseitsreligion.«[63] Das *Großbürgertum* kommt für alle möglichen Varianten von Erlösungsreligiosität oder religiöser Rationalisierung nicht in Frage, sondern lässt sich bestenfalls zu konventioneller Religionsbefolgung, so sie gefordert ist, herab. Das *Kleinbürgertum,* vor allem das Handwerk, dagegen ist religiös wesentlich aufgeschlossener, wenn auch historisch eine »bunte Mannigfaltigkeit« herrscht.

Kastentabu und magische oder mystagogische Sakraments- oder Orgienreligiosität in Indien, Animismus in China, Derwisch-Religiosität im Islam, die pneumatisch-enthusiastische Gemeindereligiosität des antiken Christentums, namentlich im Osten des römischen Weltreichs, Deisidämonie neben Dionysosorgiastik im antiken Hellenentum, pharisäische Gesetzestreue im antiken großstädtischen Judentum, ein wesentlich idolatrisches Christentum neben allen Arten von Sektenreligiosität im Mittelalter und alle Arten von Protestantismus in der beginnenden Neuzeit – dies sind wohl die größten Kontraste, welche sich untereinander denken lassen.[64]

Das alte Christentum hingegen war eine typische Handwerkerreligion – und doch gibt es historisch kein eindeutiges Muster, dass die soziale Lage des Handwerks mit einer bestimmten religiösen Disposition eindeutig verknüpfen würde. Allerdings wirkt im Okzident das Handwerk, die okzidentale Stadt mit ihren Freiheitsrechten und der Durchbrechung der Sippenbande zugunsten einer

62 Ebd., S. 290.
63 Ebd., S. 291.
64 Ebd., S. 293.

Gemeindereligiosität, die das christliche Kleinbürgertum zum Träger einer religiösen Lebensführung gemacht hat.

Sklaven und *Tagelöhner* haben nirgendwo als Religionsneuerer oder -stifter gewirkt. Das *moderne Proletariat* steht der Religion gleichgültig bis ablehnend gegenüber. »Der proletarische Rationalismus ebenso wie der Rationalismus einer im Vollbesitz der ökonomischen Macht befindlichen, hochkapitalistischen Bourgeoisie, dessen Komplementärerscheinung er ist, kann daher aus sich heraus nicht leicht religiösen Charakter tragen, jedenfalls eine Religiosität nicht leicht erzeugen.«[65]

Weber zieht abschließend zu seinen Überlegungen zur Klassenbedingtheit der Religion, also dem Verhältnis von Religion und Trägerschicht, folgendes Fazit:

Will man die Schichten, welche Träger und Propagatoren der sog. Weltreligionen waren, schlagwörtlich zusammenfassen, so sind dies für den Konfuzianismus der weltordnende Bürokrat, für den Hinduismus der weltordnende Magier, für den Buddhismus der weltdurchwandernde Bettelmönch, für den Islam der weltunterwerfende Krieger, für das Judentum der wandernde Händler, für das Christentum aber der wandernde Handwerksbursche, sie alle nicht als Exponenten ihres Berufs oder materieller ›Klasseninteressen‹, sondern als ideologische Träger einer solchen Ethik oder Erlösungslehre, die sich besonders leicht mit ihrer sozialen Lage vermählte.[66]

Wohlgemerkt ist das nur die eine, *materielle* Seite, die Weber betrachtet – das Verhältnis von sozialer Lage, Stellung und Klassenzugehörigkeit. Daneben ist aber stets auch die *kulturelle* Seite zu analysieren, also wie eine Religion über ihre Lehre die jeweiligen Heilsziele und -prämien, Heilswege und -mittel zu einer spezifischen Lebensführung und deren Wahlverwandtschaft zur Wirtschaft zusammenschmiedet.

65 Ebd., S. 296.
66 Ebd., S. 311.

Es ist diese kulturelle Seite, mit der Weber die verschiedenen Weltreligionen klassifiziert und eine Systematik[67] gewinnt. Die Basis für diese Unterscheidungen legt er in seiner »Einleitung« und nimmt sie in seiner »Zwischenbetrachtung« wieder auf. Ausgangspunkt ist erneut die Unterscheidung von Welt und Hinterwelt und die Frage, ob sie eher kosmozentrisch – die Welt als unpersönliche Ordnung – oder theozentrisch – die Welt eines persönlichen Schöpfergottes – begriffen wird. Das kosmozentrische Weltbild findet sich eher in asiatischen Religionen, wie etwa im Konfuzianismus als politische Religion oder im Hinduismus und Buddhismus als kontemplativ-mystische Erlösungsreligionen. Das theozentrische Weltbild tritt im vorderasiatisch-okzidentalen Raum primär auf, etwa in der politischen Religion des Islam oder dem asketischen Christentum, wie z. B. dem asketischen Protestantismus.

Zweitens ist entscheidend, ob die religiösen Virtuosen als Religionsneuerer oder -stifter aus vornehmen Kreisen stammen oder aber aus niederen Kreisen. Drittens gewinnt man eine Klassifikation der Kulturreligionen, wenn man sie nach ihrer grundsätzlichen Einstellung zur Welt einteilt und diese Haltungen mit ihren Heilsgütern und -zielen, den Heilswegen und den Heilsmitteln kombiniert. Der erste Gegensatz ist hierbei Weltbejahung versus Weltverneinung. Der Konfuzianismus ist eine Religion der Weltbejahung, die eine Haltung der Weltanpassung fördert. Alle anderen Kulturreligionen sind weltverneinend, unterscheiden sich aber intern weiter nach einem zweiten Gegensatz: Weltabwendung und Weltzuwendung. Wie wichtig diese Unterscheidung ist, zeigt sich daran, dass Weber seine »Zwischenbetrachtung« mit dem Untertitel »Theorie der Stufen und Richtungen religiöser Weltablehnung« versieht. Er will also »in einer schematischen und theoretischen Konstruktion [...] verdeutlichen, aus welchen Motiven heraus und in welche Richtungen religiöse Ethiken der Weltverneinung überhaupt entstanden

67 Auch hier gilt wieder, dass die Systematik bei Weber implizit bleibt. Man muss sie also explizieren. Wolfgang Schluchter hat schon recht früh diese Systematik entfaltet. Siehe ders., *Religion und Lebensführung*, Bd. II, S. 22-42, ferner ders., *Die Entzauberung der Welt*, Tübingen 2009, S. 27-32 und ders., *Max Webers späte Soziologie*, Tübingen 2016, S. 144-180. Vgl. auch Müller, *Max Weber*, S. 157-189.

und verliefen: welches also ihr möglicher ›Sinn‹ sein konnte«.[68] Die weltabgewandten Erlösungsreligionen können entweder asketische Mittel zur Heilssuche einsetzen, dann führt das zu einer Haltung der Weltüberwindung, wie sie vor allem im okzidentalen Mönchtum anzutreffen ist. Oder sie verwenden kontemplativ-ekstatische Heilsmittel, dann geht das mit einer Haltung der Weltflucht einher, wie sie im Hinduismus und Buddhismus zu beobachten ist. Ganz ähnlich verfährt Weber bei den weltzugewandten Erlösungsreligionen: sind sie asketisch orientiert, ist die Folge eine Haltung der Weltbeherrschung wie im asketischen Protestantismus; nutzen sie kontemplativ-ekstatische Heilsmittel, fördert das eine Haltung der Schickung in die Welt, wie Weber sie im antiken Judentum, dem Urchristentum, dem orientalischen Christentum und dem Islam beobachtet.

Die asiatischen Kulturreligionen werden von vornehmen Herrenschichten hervorgebracht, deren kosmozentrisches Weltbild eher mit einer »Theodizee des Glücks«, also der Balance und Harmonie, korrespondiert, die rationale Anpassung wie im Konfuzianismus oder weltindifferente oder weltflüchtige Selbstvervollkommnung wie bei den Brahmanen und den buddhistischen Mönchen verlangt. Weber konstatiert daher,

> daß die großen asiatischen religiösen Lehren alle Intellektuellenschöpfungen sind. Die Erlösungslehre des Buddhismus ebenso wie des Jainismus und alle ihnen verwandten Lehren wurden getragen von vornehmen Intellektuellen mit (wenn auch nicht immer streng fachmäßiger) vedischer Bildung, wie sie zur vornehmen indischen Erziehung gehörte, von Angehörigen vor allem des Kshatriya-Adels, der sich im Gegensatz zum brahmanischen fühlte. In China waren sowohl die Träger des Konfuzianismus, vom Stifter selbst angefangen, als auch der offiziell als Stifter des Taoismus geltende Laotse, entweder selbst klassisch-literarisch gebildete Beamte oder Philosophen mit entsprechender Bildung.[69]

Umgekehrt erweisen sich die okzidentalen Kulturreligionen als Produkt von plebejischen Schichten, deren radikale Weltablehnung mit einer »Theodizee des Leidens« korrespondiert. Dem Jammertal des Diesseits muss das Paradies des Jenseits gegenübergestellt werden, das es zu verdienen gilt. Der Puritanismus etwa setzt sei-

68 Weber, »Zwischenbetrachtung«, S. 536.
69 Weber, *Religionssystematik*, S. 305.

ne Gläubigen einem enormen Heilsdruck aus, so dass der religiöse Dienst zum säkularen Verdienst wird, der die Heilschancen verbessern soll. Das Ergebnis in Religion wie Wirtschaft wird die aktive Weltbeherrschung, so dass Puritanismus und Kapitalismus aus vollkommen unterschiedlichen Motiven letztlich an einem Strick gezogen haben.

Freilich leistet diese »Systematik« mit ihrem Begriffsgerüst nur eine formale Klassifikation der Weltreligionen, wie Weber sie implizit im Auge hatte. Sie ist die Bauanleitung für seine materialen Skizzen der Wirtschaftsethik der Weltreligionen, deren Reichtum auch heute noch bei weitem nicht ausgeschöpft scheint. Sicherlich zeigen die von Wolfgang Schluchter edierten Materialbände unter anderem auch auf, was Weber falsch eingeschätzt, unrichtig akzentuiert oder einfach nicht gewusst hat. Denn vor dem Ersten Weltkrieg, als Weber seine Studien beginnt, war das Wissen um China und Indien arg begrenzt, Sinologie und Indologie steckten noch in den Kinderschuhen und die Religionswissenschaften selbst standen noch ganz am Anfang. Man kann also getrost über die Schwächen hinwegsehen und stattdessen die Stärken seiner Analyse fruchtbar zu machen versuchen für die Weltbildanalyse, für das Studium von Ideen in Dogmatik und Praxis allgemein, vor allem aber für die Analytik der Lebensführungsweisen. Max Webers Studium gilt der religiösen Lebensführung, seine Systematik könnte ebenso gut auch auf säkulare »Systeme der Lebensreglementierung« angewendet werden. Pierre Bourdieu hatte hier schon die Richtung gewiesen, indem er von der »Theodizee« und der Bewährung vor Gott zur »Soziodizee«[70] und der Bewährung vor den Menschen übergegangen war. Seine Studie *Die feinen Unterschiede*[71] zeigte dann die Wahlverwandtschaften zwischen Klassenlagen und Lebensstilen über kulturelle Muster der Lebensführung auf. Der materiale Gehalt von Webers »Wirtschaftsethik der Weltreligionen« soll exemplarisch wie paradigmatisch an seiner Konfrontation von Puritanismus und Konfuzianismus als Gegensatzpaare im religiösen Feld aufgezeigt werden.

70 Pierre Bourdieu, *Der Staatsadel*, Konstanz 2004, S. 466.
71 Bourdieu, *Die feinen Unterschiede*, S. 677 und S. 767.

Webers Gegenüberstellung von Puritanismus und Konfuzianismus ist klug gewählt. Er stellt nicht nur Westen und Osten gegenüber, sondern ist auch der Auffassung, dass China, das Reich der Mitte, deutlich bessere Voraussetzungen für den *Take-off* in die Moderne gehabt hätte als Europa. Methodisch wählt er den Vergleich zweier diametral entgegengesetzter Religionen und ihrem Einfluss auf die Lebensführung. Der Konfuzianismus steht dabei an der Grenze zur Religion, ja, es handelt sich eher um eine Zivilreligion mit konventioneller Lebensreglementierung. Weber zählt ihn zwar zu den Weltreligionen, aber eben nicht zu den Erlösungsreligionen. Vielmehr führt die rückhaltlose Weltbejahung, die Vorstellung also, in einem unveränderlichen Kosmos und damit ohnehin in der besten aller Welten zu leben, zur lückenlosen und geschmeidigen Weltanpassung.

Den Gegensatz formuliert Weber gleich zu Beginn seiner Gegenüberstellung von konfuzianischem und puritanischem Rationalismus. Er zeigt auf, wie er die Rationalisierungsart und ihren Grad zu konzeptualisieren beabsichtigt.

> Für die Stufe der Rationalisierung, welche eine Religion repräsentiert, gibt es vor allem zwei, übrigens miteinander in vielfacher innerer Beziehung stehende Maßstäbe. Einmal der Grad, in welchem sie die Magie abgestreift hat. Dann der Grad systematischer Einheitlichkeit, in welche das Verhältnis von Gott und Welt und demgemäß die eigene ethische Beziehung zur Welt von ihr gebracht worden ist.[72]

Wir haben gesehen, wie Weber zwischen Magie (»Gotteszwang«) und Religion (»Gottesdienst«) und ihren Trägerfiguren (»Zauberer« versus »Priester«) idealtypisch unterschieden hatte. Idealtypisch heißt aber stets und immer auch, dass die soziale Wirklichkeit selten rein solchen Unterscheidungen entspricht, hier also: dass fast alle Religionen in der einen oder anderen Weise sich auch gern magischer Mittel bedienen, wenn es der religiösen Mission dient. Nicht so der Puritanismus, der in Webers Augen die höchste Stu-

72 Weber fasst seine abschließenden und vergleichenden Überlegungen im achten Kapitel des ersten Bandes seiner Religionssoziologie zusammen als »Resultat: Konfuzianismus und Puritanismus«, S. 512-536, hier S. 512.

fe der radikalen Entfernung aller magischen Mittel und Wege aus der religiösen Lebensführung erreicht hat. Das ging so weit, »daß der strenge Puritaner selbst die Leichen seiner Lieben formlos verscharren ließ, um nur jeder ›Superstition‹, und das hieß hier: jedem Vertrauen auf Manipulationen magischen Charakters, die Quelle abzugraben. Die gänzliche *Entzauberung der Welt* war *nur* hier in allen Konsequenzen durchgeführt.«[73] Und hierin sieht Weber den schärfsten Gegensatz zum »Zaubergarten« des Konfuzianismus.[74]

Ferner geht es auch um das Verhältnis von Gott und Welt sowie die entsprechende Stellung des Menschen. Der Puritanismus erzeugt eine ungeheure Spannung gegenüber der Welt, die zumindest religiös komplett entwertet wird, wenn sie auch die Arena für die Bewährung durch innerweltliche Askese und methodisch-rationale Lebensführung bereitstellt. »*Jede* Religion, welche mit rationalen (ethischen) Forderungen der Welt gegenübertritt, gerät ja [...] an irgendeinem Punkt mit deren Irrationalitäten in ein Spannungsverhältnis.«[75]

Auch hier gilt, dass im Konfuzianismus diese Spannung auf ein Minimum herabgemindert wurde.

> Die Welt war die beste der möglichen Welten, die menschliche Natur der Anlage nach ethisch gut und die Menschen untereinander [...] prinzipiell gleich geartet und jedenfalls schrankenlos vervollkommnungsfähig und zulänglich zur Erfüllung des Sittengesetzes. Philosophisch-literarische Bildung an der Hand der alten Klassiker war das universelle Mittel der Selbstvervollkommnung, ungenügende Bildung und als deren hauptsächlichster Grund: ungenügende ökonomische Versorgung, die einzige Quelle aller Untugenden.[76]

Diese sehr menschenfreundliche und anforderungsarme Ethik, die harmonische Beziehung zwischen Mensch und Welt, Mikrokosmos und Makrokosmos, kommt gänzlich ohne Metaphysik aus. Sie stellt jedem und jeder in Aussicht, sich in dieser Welt zurechtzufinden. Westliche Probleme wie Ausbeutung, Entfremdung und Verdinglichung oder, religiös gewendet, »Sünde«, von denen man wiederum »erlöst« werden müsste, können gar nicht erst entstehen.

73 Ebd., S. 513.

74 »Die *Erhaltung* dieses Zaubergartens aber gehörte zu den intimsten Tendenzen der konfuzianischen Ethik.« Ebd.

75 Ebd.

76 Ebd., S. 514.

Es gibt nur Fehler und Fehler kann man durch gute Erziehung beseitigen. »Irgendwelche ›Erlösung‹ aber, außer von der Barbarei der Unbildung, begehrte der Konfuzianer nicht.«[77]

Man muss nur den weltlichen Gewalten folgen, sich schicken und ordentlich anpassen. Bildungseifer wird belohnt und eröffnet den Besten, weil Eifrigsten durchaus sozialen Aufstieg in das Mandarinentum. Es gibt keine Sünde, sondern eben nur Untugenden, und auch die werden mit mangelnder Versorgung gleichsam entschuldigt. Wirtschaftliche Insuffizienz führt eben im besten Fall gerade einmal zum »Überleben«, nicht aber zum »guten Leben«. Insofern waren die Weichen für die richtige, weil angemessene Lebensführung und die Ausbildung einer entsprechenden Persönlichkeit in der konfuzianischen Lebensorientierung ein für alle Mal gestellt. »Der rechte Weg zum Heil war die Anpassung an die ewigen übergöttlichen Ordnungen der Welt: das Tao, und also an die aus der kosmischen Harmonie folgenden sozialen Erfordernisse. Vor allem also: pietätvolle Fügsamkeit in die feste Ordnung der weltlichen Gewalten.«[78] Dieser Königsweg zum ewigen Heil schrieb dem Menschen auch das Drehbuch zur Ausbildung einer vornehmen Persönlichkeit vor. »Für den einzelnen war die Ausgestaltung des eigenen Selbst zu einer allseitig harmonisch ausbalancierten Persönlichkeit, einem Mikrokosmos in diesem Sinne, das entsprechende Ideal. ›Anmut‹ und ›Würde‹ des konfuzianischen Idealmenschen: des Gentleman, äußerte sich in der Erfüllung der überlieferten Pflichten.«[79] Das sind nun weder un- noch übermenschliche Anforderungen einer harten Bewährungsethik, sondern rechnen mit dem menschlichen Maß und nicht überweltlicher Größe. Dieser Heils*weg* legt auch das entsprechende *Ziel* und die *Mittel*, es zu erlangen, fest. »Die zeremonielle und rituale Schicklichkeit [...] in allen Lebenslagen war, als Zentraltugend, Ziel der Selbstvervollkommnung, wache rationale Selbstkontrolle und Unterdrückung aller Erschütterung des Gleichgewichts durch irrationale Leidenschaften [...] das geeignete Mittel, sie zu erreichen.«[80]

Eine derart legere Bewährungsethik ohne Metaphysik und Transzendenz, das »Fehlen einer hysterisierenden Askese« und die

77 Ebd.
78 Ebd.
79 Ebd.
80 Ebd.

»Ausschaltung aller Rauschkulte«,[81] vermochte auch den Belohnungswert für religiöse Tugendhaftigkeit komplett ins Diesseits zu verlagern. Denn was der Konfuzianer »als Lohn der Tugend erwartete, war im Diesseits langes Leben, Gesundheit und Reichtum, über den Tod hinaus aber die Erhaltung des guten Namens«.[82] Makrobiotische, valetudineske und pekuniäre Wünsche haben sich längst als säkulare Erfolgsziele auch im Westen verbreitet, gleichgültig, ob die Menschen »religiös musikalisch« oder »unmusikalisch« sind. Konfuzius als exemplarischer (und nicht ethischer) Prophet wusste wohl recht genau, wonach sich die Menschen im Allgemeinen sehnen und dass man ihnen im Besonderen nicht zu viel »Tugend« abverlangen darf, wenn die Ratschläge zur religiösen Lebensführung halbwegs Aussicht auf Befolgung erhalten sollen.

Freilich handelt es sich hierbei um eine Oberschichtenethik der intellektuellen Eliten, des Mandarinentums. Denn die Ungleichheit der Bildung war im alten China natürlich enorm. Interessanterweise geht diese konfuzianische Gentleman-Ethik in Webers Augen gut zusammen mit der magisch gebundenen Volksreligiosität der ungebildeten Massen. Der Grund liegt einmal mehr in dem gemeinsamen Rahmen des geteilten Weltbildes: *Die Welt als Zaubergarten*.

Die innere Voraussetzung dieser Ethik der unbedingten Weltbejahung und Weltanpassung war der ungebrochene Fortbestand rein magischer Religiosität, von der Stellung des Kaisers angefangen, der mit seiner persönlichen Qualifikation für das Wohlverhalten der Geister, den Eintritt von Regen und guter Erntewitterung verantwortlich war, bis zu dem für die offizielle wie für die Volksreligiosität schlechthin grundlegenden Kult der Ahnengeister [...].[83]

Webers Augenmerk gilt zwar der »Wirtschaftsethik der Weltreligionen« im engeren Sinne, aber im weiteren Sinne zielt er auch auf den Habitus, die Mentalität, die Persönlichkeit und die Lebensführung des Menschentums, die eine Religion heranzüchtet. Die »Einheit und Unerschüttertheit des psychophysischen Habitus«[84] der Chinesen geht einher mit einer Mentalität, die Weber nicht ohne unterschwellige Bewunderung wie folgt charakterisiert:

81 Ebd., S. 518 f.
82 Ebd., S. 514.
83 Ebd., S. 515.
84 Ebd., S. 518.

Die auffällige Abwesenheit von ›Nerven‹ in dem speziellen Sinne des Worts, den der Europäer heute damit verbindet, die grenzenlose Geduld und beherrschte Höflichkeit, die Zähigkeit des Haftens am Gewohnten, die absolute Unempfindlichkeit gegen Monotonie und die pausenlose Arbeitsfähigkeit, die Langsamkeit der Reaktion auf ungewohnte Reize, speziell auch in der intellektuellen Sphäre: dies alles scheint eine in sich gut und verständlich zusammenhängende Einheit darzustellen.[85]

Dieser robust resilienten Mentalität stehen grelle Kontraste gegenüber wie das unausrottbare Misstrauen unter- und gegeneinander, der »starke Mangel echt sympathetischer Mitempfindung« und die »in der Welt nicht ihresgleichen findende Unaufrichtigkeit«.[86] Weber sieht hier einen echten Gegensatz zu dem grenzenlosen Vertrauen, das die Puritaner untereinander, ohne sich zu kennen, aufgebracht und somit das »Ideal des ehrwürdigen Kaufmanns« wie selbstverständlich umgesetzt haben. Das führt ihn zu der spannenden Frage, wie ethische Qualitäten überhaupt hervorgebracht werden. Sie können von außen nach innen angesonnen werden, was eine Ethik der Anpassung fördert. Oder sie erfolgen von innen nach außen, was eine Persönlichkeitsethik begünstigt. Einmal mehr bemüht Weber hier seine Begrifflichkeit von exemplarischer und ethischer Prophetie. »Eine echte Prophetie schafft eine systematische Orientierung der Lebensführung an *einem* Wertmaßstab von innen heraus, der gegenüber die ›Welt‹ als das nach der Norm ethisch zu formende Material gilt.«[87] Genau das findet sich im Konfuzianismus so nicht, was zwar der situativ flexiblen und fallweisen Anpassungsfähigkeit der Person hilft, doch keine »Persönlichkeit« im Weberschen Verständnis[88] entstehen lässt.

Aber der Stil, welchen sie der Lebensführung verliehen, mußte durch wesentlich negative Elemente charakterisiert bleiben und konnte jenes Streben zur Einheit von innen heraus, das wir mit dem Begriff der ›Persönlichkeit‹ verbinden, nicht entstehen lassen. Das Leben blieb eine Serie

85 Ebd., S. 517.
86 Ebd., S. 518.
87 Ebd., S. 521.
88 Weber hat einen emphatischen Begriff von Persönlichkeit, der »Größe« ahnen lässt. Thomas Carlyle, den Weber wie Goethe bewundert haben, ist dann meist nicht fern: »›Jahrtausende mußten vergehen, damit du zum Leben kamst, und andere Jahrtausende warten schweigend, was du mit diesem deinem Leben beginnen wirst.‹« Ebd., S. 526.

von Vorgängen, kein methodisch unter ein transzendentes Ziel gestelltes Ganzes.[89]

Ganz anders verfährt der Puritanismus in seinen verschiedenen Spielarten, denn hier findet »das Gegenteil von Weltflucht: Weltrationalisierung, trotz oder vielmehr gerade in der Form asketischer Weltablehnung«[90] statt. Die Menschen sind nicht ungefähr gleich gut wie im Konfuzianismus, sondern alle gleichermaßen sündhaft verworfen. Genau dieses gemeinsame Schicksal der Sündhaftigkeit aller formuliert eine ungeheure ethische Herausforderung, der die Menschen sich aber in unterschiedlicher Weise gewachsen zeigen. Die Chancen auf das jenseitige Seelenheil waren, wie wir gesehen haben, höchst ungleich verteilt. Zum ersten durch die Prädestination und Gottes unergründlichen Ratschluss über die Gnadenverteilung unter den Sündern. Zum zweiten durch die unterschiedliche Verteilung religiöser Qualifikation in Gestalt von pneumatischer Begabung. Drittens schließlich in dem Aufwand und den Mühen, zu einer für Gott wohlgefälligen Lebensführung zu kommen und sich als ehrbares »Werkzeug Gottes« zu erweisen. »Die denkbar stärkste innere Prämie wurde dadurch auf eine rationale sittliche Lebensmethodik gesetzt.«[91]

Auf dem Boden eines Horts von Gemeinsamkeiten setzt Weber abschließend auf einen kontrastierenden Vergleich zwischen Konfuzianismus und Puritanismus. Beide bedurften sie *erstens* einer »irrationale[n] Verankerung: dort die Magie, hier die letztlich unerforschlichen Ratschlüsse eines unerforschlichen Gottes«. Magie heißt »die Unverbrüchlichkeit der Tradition«, während die strikte Traditionsablehnung zu der »ethisch rationalen Bewältigung und Beherrschung der gegebenen Welt: d[er] rationale[n] Sachlichkeit des ›Fortschritts‹« führt. »Der Anpassung an die Welt dort stand also hier die Aufgabe ihrer rationalen Umgestaltung gegenüber.«[92] *Zweitens* prämiieren beide Religionen die konsequente »Selbstbeherrschung«. Aber im Konfuzianismus steht sie im Dienst »der Würde des allseitig vervollkommneten perfekten Weltmannes«, im Puritanismus sorgt sie für die methodische »Eingestelltheit auf den

89 Ebd.
90 Ebd., S. 525.
91 Ebd., S. 526.
92 Ebd., S. 527.

Willen Gottes«.[93] *Drittens* favorisiert der Konfuzianismus persönliche Beziehungen und die spezifisch menschlichen Pietätspflichten. Es zeigt sich, dass »die Erhaltung der Sippengebundenheit in China« alle Organisationsformen in Wirtschaft und Politik durchzieht. Dagegen ermöglicht der Puritanismus vor allem sachliche Betriebs- und Organisationsformen, gelten doch zu enge persönliche Beziehungen der eigenen Seele als gefährlich für das Heil. *Viertens*, trotz der radikalen Orientierung auf die diesseitigen Bedürfnisse und Genüsse fehlt am Ende jeglicher Ansatz zu einem »bürgerlichen Kapitalismus moderner, nicht einmal spätmittelalterlicher Art«. Weber zählt trotz der zuvor konstatierten gemeinsamen Basis die zentralen Unterschiede auf und konstatiert, was fehlt:

> Nicht die rationalen Formen des spätmittelalterlichen und vollends des scientistischen europäischen kapitalistischen gewerblichen ›Betriebs‹, nicht eine ›Kapital‹-Bildung europäischer Art (das chinesische Kapital, welches sich bei modernen Chancen beteiligte, war vorwiegend Mandarinen-, also durch Amtswucher akkumuliertes Kapital), keine rationale Methodik der Betriebsorganisation nach europäischer Art, keine wirklich rationale Organisation des kommerziellen Nachrichtendienstes, kein rationales Geldsystem, [...], nur Ansätze [...] von Rechtsinstitutionen, wie sie unser Firmenrecht, Handelsgesellschaftsrecht, Wechsel- und Wertpapierrecht darstellen, und eine höchst begrenzte Verwendung der zahlreichen technischen Erfindungen für rein ökonomische Zwecke, schließlich kein wirklich technisch vollständiges kaufmännisches Schrift-, Rechnungs- und Buchführungssystem.[94]

Wie dieser detaillierte Vergleich zweier Wirtschaftsethiken demonstriert, war Weber richtiggehend fasziniert vom »Reich der Mitte«. In seinen Augen hätte der Startschuss zum Aufstieg des Kapitalismus gut und gerne dort erfolgen können. Die sonstigen wirtschafts- und sozialstrukturellen Umstände waren hierzu ungemein günstig: ein nach langen Kämpfen geeintes Reich, also ökonomisch gesehen ein riesiger Binnenmarkt. Ferner ein bemerkenswerter Bevölkerungszuwachs, denn von der jahrhundertelang zwischen 50-60 Millionen stagnierenden Bevölkerung »wuchs sie von Mitte des 17. bis Ende des 19. Jahrhunderts von 60 auf etwa 350-400 Millionen«.[95] Und dieser demographische Zuwachs ist die beste Voraussetzung

93 Ebd.
94 Ebd., S. 529 f.
95 Ebd., S. 340.

für Wirtschaftswachstum, weil er Nachfrage erzeugt, will doch die Zusatzbevölkerung versorgt werden. Hinzu kam die Erschließung von Edelmetallvorräten als Ressourcenzuwachs. Überdies wurden Gewerbe und Berufe mehr Freizügigkeit zugestanden, was zur faktischen, wenn auch nicht rechtlichen Autonomie der Berufsverbände führte. Und schließlich der sprichwörtliche Fleiß und der ausgeprägte Erwerbstrieb der Bevölkerung. Weber resümiert: »Daß ›Erwerbstrieb‹, hohe, ja exklusive Schätzung des Reichtums und utilitaristischer ›Rationalismus‹ an und für sich noch nichts mit *modernem* Kapitalismus zu tun haben, kann man also gerade in diesem typischsten Land des Erwerbs studieren.«[96]

Allerdings wäre es falsch zu glauben, Weber hätte damit China ein für alle Mal jegliche Eignung für den modernen Kapitalismus abgesprochen. Das wäre in der Tat ein gewaltiges Missverständnis. Im Gegenteil: »Der Chinese würde, aller Voraussicht nach, ebenso fähig, vermutlich noch fähiger sein als der Japaner, sich den technisch und ökonomisch im neuzeitlichen Kulturgebiet zur Vollentwicklung gelangten Kapitalismus *anzueignen.* Es ist offenbar gar nicht daran zu denken, daß er für dessen Anforderungen etwa von Natur aus ›nicht begabt‹ wäre.«[97] Nur eben – und das ist die zentrale Botschaft von Weber – entstanden ist er in der modernen Form aus besagten Gründen nicht in China, sondern durch eine kontingente Verkettung von Umständen in Europa. Die *Genese* erfolgte im Okzident, aber im Zuge seiner globalen Ausbreitung erlangt der Kapitalismus *Geltung* auf der ganzen Welt. Die Aneignung und die ameliorierende Mimesis – also die Imitation der infrastrukturellen, technischen und sozialen Organisation des Kapitalismus in perfektionierender Absicht –, das hielt er nicht nur für denkmöglich, sondern auch für sehr wahrscheinlich. Weber wäre also von dem heutigen Aufstieg Chinas zu einer der größten Wirtschaftsmächte der Welt alles andere als überrascht gewesen. Im Gegenteil: Wie er selbst konstatiert, bedarf der mechanische, vollends aber der globale und digitale Kapitalismus keiner Berufsethik mehr, sondern präferiert eine bedingungslose Anpassungsethik. Habitus, Mentalität und Stil der Lebensführung auf der Grundlage konfuzianischer Lebensorientierung sind daher kongenial geeignet für den heutigen Kapitalismus. Kein kulturelles Sinnbedürfnis, sondern nur materialistisches

96 Ebd., S. 530.
97 Ebd., S. 535.

Geltungsbedürfnis, keine berufliche Selbstverwirklichung, sondern jobmäßige Plansollerfüllung, kurz: Was Jürgen Habermas in seiner Diagnose des Spätkapitalismus[98] seinerzeit noch kulturkritisch notiert hatte, dass »Sinn« zunehmend durch »Geld« ersetzt würde, könnte chinesische Arbeiter und Unternehmer nicht schrecken. Geld, was sonst braucht der Mensch zum guten Leben? Wie gesehen, gilt nur ökonomische Unterversorgung als Untugend und durch Reichtum wird alles am Ende in kosmischer Harmonie gut.

Webers Konfuzianismus- und Taoismus-Studie hat viel Aufmerksamkeit erfahren, aber auch viel Kritik[99] auf sich gezogen. Die Sinologie hat sich wesentlich weiter entwickelt im Vergleich zu Webers Zeiten und in vielerlei Hinsicht zu Recht Detailkritik geübt. Und doch gilt selbst heute noch die Feststellung: »Niemand nach ihm hat einen vergleichbaren Aufwand betrieben, um China aus soziologischer Sicht zu verstehen.«[100] Trotz oder vielleicht sogar gerade wegen der ambivalenten sowie treffenden Einschätzung der konfuzianischen Wirtschaftsethik – Fleiß, »busy-ness«, Härte und Resilienz *einerseits*, krasser Materialismus, Misstrauen, Unaufrichtigkeit und Reichtumsadoration *andererseits* – gilt Max Weber heute als Meisterdenker in China, der längst Mao und Marx[101] abgelöst hat.

98 Jürgen Habermas, *Legitimationsprobleme im Spätkapitalismus*, Frankfurt/M. 1973, S. 104.

99 Siehe Wolfgang Schluchter (Hg.), *Max Webers Studie über Konfuzianismus und Taoismus*, Frankfurt/M. 1983; Hans G. Nutzinger, *Religion, Werte und Wirtschaft. China und der Transformationsprozess in Asien*, Marburg 2002; Tobias Ten Brink, *Chinas Kapitalismus. Entstehung, Verlauf, Paradoxien*, Frankfurt/M., New York 2007.

100 Hans van Ess, »Konfuzianismus/Taoismus (1915; 1920)«, in: *Max Weber-Handbuch*, S. 265-271, hier S. 266.

101 In alter sozialistischer Diktion könnte wohl in China der Grundsatz heute lauten: »Von Max Weber lernen heißt siegen lernen.« Jedenfalls versicherte mir eine chinesische Gastprofessorin während ihres Forschungsaufenthalts an der Humboldt-Universität, die Georg Simmels *Philosophie des Geldes* mit ins Chinesische übertragen hatte, allen Ernstes, dass selbst im Politbüro der kommunistischen Partei Max Weber zur Pflichtlektüre gehöre, um die ökonomische Weltherrschaft anzutreten. Sie zeigte sich überzeugt, dass die Chinesen in fünfzig Jahren schaffen, wozu die Europäer fünfhundert Jahre gebraucht hätten. Das 21. Jahrhundert, so ihre felsenfeste Überzeugung, sei das sinische Jahrhundert.

6. Wirtschaft und Gesellschaft

Das zweite Großprojekt

Ein weiteres Großprojekt, das Weber zwischen 1910 und 1920 in Angriff nimmt, wird *Wirtschaft und Gesellschaft*. Konkreter Anlass hierzu ist der Wunsch seines Verlegers Paul Siebeck, Max Weber möge die Herausgabe des *Handbuchs für Politische Ökonomie* von Gustav von Schönberg in neuer Form übernehmen. Nach anfänglichem Zögern stimmt er zu und der *Grundriss für Sozialökonomik* entsteht mit zahlreichen Beiträgen – außer dem von Weber selbst. Der hatte für sich den Abschnitt »Wirtschaft und Gesellschaft« vorgesehen, den er später unter dem Titel *Wirtschaft und die gesellschaftlichen Ordnungen und Mächte* firmieren ließ. Der Erste Weltkrieg und die Arbeiten an seinem religionssoziologischen Projekt ließen ihn erst spät zu dem Klassiker »WuG«, wie er abkürzungstechnisch heißt und berühmt geworden ist, vorstoßen.

Ein Grund für die große Verzögerung war die konzeptuelle Grundlegung seiner Soziologie. Im Jahre 1913 hatte er »Einige Grundkategorien der verstehenden Soziologie«[1] veröffentlicht, die ihm seither als Basis für die materialen Teile von *Wirtschaft und Gesellschaft* gelten sollten. Mehr und mehr unzufrieden mit dieser ersten Fassung, setzte er 1919/1920 nochmals komplett neu an und verfasste seine berühmten »Soziologischen Grundbegriffe« in ihrer heutigen Form. Auf dreißig Seiten definierte er Soziologie als Handlungswissenschaft und entwickelte seine Typologie des Handelns. Über den Begriff der sozialen Beziehung bis hin zum Begriff der sozialen Ordnung und des Verbandes schildert er darüber hinaus die mikro-, meso- und makrosoziologischen Ebenen und Verhältnisse. In der zeitgenössischen Theoriesprache würde man hier vielleicht von der mikrosoziologischen Ebene der Interaktion, der mesosoziologischen Ebene der Organisation und der makrosoziologischen Ebene der Gesellschaft sprechen. Allein, das ist Webers Sprache nicht, sondern die von Niklas Luhmann.[2]

1 Max Weber, »Über einige Kategorien der verstehenden Soziologie« (1913), in: ders., *Wissenschaftslehre*, S. 400-426.

2 Niklas Luhmann, »Interaktion, Organisation, Gesellschaft«, in: ders., *Soziologische Aufklärung 2. Aufsätze zur Theorie der Gesellschaft*, Opladen 1975, S. 9-24. Siehe

An Systematik ist dieses Kapitel, das Webers Soziologie im Kern umfasst, kaum zu übertreffen. Eine Definition jagt die andere, eine Begriffsbestimmung folgt der nächsten und in den knappen Zwischenräumen finden einige Erläuterungen zur Argumentation ein wenig Platz. Alles dicht gedrängt, kein Wort überflüssig und streng technisch wie logisch aufgebaut. Wer noch nie etwas von Soziologie gehört oder gelesen hat, mache den Selbstversuch, und studiere die Architektonik dieser dreißig Seiten. Man wird auch nach dem x-ten Mal wieder neue Aspekte und Facetten entdecken. Genau genommen kann man sein Leben mit dem Studium dieses Textes[3] verbringen und dürfte immer wieder von der kongenialen Systematik des Ansatzes überwältigt werden.

Im Folgenden werden die zentralen Begriffsstationen durchgemustert, um einen Eindruck von Webers analytischem Scharfsinn zu bekommen. Was heißt Soziologie? Was meint Handeln und welche Typen des Handelns gibt es? Wie kommt man von der Mikroebene zur Makroebene, also wie von sozialem Handeln über soziale Beziehungen zu sozialen Ordnungen? Das wird der erste Schritt sein. Im zweiten Schritt soll in einer Art »Zwischenbetrachtung« auf den inflationären Sprachgebrauch von Rationalität bei Weber eingegangen werden und zwar in der von ihm bevorzugten Trias der drei »R«: Rationalität, Rationalisierung und Rationalismus. Was zunächst wie die profane Übersetzung von Kants Vernunftbegriff

dazu auch den hilfreichen Band von Bettina Heintz, Hartmann Tyrell (Hg.), *Interaktion – Organisation – Gesellschaft revisited. Anwendungen, Erweiterungen, Alternativen.* Sonderband der *Zeitschrift für Soziologie*, Stuttgart 2015. Ferner zur Mehrebenenproblematik gut Jeffrey C. Alexander et al. (Hg.), *The Micro-Macro Link*, Berkeley, Los Angeles 1987 und Neil J. Smelser, *Problematics of Sociology. The Georg Simmel Lectures, 1995*, mit einem Vorwort von Hans-Peter Müller, Berkeley, Los Angeles, London 1997.

3 Seit den 1980er Jahren etwa kamen reihenweise japanische Weber-Forscher nach Heidelberg, um den Meister im Original zu studieren. Und zuweilen war ein Forschungsjahr um, wenn die Architektonik dieses Textes dechiffriert war. Aber im Grunde genommen trifft das auch auf mich selbst zu. Schon als Student ging von den ersten Seiten von *Wirtschaft und Gesellschaft* eine merkwürdige Faszination aus, die sich in einer ersten Abschlussarbeit niederschlug. Siehe Manfred Kopp, Hans-Peter Müller, *Herrschaft und Legitimität in modernen Industriegesellschaften*, München 1980. Seither hat mich Weber nie mehr ganz losgelassen, so dass über vierzig Jahre Beschäftigung mit diesem Werk zu Buche stehen. Und doch gibt es immer wieder etwas Neues zu entdecken. Mit Weber wird man nie fertig.

in die Ökonomie und Soziologie der Rationalität aussieht, wie sie in Wirtschafts- und Sozialwissenschaften recht häufig zur Begriffs-, Theorie- und Modellbildung in Gebrauch genommen worden ist, verweist bei näherem Hinsehen in Webers analytischem Kosmos auf einen engen Konnex von Menschsein – Handeln – Verstehen – Freiheit – Persönlichkeit – Lebensführung. Diesen Konnex zu begreifen dürfte hilfreich sein, um die sozialphilosophischen Grundlagen und Denkvoraussetzungen seines Werkes besser zu verstehen.

Im nächsten Kapitel wird dann seine Soziologie der Herrschaft, der Bürokratie, von Staat und Demokratie in Grundzügen skizziert. Die Brücke vom Handeln zur Herrschaft ist der *Kampf*. Weber ist ein Konflikttheoretiker und einer der wenigen Soziologen, die Kampf als Zentralbegriff führen. Konflikt statt Konsens, Konkurrenz statt Harmonie beherrschen sein agonales Denken.

Bevor wir indes in die Begriffsarchitektonik einsteigen, muss noch ein Wort zum Schicksal von *Wirtschaft und Gesellschaft* gesagt werden. In der Form, in der Marianne Weber und Melchior Palyi das Werk 1922 nach Webers Tod herausgaben und wie es in der Folgezeit auch immer wieder durch Johannes Winckelmann in vielen weiteren Ausgaben ergänzt worden ist, existiert es heute nicht mehr. Der Klassiker, der 1998 von der *International Sociological Association* in den erlauchten Kreis der *Top Ten* der wichtigsten Bücher des Faches in Montreal gewählt wurde, wird in der *Max Weber-Gesamtausgabe* (MWG) aufgelöst. Sicher, die Werkgeschichte ist komplex und kompliziert. Wie und in welcher Form Max Weber selbst die zahlreichen Manuskripte letztlich editorisch geordnet hätte, darüber besteht keinerlei gesicherte Information. Die Herausgeber der MWG haben deshalb die Entscheidung gefällt: auf jeden Fall nicht in *der* Form, in der das Buch seit Marianne Webers Editorentätigkeit auf uns überkommen ist. Damit stirbt der Mythos von »WuG«.

Werkgeschichtlich spricht sehr viel für die Aufspaltung von *Wirtschaft und Gesellschaft*, einerseits in die noch von Weber selbst eingereichte, erste druckfertige Version[4] und die in fünf Teilbänden edierten, nachgelassenen Manuskripte, jeweils mit dem Untertitel »Die Wirtschaft und die gesellschaftlichen Ordnungen und Mächte«.[5] Aber *systematisch* gesehen, geht der »Geist« von *Wirt-*

4 Jetzt als Max Weber, *Wirtschaft und Gesellschaft. Soziologie unvollendet (1919-1920)*, MWG I/23, Tübingen 2014 erschienen.

5 Teilband 1, *Gemeinschaften*, hg. von Wolfgang Mommsen in Zusammenarbeit mit

schaft und Gesellschaft verloren. Auf der Basis seiner Grundbegriffe entwickelt Weber eine Soziologie der Wirtschaft, eine Soziologie der Herrschaft flankiert von einer Soziologie des Rechts als Legitimationsinstanz, einer Soziologie der Stadt als räumlicher Sitz von Herrschaft, einer Soziologie sozialer Ungleichheit und einer Soziologie der Religion. Ökonomie, Politik und Kultur sind in der Tat die drei zentralen Achsen in Webers Werk und diese Einheit macht die alte klassische Ausgabe in aller Klarheit deutlich. Es ist zudem wichtig, auch Marianne Webers Begründung für die alte, »klassische« Edition festzuhalten, die zwischen dem ersten abstrakten und theoretischen Begriffsteil und dem zweiten konkreten und historischen Analyseteil trennt:

> Während aber im ersten, abstrakten Teil das auch dort überall herangezogene Historische wesentlich als Mittel zur Veranschaulichung der Begriffe dient, so treten nunmehr, umgekehrt, die idealtypischen Begriffe in den Dienst der verschiedenen Durchdringung welthistorischer Tatsachenreihen, Einrichtungen und Entwicklungen.[6]

Erst die Zukunft wird zeigen, ob die alte oder die neue Ausgabe von »WuG« bevorzugt genutzt werden wird.

Soziologie als Wissenschaft vom sozialen Handeln

»Soziologie (im hier verstandenen Sinn dieses sehr vieldeutig gebrauchten Wortes) soll heißen: eine Wissenschaft, welche soziales Handeln deutend verstehen und dadurch in seinem Ablauf ursächlich erklären will.«[7] Das ist wohl eine der berühmtesten Definitionen von *Soziologie*, gleichwohl nicht gerade einfach zu verstehen.

Michael Meyer, MWG I/22-1, Tübingen 2009; Teilband 2, *Religiöse Gemeinschaften*, hg. von Hans G. Kippenberg in Zusammenarbeit mit Petra Schilm unter Mitwirkung von Jutta Niemeier, MWG I/22-2, Tübingen 2005; Teilband 3, *Recht*, hg. von Werner Gephart und Siegfried Hermes, MWG I/22-3, Tübingen 2014; Teilband 4, *Herrschaft*, hg. von Edith Hanke in Zusammenarbeit mit Thomas Kroll, MWG I/22-4, Tübingen 2009; Teilband 5, *Die Stadt*, hg. von Wilfried Nippel, MWG I/22-5, Tübingen 2000.

6 Marianne Weber, »Vorwort zur ersten Auflage« (Oktober 1921), in: Max Weber, *Wirtschaft und Gesellschaft. Grundriss der verstehenden Soziologie*, Tübingen [5]1972, S. XXXII.

7 Ebd., S. 1 und MWG I/23, S. 147.

Sicher: Soziologie ist eine Wissenschaft vom sozialen Handeln. So viel ist auf Anhieb klar. Ebenso deutlich wird zugleich, was Soziologie nach Webers Selbstverständnis *nicht* sein soll. Es ist keine Wissenschaft der sozialen Formen und Wechselwirkungen (Simmel)[8] oder der Institutionen (Durkheim),[9] geschweige denn der Systeme (Parsons, Luhmann)[10] oder der Felder (Bourdieu).[11] Wie man jedoch »deutend verstehen« und »dadurch in seinem Ablauf ursächlich erklären will«, erschließt sich, wie wir gesehen haben, nur aus Webers »Wissenschaftslehre« des verstehenden Erklärens oder erklärenden Verstehens. Es empfiehlt sich also, die ersten dreißig Seiten stets im Lichte seiner methodologischen Überlegungen zu lesen.

Auch hängt diese Bestimmung mit Webers Vorstellung von *Handeln* zusammen. »›Handeln‹ soll dabei ein menschliches Verhalten (einerlei ob äußeres oder innerliches Tun, Unterlassen oder Dulden) heißen, wenn und insofern als der oder die Handelnden mit ihm einen subjektiven *Sinn* verbinden.«[12] Der subjektiv gemeinte Sinn muss nicht mit dem objektiv wahren Sinn zusammenfallen, machen sich Akteure über ihr Handeln zuweilen doch grandiose Illusionen. Er verweist auch nicht auf einen normativ wünschenswerten Sinn, also wie jemand handeln *soll* oder *sollte*, trennt Weber doch stets strikt zwischen »Sein« und »Sollen«. Einen metaphysisch richtigen Sinn schließt er ohnehin aus seiner Soziologie als Wirklichkeitswissenschaft aus.

Das wird an seiner Vorstellung vom *sozialen Handeln* deutlich.

8 Georg Simmel, *Soziologie. Untersuchungen über die Formen der Vergesellschaftung* (1908), Berlin [5]1968 und jetzt in der *Georg Simmel-Gesamtausgabe*, Bd. 11, Frankfurt/M. 1992.

9 Émile Durkheim, *Die Regeln der soziologischen Methode* (1895), hg. und eingeleitet von René König, Neuwied [4]1976, S. 100: »die Soziologie kann also definiert werden als die Wissenschaft von den Institutionen, deren Entstehung und Wirkungsart.«

10 Talcott Parsons, *The Social System*, London 1951 und Niklas Luhmann, *Soziale Systeme. Grundriß einer allgemeinen Theorie*, Frankfurt/M. 1984. Zum Verhältnis von Weber und der soziologischen Systemtheorie Luhmannscher Provenienz siehe Thomas Schwinn, *Max Weber und die Systemtheorie*, Tübingen 2013.

11 Pierre Bourdieu, *Die Regeln der Kunst. Genese und Struktur des literarischen Feldes*, Frankfurt/M. 2001. Wenn überhaupt, dann gibt es Berührungspunkte zwischen Webers Konzept der Wertsphären und Lebensordnungen und Bourdieus Feldbegriff.

12 Weber, *Wirtschaft und Gesellschaft*, S. 1.

In den Zusatz »sozial« steckt Weber in erster Linie seine Vorstellungen von *Rationalität.* Und das nicht, weil er glaubt, dass Menschen stets rational handeln. Der *homo oeconomicus* der Wirtschaftswissenschaften ist für ihn ein Idealfall möglichst rein verstandener Rationalität, die in der sozialen Wirklichkeit so nicht aufzufinden sein dürfte. Dennoch lehnt Weber ihn nicht von vornherein ab, kann er sich doch für Zwecke der Theorie- und Modellbildung einfachster Natur als recht brauchbar erweisen. Vielmehr ist Rationalität als situationsangemessenes Handeln am ehesten für die Mitmenschen »transparent« und, weil so durchsichtig, auch gut verständlich. Rationales Handeln lässt sich gut nachvollziehen, zumal dann, wenn man ein *Motiv* für dieses Handeln erkennt.

›Motiv‹ heißt ein Sinnzusammenhang, welcher dem Handelnden selbst oder dem Beobachtenden als sinnhafter ›Grund‹ eines Verhaltens erscheint. ›Sinnhaft adäquat‹ soll ein zusammenhängend ablaufendes Verhalten in dem Grad heißen, als die Beziehung seiner Bestandteile von uns nach den durchschnittlichen Denk- und Gefühlsgewohnheiten als typischer (wir pflegen zu sagen: ›richtiger‹) Sinnzusammenhang bejaht wird. ›Kausal adäquat‹ soll dagegen ein Aufeinanderfolgen von Vorgängen in dem Grad heißen, als nach Regeln der *Erfahrung* eine Chance besteht: daß sie stets in gleicher Art tatsächlich abläuft.[13]

Aber Rationalität ist, bedenkt man Webers Typologie verschiedener Rationalitätsformen, ein mehrdeutiger Begriff. Denn das Verhalten kann zweckrational, wertrational, affektuell oder traditional bestimmt sein. *Zweckrationales* Handeln ist erfolgsorientiert, gelten die Verhaltenserwartungen der Anderen hier doch »als ›Bedingungen‹ oder als ›Mittel‹ für rational […] erstrebte und abgewogene eigne *Zwecke*«.[14] In diesem Sinn gilt es alles gründlich abzuwägen und möglichst genau und informiert abzuschätzen. »Zweckrational handelt, wer sein Handeln nach Zweck, Mitteln und Nebenfolgen orientiert und dabei sowohl die Mittel gegen die Zwecke, die Zwecke gegen die Nebenfolgen wie auch die verschiedenen möglichen Zwecken gegeneinander rational *abwägt.*«[15] Vorherrschend bei diesem Typ ist ein materielles Zweckinteresse. Weber zufolge repräsentiert dieser Idealtyp die reine Rationalität und ist in seiner Typolo-

13 Ebd., S. 5 und MWG I/23, S. 158.
14 Ebd., S. 12 und MWG I/23, S. 174-175.
15 Ebd., S. 13 und MWG I/23, S. 175.

gie die Messlatte für Grad und Ausmaß von Rationalität überhaupt. In der Wirtschaftswissenschaft erwächst daraus der berühmte *homo oeconomicus*, wie er noch heute als methodisches Leitkonzept in den Theorien der rationalen Wahl diskutiert wird. Man täusche sich jedoch nicht. Wie Webers Hinweis auf die Nebenfolgen und die Verschiedenartigkeit der Zwecke andeutet, muss dieser Idealtyp sich auch je nach Situation und Kontext bewähren. Und das ist gar nicht so einfach, sondern geht häufig genug auch gründlich schief. Erfolgsorientierung heißt eben nicht Erfolg, sondern nur die *Chance* auf Erfolg.

Wertrationales Handeln dagegen ist bestimmt »durch bewußten Glauben an den – ethischen, ästhetischen, religiösen oder wie immer auch sonst zu deutenden – unbedingten *Eigenwert* eines bestimmten Sichverhaltens, rein als solchen und unabhängig vom Erfolg«.[16] Vorherrschend hier ist also weniger ein materielles, als ein ideelles Wertinteresse. Es ist von so großer Bedeutung und Wichtigkeit, dass das Handeln selbst und *nicht* sein Erfolg maßgeblich wird. »Rein wertrational handelt, wer ohne Rücksicht auf die vorauszusehenden Folgen handelt im Dienst seiner Überzeugung von dem, was Pflicht, Würde, Schönheit, religiöse Weisung, Pietät oder die Wichtigkeit einer ›Sache‹ gleichviel welcher Art ihm zu gebieten scheinen.«[17] »Der Christ tut recht und stellt die Folgen Gott anheim!«,[18] wäre insofern ein typisches Beispiel für wertrationales Handeln.

Wichtig für das Verständnis von Rationalität und der Unterscheidung ihrer Typen ist der Umstand, dass jene in Konflikt miteinander geraten können. Wer unbedingt wertrational handelt und sich kompromisslos an Gesinnung, Güte oder Schönheit orientiert, handelt aus Sicht der Zweckrationalität *irrational*, weil die Folgen nicht bedacht werden. Wer etwa »blind vor Liebe« eine Person heiratet, die von Bildung und Lebensführung her überhaupt nicht zu ihm oder ihr passt, wird sich in einer unglücklichen Ehe wieder-

16 Ebd., S. 12 und MWG I/23, S. 174-175.

17 Ebd.

18 Max Weber, »Politik als Beruf«, in: ders., *Gesammelte Politische Schriften*, mit einem Geleitwort von Theodor Heuss, neu hg. von Johannes Winckelmann, Tübingen ²1958, S. 493-548, hier S. 539. Jetzt als MWG I/17, *Wissenschaft als Beruf 1917/1919 – Politik als Beruf 1919*, hg. von Wolfgang J. Mommsen und Wolfgang Schluchter in Zusammenarbeit mit Birgitt Morgenbrod, Tübingen 1994, S. 79.

finden. Denn die Forschung zur Liebe[19] zeigt ja, dass dort eher der Grundsatz gilt: »Gleich und gleich gesellt sich gern!« als die Vorstellung, »Gegensätze ziehen sich an!«. Es mag sein, dass wir politisch und öffentlich *Diversität* schätzen, aber in Fragen von *connubium,* also Heirat, und *Commensalität* (geselliger Verkehr) gelten die Prinzipien der *Ähnlichkeit*, nicht die der Verschiedenheit.

Weber hält die Unterscheidung dieser beiden Rationalitätstypen für so wichtig, dass er im Zusammenhang von Politik und Ethik Gesinnungs- und Verantwortungsethik[20] unterscheidet. Gesinnungsethik entspricht eher dem Typus der Wertrationalität, Verantwortungsethik eher dem Typus der Zweckrationalität, obwohl sich Handlungstypen und Ethiktypen natürlich nicht eins zu eins aufeinander abbilden lassen.

Affektuelles und traditionales Handeln stehen demgegenüber an der Grenze der Rationalität, weil sie einfach wie Verhalten sind, also fast ohne subjektiv gemeinten Sinn und weitgehend unreflektiert. »Affektuell handelt, wer sein Bedürfnis nach aktueller Rache, aktuellem Genuß, aktueller Hingabe, aktueller kontemplativer Seligkeit oder nach Abreagieren affektueller Affekte [...] befriedigt.«[21] Traditionell handelt, wer gewohnheitsmäßig nach der Devise verfährt: »Es war schon immer so!«

Von *sozialer Beziehung* spricht Weber, wenn das soziale Handeln aufeinander bezogen ist, also die Konstellation eintritt, die man heute als soziale Interaktion bezeichnet. Auch hier unterscheidet er verschiedene Formen. Als *Brauch* bezeichnet er einen Handlungs- und Beziehungstyp, der auf faktischer Einübung fußt: »Brauch soll heißen *Sitte,* wenn die tatsächliche Übung auf langer *Eingelebtheit* beruht.«[22] Davon grenzt er die aufgrund von Interessenlagen ge-

19 Ein guter Überblick zur Forschung bei Bas Kast, *Die Liebe und wie sich Leidenschaft erklärt,* Frankfurt/M. ²2004, S. 85 f. Seine Erklärung zur Rolle der beiden gegensätzlichen Prinzipien lautet: »Im ersten Moment mögen Gegensätze sich tolerieren, vielleicht sogar anziehen. Sobald sich zwei Menschen jedoch näher kennen lernen, stellen sie häufig fest, dass die Unterschiede zu groß sind – und lösen die Beziehung auf.« Die theoretischen Grundlagen aus soziologischer Sicht bieten Barbara Kuchler, Stefan Beher (Hg.), *Soziologie der Liebe. Romantische Beziehungen in theoretischer Perspektive*, Berlin 2014.

20 Wir kommen auf »Politik als Beruf« und die Unterscheidung von Gesinnungs- und Verantwortungsethik am Ende unserer Studie noch genauer zurück.

21 Weber, *Wirtschaft und Gesellschaft,* S. 12.

22 Ebd., S. 15 und MWG I/23, S. 180.

stiftete soziale Beziehung ab, die vor allem für wirtschaftliches und politisches Handeln wichtig ist.

Brauch, Sitte und Interessenlage werden dann zu *Recht*, wenn sie in Gesetzesform gegossen und bei Abweichung sanktioniert werden. Das bezieht sich bereits auf die Ebene der *sozialen Ordnung*. Denn tatsächlich können Handeln und Beziehungen »an der *Vorstellung* vom Bestehen einer *legitimen Ordnung* orientiert werden. Die Chance, daß dies tatsächlich geschieht, soll ›Geltung‹ der betreffenden Ordnung heißen.«[23]

Die Makroebene der sozialen Ordnung wird häufig mit dem Begriff der *Gesellschaft* gefasst, so etwa bei Émile Durkheim.[24] Gesellschaft gilt dann als die umfassendste Sozialordnung einer sozialen Einheit wie der des Volkes. Das ist das berühmte Container-Modell der Gesellschaft und des Nationalstaates. Gesellschaft und Nationalstaat fallen zusammen, weil die Gesellschaft durch eine gemeinsame Moral und ein Staatsgebiet zusammengehalten werden. Durkheim spricht von »organischer Solidarität« und dem Individualismus einer moralischen Gemeinschaft, wenn er die moderne Gesellschaft charakterisiert.

Weber dagegen verfährt in dreifacher Hinsicht anders. Erstens, wie Georg Simmel, fasst er Gesellschaft nicht als Substanz-, sondern als Prozessbegriff. Dementsprechend und in Anlehnung an Ferdinand Tönnies' berühmte Unterscheidung zwischen »Gemeinschaft und Gesellschaft«,[25] differenziert er, zweitens, zwischen Vergemeinschaftung und Vergesellschaftung. Drittens schließlich konzeptualisiert er die makrosoziologische Ordnungsebene über den Begriff des Verbandes, von dem der politische Verband als Herrschaftsverband der wichtigste ist. Aber nun der Reihe nach.

»›Vergemeinschaftung‹ soll eine soziale Beziehung heißen, wenn und soweit die Einstellung des sozialen Handelns [...] auf subjektiv

23 Ebd., S. 16 und MWG I/23, S. 181.

24 Emile Durkheim, *Über soziale Arbeitsteilung. Studien zur Organisation höherer Gesellschaften*, mit einem Vorwort von Niklas Luhmann, »Arbeitsteilung und Moral«, und einem Nachwort von Hans-Peter Müller und Michael Schmid, »Arbeitsteilung, Solidarität und Moral. Eine werkgeschichtliche und systematische Einführung in die ›Arbeitsteilung‹ von Emile Durkheim, Frankfurt/M. ^{2}1988.

25 Ferdinand Tönnies, *Gemeinschaft und Gesellschaft. 1880-1935*, hg. v. Bettina Clausen und Dieter Haselbach, *Ferdinand Tönnies Gesamtausgabe*, Bd. 2, Berlin, Boston 2019.

gefühlter (affektueller oder traditionaler) *Zusammengehörigkeit* der Beteiligten beruht.«[26] Der klassische Fall ist die Familiengemeinschaft, die auf gemeinsamer Solidarität und Wertbindung ihren Zusammenhalt aufbaut. Soziologen wie Tönnies und Durkheim haben versucht, den Charakter der Familie als Solidaritätsverband auf die gesellschaftliche Ebene hochzuziehen. Häufig genug geschieht das unter Rückbezug auf Begriffe wie Rasse und Nation, wie etwa im deutschen Begriff der »Volksgemeinschaft«. Das Volk ist aber keine Gemeinschaft wie eine Familie, sondern bildet eine Gesellschaft trotz aller virulenten Gemeinsamkeitsfiktionen.

»›Vergesellschaftung‹ soll eine soziale Beziehung heißen, wenn und insoweit die Einstellung des sozialen Handelns auf rational (wert- oder zweckrational) motiviertem Interessen*ausgleich* oder auf ebenso motivierter Interessen*verbindung* beruht.«[27] Beispiele hierfür sind Tausch und Vertrag auf dem Markt, ein Zweckverein wie die Kaninchenzüchter oder aber eine Sekte, die sich wertrational vergesellschaftet.

Entscheidend für Weber ist nun, dass die meisten Zusammenschlüsse von Menschen eine Mischung aus Vergemeinschaftung und Vergesellschaftung darstellen. Und der Charakter menschlicher Zusammenschlüsse wird geprägt durch das, was die Dynamik des sozialen Lebens ausmacht: *Kampf* und *Konflikt.* »Kampf soll eine soziale Beziehung insoweit heißen, als das Handeln an der Absicht der Durchsetzung des eignen Willens gegen Widerstand des oder der Partner orientiert ist.«[28] ›Friedlichen‹ Kampf nennt Weber *Konkurrenz* und die Konkurrenz sorgt für die *Auslese* von bestimmten Menschen und Menschentypen je nach den Kampfbedingungen.[29]

Die ersten dreißig Seiten bilden wohl auch heute noch für die Soziologie die geschlossenste und systematischste Darstellung der Grundkategorien dieses Faches.[30] Soziales Handeln, soziale Beziehung, soziale Ordnung führen von der Mikro- über die Meso- auf die Makroebene. Kampf, Konkurrenz und Konflikt sind die Brü-

26 Weber, *Wirtschaft und Gesellschaft*, S. 21 und MWG I/23, S. 194-195.

27 Ebd.

28 Ebd., S. 20 und MWG I/23, S. 192.

29 Ebd.

30 Siehe dazu auch den Diskussionsband von Klaus Lichtblau (Hg.), *Max Webers ›Grundbegriffe‹. Kategorien der kultur- und sozialwissenschaftlichen Forschung*, Wiesbaden 2006.

cken, die Handeln mit Macht und Herrschaft verbinden. Bevor wir zur Herrschaftssoziologie kommen, soll noch mehr Licht in die handlungstheoretische Begriffsbildung von Weber und ihre Fundierung in der Welt der Rationalitäten gebracht werden.

Zwischenbetrachtung: Rationalität, Rationalisierung, Rationalismus

Max Weber wäre nie so weit gegangen, wie Émile Durkheim, der die logische Ordnung als unabdingbare Voraussetzung für die soziale Ordnung[31] angesehen hat. Dazu unterscheiden sich Sprache und Gesellschaft doch zu sehr. Weber ist kein kollektivistischer Totalitätsdenker wie Durkheim, sondern ein individualistischer Konstellationsdenker. Sicher: Die Kategorien, wie sie Durkheim untersucht, sind begriffliche Mittel zur Orientierung in der Welt. Aber kategoriale Ordnung allein garantiert noch keine soziale Ordnung. Begriffe sind in Webers Verständnis zwar unumgänglich zur Theoriebildung, aber sie sind idealtypische Konstruktionen, die so, aber auch anders ausfallen können. Das wirft sogleich die Frage auf, wozu dann Rationalität? Und warum spielt sie eine so große Rolle bei Weber, aber auch in den Wirtschafts- und Sozialwissenschaften? Bevor Webers diesbezüglicher Mehrebenenansatz entfaltet wird, soll diese allgemeine Problematik[32] näher beleuchtet werden.

Die Rationalitäten des Sozialen

Denn je tiefer man in die Welt der »Rationalitäten des Sozialen«[33] eindringt, desto unabweisbarer wird der Eindruck begrenzter Rati-

31 So die These von Durkheim in *Die elementaren Formen des religiösen Lebens* (1912), Frankfurt/M. 1981, S. 556-597, hier S. 593.

32 Die folgenden Überlegungen führen tief hinein in Rationalitätskonzept und Handlungstheorie, um Webers Einbettung in diese Tradition und seinen bis heute anhaltenden Einfluss auf den Diskurs zu demonstrieren. Wem das zu viel Theoretisieren ist, kann gleich zum nächsten Kapitel über Herrschaft weitergehen.

33 So der Titel eines Bandes von Andrea Maurer, Uwe Schimank (Hg.), *Die Rationalitäten des Sozialen*, Wiesbaden 2011. Dieser Band gibt einen guten Überblick über die Problematik. Ich stütze mich im Folgenden auf meine Überlegungen dortselbst: »Rationalität, Rationalisierung, Rationalismus. Von Weber zu Bourdieu?«, S. 43-64.

onalitäten, ja regelrechter Irrationalitäten, der Paradoxien und der Dilemmata des Sozialen. Und doch halten die Sozialwissenschaften selbst in einem erstaunlichen Maß an ›Rationalität‹ fest. Die Wirtschafts- und Sozialwissenschaften arbeiten zunehmend mit der Rational-Choice-Theorie[34] und auch die Organisations- und Systemtheorie,[35] ja selbst die Kritische Theorie[36] und Gouvernementalitätstheorie[37] nutzen gern Rationalitätsunterstellungen. Woher kommt diese allgemeine Orientierung, obgleich man im multiparadigmatischen Gehäuse der soziologischen Hörigkeit[38] sonst nicht viel mehr gemein zu haben scheint? Aus meiner Sicht sprechen vier allgemeine und ein fünfter, genuin soziologischer Grund dafür. Dahinter stehen anthropologische, ethische, theoretische, methodische und eben gesellschaftliche Erwägungen.

Anthropologisch gesehen war der Mensch als instinktunabhängiges und umweltabhängiges Wesen stets schwer zu definieren, aber der kleinste gemeinsame Nenner sah ihn als »vernunftbegabtes Wesen«. Von der griechischen Tradition bis zum englischen Utilitarismus, von Platon und Aristoteles bis zu Jeremy Bentham und John Stuart Mill, durfte der Mensch als »animal rationale« bzw. als »homo oeconomicus« gelten. Es dürfte nicht wenig zum Prestige und zur flächendeckenden Akzeptanz der ökonomischen Theoriebildung beigetragen haben, dass der »homo oeconomicus« als die moderne Verkörperung des »vernünftigen Menschen« erscheint.

Ethisch gewendet, wird hier ein ganz enger Konnex zwischen der Freiheit des Menschen und seiner Vernunft angenommen. Der sich hinter diesem Konnex verbergende Individualismus gilt vie-

34 James S. Coleman, *Foundations of Social Theory*, Cambridge, London 1990, dt. *Grundlagen der Sozialtheorie*, 3 Bde., München 1991. Siehe dazu Hans-Peter Müller, Michael Schmid (Hg.), *Norm, Herrschaft, Vertrauen. Beiträge zu James S. Colemans Grundlagen der Sozialtheorie*, Wiesbaden 1998. Siehe auch Hartmut Esser, *Soziologie. Allgemeine Grundlagen*, Frankfurt/M., New York 1993.

35 James G. March, Herbert A. Simon, *Organizations*, New York 1958; W. Richard Scott, *Grundlagen der Organisationstheorie*, Frankfurt/M., New York 1986. Exemplarisch Luhmann, *Soziale Systeme*, S. 638-646.

36 Jürgen Habermas, *Der philosophische Diskurs der Moderne*, Frankfurt/M. 1985.

37 Michel Foucault, *Geschichte der Gouvernementalität*, 2 Bde., Frankfurt/M. 2004 und Ulrich Bröckling, Susanne Krasmann, Thomas Lemke (Hg.), *Gouvernementalität der Gegenwart*, Frankfurt/M. 2000.

38 Das wird selbst deutlich in der Welt der Handlungstheorien. Siehe Manfred Gabriel (Hg.), *Paradigmen der akteurszentrierten Soziologie*, Wiesbaden 2004.

len Philosophen und Soziologen als letztes großes Kollektivideal zumindest im Westen, was Menschen eine methodisch rationale Lebensführung (Weber) eröffnet, heute jedoch auch ein »unternehmerisches Selbst«[39] zumutet.

Theoretisch betrachtet, scheint sich in den Sozialwissenschaften immer mehr durchzusetzen, dass eine Handlungstheorie, die mit Akteuren rechnet, als solide Basis für eine Gesellschaftstheorie gelten darf und muss. Und Handeln lässt sich nun einmal am besten über Rationalitätsvorstellungen modellieren.

Methodisch scheint das Verstehen dann besonders leicht zu fallen, wenn es auf das rationale Handeln von Akteuren[40] rechnen darf. Hier gilt der Grundsatz: Je rationaler das Handeln der Akteure ausfällt, desto leichter und besser lässt es sich verstehen. Dieser Transparenzgrundsatz durchschnittlicher oder typischer Handlungsrationalität steht an der Wiege von Webers »verstehendem Erklären« bzw. »erklärendem Verstehen« und hat von dort ausgehend den Siegeszug durch die Handlungstheorie[41] angetreten.

Schließlich dürfte noch ein fünfter *gesellschaftlicher* Grund triftig sein, den vor allem die Soziologie schlecht ignorieren kann: die Praxis der Moderne. Seit gut 250 Jahren operiert die moderne Gesellschaft mit einer Institutionentrias von Wirtschaft, Politik und Kultur, die ohne Rationalität kaum denkbar wäre: Kapitalistische Marktwirtschaften beruhen auf Freiheit, demokratische Staaten basieren auf Gleichheit und die Kultur des Individualismus propagiert das souveräne Individuum. Diese Funktionsweise, so idealtypisch zugespitzt sie auch sein mag, braucht nur eines und produziert nur eines: den rationalen Menschen, der sich mit seiner methodisch-rationalen Lebensführung gesellschaftlich nützlich macht und dadurch selbst sowie selbständig zurechtkommt. Der »homo rationalis« ist ebenso ein Produkt der Wertetrias von Freiheit, Gleichheit und Individualismus wie auch ein Produkt der Institutionentrias

39 Ulrich Bröckling, *Das unternehmerische Selbst. Soziologie einer Subjektivierungsform*, Frankfurt/M. 2007.

40 Rainer Greshoff, Georg Kneer und Wolfgang Ludwig Schneider (Hg.), *Verstehen und Erklären. Sozial- und kulturwissenschaftliche Perspektiven*, München 2008.

41 Das zeigen die Arbeiten von Michael Schmid überzeugend auf. Siehe ders., *Handlungsrationalität. Kritik einer dogmatischen Handlungswissenschaft*, München 1979 und *Rationales Handeln und soziale Prozesse. Beiträge zur soziologischen Theoriebildung*, Wiesbaden 2004.

von Kapitalismus, Demokratie und individualistischer Kultur. Es ist gerade dieser Menschentypus, idealtypisch und mit Weber gesprochen, der herangezüchtet und ausgelesen wird.

Diese »große Transformation« des Menschen gilt für alle vier Ebenen, auf die es bei der Rationalisierung der Lebensführung ankommt: Ideen, Werte, Normen und Standards. Als *Idee*, die in der moralischen Autonomie des Individuums den Gipfel menschlicher Entwicklung erblickt, was Émile Durkheim in der Formel vom »Kult des Individuums«[42] zu fassen versucht hat; als *Wert*, der sich in den Menschenrechten, und als *Norm*, die sich in den Bürgerrechten[43] artikuliert; schließlich als *Standard*, wie er in den zeitgenössischen Biographie- und Lebenslaufprogrammen[44] für jedermann und jedefrau zum Ausdruck kommt. Das reicht ideengeschichtlich von Kants kategorischem Imperativ[45] über Durkheims kategorischen Imperativ[46] bis zu Tom Peters Slogan.[47] Dieser Veralltäglichungs- und Normalisierungsprozess spiegelt sich schon in den Trägern der Propagierung eines solchen Menschenbildes wider: von der heiligen Philosophie über die profane Soziologie bis zum ubiquitären Consulting.

Wenn diese fünf Erwägungen nicht völlig überzeichnet sind – überspitzt sind sie allemal –, dann muss Rationalität als normal und natürlich, ja als gesellschaftliches Massenphänomen gelten. Rational – ja sicher, was sonst? Der »homo rationalis« ist Allgemeingut

42 Emile Durkheim, »Der Individualismus und die Intellektuellen«, in: Hans Bertram (Hg.), *Gesellschaftlicher Zwang und moralische Autonomie*, Frankfurt/M. 1986, S. 54-70.

43 Das zeigen die sog. »Citizenship Studies« auf. Siehe Jürgen Mackert, Hans-Peter Müller (Hg.), *Moderne (Staats)Bürgerschaft. Nationale Staatsbürgerschaft und die Debatten der Citizenship Studies*, Wiesbaden 2007.

44 Hanns-Georg Brose, Bruno Hildenbrand (Hg.), *Vom Ende des Individuums zur Individualität ohne Ende*, Opladen 1988.

45 »Handle nur nach derjenigen Maxime, durch die du zugleich wollen kannst, daß sie ein allgemeines Gesetz werde.« Immanuel Kant, *Grundlegung zur Metaphysik der Sitten* (1785), in: ders., *Werke*, Bd. IV, hg. von Wilhelm Weischedel, Darmstadt 1983, S. 51.

46 »*Bereite dich vor, eine bestimmte Funktion nützlich auszufüllen.*«, in: Durkheim, *Über soziale Arbeitsteilung*, S. 87 (Herv. i. O.).

47 »Seien Sie besonders .... oder sie werden ausgesondert!«, Tom Peters, *TOP 50 Selbstmanagement. Machen Sie aus sich die Ich AG*, München 2001, S. 8 (im Original in Majuskeln).

geworden – Rationalität gilt als Menschen- und allgemeines Bürgerrecht und, soziologisch hinzugefügt, auch als Pflicht.[48]

Es muss dieser ungeheure Rationalitätsdruck der Gesellschaft sein, der den Rational-Choice-Theorien in den letzten dreißig Jahren zu einem Siegeszug in Wirtschafts-, Politik- und Sozialwissenschaften ohnegleichen verholfen hat. Es scheint zu gelten: Je ökonomisierter eine Gesellschaft, desto ökonomistischer ihre Theorie und umgekehrt: Je stärker eine Gesellschaft in ihrem theoretischen Grundverständnis kategorisch auf das ökonomische Denken setzt, desto ökonomistischer wird die Gesellschaft durchrationalisiert, organisiert und systematisiert.[49] Das erscheint als ein unschlagbar erfolgreiches, fast unheimliches Wechselwirkungsdual.

Umso überraschender ist die stillschweigende Resistenz der Leute gegen dieses ökonomische Paradigma – es scheint vor allem bei Managern und Politikern, unter Umständen auch einigen wenigen, Politik und Wirtschaft (zu) nahestehenden Wissenschaftlern angekommen zu sein. Die große Mehrheit der Menschen hingegen bleibt reserviert und skeptisch gegenüber den Zumutungen von ökonomisierter Gesellschaft und ökonomistischem Erklärungsideal[50] und verhält sich nicht so »rational«, wie es die Modelle nahelegen. In der Zeitschrift *Analyse & Kritik*, welche in den vergangenen dreißig Jahren ihrer erfolgreichen Existenz dem »homo rationalis« viel Platz eingeräumt hat, war dazu zu lesen:

Insgesamt scheint also in fast allen Feldern, die er bisher zu besetzen suchte, für einen *Homo Ökonomikus* die Stunde geschlagen zu haben: mit seinem Prinzip der Optimierung des Erwartungsnutzens lässt sich das menschliche Entscheidungsverhalten aus der Sicht seiner zahlreichen Kritiker weder

48 In den Niederungen der Alltagswelt des Rationalitätshaushalts eines Managers am öffentlichen Pranger schlägt sich das individuell-egoistische Nutzen- und Interessenkalkül seiner Ich-Welt dann in bemerkenswerten Selbsteinschätzungen wie jener nieder, dass man zwar nicht gierig, aber doch wohl auch nicht blöd sei.

49 Das hat Pierre Bourdieu in *Les structures sociales de l'économie*, Paris 2000 studiert, dt. mit Stirnerscher Anmutung als *Der Einzige und sein Eigenheim*, Hamburg 1998 partiell übersetzt. Gemeint ist Max Stirner, *Der Einzige und sein Eigentum*, Leipzig 1845.

50 Einschlägig hierzu die Arbeiten von Daniel Kahneman, Paul Slovic, Amos Tversky, 1982: *Judgement under Uncertainty. Heuristics and Biases*, Cambridge 1982.

beschreiben, erklären noch *normieren.* Niemand verhält sich nach diesem Prinzip, und es scheint auch besser so!«[51]

Was heißt diese zeitgenössische Diagnose für die Soziologie und ihre Theoriebildung? Soll man das Paradigma der Rationalität als Basis der Handlungstheorie vollends verabschieden?

Das »Charisma der Vernunft«[52] gänzlich *ad acta* zu legen wäre voreilig und hieße, das Kind mit dem Bade auszuschütten. Weber lässt sich von einem strukturell-individualistischen Erklärungsmodell leiten, das es ihm überhaupt erst erlaubt, Rationalitäten und Irrationalitäten des Sozialen herauszuarbeiten. Ohne Verrechnungseinheit eines Akteurs und seiner Handlung fehlt der Maßstab der Rationalitätseinschätzung. Da Weber in seinen historisch-empirischen Konstellationsanalysen das Mikro-Makro-Verhältnis bzw. das Verhältnis von Handeln und Struktur zum Gegenstand macht, muss der Leitfaden der Rationalität als Richtschnur über alle Aggregationsebenen verfolgt werden; also nicht nur auf der Mikroebene des Handelns, sondern auch auf der Mesoebene der Organisation oder der Makroebene von Gesellschaft und Kultur. Nur so lassen sich strukturelle Zwänge und Opportunitäten des Kontextes, Restriktionen und Chancen der sozialen Situation herausarbeiten – und nur so lassen sich die begrenzten Realisierungschancen des »Charismas der Vernunft« einschätzen.

Webers Konzept von Rationalität, Rationalisierung und Rationalismus

Wie gesehen, ist Max Webers zentrales Thema die »schicksalsvollste[] Macht unsres modernen Lebens«:[53] der Kapitalismus. Über der historisch-systematischen Frage, warum und wodurch es ausgerechnet in der »modernen europäischen Kulturwelt« zu dieser gesellschaftsgeschichtlichen Konfiguration gekommen ist, warum also nur im Westen und durch welche Verkettung von Weichenstellungen und Mechanismen, wird leicht Webers theoretisches

51 Michael Baurmann, »Homo Ökonomikus als Idealtypus. Oder: Das Dilemma des Don Juan«, in: *Analyse & Kritik* 30 (2008), S. 555-573.

52 Weber, *Wirtschaft und Gesellschaft*, S. 726 bezeichnet dies als »die charismatische Verklärung der ›Vernunft‹«.

53 Max Weber, »Vorbemerkung«, in: ders., *Gesammelte Aufsätze zur Religionssoziologie*, Bd. I, Tübingen [6]1972, S. 1-16, hier S. 4.

Interesse an einer »Typologie und Soziologie des Rationalismus«[54] übersehen. Seine weiter gefasste Problemstellung zielt nämlich auf den westlichen Rationalismus, seine Genese wie seine universelle Bedeutung und Gültigkeit, aber auch seine endemische Widersprüchlichkeit. »Unser europäisch-amerikanisches Gesellschafts- und Wirtschaftsleben«, so heißt es im »Sinn der ›Wertfreiheit‹«, »ist in einer spezifischen Art und in einem spezifischen Sinn ›rationalisiert‹. Diese Rationalisierung zu erklären und die ihr entsprechenden Begriffe zu bilden, ist daher eine der Hauptaufgaben unserer Disziplinen.«[55] Weber hat jedoch keine kohärente ›Theorie‹ des Rationalismus, der Rationalisierung und der Rationalität entwickelt. Die Bausteine seiner Begriffsverwendung muss man mühsam zusammentragen, und selbst dann bleiben die Zusammenhänge noch unterbestimmt, inkonsistent und oft der jeweiligen Situation geschuldet – gleichwohl der Gebrauch von »rational« geradezu inflationär ist. Der Steinbruchcharakter von Webers Werk hat die Exegeten zur Verzweiflung getrieben und eine Fülle von Systematisierungsversuchen ausgelöst – mit wenig Erfolg. Rogers Brubaker etwa hat mit durchaus guten Gründen 16 verschiedene Rationalitätsbegriffe[56] herauspräpariert. Das semantische Spek-

54 Max Weber, »Zwischenbetrachtung: Theorie der Stufen und Richtungen religiöser Weltablehnung«, in: ders., *Gesammelte Aufsätze zur Religionssoziologie*, Bd. 1 (1920), Tübingen [6]1972, S. 536-573, hier S. 537.

55 Max Weber, »Der Sinn der ›Wertfreiheit‹ der soziologischen und ökonomischen Wissenschaften«, in: ders., *Gesammelte Aufsätze zur Wissenschaftslehre*, Tübingen 1988, S. 489-540, hier S. 525.

56 Rogers Brubaker, *The Limits of Rationality. An Essay on the Social and Moral Thought of Max Weber*, London 1984. Zu diesem breit diskutierten Problemkomplex siehe nur Karen S. Cook, Margaret Levi (Hg.), *The Limits of Rationality*, Chicago 1990; Jon Elster, *Subversion der Rationalität*, Frankfurt/M. 1987; Evelyn Gröbl-Steinbach, »Handlungsrationalität und Rationalisierung des Handelns bei Weber und Habermas«, in: Manfred Gabriel (Hg.), *Paradigmen der akteurszentrierten Soziologie*, Wiesbaden 2004, S. 91-102; Jürgen Habermas, *Theorie des kommunikativen Handelns*, 2 Bde., Frankfurt/M. 1981; Stephen Kalberg, *Max Weber's Comparative-Historical Sociology*, Cambridge 1994; Niklas Luhmann, *Zweckbegriff und Systemrationalität*, Frankfurt/M. 1973; Uwe Schimank, *Handeln und Strukturen. Einführung in die akteurtheoretische Soziologie*, Weinheim, München 2000; Walter M. Sprondel, Constans Seyfarth (Hg.), *Max Weber und die Rationalisierung des sozialen Handelns*, Stuttgart 1981; Arthur Stinchcombe, »Reason and Rationality«, in: *Sociological Theory* 4/2 (1986), S. 151-166; Ann Swidler, »The Concept of Rationality in the Work of Max Weber«, in: *Sociological*

trum der Rationalität streut breit, um den schlichten Tatbestand situationsadäquaten Handelns zum Ausdruck zu bringen. Doch diese augenscheinliche analytische Suboptimalität sollte den Versuch eines Ein- und Überblicks nicht entmutigen. Aus meiner Sicht lassen sich in theoretischer wie diagnostischer Hinsicht wertvolle Erkenntnisse zu den drei »R« extrahieren.

Die drei »R« sind nicht auf einer Ebene angesiedelt, sondern konstitutiver Bestandteil der mehrebenenartigen Architektonik der Weberschen Soziologie: Rationalität bezieht sich auf die Mikro-, Rationalisierung auf die Meso- und Rationalismus auf die Makroebene. Wolfgang Schluchter hat dies vor kurzem auf die Formel von »Handlung, Ordnung, Kultur«[57] gebracht, welche Webers Forschungsprogramm anleiten sollen. Nun wird diese Dreiteilung der komplexen Anlage der Weberschen Grundbegriffe nicht gerecht, die über Handeln, soziales Handeln, soziale Beziehung bis zu sozialer Ordnung und sozialem Verband reicht. Aber zu Orientierungs- und Systematisierungszwecken eignet sie sich gleichwohl. Rationalität bezieht sich auf Handeln; hier dominiert die Unterscheidung von Zweck- und Wertrationalität; Rationalisierung zielt auf Organisationen und Ordnungen; hier operiert Weber mit der Distinktion von formaler und materialer Rationalität. Rationalismus erstreckt sich auf Kultur oder in Webers Sprache: auf Weltbilder – hier dominiert die Unterscheidung von theoretischem und praktischem Rationalismus. Der moderne Okzident zeichnet sich durch einen sogenannten »Rationalismus der Weltbeherrschung« mit einer charakteristischen Legierung aus theoretischem und praktischem Rationalismus aus. Gehen wir die drei »R« der Reihe nach durch.

Handlungsrationalität

Rationalität ist primär auf der Handlungsebene angesiedelt. Nur Akteure – individuelle oder kollektive – vermögen rational zu handeln. Rationalität in diesem elementaren Sinne meint Hand-

Inquiry 43 (1973), S. 35-42; Gerhard Wagner, Heinz Zipprian (Hg.), *Max Webers Wissenschaftslehre. Interpretation und Kritik*, Frankfurt/M. 1994; Johannes Weiß, (Hg.), *Max Weber heute. Erträge und Probleme der Forschung*, Frankfurt/M. 1989.

57 Wolfgang Schluchter, *Grundlegungen der Soziologie. Eine Theoriegeschichte in systematischer Absicht*, Tübingen 2009.

lungsrationalität. Auf der Mikroebene zielt dieses Paradigma auf eine Unterscheidung von Zweck- und Wertrationalität ab. Unter »Zweck« versteht Weber »die Vorstellung eines *Erfolges*, welche *Ursache* einer Handlung wird«.[58] Wert ist, wie wir bereits gesehen haben, entsprechend »die Vorstellung einer *Verpflichtung*, die *Ursache* einer Handlung wird«.[59] Konsequenterweise muss »Wertrationalität« dem zweckrationalen Handeln als weniger rational bzw. sogar als »irrational« erscheinen, da der Fokus auf dem *Eigenwert* des Handelns liegt.

Erfolgsorientierung versus Eigenwertorientierung, so konstruiert Weber die Alternativen auf der Handlungsebene. Affektives und traditionales Handeln sind im strengen Sinne nicht rational, aber rationalisierungsfähig – Emotionen durch Sublimierung, Traditionen durch reflexive Aufklärung. Man könnte meinen, dass Weber durch den »homo rationalis« dem Menschen gleichsam anthropologisch das »Charisma der Vernunft« auf dem Wege der handlungstheoretischen Fundierung vindizieren würde. Doch das verbietet seine strikt theoretische und empirische Modellierung, die gerade nicht normativ sein will. Er warnt daher im gleichen Atemzug vor dem Irrtum, »der unvermeidlich (relativ) rationalistische Charakter der *Begriffs*bildung bedeute den Glauben an das *Vorwalten* rationaler Motive oder gar: eine positive *Wertung* des ›Rationalismus‹«.[60] Das wäre in der Tat weit gefehlt. Im Gegenteil: Weber macht sich über die Dignität rationalen Handelns keine Illusionen: »Streng rationales Handeln, – so kann man es auch ausdrücken, – wäre glatte und restlose ›Anpassung‹ an die gegebene ›Situation‹.«[61]

Formale und materiale Rationalität

Die Rationalität primär auf der Handlungsebene anzusiedeln heißt nun gerade nicht, dass Organisationen oder Ordnungen auf der

58 Max Weber, »Die Objektivität sozialwissenschaftlicher und sozialpolitischer Erkenntnis«, in: ders., *Gesammelte Aufsätze zur Wissenschaftslehre*, Tübingen 1988, S. 146-214, hier S. 183.

59 So Schluchter, *Religion und Lebensführung*, Bd. 1, S. 75, um die Abwesenheit einer Definition von Weber zu kompensieren.

60 Weber, *Wirtschaft und Gesellschaft*, S. 9.

61 Weber, »Zur Auseinandersetzung mit Eduard Meyer«, in: ders., *Wissenschaftslehre*, S. 227, Fn. 1.

Meso- oder Makroebene nicht »rational« verfasst sein könnten. Im Gegenteil: Je höher der Institutionalisierungsgrad eines Rationalitätskriteriums, desto »rationaler« fällt die Institution aus. Webers eigenes Beispiel ist die Bürokratie als vermeintlich rationalste Form der Verwaltung. Es ist das Höchstmaß an formaler Rationalität, welches bürokratische Strukturen auszeichnet. Weber spricht aber nicht von »Systemrationalität«,[62] um die »idée directrice« einer Institution oder eines Systems auf den Begriff zu bringen. Dagegen steht seine Perhorreszierung von Kollektivbegriffen ebenso wie auch der soziologisch spannende Versuch, beobachtbare Handlungsabläufe in letzter Instanz den Akteuren als Trägern des Handlungsgeschehens zuzurechnen. Nur vor dieser handlungstheoretischen Folie gelingt es, die Spannungen, Konflikte, ja Widersprüche in den diversen Rationalitäten des Sozialen auszumachen. Deshalb arbeitet Weber auf der Organisations- und Ordnungsebene mit der Unterscheidung von formaler und materialer Rationalität. Sie benutzt er vor allem in seiner Wirtschafts- und Rechtssoziologie. Wie führt er sie ein? Der Begriff der materialen Rationalität selbst ist recht vieldeutig.

Er besagt lediglich dies Gemeinsame: daß eben die Betrachtung sich mit der rein formalen (relativ) eindeutig feststellbaren Tatsache: daß zweckrational, mit technisch tunlichst adäquaten Mitteln *gerechnet* wird, *nicht* begnügt, sondern ethische, politische, utilitarische, hedonische, ständische, egalitäre oder irgendwelche anderen *Forderungen* stellt und daran die Ergebnisse des – sei es auch formal noch so ›rationalen‹, d. h. rechenhaften – Wirtschaftens *wertrational* oder *material* zweckrational bemißt.

Formale Rationalität in der Wirtschaft verweist auf Rechenhaftigkeit, wobei »die Geldform das Maximum dieser *formalen* Rechenhaftigkeit darstellt«.[63]

Für das Verhältnis von formaler und materialer Rationalität gelten zwei historisch-evolutionär unwahrscheinliche, soziologisch aber folgenreiche Bestimmungsfaktoren: erstens ein wechselseitiges

62 Wie etwa Niklas Luhmann, der unter diesem Stichwort Webers Ansatz kritisiert. Siehe ders., *Zweckbegriff und Systemrationalität. Über die Funktion von Zwecken in sozialen Systemen*, Frankfurt/M. 1973.

63 Weber, »Soziologische Grundkategorien des Wirtschaftens«, in: ders., *Wirtschaft und Gesellschaft*, S. 45.

Bedingungsverhältnis; und zweitens ein »mutual trade-off« oder, in Webers Sprache, ein wechselseitiges Obstruktionsverhältnis. Zunächst sind diese beiden so unterschiedlichen Typen von Rationalität ohneeinander nicht möglich, ja nicht einmal denkbar – sie sind wie siamesische Zwillinge, die sich indes nicht gut vertragen. Ohne materiale Anforderungen – wie elementare materielle Grundversorgung oder durchgängige Rechtssicherheit – machen alle Versuche, Wirtschaft und Recht zu formalisieren, keinen Sinn, um genau diese materialen Ziele auf Dauer zu stellen. Je weiter indes die Formalisierung vorangetrieben wird, umso professioneller sollten Wirtschaft und Recht *im Prinzip* funktionieren. Aber je mehr die Formalisierung der je eigenen Sinndeutung und Logik von Wirtschaft und Recht gehorcht, umso mehr muss sie mit materialen Anforderungen im *Alltag* in Konflikt geraten. Zwei Beispiele mögen diese mephistophelische Logik und Dynamik verdeutlichen. In der *Wirtschaft*: »Daß das Höchstmaß *formaler* Rationalität der *Kapitalrechnung* nur bei Unterwerfung der Arbeiter unter die Herrschaft von Unternehmern möglich ist, ist eine weitere spezifische *materiale* Irrationalität der Wirtschaftsordnung.«[64] Lapidarer kann man den Gegensatz zwischen Kapital und Arbeit, den schon Marx auf seine konstitutive Widersprüchlichkeit untersucht hatte, kaum ausdrücken. Ganz ähnlich sieht es im *Recht* aus:

> Denn jene durch formale Justiz gewährte maximale Freiheit der Interessenten in der Vertretung ihrer formal legalen Interessen muß schon infolge der Ungleichheit der ökonomischen Machtverteilung, welche durch sie legalisiert wird, immer wieder den Erfolg haben, daß materiale Postulate der religiösen Ethik oder auch der politischen Räson verletzt erscheinen. [...] In allen diesen Fällen verletzt sie inhaltliche Gerechtigkeitsideale durch ihren unvermeidlich abstrakten Charakter.[65]

Was folgt aus dieser bemerkenswerten Konstellation? 1. *Bifurkation*: »Formale und materiale [...] Rationalität fallen unter allen Umständen *prinzipiell* auseinander, mögen sie auch in noch so zahlreichen [...] Einzelfällen empirisch zusammentreffen.«[66] Je weiter die Formalisierung schreitet, desto größer scheint die Kluft

64 Ebd., S. 78.
65 Weber, »Rechtssoziologie«, in: ders., *Wirtschaft und Gesellschaft*, S. 470.
66 Ebd., S. 59.

zwischen formalen Anforderungen und materialen Erwartungen zu werden. In den Augen der Formalität geraten materiale Bedürfnisse zur spezifischen Irrationalität von Laien, die kein Verständnis für die Professionellen haben und deshalb den Betrieb nicht kennen, weil verkennen. In den Augen der Materialität gerinnt die Formalität zur bedrohlichen Farce, ja zu einer Macht, einer Expertokratie, die einem anonym, bedrohlich und zweckwidrig gegenübersteht und offenkundig systematisch das Gegenteil von dem entscheidet, was nach dem Dafürhalten des *common sense* vernünftig und notwendig wäre. Aus der Sicht der Laien erscheint die Sichtweise der Professionellen so, als ob sie stets und ständig das, was der »gesunde Menschenverstand« für elementar richtig und durchaus gerecht hält, verletzen. Aus der Perspektive der Professionellen erscheinen die Einwände der Laien als systematische Verletzung der Prinzipien, auf denen Wirtschaft und Recht nun einmal beruhen. Auf beiden Seiten herrscht also der spiegelbildliche Eindruck vor, dass die jeweils andere Seite spezifisch irrational sei und die perhorreszierte »Unvernunft« verkörpere. Zwei Polen gleich stehen sich Professionelle und Laien gegenüber. 2. *Antinomie*: die »Antinomie der formalen und materialen Rationalität« scheint »eine jener großen Irrationalitäten« zu umreißen, »deren die Soziologie so viele zu konstatieren hat«.[67] Ein Beispiel aus der jüngeren Zeit wäre die bereits oben erwähnte berühmte Aussage von Bärbel Bohley: »Wir wollten Gerechtigkeit und bekamen den Rechtsstaat!«, bemerkte die Bürgerrechtlerin nach dem Ende der DDR tief enttäuscht. Der Rechtsstaat spricht Recht, soweit ein Kläger dies anmahnt, aber er stiftet keine Gerechtigkeit.

Rationalisierung

Um diese mephistophelische Konstellation von formaler und materialer Rationalität – also wechselseitigem Bedingungsverhältnis und wechselseitiger Obstruktion mit der Folge von Bifurkation und Antinomie – besser zu verstehen, soll Logik und Dynamik der Rationalisierung allgemein gefasst werden. Der Begriff der Rationalisierung ist ein schillernder, vieldeutiger Begriff. Weber gebraucht ihn weder so wie die Psychoanalyse, die darunter das Verdrängen eines Ver-

67 Weber, »Die Typen der Herrschaft«, in: ders., *Wirtschaft und Gesellschaft*, S. 129.

haltensgrundes versteht, noch wie die heutige Betriebswirtschaft, die darunter die Maximierung der Gewinne oder die Reduzierung der Kosten fasst. Vielmehr hat dieser Begriff die gleiche Dignität und Reichweite wie das Differenzierungskonzept in der zeitgenössischen Soziologie. So wie es funktional ausdifferenzierte Systeme gibt, so spricht Weber von der Rationalisierung von Wertsphären und Lebensordnungen, um damit ihre Ausdifferenzierung, Autonomisierung und Spezialisierung auf bestimmte Funktionen und Aufgaben in der Gesellschaft zu umreißen. Das, so mein Vorschlag, umrahmt die *differentia specifica* des Begriffs. Ansonsten aber gibt es Rationalisierung nur im Plural. »Man kann [...] jedes dieser Gebiete [der Gesellschaft, Anm. HPM] unter höchst verschiedenen letzten Gesichtspunkten und Zielrichtungen ›rationalisieren‹ und was von einem aus ›rational‹ ist, kann, vom anderen aus betrachtet, ›irrational‹ sein.«[68] Weil das so ist, muss man sich stets drei Fragen stellen: 1. Welche Lebensbereiche werden rationalisiert? 2. Welchen Grad erreicht und welche Richtung nimmt die Rationalisierung? 3. Wie sieht die schlussendliche Konstellation der rationalisierten Lebensbereiche aus und welche Wirkung hat sie auf die Kultur- und Sozialordnung?

Um den Grad der Rationalisierung des Handelns[69] näher zu charakterisieren, muss man vier Bestimmungsmomente analysieren: 1. Welche Kriterien, Regeln und Verfahren werden für ein bestimmtes Handeln entwickelt? Erst solche Kriterien erlauben es, die Systematisierbarkeit, Berechenbarkeit, Vorhersehbarkeit und intersubjektive Kalkulierbarkeit von Rationalitätsprinzipien in einem Geltungsbereich herzustellen, indem sie aus diffusen Handlungszusammenhängen isoliert und unabhängig von individuellen Motivationen gesellschaftlich etabliert werden. 2. Wie werden diese Kriterien institutionalisiert? Zum einen muss ein Handlungskontext ausgegrenzt werden, in dem das Rationalitätskriterium gelten soll, in dem es einen Kompetenzraum gewinnt und sich gegen an-

68 Weber, »Vorbemerkung«, S. 11.

69 M. Rainer Lepsius hat sich darum verdient gemacht, diesen Grundgedanken auszuarbeiten. Klassisch dazu seine drei »I«: *Interessen, Ideen und Institutionen*, Opladen 1990. Ich folge hier seinen Überlegungen zu »Die Soziologie und die Kriterien sozialer Rationalität«, in: Adalbert Hepp, Martina Löw, *M. Rainer Lepsius. Soziologie als Profession*, Frankfurt/M. 2008, S. 151-160. Siehe jetzt auch Lepsius' *Max Weber und seine Kreise*, Tübingen 2016.

dere Handlungsnormen und deren Sanktionen durchsetzt. Zum anderen sollte die Handlungsorientierung auf solche Elemente hin homogenisiert werden, die der Behandlung im Sinne der Rationalitätskriterien zugänglich sind. 3. Welche positiven Resultate zeitigt das Rationalitätskriterium? Ein dauerhaft erfolgloses Handeln wird sich kaum seiner »Rationalität« brüsten und sich auf Dauer wohl auch nicht halten lassen können. 4. Wie und durch wen wird das etablierte Rationalitätskriterium legitimiert? Die Anerkennungswürdigkeit muss natürlich von den Trägern dieser Rationalisierung selbst gestützt werden, aber auch von den Betroffenen außerhalb des Kontextes, welche typischerweise die externalisierten Kosten zu tragen haben.

Die Erfindung von Rationalitätsprinzipien, also klar geschnittenen Kriterien, die die Systematisierbarkeit, Berechenbarkeit, Vorhersehbarkeit und intersubjektive Kontrolliertheit von Handeln eröffnen, ihre Institutionalisierung durch Ausgrenzung eines Handlungskontextes und interne Homogenisierung des Handelns, positive Ergebnisse der Rationalisierung und die Legitimation ihrer Institutionalisierung durch ihre Träger wie die Betroffenen selbst umschreiben nicht zufällig beides: die erfolgreiche *Rationalisierung* eines Handlungskontextes *und* in eins damit die *Institutionalisierung* einer Wert- und Lebenssphäre.

Nun aber erfolgt die »axiologische Kehre«:[70] Die etablierte Ordnung als »verkörperte Vernunft« oder als Institution gewordenes »Charisma der Vernunft« gibt Takt, Tempo und Spielregeln vor, denen sich die Individuen gleichsam nur noch »anpassen« können,

70 Wörtlich meint sie eine »Wertungsdrehung«. Angesichts der gemeinsamen Zurückweisung der Eudämonie in der Ethik durch Kant und Weber gerät »das ethisch Gebotene mit dem Streben nach Glückseligkeit in Spannung, sind darüber hinaus Moralisierung und Kultivierung oder Zivilisierung der Person zweierlei. Darin steckt zugleich der Gedanke von einer ethischen, allgemeiner: einer axiologischen Kehre. Der Mensch, der ein natürliches Wesen ist und den Gesetzen der Natur unterliegt, kann sich gleichsam aus seiner Naturalität herausdrehen, indem er sich an überempirische Werte, an prinzipielle Anforderungen bindet. Dieser ›Idealismus‹ erzeugt notwendigerweise die Spannung, ja den Konflikt zwischen Naturalität und Kulturalität.« Soweit Wolfgang Schluchters Erklärung. Siehe ders., *Religion und Lebensführung*, Bd. 1, S. 192. Hier meint es die Umkehrung der Werteordnung: Zunächst von der Mikro- (Handlungsorientierung) zur Makroebene (Ordnung) und im Maße der empirischen Geltung dieser Ordnung von der Makro- zur Mikroebene.

sollen und irgendwann – je etablierter, desto mehr – auch müssen. Es gilt also die Trias von: Chance, Norm und Zwang. Das kehrt die Hierarchie der drei »R« in folgenreicher Weise um: Zunächst ist zweckrationales Handeln notwendig, um über Zeit, Routine und Habitus in Gestalt von sozialen Beziehungen, über Sitten, Gebräuche und Konventionen so etwas wie eine soziale Ordnung zu etablieren. Am Anfang gilt noch der unverbrüchlich ursprüngliche Hauptsatz sozialen Zusammenlebens: »Je zahlreicher und mannigfaltiger nach der Art der für sie konstitutiven Chancen nun die Umkreise sind, an denen der Einzelne sein Handeln *rational* orientiert, desto weiter ist ›rationale gesellschaftliche *Differenzierung*‹ vorangeschritten, je mehr es den Charakter der *Vergesellschaftung* annimmt, desto weiter die ›rationale gesellschaftliche *Organisation*‹.«[71] »Je rationaler das Handeln der Akteure, desto rationaler die soziale Ordnung!« – das ist die Standardeinsicht und Grunderkenntnis des methodologischen Individualismus ebenso, wie es das Mantra der ökonomischen und soziologischen Theorie von »Rational Choice«, mittlerweile vielleicht sogar des Gros der Handlungstheorien verkörpert.

Aus Sicht jeglicher makrosoziologischen Theorie, gleichgültig ob systemtheoretischer, strukturationstheoretischer oder institutionalistischer Natur, ist diese Vorstellung soziologisch naiv, weil es die axiologische Kehre außer Acht lässt. Weber markiert diese Kehre sehr anschaulich:

Die empirische ›Geltung‹ *gerade* einer ›rationalen‹ Ordnung ruht also dem Schwerpunkt nach ihrerseits wieder auf dem Einverständnis der Fügsamkeit in das Gewohnte, Eingelebte, Anerzogene, immer sich Wiederholende. [...] Der Fortschritt der gesellschaftlichen Differenzierung und Rationalisierung bedeutet also [...] ein im ganzen immer weiteres Distanzieren der durch die rationalen Techniken und Ordnungen praktisch Betroffenen von deren rationaler Basis, die ihnen, im ganzen, verborgener zu sein pflegt wie dem ›Wilden‹ der Sinn der magischen Prozeduren seines Zauberers. Ganz und gar nicht eine Universalisierung des Wissens um die Bedingtheiten und Zusammenhänge des Gemeinschaftshandelns bewirkt also dessen Rationalisierung, sondern meist das gerade Gegenteil. Der ›Wilde‹ weiß von den ökonomischen und sozialen Bedingungen seiner eigenen Existenz unendlich viel mehr als der im üblichen Sinn ›Zivilisierte‹. Und es trifft dabei

71 Weber, »Über einige Kategorien der verstehenden Soziologie«, S. 461.

auch nicht universell zu, dass das Handeln des ›Zivilisierten‹ durchweg subjektiv zweckrationaler ablaufe.[72]

Im Gegenteil: Zweckrationales Handeln des Menschen wird im Alltag entbehrlich, da der Einzelne nicht nochmals die institutionellen Ordnungsleistungen eines etablierten Systems oder einer Ordnung nachrechnen muss. Nur im Krisenfalle mag sich das ändern. Wertrationalität indes gerät im rationalen Ordnungsbetrieb vollends zum Luxus. In der Regel hält sie in den Augen der machenden »Manager« und »Experten« ohnehin den veloziferischen Betrieb einer Unternehmung nur unnötig auf, ohne am formalen Gang der Dinge viel ändern zu können. Ein Fall von bedauerlichen, weil überflüssigen »Transaktionskosten«.[73] Das Skandalon der lästigen »Betriebsstörung« und die etablierte Machtverteilung dürften die hauptsächlichen Gründe dafür sein, dass der scheinbar rein formalen Effizienz meist der Vorzug vor materialen Erwägungen von sozialer Gerechtigkeit gegeben wird.

Für Weber scheint dies das »eherne Gesetz der Rationalisierung« zu umschreiben. Jede etablierte soziale Ordnung, gleichgültig in welcher Sphäre, ob in Technik, Wirtschaft, Politik, Wissenschaft, Kunst, Musik oder Kultur angesiedelt, funktioniert nach diesem Muster – als Folge von Rationalisierung: Differenzierung, Spezialisierung, Sachlichkeit, Unpersönlichkeit, Systematisierung, Intellektualisierung, Kalkulierbarbeit (also Rechenhaftigkeit wie Berechenbarkeit) und Vorhersehbarkeit. Das Ergebnis ist – soziologisch wenig überraschend – stets das Gleiche:

Und zwar auch hier, wie bei der ökonomischen Sphäre, je rationaler die politische Ordnung wurde, desto mehr. Sachlich, ›ohne Ansehen der Person‹, ›sine ira et studio‹, ohne Haß und daher ohne Liebe, verrichtet der bureaukratische Staatsapparat und der ihm eingegliederte rationale homo politicus, ebenso wie der homo oeconomicus, seine Geschäfte einschließlich der Bestrafung des Unrechts gerade dann, wenn er sie im idealsten

72 Ebd., S. 473.

73 Unter »Transaktionskosten« versteht die Institutionenökonomik die Marktnutzungskosten. Jede Handlung auf dem Markt verursacht »Transaktionskosten«. Siehe dazu klassisch Ronald H. Coase, »The Nature of the Firm«, in: *Economica* 4 (1937), S. 386-405 und als transaktionstheoretischen Ansatz Oliver E. Williamson, *Die ökonomischen Institutionen des Kapitalismus: Unternehmen, Märkte, Kooperationen*, Tübingen 1990.

Sinne der rationalen Regeln staatlicher Gewaltordnung erledigt. Auch er ist daher kraft ihrer Verunpersönlichung einer materialen Ethisierung, sosehr der Anschein für das Gegenteil besteht, in wichtigen Punkten weniger zugänglich als die patriarchalen Ordnungen der Vergangenheit, welche auf persönlichen Pietätspflichten und konkreter Würdigung des Einzelfalles gerade ›unter Ansehung der Person‹ beruhten.[74]

Aus dem »homo rationalis«, also dem wann immer möglich zweckrational handelnden Menschen, ist der *homo oeconomicus* und *homo politicus* geworden – rollenfixierte und schematisierte Figuren, die sich als virtuose Anpassungskünstler im jeweiligen Aktionsfeld ihrer Wertsphäre und Lebensordnung erfolgreich bewähren. Sein Wissen und sein Verständnis von der Welt, in der er sich bewegt, fällt mit den arbeitsteilig spezialisierten Berufsaufgaben zusammen – nicht mehr, aber auch nicht weniger. Deshalb die Überlegenheit des Wilden gegenüber dem Zivilisierten, der um den Preis des Überlebens seine Umwelt sehr genau kennen muss. Weber spricht daher von der Umstellung des Modus von »Verständnishandeln« auf »Einverständnishandeln«.[75] W.I. Thomas erfasst das in der Unterscheidung von »knowledge about« und »knowledge of acquaintance«,[76] also dem buchstäblich genauen Wissen über die Funktionsweise eines Phänomens *versus* dem Wissen im Modus der Bekanntheit (Erfahrungswissen, »man hat mal davon gehört – ohne genau zu verstehen!«).[77]

Rationalismus der Weltbeherrschung

Was Weber an diesem Befund zu den drei »R« nicht nur kulturpessimistisch verzweifeln lässt, ist das dritte R, der *Rationalismus*. Sicher: Der Rationalismus selbst verweist auf ein komplexes und kompliziertes Geschehen und eine Gemengelage, die einem unentwirrbaren Wollknäuel gleich so viele verschiedene Fäden in Verschlingung umfasst, dass sie soziologisch nur schwer zu entwirren sind.

74 Weber, »Zwischenbetrachtung«, S. 546f.

75 Weber, »Über einige Kategorien der verstehenden Soziologie«, S. 471.

76 William Isaac Thomas, *On Social Organization and Social Personality: Selected Papers*, hg. v. Morris Janowitz, Chicago 1966.

77 Ein Beispiel: Jeder »digitale Idiot« kann ein Smartphone benutzen. Ein Wisch genügt. Wie aber die Technik dahinter genau funktioniert, das wissen nur Informatiker und auch die nicht alle.

Man kann eben – dieser einfache Satz, der oft vergessen wird, sollte an der Spitze jeder Studie stehen, die sich mit ›Rationalismus‹ befasst – das Leben unter höchst verschiedenen letzten Gesichtspunkten und nach sehr verschiedenen Richtungen hin ›rationalisieren‹. Der ›Rationalismus‹ ist ein historischer Begriff, der eine Welt von Gegensätzen in sich schließt.[78]

Weber versteht darunter auch Anderes als der klassische Rationalismus in der Philosophie, der glaubte, durch metaphysische Systeme imstande zu sein, die Kohärenz der Welt in seiner Totalität zu erfassen. In der neuzeitlichen Naturwissenschaft wuchs sich diese Vorstellung zu dem Versuch aus, mit einem logisch-mathematischen Ansatz die Welt im Ganzen erklären zu können – »deus sive natura«, wie die Formel bei Spinoza[79] so prägnant heißt. Dass am Ende auch die Gesellschaft von diesem benevolenten Perfektibilisierungs- und Ameliorisierungsdruck erfasst werden würde, kann kaum überraschen. Weber spricht von der »Einheit der naturrechtlichen und rationalistischen Weltanschauung [...] mit ihrem optimistischen Glauben an die theoretische und praktische Rationalisierbarkeit des Wirklichen«.[80] *De te fabula narratur*: Es ist dieser letzte Punkt, der rationalistischen Transformation von Welt, Gesellschaft und Leben zur »Moderne« hin, an den Weber anknüpft.

Wenn ich recht sehe, fasst Weber den Rationalismus der Weltbeherrschung in erster Linie über den *Intellektualismus*. Dahinter steht natürlich seine berühmte Entzauberungsthese.[81] Der Entzau-

78 Weber, »Die protestantische Ethik und der Geist des Kapitalismus«, in: ders., *Gesammelte Aufsätze zur Religionssoziologie*, Bd. I., Tübingen ^{6}1972, S. 17-206, hier S. 62.

79 Baruch de Spinoza, *Ethik in geometrischer Ordnung dargestellt* (1677), Hamburg 1999.

80 Weber, »Die ›Objektivität‹ sozialwissenschaftlicher und sozialpolitischer Erkenntnis«, S. 185.

81 Die *Entzauberungsthese* hat von jeher fasziniert und zahllose Studien zur Säkularisierung als Mastertrend der Moderne ausgelöst. Siehe nur Hans Blumenberg, *Säkularisierung und Selbstbehauptung*, erw. und überarbeitete Neuausgabe von *Die Legitimität der Neuzeit*, erster und zweiter Teil, Frankfurt/M. 1974; Stefan Breuer, »Magie, Zauber, Entzauberung«, in: Hans G. Kippenberg, Martin Riesebrodt (Hg.), *Max Webers Religionssystematik*, S. 119-130; Friedrich Wilhelm Graf, *Die Wiederkehr der Götter. Religion in der modernen Kultur*, München 2004; Hartmut Lehmann, *Die Entzauberung der Welt. Studien zu Themen von Max Weber*, Göttingen 2009; Giacomo Marramao, *Die Säkularisierung der westlichen Welt*, Frankfurt/M., Leipzig 1999; Wolfgang Schluchter, *Die Entzauberung der Welt. Sechs*

berungsprozess setzt mit der altjüdischen Prophetie ein, setzt sich über den asketischen Protestantismus fort und geht dann auf die Wissenschaft über. *Entzauberung* umfasst also einen zweistufigen Prozess: Was dem Zauberer noch sein ungezügeltes magisches Charisma, wird im nächsten Schritt von Priestern – ob mit oder ohne Magie – in einer Lehre kodifiziert. Gegen dieses Dogma können dann wiederum Propheten aufstehen und ihre kritische Stimme erheben. Nicht nur wird in diesem Prozess die Magie abgestreift, sondern in der Duplizierung von Dogma und Kritik wird auch die Religion in ihrer unverbrüchlich normativen Gültigkeit unterminiert. Sie erheischt bestenfalls noch empirische Geltung und auch das nur bei den Gläubigen. Schiebt dieser innerreligiöse Prozess selbst die Religion an den Rand des Weltgeschehens, so setzt sich zudem die Wissenschaft scheinbar an ihre Stelle als oberste Orientierungskraft. Aber am Ende entzaubert auch die Wissenschaft schließlich sich selbst. Sie produziert nicht Wahrheit, sondern Wahrheiten, und auch die sind nur vorläufiger Natur. Obgleich im historischen Prozess erbitterte Gegner – man denke an Galileo Galilei und die Katholische Kirche –, entzaubern sich Religion *und* Wissenschaft am Ende des Tages selbst. Das Resultat dieses zweistufigen Entzauberungsprozesses ist die Intellektualisierung der Welt. *Intellektualisierung* meint:

Studien zu Max Weber, Tübingen 2009; Charles Taylor, *A Secular Age*, Cambridge 2007, dt. *Ein säkulares Zeitalter*, üb. von Joachim Schulte, Frankfurt/M. 2009. Jüngst hat Hans Joas mit *Die Macht des Heiligen. Eine Alternative zur Geschichte der Entzauberung*, Berlin 2017 hier insb. S. 11, den umfassenden Versuch unternommen, Webers Entzauberungsthese »zu entzaubern«, indem er analytisch den Begriff in Entmagisierung, Entsakralisierung, Enttranszendentalisierung zerlegt und Weber »durkheimianisiert«, indem er auf die Unverwüstlichkeit der Sakralisierung hinweist. Dem hätte Weber sicherlich zustimmen können, zumal Entzauberung nicht als endgültiger Prozess der Säkularisierung gedacht wird, sondern »Wiederverzauberung« jederzeit denkmöglich und wahrscheinlich ist, wie seine intensive Beschäftigung mit dem Charisma und Charismatisierungsprozessen zeigt. Wie heißt es am Ende der »Protestantischen Ethik«: »Niemand weiß noch, wer künftig in jenem Gehäuse wohnen wird und ob am Ende dieser ungeheuren Entwicklung ganz neue Propheten oder eine *mächtige* Wiedergeburt alter Gedanken und Ideale stehen werden.« (Weber, »Die protestantische Ethik«, S. 204) In Webers Welt sind Geschichte und Gesellschaft »offen«, so dass die Zukunft kontingent ist und Entzauberung jederzeit durch Wiederverzauberung abgelöst werden kann.

das Wissen davon oder den Glauben daran: daß man, wenn man *nur wollte*, es jederzeit erfahren *könnte*, daß es also prinzipiell keine geheimnisvollen unberechenbaren Mächte gebe, die da hineinspielen, daß man vielmehr alle Dinge – im Prinzip – durch *Berechnen beherrschen* könne. Das aber bedeutet: die Entzauberung der Welt. Nicht mehr, wie der Wilde, für den es solche Mächte gab, muß man zu magischen Mitteln greifen, um die Geister zu beherrschen oder zu erbitten. Sondern technische Mittel und Berechnung leisten das. Dies vor allem bedeutet die Intellektualisierung als solche.[82]

Diese säkulare, entzauberte Kultur von Technik und Wissenschaft entwirft ein Weltbild der scheinbar grenzenlosen Machbarkeit: Nichts ist unmöglich, alles ist verfügbar, denkbar, machbar und wünschbar. Verfügbarkeit, Denkbarkeit, Machbarkeit und Wünschbarkeit – das magische Viereck moderner Weltbeherrschung – haben stets und ständig nur eine Konsequenz gehabt: die Realisierung aller dieser damit verbundenen Projekte. Der theoretische Rationalismus, wie er kognitiv im wissenschaftlichen Weltbild zum Ausdruck kommt, hat evaluativ einen ungeheuer fleißigen, unaufhörlich praktischen Rationalismus hervorgebracht, der die Welt nach wissenschaftlich-technisch-ökonomischen Standards stets und ständig umschafft mit dem ambivalenten Ziel des »Fortschritts«.[83]

82 Weber, »Wissenschaft als Beruf«, in: ders., *Gesammelte Aufsätze zur Wissenschaftslehre*, Tübingen ^{4}1973, S. 582-613, hier S. 594.

83 Weber hält die Verwendung des Begriffs *Fortschritt* »für sehr *inopportun*«, weil er stets eine lichte Zukunft normativ vorgaukelt, wo es im besten Falle um technische Veränderungen geht. Aber: Wer kann schon ernsthaft *gegen* »Fortschritt« sein? »Die Verquickung von ›Fortschritt‹ im Sinne 1. des bloß differenzierenden ›Fortschreitens‹, ferner 2. der fortschreitenden *technischen* Rationalität der *Mittel*, endlich 3. der *Wert*steigerung wiederholt sich auch hier.« Es ist stets der gleiche Denkfehler, Prozess, Technik und die damit notwendig einhergehenden Veränderungen als Verbesserungen zu präsentieren. »Fortschritt« ist das berühmte »Schmankerl«, das den Menschen komplexe Anpassungsprozesse schmackhaft machen soll. So Weber, »Der Sinn der ›Wertfreiheit‹ der soziologischen und ökonomischen Wissenschaften«, S. 525 und S. 530. Gegenwärtig wird uns der »Fortschritt« der Digitalisierung schmackhaft gemacht, obwohl oder wegen des ungeheuren Umbaus von Wirtschaft und Arbeitsmarkt mit der Aussicht massenhafter Arbeitslosigkeit, auf jeden Fall aber gehöriger Beschäftigungsunsicherheit. Der Bewegungsdynamik des Kapitalismus kommt natürlich die »Fortschrittsrhetorik« mächtig gelegen, aber Weber verweigerte sich und seiner Soziologie, sich »als Beifallssalve der jeweiligen ›Entwicklungstendenz‹«, die sich gern als »Fortschritt« drapiert, zu gerieren. Siehe ebd., S. 513.

Ohne auf die Sinn- und Bedeutungsfragen an dieser Stelle[84] eingehen zu können, seien Webers drei Beobachtungen, die für unsere Fragestellung wichtig sind, kurz diskutiert, wie auch die gesellschaftliche Gesamtkonfiguration, die daraus resultiert. Welche drei zentralen Trends und Tendenzen erblickt Weber? Erstens scheint der wissenschaftlich-technische Fortschritt im Verein mit ökonomischer Rationalisierung als dynamischem Motor gesellschaftlicher Entwicklung unaufhaltsam zu sein. Er warnt zwar vor der Sinnzumutung an die Naturwissenschaften als Heilsbringer dieses Fortschritts. Denn: »Alle Naturwissenschaften geben uns Antwort auf die Frage: Was sollen wir tun, *wenn* wir das Leben *technisch* beherrschen wollen? *Ob* wir es aber technisch beherrschen sollen und wollen, und ob das letztlich eigentlich Sinn hat: – das lassen sie ganz dahingestellt oder setzen es für ihre Zwecke voraus«.[85]

Doch haben sich die Naturwissenschaften gern in den Dienst des wissenschaftlich-technischen Fortschritts im Gefolge der kapitalistischen Produktionsweise und ihrer globalen Ausdehnung nehmen lassen, sichert er doch Arbeit und Ressourcen, Prestige und Anerkennung in und durch die Gesellschaft. Vermutlich gibt es für diese unaufhaltsame und unaufhörliche Dynamik nur eine energetische wie ökologische Grenze, »bis der letzte Zentner fossilen Brennstoffs verglüht ist.«.[86]

Zweitens beobachtet Weber den Übergriff des Rationalismus der Intellektualisierung von klassisch rationalen Gebieten wie Technik, Wirtschaft, Politik, Wissenschaft etc. auf die klassischen Sphären der sogenannten »Irrationalität« wie Religion, Kunst und Kultur allgemein. Unter der kognitiven Durchrodung seitens der Wissenschaft leidet die Religiosität der Religion, die Aura der Kunst und die Verzauberungskraft der Kultur. Weber nennt etwa die Kunstwissenschaft – »sie wirft nicht die Frage auf, ob das Reich der Kunst nicht vielleicht ein Reich diabolischer Herrlichkeit sei, ein Reich von dieser Welt, deshalb widergöttlich im tiefsten Innern und in seinem tiefinnerlichst aristokratischen Geist widerbrüderlich. Danach also fragt sie nicht: ob es Kunstwerke geben *solle.*«[87]

Drittens notiert er die *Ambivalenz* dieses Rationalisierungspro-

84 Wir kommen am Ende unserer Studie darauf zurück.

85 Weber, »Wissenschaft als Beruf«, S. 599.

86 Weber, »Die protestantische Ethik«, S. 203.

87 Weber, »Wissenschaft als Beruf«, S. 600.

zesses, denn der wissenschaftlich-technisch-ökonomische Fortschritt[88] muss nicht überall auf ungeteilte Zustimmung und Akzeptanz treffen. Wer *dagegen* ist und zwar aus *prinzipiellen* Gründen, muss nicht unbedingt »irrational« oder »verrückt« sein. »Denn – um nur eins zu erwähnen – hinter der ›Handlung‹ steht: der Mensch. Für ihn kann die Steigerung der subjektiven Rationalität und *objektiv-technischen* ›Richtigkeit‹ des Handelns *als solche* über eine gewisse Schwelle hinaus – ja, von gewissen Anschauungen aus: ganz generell – als eine Gefährdung wichtiger (z. B. ethisch oder religiös wichtiger) Güter gelten.« Kurz: »Diejenigen, welche solchen Rationalisierungen opponieren, sind durchaus nicht notwendig Narren.«[89]

Trotz seines eminenten Forschungsinteresses am okzidentalen Rationalismus hat Weber seine Überlegungen zu diesem Thema nicht systematisch zu einem trag- und arbeitsfähigen Ansatz ausgearbeitet. Alles bleibt Andeutung, luzide Beobachtung – was bei Georg Simmel das *Fragment*, ist bei Weber die *Skizze*. Immerhin wird deutlich, warum Weber nicht einen, sondern mehrere Rationalitätsbegriffe unterscheidet und seine Handlungstheorie so anlegt, dass auch das Grenzverhalten zur *Rationalität* in Gestalt traditionalen und affektiven Handelns systematisch berücksichtigt werden kann. Allein das zeigt schon, dass Weber den Menschen nicht als »homo rationalis« ansieht. *Sachlich* interessiert ihn also die Varietät menschlichen Handelns, *methodisch* präferiert er den Rationalitätsbegriff wegen seiner Transparenz. Er macht menschliches Verhalten verstehbar, ohne dass auf eine philosophische Hermeneutik oder eine ausgearbeitete Psychologie zurückgegriffen werden muss. Die Soziologie braucht also zum erklärenden Verstehen und verstehenden Erklären keinerlei Psychologie.

Seine Überlegungen zur *Rationalisierung* belegen, dass Weber bei aller differenzierten Argumentation doch noch auf so etwas wie einen *Mastertrend* stößt, der die Entwicklung zur Modernität

88 Zur Geschichte des Begriffs siehe Christian Meier, Reinhart Koselleck, »Fortschritt«, in: Otto Brunner, Reinhart Koselleck, Werner Conze (Hg.), *Geschichtliche Grundbegriffe. Historisches Lexikon zur politisch-sozialen Sprache in Deutschland*, Bd. 2, Stuttgart 1975, S. 351-423. Zur Aktualität für die Analyse des 20. Jahrhunderts siehe Jeffrey C. Alexander, Piotr Sztompka (Hg.), *Rethinking Progress. Movements, Forces, and Ideas at the End of the Twentieth Century*, London 1990.

89 Weber, »Der Sinn der ›Wertfreiheit‹«, S. 530.

im Westen vorangetrieben hat. Genau deshalb wird der okzidentale Rationalismus neben dem Aufstieg des Kapitalismus zu einem brennenden Thema für ihn. Was bei den anderen wirtschafts- und sozialwissenschaftlichen Klassikern von Adam Smith, Herbert Spencer und Émile Durkheim bis hin zu Talcott Parsons und Niklas Luhmann Arbeitsteilung und soziale Differenzierung,[90] das ist bei Weber die Rationalisierung. Theoretisch aufschlussreich ist nun, dass Differenzierung und Rationalisierung als Struktur- und Entwicklungskonzepte die *formalen* Eigenschaften teilen. Denn Rationalisierung impliziert ebenfalls Arbeitsteilung, Spezialisierung, Intellektualisierung, Kalkulierbarkeit. Ganz ähnlich argumentiert die Differenzierungstheorie, die so etwas wie den *mainstream* in der makrosoziologischen Theorietradition darstellt. Aber *inhaltlich* und *materialiter* trennen Rationalisierungs- und Differenzierungstheorie Welten. Man muss Webers Bemerkung schon ernst nehmen, dass der Rationalismus eine »Welt von Gegensätzen« bedeutet. Was das genau heißt und was es für die moderne Gesellschaft bedeutet, hat er *systematisch* nicht ausgearbeitet. Das hätte geheißen, eine Gesellschaftstheorie als Rationalisierungstheorie zu entwerfen, und das lag nicht nur außerhalb seines analytischen Interesses, sondern hätte ihn wohl auch überfordert. Es ist eben ein weiter Weg von einer wissenschaftlichen Entdeckung wie dem Rationalismus als Schlüssel für die Modernität bis zur Formulierung einer übergreifenden Theorie. Von einer Universalgeschichte führt auch so leicht kein Weg zu einer Gesellschaftstheorie, sondern bestenfalls zu einer Gesellschaftsgeschichte. Weber hätte auf dieses Ansinnen womöglich dahingehend geantwortet, dass er dazu erst einmal sämtliche Lebensbereiche auf ihre Rationalisierungsidee und ihr Rationalisierungspotential historisch-empirisch hätte untersuchen müssen. Nur um dann am Ende eines solch voluminösen Forschungsprozesses festzustellen, dass es eben außer den formalen Eigenschaften inhaltlich nur diametrale Gegensätze gibt.

90 Aus der Fülle der Literatur siehe nur Jeffrey C. Alexander, *Soziale Differenzierung und kultureller Wandel*, Frankfurt/M., New York 1993; Niklas Luhmann (Hg.), *Soziale Differenzierung. Zur Geschichte einer Idee*, Opladen 1985; Dietrich Rueschemeyer, *Power and the Division of Labour*, Cambridge 1986; Uwe Schimank, *Theorien gesellschaftlicher Differenzierung*, Opladen 1996; Hartmann Tyrell, *Soziale und gesellschaftliche Differenzierung. Aufsätze zur soziologischen Theorie*, Wiesbaden 2008.

Rationalisierung umschreibt einen Begriff mit formal identischen Eigenschaften, aber sehr unterschiedlichen Folgen in den jeweiligen Lebensbereichen. Rationalisierung in der Religion heißt etwas ganz Anderes als Rationalisierung in der Musik. Eben deshalb muss man ein Gebiet nach dem anderen untersuchen. Das Ergebnis könnte auf »strukturierte Diversität«[91] lauten: Die Strukturierung ergibt sich aus den formal identischen Eigenschaften der Prozesslogik; die Diversität resultiert aus den Unterschieden in den jeweiligen Werten und Rationalitäten der Bereiche.

Weber hat letztlich aus der Not eine Tugend gemacht und sich in Skizzen und Zeitdiagnostik geübt. Forschungspraktisch hat er jeweils nur Entwürfe unterschiedlichen Ausarbeitungsgrades vorgelegt. Die am weitest reichenden Forschungen finden sich sicherlich auf dem Gebiet der Religion, denn die Weltreligionen untersucht er nicht nur auf ihre Affinität zum Kapitalismus, sondern auch auf die Konturen ihres jeweiligen Rationalismus hin. Seine eigene große Entdeckung aus der Welt der Musik stößt ihn zwar auf die Idee, aber die Formen und Züge des Rationalismus in verschiedenen Kulturen der Musik hat er bis auf ein paar Illustrationen nicht untersucht. Selbst wenn er das gewollt hätte, wäre ihm das unmöglich gewesen angesichts des Standes der Musikwissenschaft und vor allem der Musikethnologie.

In der Spätphase seines Schaffens jedoch hat er seine Zeitdiagnose aus der »Protestantischen Ethik« konkretisiert, die Konstella-

91 »Strukturierte Diversität« ist der *terminus technicus,* mit dessen Hilfe ich die Vielfalt der europäischen Gesellschaft zu charakterisieren versucht habe. Der kleine europäische Kontinent weist eine Vielzahl von Kulturen auf, aber die daraus resultierende Heterogenität wird eingehegt durch zahlreiche gemeinsame historische Erfahrungen und Erzählungen, Werte und Institutionen. Einen Eindruck davon gibt der »acquis communitaire«, denn das voluminöse Gesetzeswerk definiert die vorbildlichen und verbindlichen Werte und Spielregeln in der Europäischen Union. Siehe Hans-Peter Müller, »Auf dem Weg in die europäische Gesellschaft? Begriffsproblematik und theoretische Perspektiven«, in: *Berliner Journal für Soziologie* 17 (1) (2007), S. 7-31; ferner Robert Hettlage, Hans-Peter Müller (Hg.), *Die europäische Gesellschaft*, Konstanz 2006; Monika Eigmüller, Steffen Mau (Hg.), *Gesellschaftstheorie und Europapolitik. Sozialwissenschaftliche Ansätze zur Europaforschung*, Wiesbaden 2010; Maurizio Bach, Barbara Hönig (Hg.), *Europasoziologie. Handbuch für Wissenschaft und Studium*, Baden-Baden 2018. Zu diesem Themenkomplex siehe auch Wolfgang Schluchter, »Rationalität – das Spezifikum Europas?«, in: Hans Joas, Klaus Wiegandt (Hg.), *Die kulturellen Werte Europas*, Frankfurt/M. 2005, S. 237-264.

tion der westlichen Moderne spezifiziert und für zwei Wertsphären und Lebensordnungen, Wissenschaft und Politik, eruiert, was es heißt, sein Leben als Wissenschaftler oder Politiker zu führen. In seiner »Zwischenbetrachtung« hat er mit der Formel Ernst zu machen versucht, was es heißt, dass der Rationalismus eine Welt von Gegensätzen umfasst. Er kontrastiert hier die Religion, die einst alles war – Handlungsorientierung, Ordnung und Kultur – mit den übrigen Wertsphären und Lebensordnungen von Wirtschaft, Politik, Kunst, Erotik und Wissenschaft. Das Ergebnis ist eine Welt voller Spannungen und Inkonsistenzen, in der eine Brüderlichkeitsethik als Lebensführung wie einst die von Jesus oder dem heiligen Franziskus auf schwere Widerstände stoßen dürfte. Freilich: Auch dieser Schlüsseltext würde eine eigene Studie[92] erfordern, um herauszuarbeiten, »welche Kriterien eigentlich erfüllt sein müssen, damit ein Ausschnitt des Handelns als Ausdruck einer Wertsphäre mit Eigenrecht und Eigengesetzlichkeit bezeichnet werden kann«.[93] Wir werden am Ende unserer Spurensuche diesen Problemkomplex nochmals aufnehmen und anhand von Webers Überlegungen zu Wissenschaft und Politik als Beruf sein geistiges Vermächtnis betrachten.

92 Solche Versuche unternehmen Thomas Schwinn ausführlich in *Differenzierung ohne Gesellschaft. Umstellung eines soziologischen Konzepts,* Weilerswist 2001, S. 154-207 und systematisch in »Wertsphären, Lebensordnungen und Lebensführungen«, in: Agathe Bienfait, Gerhard Wagner (Hg.), *Verantwortliches Handeln in gesellschaftlichen Ordnungen*, Frankfurt/M. 1998, S. 270-319 sowie Schluchter, *Grundlegungen der Soziologie*, 309-316.

93 Schluchter, *Religion und Lebensführung*, Bd. 1, S. 289.

7. Politik und Gesellschaft: Herrschaft und Bürokratie als Schicksal, Nation und Demokratie als Chance?

Politik als Kampf

Das agonale Wirklichkeitsverständnis Max Webers rechnet stets und überall mit Kampf und Konflikt, Macht und Gewalt. Die Kämpfe zwischen den Menschen, die Auseinandersetzungen in und zwischen Organisationen und Institutionen, die Konflikte und Kriege zwischen Nationen und Staaten drehen sich allesamt um Über- und Unterordnung, Vorherrschaft und Untertanenschaft, Sieg und Niederlage. Nichts und niemand kann der Verstrickung in »die Gesetzlichkeit des ›Macht-Pragma‹, das alle politische Geschichte beherrscht«,[1] entfliehen. Weber kam deshalb nicht umhin, sich Gedanken über Herrschaft zu machen.

Dolf Sternbergers bekannte Unterscheidung der drei Wurzeln der Politik[2] hilft eingangs vielleicht weiter, um Webers Ansatz zur Staats- und Politikwissenschaft[3] besser zu verorten. Sternberger un-

1 Max Weber, »Zwischen zwei Gesetzen« (1916), in: ders., *Gesammelte Politische Schriften*, Tübingen ³1971, S. 142.

2 Dolf Sternberger, *Drei Wurzeln der Politik*, Frankfurt/M. 1967.

3 Die Forschung zu »Weber als Staats- und Politikwissenschaftler« umfasst ebenfalls ganze Bibliotheken. Grundlegend sind die Arbeiten von Wolfgang Mommsen, *Max Weber und die deutsche Politik*, Tübingen ²1974 und ders., *Max Weber. Gesellschaft, Politik und Geschichte*, Frankfurt/M. 1974, ferner: Andreas Anter, *Max Webers Theorie des modernen Staates. Herkunft, Struktur und Bedeutung*, Berlin 1995; ders., Stefan Breuer (Hg.), *Max Webers Staatssoziologie. Positionen und Perspektiven*, Baden-Baden 2007; Klaus von Beyme, *Theorie der Politik im 20. Jahrhundert. Von der Moderne zur Postmoderne*, Frankfurt 1991; Stefan Breuer, *Max Webers Herrschaftssoziologie*, Frankfurt/M., New York 1991; ders., *Bürokratie und Charisma*, Darmstadt 1994; Gregor Fitzi, *Max Webers politisches Denken*, Konstanz 2004; Manfred Kopp, Hans-Peter Müller, *Herrschaft und Legitimität in modernen Industriegesellschaften*, München 1980; Edith Hanke, Wolfgang Mommsen (Hg.), *Max Webers Herrschaftssoziologie. Studien zur Entstehung und Wirkung*, Tübingen 2001; Wilhelm Hennis, *Politik und praktische Philosophie. Schriften zur politischen Theorie*, Stuttgart 1977; ders., *Max Webers Fragestellung. Studien zur Biographie des Werks*, Tübingen 1987; ders., *Max Webers Wissenschaft vom Menschen. Neue Studien zur Biographie des Werks*, Tübingen 1996; Hermann Lübbe, *Politische Philosophie*

terscheidet zwischen der Politologie von Aristoteles, der Eschatologik des Augustinus und der Dämonologik von Machiavelli. Wenn nun für Weber Politik stets ›Kampf um Macht‹ bedeutet, wie in der Auseinandersetzung um Rationalität gesehen, rechnet er weder mit einem gemeinschaftsorientierten Wesen, dem »animal rationale«, wie die Politologik, noch mit der Aussicht, dass Gerechtigkeit und Frieden auf Erden herrschen werden, wie die Eschatologik. »Für den Traum von Frieden und Menschenglück steht über der Pforte der unbekannten Zukunft der Menschengeschichte: lasciate ogni speranza«[4] – so dekretiert Weber schon unmissverständlich in seiner akademischen Antrittsrede in Freiburg im Jahr 1895.

Nicht Aristoteles oder Augustinus folgt er, sondern Machiavelli. Weber ist deshalb oft als »moderner Machiavelli«[5] bezeichnet worden, geht er doch wie dieser davon aus, dass alles soziale Leben, gleichgültig in welcher Wertsphäre und Lebensordnung, von Kampf durchzogen wird. Sei es in Liebe und Familie, wo der oder die die Oberhand behält, der oder die weniger liebt und/oder grö-

in Deutschland: Studien zu ihrer Geschichte, Basel, Stuttgart 1963; Realino Marra, *La libertà degli ultimi uomini. Studi sul pensiero giuridico e politico di Max Weber*, Turin 1995; Kari Palonen, *Der »Webersche Moment«. Zur Kontingenz des Politischen*, Opladen 1998; Gianfranco Poggi, *Forms of Power*, Cambridge 2001; Lawrence A. Scaff, *Weber and the Weberians*, London 2014; Manfred G. Schmidt, *Demokratietheorien. Eine Einführung*, Opladen 32000; Carl Schmitt, *Verfassungsrechtliche Aufsätze aus den Jahren 1924-1954. Materialien zu einer Verfassungslehre*, Berlin 1954; Leo Strauss, *Naturrecht und Geschichte*, Stuttgart 1953; Eric Voegelin, *Die Größe Max Webers*, München 1995; Ernst Vollrath, *Grundlegung einer philosophischen Theorie des Politischen*, Würzburg 1987.

4 Max Weber, »Der Nationalstaat und die Volkswirtschaftspolitik«, in: ders., *Gesammelte Politische Schriften*, Tübingen ³1971, S. 12 – »Lasst alle Hoffnung fahren«. Interessant ist, dass Karl Marx *und* Max Weber immer dann, wenn es wichtig wird, mit einem Zitat ihres Lieblingsdichters Dante aufwarten: Karl Marx beschließt das Vorwort in *Das Kapital* am 25. Juli 1867 mit: »Segui il tuo corso, e lascia dir le genti!«, also »Geh deinen Weg, und laß die Leute reden!«, einem abgewandelten Zitat aus Dante, *Die Göttliche Komödie*, »Das Fegefeuer«, 5. Gesang, Zeile 17. Siehe ders., *Das Kapital. Kritik der politischen Ökonomie*, Bd. 1 (1867), Berlin ⁴1973, S. 17 und S. 846, Anm. 3. Max Weber spielt auf das Eingangstor zur Hölle an, dessen letzte Zeile lautet: »Lasciate ogni speranza, voi ch'intrate!«, abgewandelt und popularisiert als »Lasciate ogni speranza!«, »Lasst alle Hoffnung fahren, die ihr dort eintretet!«, Dante, »Inferno«, 3. Gesang, Zeile 9. In verschiedenen Ausgaben übersetzt von Karl Witte, Berlin 2016.

5 So schon Mommsen, *Max Weber und die deutsche Politik*, S. 48.

ßere Unangenehmheit ausstrahlt. Sei es in Organisation und Betrieb, wo den Anordnungen des unbeliebten Chefs oder der Chefin unbedingt Folge zu leisten ist. Sei es selbst in einer Demokratie, um von einer Autokratie ganz zu schweigen, wo Regierungsleistungen der politischen Klasse häufig hinter den erhofften Erwartungen seitens der Bürger und Bürgerinnen zurückbleiben. Stets gilt: Wer hier etwas ändern will, muss kämpfen. Es sei denn, man bescheidet sich mit Loyalität oder findet einen Ausweg,[6] um sich der unangenehmen Sphäre zu entziehen.

Wenn Macht omnipräsent und omnipotent ist, allenfalls in mannigfachen Gewändern auftritt, wie fasst man sie? Und wie verallgemeinert Weber den Kampfbegriff, um ihn anschlussfähig für seine Soziologie der Herrschaft zu machen? »Zweifelsfrei ist Webers ›soziologischer Grundbegriff‹«, so Gangolf Hübinger,[7] »damit oberhalb der zwei dominierenden Semantiken seiner Zeit, dem ›Klassenkampf‹ und dem ›Rassenkampf‹, also Marx und Darwin als Ausgangspunkt neuer Gesellschaftstheorie, angesiedelt.« In diesem Kapitel folgen wir dem »Machtkampf«, um im nächsten Kapitel über soziale Ungleichheit auch die beiden anderen Arten von Kampf näher zu betrachten.

In einem ersten Schritt sollen Webers Begrifflichkeit von Macht und Herrschaft, seine Typen von Herrschaft und sein Konzept des Staates vorgestellt werden. Wie die Metapher des Schicksals andeutet, lässt sich Macht und Herrschaft im Alltag wie in der Gesellschaft nicht entgehen. Die große Hoffnung ruht deshalb meist auf der Demokratie, die gern als Versuch angesehen wird, die Herrschaft des Menschen über den Menschen abzubauen. Eingebettet ist sie häufig in den Rahmen einer Nation oder eines Nationalstaates. Deshalb werden im zweiten Schritt Webers Andeutungen zur Rolle von Nation und Demokratie im modernen Leben im Anschluss an seine Überlegungen zum Charisma systematisch präsentiert, denn

6 Das erinnert natürlich an die drei Optionen von Albert O. Hirschman, *Exit, Voice and Loyalty. Responses to Decline in Firms, Organizations and States*, Cambridge, London 1970, dt. *Abwanderung und Widerspruch. Reaktionen auf Leistungsabfall bei Unternehmungen, Organisationen und Staaten*, Tübingen 1974. Wer weder auswandern noch ergeben loyal sein kann, muss seine »Stimme« erheben und protestieren.

7 Gangolf Hübinger, »Politische Wissenschaft um 1900 und Max Webers soziologischer Grundbegriff des ›Kampfes‹«, in: Hanke, Mommsen (Hg.), *Max Webers Herrschaftssoziologie*, S. 101-120, hier S. 118.

eine »Theorie« von Nation oder Demokratie hat er natürlich auch hier wieder nicht entwickelt.

Macht und Herrschaft

Am 30.12.1913 kündigt Max Weber seinem Verleger Paul Siebeck »Großes« an und wird die Gestalt von *Wirtschaft und Gesellschaft*[8] andeuten, die freilich mit dem ersten Teil erst 1919/1920 erscheinen sollte:

> Da *Bücher*[9] ja – ›Entwicklungsstufen‹ – *ganz* unzulänglich ist, habe ich eine geschlossene soziologische Theorie und Darstellung ausgearbeitet, welche alle großen Gemeinschaftsformen zur Wirtschaft in Beziehung setzt: von der Familie und Hausgemeinschaft zum ›Betrieb‹, zur Sippe, zur ethnischen Gemeinschaft, zur Religion [...], endlich eine umfassende soziologische Staats- und Herrschafts-Lehre. Ich darf behaupten, daß es noch nichts dergleichen giebt, auch kein ›Vorbild‹.[10]

Der stolze Unterton besteht historisch und empirisch zu Recht, denn wie immer man sich zu seiner »Staats- und Herrschafts-Lehre« stellen mag, etwas Vergleichbares gibt es bis heute nicht. Aber ein Stück weit ist die Ankündigung geflunkert, denn zu diesem

8 Auch hier schlägt wieder die Aufteilung auch der Herrschaftssoziologie aus *Wirtschaft und Gesellschaft* in zwei Teile zu: Der systematische Teil findet sich in Max Weber, *Wirtschaft und Gesellschaft. Soziologie, unvollendet 1919-1920*, Tübingen 2014, MWG I/23, S. 449-591. Die historische Langfassung ist erschienen als *Wirtschaft und Gesellschaft. Die Wirtschaft und die gesellschaftlichen Ordnungen und Mächte. Nachlaß*, Teilband 4: *Herrschaft*, hg. von Edith Hanke in Zusammenarbeit mit Thomas Kroll, Tübingen 2009, kurz: MWG I/22-4. Ich halte mich der Einfachheit halber an die klassische Edition von *Wirtschaft und Gesellschaft*, füge aber auch stets die MWG hinzu.

9 Gemeint ist der seinerzeit bekannte Ökonom Karl Bücher, der die Theorie der Arbeitsteilung in einer Stufentheorie systematisiert und Weber ein entsprechendes Kapitel für den *Grundriß der Sozialökonomik* versprochen hatte. Das dünne Kondensat, was er schließlich ablieferte, hatte Weber zutiefst enttäuscht. Vgl. Karl Bücher, *Die Entstehung der Volkswirtschaft*, Tübingen 1893, zuletzt 2009 wieder aufgelegt.

10 Max Weber, *Das Briefwerk*, Bd. 8, S. 449 f., kurz: MWG II/8, S. 449 f. Zum werkgeschichtlichen Hintergrund siehe Hanke, Mommsen (Hg.), *Max Webers Herrschaftssoziologie*, S. 19-46 und Wolfgang Schluchter, *Max Webers späte Soziologie*, Tübingen 2016, S. 223-330.

Zeitpunkt existiert seine Herrschaftssoziologie noch gar nicht in ausgearbeiteter Form. Er wird sie in systematischer Gestalt erst 1919-1920 vorlegen. Eine »Staatssoziologie«[11] dagegen, die er auch demnächst zu schreiben ankündigt, ist nie erschienen.

In seinen »soziologischen Grundbegriffen« definiert Weber Macht wie folgt: »*Macht* bedeutet jede Chance, innerhalb einer sozialen Beziehung den eigenen Willen auch gegen Widerstreben durchzusetzen, gleichviel worauf diese Chance beruht.«[12] Das ist eine der berühmtesten Definitionen von Macht und sie bringt die Grundkonstellation einer Machtbeziehung kongenial auf den Begriff. Macht »macht« einen Unterschied in der sozialen Welt,[13] vermag doch die mächtige Person sich auch gegen Widerstreben einer anderen Person durchzusetzen und eine Entscheidung in ihrem Sinn herbeizuführen. In diesem Sinne eröffnet sie die Chance, den Gang der Dinge zu eigenen Gunsten zu lenken und zwar unabhängig davon, worin die Durchsetzungschance bestehen mag. Macht »ermächtigt«. Insofern enthält Webers Definition implizit die beiden Bedeutungen von Macht als *Zwang* und von Macht als *Ermöglichung* oder *empowerment*, wie es neudeutsch heißt. Diese Begriffsbildung passt damit zu seiner Handlungstheorie wie auch zu seiner Herrschaftssoziologie.

Allein, Weber macht mit und aus diesem wohldefinierten Begriff nichts. Gerade ihre Ubiquität und die Tatsache, dass alles soziale Leben machtdurchtränkt ist, lässt Macht in seinen Augen »soziologisch amorph«[14] erscheinen. Ihre »Gestaltlosigkeit« oder vielleicht

11 Johannes Winckelmann, der sich um die Komposition von *Wirtschaft und Gesellschaft* sehr verdient gemacht hat, hat deshalb seit der vierten Auflage von 1956 im zweiten Band einen 8. Abschnitt, »Die rationale Staatsanstalt und die modernen politischen Parteien und Parlamente (Staatssoziologie)« aufgenommen, die er aus Weber-Texten selbst zusammengestellt hat, um das Desideratum einer Staatssoziologie zu erfüllen. Siehe Weber, *Wirtschaft und Gesellschaft*, Tübingen [5]1972, S. 815-868. Auch hier ist die der philologischen Werktreue verpflichtete MWG dem »Winckelmann-Weber« nicht gefolgt. Zu seiner Rechtfertigung siehe Johannes Winckelmann, *Max Webers hinterlassenes Hauptwerk*, Tübingen 1986.

12 Weber, *Wirtschaft und Gesellschaft*, S. 28 und MWG I/23, S. 210.

13 Genau wegen seiner zeitlosen Klassizität geht auch Luhmann eingangs aus von der »Vorstellung, Macht sei ein Bewirken einer Wirkung gegen möglichen Widerstand, sozusagen Kausalität unter ungünstigen Umständen«, ohne Weber eigens zu erwähnen. Ders., *Macht*, Stuttgart 1975, S. 1.

14 Ebd.

besser ihre ominöse »Vielgestaltigkeit« verhindert, dass Weber die Chancen, auf denen Macht[15] beruht, zu klassifizieren sich zutrauen konnte. Genau diese »Unklassifizierbarkeit aufgrund von unüberschaubarer Vielfalt« macht es in seinen Augen schwierig bis unmöglich, mit diesem Begriff vernünftig und das heißt: soziologisch präzise zu arbeiten.

Entsprechend zieht er den klassischen und eigentlich gänzlich unmodernen Begriff der Herrschaft vor und definiert diese als »Chance, für einen Befehl bestimmten Inhalts bei angebbaren Personen Gehorsam zu finden; *Disziplin* soll heißen die Chance, kraft eingeübter Stellung für einen Befehl prompten, automatischen und schematischen Gehorsam bei einer angebbaren Vielheit von Menschen zu finden.«[16]

Offenkundig schätzt Weber hier die Möglichkeit, die Chancen zu klassifizieren, um Herrschaft erfolgreich auszuüben, höher ein als beim Macht-Begriff. Denn zum einen muss es einen *Herrscher* oder *Herrn* geben, der die Position hat und die Positionierung geltend macht, Anweisungen zu erteilen. Es sei denn, man ginge von einer Art »Niemandsherrschaft«[17] aus, weil die gesellschaftlichen Verhältnisse des Kapitalismus, also anonyme Strukturen und Prozesse, die Macht ausüben. Weber will indes die Herrschaft individuell zurechnen können und benötigt deshalb einen dominanten

15 Die sozialwissenschaftliche Tradition sollte Weber in dieser Einschätzung nicht folgen, sondern zog den Macht- dem altertümlichen Herrschaftsbegriff vor. Am bekanntesten dürfte Michael Manns *Geschichte der Macht* geworden sein. Siehe seine vierbändige Reihe *The Sources of Social Power*, Bd. 1-4, Cambridge 1986-2012, dt. übersetzt als *Geschichte der Macht*, Erster Band: *Von den Anfängen bis zur griechischen Antike*; Zweiter Band: *Vom Römischen Reich bis zum Vorabend der Industrialisierung*; Dritter Band: Teil 1 und 2, *Die Entstehung von Klassen und Nationalstaaten*, Frankfurt/M. 1990-2001. Ein guter Überblick bei Peter Imbusch (Hg.), *Macht und Herrschaft. Sozialwissenschaftliche Konzeptionen und Theorien*, Opladen 1998 und David Strecker, *Logik der Macht. Zum Ort der Kritik zwischen Theorie und Praxis*, Weilerswist 2012. Klassisch John Kenneth Galbraith, *The Anatomy of Power*, Boston 1983, dt. *Anatomie der Macht*, München 1987; Luhmann, *Macht*; Steven Lukes, *Power. A Radical View*, London 1974, ders. (Hg.), *Power*, New York 1986; C. Wright Mills, *Power, Politics & People. The Collected Essays of C. Wright Mills*, hrsg. u. mit einer Einl. von Irving Louis Horowitz, London u. a. 1963; Gianfranco Poggi, *Forms of Power*, Cambridge 2001; Dennis H. Wrong, *Power. Its Forms, Bases, and Uses*, New Brunswick, London ^{2}1997.

16 Ebd.

17 So Hannah Arendt, *Macht und Gewalt*, München 1985, S. 39.

Akteur. Zum anderen gibt es die *Beherrschten,* deren Stellung und ohnmächtige Stellungnahme sie daran gewöhnt hat, Befehle einfach zu befolgen. Herrscher und Beherrschte, Befehl und Gehorsam, Position und Positionierung sind über das Band der *Disziplin* aneinandergebunden. Die Disziplin impliziert einen temporalen Aspekt, denn offenkundig handelt es sich um einen dauerhaften Prozess. Über Disziplinierung wird ein Herrschaftsverhältnis auf Dauer gestellt. Aber wie?

In aller Regel herrscht selbst ein Alleinherrscher nicht allein, sondern bedarf eines Personenkreises, der ihn in der Ausübung seiner Herrschaft unterstützt. Weber nennt ihn *Verwaltungsstab*. Nur »der Hausvater herrscht ohne Verwaltungsstab«.[18] Eng verbunden mit der Vorstellung eines unterstützenden Verwaltungsapparates ist für Weber die Verbandsidee im Allgemeinen und der Herrschaftsverband im Konkreten.

Schon in den »Soziologischen Grundbegriffen« bezieht er diese Begriffe ganz eng aufeinander, um die institutionelle Seite der Herrschaft herauszukehren. Diese Anstrengung zeitigt eine ganze Serie von aufeinander abgestimmten Definitionen: »Ein Verband soll insoweit, als seine Mitglieder als solche kraft geltender Ordnung Herrschaftsbeziehungen unterworfen sind, *Herrschaftsverband* heißen.« Weber unterscheidet nun weiter nach dem jeweiligen Lebensbereich, in dem Herrschaft ausgeübt werden soll, hier: *Politik* und *Religion*.

> *Politischer* Verband soll ein Herrschaftsverband dann und insoweit heißen, als sein Bestand und die Geltung seiner Ordnungen innerhalb eines angebbaren *Gebiets* kontinuierlich durch Anwendung und Androhung *physischen* Zwanges seitens des Verwaltungsstabes garantiert werden. [...] *Hierokratischer* Verband soll ein Herrschaftsverband dann und insoweit heißen, als zur Garantie seiner Ordnungen psychischer Zwang durch Spendung oder Versagung von Heilsgütern (hierokratischer Zwang) verwendet wird.[19]

Die dominanten Institutionen von Politik und Religion sind in Webers Augen Staat und Kirche. Deshalb definiert er weiter:

> *Staat* soll ein politischer *Anstaltsbetrieb* heißen, wenn und insoweit sein Verwaltungsstab erfolgreich das *Monopol legitimen* physischen Zwanges für

18 Weber, *Wirtschaft und Gesellschaft*, S. 29 und MWG I/23, S. 211 f.
19 Ebd.

die Durchführung der Ordnungen in Anspruch nimmt. [...] *Kirche* soll ein hierokratischer *Anstaltsbetrieb* heißen, wenn und soweit sein Verwaltungsstab das *Monopol* legitimen hierokratischen Zwanges in Anspruch nimmt.[20]

Weber zieht also die soziologischen Daumenschrauben ganz fest an, um Politik und Religion, Staat und Kirche, nach ihrem Verbands-, Herrschafts- und Verwaltungscharakter ein für alle Mal verbindlich wie vorbildlich zu definieren. Und diese Definitionen sind wie in Stein gemeißelt und zugleich der Höhepunkt seiner Begriffsarchitektonik in *Wirtschaft und Gesellschaft*.

Anstaltsbetrieb ist – ähnlich wie bei *Kulturwertideen* in seiner Methodologie gleich drei Begriffe (»Kultur« – »Wert« – »Ideen«) verkoppelt sind – aus zwei Begriffen gekoppelt. Denn »*Betrieb* soll ein kontinuierliches *Zweck*handeln« heißen, »*Anstalt* soll ein Verband« sein, dessen Ordnung aufoktroyiert wird. Erinnert der »Betrieb« an die Wirtschaft, so die »Anstalt« an den Staat. Und dieser Art von »Anstaltsbetrieb« bedienen sich Religion und Politik, Kirche und Staat. Hier geht es um *physischen*, dort um *psychischen* Zwang; hier um *Sicherheit* im Diesseits, dort um das *Seelenheil* im Jenseits. In beiden Institutionen dreht sich das Geschehen um Disziplin und Gehorsam, sichergestellt von einem Verwaltungsstab, um die Herrschaft von Staat und Kirche zu garantieren. Auch wenn uns heute der Herrschaftsbegriff merkwürdig antiquiert anmutet, so pocht Weber darauf, dass auch der moderne Staat und die zeitgenössische Kirche *herrschen*.[21] Und das, ob es den Beherrschten nun gefällt oder nicht.[22]

20 Ebd.

21 Im Zeitalter von Demokratie und Gleichheit muss »Herrschaft« erfolgreich verschleiert werden. Schon Friedrich der Große bezeichnete sich als »erste[n] Diener des Staates«, um seine Herrschaftsfunktion zu euphemisieren. Seither gehört es zum guten Ton von Politikern in Verkehrung der tatsächlichen Verhältnisse, gern »dienen« zu wollen. In der Demokratie sind die »Staatsdiener« die Herrscher.

22 In dem Maße freilich, in dem das Diesseits das Jenseits noch stärker als bisher in der Geschichte der Menschheit dominiert und vor allem im Westen von »Heil« auf »Erfolg« umgestellt worden ist, hat der Staat mit seinen materiellen Leistungen deutlich bessere Karten als die Kirchen mit ihren spirituellen Seelenführungsangeboten.

Das Modell von Herrschaft: Organisation und Legitimität[23]

Auf der Basis dieser Begriffsreihe untersucht Weber die Funktionsweise von Herrschaft und behauptet im Ergebnis, dass ihre Stabilität auf zwei Säulen ruht. Zum einen der materiellen und sozialstrukturellen Säule der *Organisation*, denn »Herrschaft ist im *Alltag* primär: *Verwaltung*«.[24] Hinzukommen muss zum anderen jedoch die ideelle und kulturelle Säule der *Legitimität*, denn nur so lässt sich auf Dauer die gewaltsame Seite der Herrschaft rechtfertigen und ihre Anerkennungswürdigkeit als »gut«, »richtig« und »gerecht« in den Augen der Betroffenen sichern. Vor allem in außeralltäglichen Krisenzeiten wird es auf die Geltungsgründe einer in Frage gestellten Herrschaft ankommen und zwar umso stärker, je heftiger sie unter Beschuss geraten ist. Organisation und Legitimität sind für sich so zentral für Webers Verständnis, dass ihre Rolle nachfolgend jeweils näher analysiert werden soll.

Die *Organisation* von Herrschaft im Rahmen eines Verbandes übernimmt im Alltag der Verwaltungsstab. Entgegen der ursprünglichen *Dyade* »Herrscher-Beherrschte«, die an Marxens Modell von Bourgeoisie und Proletariat erinnert, geht Weber davon aus, dass Stabilität und Dauer von Herrschaft erst durch eine *Triade* möglich werden. Der Verwaltungsstab ist gleichsam die Mittlerinstanz und strukturelle Mitte, die dafür Sorge trägt, dass zwischen »Oben« und »Unten« Disziplin und Gehorsam, Ruhe und Frieden herrscht. Sozialstrukturell gesehen, lässt sich die Einteilung als hierarchische Differenzierung interpretieren, denn die Oberklasse herrschen, die Mitte als Dienstklasse verwaltet und die Unterklasse führt aus. Allein, so einfach sind gesellschaftliche Verhältnisse dann doch nicht gebaut. Dennoch werden wir anhand von Webers Überlegungen zur sozialen Ungleichheit sehen, dass die Mehrgliedrigkeit der Klassenverhältnisse entscheidend für die Stabilität einer Klassengesellschaft ist. Marxens Klassentheorie, die damit rechnet, dass die Krisenhaftigkeit des Kapitalismus auf die Konfrontation einer Minorität und Majorität, der Bourgeoisie und dem Proletariat, hinausläuft, beschreibt damit eine strukturelle Situation der »Zwei-

23 Siehe zum Folgenden Kopp, Müller, *Herrschaft und Legitimität in modernen Industriegesellschaften*, S. 11-23.

24 Weber, *Wirtschaft und Gesellschaft*, S. 126 und MWG I/23, S. 459.

klassigkeit« und die Dichotomie (»Ihr da oben, wir da unten!«) ist in der Tat strukturell günstig für einen revolutionären Umsturz.

Der Verwaltungsstab als Mitte und Mittler nimmt sozialstrukturell eine durchaus widersprüchliche Position ein: Zum einen gehört er als ausführendes Organ zur Herrschaft und übt sie im Alltag[25] aus, indem er auf Anweisung der Herrschenden von Sach- und Gewaltmitteln Gebrauch macht. Auch profitiert er von der Partizipation an der Macht, so dass seine Lebens- und Versorgungschancen durch »materielles Entgelt und soziale Ehre«[26] ganz entscheidend von der Aufrechterhaltung der gesellschaftlichen Verhältnisse abhängen. Das legt ihm eine politische Positionierung nahe, die konservativ und am *Status quo* orientiert ist. Zum anderen aber gehören dessen Mitglieder vor allem in den niederen und mittleren Rängen der Verwaltungshierarchie häufig von sozialer Herkunft und Habitus her zum »Volk«, so dass sie deren Sorgen und Nöte durchaus teilen. Obgleich im Alltag mit dem Herrschaftsdienst beschäftigt, sind auch sie letztlich der Herrschaft unterworfen. In Bourdieus Sprache ausgedrückt, sind sie »beherrschte Herrschende«.[27]

Zur weiteren Unterscheidung von Herrschaftsverhältnissen ist es für Weber zentral, wie im Einzelnen die Befehlsgewalt zwischen Herrscher und Verwaltungsstab aufgeteilt ist. Je rationalisierter das Herrschaftsverhältnis, desto eher wird der Beamte von seinen Sach- und Verwaltungsmitteln getrennt sein, so wie der Proletarier bei Marx von seinen Produktionsmitteln. Das stärkt die Stellung des Machthabers und – falls zum Monopol ausgebaut – ermöglicht die »Alleinherrschaft«. Da Weber indes in seiner allgemeinen »Staats- und Herrschaftslehre« alle historisch möglichen und wirklichen Herrschaftsverhältnisse erfassen will, sind auch die Fälle interessant,

25 Das berühmteste Beispiel dürfte der Hausmeister sein, der seine »Schlüsselgewalt« in öffentlichen Gebäuden wahrnimmt und damit den »Zugang« wirksam kontrolliert.

26 Ebd., S. 823 und *Wissenschaft als Beruf 1917/1919 – Politik als Beruf 1919*, MWG I/17, hg. von Wolfgang J. Mommsen und Wolfgang Schluchter in Zusammenarbeit mit Birgit Morgenbrod, Tübingen 1994, S. 161f.

27 In seinen posthum erschienenen Vorlesungen zum Staat hat Bourdieu diese Doppelstellung »herrschend-beherrscht« in das schöne Bild von der rechten und linken Hand des Staates gefasst. Die linke Hand im Staatsapparat kümmert sich um das »Soziale«, die rechte Hand beschäftigt sich mit dem »Ökonomischen«. Siehe ders., *Sur l'Etat. Cours au Collège de France (1989-1992)*, Paris 2012, dt. *Über den Staat. Vorlesungen am Collège de France (1989-1992)*, Berlin 2014.

wo die Vasallen wie im Feudalismus selbst im Besitz der Verwaltungsmittel sind.

Die *Legitimität* als zweites konstitutives Kennzeichen von Herrschaft hält Weber für zentral, wenn es um die Anerkennungswürdigkeit einer Herrschaft geht. So wichtig der Begriff, so wenig findet sich eine klar geschnittene Definition. Vielmehr gebraucht ihn Weber immer schon als rein klassifikatorisches Moment,[28] ohne sich weiter große Gedanken um das Verhältnis von Legitimität oder Illegitimität von Herrschaft zu machen. Ebenso wenig finden sich Überlegungen zu »Ursachen, Bedingungen, Verlauf und Konsequenzen von potentiellen Legitimitätskonflikten oder gar -krisen«,[29] was für einen Konflikttheoretiker wie Weber durchaus bemerkenswert ist. Es scheint fast so, als ob er grundsätzlich davon ausgeht, dass ab dem Zeitpunkt, wo die Herrschaft einmal erfolg-

28 So bereits Friedrich W. Stallberg in seiner gründlichen Studie, *Herrschaft und Legitimität. Untersuchungen zur Anwendung und Anwendbarkeit zentraler Kategorien Max Webers*, Meisenheim am Glan 1975, S. 25. Diese Klage führen auch die meisten anderen Autoren, die sich mit Webers Schlüsselkategorie auseinandergesetzt haben. Siehe Rolf Ebbighausen (Hg.), *Bürgerlicher Staat und politische Legitimation*, Freiburg i. Br., München 1976; Wolfgang Fach, *Politische Legitimität*, Frankfurt/M. 1978; Carl Joachim Friedrich, »Die Legitimität in politischer Perspektive«, in: *Politische Vierteljahresschrift* 1/2 (1960), S. 119-132; Jürgen Habermas, *Legitimationsprobleme im Spätkapitalismus*, Frankfurt/M. 1973, v. a. S. 133-140; ders., *Zur Rekonstruktion des Historischen Materialismus*, Frankfurt/M. 1976, insb. Kap. IV »Legitimation«, S. 271-346; ders., »Recht und Moral (Tanner Lectures 1986)«, in: ders., *Faktizität und Geltung. Beiträge zur Diskurstheorie des Rechts und des demokratischen Rechtsstaats*, Frankfurt/M. 1992, S. 541-599; Wilhelm Hennis, »Legitimität. Zu einer Kategorie der bürgerlichen Gesellschaft«, in: *Merkur. Deutsche Zeitschrift für Europäisches Denken* 30 (1967), S. 17-36; Peter Graf Kielmansegg, »Legitimität als analytische Kategorie«, in: *Politische Vierteljahresschrift* 12/3 (1971), S. 367-401; Niklas Luhmann, *Legitimation durch Verfahren*, Neuwied 1969; Richard Münch, *Legitimität und politische Macht. Zu einer allgemeinen Theorie sozialer Systeme*, Opladen 1976; Carl Schmitt, *Legalität und Legitimität*, Berlin 1932; Dolf Sternberger, »Max Webers Lehre von der Legitimität«, in: Wilfried Röhrich (Hg.), *Macht und Ohnmacht des Politischen. Festschrift für Michael Freund*, Köln 1967, S. 111-126; Johannes Winckelmann, *Legitimität und Legalität in Max Webers Herrschaftssoziologie*, Tübingen 1952; Alan Wolfe, *The Limits of Legitimacy. Political Contradictions of Contemporary Capitalism*, New York, London 1977; Thomas Würtenberger, *Die Legitimität staatlicher Herrschaft. Eine staatsrechtlich-politische Begriffsgeschichte*, Berlin 1973.

29 Kopp, Müller, *Herrschaft und Legitimität*, S. 15. In der Folge wurde dies in der Literatur, die in Fn. 28 aufgeführt ist, breit diskutiert.

reich etabliert ist, sich mit der Zeit auch immer die Akzeptanz[30] ihrer Ordnung einstellen wird.

Geht man vom Begriff selbst aus, so meint Legitimität etymologisch gemäß dem Lateinischen »legi intimus« bzw. »legitimus« dem »Gesetz gemäß« bzw. »rechtmäßig«. Der Begriff weist bereits konstitutiv eine analytische *und* normative Dimension auf, drückt er doch die »Doppelerfahrung [aus, HPM], daß man will, und daß man soll«.[31] Weber interessiert die normative Seite nicht weiter, sondern er begnügt sich mit dessen analytischem Potential und fundiert den Begriff einmal mehr handlungstheoretisch. In den »Soziologischen Grundbegriffen« notiert er bereits, dass das soziale Handeln »an der Vorstellung vom Bestehen einer legitimen Ordnung orientiert werden« könne, und bindet deren Geltung an ihr »Prestige der Vorbildlichkeit oder Verbindlichkeit«.[32] Freilich meint Geltung, wie gesehen, nicht normative Gültigkeit, sondern empirische Geltung, die wiederum nur als »Chance« verstanden werden darf, dass die Menschen in ihrem Handeln sich tatsächlich daran orientieren. Weber spricht daher bevorzugt von *Legitimitätsglauben,* um diesem Chancencharakter Ausdruck zu verleihen.

Angesichts seiner Relevanz haben die Herrschenden ein vitales Interesse, einen solchen Legitimitätsglauben bei den Beherrschten zu wecken, gerade weil »die Erschütterung dieses Legitimitätsglaubens [...] weitgehende Folgen«[33] haben kann – bis zum Umsturz der Ordnung. Weber spricht sogar von der »Legende«, die sich die politische Führung in einer Gesellschaft zulegt, um einen entsprechenden *Legitimitätsanspruch* zu begründen. Dahinter steht das Phänomen »des Bedürfnisses jeder Macht, ja jeder Lebenschance überhaupt, nach Selbstrechtfertigung«.[34] Falls erfolgreich, führt das auf Seiten der Betroffenen zum *Legitimitätsglauben.* Ein solches *Legitimitätseinverständnis* zwischen Herrschenden und Beherrschten scheint Weber als Normalfall zu gelten, während Krisen, etwa

30 Siehe dazu die einschlägige Studie von Doris Lucke, *Akzeptanz. Legitimität in der »Abstimmungsgesellschaft«*, Opladen 1995.

31 So Peter Graf Kielmansegg, »Legitimität«, S. 368 in seiner gelungenen Charakterisierung des Phänomens.

32 Weber, *Wirtschaft und Gesellschaft*, S. 16 und MWG I/23, S. 183 f.

33 Weber, »Die drei reinen Typen der legitimen Herrschaft«, in: ders., *Wissenschaftslehre*, S. 475.

34 Weber, *Wirtschaft und Gesellschaft*, S. 549 und MWG I/22-4, S. 147.

in Gestalt von Klassenkämpfen, die Anerkennungswürdigkeit der Herrschaft radikal in Frage stellen. Und doch gilt:

In Verhältnissen stabiler Machtverteilung und, demgemäß auch, ›ständischer‹ Ordnung, überhaupt bei geringer Rationalisierung des Denkens über die Art der Herrschaftsordnung, wie sie den Massen solange natürlich bleibt, als sie ihnen nicht durch zwingende Verhältnisse zum ›Problem‹ gemacht wird, akzeptieren auch die negativ privilegierten Schichten jene Legende.[35]

Versucht man abschließend Webers sparsame Ausführungen zum Legitimitätsbegriff systematisch zusammenzufassen, so kristallisieren sich drei Aspekte[36] heraus. Primär geht es um die breitenwirksame Anerkennung einer Ordnung und die Grundlage ihrer Geltung (*empirischer Aspekt*). Sodann verschafft Legitimität über die interne Organisation des Apparates hinaus der Herrschaft Stabilität und Dauer, während die Erosion des Legitimitätseinverständnisses die Ordnung erschüttert (*funktionaler Aspekt*). Schließlich prägt der jeweilige Legitimitätsanspruch die Erscheinungsformen von Herrschaft, weshalb Legitimität zum Klassifikationsprinzip von Herrschaft genutzt wird (*struktureller Aspekt*).

So komplex und kompliziert der Begriff[37] auch sein mag, so folgenreich ist er als Einteilungsprinzip für die Architektonik von Webers Herrschaftssoziologie. Die Legitimitätsgeltung kann rationalen, traditionalen oder charismatischen Charakters sein. Im *rationalen* Fall beruht sie »auf dem Glauben an die Legalität gesatzter Ordnungen«. Im *traditionalen* Fall stützt sie sich auf den »Glauben an die Heiligkeit von jeher geltender Traditionen«. Im *charismatischen* Fall fußt sie »auf der außeralltäglichen Hingabe an

35 Ebd. Das gilt selbst heute, da die »Rationalisierung des Denkens« weiter fortgeschritten ist, denn das weitverbreitete Desinteresse an Politik selbst in einer Demokratie, wo Mitwirkung möglich und erwünscht wäre, hat den gleichen Effekt der reibungslosen Herrschaftsausübung.

36 Kopp, Müller, *Herrschaft und Legitimität*, S. 15. Siehe auch Müller, *Max Weber*, S. 129.

37 Deshalb hat es nicht an Versuchen gefehlt, diesen Begriff ganz zu umgehen. Sei es, dass man von *Systemvertrauen* spricht oder ganz einfach von *Legitimation durch Verfahren* ausgeht. Dazu Niklas Luhmann, *Vertrauen. Ein Mechanismus der Reduktion sozialer Komplexität*, Stuttgart ²1973 und ders., *Legitimation durch Verfahren*, Neuwied 1969; oder man ist einfach von *Massenloyalität* ausgegangen wie Claus Offe, *Strukturprobleme des kapitalistischen Staates*, Frankfurt/M. 1972.

die Heiligkeit oder die Heldenkraft oder die Vorbildlichkeit einer Person«.[38]

Ausgangspunkt für seine Diskussion der drei Typen ist die moderne Form der Herrschaft, um die anderen Typen mit ihr kontrastieren zu können. Die *legale Herrschaft* beruht auf rational gesatztem Recht, das in rechts- wie verwaltungstechnischer Anwendung für die gesamte Bürgerschaft einschließlich der jeweils Herrschenden gültig ist. Die typische Führungsfigur ist der *Vorgesetzte*, der im Rahmen der sachlich festgelegten Rechts- und Kompetenzordnung agiert und durch sie auch legitimiert wird. Der Verwaltungsstab rekrutiert sich aus *Beamten*, die ihre Tätigkeit gemäß fachlicher Amtspflicht ausüben. Die Beherrschten sind im Staat die *Bürger*, die den Anordnungen folgen, nicht jedoch den hinter diesen Anordnungen stehenden Personen. Kurz gesagt: In dieser unpersönlichen Form herrscht das Gesetz. Der reinste Typus ist die bürokratische Herrschaft.

Die *traditionale Herrschaft* leitet ihre Rechtmäßigkeit aus der Geltung unverbrüchlicher Traditionen ab. Der Typus des Befehlenden ist der *Herr*, dem Gehorsam aufgrund von Status und Stellung in der Hierarchie der Herrengewalten zukommt. Seine Anordnungen sind streng traditionsgebunden (»Es war schon immer so!«) und folgen materialen Prinzipien der ethischen Billigkeit, Gerechtigkeit oder nützlicher Zweckmäßigkeit. Aber daneben gibt es einen Spielraum für die Willkürfreiheit des Herrschers, in der er kraft Eigenwürde entscheidet. Der Verwaltungsstab setzt sich aus *Dienern* zusammen, also Sklaven, Knechten, Höflingen oder Hausangehörigen wie im Falle der patrimonialen Herrschaft oder aus Vasallen, Tributärfürsten oder Günstlingen wie bei der feudalen Herrschaft. Die Beherrschten heißen *Untertanen*, die den Anweisungen nach persönlicher Loyalität und Pietät umstandslos Folge leisten. Die traditionale Herrschaft weist also eine Doppelstruktur auf: *patrimonial*, wenn die Herrengewalt einschließlich der Sach- und Gewaltmittel ganz auf Seiten des Herrschers sich befindet; *feudal* dann, wenn Teile der Befehlsgewalt in der Hand des Verwaltungsstabs liegen. Der reinste Typus hier ist die patriarchalische Herrschaft, die – wie wir am Beispiel des konfuzianischen China gesehen haben – vom Hausvater bis zum Kaiser reicht.

38 Weber, *Wirtschaft und Gesellschaft*, S. 124 und MWG I/23, S. 453.

Die *charismatische Herrschaft* beruht auf den außergewöhnlichen Qualitäten des Herrn. Der Typus des Vorgesetzten ist der *Führer*, sei es in Gestalt eines Propheten, eines Kriegshelden oder eines Demagogen, dem aufgrund seiner Offenbarung oder seines Heldentums bedingungslos gehorcht wird. Wenn überhaupt so etwas wie ein Verwaltungsstab existiert, setzt er sich aus der unmittelbaren Gefolgschaft des Meisters nach Maßgabe persönlicher Treue zusammen, nicht aber unbedingt nach professioneller Fachschulung. Anordnungen leiten sich nicht aus Ordnungen und Gesetzen ab, sondern erfolgen nach Eingebung des Führers und von Fall zu Fall. Den Typus des Beherrschten markiert der *Jünger*, dessen unbedingte Gefolgschaft so lange unhinterfragt anhalten wird, wie sich der charismatische Führer vor allen anstehenden Herausforderungen in außeralltäglicher Weise bewährt. Fortgesetztes Bewährungsversagen gefährdet die Autorität der Führungsfigur und unterminiert seine Herrschaft. Das größte Problem für die charismatische Herrschaft ist ihre Stabilität und ihre Dauer, denn das gesamte Herrschaftsgefüge hängt an einer Person. Angesichts ihres persönlichen und ephemeren Charakters haben gerade die Jünger qua eigener Interessenlage, sei sie ideeller oder sei sie materieller Natur, das Bedürfnis nach einer *Veralltäglichung des Charismas*, um die persönliche Autorität der Führung in die einer charismatisch inspirierten Herrschaftsform dauerhaft zu überführen.

Diese kleine und notgedrungen abstrakte Skizze zeigt jedoch lediglich die *Architektonik* von Webers Herrschaftssoziologie. Gerade das nachgelassene Manuskript über »Herrschaft« quillt über von historischen Ausführungen und die drei Typen der Herrschaft werden ausgefaltet in alle möglichen Mischformen. Mit der Starrheit der Dreiteilung korrespondiert eine elastische historisch-empirische Aufarbeitung des Geschichtsmaterials von Herrschaft. Weber selbst betont nachdrücklich, dass es sich hierbei um Idealtypen handelt, die so niemals in der politischen Wirklichkeit rein vorkommen werden. Auch bemüht er sich im gleichen Atemzug, den theoretischen Anspruch herunterzuschrauben. »Zu glauben: die historische Gesamtrealität lasse sich in das [...] Begriffsschema ›einfangen‹, liegt hier so fern wie möglich.«[39]

Und doch – bei aller gespielten Bescheidenheit beansprucht

39 Weber, *Wirtschaft und Gesellschaft*, S. 124 und MWG I/23, S. 455.

Weber mit dieser strukturellen Dreiteilung die weltgeschichtliche Systematik von Herrschaft ein für alle Mal erfasst und auf den Begriff gebracht zu haben. Wo und wann auch immer Herrschaft anzutreffen ist, wird sie sich in einer der drei Typen oder in ihren jeweiligen Mischformen charakterisieren lassen müssen. So weit der Anspruch. Kein Wunder, dass die Rezeption immer wieder Zweifel und Kritik an dieser Dreiteilung angemeldet hat. Zunächst wirkt sie in dieser radikalen Abstraktion erst einmal merkwürdig starr, vor allem dann, wenn man sich die Frage stellt, wie sich Herrschaft im Laufe der Zeit gewandelt haben mag. Weber hat nämlich keine Theorie des sozialen Wandels von Herrschaft vorgelegt, sondern einfach Erscheinungsformen von Herrschaft in Raum und Zeit idealtypisch und illustrativ analysiert. Da er von der modernen Form ausgeht, könnte man natürlich unterstellen, dass auch ihm letztlich ein Bild von der Tradition zur Moderne vorschweben würde. Doch das hieße Weber komplett missverstehen. Ihm geht es um Struktur, nicht um Geschichte. Zwar gilt sein Hauptinteresse einer Genealogie der Moderne, vor allem in Gestalt des Kapitalismus und des Rationalismus, aber er ist kein Modernisierungstheoretiker, der mit seinen Studien Blaupausen erstellt hätte, wie sich der Rest der Welt nach dem »Vorbild« des Westens in aufholender Modernisierung[40] entwickeln soll.

Sodann demonstriert schon die Begriffskette »Herrschaft-Organisation-Legitimität«, dass Weber die Existenz von Herrschaft einfach voraussetzt. Da er der Ansicht war, dass der Abbau der Herrschaft des Menschen über den Menschen so gut wie unmöglich ist, konnte er beruhigt mit dieser *Existenzannahme* arbeiten. Was freilich dabei sang- und klanglos unter den Tisch fiel, ist die spannende Frage, wie Macht und Herrschaft eigentlich entstehen.[41]

40 Ein fundierter und kritischer Überblick bei Wolfgang Knöbl, *Spielräume der Modernisierung. Das Ende der Eindeutigkeit*, Weilerswist 2001.

41 Das sollte das Lebensthema von Heinrich Popitz auf den Spuren von Max Weber werden. Siehe ders., *Prozesse der Machtbildung*, Tübingen 1968 und ders., *Phänomene der Macht*, Tübingen ²1992. Popitz' kleine, aber feine Arbeiten dürften mit zum Besten gehören, was zur Entstehung von Macht soziologisch geschrieben worden ist. Zu Figuren und Phänomenen der Macht einschlägig sind auch die Studien von Wolfgang Sofsky und Rainer Paris, *Figurationen sozialer Macht. Autorität – Stellvertretung – Koalition*, Opladen 1991, wieder aufgelegt Frankfurt/M. 2003; ferner Rainer Paris, *Stachel und Speer. Machtstudien*, Frankfurt/M. 1998 und ders., *Der Wille des Einen ist das Tun des Anderen. Aufsätze zur Machttheorie*,

Eine Systematik zur Genese von Macht und Herrschaft hat Weber nicht vorgelegt.

Ferner sind auch Herrschaft und Legitimität so eng und gleichsam konstitutiv aufeinander bezogen, dass Herrschaft stets Rechtfertigung zu erheischen scheint und umgekehrt, da, wo ein Legitimitätsglauben auftritt, auch die Herrschaft vital und stabil sein muss. Da Weber sich jede normative Beurteilung von Macht und Herrschaft verbietet, kann er auch keinen Begriff von *Illegitimität* entwickeln. Gerade vor dem Hintergrund der Gewaltregime und Diktaturen im 20. Jahrhundert wurde von den Kritikern eine Herrschaftsform umso schmerzlicher vermisst, »die sich auf die illegitime Gewaltsamkeit stützt, deswegen aber nicht weniger *Herrschaft* wäre als die legitimen Typen«.[42] Es ist natürlich müßig, darüber zu streiten, wie Weber auf diese Regime soziologisch – und nicht politisch – reagiert hätte. Wäre seine Kasuistik einfach um einen vierten Typ der »modernen Tyrannis«[43] erweitert worden? Oder hätten die Weberschen Kategorien »eine qualitativ kritisch-normative Abgrenzung von Legitimität und Illegitimität«[44] überhaupt nicht vornehmen können, vielleicht auch nicht wollen? Für Letzteres spricht sein konsequent funktionalistischer Ansatz: Herrschaft existiert – und weil sie existiert, gewinnt sie auch an Legitimität. Zur Not wird der Legitimationsglauben eben negativ über Furcht und Angst, Zwang und Gewalt generiert oder positiv über »Brot und Spiele«.[45] Webers nüchterner Realitätssinn erachtete das *Machtpragma* als entscheidend für die Wertsphäre von Politik und Herrschaft und steht damit jenseits einer Ethik von »Gut« und »Böse«.[46]

Weilerswist 2014. Schon im Titel paraphrasiert Paris Webers Definition, um das Machtgeschehen mikrosoziologisch auszuleuchten.

42 Karl Loewenstein, *Max Webers staatspolitische Auffassungen in der Sicht unserer Zeit*, Frankfurt/M., Bonn 1965, S. 87.

43 Ebd.

44 Hennis, *Legitimität*, S. 21.

45 Paul Veyne, *Brot und Spiele. Gesellschaftliche Macht und politische Herrschaft in der Antike*, Frankfurt/M. 1988, zeigt auf der Basis von Webers Ansatz, wie der »Euergetismus« als öffentliches Mäzenatentum die Legitimität der Herrschenden im alten Rom stärkte.

46 An dieser Stelle wird stets der Einfluss Nietzsches auf Weber diskutiert. Für die eine Seite ist er maßgeblich, so z. B. für Horst Baier, »Die Gesellschaft – der lange Schatten des toten Gottes und die Entstehung der Soziologie aus dem Geiste der décadence«, in: *Nietzsche-Studien* 10/1 (1981), S. 6-33; Eugène Fleisch-

Schließlich drehte sich ein Großteil der Auseinandersetzung um die *Kriterien* der Klassifikation. Tatsächlich arbeitet ja die Herrschaftssoziologie mit einer Reihe von Unterscheidungen: Nach »Art der Autoritätsquelle (außeralltäglich – alltäglich), Träger der Autorität (persönlich – unpersönlich), Beziehung zur Wirtschaft (wirtschaftsbezogen – wirtschaftsfremd)«.[47] Ist die Unterscheidung von »alltäglich versus außeralltäglich« oder »perennierend versus ephemer« zentral, wenn es um die Dauer der Herrschaft geht? Auf jeden Fall würde das traditionale und legale Herrschaft auf der einen Seite, die charismatische Herrschaft auf der anderen Seite ansiedeln. Oder stehen »rationale Satzung« und »persönliche Autorität« in einem Ausschließungsverhältnis? Das liefe auf die Gegenüberstellung von »rational und irrational« hinaus, was vor dem Hintergrund von Webers Rationalisierungsproblematik auf Anhieb überzeugend erscheint. In diesem Fall würde legale Herrschaft mit traditionaler und charismatischer Autorität konfrontiert. Allein, alle diese Fragen der Interpretation sind und bleiben letztlich un-

mann, »De Weber à Nietzsche«, in: *Archives Européennes de Sociologie* 5 (1964), S. 190-238; Wilhelm Hennis, *Max Webers Fragestellung. Studien zur Biographie des Werkes*, Tübingen 1987; Klaus Lichtblau, *Kulturkrise und Soziologie um die Jahrhundertwende*, Frankfurt/M. 1996, S. 77-177; Wolfgang Mommsen, *Max Weber*, S. 97-143; Detlev J. K. Peukert, *Max Webers Diagnose der Moderne*, Göttingen 1989. Für die andere Seite ist er letztlich sekundär wie für Wolfgang Schluchter, »Zeitgemäße Unzeitgemäße. Von Friedrich Nietzsche über Georg Simmel zu Max Weber«, in: ders., *Unversöhnte Moderne*, Frankfurt/M. 1996, S. 166-185. Beide Seiten haben Recht, unterschätzen aber die Art und Weise, wie Weber mit »Einfluss« umgeht. Sicher: Er ist mächtig beeindruckt von Nietzsche und insofern natürlich von ihm beeinflusst. Er steht schließlich auf den Schultern von Marx und Nietzsche. Aber er schmiedet Nietzsches apodiktisch-unzeitgemäße Kritik an der Moral positiv um und behandelt sie als mögliche Hypothese, um sie im Verlauf der eigenen Konstellationsanalysen einzubetten und letztlich zu relativieren, wenn nicht sogar zu revidieren, wie die Ressentiment-These zu Moral und Religion zeigt. Am Ende ist es stets der gleiche Prozess: Weber zeigt sich beeindruckt, dann setzt seine fein ziselierende Analyse ein, und wenn sich der Pulverdampf des »Begriffskampfes« verzogen hat, bleibt meist nur eine Begriffsfassung übrig – die von ihm. Christian Marty hat in seiner fulminanten Studie *Max Weber. Ein Denker der Freiheit*, Weinheim, Basel 2019 anhand einer Interpretation der Randnotizen im Handexemplar Webers von Georg Simmels *Schopenhauer und Nietzsche. Ein Vortragszyklus*, Berlin 1907 demonstriert, wie die kritische Anverwandlung Webers von Nietzsche *pace* Simmel läuft. So kurz auch schon Mommsen, *Max Weber*, S. 261 f., Fn. 125.

47 So Wolfgang Schluchter, *Religion und Lebensführung*, Bd. 2, S. 544.

entscheidbar, weil Weber selbst keine Begründung geliefert hat, warum er genau diese drei Typen als analytisch erschöpfende Klassifikation von Prinzipien der Legitimitätsgeltung entwickelt hat. Wie bei der Bildung von Idealtypen üblich, entscheidet allein der Erfolg in der Anwendung über ihre Brauchbarkeit. Davon legen Webers historische Ausführungen zur Herrschaft ebenso Zeugnis ab wie sein politisches Vermächtnis »Politik als Beruf«.

Trotz aller Diskussion und Kritik ist Webers Herrschaftslehre das Herzstück seiner politischen Soziologie und vielleicht sogar des gesamten Werkes. Kampf, Konflikt, Herrschaft – das Machtpragma überhaupt mag besonders zentral in der Politik ausgeprägt sein. Nach Webers agonaler Wirklichkeitsauffassung gilt es aber auch für Wirtschaft und Recht, für Wissenschaft und Religion, für Liebe und Kunst, für die Kultur überhaupt. Alles im Leben ist stets umkämpft, alles will errungen sein. Deshalb gibt er eine wahre Begriffskaskade, um den »Lebenskampf« in allen Facetten begrifflich auszuleuchten:

Kampf soll eine soziale Beziehung insoweit heißen, als das Handeln an der Absicht der Durchsetzung des eignen Willens gegen Widerstand des oder der Partner orientiert ist. ›Friedliche‹ Kampfmittel sollen solche heißen, welche nicht in aktueller physischer Gewaltsamkeit bestehen. Der ›friedliche‹ Kampf soll ›Konkurrenz‹ heißen, wenn er als formal friedliche Bewerbung um eigne Verfügungsgewalt über Chancen geführt wird, die auch andre begehren. ›Geregelte Konkurrenz‹ soll eine Konkurrenz insoweit heißen, als sie in Zielen und Mitteln sich an einer Ordnung orientieren. Der ohne sinnhafte Kampfabsicht *gegen*einander stattfindende (latente) Existenzkampf menschlicher Individuen oder Typen um Lebens- oder Überlebenschancen soll ›Auslese‹ heißen: ›soziale Auslese‹, sofern es sich um Chancen Lebender im Leben, ›biologische Auslese‹, sofern es sich um Überlebenschancen von Erbgut handelt.[48]

Wie bedeutend die Herrschaftssoziologie Webers ist, kann auch daran abgelesen werden, dass in der Folgezeit zwei Begriffe eine steile Karriere in den Kultur- und Sozialwissenschaften machen sollten: *Bürokratie* und *Charisma*. Sie lassen sich als Gegenbegriffe auffassen und scheinen die Hauptprotagonisten der Moderne, wenn es um die Dynamik der Rationalisierung geht. Bürokratie gilt als Hüter der Ordnung und ist Inbegriff des Staates. Charisma

48 Weber, *Wirtschaft und Gesellschaft*, S. 20 und MWG I/23, S. 191 f.

bricht Ordnungen auf und hat das Zeug, eine Nation mit emotionalen Energien aufzuladen, die in glühendem Nationalismus zum Ausdruck kommen. Bürokratie ist die Macht der Rationalisierung und Entzauberung. Charisma ist die Macht der Enthusiasmierung und Verzauberung. Bürokratie steht für Säkularisierung, Charisma für Sakralisierung. Bürokratie ernüchtert, Charisma begeistert. Bürokratie ist ein »kalter«, Charisma ein »heißer« Begriff.[49] Angesichts ihrer Zentralität und Polarität sollen diese beiden Konzepte näher betrachtet werden, um dann zu fragen, ob Nation und Demokratie aus dem Korsett von Struktur und Prozess, Stabilität und Wandel, Ordnung und Entwicklung und damit der Dynamik der Rationalisierung herausführt.

Bürokratie und Staat

Weber hat seine »Staatssoziologie« angekündigt, aber nicht geschrieben. Vermutlich musste er das auch gar nicht, denn sie steckt bereits im Kern seiner Herrschaftssoziologie und ist zentriert um den Begriff der Bürokratie. Hier haben wir es also mit einer weiteren engen Begriffsverkettung zu tun: Herrschaft – Bürokratie – Staat.

Die legale Herrschaft ist der moderne Typus und ihr Verwaltungsstab ist die rationale Bürokratie. Weber hat sie in sieben Merkmalen umrissen. Die *Bürokratie* besteht, erstens, in einem auf Kontinuität angelegten und auf Regelgebundenheit abzielenden »Betrieb von Amtsgeschäften«. Zweitens geht das einher mit einer klaren Kompetenzverteilung, denn die Tätigkeiten sind arbeitsteilig organisiert, mit den notwendigen Verwaltungs- und Zwangsmitteln ausgestattet und nach Maßgabe der Befehlsgewalten geordnet. Drittens gilt »das Prinzip der *Amtshierarchie*«, so dass die Behörden eindeutig hierarchisch angelegt sind, was das Beschwerderecht wie das Recht der Berufung einschließt. Viertens ist »*Fachschulung*« erforderlich, um die technischen und normativen Regeln kompetent

49 Die Unterscheidung von kalten und heißen Gesellschaften stammt von Claude Lévi-Strauss, *Das wilde Denken*, Frankfurt/M. 1968. Danach sind archaische Gesellschaften »kalt«, weil sie die kulturelle Ordnung zu erhalten suchen. Moderne Gesellschaften dagegen gelten als »heiß«, weil sie auf permanenten Wandel eingestellt sind.

anzuwenden. Fünftens, ist der Verwaltungsstab von seinen Verwaltungsmitteln vollständig getrennt und wird entweder in Natural- oder Geldform entlohnt. Im vollen Rationalitätsfalle gilt, sechstens, die komplette Trennung zwischen Amt und Beamtem, von Stellung und Stelleninhaber. Siebtens herrscht Schriftlichkeit, was die »*Aktenmäßigkeit* der Verwaltung«[50] beinhaltet.

Die zentrale Figur der Bürokratie ist der *Beamte,* dessen Karriere durch kontraktliche Anstellung und Laufbahnprinzip charakterisiert ist, der eine Fachqualifikation für seine Tätigkeit mitbringt und sich der Unpersönlichkeit der Amtsführung verpflichtet fühlt, das heißt »sine ira et studio, ohne Haß und Leidenschaft [...]; ›ohne Ansehen der Person‹«[51] sein Amt ausübt.

Die reine Bürokratie, also der volle Rationalitätsfall, ist ein *Idealtyp*, der so kaum in der sozialen Wirklichkeit vorkommen dürfte. Sie ist zudem *modernen* Ursprungs, hängt sie doch eng mit der Entwicklung der Geldwirtschaft und einem etablierten Steuersystem zusammen, was zu einer gewaltigen Steigerung der Verwaltungsaufgaben führt. Als Rückgrat von Kapitalismus und Staat gewinnt die Bürokratie eine derart große technische Überlegenheit, dass sie in Webers Augen »eine praktisch so gut wie unzerbrechliche Form der Herrschaftsbeziehungen«[52] etabliert.

> Präzision, Schnelligkeit, Eindeutigkeit, Aktenkundigkeit, Kontinuierlichkeit, Diskretion, Einheitlichkeit, straffe Unterordnung, Ersparnisse an Reibungen, sachlichen und persönlichen Kosten sind bei streng bürokratischer, speziell: monokratischer Verwaltung durch geschulte Einzelbeamte in allen kollegialen oder nebenamtlichen Formen auf das Optimum gesteigert.[53]

Vor diesem Hintergrund verwundert es nicht, dass Kapitalismus *und* Staat sich dieses Verwaltungstyps als »Herrschaftsmaschine« gern bedienten, um ihre Vorzüge der Kalkulierbarkeit durch Orientierung an »*berechenbaren Regeln*« und ihre »Herrschaft kraft *Wissen*« zu nutzen.

50 Weber, *Wirtschaft und Gesellschaft*, S. 125 f. und MWG I/23, S. 458.
51 Ebd., S. 129 und MWG I/23, S. 466.
52 Ebd., S. 570 und MWG I/22-4, S. 208.
53 Ebd., S. 561 f. und MWG I/22-4, S. 185.

Die Eigenart der modernen Kultur, speziell ihres technisch-ökonomischen Unterbaus aber, verlangt gerade diese ›Berechenbarkeit‹ des Erfolges. Die Bürokratie in ihrer Vollentwicklung steht in einem spezifischen Sinn auch unter dem Prinzip des ›sine ira et studio‹. Ihre spezifische, dem Kapitalismus willkommene, Eigenart entwickelt sie um so vollkommener, je mehr sie ›entmenschlicht‹, je vollkommener, heißt das hier, ihr die spezifische Eigenschaft, welche ihr als Tugend nachgerühmt wird: die Ausschaltung von Liebe, Haß und allen rein persönlichen, überhaupt allen irrationalen, dem Kalkül sich entziehenden Empfindungselementen aus der Erledigung der Amtsgeschäfte gelingt.[54]

Die Bürokratie als Prototyp der Organisation musste die Organisationsforschung herausfordern, der es in der Folgezeit darauf ankam zu zeigen, dass alle diese Vorzüge, für die sie für Weber steht, in der Praxis nicht existieren. Also statt Präzision eher lähmende Umständlichkeit, statt Schnelligkeit zeitraubende Schwerfälligkeit, überflüssige Reibungen und anschwellende Kosten. Bürokratie, so das Gros der Forschung, wird zum *Bürokratismus* und zum Hemmschuh effizienter Organisation. Der Fehler der meisten Studien[55] bestand freilich darin, dass sie den Idealtyp als Realtyp behandelten und dann existierende Verwaltungen empirisch daraufhin untersuchten, ob sie Webers Vorstellungen in der Reinform entsprachen. Das war natürlich nicht der Fall. In der Sprache der Organisationstheorie hatte Weber die formale Organisation charakterisiert, nicht jedoch die informelle Organisation. Da Weber sie im Zuge seiner Herrschaftslehre mit allen anderen menschlichen Organisationsformen in Raum und Zeit konfrontierte, musste die moderne bürokratische Organisation zwangsläufig alle anderen historischen, in diesem Sinne eben dann »dilettantischen« Formen schlagen. Außerdem hatte er sie weniger als meso-, denn als makrosoziologisches Phänomen im Sinn, also nicht die bürokratische Organisation, sondern die bürokratische Gesellschaft.

Denn tatsächlich ist die Bürokratie der Kern seiner Definition des modernen Staates. Zwei Merkmale sind es, die wir in seiner Definition oben schon kennengelernt haben: 1. das Territorium,

54 Ebd., S. 563 und MWG I/22-4, S. 187.

55 Siehe u. a. Renate Mayntz (Hg.), *Bürokratische Organisation*, Köln 1968. Kritisch zu dieser »Widerlegungsorgie« Hartmann Tyrell, »Ist der Max Webersche Bürokratietypus ein objektiver Richtigkeitstypus? Anmerkungen zu einer These von Renate Mayntz«, in: *Zeitschrift für Soziologie* 10/1 (1981), S. 38-49.

also ein Raum oder Staatsgebiet; 2. das Monopol der physischen Gewaltsamkeit. Auch diese Definition des *Staates* ist klassisch geworden, weil sie im Grunde genommen das westfälische Modell des Staates[56] kongenial auf den Begriff bringt. Die Monopolisierung von Herrschafts- und Verwaltungsmitteln erfolgt auf der Grundlage eines einheitlichen Steuersystems und eines etablierten Militärsystems. Hinzu kommt das Monopol der Rechtsschöpfung und -anwendung durch die Staatsgewalt für ein fest umschriebenes Gebiet. Auch wenn in einer Demokratie Exekutive, Legislative und Judikative getrennt und formal unabhängig sind, sind sie doch allesamt Teil des öffentlichen Dienstes. Und tatsächlich untersteht die rational-bürokratische Verwaltungsorganisation der Verfügungsgewalt der Staatsmacht.[57]

Auch hier wählt Weber wieder eine sehr sparsame, formale Definition, die auf die *Mittel* staatlichen Handelns abhebt. Gerade eine solche Parsimonie erlaubt es ihm, alle möglichen Staatsformen als Herrschaftsverbände in Geschichte und Gesellschaft zu untersuchen. Die Alternative bestünde darin, Staatsaufgaben und Staatsfunktionen festzulegen, um über solche *Ziele* das »Wesen« des Staates zu fassen. Gerade das lehnt Weber mit guten Gründen ab:

Es gibt fast keine Aufgabe, die nicht ein politischer Verband hier und da in die Hand genommen hätte, andererseits auch keine, von der man sagen könnte, daß sie jederzeit, vollends: daß sie immer ausschließlich denjenigen Verbänden, die man als politische, heute: als Staaten, bezeichnet oder wel-

56 So benannt nach dem Westfälischen Frieden von 1648. Der Staat definiert sich durch sein *Territorialprinzip*, das sein internes Gewaltmonopol enthält; sodann durch sein *Souveränitätsprinzip*, was seine Eigenverantwortlichkeit und das Verbot der Nichteinmischung durch andere Staaten enthält und das *Legalitätsprinzip*, was alle Staaten als gleichberechtigt ansieht und den Krieg als legitimes Mittel in der internationalen Politik ansieht. Der Neorealismus hat diese Vorstellung für die internationalen Beziehungen verbreitet. Klassisch Kenneth Waltz, *Theory of International Politics*, Reading 1979. Im Zuge der Globalisierung ist der westfälische Staat natürlich mächtig unter Druck geraten und Souveränität fast zu einem Hirngespinst. Siehe dazu David Held et al., *Global Transformations*, Cambridge 1999, Stephen D. Krasner, *Sovereignty. Organized Hypocrisy*, Princeton 1999, Susan Strange, *The Retreat of the State. The Diffusion of Power in the World Economy*, Cambridge 1996.

57 Vgl. Johannes Winckelmann, *Gesellschaft und Staat in der verstehenden Soziologie Max Webers*, Tübingen 1957, S. 89.

che geschichtlich die Vorfahren des modernen Staates waren, eigen gewesen wäre.[58]

Freilich, eine solch parsimonische Definition, ein »Staat ohne Eigenschaften«,[59] konnte kaum jemandem gefallen, der dem Staat die Weihe höherer Dignität zumessen möchte. Sei es wie im Etatismus in Frankreich oder wie in der deutschen Staatsauffassung, wonach er als Hüter der Gesellschaft für Gemeinwohl und Gemeinsinn[60] zu sorgen hat.

Zweifelsohne haben seit Webers Zeiten die Staatsaufgaben und Staatsausgaben beträchtlich zugenommen. Der Nationalstaat ist Rechtsstaat, Verwaltungsstaat, Wirtschaftsstaat und Sozialstaat mit gewaltigen Staatsbudgets, weil das Steueraufkommen zumindest in Deutschland ständig steigt.[61] Angesichts der Fülle von gouvernementalen Aufgaben und Ausgaben wächst der Staat, aber diesem Zuwachs an »Staatsgewalt« steht der unübersehbare Souveränitätsverlust als Akteur in den internationalen Beziehungen gegenüber. Europäisierung und Globalisierung führen zum Souveränitätsabbau in der Entscheidungsgewalt, die zum Teil auf die Europäische Union[62] übergeht. Zudem zieht die Globalisierung eine »Entzauberung des Staates«[63] nach sich, werden ihm doch täglich die Grenzen seiner Handlungsmöglichkeiten vorgeführt, und an die Stelle der

58 Weber, *Wirtschaft und Gesellschaft*, S. 821 und *Politik als Beruf*, S. 494 sowie MWG I/17, S. 157 f.

59 So die schöne Formel bei Andreas Anter, *Max Webers Theorie des Staates*, S. 25 in Anlehnung an Robert Musils Roman, *Der Mann ohne Eigenschaften.*

60 Vgl. Herfried Münkler, Harald Bluhm (Hg.), *Gemeinwohl und Gemeinsinn. Historische Semantiken politischer Leitbegriffe*, Berlin 2001.

61 Das Steueraufkommen stieg von 10,5 Mrd. im Jahre 1950 auf 838, 5 Mrd. Euro im Jahre 2020, hat sich also verachtzigfacht. Allein in der Regierungszeit von Angela Merkel (2005-2020) hat es sich fast verdoppelt, von ca. 452,1 auf 838,5 Mrd. Euro. Tendenz weiter steigend, denn die Prognosen bis 2022 sehen ein Wachstum auf 905,9 Mrd. Euro vor. Siehe zu den Daten ⟨https://de.statista.com/statistik/daten/studie/29479/umfrage/gesamtes-steueraufkommen-in-deutschland/⟩ (letzter Zugriff: 15. 02. 2020). Das »Wagnersche Gesetz« oder das Gesetz der wachsenden Staatsausgaben hat sich also bewahrheitet. Benannt nach dem Kathedersozialisten Adolph Wagner, *Grundlegung der politischen Ökonomie*, Bd. 1: *Grundlagen der Volkswirtschaft*, Leipzig ³1893.

62 Das dokumentiert der Band von Gunnar Folke Schuppert, Ingolf Pernice, Ulrich Haltern (Hg.), *Europawissenschaft*, Baden-Baden 2005.

63 Helmut Willke, *Entzauberung des Staates. Überlegungen zu einer sozietalen Steuerungstheorie*, Königstein im Taunus 1983.

sogenannten Container-Staaten alter Ordnung treten neue Formen der »Global Governance«[64] von internationalen Institutionen und Nicht-Regierungsorganisationen. Der Staat als politisches System scheint also längst nicht mehr die Spitze oder das Zentrum der Gesellschaft[65] zu repräsentieren.

Tatsächlich mag die Globalisierung auf internationaler Ebene zum Macht- und Einflussverlust der Nationalstaaten geführt haben. Aber gerade die zum Teil massiven Rückwirkungen der Globalisierung auf die Gesellschaften haben im Gegenzug auch wieder zu einem Bedeutungswachstum der Nationalstaaten beigetragen. Recht, Sicherheit und Solidarität scheint es einstweilen nur auf seinem Boden zu geben, allen Träumen von einer kosmopolitischen Welt[66] zum Trotz.

Wie immer man die komplizierte Gemengelage der Rolle und Funktion von Staaten in Weltwirtschaft und Weltgesellschaft einschätzen mag – Weber hätte sich auf jeden Fall diese Entwicklung zum umfassenden Daseinsvorsorgestaat in Deutschland und Europa nicht vorstellen können. Als Liberaler hätte er die umfassenden Versorgungsleistungen[67] von der Wiege bis zur Bahre höchstwahr-

64 Gunnar Folke Schuppert, *Verflochtene Staatlichkeit. Globalisierung als Governance-Geschichte*, Baden-Baden 2007.

65 So Niklas Luhmann, *Politische Theorie im Wohlfahrtsstaat*, München 1981. Siehe auch ders., *Die Politik der Gesellschaft*, Frankfurt/M. 2002, vor allem Kap. 6, »Der Staat des politischen Systems«, S. 189-227.

66 Die vorzügliche Studie von Ulrich Beck und Edgar Grande, *Das kosmopolitische Europa. Gesellschaft und Politik in der Zweiten Moderne*, Frankfurt/M. 2004 ist mehr Hoffnung denn Realität. Ähnliches gilt vermutlich für die Vorstellungen von einer europäischen Gesellschaft, die kosmopolitische Ideale auf europäischem Boden realisiert. Vgl. Robert Hettlage, Hans-Peter Müller (Hg.), *Die europäische Gesellschaft*, Konstanz 2006. Realistischer in der Einschätzung Maurizio Bach, *Europa ohne Gesellschaft. Politische Soziologie der Europäischen Integration*, Wiesbaden ²2015. Zum Stand der Diskussion siehe auch Monika Eigmüller, Steffen Mau (Hg.), *Gesellschaftstheorie und Europapolitik. Sozialwissenschaftliche Ansätze zur Europaforschung*, Wiesbaden 2010 und Maurizio Bach, Barbara Hönig (Hg.), *Europasoziologie. Handbuch für Wissenschaft und Studium*, Baden-Baden 2018.

67 Siehe dazu Horst Baier, »›Vater Sozialstaat‹. Max Webers Widerspruch zur Wohlfahrtspatronage«, in: Christian Gneuss und Jürgen Kocka (Hg.), *Max Weber. Ein Symposion*, München 1980, S. 47-63, hier S. 62. »Obrigkeitliche Daseinsvorsorge und Daseinsfürsorge – übrigens Leitbegriffe der Sozialpolitik aus dem Dritten Reich – sind zu Grundpfeilern der Einrichtungen und Leistungen der sozialen

scheinlich entschieden abgelehnt, weil es in seinen Augen nicht nur die Freiheit und Individualität der Menschen bedroht, sondern auch den Staat als Sicherungs- und Überwachungsstaat zum Hüter und Wächter der Lebensführung seiner Bürgerschaft gemacht hätte.

Das ist in Webers Verständnis von Herrschaft und Politik, Staat und Gesellschaft nämlich gerade die Kehrseite der so erfolgreichen Bürokratie als stille, aber unzerbrechliche Macht. Bürokratisierung ist aufgrund des Sicherheits- und Komfortzuwachses unheimlich erfolgreich, bringt aber im Umkehrschluss die Bürger und Bürgerinnen immer stärker unter ihre Knute. Die sanfte Gewalt der Versorgung macht abhängig und macht aus Bürgern Klienten und Versorgungsempfänger. Leistungen, die man einmal scheinbar umsonst bekommt, in Wirklichkeit aber über die eigenen Steuerzahlungsleistungen durch harte Arbeit erwirtschaftet hat, kann man dann nicht mehr entbehren, wenn der Steuersatz und die Progression so hoch sind, dass vom eigenen Einkommen am Ende immer weniger ankommt. »No taxation without representation« hieß einst der politische Schlachtruf, der Demokratie einfordern sollte, aber in paradoxer Achsendrehung die Herrschaft des Staates[68] umso wirksamer befestigt hat.

Charisma und Nation

Der zweite Begriff, der eine große Karriere machen sollte, ist das Charisma, aus dem Griechischen übersetzt: die »Gnadengabe«.[69]

Sicherheit für alle in allen Lebenslagen geworden. Sie prägen Lebenseinstellung und Lebensführung der Klientelen des Sozialstaats«, so Baiers Fazit, der damit die Niederlage Webers und das Scheitern einer liberalen gegenüber einer staatlichen Sozialpolitik konstatiert.

68 Neben Pierre Bourdieu, der Webers herrschaftssoziologischen Ansatz weitergeführt hat, ist es sicherlich Michel Foucault zu danken, dass er die Gouvernementalität des Staates überzeugend untersucht hat. Siehe ders., *Geschichte der Gouvernementalität*, 2 Bde., Frankfurt/M. 2004 und zur Rezeption einschlägig der Band von Ulrich Bröckling, Susanne Krasmann und Thomas Lemke (Hg.), *Gouvernementalität der Gegenwart*, Frankfurt/M. 2000. Siehe auch Ulrich Bröckling, *Gute Hirten führen sanft. Über Menschenregierungskünste*, Berlin 2017.

69 Gerade wegen seiner Attraktivität und multiplen Applikabilität gibt es ganze Bibliotheken zu diesem Begriff. Soziologisch und analytisch relevant Maurizio

Dieser schillernde Begriff, den Weber Rudolf Sohms *Kirchenrecht*[70] entlehnt, enthält eine ganze Reihe von Bedeutungen, die nicht leicht unter einen Hut zu bringen sind. Aber genau diese Bedeutungsvielfalt hat ihn ungemein attraktiv für Popularisierung und breite Anwendung gemacht. So gilt maßgeblich für den Erfolg von Politikern, Managern, Sportgrößen und Popstars, dass sie möglichst »Charisma« haben sollten, um ihre Anhänger noch enger und unverbrüchlicher an sich zu binden. Wo es fehlt, setzen »Consulting«, »Coaching« und Medienberatungsfirmen an, um durch geschickte Werbe- und Marketinginitiativen einer Person so etwas wie »Charisma« anzudichten. Neben dem genuinen Charisma, das eher selten sein dürfte, wird so ein artifizielles, aber kommunikativ kuratiertes »Charisma« sozial wie medial konstruiert. Es wirkt virtuell, was aber in Mediengesellschaften nicht weiter auffallen muss, weil real ist, was medial repräsentiert wird. Charisma gilt als »gut« und »erstrebenswert«, bürgt doch ein solcher »charismatischer Status« für mundanen Erfolg. Genau diese normative Verwendungsweise – Charisma als Statusgut der erfolgreichen Persönlichkeit – lehnt Weber ab. Ob Charisma »gut« oder »böse« ist, interessiert ihn aus Gründen der »Wertfreiheit«[71] weiter nicht, weil es ihm auf Rolle, Funktion und Wirkungsweise dieses Phänomens ankommt.

Bach, *Die charismatischen Führerdiktaturen. Drittes Reich und italienischer Faschismus im Vergleich*, Baden-Baden 1990; Reinhard Bendix, *Max Weber – Das Werk. Darstellung, Analyse, Ergebnisse*, München 1964, S. 226-249; Stefan Breuer, *Bürokratie und Charisma. Zur politischen Soziologie Max Webers*, Darmstadt 1994, S. 59-175; Charles Camic, »Charisma. Its Varieties, Preconditions, and Consequences«, in: *Sociological Inquiry* 50 (1980), S. 5-23; Winfried Gebhardt, Arnold Zingerle, Michael N. Ebertz (Hg.), *Charisma. Theorie, Religion, Politik*, Berlin 1992; M. Rainer Lepsius, »Das Modell der charismatischen Herrschaft und seine Anwendbarkeit auf den ›Führerstaat‹ Adolf Hitlers«, in: ders., *Demokratie in Deutschland*, Göttingen 1993, S. 95-118; Talcott Parsons, *The Structure of Social Action* (1937), Bd. 2: *Weber*, New York, London 1968, S. 658-672; Wolfgang Schluchter, »Umbildung des Charismas«, in: ders., *Religion und Lebensführung*, Bd. 2, S. 535-554; Edward Shils, *The Constitution of Society*, Chicago 1972, darin: »Charisma« und »Charisma, Order, and Status«, S. 110-142; Hans-Ulrich Wehler, »Das analytische Potential des Charisma-Konzepts: Hitlers charismatische Herrschaft«, in: Anter, Breuer (Hg.), *Max Webers Staatssoziologie*, S. 175-189.

70 Rudolph Sohm, *Kirchenrecht*, Bd. 1: *Die geschichtlichen Grundlagen*, Berlin 1892.

71 So dekretiert Weber, *Wirtschaft und Gesellschaft*, S. 140 und MWG I/23, S. 490 f.: »Das Charisma eines ›Berserkers‹ ([…]: man hielt sich in Byzanz im Mittelalter eine Anzahl dieser mit dem Charisma der Kriegs-Tobsucht Begabten als eine

Im Folgenden geht es primär um Webers Verständnis von Charisma und weniger um seine vielfältigen praktischen Anwendungen.

Charisma soll eine als außeralltäglich (ursprünglich, sowohl bei Propheten wie bei therapeutischen wie bei Rechts-Weisen wie bei Jagdführern wie bei Kriegshelden: als magisch bedingt) geltende Qualität einer Persönlichkeit heißen, um derentwillen sie als mit übernatürlichen und übermenschlichen oder mindestens spezifisch außeralltäglichen, nicht jedem anderen zugänglichen Kräften oder Eigenschaften [begabt] oder als gottgesandt oder als vorbildlich und deshalb als ›Führer‹ gewertet wird.[72]

Die außeralltägliche Qualität einer Persönlichkeit, ihre übernatürlichen und übermenschlichen Kräfte sind es, die – gottgesandt und vorbildlich – zur Führung prädestinieren. Auf den ersten Blick scheint diese berühmte Definition Charisma rein psychologisch als die Gnadengabe einer Person zu bezeichnen: die *charismatische Persönlichkeit*. Tatsächlich ist das auch der Fall, denn das Charisma gilt als angeboren,[73] zumal hervorragende magische, religiöse, politisch-demagogische Fähigkeiten und Fertigkeiten eher rar gesät sind. Gerade weil solche Gabe von seltener Natur ist, spricht Weber im Echtheitsfalle von *genuinem* Charisma. Erst wenn das Charisma »versachlicht« worden ist, kann so etwas wie die *charismatische Erziehung* ansetzen. Allerdings:

Heldentum und magische Fähigkeiten gelten zunächst nicht als lehrbar. Sondern sie können nur, wo sie latent vorhanden sind, durch Wiedergeburt der ganzen Persönlichkeit geweckt werden. Wiedergeburt und dadurch

Art von Kriegswerkzeugen), eines ›Schamanen‹ (Magiers, für dessen Ekstasen im reinen Typus die Möglichkeit epileptoider Anfälle als eine Vorbedingung gilt), oder etwa des [...] Mormonenstifters, oder eines den eigenen demagogischen Erfolgen preisgegebenen Literaten wie Kurt Eisner wird von der wertfreien Soziologie mit dem Charisma der nach der üblichen Wertung ›größten‹ Helden, Propheten, Heilande durchaus gleichartig behandelt.« Wertfrei heißt, dass Jesus als Religionsstifter der Liebe auf einer Stufe mit Hitler als Ideologe des Rassenhasses behandelt wird, »gut« und »böse« also soziologisch (nicht: moralisch) keine Rolle spielen.

72 Ebd.

73 Weber konstatiert: »Charisma kann nur ›geweckt‹ und ›erprobt‹, nicht ›erlernt‹ oder ›eingeprägt‹ werden.« Ders., *Wirtschaft und Gesellschaft*, S. 145 und MWG I/23, S. 502.

Entfaltung der charismatischen Qualitäten, Erprobung, Bewährung und Auslese des Qualifizierten ist daher der Sinn charismatischer Erziehung.[74]

Mehr als das Wesen des Charismas interessiert Weber die *charismatische Situation*. Denn hier spielt wieder die *Geltung* eine Rolle, darf doch Charisma auch nur als *Chance* gesehen werden, als solches erfahren und gewürdigt zu werden. Es markiert eine asymmetrische soziale Beziehung, in der einer Person von ihren Bewunderern Charisma zugeschrieben wird. In dem Maße, wie sie sich durch Wunder oder Heldentaten »bewährt«, wird sie Anerkennung als schlichte Pflicht für sich reklamieren können. Das macht Weber nachdrücklich klar:

> Über die Geltung des Charismas entscheidet die durch *Bewährung* – ursprünglich stets: durch Wunder – gesicherte freie, aus Hingabe an Offenbarung, Heldenverehrung, Vertrauen zum Führer, geborene *Anerkennung* durch die Beherrschten. Aber diese ist (bei genuinem Charisma) nicht der Legitimitäts*grund*, sondern sie ist *Pflicht* der kraft Berufung und Bewährung zur Anerkennung dieser Qualität Aufgerufenen. Diese Anerkennung ist psychologisch eine aus Begeisterung oder Not und Hoffnung geborene gläubige, ganz persönliche Hingabe.[75]

Charismatische Führung beruht auf Bewährung durch Wunder und erheischt die Anerkennung als Pflicht, nicht aber als Legitimitätsgrund. Es handelt sich um eine eigenartige wie einzigartige Beziehung, die aus Begeisterung oder Not die persönliche Hingabe der Anhängerschaft regelrecht einfordert. Das Charisma zwingt. Es ist so stark, dass ihm nur schwer zu widerstehen ist und es deshalb ohne weiteres Gehorsam findet. Es erzeugt eine regelrechte *Metanoia* im griechischen Sinne, also eine grundlegende Sinnesänderung, ja eine Umkehr im Denken. Das macht Charisma zu einer revolutionären Kraft *sui generis*:

> Das Charisma ist *die* große revolutionäre Macht in traditional gebundenen Epochen. Zum Unterschied von der ebenfalls revolutionierenden Macht der ›ratio‹, die entweder geradezu von außen her wirkt: durch Veränderung der Lebensumstände und Lebensprobleme und dadurch, mittelbar, der Einstellung zu diesen, oder aber: durch Intellektualisierung, *kann* Charisma eine Umformung von innen her sein, die, aus Not oder Begeisterung

74 Ebd., S. 677 und MWG I/22-4, S. 530.
75 Ebd., S. 140 und MWG I/23, S. 492.

geboren, eine Wandlung der zentralen Gesinnungs- und Tatenrichtung unter völliger Neuorientierung aller Einstellungen zu allen einzelnen Lebensformen und zur ›Welt‹ überhaupt bedeutet.[76]

Danach ist nichts mehr so wie vorher. Die Lebensführung charismatisch erfasster Menschen wird gründlich umgekrempelt, so etwa, wenn Jesus seinen Jüngern schlicht befiehlt, ihm bedingungslos zu folgen. Das vorherige Leben, Beruf und Familie, wird einfach liegengelassen und ein neues, ungewisses, aber aufregendes Leben begonnen. Die *Metanoia* bewirkt eine charismatische Lebensführung.

Schon diese außeralltägliche Situation zeigt, dass charismatische Umbrüche dieser Art nicht jeden Tag vorkommen. Die charismatische Führung besteht zudem nur »in statu nascendi«, ist labil[77] und spezifisch wirtschaftsfremd. Die Versorgung erfolgt durch Schenkung wie bei buddhistischen Bettelmönchen oder durch Beute wie bei charismatischen Kriegsfürsten. Die Gemeinde ist deshalb die Art des Herrschaftsverbandes als emotionale Vergemeinschaftung.

Zusammengenommen beruht die Struktur der charismatischen Beziehung demnach auf vier innerlich verbundenen Momenten:[78] 1. Die freie und freiwillige Anerkennung des Charismas des Führers durch die Hingabe an seine außeralltäglichen Qualitäten. »Nicht nur das Charisma gilt als außeralltägliche Eigenschaft, auch die charismatische Beziehung hat außeralltäglichen Charakter, löst sich aus dem Rollengeflecht und den Normen des Alltags.«[79] Deshalb zieht Charisma auch eine charismatische Lebensführung nach sich. 2. Das geht folglich einher mit der Erosion bestehender normativer Standards, Verfahrens- und Organisationsweisen. »Es gibt kein Reglement, keine abstrakten Rechtssätze, keine an ihnen orientierte rationale Rechtsfindung.«[80] Der charismatische Führer »schöpft« Recht durch seine Grundsätze und Anordnungen von Fall zu Fall und möglichst so, dass er selbst nicht gebunden werden

76 Ebd., S. 142 und MWG I/23, S. 497.

77 Reinhard Bendix schlägt deshalb vor, zwischen charismatischer Führung und charismatischer Herrschaft zu unterscheiden. In statu nascendi existiert diese Konstellation wohl nur als Führung, die in dem Moment, wo sie sich zu einem Herrschaftsverband weiterentwickelt, anderen Charakter annimmt, nämlich traditionaler (patrimonial) oder rationaler (legal) Art. Vgl. ders., *Max Weber*, S. 226.

78 Siehe Lepsius, »Das Modell der charismatischen Herrschaft und seine Anwendbarkeit auf den ›Führerstaat‹ Adolf Hitlers«, S. 95-118.

79 Ebd., S. 96.

80 Weber, *Wirtschaft und Gesellschaft*, S. 141 und MWG I/23, S. 494.

kann. Diese Beziehung ist insofern wirtschafts- *und* rechtsfremd. Gerade deshalb wird eine solche Beziehung zumindest am Anfang begeistert begrüßt als »Befreiung« vom niederdrückenden Joch des Rechts und den unbarmherzigen Zwängen der Wirtschaft. 3. Das daraus resultierende soziale Gebilde, affektiv aufgeladen und personalisiert, führt zu einer emotionalen Vergemeinschaftung, in dem das loyale Band zwischen Führung und Gefolgschaft alles zählt, die Verwaltung von Alltagsaufgaben dagegen nicht viel. Dementsprechend ist dann das Erscheinungsbild des »Verwaltungsstabs«, steht doch der charismatischen Autoritätsstruktur von Befehl und Gehorsam eine lose wie fluide Organisationsstruktur gegenüber. »Ein charismatischer Verband ist daher gleichzeitig rigide und lose, autoritär und anarchisch, einheitlich und fragmentiert, zentralisiert und unkoordiniert. Er ist personalistisch und gegenüber jeder Art institutionalisierter Rationalisierung indifferent.«[81] 4. Da das Charisma auf Bewährung beruht, muss diese erfolgreich erneuert und eine neue Herausforderung stets gemeistert werden. Allerdings unterstützen den Charismaträger die blind-begeisterte Hingabebereitschaft der Gefolgschaft – sie wollen seine »Größe« und möchten gern bedingungslos »dienen«, aber auch raffinierte Herrschaftsstrategien wie den Umgang mit »kognitiven Dissonanzen«,[82] etwa durch geschickte Uminterpretation einer Prophezeiung, wenn sie nicht eingetreten ist. »Ein Charismatiker hat insofern die Chance, auch bei mangelnder Bewährung über eine längere Zeitspanne hinweg, die Geltung seines Charismas erfolgreich zu prätendieren und seinen Herrschaftsanspruch aufrechtzuerhalten.«[83]

Aber je erfolgreicher eine charismatische Bewegung wird, desto rascher wächst sie. Schenkungsmäzenatentum und Beutekapitalismus reichen dann zur materiellen Versorgung nicht mehr hin. Auch die Verwaltungsbedürfnisse charismatischer Herrschaftsaus-

81 Lepsius, »Das Modell der charismatischen Herrschaft«, S. 97.

82 So Leon Festinger, *A Theory of Cognitive Dissonance*, Stanford 1957, dt. *Theorie der kognitiven Dissonanz*, Bern 2012. Das berühmteste Beispiel ist sicherlich Äsops Fabel, »Der Fuchs und die Trauben«, in der der Fuchs gern die zu hoch hängenden Trauben fressen würde, aber, da unerreichbar, sie für ohnehin zu sauer erklärt. Jon Elster, *Sour Grapes. Studies in the Subversion of Rationality*, Cambridge 1983 benutzt diese Fabel zur Kritik an den Rationalitätsannahmen in der Rational-Choice-Theorie – er hätte sie auch einsetzen können, um die Aufrechterhaltung des Charismas trotz Bewährungsmisserfolg zu illustrieren.

83 Lepsius, »Das Modell charismatischer Herrschaft«, S. 98.

übung steigen sprunghaft an und diese Notwendigkeiten kommen auch den materiellen Versorgungsinteressen von Jüngern und Gefolgschaft entgegen, die für ihre Folgebereitschaft belohnt werden wollen.

Angesichts dieser Dynamiken, die aus einer charismatischen Führung einen Herrschaftsverband machen, stellt sich das Problem der *Nachfolge* als Existenzfrage für diesen Typ von Autorität. Wie lässt sich ihr charismatischer Charakter bewahren, wenn der Träger dieser Gnadengabe nicht selbst weiter für Bewährung sorgen kann? Weber diskutiert diese Grundproblematik unter dem Titel der »Veralltäglichung des Charismas« und diesem Umbildungsprozess gilt sein Hauptinteresse in der Herrschaftssoziologie.

Prinzipiell gibt es mehrere Möglichkeiten, wie die Problematik der Nachfolge gelöst werden kann. 1. Durch die *Findung* eines neuen »Charismatikers« wie etwa die Suche nach einem neuen Dalai Lama. 2. Mittels *Offenbarung*, wobei sich Techniken wie das Los, das Orakel oder das Gottesurteil anbieten. 3. Durch Designation eines Nachfolgers durch den Charismaträger selbst oder seines Verwaltungsstabes und die Anerkennung durch die Gefolgschaft.

Freilich handelt es sich in allen diesen Fällen nur noch um ein abgeleitetes, »versachlichtes« Charisma und damit liegt bereits der Übergang von der Person zu einer Institution recht nahe. Von da ist es nur ein kleiner Schritt zur »*institutionellen* Wendung des Charismas: seine Anhaftung an ein soziales Gebilde als solches, als Folge der an die Stelle des charismatischen persönlichen Offenbarungs- und Heldenglaubens tretenden Herrschaft der Dauergebilde und Traditionen«.[84]

Zwei Wege haben sich zur Institutionalisierung des Charismas angeboten und historisch durchgesetzt: 1. das Gentilcharisma und 2. das Amtscharisma. Die »Erblichkeit des Charismas« konnte sich da leicht etablieren, wo »der Glaube an seine Übertragbarkeit durch das Band des Blutes«[85] geweckt werden konnte. Alle Königs- und Adelsmacht verknüpfte die Bedeutung des eigenen Hauses mit dem Privileg des Blutes, um so die gentilcharismatische Legitimität der eigenen Herrschaft zu begründen. Hinzu kam im Okzident die Monogamie als verbindliche Eheform und das Primogeniturrecht,

84 Weber, *Wirtschaft und Gesellschaft*, S. 674 und MWG I/22-4, S. 526.
85 Ebd., S. 671 und MWG I/22-4, S. 517.

um die Eindeutigkeit der Erbordnung zu gewährleisten und herrschaftsgefährdende Sukzessionskämpfe in Familie und Verwandtschaft auszuschließen. Der oder die Erstgeborene sind danach automatisch »erwählt«, um die Nachfolge anzutreten.

Der zweite Weg bestand darin, das Charisma mit einem *Amt* zu verknüpfen. So durfte etwa der römische Bischof sich ursprünglich auf eine charismatische Autorität berufen, konnte die römische Kirche doch große Kirchenväter, Dogmen und Konzilien für sich reklamieren. Von da ab war es freilich noch ein weiter Weg bis zum Papsttum und dem Primat in allen christlichen Glaubensfragen im westlichen Christentum.

»Das Schicksal des Charismas ist es, durchweg mit dem Einströmen in die Dauergebilde des Gemeinschaftshandelns zurückzuebben zugunsten der Mächte entweder der Tradition oder der rationalen Vergesellschaftung.«[86] Das ist die eine Seite der Entwicklung in Geschichte und Gesellschaft – die Schwindsucht des Charismas unter modernen Bedingungen. Auf der anderen Seite ist Charisma eine so wertvolle Ressource zur Begründung der Vorbildlichkeit wie Verbindlichkeit jeglicher Herrengewalt, dass sie von den Eliten in jeglicher Form immer wieder gern in Anspruch genommen wird. Gerade deshalb verschwinden auch nicht die Versuche, unter modernen Bedingungen die Kraft des Charismas in Dienst zu nehmen. Weber selbst hat dem Begriff einen derart weiten Umfang verpasst, dass er von der Magie des Zauberers bis zu modernen Charismatikern wie Napoleon reicht.

Das hat Vermutungen in der Diskussion gestärkt, die von einer Entwicklungsgeschichte des Charismas ausgehen. In deren Verlauf löst es sich von der Person ab und geht auf Institutionen über. Die Veralltäglichung geht so mit einer Versachlichung einher. Neben dem analytischen Kern existieren Stufen und Richtungen seiner Ausprägungen.

Im Verlauf der historischen Rationalisierung und Entzauberung der Welt hängt die charismatische Legitimierung immer mehr an Ideen und weniger an den magischen oder ererbten Qualitäten von Personen. Die historische Bewegung schreitet von der revolutionären Herausforderung, die dem persönlichen Charisma von Männern mit magischen Kräften (wie Jesus und Thomas Müntzer) eigen ist, zu einem Charisma natürlicher Rechte

86 Ebd., S. 681 und MWG I/22-4, S. 542 f.

fort, das keiner Personifizierung mehr bedarf. Das Charisma der Vernunft ist Ausdruck einer Entpersönlichung des Charismas, die sich von dessen Veralltäglichung, die so oft in der Geschichte vorgekommen ist, unterscheidet.[87]

Was mit dem magischen Charisma des Zauberers beginnt, setzt sich im religiösen Charisma der »Wunder« fort, um dann in säkulare Formen der politischen und kirchlichen Herrschaft einzumünden. Schließlich heftet es sich an die Idee der Menschenrechte und mutiert zum »Charisma der Vernunft«. Weber folgt Georg Jellinek, der in seiner *Erklärung der Menschen- und Bürgerrechte* gezeigt hatte, dass diese sich weniger auf Rousseaus *Contrat Social* als vielmehr auf die religiöse Gewissensfreiheit der Sekten Nordamerikas zurückführen lassen. Nicht die Erklärung der Menschen- und Bürgerrechte von 1789, sondern die *Bill of Rights* von 1776 formieren den Hintergrund für die Gewissensfreiheit. Grundlage hierfür ist die Forderung, dass man Gott mehr gehorchen solle als den Menschen. »Auf dem Boden der konsequenten Sekte erwächst also ein als unverjährbar angesehenes ›Recht‹ der Beherrschten und zwar jedes einzelnen Beherrschten *gegen* die, sei es politische, sei es hierokratische, patriarchale oder wie immer geartete Gewalt.«[88] Gewissensfreiheit markiert ein Widerstandsrecht und eröffnet auf diese Weise eine *Sphäre negativer Freiheit.*

Einerlei, ob – wie Jellinek überzeugend wahrscheinlich gemacht hat – das älteste, so ist jedenfalls die ›Gewissensfreiheit‹ in diesem Sinn das prinzipiell erste, weil weitestgehende, die Gesamtheit des ethisch bedingten Handelns umfassende, eine Freiheit *von* der Gewalt, insbesondere von der Staatsgewalt, verbürgende ›Menschenrecht‹, – ein Begriff, der in dieser Art dem Altertum und dem Mittelalter ebenso unbekannt ist, wie etwa der Staatstheorie Rousseaus mit ihrem staatlichen Religionszwang.[89]

Diese Menschen- und Grundrechte umfassen Eigentumsrechte, Vertragsfreiheit und die Freiheit der Berufswahl und sind in diesem Sinne eine moderne Errungenschaft.

87 Günther Roth, *Politische Herrschaft und persönliche Freiheit. Heidelberger Max-Weber-Vorlesungen 1983*, Frankfurt/M. 1987, S. 147.

88 Weber, *Wirtschaft und Gesellschaft*, S. 725 und MWG I/22-4, S. 678.

89 Ebd.

Ihre letzte Rechtfertigung finden sie in dem Glauben des Aufklärungszeitalters daran, daß die ›Vernunft‹ des Einzelnen, falls ihr freie Bahn gegeben werde, kraft göttlicher Provenienz und weil der Einzelne seine eigenen Interessen am besten kenne, zum mindesten die relativ beste Welt ergeben müsse: die charismatische Verklärung der ›Vernunft‹ (die ihren charakteristischen Ausdruck in ihrer Apotheose durch Robespierre fand), ist die letzte Form, welche das Charisma auf seinem schicksalsreichen Wege überhaupt angenommen hat.[90]

Das »Charisma der Vernunft« wird so zur Endmoräne dieser revolutionierenden Kraft. Weber scheint damit vorwegzunehmen, was heute zumindest im Westen als letztes und höchstes Kollektivideal der Moderne[91] angesehen wird: die enthusiastische Verklärung der universalistischen Menschenrechte, wie sie in der aktuellen philosophischen und sozialwissenschaftlichen Literatur[92] heftig diskutiert wird. Die Menschenrechte als Bürgerrechte, die in dieser Sicht in den modernen Demokratien des Westens als weitgehend verwirklicht gelten dürfen, müssten nun nur noch auf dem Rest des Erdballs realisiert werden, um den Traum von einer besseren Welt Wahrheit werden zu lassen.

Freilich: Politische Projekte und normative Visionen dieser Art sind Webers Sache nicht. Im Gegenteil, er warnt vor solch »extrem rationalistische[n] Fanatismen (›Menschenrechte‹)«.[93] Auch hier handelt es sich erst einmal um einen Gegenstand, der wertfrei, unbefangen und unvoreingenommen ohne normative Überfrachtung zu untersuchen ist. Sicher – in seinen politischen Schriften – und

90 Ebd., S. 725 f. und MWG I/22-4, S. 676.

91 Das war bereits Émile Durkheims Auffassung. Siehe ders., »Der Individualismus und die Intellektuellen«, in: Hans Bertram (Hg.), *Gesellschaftlicher Zwang und moralische Autonomie*, Frankfurt/M. 1986, S. 54-70. Siehe dazu auch Hans-Peter Müller, »Émile Durkheims Moraltheorie«, in: ders., *Das soziologische Genie und sein solides Handwerk. Studien zu Émile Durkheims Forschungsprogramm*, Wiesbaden 2019, S. 127-156.

92 Aus der Fülle der Literatur siehe nur Catherine Colliot-Thélène, Christoph Menke (Hg.), »Subjektive Rechte und Menschenrechte«, in: *Trivium. Deutsch-Französische Zeitschrift für Geistes- und Sozialwissenschaften* 3 (2009); Stefan Gosepath, Georg Lohmann (Hg.), *Philosophie der Menschenrechte*, Frankfurt/M. 1998; James Griffin, *On Human Rights*, Oxford 2008; Hans Joas, *Die Sakralität der Person. Eine neue Genealogie der Menschenrechte*, Berlin 2011; Matthias König, *Menschenrechte bei Durkheim und Weber*, Frankfurt/M., New York 2002.

93 Weber, *Wirtschaft und Gesellschaft*, S. 2 und MWG I/23, S. 151.

dann eben *nicht* wertfrei – muss er ehrlich zugestehen: »ohne diese Errungenschaften aus der Zeit der ›Menschenrechte‹ vermöchten wir heute (auch der konservativste unter uns) nicht mehr zu leben.«[94] Tatsächlich ruft er in seinen Russlandschriften kämpferisch dazu auf, die Gunst der Stunde zu nutzen, um auch dort das zarte Pflänzchen der Menschenrechte zu verankern. Für Weber ist es schließlich eine

> Lebensfrage, daß der Liberalismus seinen Beruf nach wie vor darin findet, den bureaukratischen ebenso wie den jakobinischen *Zentralismus* zu bekämpfen und an der Durchdringung der Massen mit dem alten individualistischen Grundgedanken der ›unveräußerlichen Menschenrechte‹ zu arbeiten, welche uns Westeuropäern so ›trivial‹ geworden sind, wie Schwarzbrot es für den ist, der satt zu essen hat.[95]

Obgleich also Weber *für* und nicht *gegen* Menschenrechte ist, erlaubt ihm die wertfreie Analyse eine nüchterne Bestandsaufnahme der Folgen ihrer Institutionalisierung. Tatsächlich beschreibt das »Charisma der Vernunft« ja so etwas wie die Kulminationsgeschichte einer vorher getrennten, dualen Entwicklung: Bürokratie *gegen* Charisma. Auf dem einstweiligen Höhepunkt dieser Entwicklung kommt es zu dem Wunder der »entzaubernden Verzauberung« oder der »verzaubernden Entzauberung«, je nach Lesart und Verständnis. Die »Ratio« als Macht, die »von außen« revolutioniert, konvergiert mit dem »Charisma«, das »von innen« revolutioniert. Entzauberung *und* Verzauberung fallen im »Charisma der Vernunft« schlussendlich zusammen. Eine soziologisch naive Auffassung könnte vermutlich genau darin das »glückliche Ende der Geschichte« erblicken, indem der »Fortschritt« endlich und endgültig gesiegt habe. Die Menschenrechte sind als Bürgerrechte institutionalisiert, was die notwendige Basis für eine gute und gerechte Gesellschaft legt. Allein, Weber ist nicht naiv. Er konstatiert auch hier einmal mehr die zum Teil perverse Art und Weise, wie Ideen in der Geschichte wirksam werden, die er als »Paradoxie der Wirkung gegenüber dem Wollen«[96] bezeichnet. Denn an der gleichen Stelle von »Staat und

94 Weber, »Parlament und Regierung im neugeordneten Deutschland«, in: ders., *Gesammelte Politische Schriften*, Tübingen ²1973, S. 321 und MWG I/15, S. 466.

95 Weber, »Zur Lage der bürgerlichen Demokratie in Rußland«, in: ders., *Gesammelte Politische Schriften*, S. 59 und MWG I/10, S. 269.

96 König spricht in seinem klugen Vergleich von Durkheim und Weber in dieser

Hierokratie«, in der er gerade noch »die charismatische Verklärung der ›Vernunft‹« und ihre »Apotheose durch Robespierre« gefeiert hatte, folgt die Ernüchterung auf dem Fuß. Denn die »Forderungen formaler Rechtsgleichheit und ökonomischer Bewegungsfreiheit« fegen zwar sämtliche traditionellen Restbestände des Rechts »zugunsten eines Kosmos von abstrakten Normen« hinweg, und das könnte man, wenn man wollte, durchaus als »Fortschritt« bezeichnen. Es ist jedoch nur der »Fortschritt« zu einem rein rationalen Recht, das gegenüber materialen Gerechtigkeitsforderungen systematisch »blind« ist. Denn Recht ist nicht gleich Gerechtigkeit. Gerade diese »Formalität« bereitet zugleich den Boden für weitere »Bürokratisierung« und die »Expansion des Kapitalismus«.

Wie die von den Sekten mit dogmatisch nicht ganz identischen Motiven übernommene *›innerweltliche Askese‹* und die Art der Kirchenzucht der Sekten die kapitalistische Gesinnung und den rational handelnden ›Berufsmenschen‹, den der Kapitalismus brauchte, züchtete, so boten die Menschen- und Grundrechte die Vorbedingungen für das freie Schalten des Verwertungsstrebens des Kapitals mit Sachgütern und Menschen.[97]

Das Charisma der Nation?

Auch wenn Weber das »Charisma der Vernunft« als letzte Form bezeichnet, die diese revolutionäre Kraft annehmen können soll, so ist er doch kein Evolutionist, der eine lineare Stufenfolge von der Magie zur Vernunft unterstellt. Zudem ist es ja tatsächlich eine berechtigte Frage, ob sich das Charisma nicht auch an andere soziale Gebilde heften kann als an Magie, Religion, Heldentum und Vernunft. Weber hätte diese Frage sicherlich nicht verneint. Eine

Frage von den »Paradoxien positivierter Menschenrechte«. Siehe ders., *Menschenrechte bei Durkheim und Weber*, S. 111-117.

97 Weber, *Wirtschaft und Gesellschaft*, S. 726 und MWG I/22-4, S. 679. Das zeigt auf die heutige Situation übertragen, dass ein ökonomistischer Neoliberalismus sich sehr gut verträgt mit einer universalistischen Politik der Menschenrechte. Wird daraus ein »Menschenrecht auf Migration« abgeleitet, so liefert genau diese gut gemeinte Politik dem Kapitalismus in seinen Kernländern die dringend benötigte »billige« Arbeitskraft bzw., dass die »Lohnträume« der einheimischen Arbeitsbevölkerung durch die »industrielle Reservearmee« nicht in den Himmel wachsen.

Form, die schon zu seiner Zeit virulent war und im 20. Jahrhundert auf deutschem Boden seinen charismatischen Furor entfalten sollte, ist der Kollektivsingular der »Nation«.[98] Wie steht es um das »Charisma der Nation«?[99] Und wie schätzt Weber die Chancen ein, dass die Nation zum obersten ideellen Richtwert eines Staates wie dem Kaiserreich werden kann?

Diese Fragen liegen umso näher, als Weber selbst zeitlebens ein glühender Patriot und in seinen Anfangsjahren ein regelrechter Nationalist war, der den Nationalstaat, also Deutschland, zum obersten Maßstab aller Volkswirtschaftspolitik erhob. Zugleich musste den damaligen Zeitgenossen dieser Fragekomplex regelrecht auf den Nägeln brennen, denn Deutschland war ja wie Italien eine »verspätete Nation«.[100] Umso überraschender ist es, dass der Be-

98 Zu diesem großen und heiklen Themenkomplex siehe nur die klassischen Arbeiten von Benedict Anderson, *Imagined Communities. Reflections on the Origin and Spread of Nationalism*, London 1991, dt. *Die Erfindung der Nation. Zur Karriere eines folgenreichen Konzepts*, Frankfurt/M. 1988; Étienne Balibar, Immanuel Wallerstein, *Rasse, Klasse, Nation. Ambivalente Identitäten*, Hamburg, Berlin 1990; Reinhard Bendix, *Nation-Building and Citizenship*, New York 1964; Rogers Brubaker, *Nationalism Reframed. Nationhood and the National Question in the New Europa*, Cambridge 1996; Shmuel N. Eisenstadt, Stein Rokkan (Hg.), *Building States and Nations*, 2 Bde. Beverly Hills 1973; Karl W. Deutsch, *Nationenbildung, Nationalstaat, Integration*, Düsseldorf 1972; Ernest Gellner, *Nationalismus und Moderne*, Berlin 1991; Eric J. Hobsbawm, *Nation und Nationalismus*, Frankfurt/M. ³2005; Seymour Martin Lipset, *The First New Nation. The United States in Historical and Comparative Perspective*, New York 1963; Anthony D. Smith, *Nationalism. Theory, Ideology, History*, Cambridge 2001; Charles Tilly (Hg.), *The Formation of National States in Western Europe*, Princeton 1975; Hans-Ulrich Wehler, *Nationalismus. Geschichte, Formen, Folgen*, München ⁵2019; Heinrich August Winkler (Hg.), *Nationalismus*, Königstein im Taunus 1978.

99 Siehe zum Folgenden Stefan Breuer, *Bürokratie und Charisma*, S. 110-175; M. Rainer Lepsius, »Extremer Nationalismus. Strukturbedingungen vor der nationalsozialistischen Machtergreifung« und »Das Modell der charismatischen Herrschaft und seine Anwendbarkeit auf den ›Führerstaat‹ Adolf Hitlers«, beide in: ders., *Demokratie in Deutschland*, Göttingen 1993, S. 51-79 und S. 95-118, ferner »Nation und Nationalismus in Deutschland«, in: ders., *Interessen, Ideen und Institutionen*, Opladen 1990, S. 232-246; Siegfried Weichlein, »Max Weber, der moderne Staat und die Nation«, in: Anter, Breuer (Hg.), *Max Webers Staatssoziologie*, S. 103-117.

100 Helmuth Plessner, *Die verspätete Nation. Über die politische Verführbarkeit bürgerlichen Geistes* (1935), Frankfurt/M. 1974.

griff der Nation, geschweige denn sein etwaiges Charisma, in Webers politischer Soziologie kaum eine Rolle spielt. Warum findet im Spannungsfeld von Politik und Herrschaft »Nation« keinen Platz? Wieso behandelt Weber universalgeschichtlich Herrschaft, Staat und Bürokratie, ohne auf die Form der Nation als historische bedeutsame Erscheinung im 19. und 20. Jahrhundert näher einzugehen?

Statt diese offenen Fragen direkt zu beantworten, schließen wir an eine einschlägige Konzeptualisierung der Forschung zu diesem Thema an, um im Lichte dieses Begriffsrasters auf Webers eigene sparsame Überlegungen einzugehen. Tatsächlich hätte er mit Überlegungen zum »Charisma der Nation« sein Modell der charismatischen Herrschaft, das er wohl eher für traditionale Gesellschaftsverhältnisse entwickelt hatte, auch auf moderne Erscheinungsweisen nationalen oder nationalistischen Charismas anwendbar gemacht.

Deutschland ist zwar geographisch ein Land der Mitte in Europa, umschreibt aber mental eher ein Land der Extreme. »Man hat den Deutschen sowohl einen extremen Nationalismus wie auch ein mangelndes Nationalgefühl zugeschrieben.«[101] Das hängt natürlich mit der wechselvollen Geschichte dieses Landes zusammen. Zunächst eine politisch hoffnungslos zersplitterte »Kulturnation« im Schoß des Heiligen Römischen Reichs deutscher Nation, dann nach 1806, dem Fall dieses Reichs, fremdbeherrscht, in der Revolution von 1848 gescheitert, nach dem Krieg von 1870/1871 unter preußischer Vorherrschaft als unvollständige Staatsnation zwanghaft geeinigt, nach der Kriegsniederlage 1918 eingebettet in eine erste instabile demokratische Republik, dann die Ausdehnung des Nationalstaates durch Hitler zugunsten eines kontinentalen Imperiums, nach der erneuten Kriegsniederlage 1945 zweigeteilt und im Gefolge der Revolution von 1989 wieder geeinigt. Wie kann in einer solch unsicheren und wechselnden Einheit so etwas wie die Vorstellung von einer Nation gedeihen?

Tatsächlich umfasst dieser Begriff eine Fülle von Bedeutungsabstufungen, was ein Grund dafür sein könnte, warum Weber – ähnlich wie im Falle von »Macht« – seine analytische Brauchbarkeit gering einschätzt. Lepsius gibt im Anschluss an Weber deshalb eine abstrakte Definition, um der Bedeutungsfülle Rechnung zu

101 Lepsius, »Nation und Nationalismus in Deutschland«, S. 232.

tragen. »Die Nation ist zunächst eine *gedachte Ordnung*, eine kulturell definierte Vorstellung, die eine Kollektivität von Menschen als eine Einheit bestimmt.«[102] Meist definiert diese Einheit auch Vorstellungen über Solidaritätsverbände. Welche Art diese Einheit konkret annimmt, hängt von drei Ordnungskriterien ab: der *Eigenschaft* des Solidaritätsverbandes (klassifikatorischer Aspekt), ihrem *Wert*, der ihr zugeschrieben wird (normativer Aspekt), und ihrem Einfluss auf *Orientierung* und *Handeln* der Verbandsgenossen (verhaltensprägender Aspekt). Im Lichte dieser Kriterien unterscheidet Lepsius vier Typen von Nation.

Die *Volksnation* definiert sich, erstens, über die ethnische Abstammung der Kollektivität. Das ist wesentlich komplizierter, als es auf den ersten Blick aussieht, weshalb zusätzlich Sprache, Religion und andere kulturelle Faktoren angerufen werden, um ein einheitliches Bild der Volksnation zu gewinnen.

> Die ethnische Homogenität einer ›Nation‹ ist daher nichts ›Naturwüchsiges‹, sondern weitgehend das Produkt einer kulturell behaupteten Identität und einer politisch durchgesetzten Gleichheit, auch wenn sich der Geltungsanspruch der Idee der ›Volksnation‹ naturrechtlich und vorpolitisch legitimiert.[103]

Ethnische Heterogenität schafft typisch wiederkehrende Konflikte, was die gesellschaftliche Zugehörigkeit dieser Minoritäten angeht. In dem Moment, wo die »Reinheit« des »arisch-germanischen Volkskörpers« angemahnt wird wie im Nationalsozialismus, führt die »Umvolkung« am Ende zur Vernichtung deutscher Staatsbürger jüdischen Glaubens. Denn: Wo die *Reinheit* angerufen wird, ist die *Gewalt* nie fern. Das gilt für Politik wie für Religion gleichermaßen.

Die *Kulturnation* definiert sich, zweitens, über die kulturelle Gleichheit der Menschen. Ihre gleichsam »transpolitischen« Vorstellungen bildeten sich im 18. Jahrhundert heraus, eben weil das Deutsche Reich in zahlreiche selbständige Territorialgebilde zerfiel. Sie wurde komplementär ergänzt durch die Vorstellung einer »politischen Nation«, die ihre Legitimität aus der dynastischen politischen Herrschaft bezog. Der Rahmen für die politische Nation änderte sich in dem Moment, als mit der Idee der Volkssouveränität

102 Ebd., S. 233.
103 Ebd., S. 235.

ein neues Modell mit der Reichseinigung zur Verfügung stand. Die Folge war, dass die Kulturnation durch die Volksnation überlagert wurde. »Das deutsche Kaiserreich verstand sich bald als der Nationalstaat des deutschen Volkes und verwies die deutschsprachigen Gebiete Österreichs und der Schweiz in die residuale Kategorie der deutschen ›Kulturnation‹.«[104] Bis zum heutigen Tag muss dann zwischen »deutsch« und »deutsch-sprachig« unterschieden werden, weil die Sprachgrenzen keine Kongruenz mit den Staatsgrenzen haben.

Die *Klassennation*, drittens, ist eine institutionelle Erfindung der DDR. »Die ›sozialistische deutsche Nation‹ in der staatlichen Herrschaftsordnung der DDR sollte über das Kriterium der Gleichheit der Klassenlage eine Identitätsbildung gegenüber der Bundesrepublik ermöglichen.«[105] Die konsequente Egalität nach innen durch sozialistische Gleichstellung, die »klassenlose Gesellschaft«, sollte zugleich die Legitimität gegenüber der kapitalistischen Bundesrepublik nach außen zum Ausdruck bringen und ihre Eigenstaatlichkeit rechtfertigen. Freilich: Mit der Zeit entwickelten sich auch Vorstellungen von Volks- und Kulturnation, etwa als die sozialistische Führung das deutsche Erbe von Goethe, Schiller und Luther als Legitimitätsressource (wieder-)entdeckte.

Der vierte Typus von Nation, die *Staatsbürgernation*, empfiehlt sich vor allem für Einwanderungsgesellschaften wie die USA, Kanada und Australien. Denn die Gleichheit der Bürger wird durch die Verfassung und ihre »citizenship-rights«,[106] nicht nach ethnischer, religiöser oder nationaler Herkunft hergestellt. Wo konstitutiv ethnische Heterogenität herrscht, lässt sich mit den aus ihrem Reservoir stammenden Kriterien auch keine Nation mehr begründen. Demokratische Gleichheit und starke Minderheitenrechte sollen die verschiedenen Nationalitäten und Ethnizitäten in eine akzeptable und lebbare politische Gemeinschaft integrieren. Im Zeitalter von Globalisierung und Migration hat sich dieses Modell im Westen weitestgehend durchgesetzt. Nicht mehr »Blubo« (Niklas Luhmann), also Blut und Boden bzw. die ethnische Abstammung

104 Ebd., S. 239.

105 Ebd., S. 240 f.

106 Siehe dazu Jürgen Mackert, Hans-Peter Müller (Hg.), *Moderne (Staats)Bürgerschaft. Nationale Staatsbürgerschaft und die Debatten der Citizenship Studies*, Wiesbaden 2017.

nach dem »ius sanguinis«, begründen Staatsbürgerschaft, sondern das »ius soli«, also die Geburt im jeweiligen Land ungeachtet ethnischer Herkunft.

Der Vorzug einer solch analytischen Differenzierung von Idealtypen besteht zweifellos darin, Nation nicht mehr substanz- und wesenhaft definieren zu müssen. Das heißt nicht, dass Schicksals- und Erinnerungsgemeinschaften im kollektiven Gedächtnis von Nationen keine Rolle mehr spielen dürften. Aber sie verlieren damit weitgehend ihre Verhaltensprägung, die häufig genug gerade in Europa Anlass zu kriegerischen Auseinandersetzungen war.

Max Weber hätte Lepsius' Konzeptualisierung sicherlich zustimmen können, zumal er Nation hinreichend abstrakt definiert, ohne auf wesenhafte Züge zu rekurrieren. Die Idealtypen, die er unterscheidet, sind geeignet, die unterschiedlichsten Formationen von Nation in Raum und Zeit zu untersuchen. Dass das Charisma der Nation auf dem Weg zur modernen Staatsbürgernation freilich viel von seiner Strahlkraft zu verlieren droht, wäre Weber wohl nur recht gewesen wäre. Denn wie dieses Kapitel anschaulich zeigt, bevorzugt er gerade für die großen Begriffe, die historisch und empirisch reich besetzt sind, formale und bewusst anti-essentialistische Definitionen, die einen großen Anwendungsbereich eröffnen. Und da, wo die Bandbreite konzeptueller Möglichkeiten aus dem Ruder zu laufen droht wie bei dem Begriff der Macht, versucht er sich erst gar nicht an einer idealtypischen Klassifikation.

Dementsprechend spärlich fallen seine Überlegungen zur Nation aus und die empirischen Beispiele, die er anführt, sollen nur verdeutlichen, wie schwer eine soziologische Fassung des Begriffs fällt.

›Nation‹ ist ein Begriff, der, wenn überhaupt eindeutig, dann jedenfalls nicht nach empirischen gemeinsamen Qualitäten der ihr Zugerechneten definiert werden kann. Er besagt, im Sinne derer, die ihn jeweilig brauchen, zunächst unzweifelhaft: daß gewissen Menschengruppen ein spezifisches Solidaritätsempfinden anderen gegenüber *zuzumuten* sei, gehört also der Wertsphäre an.[107]

Eine Menschengruppe, die ein Solidaritätsempfinden teilt und diese geteilte Gemeinsamkeit als Zumutung erfährt, definiert den analytischen Kern. Theoretisch verweist der Begriff auf eine Wertsphäre,

107 Weber, *Wirtschaft und Gesellschaft*, S. 528 und MWG I/22-1, S. 240 f.

was im Umkehrschluss nur heißt, dass Nation keine Lebensordnung ausprägt wie die politische Gemeinschaft, der Herrschaftsverband und der Staat. Der Nation geht es wie der Liebe – auch die Erotik spannt lediglich eine Wertsphäre auf und begründet keine Lebensordnung, was eine erotische Lebensführung ungemein erschwert. Alle weiteren inhaltlichen Kriterien, die gemeinhin den Diskurs über Nation und Nationalismus prägen, lehnt Weber rundweg ab. Nation ist ungleich *Staatsvolk*, denn es gibt Nationalitäten in einem Staat, die nicht zur Mehrheit des Staatsvolks gehören wie etwa Österreich zu Zeiten der K.-u.-k.-Monarchie. Gleiches gilt für die *Sprachgemeinschaft*, welche kein hinreichendes Kriterium definiert. Ferner reicht auch die *Konfession* nicht hin, wenn es keine allseits geteilte Religion gibt. »Daß ›nationale‹ Zugehörigkeiten nicht auf realer Blutsgemeinschaft ruhen muß, versteht sich vollends von selbst: überall sind gerade besonders radikale ›Nationalisten‹ oft von fremder Abstammung.«[108] Zudem leben viele Menschengruppen in Gesellschaften, also *ethnische Heterogenität,* ohne sich mit der dahinterstehenden Nation zu identifizieren. Zwar mag sich ein nationales Band über gemeinsame Kulturgüter ergeben und dennoch »darf man ›Nation‹ nicht als ›Kulturgemeinschaft‹ fassen«.[109]

Für alle diese Kriterien gilt das gleiche Urteil Webers: *non sufficit* – es reicht nicht zu einer analytisch sauberen Definition, weil es in jedem Falle zu viele Ausnahmen von dem konstatierten Kriterium gibt. Wenn man den begeisterten Gebrauch des Begriffs, der so etwas wie ein »Charisma der Nation« zumindest insinuiert, genauer beobachtet, so Weber, scheinen stets gewisse »Prestige-Interessen« im Spiel zu sein, die eine »Legende von einer providentiellen ›Mission‹ enthalten«.[110] Häufig genug dreht es sich um Kulturgüter und deren angebliche Überlegenheit, für die dann gern Intellektuelle eine nationale Idee anrufen. Verweisen diese Überlegungen auf das, was Lepsius »Kulturnation« genannt hat, so sieht Weber letztlich aber die größte Nähe zur »Staatsnation«.

108 Ebd. und MWG I/22-1, S. 242. Wie hellsichtig von Weber, war doch Adolf Hitler ein Österreicher, der sich besonders »deutsch-arisch« aufgeführt hat.

109 Weber, »Zum Vortrag von P. Barth über ›Die Nationalität in ihrer soziologischen Bedeutung‹. Diskussionsreden auf dem Zweiten Deutschen Soziologentag in Berlin 1912«, in: ders., *Gesammelte Aufsätze zur Soziologie und Sozialpolitik*, Tübingen 1924, S. 485.

110 Weber, *Wirtschaft und Gesellschaft*, S. 530 und MWG I/22-1, S. 246 f.

Immer wieder finden wir uns bei dem Begriff ›Nation‹ auf die Beziehung zur politischen ›Macht‹ hingewiesen und offenbar ist also ›national‹ – wenn überhaupt etwas Einheitliches – eine spezifische Art von Pathos, welches sich in einer durch Sprach-, Konfessions-, Sitten- oder Schicksalsgemeinschaft verbundenen Menschengruppe mit dem Gedanken einer ihr eigenen, schon bestehenden oder von ihr ersehnten politischen Machtgebildeorganisation verbindet, und zwar je mehr der Nachdruck auf ›Macht‹ gelegt wird, desto spezifischer.[111]

Man wird in diesen Bemerkungen nicht fehlgehen, anzunehmen, dass Weber hier das »Wilhelminische Deutschland« vor Augen hat, dessen Streben nach einem »Platz an der Sonne« jene ominöse »Machtgebildeorganisation« anzielt, von der er so denkbar umständlich spricht. Schon die bewusste Umständlichkeit der Sprache signalisiert sein Unbehagen, angesichts des wachsenden Nationalismus im deutschen Kaiserreich der »Nation« nun auch noch die soziologische Dignität einer verbindlichen und vorbildlichen Definition angedeihen zu lassen. Webers »Pathos der Nüchternheit« mit der Aufgabe, »den ›Schleier der Illusionen‹ zu zerreißen«, so Theodor Heuss,[112] zielte in seiner Kritik vor allem auf das Gebaren von *Literaten,* wie Weber unverantwortliche Intellektuelle[113] zu bezeichnen pflegte. »Literatentum« – das »gilt im wesentlichen jener unverbindlichen Schriftstellerei, die emotionellen Nationalismus oder sozioökonomische Utopie produzierte«. Genau deshalb tritt er auf Einladung des Verlegers Eugen Diederichs, der in seinem Verlag ein regelrechtes »Warenhaus der Weltanschauungen« errichtet hatte, im Sommer 1917 auf der Burg Lauenstein auf, um der »wolkigen Romantik« von einem »völkisch-verblasenen Nationalismus« eines Max Maurenbrechers entgegenzutreten, der erst alldeutsche, dann völkische und schließlich nationalsozialistische Anschauungen vertreten sollte.

Seine eigene ursprüngliche politische Auffassung, die sich mit

111 Ebd., S. 528 und MWG I/22-1, S. 240 f.

112 Theodor Heuss, »Max Weber in seiner Gegenwart«, in: Max Weber, *Gesammelte Politische Schriften*, S. VII-XXXI, hier S. XXX f. und S. XVI.

113 Freilich unterschätzt Weber die Rolle der Intellektuellen im Prozess der Nationsbildung. Siehe dazu die Studien von Bernhard Giesen, *Die Intellektuellen und die Nation. Eine deutsche Achsenzeit*, Frankfurt/M. 1993, Helmut Berding (Hg.), *Nationales Bewußtsein und kollektive Identität*, Frankfurt/M. 1994 und ders. (Hg.), *Mythos und Nation*, Frankfurt/M. 1996.

dem »idealen Pathos des Macht-Prestiges« vermählt, bricht sich eher in folgender »Erklärung« des politischen Prestiges Bahn:

Das Attachement an das politische Prestige kann sich mit einem spezifischen Glauben an eine dem Großmachtgebilde als solchem eignenden Verantwortlichkeit vor den Nachfahren für die Art der Verteilung von Macht und Prestige zwischen den eigenen und fremden politischen Gemeinschaften vermählen.[114]

Wie diese kursorischen und verquälten Ausführungen zeigen, weigert sich Weber, dem »Charisma der Vernunft« ein »Charisma der Nation« zur Seite zu stellen, wie es etwa im stolzen französischen Nationenverständnis zum Ausdruck kommt. Berühmt geworden ist Ernest Renans Definition von Nation in seiner Rede an der Sorbonne vom 11. März 1882:

Die Nation ist eine große Solidargemeinschaft, die durch das Gefühl für die Opfer gebildet wird, die erbracht wurden und die man noch zu erbringen bereit ist. Sie setzt eine Vergangenheit voraus und läßt sich dennoch in der Gegenwart durch ein greifbares Faktum zusammenfassen: die Zufriedenheit und den klar ausgedrückten Willen, das gemeinsame Leben fortzusetzen. Die Existenz einer Nation ist (man verzeihe mir diese Metapher) ein tägliches Plebiszit, wie die Existenz des Individuums eine ständige Bekräftigung des Lebens ist.[115]

Tatsächlich dekliniert auch Renan die einzelnen Kriterien durch und hält sie jeweils für sich allein nicht angemessen. Das Solidaritätsempfinden teilen auch beide Denker. Aber das Pathos eines »täglichen Plebiszits« hätte Weber als voluntaristische politische Aktion des Volkes sicherlich abgelehnt. Hier zeigt sich eben, dass er auch Nation im Rahmen seiner Herrschaftssoziologie denkt und da wird der Staat wichtiger als die Nation.[116] Aber neben diesem the-

114 Ebd.

115 Ernest Renan, »Was ist eine Nation? Rede an der Sorbonne vom 11. März 1882«, in: Michael Jeismann, Henning Ritter (Hg.), *Grenzfälle – Über neuen und alten Nationalismus*, Leipzig 1993, S. 308.

116 Siegfried Weichleins These lautet: »Der Staat ist bei Max Weber übertheoretisiert – die Nation dagegen untertheoretisiert.« Die Antwort für diese »Ungleichgewichtigkeit zwischen Staat und Nation« erblickt Weichlein in den zeitbedingten liberalen Vorstellungen, in der die Politik wie auch die Nation mit dem Projekt der Reichsgründung immer schon aus der Perspektive des Staates und damit der Herrschaft gedacht worden sind.

oretischen Argument spielen sicherlich auch die unterschiedlichen historischen Erfahrungen eine wichtige Rolle: In Frankreich die gelungene Französische Revolution und die Begründung einer demokratischen Republik – in Deutschland die »verspätete Nation« und die Zwangseinigung unter Vorherrschaft einer preußischen Monarchie.

Das »Charisma der Demokratie« oder Demokratie als moderne Regierungs-, Staats- und Gesellschaftsform?

Wenn nicht Nation, dann vielleicht Demokratie? So wenig, wie Weber das »Charisma der Vernunft« als Legitimitätsbasis von modernem Staat und moderner Gesellschaft fasst, so wenig kann er einer normativen Mission und Vision der Demokratie und ihrer Ideenwelt abgewinnen. Auch »Demokratie« muss in erster Linie aus dem Kontext seiner Herrschaftssoziologie verstanden werden und knüpft dabei interessanterweise am Charisma an. Freilich hat er diesen Gedanken nicht ausgearbeitet, insofern muss auch er rekonstruiert werden – mit allen Risiken der Interpretation.[117]

Ein erster Fingerzeig lässt sich einem Vortrag über »Probleme der Staatssoziologie« entnehmen, den Weber am 27. Oktober 1917 in Wien hält. Der Bericht der *Neuen Freien Presse* hält fest, dass der Redner zunächst seine dreiteilige Herrschaftssoziologie vorstellt. Dann schilderte er, »wie die moderne Entwicklung der okzidentalen Staatswesen durch das allmähliche Entstehen eines *vierten*

117 Unter den zahlreichen Versuchen, Webers Demokratievorstellungen zu rekonstruieren siehe nur Stefan Breuer, *Bürokratie und Charisma*, S. 176-187; ders., *Max Webers tragische Soziologie*, Tübingen 2006, S. 112-147; Wolfgang Mommsen, »Zum Begriff der ›plebiszitären Führerdemokratie‹«, in: ders., *Max Weber. Gesellschaft, Politik und Geschichte*, Frankfurt/M. 1974, S. 44-71; Hans-Peter Müller, *Max Weber*, 143-156; Jeffrey Prager, »Moral Integration and Political Inclusion. A Comparison of Durkheim's and Weber's Theories of Democracy«, in: *Social Forces* 59/4 (1981), S. 918-950; Wolfgang Schluchter, *Aspekte bürokratischer Herrschaft. Studien zur fortschreitenden Industriegesellschaft*, München 1972, S. 65-144; Christoph Schönberger, »Max Webers Demokratie. Utopisches Gegenprinzip zur bürokratischen Herrschaft«, in: Anter, Breuer, *Max Webers Staatssoziologie*, S. 157-174; Dolf Sternberger, »Max Weber und die Demokratie«, in: ders., *Ich wünschte ein Bürger zu sein*, Frankfurt/M. 1970, S. 93-113.

Legitimitätsgedankens charakterisiert war, derjenigen Herrschaft, welche wenigstens offiziell ihre eigene Legitimität aus dem Willen der Beherrschten ableitet. Sie ist in ihren Anfangsstadien noch weit entfernt von allen modernen demokratischen Gedanken.«[118] Statt auf die aktuelle Situation zu sprechen zu kommen, skizziert Weber wortreich die »Anfangsstadien«. Es ist die okzidentale Stadt, die auf der Basis einer Schwurbrüderschaft unter Sprengung der Sippengrenzen sich selbst verwaltet und so zur Geburtsstätte des rationalen Kapitalismus wie des Amtsbegriffs der politischen Partei wird. So kann der moderne Staat entstehen, aber von Demokratie ist da noch keine Rede.

Ein zweiter Hinweis findet sich in seiner Herrschaftssoziologie unter dem Titel »Die herrschaftsfremde Umdeutung des Charisma«. Wie gesehen, zwingt das Charisma und erringt Legitimität aus sich heraus, weil die außeralltägliche Autorität seiner Sendung die Gefolgschaft unverbrüchlich bindet. Charisma ist autoritär – und nicht demokratisch.[119] Es kann jedoch anti-autoritär umgedeutet werden. »Bei zunehmender Rationalisierung der Verbandsbeziehungen liegt es aber nahe: daß diese Anerkennung, statt als Folge der Legitimität, als Legitimitäts*grund* angesehen wird (*demokratische Legitimität*).«[120] Diese vierte, demokratische Legitimitätsform – Typus sollten wir sie nicht nennen, denn Weber hat die Dreiteilung seiner Herrschaftssoziologie nicht erweitert – stellt sich stets da ein, wo Herrschaft nicht »von oben«, sondern »von unten« legitimiert wird. Es stellt sich die Idee der *Wahl* ein, was in der Tat eine anti-autoritäre Umdeutung des Charismas bedeutet.

Die ›plebiszitäre Demokratie‹ – der wichtigste Typus der Führer-Demokratie – ist ihrem genuinen Sinn nach eine Art der charismatischen Herrschaft, die sich unter der *Form* einer vom Willen der Beherrschten abgeleiteten und nur durch ihn fortbestehenden Legitimität verbirgt. Der Führer (Demagoge) herrscht tatsächlich kraft der Anhänglichkeit und des Vertrauens seiner politischen Gefolgschaft.[121]

118 Weber, »Probleme der Staatssoziologie«. Vortrag am 25. Oktober 1917 in Wien, in: ders., *Wirtschaft und Gesellschaft*, Teilband 4: *Herrschaft*; MWG I/22-4, S. 755.

119 Wie wenig Charismatiker genuine Demokraten sind, zeigen die Fallstudien in Wilfried Nippel (Hg.), *Virtuosen der Macht. Herrschaft und Charisma von Perikles bis Mao,* München 2000.

120 Weber, *Wirtschaft und Gesellschaft*, S. 156 und MWG I/23, S. 533.

121 Ebd. und MWG I/23, S. 535.

Das *Wahlprinzip*, einmal eingeführt, kann natürlich auch auf den *Verwaltungsstab* als die wichtigste Stütze der Herrschaft ausgedehnt werden. Der »Wahl*beamte*, legitim kraft Vertrauens der Beherrschten, daher abberufbar durch Erklärung des Mißtrauens dieser, sind in ›Demokratien‹ bestimmter Art, z. B. Amerika, typisch«.[122]

Freilich lässt sich die Führer-Demokratie von einer populären Diktatur nur durch eine haarfeine Linie unterscheiden, zumal Weber selbst revolutionäre Diktatoren wie Cromwell, Robespierre und Napoleon als Beispiele aus der Geschichte wählt. Sie würde man aus heutiger Sicht wohl nicht ohne weiteres als »lupenreine Demokraten« bezeichnen, um eine berühmt-berüchtigte Formulierung eines Ex-Bundeskanzlers zu zitieren, der sich freiwillig und enthusiastisch in den »Freundschaftsdienst« eines Autokraten begeben hat.

> Der persönliche Verwaltungsstab wird charismatisch, aus begabten Plebejern, rekrutiert (bei Cromwell unter Berücksichtigung der religiösen Qualifikation, bei Robespierre neben der persönlichen Verläßlichkeit auch gewisser ›ethischer‹ Qualitäten, bei Napoleon ausschließlich nach der persönlichen Begabung und Verwendbarkeit der kaiserlichen ›Herrschaft des Genies‹).[123]

Freilich ist auch hier wichtig, was Weber uns damit gleichsam zwischen den Zeilen mitteilt. Revolution braucht politische Führung und eröffnet demokratische Einbruchschancen in die ansonsten etablierte Ordnung traditionaler oder rationaler Herrschaft. Gemeinhin und im politischen Alltag machen »die da oben« die Herrschaft unter sich aus. Nur in außeralltäglichen Umbruchszeiten erhalten »die da unten« eine realistische Chance, mit zu regieren und zu verwalten. Mit der Revolutionierung der gesellschaftlichen Verhältnisse eröffnen sich somit auch Demokratisierungschancen, was den Zugang zu Herrschaft und Verwaltung anbetrifft. In eins mit demokratischer Rekrutierung erhalten auch materiale Ziele der Gerechtigkeit und Umverteilung eine historische Chance zur sozialen Verwirklichung.

> Die nach materialen Gerechtigkeitsgründen, utilitarischen Zwecken und Staatsnutzen verfahrende Justiz und Verwaltung der patriarchalen Herrschaft findet in den Revolutionstribunalen und den materialen Gerechtig-

122 Ebd.
123 Ebd., S. 156 f. und MWG I/23, S. 535.

keitspostulaten der radikalen Demokratie in der Antike und im modernen Sozialismus ihre entsprechende Parallele – Der utopische Einschlag aller Revolutionen hat hier seine naturgemäße Grundlage.[124]

Spätestens an dieser Stelle wird deutlich, dass Weber Demokratie theoretisch als Gegenprinzip zur Herrschaft denkt und historisch als Gegenprinzip zur Bürokratie. Er begreift sie als Eingriffschance zur Selbstregierung statt Fremdherrschaft und in der Lebensführung als Chance zur Selbstführung statt zur Fremdführung. Das ist – von heutiger Warte aus betrachtet – zugegebenermaßen eine ungewöhnliche Sichtweise. Längst haben wir uns eher Tocquevilles Perspektive angeschlossen, der Demokratie als *die* Regierungs-, Gesellschafts- und Lebensform der Moderne ansieht, wie sein Studium der »Demokratie in Amerika«[125] unterstreicht. Wie quer und andersartig Weber im Vergleich zu heute denkt, zeigt auch folgende Passage: »Dem Typus der plebiszitären Führerdemokratie stehen die [...] Typen der führerlosen Demokratie gegenüber, welche durch das Streben nach *Minimisierung der Herrschaft* des Menschen über den Menschen charakterisiert ist.«[126]

Die Umrisse von Webers Botschaft werden dadurch etwas deutlicher. Erstens ist Demokratie kein Herrschafts*typ*, weil sie quer zu traditionaler, rationaler und charismatischer Herrschaft steht. Sie wird, zweitens, zu einer Herrschafts*form*, wenn sie sich aus der herrschaftsfremden Umdeutung des Charismas ableitet. Das Wahlprinzip dient zur Akklamation des Führers durch die Beherrschten und das Resultat ist die plebiszitäre Führerdemokratie. Aber wie seine historischen Beispiele revolutionärer Diktaturen, drittens, zeigen, handelt es sich hierbei um Herrschaft und *nicht* um *genuine* Demokratie, wie wir sie heute meist in einem stark normativen und faktisch euphemisierenden Sinne verstehen. Demokratie scheint uns die sanfteste Form von Herrschaft zu sein und letztlich sind wir alle in die Schule von Jean-Jacques Rousseaus normativer Demokratietheorie[127] gegangen, der die Identität von Repräsentan-

124 Ebd., S. 157 und MWG I/23, S. 536.

125 Alexis de Tocqueville, *Über die Demokratie in Amerika*, 2 Bde., Zürich 1987.

126 Weber, *Wirtschaft und Gesellschaft*, S. 157 und MWG I/23, S. 537.

127 Jean-Jacques Rousseau, *Schriften*, 2 Bde., hg. von Henning Ritter, München 1978. Meist wird nur der *Contrat* gelesen, aber nicht die Schriften zur Verfassung. Polen ist schon zu groß für die Demokratie, auf Korsika könnte es gerade noch gehen.

ten (»volonté générale«) und Repräsentierten (»volonté de tous«) vorschwebt – oder sollte man besser sagen, die sie sich vorgaukelt. Herrschaft wird, in diesem mirakulösen Repräsentationsakt, gleichsam eskamotiert und Demokratie grenzt fast schon an Herrschaftsfreiheit. Genau diese romantische Auffassung hält Weber für eine grandiose Illusion, denn moderne Großgesellschaften können nicht ohne Herrschaft regiert werden. Wenn Demokratie die Dignität einer Herrschaftsform gewinnen will, so Weber viertens, dann nur auf der Basis plebiszitärer Führungswahl. Wir werden sehen, dass er genau aus diesen Gründen in seinen politischen Schriften für die direkte Wahl des Reichspräsidenten plädiert, der gleichsam als Ersatzmonarch die Spitze der Republik symbolisieren und die Herrschaft repräsentieren soll. Dennoch versteht Weber, fünftens, die Sehnsucht nach der Minimisierung der Herrschaft des Menschen über den Menschen. Aber der Preis dafür ist die »führerlose Demokratie« und die muss man sich leisten können.

Weber sucht denn auch zu zeigen, wo sich Spuren von Demokratie als Herrschaftsminimierung finden lassen. Da Herrschaft im Alltag Verwaltung bedeutet, definiert Weber die Bedingungen für unmittelbare demokratische Verwaltung: »1. weil sie auf der Voraussetzung prinzipiell gleicher Qualifikationen aller zur Führung der gemeinsamen Geschäfte beruht. 2. Weil sie den Umfang der Befehlsgewalt minimisiert.«[128] Bevorzugte Rekrutierungsmechanismen sind daher Los,[129] Turnus und Wahl. Anbieten tut sich diese Art der Verwaltung da, wo Aufgaben lokal, der Teilnehmerkreis überschaubar und untereinander wenig differenziert ist, einfache Aufgaben anfallen und die Mitglieder bei aller Gleichheit ein gewisses Maß an Schulung aufweisen. Aber Weber warnt zugleich davor, dass diese Prinzipien und Verfahren auch gern von der aristokratischen Honoratiorenherrschaft angewandt werden.

> Auf ›Gleichheit‹ und ›Minimisierung‹ der Herrschaftsgewalt der Funktionäre halten aber sehr oft auch aristokratische Gremien *innerhalb* und gegenüber den Mitgliedern der eigenen herrschenden Schicht: so die venezianische Aristokratie ebenso wie die spartanische oder wie diejenige der

128 Weber, *Wirtschaft und Gesellschaft*, S. 546 und MWG I/22-4, S. 139.

129 Die Praktikabilität von Demokratie und Los nebst dessen Grenzen studiert anschaulich Anja Röcke, *Losverfahren und Demokratie. Historische und demokratietheoretische Perspektiven,* Münster 2006.

Ordinarien einer deutschen Universität und wenden dann die gleichen ›demokratischen‹ Formen (Turnus, kurzfristige Wahl, Los) an.[130]

Weber markiert denn auch in gleichem Atemzug die Grenzen von Gleichheit und Herrschaftsminimierung. In dem Moment, wo die Aufgaben wachsen und komplexer werden, höhere Fachschulung benötigen und eine professionelle Administration und Organisation erfordern, ist es vorbei mit der egalitären, herrschaftsfreien und somit »führerlosen« Demokratie. An die Stelle der unmittelbaren Demokratie tritt die Bürokratie, denn Herrschaft bedeutet im Alltag professionelle Verwaltung.

Man muss schließlich noch etwas tiefer graben, um dann doch noch unversehens auf so etwas wie das »Charisma der Demokratie« zu stoßen, auch wenn dessen Grenzen sehr eng gezogen sind. Natürlich nennt Weber den *Kommunismus* nicht so, denn das würde ihn als oberste herrschaftsfreie Regimeform adeln. Das könnte unter Umständen gefährliche Illusionen nähren, die über seine Wünschbarkeit hinaus eben auch seine Machbarkeit und seine Erreichbarkeit[131] insinuieren würden. Aber der Kommunismus kommt der Vorstellung von Demokratie als Egalität und Herrschaftsfreiheit eben schon sehr nahe. Dass er ihn überhaupt nennt, zeigt einmal mehr, wie sehr er die Herausforderung durch Karl Marx ernst nimmt.

Das Charisma ist also, neben der Hausgemeinschaft, der zweite, von ihr verschiedene, große historische Träger des *Kommunismus,* wenn wir darunter hier das Fehlen der ›Rechenhaftigkeit‹ beim Güter*verbrauch* und nicht die rationale Organisation der Güter*produktion* für eine – irgendwie – gemeinsame ›Rechnung‹ (›Sozialismus‹) verstehen wollen.[132]

130 Weber, *Wirtschaft und Gesellschaft*, S. 546 und MWG I/22-4, S. 139. Jeder und jede, die schon einmal in ein hochrangiges Führungs-, Beratungs-, und Entscheidungsgremium gleich welcher Art berufen wurde, weiß, dass es in der »Expertokratie« gleich, fair, egalitär und gerecht zugeht und man natürlich auf »gleicher Augenhöhe« verkehrt. Man sollte solche aristokratischen Debattierzirkel nur nicht wegen ihrer Verfahren mit genuiner Demokratie verwechseln. Zum Begriff der Expertokratie vgl. Hans-Peter Müller, »Von der Meritokratie zur Expertokratie? Bedeutung und Wandel des Leistungsideals ›sozialer Gerechtigkeit‹«, in: Brigitte Aulenbacher et al. (Hg.), *Leistung und Gerechtigkeit. Das umstrittene Versprechen des Kapitalismus*, Weinheim, Basel 2017, S. 46-63.

131 Diese drei »Barkeiten« könnten als grundlegender Anforderungskatalog für »reale Utopien« gelten. Siehe hierzu das Schema bei Eric Olin Wright, *Reale Utopien. Wege aus dem Kapitalismus*, Berlin 2017, S. 63.

132 Weber, *Wirtschaft und Gesellschaft*, S. 660 und MWG I/22-4, S. 486.

Der Kommunismus ist anzutreffen im Lager- und Beutekommunismus oder dem Liebeskommunismus des Klosters. Soll die kommunistische Gesinnung rein erhalten werden, ist es zentral, das Streben nach individuellem Eigenbesitz mit aller Macht zu unterbinden. Fatal war es stets, wenn die »Präbendalisierung« einsetzte, also die Suche nach Pfründen und Versorgung für sich, seine Familie und seine Verwandtschaft. *Präbende* ist der Sündenfall für den Kommunismus.

> Immer aber ist die schließlich eintretende schrankenlose Freigabe von Familiengründung und Erwerb das Ende der Herrschaft des genuinen Charisma. Nur die gemeinsame Gefahr des Feldlagers oder die Liebesgesinnung weltfremder Jüngerschaft hält den Kommunismus zusammen, und nur dieser wiederum garantiert die Reinheit des Charisma gegenüber den Interessen des Alltags.[133]

Das sind wahrlich enge Grenzen, die der Verwirklichung des Kommunismus als herrschaftsfreier Gemeinschafts- und Lebensform gesetzt sind. Auf Dauer dürfte es recht schwierig werden, das Feuer des reinen Charismas aufrechtzuerhalten. Im besten Fall gilt das für die erste Generation der Gründer einer solchen Kommune[134] und spätestens dann setzen die Probleme der »Veralltäglichung« ein, um Webers Sprache zu benutzen.

Weber war kein Demokratietheoretiker, sondern ein Soziologe der Herrschaft, des Staates und der Bürokratie. Gerade weil ihm das soziale Leben Kampf, Konkurrenz und Konflikt bedeutete, überstieg es seinen Horizont, moderne Großgesellschaften sich anders als »vermachtet« und »herrschaftsdurchzogen« vorzustellen. Deshalb gerät ihm Demokratie zum Gegenprinzip von Herrschaft und Bürokratie.[135] Sie wird zum Wurmfortsatz der antiautoritären

133 Ebd.

134 Das zeigt die Forschung über Kibbutzim. Klassisch Melford E. Spiro, *Kibbutz. Venture in Utopia*, Cambridge 1956; ders., *Children of the Kibbutz*, Cambridge 1958; Lionel Tiger, Joseph Shepher, *Women in the Kibbutz*, New York 1975; Reuven Shapira, *Transforming Kibbutz Research. Trust and Leadership in the Rise and Decline of Democratic Cultures*, Cleveland 2008. Klassisch auch die Studie von Rosabeth Moss Kanter, *Commitment and Community. Communes and Utopias in Sociological Perspective*, Cambridge, Mass. 1972.

135 So auch Schönberger, *Max Webers Demokratie*, S. 163: »Mit diesem *Nebeneinander von ademokratischer Herrschaft und herrschaftsfreier Demokratie* steht Weber durchaus in einer prägenden Tradition deutschen politischen Denkens, in der

Umdeutung des Charismas, und er entwickelt die Vorstellung von demokratischer Legitimität über das Wahlprinzip. Sollte man seine Überlegungen zu einem Ansatz hochrechnen, so gehört er in die Schule der formalen Demokratietheorie, die Demokratie als Mechanismus friedlichen Elitenwechsels ansieht. Nicht mehr, aber auch nicht weniger. Joseph Alois Schumpeter sollte ihm in diesen Vorstellungen folgen.[136] Eine realistische Demokratietheorie warnt vor der Illusion, eine »echte« Demokratie könne die Herrschaft des Menschen über den Menschen ein für alle Mal abbauen. Was möglich werden kann (aber nicht muss), ist die Minimierung von Herrschaften in kleinen *Gemeinschaften* mit Selbstverwaltung, »im Grenzfall der ›reinen‹ Demokratie« verstanden als »eine Einheit von wesentlich gleichartigen Existenzen bildenden Genossen gegeneinander«, wie Weber die »führerlose Demokratie« definiert.[137] Ganz anders sehen die Möglichkeiten und Chancen der Demokratie in *Gesellschaften* aus, die er sich nur als »plebiszitäre Führerdemokratie« vorstellen kann.

> Die Bedingungen der Verwaltung von Massengebilden sind radikal andere als diejenigen kleiner, auf nachbarschaftlicher oder persönlicher Beziehung ruhender Verbände. Insbesondere wechselt der Begriff der ›Demokratie‹, wo es sich um Massenverwaltung handelt, derart seinen soziologischen Sinn, daß es widersinnig ist, hinter jenem Sammelnamen Gleichartiges zu suchen.[138]

Die axiologische Kehre des Sinngehalts von Demokratie beim Übergang von Gemeinschaft zu Gesellschaft ist in der Tat atemberaubend: Aus einem *Gegen*prinzip von Herrschaft wird unversehens ein *Prinzip* von Herrschaft. Weber, der stets für trennscharfe Begriffsbildung eingetreten ist, konnte Begriffen, die einer *coincidentia oppositorum* gleichkommen, also einer Konzeptualisierung, die ihre Gegensätze in *ein und demselben* Begriff fasst, nichts abge-

die Entgegensetzung von Herrschaft und Herrschaftsfreiheit seit dem ausgehenden 18. Jahrhundert in immer neuen Formen formuliert worden ist, bis hin zum Projekt eines ›herrschaftsfreien Diskurses‹ in der altbundesrepublikanischen Sozialphilosophie.«

136 Joseph Alois Schumpeter, *Kapitalismus, Sozialismus und Demokratie* (1942), München [4]1975, S. 397-450.

137 Weber, *Wirtschaft und Gesellschaft*, S. 548 und MWG I/22-4, S. 144.

138 Ebd.

winnen. Das dürfte restlos klarmachen, warum Weber demokratische Legitimität und Demokratie nicht als vierten Typus in seine Herrschaftssoziologie eingeführt hat. Das hätte der unheimlichen, weil heimlichen Ideologie von Demokratie nur noch Vorschub geleistet, eine Herrschaft als Nicht-Herrschaft dem Wahlpublikum zu verkaufen. In Webers Augen ist die Redeweise von »demokratischer Regierung« eine *contradictio in adiecto*, ein Widerspruch in sich selbst: Entweder wird regiert, dann herrscht man, oder es herrscht Demokratie, dann ist der Gegensatz von Herrscher und Beherrschten aufgehoben zugunsten der Gleichheit und der Selbstregierung wie -verwaltung aller. Abraham Lincolns berühmte Definition von Demokratie als »government of the people, by the people and for the people« aus seiner Gettysburg-Rede aus dem Jahre 1863 hätte Weber als zwar schöne, aber herrschaftsverschleiernde Zauberformel zurückgewiesen. Da hätte er es wohl eher mit Winston Churchills nüchterner Feststellung aus seiner Rede vor dem House of Commons am 11. November 1947 gehalten: »No one pretends that democracy is perfect or all-wise. Indeed, it has been said that democracy is the worst form of Government except all those other forms that have been tried from time to time.«

Weber war stark beeinflusst durch die Parteiforschung von Robert Michels, der anhand seiner Studie über die Sozialdemokratie das eherne ›Gesetz der Oligarchie‹[139] entdeckt hatte. Demnach tendieren selbst Parteien mit einem hohen demokratischen Anspruch im Alltag dazu, Parteibürokratien auszubilden, die den Kurs mehr bestimmen als die politische Führung an der Spitze. Weber selbst hatte auf seiner Reise nach Amerika im Jahre 1904 die Wiederwahl von Roosevelt beobachten können, dessen Charisma seiner eigenen Partei trotz Wahlsieg alles andere als recht war. »Solche Begriffe wie ›Wille des Volkes‹, ›*wahrer* Wille des Volkes‹ usw.«, so schreibt Max Weber an Robert Michels, »existieren für mich schon lange nicht mehr. Sie sind *Fiktionen*.«[140]

Angesichts der Achillesferse der Demokratie, nicht sonderlich demokratisch zu sein, wird dann auch stets und immer wieder aufs

139 Robert Michels, *Zur Soziologie des Parteiwesens in der modernen Demokratie. Untersuchungen über die oligarchischen Tendenzen des Gruppenlebens*, Leipzig 1911.

140 Max Weber, *Briefe 1906-1908*, hg. von M. Rainer Lepsius, Horst Baier, Tübingen 1990, MWG II/5, S. 615.

Neue der Ruf nach der »Demokratisierung der Demokratie«[141] laut. Alle typischen Verbesserungsinstrumente wie Mitbestimmung, Partizipation und Plebiszite bis hin zur Forderung nach einem demokratischen Sozialismus schrecken vor einer harten, aber unabweislichen Einsicht jedoch regelmäßig zurück. Am Ende des Tages ist auch Demokratie, gleichviel wie und von wem ausgeübt: Herrschaft. Diese Grundeinsicht anzuerkennen wäre die *Entzauberung der Demokratie*. Genau das aber ist Webers Botschaft.

Wie wir sehen werden, mutiert Weber unter dem Eindruck der Kriegsniederlage, der Abdankung der Monarchie und der Errichtung einer neuen Gesellschaft zum Vernunftrepublikaner und Befürworter der plebiszitären Führerdemokratie. Nach der Erfahrung mit dem Nationalsozialismus und dem Hitler-Regime klingt diese Begriffswahl in unseren Ohren bizarr und monströs. Wie kann Weber denn nur dem »Führer« das Wort reden? Das wäre natürlich ein komplettes Missverständnis. In seinen Augen ist diese Form eine Gleichgewichtskonstruktion zwischen demokratischer Führungsauswahl und der bürokratischen Herrschaft. Angesichts der Ubiquität von Herrschaft und damit dem ständig wachsenden Vordringen der Bürokratie sieht Weber in dieser »demokratischen Konstruktion« eine Gegenmacht. Was ihm vorschwebt, ist eine Art von »strukturellem Pluralismus«, denn »Demokratie und Bürokratie sind Gegenmächte, die nur, wenn sie gegeneinander organsisiert sind, füreinander arbeiten können«. Wolfgang Schluchter hat das auf die griffige Formel zusammengezogen: »Totale bürokratische Herrschaft ist möglich, darf aber nicht sein, totale demokratische Herrschaft darf sein, ist aber nicht möglich. Was uns bleibt, ist die bürokratische Demokratie.«[142]

Die Bürokratisierung der Welt scheint Weber unaufhaltsam zu sein, weshalb er verzweifelt Ausschau hält nach Kräften, die der Beamtenherrschaft etwas entgegenzusetzen vermögen. Charisma bzw. charismatische Führer, Revolution und Demokratie, Menschen- und Bürgerrechte lauten die Stichworte, aber wie schwach sind sie im Vergleich zur legalen Herrschaft mit einer fachgeschul-

141 Philipp Manow hat auf diese Achillesferse jüngst nochmals hingewiesen, indem er sie ideengeschichtlich instruktiv hergeleitet hat. Ders., »Demokratisierung der Demokratie«, in: *Merkur. Deutsche Zeitschrift für Europäisches Denken* 73, 847 (2019), S. 5-15.

142 Wolfgang Schluchter, *Aspekte bürokratischer Herrschaft*, S. 103 sowie S. 118.

ten Beamtenschaft. Weber bringt seine Sorge um die Zukunft des Menschengeschlechts, seiner Freiheit und eigenständigen Lebensführung drastisch zum Ausdruck. Wirtschaft und Staat, Kapitalismus und Bürokratie, sind wie eine gewaltige Maschine, dem der Einzelne nicht viel entgegenzusetzen hat.

Eine leblose Maschine ist *geronnener Geist. Nur* daß sie dies ist, gibt ihr die Macht, die Menschen in ihren Dienst zu zwingen und den Alltag ihres Arbeitslebens so beherrschend zu bestimmen, wie es tatsächlich in der Fabrik der Fall ist. *Geronnener Geist* ist auch jene *lebende Maschine,* welche die bureaukratische Organisation mit ihrer Spezialisierung der geschulten Facharbeit, ihrer Abgrenzung der Kompetenzen, ihren Reglements und hierarchisch abgestuften Gehorsamsverhältnissen darstellt. Im Verein mit der toten Maschine ist sie an der Arbeit, das Gehäuse jener Hörigkeit der Zukunft herzustellen, in welche vielleicht dereinst die Menschen sich, wie die Fellachen im altägyptischen Staat, ohnmächtig zu fügen gezwungen sein werden, *wenn ihnen eine rein technisch gute und das heißt: eine rationale Beamten-Verwaltung und -Versorgung der letzte und einzige Wert ist, der über die Art der Leitung ihrer Angelegenheiten entscheiden soll.* [...] Wie wird Demokratie auch nur in diesem beschränkten Sinn *überhaupt möglich* sein?[143]

143 Weber, *Gesammelte Politische Schriften*, S. 320 f. und MWG I/15, S. 464-466.

8. Klasse, Stand und »Rasse«: Spielarten sozialer Ungleichheit

Die neue Aufteilung von *Wirtschaft und Gesellschaft* macht eines klar: Die Logik und den Aufbau von Webers »Soziologie«. Das erste Kapitel enthält »Soziologische Grundbegriffe«, die, wie wir gesehen haben, seine klassifikatorische Begriffsbildung in systematischer Absicht trägt. Das zweite Kapitel entwirft »Soziologische Grundkategorien des Wirtschaftens« – es bezeichnet seine Wirtschaftssoziologie. Das dritte Kapitel entwickelt »Die Typen der Herrschaft«, und die Grundzüge von Webers Herrschaftssoziologie haben wir ebenfalls bereits kennengelernt. Das vierte, mit Abstand schmalste Kapitel hingegen heißt »Stände und Klassen«. Obwohl es das kürzeste Kapitel ist, hat es gleichwohl einen ungeheuren Wert – enthält es doch im Kern Max Webers Ungleichheitstheorie.

Kategorien, Wirtschaft, Herrschaft und Ungleichheit – das beschreibt die Logik von Webers Soziologie, wie er sie selbst noch vor seinem Tod in den Druck gegeben hat. In der neuen Ausgabe wird nicht nur diese Struktur deutlicher, sondern sie hebt auch die Prominenz des Klassen- und Ungleichheitsthemas hervor. Sicher: In der sozialen Ungleichheitsforschung ist es längst kein Geheimnis mehr, dass es eigentlich nur zwei große Ansätze zur Klassentheorie gibt: den von Karl Marx und den von Max Weber. Und das bis auf den heutigen Tag, obwohl es an Versuchen zur Bildung einer über die beiden Klassiker hinausführenden Theorie nicht mangelt. Auffällig daran ist, dass beide Ansätze unausgearbeitet und unvollständig sind. Es sind eher systematische Skizzen, umfassen indes keine elaborierte Theorie. Dennoch informieren ihre Perspektiven auch noch heute den Diskurs über soziale Ungleichheit.[1]

Zudem wird dieses Kapitel auch deutlich machen, dass Weber sich über den »Machtkampf« hinaus nicht nur mit »Klassenkampf«,

1 Das zeigen einschlägige Lehrbücher zum Thema: Reinhard Bendix, Seymour Martin Lipset (Hg.), *Class, Status and Power. Social Stratification in Comparative Perspective*, New York, London ²1966; David B. Grusky, *Social Stratification. Class, Race, and Gender*, New York 2018; Martin Groß, *Klassen, Schichten, Mobilität. Eine Einführung*, Wiesbaden ²2015; Mike Savage, *Class Analysis and Social Transformation*, Philadelphia 2000.

sondern auch mit »Rasse«-fragen und Vorstellungen von Ethnizität näher auseinandergesetzt hat. Für das heutige Lehrbuchwissen über soziale Ungleichheit »Race, Class, and Ethnicity« hält Weber noch immer wichtige Lektionen bereit, während er für die dank Feminismus und Frauenforschung so prominenten »Gender Studies« ein kompletter Ausfall zu sein scheint. Das liegt nicht etwa an seiner Unempfindlichkeit für Fragen dieses Typs. Ganz im Gegenteil, wie sein unermüdlicher Einsatz für Frauen in der Wissenschaft, im Beruf oder auch, in heutiger Sprache formuliert, in alternativen Lebensformen demonstriert. Seine erste Studentin, Else Jaffé von Richthofen, wird nicht nur mit »summa cum laude« bei ihm promovieren, sondern sollte auch die erste weibliche Fabrikinspektorin in Baden werden. Wenngleich mit Stirnrunzeln und heftigen Bauchschmerzen wird er sich angesichts ihrer erotischen Lebensführung zudem mit geschlechtertheoretischen Emanzipationsbemühungen von Otto Gross auseinandersetzen, jenem Psychiater und Vorkämpfer weiblicher Emanzipation, der Frauen aus dem Korsett der bürgerlichen Ehe befreien wollte, indem er ihnen kurzerhand ein Kind in freier Liebe machte. Weber übernimmt die Patenschaft für den kleinen Peter, der aus der Verbindung von Gross und Else Jaffé hervorgehen sollte. Edgar Jaffé nahm Peter an seiner Statt an. Schließlich kümmerte sich Weber aufopferungsvoll mit rechtlicher Beratung um Frieda Schloffer, die Ehefrau von Otto Gross, in dem Prozess, in dem der Vater von Otto Gross dessen Kinder der mittellosen und alternativ bei Ascona lebenden Frau zu entziehen versuchte. Ebenso setzte er sich in rechtlichen Auseinandersetzungen für die Gräfin Franziska von Reventlow ein, die es auch nach Ascona verschlagen hatte, um am Experiment bohemienhafter Lebensführung am Lago di Maggiore teilzuhaben.[2]

Freilich: Analytisch und systematisch folgte daraus offenbar nicht viel für Webers eigene Soziologie, so dass sich in seinem Werk keine »Geschlechtertheorie« auffinden lässt und wenn, dann würde sie Feministinnen als konservativ gelten, räumte doch Weber mit Bachofens »Mutterrecht« gnadenlos auf. Das Matriarchat ist eine Erfindung – wenn, dann hat es meist Patriarchat gegeben. Diese *Absenz* der Thematik hat sehr viel zu tun mit einer Art von eheli-

2 Siehe dazu die fundierte Studie von Eberhard Demm, *Else Jaffé-von Richthofen. Erfülltes Leben zwischen Max und Alfred Weber*, Düsseldorf 2014.

cher Arbeitsteilung, denn die Webers haben die Forschung unter sich aufgeteilt. Marianne Weber kümmerte sich ganz zentral und als ihr eigenständiges Arbeits-, Forschungs- und Tätigkeitsgebiet in der bürgerlichen Frauenbewegung um Fragen der Stellung der Frau in der Gesellschaft und weiblicher Emanzipation,[3] Max Weber um den Rest. Da das Ehepaar eng zusammengearbeitet und Max Weber die Texte seiner Frau stets mit großer Aufmerksamkeit gelesen und redigiert hat, kann man davon ausgehen, dass sie in zentralen Fragen der Gender-Problematik gleicher Auffassung waren.

Bevor wir auf die einzelnen Bereiche wie Klasse, Stand und Rasse näher eingehen, muss geklärt werden, warum die Soziologie »soziale Ungleichheit« zu ihrem Anathema gemacht hat und wie Weber sich im Feld sozialer Ungleichheit positioniert. Die Basis für diese überragende Problematik liegt in einer fundamentalen Ambivalenz oder, mit Marx gesprochen, in einem eklatanten Widerspruch begründet. Die Moderne pocht auf Gleichheit – und schafft doch multiple Ungleichheit. Der Wert von Gleichheit und die Realität von Ungleichheit werden zum Schlüsselthema der Soziologie. Weber ist sich dieser Kardinalproblematik bewusst und prägt deshalb einen Begriff, der ihm einen besonders geeigneten Zugang zur Welt multidimensionaler Inegalität eröffnet: *Lebenschance(n)*. Es macht daher Sinn, in einem ersten Schritt das Verhältnis von Soziologie und sozialer Ungleichheit zu untersuchen. In einem zweiten Schritt wird der Begriff der *Lebenschance* näher beleuchtet, denn auf ihm fußen Webers systematische Überlegungen zur Thematik. In einem dritten Schritt sollen die Begriffe Klasse und Stand diskutiert werden, weil sie zeigen, wie Weber sich das Ensemble von Lebenschancen und Lebensstilen vorstellt, auf denen die materialen Grundlagen der Lebensführung ruhen. In einem vierten Schritt tragen wir seine verstreuten Überlegungen zum Konzept der »Rasse« zusammen, um seine Vorstellungen zu ethnischer Ungleichheit kennenzulernen. In einem fünften Schritt werfen wir einen Blick auf weberianische Klassentheorien. Abschließend ziehen wir ein Resümee, das die Moderne als eine Welt multipler Ungleichheiten präsentiert, zu deren Entschlüsselung Weber entscheidend beigetragen hat.

3 Marianne Webers Hauptwerk ist sicherlich *Ehefrau und Mutter in der Rechtsentwicklung. Eine Einführung*, Tübingen 1907.

Soziologie und soziale Ungleichheit

Soziale Ungleichheit wird das Anathema der Soziologie.[4] Spätestens seit Rousseaus »Entdeckung« der natürlichen Gleichheit aller Menschen in seinem berühmten *Diskurs über die Ungleichheit unter den Menschen* (1755), seit der Französischen Revolution von 1789 und ihrem Wertekanon von »Freiheit«, »Gleichheit« und »Brüderlichkeit« und seit der Verheißung einer egalitären Gesellschaft durch Marx und Engels im *Kommunistischen Manifest* (1848) steht das Programm der Gleichheit auf der politischen Tagesordnung. Damit geht eine jahrtausendealte Kultur der Ungleichheit zu Ende, denn dass Menschen von Natur aus unterschiedlich sind und deshalb unterschiedlich behandelt werden sollten, galt als Grundgesetz menschlichen Zusammenlebens von der Antike bis zum Ende des *Ancien Régime.* Nach dieser »Umwertung der Werte«[5] gilt der moderne Grundsatz: Alle Menschen sollten gleiche Rechte, ein angemessenes Maß an gleicher Versorgung und eine gleiche Behandlung erfahren – so lautet die normative Idealvorstellung seither. Die Realität in Gestalt einer hierarchischen »Klassengesellschaft« hingegen, die im Zuge der Industrialisierung und der Durchsetzung des Kapitalismus entsteht, wird zum Inbegriff von Unfreiheit, Ungleichheit und Unbrüderlichkeit und gilt als Ausdruck von Unterdrückung, Ausbeutung und Entfremdung.

Die Soziologie, die sich gegen Ende des 19. Jahrhunderts als universitäres Fach etabliert, gerät als »Gesellschaftswissenschaft« mitten hinein in diese sozialen und politischen Auseinandersetzungen. Häufig wurde damals der Komplex »Socialismus-Sociologie-Sociale Frage«[6] ebenso in eins gesetzt, wie heute zuweilen »Feminismus-

4 Für die folgenden Überlegungen siehe Hans-Peter Müller, »Abschied von der Klassengesellschaft? Über ein ›Menetekel‹ im Spiegel der soziologischen Diskussion«, in: Christoph Görg (Hg.), *Gesellschaft im Übergang. Perspektiven kritischer Soziologie*, Darmstadt 1994, S. 120-140 und ders., Michael Schmid, »Vorwort«, in: dies. (Hg.), *Hauptwerke der Ungleichheitsforschung*, Wiesbaden 2003, S. 5-10 und Hans-Peter Müller, »Die Zukunft der Klassengesellschaft«, in: *Merkur. Deutsche Zeitschrift für Europäisches Denken* 61/695 (2007), S. 189-199.

5 Friedrich Nietzsche zeichnet diesen Umwertungsprozess vor allem in *Jenseits von Gut und Böse. Vorspiel einer Philosophie der Zukunft*, in: ders., *Kritische Studienausgabe*, Bd. 5, hg. von Giorgo Colli, Mazzino Montinari, München ^{2}1988, S. 9-243, hier S. 126.

6 Das zeigt die klassische Studie von Eckart Pankoke, *Sociale Bewegung – Sociale*

Frauenforschung-Frauenfrage«. Kein Wunder, dass das Skandalon der sozialen Ungleichheit gleichermaßen zum zentralen Problem, zum bevorzugten Gegenstand und dessen Beseitigung zum moralischen Katechismus dieser neuen Disziplin avanciert. Vor dem Horizont einer Kultur der Gleichheit, die sich dem Ziel eines Ausgleichs gesellschaftlich verursachter Ausstattungsunterschiede verschrieben hat, wiegen die bitteren Erfahrungen mit einer Klassengesellschaft umso schwerer, weshalb sich die Soziologie auf das minutiöse Studium sozialer Ungleichheiten regelrecht verpflichtet fühlt. Wer soziale Ungleichheit erforscht und dokumentiert, leistet gleichsam einen wissenschaftlichen Beitrag zur sozialen Gerechtigkeit und hält das Menetekel – die Diskrepanz zwischen Gleichheit als Wert und Ungleichheit als Erfahrung – damit am Leben. Die Soziologie wird zum schlechten Gewissen der staatsbürgerlichen Demokratie.

Die Schlüsselfrage sozialer Ungleichheitsanalyse lautet von jeher: »Wer bekommt was, wie und warum?« Das *Wer* verweist auf Akteure und Gruppierungen wie Kasten, Stände, Klassen, Eliten, soziale Schichten oder soziale Milieus, die die Einheiten der Ungleichheitsanalyse darstellen. Das *Was* dreht sich um die zentralen Lebenschancen, die verteilt werden. Die Verteilung verläuft dabei entlang von Wertzuschreibungen: »Soziale Ungleichheiten« entstehen immer dann, wenn soziale Unterschiede als besser oder schlechter bewertet werden. So wird die Ungleich*artigkeit* oder Heterogenität in Ungleich*wertigkeit*[7] und somit handlungsrelevante Ausstattungsunterschiede transformiert. Soziale Ungleichheiten resultieren insofern stets aus der Verteilung von Gütern und Ressourcen, die den Mitgliedern einer Gesellschaft als wertvoll und daher erstrebenswert gelten. Wertvoll ist, was knapp, nicht beliebig vermehrbar und aufgrund irreduzibler Nachfrage hart umkämpft ist wie etwa Gold oder Geld bzw. Positions- und Statusgüter. In der menschlichen Geschichte drehten sich die sozialen Auseinandersetzungen regelmäßig um die ungleichheitstiftenden technisch-ökonomischen, politisch-militärischen und kulturell-religiösen Ressourcen: Der

Frage – Sociale Politik. Grundfragen der Sozialwissenschaft im 19. Jahrhundert, Stuttgart 1970.

7 Zu dieser Unterscheidung siehe Ralf Dahrendorf, »Über den Ursprung der Ungleichheit unter den Menschen«, in: Ders., *Pfade aus Utopia. Zur Theorie und Methode der Soziologie*, München [3]1974, S. 352-379.

Hauptsache nach also um materiellen Wohlstand in unterschiedlichster Form (Land, Vieh, Geldvermögen); um Macht und Herrschaft inklusive der zu ihrer Stabilisierung und Durchsetzung benötigten Gewaltmittel; um Bildung und Wissen; und um Ehre und Prestige in Gestalt von Ansehen und Anerkennung. Ihr Besitz oder Nicht-Besitz entscheidet über Besser- oder Schlechterstellung, Höher- oder Tieferstellung bzw. Bevorrechtigung und Benachteiligung in einer Gesellschaft. Das *Wie* hingegen zielt auf den Prozess der Verteilung selbst, auf seinen Verlauf und seine Gestaltung sowie auf die dahinterstehenden Mechanismen. Hierbei kann man einen Mikro- von einem Makroaspekt unterscheiden: Im ersten Fall geht es darum, wie bestimmte Akteure auf spezifische soziale Positionen und in soziale Stellungen gelangen – die betreffenden Prozesse werden über Konzepte sozialer Mobilität erforscht. Im anderen Fall stehen die Institutionen und deren Beitrag zur Produktion und Reproduktion von Verteilungsstrukturen wie der damit verbundenen Effekte sozialer Ungleichheit im Vordergrund des theoretischen Interesses. Forschungsleitende Fragen sind dabei etwa: Wie beeinflusst das Bildungs- das Beschäftigungssystem? Welche Rolle spielt das Qualifikationsniveau für den Erwerb eines begehrten Berufes? Wie spielen Markt als primäre und Sozialstaat als sekundäre Verteilungsagentur im Distributionsprozess zusammen? Stehen bei dem »Mikro-Wie« also Akteure und ihr Leistungs-, Berufs- und Karriereerfolg im Mittelpunkt, bezieht sich das »Makro-Wie« auf das institutionelle Arrangement einer Gesellschaft. Geht es im ersten Fall um Personen, interessieren im zweiten Fall Institutionen. Abschließend spricht das *Warum* die theoretischen Ansätze in der Soziologie an, welche die Ursachen und Mechanismen erforschen, mit deren Hilfe sich Entstehung, Stabilisierung und Wandel der Verteilungs- und Ungleichheitsstrukturen erklären lassen.

Es sind nun Karl Marx und Max Weber, die diesem relevanten Gegenstand der neuen Wissenschaft eine theoretische Grundlage verschaffen. Karl Marx begründet und Max Weber modifiziert in entscheidender Weise das, was in der Forschung später das »Paradigma strukturierter sozialer Ungleichheit«[8] genannt werden sollte. Es umreißt ein umfassendes gesellschaftstheoretisches Forschungs-

8 Siehe Reinhard Kreckel, *Politische Soziologie der sozialen Ungleichheit*, Frankfurt/M. [3]2004 und Hans-Peter Müller, *Sozialstruktur und Lebensstile. Der neuere Diskurs über soziale Ungleichheit*, Frankfurt/M. [3]1997.

programm und deckt die zentralen Felder der Gesellschaftsanalyse ab. Forschungen im Rahmen dieses Paradigmas folgen fünf Prinzipien: erstens dem *Strukturprinzip*, das der Gesellschaft ihre Gestalt – d.h. ihre Sozial- und Klassenstruktur – verleiht; zweitens dem *Gruppenbildungsprinzip*, demzufolge sich aus ungleichen sozialen Lagen von Menschen Klassen mit ähnlichen oder gleichgerichteten Interessen formen; drittens dem *Konfliktprinzip*, denn die ungleiche Verfügungsgewalt über knappe und begehrte Ressourcen zeichnet die zentralen Konfliktlinien einer Gesellschaft vor; viertens dem *Verhaltensprinzip*, welches betont, dass sich Gruppen und Klassen durch ähnliche Handlungsweisen auszeichnen – vom politischen Verhalten bis hin zum Konsum-, Freizeit- und Lebensstil; und fünftens dem *Entwicklungsprinzip*, denn die mit sozialer Ungleichheit und Klassen verbundene Konfliktdynamik sagt auch viel über Verlauf und Richtung des gesellschaftlichen Wandels aus.

Geboren aus der historischen Erfahrung, der Spannung zwischen dem Wert der Gleichheit und der Realität von Ungleichheit in Gestalt von Klassenkampf und sozialer Frage, findet die Soziologie mit diesem Prinzipienkatalog zu ihrem ureigensten Gegenstand: Ungleichheitsanalyse wird zum Herzstück der Gesellschaftsanalyse.

Wie sehr Sozialstruktur- und Klassenanalyse den Königsweg zur Untersuchung von Gesellschaften beschreiben, zeigt ein kurzer Rückblick auf Marxens Ansatz.[9] Sein Studium der Politischen Ökonomie des Kapitalismus gilt der Systemlogik, seine Klassentheorie der Handlungslogik moderner Gesellschaften. Insofern darf er als Begründer dieses Paradigmas gelten. Da sind nicht nur die fünf geschilderten Prinzipien – die Sozialstruktur als Klassenstruktur, als Gruppenstruktur, als Konfliktstruktur, als Klassenkultur und als zentrale Determinante sozialen Wandels, gilt doch der Klassenkampf als Motor der Geschichte. Vielmehr wird auch der kleinste gemeinsame Nenner deutlich, den die Soziologie von Marxens berühmtem Diktum »Das Sein bestimmt das Bewusstsein« überneh-

9 Zum Folgenden siehe Hans-Peter Müller, »Lebenschancen und Lebensstile. Die kulturellen Dimensionen sozialer Schichtung«, in: Steffen Sigmund u.a. (Hg.), *Soziale Konstellation und historische Perspektive. Festschrift für M. Rainer Lepsius*, Wiesbaden 2008, S. 177-206. Zu einer konzisen Kritik an seiner Klassentheorie siehe nur Ralf Dahrendorf, *Class and Class Conflict in Industrial Society*, London 1959 und Jon Elster, *Making Sense of Marx*, Cambridge 1985.

men sollte: Die Struktur bestimmt das Handeln – in letzter Instanz, wie es immer so schön heißen sollte. Die Hauptströmungen der Soziologie hat dieses Axiom bis auf den heutigen Tag angeleitet, was in ihren meist unterschwelligen Grundannahmen[10] zum Ausdruck kommt: dem *Materialismus* – die Dominanz der Wirtschaft; dem *Strukturalismus* – Struktur prägt Habitus und Handeln; dem *Gruppenfetischismus* – die Suche der Soziologie nach Großgruppen oder Kollektiven, die sich betont voneinander abgrenzen; und dem *Dynamismus*, der die Quellen sozialen Wandels in Technologie, Wirtschaft und den sozialen Klassen verortet.

Systematik und schlichter Eleganz des Marx'schen Modells steht die Unhaltbarkeit einiger Grundannahmen gegenüber. Max Weber nimmt dieses Paradigma auf, entwickelt es weiter, aber modifiziert es in der Folge beträchtlich. In Auseinandersetzung mit dem Basis-Überbau-Modell lehnt er Marxens Verhältnisbestimmung von Struktur und Kultur ab, wonach das ökonomische Sein das Bewusstsein prägen soll. Seine Studie über die »Protestantische Ethik« ist deshalb auch als Versuch zu lesen, den Einfluss der Kultur auf den Gang von Geschichte und Gesellschaft zu demonstrieren. Analytisch gesehen, konzeptualisiert er das Verhältnis von Wirtschaft *und* Gesellschaft, von Kapitalismus und den anderen Lebensbereichen wie Politik und Kultur durch seine Wechselwirkungen und Konstellationen, die jeweils historisch-empirisch zu untersuchen sind und nicht theoretisch vorentschieden werden dürfen. An die Stelle von Marxens Basis-Überbau-Modell tritt deshalb die Logik von gesellschaftlichen Wertsphären und Lebensordnungen, die eigenen Wert- und Rationalitätsstandards folgen.

Folgerichtig wird auch die Ungleichheitsanalyse komplexer und vielschichtiger angelegt als bei Marx. Schon zu Webers Zeiten wird deutlich, dass sich die Arbeiterschaft zwar zu einer einflussreichen sozialen Bewegung und machtvollen Organisation in Partei und Gewerkschaften formiert hat. Trotz revolutionärer Programmatik zieht sie es indes vor, für Verbesserungen *innerhalb* des Kapitalismus zu kämpfen, so dass sie ihrer revolutionären Mission[11] und

10 Vgl. Stefan Hradil, »Alte Begriffe und neue Strukturen. Die Milieu-, Subkultur- und Lebensstilforschung der 80er Jahre«, in: ders. (Hg.), *Zwischen Sein und Bewußtsein. Die Vermittlung »objektiver« Lebensbedingungen und »subjektiver« Lebensweisen*, Opladen 1992, S. 15-56, hier S. 16 f.

11 Siehe dazu André Gorz, *Abschied vom Proletariat. Jenseits des Sozialismus*, Frank-

dem Übergang zum Sozialismus nicht gerecht wird. Warum? In theoretischer Hinsicht zeigt sich, dass sich Marx den Umschlag von objektiver Klassenlage (»Klasse an sich«) in revolutionäres Klassenbewusstsein (»Klasse für sich selbst«) zu einfach vorgestellt hat. Die Achillesferse seiner Klassentheorie[12] tritt in der unterschiedlichen Handlungslogik und Strategie im Klassenkampf zwischen Kapitalisten und Lohnarbeitern zutage. Die Kapitalisten haben es leicht, als sie ganz einfach ihrer Profitlogik gehorchen müssen. Die Arbeiterschaft hingegen muss eine Doppelstrategie verfolgen: *Intrasystemisch* kämpft sie für höhere Löhne, soll sich aber zugleich *extrasystemisch* für die Abschaffung des kapitalistischen Lohnsystems einsetzen. Diese schizoide Anforderungsstruktur hat das Schwanken zwischen Reform und Revolution in der gesamten Geschichte der Arbeiterbewegung begleitet und die Feindschaft zwischen Sozialdemokratie und Kommunismus begründet. Marxens eigene Antworten auf den unterstellten Zielwandel des Proletariats – von Reform zu Revolution – sind, bedenkt man diese historisch-empirische Doppelstruktur, allesamt falsch, unterkomplex oder zumindest fragwürdig. Die behauptete Verelendung ist empirisch nicht eingetreten, unter anderem auch als Folge von erkämpften Reformen. Die Entfremdungsthese macht es schwierig, sich überhaupt vorzustellen, wie die Arbeiterschaft jemals dem Teufelskreis zwischen Ausbeutung und Entfremdung eigentlich entkommen und zur »revolutionären proletarischen Vernunft« finden soll. Typisch wurde in der Folge die Behauptung, die Arbeiterklasse leide unter »falschem Bewusstsein«. Aber warum muss Klassenbewusstsein eigentlich immer revolutionär sein, um als solches gelten zu dürfen?

Neben diesem ungelösten Problem revolutionären Klassenbewusstseins tun sich zwei weitere Schwachstellen auf, die Weber aufdeckt: das einseitige Kriterium der Klassenstrukturierung und der Bewusstseinsbildung. Weber macht deutlich, dass Besitz oder Nicht-Besitz an Produktionsmitteln nur *ein* Kriterium der Klas-

furt/M. 1980 und Seymour Martin Lipset, »Whatever happened to the Proletariat? An Historical Mission Unfulfilled«, in: *Encounter* 56 (1981), S. 18-34.

12 Dazu einschlägig David Lockwood, »The Weakest Link in the Chain. Some Remarks on the Marxist Theory of Action«, in: *Research in the Sociology of Work* 1 (1981), S. 435-481 beziehungsweise in der deutschen Fassung: »Das schwächste Glied in der Kette. Einige Anmerkungen zur marxistischen Handlungstheorie«, in: *PROKLA. Zeitschrift für kritische Sozialwissenschaft* 15/85 (1985), S. 5-34.

senformierung ausmachen. Daneben sorgt die Verteilung der unterschiedlichen Leistungsqualifikationen dafür, dass die Seite der Arbeit breit aufgefächert wird: In der Arbeiterschaft gibt es ungelernte, angelernte und gelernte Arbeiter, zu dem »alten Mittelstand« (kleine Selbständige und Handwerker) gesellt sich ein »neuer Mittelstand« von Angestellten. Mit dieser Ausdifferenzierung der Arbeit bewahrheitet sich in Webers Augen eine weitere Annahme von Marx nicht: die sich zusehends verschärfende Zweiteilung in die kleine Klasse der Kapitalisten und das große Heer der Proletarier. Stattdessen gibt es mindestens drei Klassen: Ober-, Mittel- und Unterklasse. Wir hatten bereits in Webers Analyse von Herrschaft die entscheidende Rolle des Verwaltungsstabes als Mittler und Mitte zwischen Herrscher und Beherrschten kennengelernt. Für die soziale Stabilität einer Gesellschaft ist diese Dreiteilung entscheidend, da die Mittelklasse zwischen oben und unten buchstäblich »vermittelt«. Auch hier wendet sich Weber gegen Marxens Vorstellungen. Dessen Modell von Bourgeoisie und Proletariat, Herrschenden und Beherrschten, Mächtigen und Ausgebeuteten, »Starken« und »Schwachen«, »Tätern« und »Opfern« hatte mit der antagonistischen Klassenzweiteilung gerechnet, die ein einfaches, aber umso konfliktreicheres Weltbild nahelegt und eine revolutionäre Mobilisierung begünstigt. Geht man von der Zwei- zur Dreiteilung über, dann nimmt die Mittelklasse stets eine Pufferrolle ein, die strukturell nachhaltige Folgen für die Gesellschaftsdynamik hat. Denn das Dreier-Schema legt als vorherrschende Konfliktdynamik ordnungs*immanente* Reform statt »von außen« kommende Revolution nahe, und statt in kollektivistischer Absicht die soziale Hierarchie zugunsten der »Gleichheit aller« abzuschaffen, versucht man, individualistisch innerhalb der sozialen Stufenleiter aufzusteigen. An die Stelle von Klassenkampf rücken folglich soziale Mobilität und Karrieredenken und das könnte man eher als »Statuskampf« bezeichnen. Die Existenz einer Mittelklasse als Puffer hat also eine Doppelfunktion. Zum einen ändert sie die Konfliktlogik (von Revolution zu Reform) sowie die Konfliktdynamik (vom »Alles oder Nichts« der Revolution zum »Mehr oder Weniger« der Reform). Zum anderen begünstigt sie ein anderes Wertsystem (vom Kollektivismus der Klassen zum Individualismus der Personen) und eine andere Zielorientierung (von der Emanzipation der Klassen zur Emanzipation der Individuen). Webers Herrschaftsmodell aus der politischen Sphäre hat also direkte Parallelen zu seinen Vorstellungen von der Sozial- und Klassenstruktur einer modernen Leistungsgesellschaft.

Jedoch nicht nur die Klassenstrukturierung, sondern auch die Bewusstseinsformierung stellt sich Marx zu einfach vor. Die Vergesellschaftung nach gemeinsamer Klassenlage kann, muss aber nicht zu einer Vergemeinschaftung führen, die gemeinsames politisches Handeln und identische Lebensführung begünstigt. Das ist der tiefere Grund dafür, warum Weber scharf zwischen »Klasse« und »Stand« unterscheidet und diese Unterscheidung vor dem Hintergrund seines Schlüsselkonzepts von Lebenschancen trifft. Aus einer umfassenden kritischen Auseinandersetzung mit der einflussreichsten Ungleichheitstheorie seiner Zeit, der Klassentheorie von Karl Marx, schmiedet Weber seinen eigenen, multidimensionalen Ansatz zur Ungleichheits- und Klassentheorie.

Lebenschancen und soziale Ungleichheit

Obgleich kein Grundbegriff und von ihm auch nicht näher definiert, ist der Begriff der Lebenschance[13] zentral für Webers Verständnis von sozialer Ungleichheit; das heißt für die Sozial- und Klassenstruktur einerseits, für die institutionellen Wert- und Lebenssphären der Gesellschaft andererseits. Es existiert eine beispiellose Fülle von Lebenschancen, die positiv oder negativ »privilegieren« können, wie Weber das nennt. Gerade diese Vielfalt verdeutlicht nochmals die Schlichtheit von Marxens Modell.

Tatsächlich muss man eine umgangssprachliche und eine sozialwissenschaftliche Verwendungsweise des Begriffs unterscheiden. Lebenschance ist ja ein durchaus positiver Begriff. In der Verknüpfung von »Leben« und »Chance« wird eine hoffnungsvolle Zukunft in Aussicht gestellt. Von dieser weitverbreiteten Gebrauchsweise zur Konnotierung verheißungsvoller Versprechen muss man die analytische Verwendung unterscheiden. *Leben* ist ein denkbar weiter Begriff, der alles umfassen soll, was für Menschen wichtig, wertvoll und bedeutsam ist. *Chance* hingegen meint zweierlei: Zum einen

13 Siehe zum Folgenden meine Überlegungen zu »Lebenschance(n)« in Müller, Sigmund, *Max Weber-Handbuch*, S. 81-84 und Ralf Dahrendorf, *Lebenschancen. Anläufe zur sozialen und politischen Theorie*, Frankfurt/M. 1979.

im statistischen Sinne eine *Wahrscheinlichkeit*, dass etwas der Fall sei; zum anderen im sachlichen Sinne eine *Gelegenheit* oder *Möglichkeit*. Was beide Aspekte eint, ist der Druck zur Realisierung.[14] Aus der Wahrscheinlichkeit muss Wirklichkeit werden; eine Gelegenheit muss ergriffen und eine Möglichkeit muss genutzt werden. *Soziologisch* bedeutsam ist nun die Lokalisierung von Lebenschancen zwischen Individuum und Gesellschaft: »Lebenschancen sind keine Attribute von Individuen. Individuen haben in ihrer gesellschaftlichen Existenz Lebenschancen; ihre Lebenschancen können sie zur Entfaltung bringen oder zerbrechen; aber ihr Leben ist eine Antwort auf diese Chancen.«[15]

Herkunft und Bedeutung von »Lebenschance« haben viel mit der Eigenart der deutschen Soziologie[16] zu tun, die in ihren klassischen Ursprüngen eine »Lebenswissenschaft« ist. Nicht »Gesellschaft« und »Zivilisation« wie in Frankreich, sondern »Leben« und »Kultur« stehen im Mittelpunkt der soziologischen Betrachtungen von Georg Simmel und Max Weber. Dieses Interesse erklärt die Fülle von »Lebens«-Begriffen in der klassischen deutschen Soziologie: Lebenschance, Lebensformen, Lebenslage, Lebensmethodik, Lebensreglementierung, Lebensstil, Lebensführung, um nur die wichtigsten Begriffsschöpfungen von Weber zu nennen. Es scheint fast so, als wolle die deutsche Kultursoziologie der Zerrissenheit der Moderne wenigstens die Einheit des Lebens als analytischen und normativen Gesichtspunkt gegenüberstellen. Das Verhältnis zur aufkeimenden Lebensphilosophie im Gefolge von Schopenhauer, Nietzsche und Bergson ist allerdings ambivalent: Während Georg Simmel sein Spätwerk als Lebensphilosophie anlegt, wie sein letztes Buch *Lebensanschauung*[17] verdeutlicht, lehnt Weber die Le-

14 Die literarische Definition findet sich bei Goethes: »Was Du ererbt von Deinen Vätern hast erwirb es, um es zu besitzen. Was man nicht nützt ist eine schwere Last, Nur was der Augenblick erschafft, das kann er nützen.« Ders., *Faust. Texte*, hg. von Albrecht Schöne, Frankfurt/M., Leipzig 2003, S. 43.

15 So Dahrendorf, *Lebenschancen*, S. 49.

16 Das macht Klaus Lichtblau in seiner bahnbrechenden Studie deutlich: *Kulturkrise und Soziologie um die Jahrhundertwende. Zur Genealogie der Kultursoziologie in Deutschland*, Frankfurt/M. 1996. Auch Wolf Lepenies arbeitet die Eigenart und Einzigartigkeit der deutschen Soziologie im Vergleich zur französischen und englischen Tradition heraus. Siehe ders., *Die drei Kulturen. Soziologie zwischen Literatur und Wissenschaft*, München 1985.

17 Georg Simmel, *Lebensanschauung. Vier metaphysische Kapitel* (1918), in: *Georg*

bensphilosophie als Romantik ebenso ab wie die Wertphilosophien à la Heinrich Rickert und Max Scheler, die eine »Weltanschauung« vermitteln wollen.

Für ihn ist Lebenschance deshalb ein technischer und rein formaler Begriff, der vielfältig einsetzbar ist und zugleich die Abgrenzung von der klassischen Politischen Ökonomie erlaubt, die mit Begriffen wie *Glück*, *Nutzen* und *Wohlfahrt*[18] operiert. Wenn man nach Analogien sucht, würde man wahrscheinlich den Begriff der *Ressource* der zeitgenössischen Wirtschaftswissenschaften[19] oder den Begriff des *Kapitals* in einer an Bourdieu angelehnten Soziologie[20] zu nennen haben. Und doch ist Webers Begriff viel allgemeiner angelegt. Chancen winken nicht nur in der Wirtschaft, sondern in allen gesellschaftlichen Lebensbereichen. Gerade weil modernes Leben Vielfalt, aber auch Kampf heißt, bieten sich vielfältige und umkämpfte Lebenschancen.

Ohne Definition bei gleichzeitig breiter Verwendungsweise hat Weber keine *Klassifikation* von Lebenschancen oder gar ein *System von Lebenschancen* unterbreitet. Aber es sind stets drei analytische Merkmale, welche jede Lebenschance als solche auszeichnen und diese Begriffsweise rechtfertigen, gleichgültig in welchem Bereich oder bei welcher Statusgruppe die Lebenschance sich ergeben mag: Struktur, Kampf, differentielle Appropriation. 1. *Struktur*: Lebenschancen hängen nicht in der Luft oder fallen vom Himmel wie Glück oder Zufall – das wäre Zauberei und Magie oder ein Wunder. Sondern sie sind an die Struktur(en) einer Gesellschaft gebunden. Die Sozialstruktur einer Gesellschaft ist es, welche über Art, Ausmaß und Allokation einer Lebenschance entscheidet. Über die *Art* entscheiden gesellschaftlicher Kontext und soziale Situation. Das *Ausmaß* resultiert aus dem Stand sozialer Kämpfe und der jeweiligen rechtlichen Regelung von Lebenschancen als Appropriationschancen. Die *Allokation* ist meist eine Folge von verteilungsrelevanten Entscheidungen. Dahinter verbirgt sich einmal mehr die klassische Frage sozialer Ungleichheit: Wer bekommt was, wie, warum und

Simmel Gesamtausgabe, Bd. 16, hg. von Gregor Fitzi und Otthein Rammstedt, Frankfurt/M. 1999, S. 209-425.

18 Das zeigt Dahrendorf, *Lebenschancen*, S. 76-80.

19 Vgl. Paul Samuelson, William D. Nordhaus, *Economics*, Boston u. a. [16]1998.

20 Siehe Pierre Bourdieu, *Die feinen Unterschiede. Kritik der gesellschaftlichen Urteilskraft*, Frankfurt/M. 1982.

mit welchen Folgen und Nebenfolgen? 2. *Kampf*: Politiker und Manager predigen zwar, dass Lebenschancen für alle da sind, und für manches, wie die Chance zum Massenkonsum, mag das auch eingeschränkt gelten. Meistens gehört dieser Appell jedoch in die Kategorie illusorischer Leistungs- und Bewährungsrhetorik. Denn in aller Regel sind Lebenschancen knapp, so dass die Nachfrage stets das Angebot übersteigt. Das gilt vor allem für die sogenannten »Grundgüter«,[21] die keine Sättigungsgrenze kennen, wovon die Wirtschaftswissenschaften mit ihrem Grenznutzenprinzip zumeist ausgehen. »Gesundheit ist nicht alles, aber ohne Gesundheit ist alles nichts!« – so lautet in Anlehnung an den stets kränklichen Philosophen Arthur Schopenhauer das Gesetz von Grundgütern. Statt Gesundheit kann man nun alle möglichen Grundgüter einsetzen, von denen Menschen in ihrem Leben nicht gern ausgeschlossen sein wollen, um diesen Mechanismus stets knapper Lebenschancen zu verstehen: Frieden, Freiheit, Geld, Bildung, Macht, Liebe, Anerkennung usf. Zudem sind Lebenschancen häufig auch durch die Hierarchie der Positionen in der Sozialstruktur nach oben hin stark verengt. Fred Hirsch hat diesen Umstand mit dem Begriff »positionale Güter«[22] benannt, die sich durch eine genuine Knappheit auszeichnen. Positionale Güter sind entweder intrinsisch oder von Natur aus knapp. Wenn man nicht Los oder Lotterie walten lassen will, werden die Konkurrenz und der Konflikt, auf jeden Fall aber der Kampf und ein zähes Ringen um die Lebenschancen die Folge sein. 3. *Differentielle Appropriation*: Da die Chancen in diesem Kampf von vornherein stets ungleich verteilt sind, wird auch der Erfolg unterschiedlich ausfallen. In der Regel folgt die differenziel-

21 Siehe zu diesem Konzept John Rawls, *Eine Theorie der Gerechtigkeit*, Frankfurt/M. 1975, S. 111-115.

22 Fred Hirsch, *Die sozialen Grenzen des Wachstums. Eine ökonomische Analyse der Wachstumskrise*, Reinbek bei Hamburg 1980, S. 52, definiert Positionsgüter wie folgt: »Die Ökonomie der Positionsgüter […] bezieht sich auf die Eigenschaft von Gütern, Dienstleistungen, Berufspositionen und andere gesellschaftliche Verhältnisse, die entweder 1. absolut oder gesellschaftlich bedingt knapp sind oder 2. bei extensiverem Gebrauch zu Engpässen führen.« Es gibt nur eine Bundeskanzlerin, eine begrenzte Anzahl von Seegrundstücken, nur ein oberstes Stockwerk mit Dachterrasse in einem New Yorker Wolkenkratzer usf., was die Konkurrenz um Positionsgüter noch mörderischer macht als die Konkurrenz um Grundgüter.

le Appropriation dem »Matthäus-Prinzip«:[23] »Wer hat, dem wird gegeben!«[24]

Wenn Struktur, Kampf und differentielle Appropriation die typischen Eigenschaften einer Lebenschance ausmachen, dann ist auch klar, dass es in kapitalistischen, differenzierten und rationalisierten Gesellschaften viele *Lebenschancenarenen* gibt. Auch wenn Weber selbst eine Systematik verabsäumt hat, kann man aus seinem Werk dennoch die wichtigsten Typen von Lebenschancen gemäß seiner Unterscheidung von institutionellen Wertsphären und Lebensordnungen einerseits, der Sozial- und Klassenstruktur andererseits herausschälen. In diesem Sinne lassen sich Wirtschaft, Politik, Recht, Religion sowie Klassen und Stände unterscheiden.

In der *Wirtschaft* gibt es ökonomische Chancen, um die gerungen wird. Weber definiert: »Die durch Sitte, Interessenlage oder (konventionell oder rechtlich) garantierte Ordnung zugunsten einer *Wirtschaft* in Aussicht gestellten Chancen sollen ›ökonomische Chancen‹ heißen.«[25] Diese ökonomischen Chancen, das zeigen seine »Soziologischen Grundkategorien des Wirtschaftens«, sind äußerst vielfältiger Natur, ja sie sind, wie Dahrendorf despektierlich meint, ein regelrechter »Chancensalat«.[26] Weber unterscheidet »Marktchancen«, »Tauschchancen«, »Preischancen«, »Erwerbschancen«, »Versorgungschancen«, »Rentenchancen«, aber auch ganz allgemein »Leistungsverwertungschancen« und »Kapitalbildungschancen«. Schon auf einen Blick erkennt man, dass diese Typen von ökonomischen Lebenschancen nicht auf einer Ebene angesiedelt sind. Markt-, Tausch- und Preischancen ergeben sich aus der *institutionellen Konstellation* einer Verkehrswirtschaft. Erwerbs-, Versor-

23 Die Bibel definiert wahrscheinlich *das* Grundgesetz der sozialen Ungleichheit mit ihrem Verteilungsprinzip. Bei *Matthäus 25, 29* heißt es dazu: »Denn wer da hat, dem wird gegeben werden, und er wird die Fülle haben; wer aber nicht hat, dem wird auch, was er hat, genommen werden.«

24 Robert K. Merton hat dieses Akkumulationsprinzip für die Wissenschaft untersucht: »Der Matthäus-Effekt in der Wissenschaft« (1968), in: Ders., *Entwicklung und Wandel von Forschungsinteressen. Aufsätze zur Wissenschaftssoziologie*, Frankfurt/M. 1985, S. 147-171. Ähnliches kann man für Literatur-, Kunst- und Kulturpreise beobachten. Wer einen Preis bekommen hat, wird in der Folge mit hoher Wahrscheinlichkeit auch alle anderen erhalten.

25 Max Weber, *Wirtschaft und Gesellschaft. Grundriss der verstehenden Soziologie*, Tübingen [5]1972, S. 34 und MWG I/23, S. 224.

26 Dahrendorf, *Lebenschancen*, S. 194.

gungs- und Rentenchancen gehören zur Kategorie von Lebenschancen, die spezifische *Typen von Akteuren* aufweisen: der Arbeitnehmer oder Erwerbstätige, Kinder und mithelfende Familienangehörige, Rentner, Pensionäre und Rentiers. Leistungsverwertungschancen ergeben sich aus dem Bildungsgefälle der Erwerbstätigen. In aller Regel gilt: Je höher die Qualifikation, desto größer fallen die Leistungsverwertungschancen aus, vorausgesetzt, diese Qualifikation ist auf dem Arbeitsmarkt auch nachgefragt. Kapitalbildungschancen sind von einer Fülle rechtlicher und sonstiger institutioneller Regelungen abhängig. Gerade für Webers Grundfrage, welche Faktoren den Aufstieg des Kapitalismus begünstigt oder behindert haben, sind die Kapitalbildungschancen von entscheidender Bedeutung. In seinen Augen hat es den Gesellschaften der Antike wie des Mittelalters an den notwendigen Bedingungen gefehlt, sieht man von den oberitalienischen Städten ab, die seit dem ausgehenden Mittelalter und der beginnenden Neuzeit die Fernhandelschancen zur Kapitalbildung genutzt haben.

Neben der Wirtschaftsstruktur zählen für Weber die Lebenschancen, die sich aus *Herrschaft* und *Recht* ergeben, wie sie in Politik und Staat wirksam werden. Denn hier winken »Regierungschancen«, also »Herrschafts-«, »Macht-« und »Einflusschancen«. Wie wir gesehen haben, darf auch *Herrschaft* nur als Chance gelten, »bei einer angebbaren Gruppe von Menschen Gehorsam zu finden«.[27] Jede Form von Herrschaft wird deshalb darauf zielen, Legitimität zu erheischen. Gilt die Ausübung der Herrschaft als rechtens und »gerecht«, steigen die Aussichten, dass sich der Legitimitätsglauben bei den Beherrschten einstellt. Aber Weber wäre nicht Weber, wenn nicht das Gleiche für Legitimität wie für Herrschaft gelten würde. »Die ›Legitimität‹ einer Herrschaft darf natürlich auch nur als *Chance*, dafür in einem relevanten Maße gehalten und praktisch behandelt zu werden, angesehen werden.«[28]

Eine besondere Rolle im gesellschaftlichen Verkehr nimmt dabei das *Recht*[29] ein. Denn rechtliche Regelungen ermöglichen oder

27 Weber, *Wirtschaft und Gesellschaft*, S. 122 und MWG I/23, S. 449 f.

28 Ebd., S. 123 und MWG I/23, S. 451.

29 Genau deshalb hat Weber eine Rechtssoziologie entwickelt, auf die hier nicht eigens eingegangen wird. Siehe Weber, »Rechtssoziologie«, in: ders., *Wirtschaft und Gesellschaft*, S. 387-513 und *Recht*, hg. von Werner Gephart und Siegfried Hermes, MWG I/22-3, Tübingen 2014. Einschlägig dazu Werner Gephart, *Gesell-*

beschränken die Lebenschancen von Personen und Gruppen. Max Weber spricht hier von der *Öffnung* oder *Schließung* sozialer Beziehungen. »Wenn die Beteiligten von ihrer Propagierung eine Verbesserung ihrer eigenen Chancen nach Maß, Art, Sicherung oder Wert erwarten, so sind sie an Offenheit, wenn umgekehrt von deren Monopolisierung, so sind sie an Schließung nach *außen* interessiert.«[30] In der Regel, so haben wir gesehen, sind Lebenschancen umkämpft – Konkurrenz und Konflikt daher der Regelfall in offenen, gesellschaftlichen Auseinandersetzungen. Je nach gesellschaftlichem Kontext und sozialer Situation können mächtige Akteure jedoch das Interesse entwickeln und gegebenenfalls durchsetzen, den Kreis der Konkurrenten so zu beschränken, dass der Wettbewerb gemildert oder gar stillgestellt wird. Das Recht ist ein mächtiger Hebel zur Schließung sozialer Beziehungen. Deshalb definiert Weber: »Appropriierte Chancen sollen ›Rechte‹ heißen.«[31]

Ein großer Lebensbereich, in dem um »Lebenschancen« gerungen wird, ist die *Religion*. Das gilt zum einen für Gott und die Götter, zum anderen für die Gläubigen selbst. So spricht Weber von den »Chancen eines Gottes, den Primat im Pantheon oder schließlich das Monopol der Göttlichkeit für sich zu erobern«.[32] Das bedeutet den Übergang vom Polytheismus zum Monotheismus, wie es die Weltreligionen von Judentum, Islam und – mit Einschränkungen – Christentum bewerkstelligt haben. Dieser Suprematiechance des monotheistischen Gottes gegenüber stehen die Heils- und Erlösungschancen der Gläubigen. Weber hat auf der Basis der Heilswege und -ziele eine komplexe Religionssoziologie errichtet. Ungleichheitstheoretisch relevant ist seine Unterscheidung von religiösen Virtuosen und religiösen Laien, die auf ein Verhältnis von Eliten und Massen hindeuten. Dank seines religiösen Wissensvorsprungs und der Tatsache, dass er seine ganze Lebensführung auf den jeweiligen Heilsweg und die entsprechenden Heilsziele lenkt, ist der religiöse Virtuose dem religiösen Laien turmhoch überlegen

schaftstheorie und Recht. Das Recht im soziologischen Diskurs der Moderne, Frankfurt/M. 1993; ders., Daniel Witte (Hg.), *Recht als Kultur. Beiträge zu Max Webers Soziologie des Rechts,* Frankfurt/M. 2017; Hubert Treiber, *Max Webers Rechtssoziologie – eine Einladung zur Lektüre,* Wiesbaden 2017.

30 Weber, *Wirtschaft und Gesellschaft,* S. 23 und MWG I/23, S. 197 f.

31 Ebd.

32 Ebd., S. 255 und MWG I/22-2, S. 148.

und kann dementsprechend beruhigt seiner Existenz im Jenseits entgegensehen. So dürfte etwa Calvin, der Religionsstifter eines besonders harten Puritanismus, vor »Gottes unergründlichem Ratschluss« keine besondere Angst gehabt haben, denn die *Prädestination,* also *sein* Platz im Himmel, stand von Anfang an fest. Generell kann man sagen, dass die Lebenschance auf Heil und Erlösung ganz entscheidend die Lebensführung der Gläubigen beeinflusst.

Wie der kurze Abriss zum Begriff der Lebenschance konkret und des Begriffs der Chance allgemein zeigt, hat Weber diese Kategorie gleichsam in allen Lebensbereichen, über die er gearbeitet hat, eingesetzt. Will man trotz dieser breiten und disparaten Verwendungsweise einen gemeinsamen Nenner finden, so ließe sich folgendes Resümee ziehen: Weber versucht, über die plurale Strukturierung der Lebenschancen das Optionspotential der Sozial- und Klassenstruktur einer Gesellschaft wie ihrer institutionellen Ordnung abzumessen, um der Einfachheit des Marxschen Modells ein komplexes Modell sozialer Klassenbildung gegenüberzustellen. Die Fülle der Lebenschancen deckt zugleich die multiplen Quellen sozialer Ungleichheiten auf. Das könnte man den *Differenzierungsaspekt* nennen. Darüber hinaus ist er aber auch an der kumulativen Verdichtung von Lebenschancen interessiert, was man als den *Konzentrationsaspekt* bezeichnen könnte. Denn Weber sieht zu, die einschlägigen Lebenschancen auf Statusgruppen zuzurechnen, um auf diese Weise die Muster ihrer Lebensstile zu bestimmen. Lebenschancen und Lebensstile zusammengenommen machen die Lebensführungsweisen von Menschen und Gruppen aus. Das illustrieren seine analytischen Unterscheidungen zu Klasse und Stand.

Die Soziologie hat zwar hin und wieder den Begriff der Lebenschance aufgenommen, aber meist ohne ihn analytisch zu klären und theoretisch weiterzuentwickeln. Vielmehr wurde er summarisch benutzt, etwa um die Lage der Mittelschicht[33] zu beschreiben. Eine Ausnahme bildet Dahrendorfs Versuch, den Begriff zu erweitern, indem er nicht nur Optionen (»Chancen«), sondern auch »Ligaturen« (»soziale Bindungen«) umfassen soll. Lebenschancen sind in dieser Begriffsfassung »Gelegenheiten für individuelles Handeln, die sich aus der Wechselbeziehung von Optionen und Ligaturen

33 Siehe Steffen Mau, *Lebenschancen. Wohin driftet die Mittelschicht?*, Frankfurt/M. 2012.

ergeben.«[34] In Anlehnung an die drei Wohlfahrtschancen von Adam Smith (1978), der zwischen Existenzminimum (*subsistence*), Komfort (*conveniency*) und Luxus (*luxury*)[35] unterscheidet, schlägt Dahrendorf vor, zwischen *Überlebenschancen*, *Wohllebenschancen* und *Hochlebenschancen*[36] zu differenzieren. Man könnte diese Dreiteilung nutzen, um zwischen Unterklasse, die um das Überleben kämpft, Mittelklasse, die mit dem Wohlleben ringt, und Oberklasse, die das Hochleben genießt, zu unterscheiden.

Klasse, Stand und Kaste

Um die allgemeine und unspezifische Verwendungsweise des Klassenbegriffs ein für alle Mal zu beenden, reagiert Weber mit einer ganzen Kaskade von Definitionen von Klasse, Klassenlage, Typen von Klassen und soziale Klasse. Klassen sind Menschen in gleicher Klassenlage.

> ›*Klassenlage*‹ soll die typische Chance 1. der Güterversorgung, 2. der äußeren Lebensstellung, 3. des inneren Lebensschicksals heißen, welche aus Maß und Art der Verfügungsgewalt (oder des Fehlens solcher) über Güter oder Leistungsqualifikationen und aus der gegebenen Art ihrer Verwertbarkeit für die Erzielung von Einkommen oder Einkünften innerhalb einer gegebenen Wirtschaftsordnung folgt.[37]

Diese emphatische Definition von Klassenlage macht deutlich, dass Weber in ihr das entscheidende Bestimmungsstück der »äußeren Lebensstellung« und »des inneren Lebensschicksals« von Menschen bzw. Menschengruppen sieht. Denn: »Besitz und Besitzlosigkeit sind daher die Grundkategorien aller Klassenlagen.«[38] In diesem Punkt liegt Weber ganz auf einer Linie mit Karl Marx, denn die Verfügungsgewalt und die Verwertbarkeit von Gütern und Leistungsqualifikationen auf dem Markt entscheidet maßgeblich über das *Klassenschicksal* des Menschen. Weber lässt es hier an drastischer

34 Dahrendorf, *Lebenschancen.* Wir kommen auf seinen Ansatz weiter unten zurück.
35 Adam Smith, *Der Wohlstand der Nationen* (1776), München 1978.
36 Dahrendorf, *Lebenschancen*, S. 110.
37 Weber, *Wirtschaft und Gesellschaft*, S. 177 und MWG I/23, S. 592.
38 Ebd., S. 533 und MWG I/22-3, S. 253-255.

Eindeutigkeit nicht fehlen, um die wichtigste Quelle von Lebenschancen vor allem in modernen Gesellschaften zu kennzeichnen. Auch hier »soziologisiert« und systematisiert er Marxens Erkenntnisse, wie der nachfolgend zitierte Absatz unmissverständlich klarmacht:

> Es ist die allerelementarste ökonomische Tatsache, daß die Art, wie die Verfügung über sachlichen *Besitz* innerhalb einer sich auf dem Markt zum Zweck des Tauschs begegnenden und konkurrierenden Menschenvielheit verteilt ist, schon für sich allein spezifische Lebenschancen schafft. Sie schließt die Nichtbesitzenden nach dem Grenznutzenprinzip vom Mitkonkurrieren von allen Gütern hoher Bewertung zugunsten der Besitzenden aus und monopolisiert deren Erwerb faktisch für diese. Sie monopolisiert, unter sonst gleichen Umständen, die Tauschgewinnchancen für alle jene, welche, mit Gütern versorgt, auf den Tausch schlechthin nicht angewiesen sind, und steigert, generell wenigstens, ihre Macht im Preiskampf mit denen, die welche besitzlos, nichts als ihre Arbeitsleistungen in Naturform oder in Form von Produkten eigener Arbeit anbieten können und diese unbedingt losschlagen müssen, um überhaupt ihre Existenz zu fristen. Sie monopolisiert die Möglichkeit, Besitz aus der Sphäre der Nutzung als ›Vermögen‹ in die Sphäre der Verwertung als ›Kapital‹ zu überführen, also die Unternehmerfunktion und alle Chancen direkter oder indirekter Teilnahme am Kapitalgewinn für die Besitzenden.[39]

Monopolisierung von hochwertigen Gütern und Leistungen, Monopolisierung von Tauschgewinnchancen und überlegene Macht im Preiskampf, Monopolisierung der »Kapital«- und Verwertungsfunktion – klarer und eindeutiger kann man das Ensemble von Lebenschancen, das die Suprematie der Plutokratie ausmacht, nicht charakterisieren. Es erklärt sehr genau, warum der Kapitalismus neben der Erzeugung von Reichtum stets auch soziale Ungleichheit schafft. Je ungezähmter man ihm Freiheit und unbegrenzte Zugriffsmöglichkeiten auf alle gesellschaftlichen Lebensbereiche und die Welt im Ganzen eröffnet, wie es seit den 1980er Jahren Globalisierung und Neoliberalismus ermöglicht haben, desto rascher wächst die soziale Ungleichheit an und desto hohler klingt naturgemäß das Gleichheitsversprechen der Moderne.

Konsequenterweise definiert Weber: »*Besitzklasse* soll eine Klasse heißen, als Besitzunterschiede die Klasse primär bestimmen.«[40]

39 Ebd., S. 531 f. und MWG I/22-1, S. 253.
40 Ebd., S. 177 und MWG I/23, S. 592.

Besitz zeigt positive, Nicht-Besitz negative Privilegierung an. Besitzklassen sind in seinen Augen vor allem *Rentner* jeglicher Art, ob nun Menschenrentner wie z. B. Sklavenhalter, Grund- und Bodenrentner, Anlagenrentner wie Fabrikbesitzer, Schiffsrentner wie Reedereifamilien, Schuldrentner wie große Gläubiger oder Effektenrentner mit großem Aktienbesitz. Zu den besitzlosen Klassen rechnet Weber die »Unfreien« als Besitzobjekte, Schuldner und Arme. Zwischen diesen beiden Polen in der Sozialstruktur angesiedelt sind »die ›Mittelstandsklassen‹, welche die mit Besitz oder Erziehungsqualitäten ausgestatteten, daraus ihren Erwerb ziehenden Schichten aller Art umfassen«.

Interessant ist, dass Weber das, was im deutschen Sprachraum als *Mittelschicht*, im angloamerikanischen aber als *middle class* gefasst wird, als »Mittelstandsklasse« benennt und als vielfältiges Schichtenensemble auszeichnet. Was zunächst umständlich, um nicht zu sagen unbeholfen klingt, ist soziologisch sehr klar und in seiner Uneindeutigkeit ganz deutlich bestimmt. Zwischen den Polen von oben und unten charakterisiert die Mitte eine ambivalente Zwischen- und Zwitterstellung. Halb positiv, halb negativ privilegierte Besitzklasse, sind sie halb Klasse, halb Stand. Genau das hat mit dem großen Unterschied zu tun, dem Marx nicht die notwendige Aufmerksamkeit in seiner Klassentheorie gegeben hat: die Rolle von Bildung und Erziehung wie die damit verbundenen »Leistungsqualifikationen«. Bildung ermöglicht Erwerbschancen, die bei Erfolg auch zum Aufbau von Vermögen und zur Verwertung als Kapital führen können. Insofern eröffnen sich auch Besitzchancen und damit ständische Chancen zur vorbildlichen und verbindlichen Lebensführung. Deshalb repräsentiert die Mitte Klasse *und* Stand, Besitz und Bildung, ergibt insofern also eine eigenartige und einzigartige Form der Statusgruppe.[41]

Neben der Besitzklasse als zweiten Typ unterscheidet Weber die

41 Das haben Uwe Schimank, Steffen Mau und Olaf Groh-Samberg in *Statusarbeit unter Druck? Zur Lebensführung der Mittelschichten*, Weinheim, Basel 2014, nochmals herausgearbeitet. Früher hieß die Sozialformation »Bürgertum«. Siehe die Diskussion um die Anschlussfähigkeit des Begriffs bei Heinz Bude, Joachim Fischer und Bernd Kauffmann (Hg.), *Bürgerlichkeit ohne Bürgertum*, München 2010. Zum historischen Hintergrund vgl. nur Jürgen Kocka (Hg.), *Bürger und Bürgerlichkeit im 19. Jahrhundert*, Göttingen 1987 und M. Rainer Lepsius, »Zur Soziologie des Bürgertums und der Bürgerlichkeit«, in: ders., *Interessen, Ideen und Institutionen*, Opladen 1990, S. 153-169.

Erwerbsklassen. »*Erwerbsklasse* soll eine Klasse insoweit heißen, als die Chancen der Marktverwertung von Gütern und Dienstleistungen die Klassenlage primär bestimmen.«[42] Positiv privilegiert auf dem Markt sind hier Unternehmer, Bankiers, die »freien Berufe« wie Ärzte, Anwälte und erfolgreiche Künstler sowie Arbeiter mit monopolistischen Qualitäten. Zu den negativ Privilegierten zählen die (ungelernten, angelernten und gelernten) Arbeiter. Die Zwischenlagen der Mittelklassen umfassen die Bauern, Handwerker und Beamten.

Besitz- und Erwerbsklassen in positiv und negativ privilegierten Formen umfassen das Spektrum von differenzierten Klassen*lagen*. *Soziale Klasse* fasst Weber über »die Gesamtheit derjenigen Klassenlagen [...], *zwischen* denen ein Wechsel a. persönlich, b. in der Generationenfolge leicht möglich ist oder typisch stattzufinden pflegt«.[43] Er versteht also soziale Klassen über das Phänomen intra- und intergenerationeller Mobilität. Zu diesem eigenwilligen Verständnis passt, das in Zeiten sozialen Wandels die Klasse dominiert, in Zeiten der Stabilität indes die Chancen zur Ausbildung von ständischen Formationen wachsen. In diesem Sinne unterscheidet er für das wilhelminische Kaiserreich vier Klassen: die Arbeiterschaft, das Kleinbürgertum, die besitzlose Intelligenz und Fachgeschultheit sowie die Klassen der durch Besitz und Bildung Privilegierten.

Zentrale Stoßrichtung dieser Begriffs- und Theorieanlage ist jedoch nicht nur, Schluss zu machen mit »jener Art von pseudowissenschaftlichem Operieren mit dem Begriff der ›Klasse‹, des ›Klasseninteresses‹ [...], die heut vielfach üblich ist und ihren klassischsten Ausdruck in der Behauptung eines begabten Schriftstellers gefunden hat: daß zwar der Einzelne sich über seine Interessen irren könnte, die ›Klasse‹ über die ihrigen aber ›unfehlbar‹ sei«.[44] Über diese feine Spitze gegenüber Georg Lukács[45] hinaus geht es Weber darum, zu zeigen, dass eine gemeinsame Klassenlage nicht zwangs-

42 Weber, *Wirtschaft und Gesellschaft*, S. 177 und MWG I/23, S. 592.

43 Ebd.

44 Ebd., S. 533 und MWG I/22-1, S. 257.

45 Georg Lukács, *Geschichte und Klassenbewußtsein. Studien zur marxistischen Dialektik*, Neuwied, Berlin 1968. Diese Aufsatzsammlung erschien zwar erst 1923, aber Weber und Lukács waren von 1912 bis 1917 in ganz engem Austausch in Heidelberg. Siehe dazu die einschlägige Studie von Kurt Beiersdörfer, *Max Weber und Georg Lukács*, Frankfurt/M., New York 1986 und Udo Bermbach, Günter Trautmann (Hg.), *Georg Lukács*, Opladen 1987.

läufig zu gemeinsamen Klasseninteressen führen muss. Wenn es überhaupt zu einer gemeinsamen Reaktion kommen sollte, dann ähnelt sie eher dem »Massenhandeln« denn dem »Klassenhandeln«.

Der Grad, in welchem aus dem ›Massenhandeln‹ der Klassenzugehörigen ein ›Gemeinschaftshandeln‹ und eventuell ›Vergesellschaftungen‹ entstehen, ist an allgemeine Kulturbedingungen, besonders intellektueller Art, und an den Grad der entstandenen Kontraste, wie namentlich an die *Durchsichtigkeit* des Zusammenhangs zwischen den Gründen und den Folgen der ›Klassenlage‹ gebunden. Eine noch so starke Differenzierung der Lebenschancen an sich gebiert ein ›Klassenhandeln‹ (Gemeinschaftshandeln der Klassenangehörigen) nach allen Erfahrungen keineswegs.[46]

Weber sieht daher diese Transparenzannahme, die erst einen Zusammenhang zwischen Lage, Interesse und Handeln herzustellen vermag, in vier Bedingungen, die zur Mobilisierung des Klassenhandelns gegeben sein müssen. 1. die Ausrichtung auf den direkten Interessengegner, also Arbeiter versus Unternehmer, aber nicht gegen Aktionäre; 2. die Existenz einer typisch massenhaft identischen Klassenlage; 3. die technisch einfache Organisation der Interessen durch enge Arbeits- und Wohngemeinschaft in Fabrik und Arbeitersiedlungen; 4. die »*Führung* auf einleuchtende Ziele«, interpretiert und oktroyiert von außerhalb kommenden Intellektuellen.

Klassenkämpfe und Revolutionen können sich entweder auf die Wirtschaftsverfassung selbst oder die Besitzverteilung richten. Besitzklassenrevolutionen, die sich an dem Gegensatz von Bodenrentnern und Deklassierten oder Gläubigern und Schuldnern entzündeten, fanden vor allem in Antike und Mittelalter statt. Erst die proletarische Revolution rüttelt nicht nur an der Besitzordnung, sondern strebt statt der kapitalistischen eine sozialistische Wirtschaftsordnung an.

Während die Klassenlage auf die ökonomische Ordnung zielt, ist die ständische Lage in der sozialen Ordnung angesiedelt.

Ständische Lage soll heißen eine typisch wirksam in Anspruch genommene positive oder negative Privilegierung in der sozialen *Schätzung*, begründet auf: a) Lebensführungsart – daher b) formale Erziehungsweise, und zwar α. Empirische oder: β. Rationale Lehre, und den Besitz der entsprechenden Lebensformen; c) Abstammungsprestige oder Berufsprestige.[47]

46 Weber, *Wirtschaft und Gesellschaft*, S. 533 und MWG I/22-1, S. 257.

47 Ebd., S. 179 und MWG I/23, S. 597.

Die ständische Lage umreißt die Hoch- oder Minderschätzung von Statusgruppen, die in einer bestimmten Art der Lebensführung zum Ausdruck kommt. Unter *Stand* versteht Weber deshalb »eine Vielheit von Menschen [...], die innerhalb eines Verbandes wirksam a) eine ständische Sonderschätzung, – eventuell also auch b) ständische Sondermonopole in Anspruch nehmen«.[48] Zur Standesehre gehört die »Zumutung einer spezifisch gearteten Lebensführung«,[49] die sich im Alltag in Restriktionen bei Liebes- und Heiratsbeziehungen (»connubium«) äußert und in der Etikette des gesellschaftlichen Verkehrs und der Verkehrskreise (»Kommensalität«) zum Ausdruck kommt. Zum ständischen Wissen gehört es, sich mit dem auszukennen, »was sich gehört«. Man kann nicht jeden und jede heiraten, wie man auch nicht mit Krethi und Plethi verkehren wird. Heirats- und Freundschaftskreise müssen sorgfältig ausgewählt werden, damit man unter sich bleibt. Die aufstiegswillige und erfolgshungrige »Plebs« klopft vehement gegen alle Tore und Zäune der privilegierten Positionen und Positionierungen in einer Gesellschaft. Gerade weil im Zeitalter von Gleichheit, Demokratie und Meritokratie soziale Mobilität fast von einem Menschen- zum Bürgerrecht gemacht worden ist, müssen »ständische Zonen« und »Hochstatusräume« mit Distanz, Diskretion und Takt – gleichsam mit Arkanschutz – kultiviert[50] werden.

Weber unterscheidet drei Typen von Ständen: Die Berufsstände, die Geburtsstände und die politischen und hierokratischen Stände. Im ersten Fall wird die Lebensführung selbst in Gestalt von Erziehung, Beruf und Leistungsauslese die Grundlage für *Berufsstände.* Im zweiten Fall bilden erbcharismatische Prestigeansprüche durch »edle« Abstammung die *Geburtsstände.* Im dritten Fall entstehen *politische* bzw. *hierokratische Stände* im Zuge der Appropriation und Monopolisierung von Herrengewalten. Jede Ständebildung neigt dazu, sich die politische Macht in Gestalt von Herrschaft, die religiöse Macht in Form von Hierokratie und die wirtschaftliche Macht durch Monopolisierung von Besitz- und Erwerbschancen

48 Ebd., S. 180 und MWG I/23, S. 597.

49 Ebd., S. 535 und MWG I/22-1, S. 260.

50 Das reicht von Privatschulen, exklusiven Klubs, Auslandsaufenthalten bis hin zu Verbindungen an den Universitäten, ob nun »schlagend« oder nicht. Einige dieser Entwicklungen auch in Deutschland skizziert Heinz Bude, *Die Bildungspanik. Was unsere Gesellschaft spaltet,* München 2011.

zu sichern. Wohlgemerkt, zu unterscheiden ist die Reihenfolge: von Politik und Religion zur Wirtschaft und nicht umgekehrt wie bei den Klassen.

Weber weist natürlich darauf hin, dass Klasse und Stand eine radikale idealtypische Trennung darstellt. In der sozialen Wirklichkeit gibt es vielfältige Überschneidungen und Überlappungen. Eine privilegierte Klassenlage, vielleicht anfangs noch parvenühaft belächelt, wird zumindest in der Generationenfolge ständische Form annehmen. Umgekehrt gehen ständische Lagen häufig mit Klassenlagen einher. So etwa, wenn der europäische Adel, den es ja eigentlich seit der Französischen Revolution nicht mehr geben sollte, auf jeden Fall als Aristokratie funktionslos geworden, sich bevorzugt die Plätze in Diplomatie und Militär sichert, wo das aristokratische Repräsentationskapital noch berufliche Erfüllung finden kann. Generell gilt jedoch auch für Weber, dass moderne kapitalistische Gesellschaften eher zur Klassenbildung neigen, während feudale und patrimoniale Gesellschaften eher mit Ständebildung einhergehen. Vereinfachend und zusammenfassend könnte man sagen: »›Klassen‹ gliedern sich nach den Beziehungen zur Produktion und zum Erwerb der Güter, ›Stände‹ nach den Prinzipien ihres Güter*konsums* in Gestalt spezifischer Arten von ›Lebensführung‹.«[51]

Einen dritten Typ bildet die *Kaste.* Sie ist das Gegenteil von einer Klasse, denn soziale Mobilität im Diesseits ist gleichsam der Sündenfall, während das Rad der Wiedergeburt durchaus Mobilitätschancen birgt für den Fall, dass die rituellen Pflichten stets rein und ausnahmslos eingehalten wurden. Die größte Verwandtschaft weist sie zum Stand auf, ja man kann sie als Extremform des Standes fassen. Die Kaste ließe sich als geschlossener Geburtsstand verstehen, dem das erbcharismatische Prestige und die ständische Wertschätzung nicht nur konventionell und rechtlich, sondern auch noch rituell garantiert werden. Jede Berührung mit einer als niedriger geltenden Kaste bedeutet rituelle Verunreinigung und gilt als religiös zu sühnender Makel. Weber hat sich in seiner Religionssoziologie mit dem Hinduismus und hier vor allem mit Kaste und Kastenordnung auseinandergesetzt. »Die Kaste, das heißt also: die rituellen Pflichten und Rechte, welche sie auferlegt und gibt, und die Stellung der Brahmanen sind die Grundinstitutionen des

51 Weber, *Wirtschaft und Gesellschaft*, S. 538 und MWG I/22-1, S. 268.

Hinduismus.«[52] Weber grenzt die Kaste von Stamm und Stand ab. Im Gegensatz zum Stamm hat die Kaste kein Gebiet und ist wirtschaftlich beschränkt. Erblichkeit definiert ihren Zugang, was sie von Berufsverbänden wie Zünfte und Gilden unterscheidet, was sie aber mit den Geburtsständen gemeinsam hat. Die Schließung nach innen ist bei ihr jedoch nicht rechtlich, sondern religiös durch Ritualitätsschranken geregelt. In Analogie zu Webers Definition von einem Pariavolk[53] kann man definieren: »Kaste ist eine durch rituelle Kommensalitäts- und Konnubialschranken nach außen abgegrenzte, durch positive oder negative Privilegierung und durch ökonomische Sondergebarung nach innen zusammengeschlossene erbliche Gemeinschaft innerhalb eines sozialen Gesamtverbandes.«[54]

Weber nutzt die Daten der britischen Kolonialverwaltung aus dem Zensus von 1901 und 1911, um die Kastenordnung – gleichsam mit dem Blick von außen oder dem »kolonialen Blick« – zu rekonstruieren. An der Spitze der vier großen Kasten stehen die *Brahmanen*, die als Maßstab für reine religiöse Lebensführung gelten und zugleich als religiöse Experten in allen Streitigkeiten zwischen den Kasten und vor allem Unterkasten angerufen werden. Ihnen folgen die *Kschatriya* oder Kriegerkaste, die *Vaiçya*-Kaste der Bauern und Händler und die *Kudra*-Kaste der Knecht- und Dienerschaft. Daneben gibt es Myriaden von Unterkasten, deren Stellung und Status stets heftig umkämpft ist. Trotz aller Streitigkeiten ist Rangordnung und Hierarchie des Kastenwesens unumstritten, in die sich der »homo hierarchi-

52 Max Weber, *Gesammelte Aufsätze zur Religionssoziologie*, Bd. 2, *Hinduismus und Buddhismus*, Tübingen [6]1978, S. 31. Siehe auch Wolfgang Schluchter, »Weltflüchtiges Erlösungsstreben und organische Sozialethik. Überlegungen zu Max Webers Analysen der indischen Kulturreligionen« und Jan C. Heesterman, »Kaste und Karma. Max Webers Analyse der indischen Sozialstruktur«, in: Wolfgang Schluchter (Hg.), *Max Webers Studie über Hinduismus und Buddhismus. Interpretation und Kritik*, Frankfurt/M. 1984, S. 11-71 und S. 72-86.

53 »Als Pariavolk in diesem spezifischen Sinn des Wortes soll also nicht einfach jeder vom Standpunkt einer lokalen Gemeinschaft aus als ›fremd‹, ›barbarisch‹ oder ›magisch unrein‹ geltende Arbeiterstamm gelten, sondern nur dann, wenn er zugleich ganz oder dem Schwerpunkt nach ein *Gast*volk ist. Am reinsten entspricht er diesem Typus natürlich dann, wenn er, wie die Zigeuner, und in andrer Art die Juden des Mittelalters, die *eigene Bodenständigkeit* gänzlich eingebüßt hat, ökonomisch also vollkommen verflochten ist in die Bedarfsdeckung andrer bodenständiger Völker.« Weber, *Hinduismus und Buddhismus*, S. 12.

54 Schluchter, »Weltflüchtiges Erlösungsstreben«, S. 47.

cus«[55] auf der Basis von ritueller Trennung, Arbeitsteilung und Hierarchie einzufügen hat. Ungeachtet der Tatsache, inwieweit die einzelnen Ausführungen Webers zu Kaste und Kastenordnung dem Stand der Forschung heute noch standhalten, hatte er aber wohl die definitorische Zuweisung der Kaste zu einem geschlossenen Geburtsstand mit rituellen Schranken durchaus richtig getroffen.

»Rasse« und Ethnizität

Auffällig ist, dass Weber Klasse und Stand als wesentliche Strukturierungsfaktoren sozialer Ungleichheit modelliert, »Rasse« und Ethnizität indes nicht. Warum? An seinem mangelnden Interesse für Fragen dieses Zuschnitts kann es nicht gelegen haben, denn er hat sich an mehreren Stellen seines Werkes mit diesen Begriffen und ihrer Bedeutung auseinandergesetzt. In seinen jungen Jahren ist Weber ein glühender Patriot, ja ein Nationalist, der vor einer »rassischen« und aus heutiger Warte »rassistischen« Argumentation keineswegs zurückschreckt. Seine berühmte akademische Antrittsrede, in der er sein ökonomisches Forschungsprogramm vorstellt, gilt unter anderem der Rolle, »welche die physischen und psychischen Rassendifferenzen zwischen Nationalitäten im ökonomischen Kampf ums Dasein spielen«.[56] Am Beispiel Westpreußens legt er dar, dass deutsche Tagelöhner ab- und polnische zuwandern, und erklärt sich dies so:

> Man ist alsbald versucht, an eine auf physischen und psychischen Rassenqualitäten beruhende Verschiedenheit der *Anpassungsfähigkeit* der beiden Nationalitäten an die verschiedenen ökonomischen und sozialen Existenzbedingungen zu glauben. Und in der Tat ist dies der Grund, – der Beweis dafür liegt in der Tendenz, welche in der *Verschiebung* der Bevölkerung und der Nationalitäten zutage tritt und welche zugleich das Verhängnisvolle jener verschiedenen Anpassungsfähigkeit für das Deutschtum des Ostens erkennen läßt.[57]

55 So die klassische Studie von Louis Dumont, *Homo Hierarchicus. The Caste System and its Implications*, Chicago, London 1980, S. 21.

56 Max Weber, »Der Nationalstaat und die Volkswirtschaftspolitik«, in: ders., *Gesammelte Politische Schriften*, hg. von Johannes Winckelmann, Tübingen ²1958, S. 1-25, hier S. 2.

57 Ebd., S. 4.

Differentielle Adaptionsfähigkeit an die gesellschaftlichen Existenzbedingungen – deshalb könnten die Polen die Deutschen in Westpreußen aus dem Feld schlagen. So lautet Webers damaliger Erklärungsversuch. Und er legt gleich noch nach, um den tieferen Grund zu entlarven, woher wiederum diese unterschiedlichen Rasseeigenschaften kommen sollen.

> Beide Vorgänge aber – der Abzug [der Deutschen, HPM] hier, die Vermehrung [der Polen, HPM] dort – führen in letzter Linie auf einen und denselben Grund zurück: die *niedrigeren Ansprüche an die Lebenshaltung* – in materieller teil, teils in ideeller Beziehung –, welche der slawischen Rasse von der Natur auf den Weg gegeben oder im Verlaufe ihrer Vergangenheit angezüchtet sind, verhalfen ihr zum Siege.[58]

Das scheint aus heutiger Sicht eine durchaus rassistisch angelegte Argumentation zu sein. Tatsächlich werden die Nationalitäten jedoch auf zwei heterogene Faktoren zurückgeführt, was dem nationalistischen Stürmer und Dränger Max Weber gar nicht aufzufallen scheint: zum einen auf die *Rasse*, zum anderen auf die unterschiedliche *Kultur*. Wenn man weiß, dass das Kulturniveau von einem entsprechenden Wohlstand abhängt, der dann wiederum mehr Kulturschaffende in Lohn und Brot bringt, was die Kulturproduktion und damit auch das Kulturniveau in der Folge erhöht, wäre eigentlich der letztinstanzliche Rückgriff auf eine irgendwie naturgegebene »Rasse« gar nicht mehr notwendig. Das Deutsche Kaiserreich war denkbar reicher in materieller und kultureller Hinsicht als Polen. Wäre es umgekehrt gewesen, hätten sich vielleicht deutsche Tagelöhner dankbar gefreut, in Polen eine Anstellung zu finden. Kurz gesagt, ließen sich die Unterschiede auch auf das unterschiedliche Kulturniveau zurückführen, ohne dass »Rasse« als Erklärungsfaktor benötigt würde.

Diese Ausführungen sollen keine Ehrenrettung Webers vor dem aus heutiger Sicht berechtigten Vorwurf des Rassismus darstellen. In der Folgezeit wird sich Webers Denken und Schreiben von solchen rassistischen Anklängen emanzipieren. Im Gegenteil: Er lehnt jegliche Form von Rassismus kategorisch ab. Sein vehementes Eintreten für die Werturteilsfreiheit erfolgt auch deshalb, weil er als Philosemit den antisemitischen Ausfällen von Heinrich von

58 Ebd., S. 6.

Treitschke[59] auf dem Katheder ausgesetzt war. Genau deshalb sollte jeder Wissenschaftler seine politischen Vorurteile und moralischen Idiosynkrasien gefälligst für sich behalten, um die Studentenschaft nicht zu manipulieren oder in ihren Gefühlen zu verletzen. Sicherlich saßen auch jüdische Studenten in Treitschkes Vorlesung, die bestimmt nicht dazu aufgelegt waren, frenetisch mit zu johlen, wenn ihre Religionsgemeinschaft als »Rasse« verunglimpft wurde.

Weber ist natürlich ein Kind seiner Zeit, werden doch im Gefolge von Darwin, Nietzsche, Haeckel und Ploetz sozialdarwinistische und rassistische Argumentationsmuster im Pseudogewand der Naturwissenschaften im gesellschaftlichen Diskurs *en vogue*. Auslese, Anpassung, Züchtung, Kampf ums Dasein – das sind allesamt Begriffe aus dem Arsenal des Sozialdarwinismus, die auch Weber, dem Zeitgeist folgend, einfach ohne viel Nachdenken übernimmt. Schiebt man den Modeanteil aus dem darwinistischen Begriffsgetümmel weg, bleibt am Ende des Tages gleichwohl *eine*, wenn nicht *die* Grundfrage seiner Soziologie übrig:

> Nur eines ergibt sich zweifellos: Ausnahmslos jede, wie immer geartete Ordnung der gesellschaftlichen Beziehungen ist, wenn man sie *bewerten* will, letztlich auch daraufhin zu prüfen, *welchem menschlichen Typus* sie, im Wege äußerer oder innerer (Motiv-)Auslese, die optimalen Chancen gibt, zum herrschenden zu werden.[60]

Gerade weil es Weber stets genau wissen wollte und an einer Soziologie verstehenden Erklärens durch kausale Zurechnung arbeitet, wurde ihm klar, dass »Rasse« als *passe-partout*-Erklärungsfaktor und als letztinstanzliche Stoppregel für weitere Explikationsversuche vollkommen untauglich war. »Rasse« ist ein Kompaktbegriff, der mehr verdeckt als erhellt, weil er eine Erklärungssuggestion und vermeintliches Wissen erzeugt, ja, ein generelles Kopfnicken und frenetische Zustimmung, wo doch nur ein unhinterfragtes Vorurteil das Zepter führt.

Nirgendwo wird das deutlicher als auf dem ersten Deutschen

59 Zur Rolle des Antisemitismus siehe Gangolf Hübinger, »Antisemitismus und polarisierende Moderne«, in: ders., *Max Weber. Stationen und Impulse einer intellektuellen Biographie*, Tübingen 2019, S. 143-157.

60 Max Weber, »Der Sinn der ›Wertfreiheit‹ der soziologischen und ökonomischen Wissenschaften«, in: ders., *Gesammelte Aufsätze zur Wissenschaftslehre*, Tübingen 1988, S. 489-540, hier S. 517 und MWG I/12, S. 483.

Soziologentag 1910 in Frankfurt am Main,[61] auf dem unter anderem auch auf Anregung von Max Weber der Rassenbiologe Alfred Ploetz einen Vortrag zum Thema »Die Begriffe Rasse und Gesellschaft und einige damit zusammenhängende Probleme« hielt. Weber erhoffte sich Aufklärung über das Verhältnis von Natur und Gesellschaft, Natur- und Sozialwissenschaften, aber auch inwiefern sich aus der damals einen Aufschwung erlebenden Rassenbiologie irgendetwas für die Soziologie lernen ließe. Mit Ploetz als Redner hatte Weber einen der anerkanntesten Rassetheoretiker seiner Zeit gewinnen können, der sogar in den Vorstand der Deutschen Gesellschaft für Soziologie kooptiert wurde. Insofern erfolgte die positionale Anerkennung, noch bevor die versammelten Soziologen die Positionierung des Vertreters der »Rassenhygiene« kennengelernt hatten. In seinem Vortrag vertrat Ploetz die seinerzeit üblichen Thesen: die »Rasse« als biologisches Substrat der Gesellschaft, der Lebensprozess der »Rasse« als Basis aller sozialen und kulturellen Leistungen und die Bedeutung von sozialen Instinkten und Intelligenz für gesellschaftliche Bildungen, deren »In-Blüte-Stehen« nur durch den Lebensprozess der »Rassen« möglich würde.

Man kann das Ausmaß der Enttäuschung Webers – in einem Brief an Franz Eulenburg kurze Zeit später bezeichnete er Ploetz' Auslassungen als »das übliche ungeklärte Pan-Biologentum«[62] – an der Härte seiner Kritik ablesen, die historisch, methodisch und sachlich erfolgt. Zunächst geht er auf den seinerzeit beliebten Vorwurf ein, das Christentum als Religion der Nächstenliebe habe jahrhundertelang die Selektion der »Schwachen« gegenüber den »Starken« gefördert, was eben durch eine konsequente »rassenhygienische Wende« dringend korrigiert werden müsste. Auch weist Weber darauf hin, dass man moralische Katechismen, in denen viel Gutes steht, besser nicht mit der sozialen Praxis verwechseln sollte.

61 Vgl. zum Folgenden Weber, »Diskussionsrede dortselbst zu dem Vortrag von A. Ploetz über ›Die Begriffe Rasse und Gesellschaft‹«, in: ders., *Gesammelte Aufsätze zur Soziologie und Sozialpolitik*, S. 456-462 und Max Weber, *Verstehende Soziologie und Werturteilsfreiheit.* Schriften und Reden 1908-1917, Tübingen 2018, MWG I/12, darin »Die Begriffe Rasse und Gesellschaft«, S. 237-261. Ferner Jürgen Kaube, »Der Gentleman, Dr. Loth und die Rassismusfrage«, in: ders., *Max Weber. Ein Leben zwischen den Epochen*, Berlin 2014, S. 210-224 und Detlev J. K. Peukert, *Max Webers Diagnose der Moderne*, Göttingen 1989, S. 92-101.

62 MWG I/12, S. 241.

Denn selbst dann, wenn man die Selektionshypothese gedankenexperimentell aufnehmen würde, hätte es historisch keineswegs an kontraselektorischen Einrichtungen gemangelt. Das Mittelalter unterwarf seine Bevölkerung einer harten Auslese und hielt die Chancen für Fortpflanzung knapp, und zwar für alle Schichten, wenn auch aus unterschiedlichen Gründen. Die Priesterschaft und die Ritterorden für überflüssige Adelige wurden von der Reproduktion ebenso ausgeschlossen wie die »Armen«, die sich keinen eigenen Hausstand leisten konnten. In Webers Augen litt gerade das Mittelalter nicht an einem Überfluss von Nächstenliebe. Auch in der Neuzeit war es gerade der Puritanismus, der Armut perhorreszierte und die ersten Arbeitshäuser für Arme errichtete, um sie auf den Weg zu Gott zurückzuführen – natürlich ohne Fortpflanzungschancen. Und heute, so Weber, sorgt die Sozialpolitik dafür, auch »den physisch und geistig Starken, aber in bezug auf das *Portemonnaie* Schwachen: – den, rassehygienisch gewertet, Starken also, die sozial unten sind, die Möglichkeit des Heraufsteigens, die Möglichkeit der gesunden Fortpflanzung zu geben, auch das ist keineswegs notwendig ein Kind einer wahllosen Nächstenliebe«.[63]

Erfolgt seine historische Kritik noch im Ton feiner Ironie, wird die methodische Kritik schneidend. Die Rede vom »In-Blüte-Stehen« von »Rasse« und Gesellschaft, gleich zwei Kollektivbegriffe in unklarer Wechselwirkung, erscheint ihm als blühender Unsinn. Was das Blühen der »Rasse« heißen soll, ob »Rasse« überhaupt eine Einheit darstellt, wie man sich genau den Zusammenhang von »Rasse« und Gesellschaft vorzustellen hat – Existenzaussagen dieses Typs nehmen »einen direkt mystischen Charakter« an und der »Begriff der ›Vitalrasse‹ [führt] in das uferlose Gebiet der subjektiven Wertungen«. Dann folgen das *ceterum censeo* und die Entscheidung über die Güte der Rassentheorien seiner Zeit:

Aber daß es heutzutage auch nur eine einzige Tatsache gibt, die für die Soziologie relevant wäre, auch nur eine exakte konkrete Tatsache, die eine bestimmte Gattung von soziologischen Vorgängen wirklich einleuchtend und endgültig, exakt und einwandfrei zurückführte auf angeborene und vererbliche Qualitäten, welche eine Rasse besitzt und eine andere definitiv – wohlgemerkt: definitiv! – nicht, das bestreite ich mit aller Bestimmtheit

63 Weber, »Die Begriffe Rasse und Gesellschaft«, S. 457 und MWG I/12, S. 244.

und werde ich so lange bestreiten, bis mir diese eine Tatsache genau bezeichnet ist.[64]

Weber weist also »den Hegemonialanspruch des neuen rassebiologischen Paradigmas«[65] brüsk zurück, fordert eine Haltung der Bescheidenheit und in sachlicher Hinsicht eine empirische Einzelforschung. Nur sorgfältige Empirie »dient vielleicht dazu, die utopistische Begeisterung, mit der ein solch neues Gebiet in Angriff genommen wird, nicht dahingehend ausarten zu lassen, daß dieses neue Gebiet die sachlichen Grenzen der eigenen Fragestellungen verkennt«.[66]

Wie sehr indes das Thema – aller wissenschaftlich zur Schau getragenen, überlegenen »Szientifizität« zum Trotz – politisch vermint ist, zeigt der Fortgang des Streits zwischen Ploetz und Weber in der Frage von Schwarzen und Weißen in den Vereinigten Staaten. Weber lehnt die Vorstellung ab, dass der Gegensatz auf »Rasseinstinkten« beruhe und in letzter Instanz auf der intellektuellen und moralischen Minderwertigkeit der Schwarzen, wie Ploetz insinuiert.

Nichts dergleichen ist erwiesen. Ich möchte konstatieren, daß der bedeutendste soziologische Gelehrte, der in den amerikanischen Südstaaten überhaupt existiert, mit dem sich kein Weißer messen kann, ein Neger ist, – Burghardt Du Bois. In St. Louis auf dem Gelehrtenkongreß durften wir mit ihm frühstücken. Wenn aber ein Herr aus den Südstaaten dabei gewesen wäre, so wäre es ein Skandal geworden. Der hätte ihn natürlich intellektuell und moralisch minderwertig gefunden: wir fanden, daß er sich betrug, wie irgend ein Gentleman.[67]

Aus heutiger Sicht ist es schon bemerkenswert, dass der Protagonist der »Rassenhygiene« ausgerechnet auf dem ersten Soziologentag ein solch prominentes Podium bekommen sollte. Das wäre heute wohl undenkbar. Von Webers Seite war es kein stilles Einverständnis (»Rassisten unter sich!«), wie es heute eine radikal rassismussensible Öffentlichkeit vielleicht gleich vermuten würde. Sondern es war

64 Ebd., S. 459 und MWG I/12, S. 248.

65 Peukert, *Max Webers Diagnose der Moderne*, S. 98.

66 Weber, »Die Begriffe Rasse und Gesellschaft«, S. 462 und MWG I/12, S. 252.

67 Ebd., MWG I/12, S. 257. Siehe dazu in aller Kürze Hans-Peter Müller, »Das Gefühl, ein Problem zu sein. Über W. E. B. Du Bois«, in: *Merkur. Deutsche Zeitschrift für Europäisches Denken* 58/660 (2004), S. 344-348.

der Versuch, Biologie und Soziologie ins Gespräch zu bringen, und gerade Weber, der in seiner Anfangszeit mit dem »Rasse«-Begriff selbst fahrlässsig herumlaboriert hatte, hoffte für sich eine ein für alle Mal belehrende Aufklärung zu erfahren. Der Versuch war ein einziges Desaster. Weber hatte Ploetz in der Diskussion als größenwahnsinnigen Dilettanten entlarvt, der offenkundig selbst nicht so genau wusste, worüber er spricht, und nur eine diffus verschwurbelte, »rasse«-romantische Begrifflichkeit präsentierte. Aber in der Sache war dadurch wenig gewonnen. Trotz aller Skepsis glaubte Weber wider besseren Wissens sich verpflichtet, das »Rasse«-Paradigma nicht ganz im Orkus verschwinden zu lassen. Im Jahre 1920, als er sein universalgeschichtliches Forschungsprogramm entwirft, dem wir uns im nächsten Kapitel zuwenden, glaubt er eine diesbezügliche Reverenz an das Ende eines seiner berühmtesten Texte setzen zu müssen, die heute gern wohlwollend überlesen wird.

Es wird gerade eine der Aufgaben soziologischer und historischer Arbeit sein müssen, zunächst möglichst alle jene Einflüsse und Kausalketten aufzudecken, welche durch Reaktionen auf Schicksale und Umwelt befriedigend erklärbar sind. Dann erst, und wenn außerdem die vergleichenden Rassen-Neurologie und -Psychologie über ihre heute vorliegenden, im einzelnen vielversprechenden, Anfänge weiter hinausgekommen sind, wird man *vielleicht* befriedigende Resultate, auch für jenes Problem erhoffen dürfen. Vorerst scheint mir jene Voraussetzung zu fehlen und wäre die Verweisung auf ›Erbgut‹ ein voreiliger Verzicht auf das *heute* vielleicht mögliche Maß der Erkenntnis und eine Verschiebung des Problems auf (derzeit noch) unbekannte Faktoren.[68]

Von heutiger Warte aus kann man Weber beruhigen: Nach den Genoziden im 20. Jahrhundert kam der »Rasse«-Begriff auf den Index und auch wissenschaftlich hat sich das »Rasse«-Paradigma komplett erledigt. Anrüchige Anwendung findet es dafür umso eifriger in identitären Kämpfen politischer Natur und als offener wie latenter Rassismus.

Es nimmt daher kaum wunder, dass Webers Ausführungen über »Rasse« und Ethnizität ähnlich schmallippig und formal ausfallen wie über Nation und Nationalität. Weber definiert:

Wir wollen solche Menschengruppen, welche auf Grund von Ähnlichkeiten des äußeren Habitus oder der Sitten oder beider oder von Erinne-

68 Weber, »Vorbemerkung«, S. 15 f.

rungen an Kolonisation und Wanderung einen subjektiven Glauben an eine Abstammungsgemeinsamkeit hegen, derart, daß dieser für die Propagierung von Vergemeinschaftungen wichtig wird, dann, wenn sie nicht ›Sippen‹ darstellen, ›ethnische‹ Gruppen nennen, ganz einerlei, ob eine Blutsgemeinsamkeit objektiv vorliegt oder nicht.[69]

Weber setzt Sippe und Sitte gegen »Rasse« und Ethnizität. Denn Sippen sind echte Gemeinschaften, Ethnizität beruht bestenfalls auf einem Gemeinsamkeitsglauben. Dieser kann, muss aber nicht zu einer realen Vergemeinschaftung führen. Am ehesten lässt sich so etwas »künstlich« herstellen in Verbindung mit politischer Vergemeinschaftung, wenn eine »ethnische Gruppierung« sich etabliert, wie im Fall des Standes, und eine »ethnische Ehre« entwickelt, die es dann kampf- und krampfhaft zu verteidigen gilt.

›Ethnische Ehre‹ ist die spezifische Massenehre, weil sie in jedem, der der subjektiv geglaubten Abstammungsgemeinschaft angehört, zugänglich ist. Der ›poor white trash‹, die besitzlosen und, bei dem Mangel an Arbeitsgelegenheit für freie Arbeit, sehr oft ein elendes Dasein fristenden, Weißen der amerikanischen Südstaaten waren in der Sklavereiepoche die eigentlichen Träger der den Pflanzern selbst ganz fremden Rassenantipathie, weil gerade ihre ›soziale Ehre‹ schlechthin an der soziale Deklassierung der Schwarzen hing.[70]

An dieser Stelle berührt Weber das Problem der sozialen Ungleichheit. Denn wer in der Sozial- und Klassenstruktur »ganz unten« steht, kann wenigstens einen Rest von »Ehre« und Würdegefühl bewahren, wenn es noch jemanden gibt, auf den sich herabschauen lässt. Auch wenn also »der Inhalt des auf ›ethnischer‹ Basis möglichen Gemeinschaftshandelns«[71] letztlich unbestimmt bleibt, kann er in Verbindung zu anderen klassifizierenden Merkmalen mit emotionalem Ressentiment aufgeladen werden. Im Falle des »poor white trash« vermählt sich die niedrige sozialökonomische Stellung mit dem »rassischen« Merkmal, immerhin zu den Weißen als der »Herrenschicht« zu gehören.

Dennoch hadert Weber mit der mangelnden soziologischen Exaktheit der Kategorie der Ethnizität und lehnt sie am Ende als wenig brauchbar ab, weil eine genaue Betrachtung der Gemeinschaftsverhältnisse viele einzelne Aspekte zu berücksichtigen hätte:

69 Weber, *Wirtschaft und Gesellschaft*, S. 237 und MWG I/22-1, S. 174.

70 Ebd., S. 239 und MWG I/22-1, S. 178.

71 Ebd., S. 240 und MWG I/22-1, S. 181 f.

Die faktische subjektive Wirkung der durch Anlage einerseits, durch Tradition andererseits bedingten ›Sitten‹, die Tragweite aller einzelnen verschiedenen Inhalte von ›Sitte‹, die Rückwirkung sprachlicher, religiöser, politischer Gemeinschaft, früherer und jetziger, auf die Bildung von Sitten, das Maß, in welchem solche einzelnen Komponenten Anziehungen und Abstoßungen und insbesondere Blutsgemeinschafts- oder Blutsfremdheitsglauben wecken, dessen verschiedene Konsequenzen für das Handeln, für den Sexualverkehr der verschiedenen Art, für die Chancen der verschiedenen Arten von Gemeinschaftshandeln, sich auf dem Boden der Sittengemeinschaft oder Blutsverwandtschaftsglauben zu entwickeln, – dies alles wäre einzeln und gesondert zu untersuchen. Dabei würde der Sammelbegriff ›ethnisch‹ sicherlich ganz über Bord geworfen werden. Denn er ist ein für jede wirklich exakte Untersuchung ganz unbrauchbarer Sammelname.[72]

Die Auflistung von Aufgaben, was zu tun wäre, wenn man Ethnizität wirklich ernsthaft untersuchen wollte, liest sich wie ein Forschungsprogramm für »Ethnic Studies«. Es zeigt aber auch, wie komplex und kompliziert ein solcher Typ von Studien wäre, weshalb Weber dazu neigt, es ganz sein zu lassen. Tatsächlich formuliert er bereits die heute gängige Kritik an primordialen Konzepten ethnischer Gruppierungen, die Ethnizität gleichsam als unveränderliches Herkunftsschicksal ansehen. Weber liegt damit ganz auf einer Linie mit konstruktivistischen Ansätzen, die diese Kritik immer wieder vorbringen. Weber könnte sich sicherlich auch mit Fredric Barths Konzept identifizieren, der sich von der Vorstellung einer Gruppe ganz abgewandt hat und eher auf das Studium ethnischer Grenzziehungen[73] setzt. Ganz auf dieser Linie hat Rogers Brubaker für »Ethnicity without Groups«[74] plädiert, um jeglichen Essentialismus zu tilgen und – mit Weber gesprochen – die Menschen nicht im »Gehäuse ihrer Ethnizität« einzusperren. Denn eines dürfte soziologisch auf der Hand liegen: Ethnisierung zieht stets die Gefahr der Balkanisierung der Gesellschaft nach sich, was deren Integration nicht eben zu einer leichteren Aufgabe machen dürfte. Inzwischen haben die »Ethnic Studies« durch ihr Programm zur Erforschung von Minoritäten das Studium von sozialen Ungleichheiten erheblich erweitert und dieses Programm zur Grundlage der

72 Ebd., S. 242 und MWG I/22-1, S. 184f.

73 Fredric Barth (Hg.), *Ethnic Groups and Boundaries. The Social Organization of Cultural Difference*, Boston 1969.

74 Rogers Brubaker, *Ethnicity without Groups*, Cambridge 2006.

Einforderung von Gruppenrechten im Zeitalter von Multikulturalismus und Migration gemacht.

Weberianische Klassentheorien

Max Weber wird heute als Vertreter eines multidimensionalen Ansatzes von Ungleichheits-, Klassen- und Schichtungsverhältnissen[75] gefeiert, der Marxens Klassentheorie – sieht man von marxistischen Ansätzen ab – erfolgreich verdrängt hat. Weber wird dadurch multipel anschlussfähig, als er die Rede von Klassen nach wie vor ermöglicht, gleichzeitig aber auch andere Dimensionen wie Status, Ethnizität, Politik und Religiosität unterstreicht. Diese hohe Anschlussfähigkeit macht die Vorzüge seines Ansatzes aus. Die Kehrseite der Medaille liegt in einer gewissen Beliebigkeit der Rezeption. Weber hat einen komplexen und komplizierten Ansatz vorgelegt, aber – wie immer bei ihm – keine Theorie. Denn eine Theorie hätte die Verbindungsstücke und Mechanismen zu liefern, die in Marxens Ansatz fehlen oder falsch angelegt sind. Wenn das Produktionsweise-Lebensweise-Paradigma nach der Basis-Überbau-Logik zu einfach gefasst ist, wie muss man sich dann den Zusammenhang zwischen Struktur und Kultur, Sein und Bewusstsein, Lebenschancen und Lebensstilen vorstellen? Mit Ausnahme von ein paar spärlichen Hinweisen bleibt Weber eine tiefer ansetzende Theoretisierung schuldig. Er wird klassifikatorisch tätig, aber nicht theoretisch. Drei typische Probleme seien nur erwähnt. 1. *Multiple Klassenlagen* je nach Marktlage haben den Vorzug, die Komplexität moderner Erwerbsgesellschaften widerzuspiegeln. Wie aber aus den Klassenlagen soziale Klassen werden sollen, bleibt offen, wenn man von der Unterscheidung von Besitz- und Erwerbsklassen einmal absieht. Die Rede von Idealtypen und ihren Mischungsverhältnissen hilft nicht viel weiter und auch die Unterscheidung von vier Klassen in der wilhelminischen Gesellschaft leuchtet empirisch ein, macht aber nicht klar, wie er sie theoretisch aus seinem Ansatz entwickelt hat. So wirken sie buchstäblich wie vom Himmel gefallen. 2. *Die Unterscheidung von Klasse und Stand* macht zwar zunächst viel Sinn, weil sich Klassen auf Marktlagen, Stände auf

75 Siehe zum Folgenden: Müller, *Lebenschancen und Lebensstile*, S. 185-195.

eine gemeinsame Lebensführung zurückführen lassen. Aber zum einen legen sie die historisch von Weber nicht so gemeinte, populäre Sichtweise nahe, dass der Wandel von der Tradition zur Moderne über die Entwicklung von Ständen zu Klassen begriffen werden kann. Zum anderen zeitigt diese analytische Unterscheidung einen kuriosen, um nicht zu sagen paradoxen Effekt: Klassen, die sich durch Durabilität, Stabilität und Visibilität auszeichnen, heißen bei Weber »Stände«, während soziale Klassen durch Mobilität definiert werden. Dazu passt seine Beobachtung, dass sozialer Wandel Klassen hervorbringt, stabile Zeiten dagegen Stände. Über diesen Umstand wurde bisweilen großzügig hinweggesehen, zumal im anglo-amerikanischen Sprachraum man mit dem deutschen »Stand« (»estate«) ohnehin nichts anzufangen wusste und dann einfach von »Status« gesprochen hat. Wo sie indes bemerkt wurde, musste Webers Definition von sozialen Klassen stillschweigend umgebogen werden, um sinnvoll anwendbar zu sein. Es ist dann einfach von »Mobilitätsbarrieren«[76] die Rede, um von dauerhaften – und nicht nur mobil-fluiden – Klassen-Entitäten sprechen zu können. 3. *Das Verhältnis von Lebenschancen und Lebensstilen* ließ sich in der Folge auch nicht mehr überzeugend fassen. Was Weber einmal analytisch getrennt hatte, Klasse und Stand, ist nicht einfach wieder rückgängig zu machen, um das Verhältnis von Lebenschancen und Lebensstilen in statusgruppenähnlichen Konstellationen auszuweisen. Auch diese Schwierigkeit ist im deutschen Kontext nicht weiter aufgefallen, weil sich hier der Diskurs um die politisch-existentielle, aber soziologisch unfruchtbare Frage drehte, ob Deutschland noch eine Klassengesellschaft sei oder nicht. In diesem Kontext wurde Helmut Schelskys These von der »nivellierten Mittelstandsgesellschaft«[77] und in der Folge Ulrich Becks Individualisierungsthese[78] populär, freilich ohne analytischen Fortschritt in der Sache.

76 So etwa bei M. Rainer Lepsius, »Soziale Ungleichheit und Klassenstrukturen in der Bundesrepublik Deutschland«, in: ders., *Interessen, Ideen und Institutionen*, Opladen 1990, S. 117-152 und Walter Müller (Hg.), *Soziale Ungleichheit. Neue Befunde zu Strukturen, Bewußtsein und Politik*, Opladen 1997.

77 Helmut Schelsky, »Die Bedeutung des Schichtbegriffs für die Analyse der gegenwärtigen deutschen Gesellschaft«, in: ders., *Auf der Suche nach Wirklichkeit*, Düsseldorf, Köln 1965, S. 331-336.

78 Ulrich Beck, *Risikogesellschaft. Auf dem Weg in eine andere Moderne*, Frankfurt/M. 1986.

Trotz dieser analytischen Probleme gibt es vier theoretisch fruchtbare Anschlüsse an Webers Konzeption, die kurz skizziert werden sollen: 1. Die Marx-Webersche Symbiose: Klassenbewusstsein und Lebensführung (Anthony Giddens); 2. Lebenschancen und soziale Schließung (Ralf Dahrendorf, Frank Parkin und Jürgen Mackert); 3. Klassen und Lebensstile (Pierre Bourdieu); 4. Ökonomische Lebenslagen, politische Interessenformierung und kulturelle Wertorientierungen (M. Rainer Lepsius).

Anthony Giddens[79] unterscheidet in Marx' Theorie zwischen abstraktem Modell (Dichotomie von Bourgeoisie und Proletariat) und konkreter Klassenanalyse. Die Vereinfachung im abstrakten Modell erlaubt die Identifizierung der entscheidenden Variablen, welche über die »Klassenstrukturierung« entscheiden. Aber letztlich setzt er für die konkrete Analyse bei Weber an und spricht von »Marktkapazität«, wenn es um die *mittelbaren* Klassenstrukturierungsfaktoren wie Eigentum an Produktionsmitteln, Bildungsqualifikationen und manuelle Arbeitskraft geht. Sie umschreiben das konstitutive Klassenverhältnis, das den Grad der intra- und intergenerationellen Mobilität der drei Klassen begründet (Ober-, Mittel- und Unterklasse) und so etwas wie »Klassenbewusstheit« (»class awareness«) bedingt. Die *unmittelbaren* Klassenstrukturierungsfaktoren bezeichnen die »Produktionsverhältnisse«, die sich über technische Arbeitsteilung, betriebliche Herrschaft und distributive Gruppierungen fassen lassen. Diese regulativen Faktoren der Klassenbildung, so Giddens, sind es, welche den Grad der Koinzidenz von »Klasse« und »Stand« bestimmen: distributive Gruppierungen (Konsum), Stände (Prestige), Statusgruppen (Konsum und Prestige). In dem Maße, wie mittelbare und unmittelbare Strukturierung zusammenwirken, wird sich ein »Klassenbewusstsein« (»class consciousness«) herausbilden.

Wenn Klassen soziale Realitäten werden, muss sich das in der Bildung gemeinsamer Verhaltens- und Einstellungsmuster manifestieren. Seit Webers Erörterung von Klassen und Ständen ist es üblich geworden, den Begriff der ›Lebensführung‹ allein auf die Weise zu beziehen, auf die ein Stand seinen Anspruch auf Besonderheit ausdrückt. Soweit es jedoch eine deut-

79 Anthony Giddens, *Die Klassenstruktur fortgeschrittener Gesellschaften*, Frankfurt/M. 1979. Siehe auch zu einer ausführlicheren Auseinandersetzung Müller, *Sozialstruktur und Lebensstile*, S. 196-237

liche Übereinstimmung der [...] Quellen der Strukturierung gibt, werden Klassen zumeist auch eine gemeinsame Lebensführung aufweisen.[80]

Eine zweite Möglichkeit, an Weber anzuschließen, besteht in dem Versuch, den wichtigen Begriff der Lebenschance aufzunehmen und analytisch weiter auszuarbeiten. In Verbindung mit Webers Idee der sozialen Schließung kann man die Kämpfe um knappe Ressourcen seitens konkurrierender Statusgruppen zu einer Ungleichheitstheorie ausarbeiten. Das ist der Weg, den Ralf Dahrendorf und Frank Parkin genommen haben. Dahrendorf fasst, wie erwähnt, unter Lebenschancen alle Möglichkeiten zur Realisierung von Bedürfnissen, Wünschen, Möglichkeiten und Hoffnungen in einer Gesellschaft. Sie bestehen aus zwei Komponenten: Optionen und Ligaturen. Der Begriff der »Option« verweist auf die Wahlmöglichkeiten der Akteure, der Begriff der »Ligatur« meint die Zugehörigkeiten des Menschen, also seine Bindungen oder das, was Émile Durkheim das »soziale Band« genannt hat. Als Soziologe und Liberaler hat Dahrendorf vor allem die Optionen und deren Erweiterung im Auge, weniger aber den sperrigen Begriff der Ligatur, der zudem auch noch schwer messbar ist. Dahrendorfs Beitrag belässt es bei dem Hinweis, dass die Sozialstrukturanalyse sich des Begriffs der Lebenschance bedienen sollte, womit jedoch noch keine neue Ungleichheitstheorie gewonnen ist. Das gelingt erst, wenn man diesen Begriff in Webers Unterscheidung von »offenen« und »geschlossenen« sozialen Beziehungen einbettet. Soziale Ungleichheit entsteht systematisch dann, wenn es Statusgruppen gelingt, sich Rechte und Ressourcen monopolistisch anzueignen und unliebsame Konkurrenten auszuschließen. Frank Parkin[81] hat diese Überlegungen zu einer Schließungsgleichung ausgearbeitet, indem er zwischen der Strategie der Exklusion seitens der positiv Privilegierten und der Usurpation seitens der negativ Privilegierten unterscheidet. Diese Alternative zur Klassentheorie nimmt Webersche Momente mit dem Ziel auf, die Schließungskämpfe um Lebenschancen zu konzeptualisieren, die sich auf die Dimensionen von Interessen, Ideen/Ideologien und Identitäten richten und in denen es um die Verteilung von Ressourcen, Rechten und Anerkennung geht. Falls erfolgreich, sollen auf diese Weise Ziele wie Teilhabe, Partizipation

80 Giddens, *Die Klassenstruktur*, S. 134.

81 Frank Parkin, *Marxism and Class Theory. A Bourgeois Critique*, London 1979.

und Respekt für die konkurrierenden Statusgruppen sichergestellt werden. Jürgen Mackert[82] hat nicht nur die Schließungstheorie weiterentwickelt, sondern sie auch fruchtbar gemacht für die sogenannten »Citizenship Studies«, denn im Zeitalter der Migration spielt der »Kampf um Zugehörigkeit« in Aufnahmegesellschaften eine wichtige Rolle.

Eine dritte vielversprechende Möglichkeit, Weber fortzuführen, stammt von Pierre Bourdieu. Sein Interesse ist auf das Verhältnis von Klassen und Lebensstilen[83] gerichtet. Im Rahmen seines Ansatzes von Struktur, Habitus und Praxis geht er von drei Klassen aus, die sich in der Stilisierung ihrer Lebensführung systematisch unterscheiden sollen. Sein Konzept von Klassen und Klassenfraktionen richtet sich auf Berufsgruppen, die eine jeweils spezifische Ressourcenkombination aus ökonomischem, sozialem und kulturellem Kapital auszeichnet. Bourdieu konzeptualisiert Klasse über »Geschmack«, der in den jeweiligen Lebensstilen zum Ausdruck kommen soll. Dieses unterschiedliche »Haben« der Klassen übersetzt sich in ein differentielles »Sein« der Lebensstile, wie er an Ober-, Mittel- und Unterklassengeschmack – Distinktion, Prätention und Notwendigkeit – nachzuweisen sucht.

Während Giddens eine soziopolitische Ungleichheitstheorie entwickelt, Dahrendorf, Parkin und Mackert eine sozialstrukturelle Ungleichheitstheorie vorschlagen und Bourdieu eine soziokulturelle Ungleichheitstheorie ausarbeitet, versucht sich Lepsius, viertens, an einem Ansatz, der mehrdimensional angelegt ist und die Vermittlung mit und durch Institutionen im Konstellationsgefüge der alten Bundesrepublik Deutschland aufzeigt. Sein Ausgangspunkt, um Lebenslagen, Interessenvermittlungen und Wertorientierungen in Beziehung zu setzen, ist eine einfache Frage: »Welche Strukturprinzipien bestimmen die gegenwärtige Gesellschaft, und welche Rolle kommt dabei dem Strukturprinzip der Klassenbildung

82 Jürgen Mackert, *Kampf um Zugehörigkeit. Nationale Staatsbürgerschaft als Modus sozialer Schließung*, Opladen 1999 und Ders., (Hg.), *Die Theorie sozialer Schließung. Tradition, Analysen, Perspektiven*, Wiesbaden 2004. Eddie Hartmann hat das Schließungskonzept für den Kampf der französischen Banlieu-Jugendlichen fruchtbar gemacht. Siehe Ders., *Strategien des Gegenhandelns. Zur Soziodynamik symbolischer Kämpfe um Zugehörigkeit*, Konstanz 2011.

83 Bourdieu, *Die feinen Unterschiede*. Siehe dazu ausführlich Hans-Peter Müller, *Pierre Bourdieu. Eine systematische Einführung*, Berlin 2014, vor allem S. 143-182.

zu?«[84] Und er definiert Klassenstruktur wie folgt: »Die Klassenstruktur einer Gesellschaft ist [...] das Ergebnis eines Prozesses von ökonomischer Differenzierung, politischer Organisation und kultureller Deutung.«[85] Auf dieser Basis analysiert er die ökonomische Differenzierung und die Entwicklung der Lebenslagen, indem er Besitz-, Erwerbs- und Versorgungsklassen studiert. Besitzklassen gehen quantitativ und qualitativ in ihrer Bedeutung zurück, auch wenn sie in der Vermögensbildung überaus stark positiv privilegiert bleiben. Die Erwerbsklassen machen das Gros der »typische[n] ›Arbeitnehmergesellschaft‹ aus, deren Konsumkraft die Binnenkonjunktur wesentlich bestimmt, deren Wahlverhalten die Basis des Parteiensystems bildet und deren sozialmoralische Leitbilder die ›Normalmoral‹ der Gesellschaft darstellen«.[86] Eine konzeptuelle Innovation stellt die Versorgungsklasse dar, die er wie folgt definiert:

> ›Versorgungsklasse‹ soll eine Klasse insoweit heißen, als Unterschiede in sozialpolitischen Transfereinkommen und Unterschiede in der Zugänglichkeit zu öffentlichen Gütern und Dienstleistungen die Klassenlage, d. h. die Güterversorgung, die äußere Lebensstellung und das innere Lebensschicksal bestimmen.[87]

Was das erste Kriterium angeht, so stellen Frauen und hier vor allem alleinerziehende Mütter eine typisch unterprivilegierte Versorgungsklasse dar. Was das zweite Kriterium betrifft, so sind Migranten häufig vom Zugang zu öffentlichen Dienstleistungen ausgeschlossen. Freilich, so konzediert Lepsius unumwunden, sind Versorgungsklassen angesichts der Komplexität des sozialstaatlichen Transfersystems nicht gerade einfach[88] zu bestimmen.

Was bedeutet diese Trias für die Bildung von sozialen Klassen? Lepsius nutzt verschiedene Datenquellen über Heiratsverhalten, politisches Verhalten, Meinungs- und Einstellungsdaten sowie die subjektive Selbsteinschätzung, um sozialen Klassen auf die Spur zu

84 Lepsius, »Soziale Ungleichheit und Klassenstrukturen in der Bundesrepublik Deutschland«, S. 118.

85 Ebd.

86 Ebd., S. 123f.

87 Ebd., S. 128.

88 Einen Versuch dazu unternimmt Jens Alber, »Versorgungsklassen im Wohlfahrtsstaat. Überlegungen und Daten in der Bundesrepublik Deutschland«, in: *Kölner Zeitschrift für Soziologie und Sozialpsychologie* 36 (1984), S. 225-251.

kommen. Webers Bild der Klassengesellschaft nutzend, haben die Prozesse des Wohlstands- und Lebensstandardzuwachses, der Anhebung der Bildungsniveaus und des Wandels des Berufssystems auch die sozialen Klassen verändert: Die Arbeiterschaft wird gespalten durch Ausbildung einer Unterschicht infolge der Zuwanderung von Arbeitsmigranten einerseits, durch Angleichung an die unteren und mittleren Angestellten andererseits. Das selbständige Kleinbürgertum hat deutlich abgenommen. Die besitzlose Intelligenz und Fachgeschultheit hat stark zugenommen und zur Bildung einer breiten Arbeitnehmermitte nach Lebenslage und Wertorientierung geführt. Die Klasse der Besitzenden ist kleiner geworden und hat an Einfluss eingebüßt.

Die durch Bildung Privilegierten (das ›Bildungsbürgertum‹), die Weber dem ›Besitzbürgertum‹ als soziale Klasse zurechnete, sind durch die Ausweitung der tertiären Bildung in ihrem sozialen Prestige und in ihren Erwerbschancen nivelliert und verbinden sich mit den höheren Rängen der ›besitzlosen Intelligenz und Fachgeschultheit‹ zu einer ständisch entdifferenzierten ›Dienstleistungsklasse‹.[89]

Lepsius warnt jedoch in gleichem Atemzug davor, die identische Semantik der Klassenbezeichnungen als Kontinuität in ihrem Sinn und in ihrer Bedeutung anzusehen – so als ob die Lebenserfahrungen, Interessen und Wertorientierungen in Kaiserreich und Bundesrepublik noch dieselben seien. Seine Überlegungen zur politischen Interessenformierung und der kulturellen Wertorientierungen machen zudem deutlich, dass der Klassenkonflikt durch den Institutionenkonflikt überformt und erfolgreich moderiert wird. Das, so Lepsius' Fazit, ist so gut gelungen, dass die fortbestehende soziale Ungleichheit nicht als Resultat der kapitalistischen Klassenstruktur begriffen wird, sondern als Resultat einer modernen Arbeits- und Leistungsgesellschaft.

Wie unterschiedlich die Anschlüsse an Weber auch ausfallen, sie allesamt versuchen, die Nahtstellen und Lücken, die zwischen Klassifikation und Theorie klaffen, auf je eigene und eigenartige Weise zu schließen. Zumindest in diesen Ansätzen lebt das von Marx begründete und von Weber modifizierte Paradigma strukturierter

89 Lepsius, »Soziale Ungleichheit und Klassenstrukturen in der Bundesrepublik Deutschland«, S. 141.

sozialer Ungleichheit fort, ist aber natürlich nochmals erweitert worden durch die »Studies«-Programme von Gender, Ethnizität und Migration.

Die moderne Gesellschaft – eine Welt multipler Ungleichheiten

Wenn es um soziale Ungleichheit und soziale Klassen geht – das dürfte dieses Kapitel gezeigt haben – kommen die Sozialwissenschaften nach wie vor nicht an Karl Marx und Max Weber vorbei. Das gilt, obgleich die Stärken und Schwächen ihrer Ansätze bis ins Einzelne diskutiert worden sind. Marxens unbestreitbare Stärke besteht zweifellos in der kongenialen Verknüpfung zwischen seiner Politischen Ökonomie des Kapitalismus als Systembild und der Klassentheorie als Lagerungsbild. Zwar ist das dichotomische Klassengeschehen, das einer revolutionären Umwälzung der Gesellschaftsformation recht günstig gewesen wäre, nicht eingetreten, wie er gehofft hatte, ändert jedoch nichts an den Klassenantagonismen zwischen Kapital und Arbeit, Bourgeoisie und Proletariat. Die mangelnde Berücksichtigung des Ärgernisses der Mittelklasse und der Rolle der Leistungsqualifikationen hat ihn dann auch die Dynamik des sozialen Wandels falsch einschätzen lassen. Die Arbeiterklasse nahm eben nicht die proletarische Mission[90] an, weil sie am Ende des Tages doch eher für Reform als für Revolution zu gewinnen war. Genau an diesem Punkt setzt, wie wir gesehen haben, Webers Klassentheorie an. Denn der Übergang, das kann gar nicht oft genug seiner soziologischen Relevanz halber betont werden, von der Dichotomie zur Trichotomie oder Triade macht eben den entscheidenden Unterschied. Klassengesellschaften werden dann Stabilität gewinnen, wenn sie eine starke Mittelschicht entwickeln, die als Vermittler und Puffer zwischen oben und unten fungiert und eher Statusinteressen wie sozialen Aufstieg denn Klasseninteressen wie die Abschaffung der Karrierestufenleiter erzeugen wird. Wer aufsteigen möchte, ist kein glühender Gleichheitsverfechter. Denn wenn alle gleich sind, dann kann es auch keinen Aufstieg mehr

90 Das zeigt E.P. Thompsons klassische Studie, *The Making of the English Working Class*, New York 1966.

geben. Das ist der tiefere Grund, warum Weber neben Besitz- und Erwerbsklassen auch noch die scheinbar so altmodischen »Stände« ins analytische Feld führt. Stände haben im Gegensatz zu Klassen keine Marktinteressen, sondern Statusinteressen und Ideale distinguierter Lebensführung als Ausdruck »guten Lebens«. Sie sind nicht an der Öffnung sozialer Beziehungen, an Wettbewerb und Konkurrenz, Leistung und Erfolg interessiert. Sie wollen auch die Welt nicht stets und ständig verbessern, weil sie bereits so gut wie in der besten aller Welten leben. Vielmehr optieren sie für soziale Schließung der Verkehrskreise, um unter sich bleiben zu können und ihr gelungenes Dasein zu kultivieren. Sie sind nicht gierig auf Geld, denn das haben sie schon, sondern sie trachten nach »Ehre« als Ausdruck der Würde ihres eigenen aristokratischen Daseins. Auch in der modernen Gesellschaft und inmitten des dynamischsten Kapitalismus verschwindet der »Adel« nicht einfach, sondern nimmt nur neue Formen an. Primär fußt er auf »Geld«, »Kapital« und »Rentenchancen«, denn distinguierte Lebensführung hat ihren Preis, den man zahlen können muss, ohne mit der Wimper zu zucken oder etwa »nachrechnen« zu müssen, ob man sich das auch leisten kann. Kurz: Aus »Geldadel« und Plutokratie ist die heutige Aristokratie geschmiedet, und wenn es auch skandalös klingen mag angesichts des egalitären Zeitgeistes, der *Standesbegriff* macht am Ende des Tages heute zusehends wieder Sinn. Wer von Ständen spricht, denkt meist automatisch an Tradition und Feudalismus. Vielleicht ist das ja ein modernistisches Vorurteil. Es wird Zeit, Webers Begriff zu revitalisieren, um ein geeignetes Auszeichnungsmerkmal der heutigen plutokratischen Verhältnisse der modernen Gesellschaft zur Hand zu haben. Sie bildet einen Stand der »rent seeking society«. Es wird Zeit, sich um diese Aristokratie zu kümmern, denn sie wird nicht wieder verschwinden, sondern mit der Zeit nur noch reicher werden.

Was für das »Oben« gilt, trifft vielleicht auch auf das »Unten« zu, wenn auch mit umgekehrtem Vorzeichen. Nicht Reichtum, sondern »Armut« ist hier die Ausgangsbasis für das, was Lepsius mit dem kongenialen Begriff der »Versorgungsklasse« zu fassen versucht hat. Es entstehen negativ privilegierte Statusgruppen, die unter dem Titel der »Armut« einen Anspruch auf Versorgungsleistungen stellen. Der Wohlfahrstaat – und nicht der Markt – nehmen sich dieser recht heterogenen Gruppierung an. Da diese Ansprüche rechtlich verbürgt sind, könnte man auch hier von einer ständischen Formation sprechen, vor allem dann, wenn diese Ansprüche auch in der Generationenfolge weiter gestellt werden und regelrechte Versorgungsmilieus als eigenständige Lebensformen sich ausprägen.

Gleichgültig, wie weit man mit dem Begriff des Standes operieren oder eben doch moderner, wenn auch farbloser von Statusgruppen sprechen möchte, zeigt sich, dass in der Marx-Weber-Symbiose nach wie vor ein Theorieangebot verborgen liegt, welches auch heute noch in der einen oder anderen Form anschlussfähig ist. Gerade weil moderne Gesellschaften von ungebremster Dynamik sind und den »Fortschritt« in grundlegender Transformation und Disruption finden, führt diese Systemlogik zu permanenten Umschichtungsprozessen, dessen daraus resultierendes Lagerungsbild es historisch und empirisch zu untersuchen gilt.

Allerdings verträgt sich diese ungleichheitserzeugende Dynamik nicht recht mit der normativen Statik des Egalitätsideals. Tatsächlich scheint die Moderne unter einem regelrechten Selbstdemontagekomplex zu leiden. Denn dem Versprechen, mit dem sie antritt, eine Welt von Gleichheit und sozialer Gerechtigkeit zu schaffen, widerspricht sie dauernd selbst, indem sie eine Welt von Ungleichheiten erzeugt. Keiner hat das klarer gesehen als Max Weber und dem utopischen Gleichheitsversprechen von Sozialismus und Kommunismus vehement widersprochen. In der Folge von Marx darf man nach wie vor getrost dem Kapitalismus die Schuld in die Schuhe schieben und wird damit, angesichts der gegenwärtigen globalen wie nationalen Ungleichheitsverhältnisse, auch nicht fehlgehen. Der Kapitalismus schafft eben Wohlstand *und* Ungleichheit zugleich, wie schon Marx notiert hatte. Aber ist der Kapitalismus wirklich an allen Missständen und Ungleichheiten in der heutigen Welt »schuld«? Weber macht unmissverständlich klar, dass in der sozialen Welt stets Kampf, Konkurrenz und Konflikt herrschen wird, gleichgültig unter welcher Wirtschaftsverfassung. Im Sozialismus – und das hat seine realhistorische Existenzweise offenbart – mögen zwar die Klassen abgeschafft sein, obwohl es auch hier zumindest eine »politische Klasse« der Nomenklatura gegeben hat, die »gleicher« als gleich[91] war. Aber selbst in einem solchen Knappheitsre-

91 Stanislaw Ossowski hat das treffend als »nichtegalitäre Klassenlosigkeit« bezeichnet. Ders., *Die Klassenstruktur im sozialen Bewußtsein*, Neuwied 1962, S. 127-149.

gime auf egalitärer Versorgungsgrundlage wird weiterhin um Status und Stellung, Position und Positionierung gerungen. In marxianischer Redeweise entkommt auch der real-existierende Sozialismus nicht der »Dialektik von Gleichheit und Ungleichheit«. Sie nimmt nur ein anderes Ausmaß – statt um »Überfluss«-Ungleichheiten wie im Kapitalismus wird um »Knappheits«-Ungleichheiten gerungen – und andere Formen an. Der Sozialismus bildet eine politische Meritokratie, in der neben der eigenen Leistung stets auch Grad und Ausmaß politischer Gesinnung und des politischen Opportunismus zählen. Der Kapitalismus fußt auf einer ökonomischen Meritokratie, die reiche Erbschaften wie eigene Leistung gleichermaßen belohnt.

Wenn man Webers Bild moderner Gesellschaften abschließend zusammenfassend grob charakterisieren sollte, dann führen gerade die multiplen Ungleichhheiten zu einer mehrdimensional geprägten sozialen Schichtung, in der neben der meritokratischen Triade von Einkommen, Bildung und Beruf der Leistungsgesellschaft stets auch der hereditäre Komplex akkumulierten Kapitals der vergangenen Generationen das Spiel um Leistung und Erfolg prägen. Insofern hat Weber durchaus Recht, wenn er darauf verweist, dass in stabilen Friedenszeiten trotz rasanten technologischen Wandels sich ständische Verhältnisse in Gestalt von Besitzklassen herausbilden. Gerade die Ballung von Ultrareichtum in der globalen Super-Klasse dieser Welt[92] beweist die ständische Schließung in der Spitze heute sehr anschaulich. Die 1% oder die 0,01% der Reichen dieser Welt[93] leben in der Blase eines überirdischen Reichtumssozialismus, die ein sorgenfreies Rentiersdasein im Weberschen Sinn eröffnet bzw. die Sorgen auf die Höhe des jeweiligen Reichtumszuwachses hin relativiert. Dieses Szenario hat Weber weitsichtig kommen sehen. In der Besitzklasse, so stellt er ernüchtert fest, »kauft Geld zunehmend – mindestens in der Generationenfolge – *Alles*«.[94]

92 Ein anschauliches Porträt bei David Rothkopf, *Die Super-Klasse. Die Welt der internationalen Machtelite*, München 2009.

93 Siehe dazu einschlägig Thomas Piketty, *Das Kapital im 21. Jahrhundert*, München 2014 und Branko Milanović, *Die ungleiche Welt. Migration, das Eine Prozent und die Zukunft der Mittelschicht*, Berlin 2016.

94 Weber, *Wirtschaft und Gesellschaft*, S. 179 und MWG I/23, S. 597.

9. Die dunkle Seite der Moderne:[1] Krieg, Sozialismus, Zusammenbruch und Revolution

Politik als Schicksal

Max Weber war ein durch und durch politischer Mensch.[2] Kein Wunder bei dem Elternhaus. Wie gesehen, war sein Vater ein erfolgreicher Berufspolitiker, in dessen Haus bekannte Politiker und Wissenschaftler ein- und ausgingen. An sich hätte es nahegelegen, dass Weber jun. in die Fußstapfen von Weber sen. tritt und sich für die nationalliberale Partei engagiert. Tatsächlich hat sich Max Weber zeit seines Lebens nach einer praktischen Tätigkeit gesehnt, auch und durchaus in der Politik. Allein, alle seine Versuche in dieser Richtung sollten scheitern. Als er als Nachfolger von Werner Sombart die Stelle eines Syndikus in Bremen antreten möchte, fährt er zwar eigens in die Stadt, um sich kundig zu machen, die Wahl fiel indes auf eine andere Person.

Noch nach seiner Habilitation bekennt Weber, dass er doch nun einmal zum Gelehrten nicht gemacht sei – und wird Gelehrter. Die Politik wird ihn jedoch niemals loslassen. Unablässig beobachtet er die politischen Prozesse genauestens und reflektiert sie im privaten Rahmen wie in öffentlichen Äußerungen. Bei aller politischen Leidenschaft, die sein Denken auszeichnet, beherzigt er selbst den asketischen Grundsatz, den er im berühmten Wertfreiheitsaufsatz formulieren wird. Denn die Pflicht des »berufsmäßigen Denkers« sei es, »sich gegenüber den jeweilig herrschenden Idealen, auch den majestätischsten, einen kühlen Kopf im Sinn der persönlichen Fähigkeit zu bewahren, nötigenfalls ›gegen den Strom zu schwimmen‹«.[3] Das aber wird in der Folge, neben der politischen

1 So in Anlehnung an Mark Mazower, *Der dunkle Kontinent. Europa im 20. Jahrhundert*, Berlin 2000.

2 Trotz seiner zum Teil harten Kritik an Weber, die mit jeder Auflage indes abgemildert wurde, ist das Buch von Wolfgang Mommsen, *Max Weber und die deutsche Politik 1890-1920*, 2. überarb. und erw. Aufl., Tübingen 1974 immer noch *das* Standardwerk zum Thema.

3 Max Weber, »Der Sinn der ›Wertfreiheit‹ der soziologischen und ökonomischen Wissenschaften«, in: ders., *Gesammelte Aufsätze zur Wissenschaftslehre*, 4. Aufl., hg. von Johannes Winckelmann, Tübingen 1973, S. 540.

Leidenschaft vor allem viel intellektuelles Leiden auslösen, denn der nüchterne, rückhaltlose Blick in die politische Wirklichkeit des Kaiserreichs bereitet ihm stets nur Verdruss.

Weber leidet unter Bismarcks Regime. Zwar gesteht er »dem ehrlichen Makler« eine moderate und weitsichtige Außenpolitik zu. Die politische und soziale Spaltung aber, die »der eiserne Kanzler« innenpolitisch durch den »Kulturkampf« gegen die Katholiken und die »Sozialistengesetze« herbeiführt, spricht jedoch dem Gedanken von Deutschlands Einheit Hohn. Wer dergestalt ganze Bevölkerungskreise aus der Nation ausgrenzt, setzt die politische Gemeinschaft in Deutschland aufs Spiel. Die Nation wird geeint, das Volk ist gespalten. Noch mehr wird Weber dann aber unter dem Regime von Wilhelm II. leiden, dessen großsprecherische Symbolpolitik (»Platz an der Sonne«) er für lächerlich wie gefährlich hält. Trotz aller Kritik sieht auch er nicht voraus, dass dessen eher rhetorische denn materiale Großmachtpolitik in den Ersten Weltkrieg einmünden wird, der Urkatastrophe des 20. Jahrhunderts und Beginn von Deutschlands Abstieg nach seinem vorherigen rasanten Aufstieg zur ersten Industrie- und Wissenschaftsnation im Verein mit den jungen »Vereinigten Staaten von Amerika«. Noch sein Briefwechsel im Frühjahr und Sommer 1914[4] lässt nicht voraussehen, dass die ›Urkatastrophe‹ bevorsteht.

Webers politisches Engagement hatte sich bis dahin auch eher in wissenschaftlichen Untersuchungen niedergeschlagen. Hatte er sich in Dissertation und Habilitation mit Antike und Mittelalter beschäftigt, engagiert er sich im »Verein für Socialpolitik« und beteiligt sich an der Studie *Die Lage der Landarbeiter im ostelbischen Deutschland*.[5] Die Studie, die 1892 in drei Bänden mit über 2000 Seiten erscheint, wobei Webers eigener, dritter Band knapp 900 Seiten umfasst, bezeugt sein nationalpolitisches Interesse an der Ostgrenze Deutschlands und am Erhalt einer leistungsfähigen deutschen Bauernschaft. Diese Studie findet vor allem bei Friedrich

4 Vgl. Max Weber, *Briefe 1913-1914*, MWG II/8, hg. von M. Rainer Lepsius und Wolfgang J. Mommsen, in Zusammenarbeit mit Birgit Rudhard und Manfred Schön, Tübingen 2003. Vgl. dazu auch Hubert Treibers Überlegungen zum Briefwerk. Ders., »Briefe«, in: Hans-Peter Müller, Steffen Sigmund (Hg.), *Max Weber-Handbuch. Leben – Werk – Wirkung*, Stuttgart 2014, S. 334-347, hier S. 341.

5 Max Weber, *Die Lage der Landarbeiter im ostelbischen Deutschland* (1892), Tübingen 1984.

Naumann und dem Evangelisch-Sozialen Kongress Beifall. Weber wird deshalb im Anschluss an die erste Studie mit seinem Studienfreund Paul Göhre eine weitere Befragung der evangelischen Pfarrhäuser durchführen, die noch einmal die sozialen Probleme im Osten des Deutschen Reiches aufzeigt: Die polnische Einwanderung als Tagelöhner, die ökonomische und soziale Bedrücktheit der Bauernschaft, deren Abwanderung in die Städte oder gleich nach Übersee, die traditionelle Überlebtheit der ostelbischen Adels- und Gutsherrschaft.

Webers Antrittsvorlesung, »Der Nationalstaat und die Volkswirtschaftspolitik« aus dem Jahr 1895 geht auf die soziale Problematik Ostelbiens ein, um daran den Wertmaßstab der Wirtschaftswissenschaft zu entwickeln und die politische Lage im Kaiserreich insgesamt einzuschätzen. Angesichts der rasanten Industrialisierung und Urbanisierung, die Weber selbst aus dem sicheren Hafen der Charlottenburger Villa in Berlin beobachten konnte, war aus dem Agrarstaat ein Industriestaat geworden, ohne dass die politische Führung dadurch berührt worden wäre. Die starke Stellung des Kaisers, ein monarchischer Obrigkeitsstaat, der auf Verwaltung setzt, ein Parlament, das nicht die Regierung wählen kann, weil der Kaiser den Kanzler ernennt, die Klassen und Schichten, die an der politischen Macht nicht wirksam beteiligt sind wie das Bürgertum und die Arbeiterschaft – alle diese politischen Schwachstellen deckt Weber in drastischem Ton auf und schockiert seine Zuhörerschaft. »Wir müssen begreifen«, so dekretiert er, »daß die Einigung Deutschlands ein Jugendstreich war, den die Nation auf ihre alten Tage beging und seiner Kostspieligkeit halber besser unterlassen hätte, wenn sie der Abschluss und nicht der Ausgangspunkt einer deutschen Weltmachtpolitik sein sollte.«[6] Und er unterstreicht erneut das *Machtpragma*, das seiner Vorstellung vom sozialen Leben zugrunde liegt.

Es gibt keinen *Frieden* auch im wirtschaftlichen *Kampf* ums Dasein; nur wer jenen Schein des Friedens für die Wahrheit nimmt, kann glauben, daß aus dem Schoße der Zukunft für unsere Nachfahren Frieden und Lebensgenuß erstehen werde. Wir wissen es ja: die Volkswirtschaftspolitik ist der vulgären Auffassung ein Sinnen über Rezepte zur Beglückung der

6 Max Weber, »Der Nationalstaat und die Volkswirtschaftspolitik«, in: ders., *Gesammelte Politische Schriften*, 2. erw. Aufl., Tübingen 1958, S. 23.

Welt – die Besserung der ›Lustbilanz‹ des Menschendaseins ist für sie das einzig verständliche Ziel unserer Arbeit. Allein: schon der dunkle Ernst des Bevölkerungsproblems hindert uns, Eudämonisten zu sein, Frieden und Menschenglück im Schoße der Zukunft verborgen zu wähnen und zu glauben, daß anders als im harten Kampf des Menschen mit dem Menschen der Ellenbogenraum im irdischen Dasein gewonnen werde.[7]

Noch während des Krieges wird er im Jahre 1916 an »die Gesetzlichkeit des ›Macht-Pragma‹« erinnern. Weber unterscheidet die politischen Aufgaben einer Nation je nach Größe und Stellung eines Landes. Deutschland ist ein Machtstaat im Zentrum Europas und hat in seinen Augen eine Mission der deutschen Kultur. Es hat eine »*Verantwortung vor der Geschichte*«, die es verbietet, »kampflos die Weltmacht – und das heißt letztlich: die Verfügung über die Eigenart der Kultur der Zukunft – zwischen den Reglements russischer Beamter einerseits und den Konventionen der angelsächsischen ›society‹ andererseits, vielleicht mit einem Einschlag von lateinischer ›raison‹« zugunsten »einer Verschweizerung unseres Staatswesens«[8] einfach abzutreten. Insofern wird Politik zum Schicksal. Deutschland als Machtstaat und als große Industrie- und Wissenschaftsnation hat in seinen Augen eine Kulturmission – genau das meint er mit der Verantwortung vor der Geschichte. Freilich: Dem Machtzuwachs durch die Leistungen in Wissenschaft und Technik wie der Wirtschaft, steht eine politische Führung gegenüber, die mit der neugewonnen Macht nicht verantwortungsbewusst umzugehen weiß.

Das Problem der *politischen Führung* wird Webers politische Schriften wie ein roter Faden durchziehen. Schon in seiner Antrittsvorlesung findet er deutliche Worte, was die Eignung der verschiedenen Klassen zur Regierung des Landes anbetrifft. Der Stand der *preußischen Junker* ist eine sinkende ökonomische Klasse, die deshalb die politische Leitung abgeben sollte. Weber macht das nochmals an dem tragischen Schicksal der politischen Herrschaft von Bismarck deutlich:

Ein Vierteljahrhundert stand an der Spitze Deutschlands der letzte und größte der Junker, und die Tragik, welche seiner staatsmännischen Lauf-

7 Ebd., S. 12.
8 Max Weber, »Zwischen zwei Gesetzen«, in: *Gesammelte Politische Schriften*, S. 139-140.

bahn neben ihrer unvergleichlichen Größe anhaftete [...], wird die Zukunft wohl darin finden, daß unter ihm das Werk seiner Hände, die Nation, der er die Einheit gab, langsam und unwiderstehlich ihre ökonomische Struktur veränderte und eine andere wurde, ein Volk, das andere Ordnungen fordern mußte, als solche, die er ihm geben und denen seine cäsarische Natur sich einfügen konnte.[9]

Die politische Mission des preußischen Adels ist also beendet, so dass auch ein »neuer Bismarck«, wie viele damals im Kaiserreich noch hofften, die Probleme der politischen Führung nicht lösen würde. Aber wer dann? An wen sollte die Leitung gehen? Wer wäre denn berufen? Laut Weber sei es »zu allen Zeiten« die »*Erlangung ökonomischer Macht* [...] gewesen, welche bei einer Klasse die Vorstellung ihrer *Anwartschaft auf die politische Leitung* entstehen ließen«.[10] Wenn also ökonomische Macht das Kriterium für den politischen Führungsanspruch sein sollte, dann wäre es sicherlich in Webers Sinne, wenn dem *Bürgertum* die Aufgaben zufallen würde, die Regierung der Nation zu übernehmen. Zumal Weber stolz bekennt: »Ich bin ein Mitglied der bürgerlichen Klassen, fühle mich als solches und bin erzogen in ihren Anschauungen und Idealen.«[11] Aber wie Karl Marx, der in seinem *Achtzehnte Brumaire*[12] über-

9 Weber, »Der Nationalstaat und die Volkswirtschaftspolitik«, S. 19 f.

10 Ebd., S. 19.

11 Ebd., S. 20.

12 Karl Marx, *Der achtzehnte Brumaire des Louis Bonaparte*, in: Marx-Engels-Werke (MEW), Bd. 8, Berlin 1978, S. 111-207. »Indem also die Bourgeoisie, was sie früher als ›*liberal*‹ gefeiert, jetzt als ›*sozialistisch*‹ verketzert, gesteht sie ein, daß ihr eignes Interesse gebietet, sie der Gefahr des *Selbstregierens* zu überheben, daß, um die Ruhe im Lande herzustellen, vor allem ihr Bourgeoisparlament zur Ruhe gebracht, um ihre gesellschaftliche Macht unversehrt zu erhalten, ihre politische Macht gebrochen werden müsse.« (Hier S. 154) So auch Hauke Brunkhorst in seinem klugen Kommentar zum *Achtzehnten Brumaire*: »Besteht die Ironie der tragischen Revolution darin, daß sie die radikale Demokratie wollte und den modernen Kapitalismus bekam, so die der kapitalistischen Gesellschaft darin, daß ihre herrschende Klasse unheroisch in Frieden leben und ungehindert ihren privaten Geschäften nachgehen will, dies aber unter Bedingungen des *modernen* Kapitalismus nur kann, wenn sie *alle* gesellschaftlichen Verhältnisse in eine permanente Revolution stürzt und im erwachenden proletarischen Klassenbewußtsein ein gegen ihr *privates* gerichtetes *öffentliches Interesse* selbst erzeugt.« Ders., »Kommentar«, in: Karl Marx, *Der achtzehnte Brumaire des Louis Bonaparte*, mit einem Kommentar von Hauke Brunkhorst, Frankfurt/M. 2007, S. 133-328, hier S. 199.

rascht feststellen musste, dass die Bourgeoisie zwar die ökonomische Macht besitzt, zur Ausübung politischer Macht aber einen Napoleon III. braucht, so registriert auch Weber enttäuscht, dass das deutsche Bürgertum keine »politische Führungsfähigkeit« besitzt. Seine Selbstkritik ist ätzend:

> Und nachdem so die Einheit der Nation errungen war und ihre politische ›Sättigung‹ feststand, kam über das aufwachsende erfolgstrunkene und friedensdurstige Geschlecht des deutschen Bürgertums ein eigenartig ›unhistorischer‹ und unpolitischer Geist. Die deutsche Geschichte schien zu Ende.[13]

Das Bürgertum, seine eigene Klasse, wirkt also in seinen Augen alles andere als politisch reif, um die politische Herrschaft im Kaiserreich anzutreten. Vielmehr hat es sich unter dem Schirm der Cäsarenherrschaft erst von Bismarck, dann von Wilhelm II. gemütlich eingerichtet. Und so könnte es gern weitergehen mit »dem Erscheinen eines neuen Cäsar, der sie schirme: nach unten gegen aufsteigende Volksmassen, nach oben, gegen sozialpolitische Anwandlungen, deren ihnen die deutschen Dynastien verdächtig sind«.[14] Freilich nimmt sich Weber selbst gerade auch wegen des stolzen Bekenntnisses zu seiner Klasse von dieser Kritik nicht aus. Im Gegenteil: Er lüftet den »Schleier der Illusionen« und definiert das Los seiner eigenen Generation: »das harte Schicksal des politischen *Epigonentums*«.[15] Epigonal deshalb, weil die Reichseinheit unter preußischer Vorherrschaft durch einen Adligen und nicht durch das Bürgertum selbst erreicht worden war. Epigonal aber auch, denn seine Generation hätte nun eine neue Mission und Vision für Deutschland ausarbeiten und tatkräftig umsetzen müssen. Weber hat sie implizit, sieht aber seinerzeit keinen politischen Träger, der sie zu realisieren vermag, hat sich doch die nationalliberale Partei durch ihren rückhaltlosen Anschluss an Bismarck selbst aus dem Rennen um die politische Macht genommen und ist nach dessen

13 Weber, »Der Nationalstaat und die Volkswirtschaftspolitik«, S. 21. Wir sind im Jahre 1895 und nicht im Jahre 1989, das dann erneut die Geburtsstunde vom »Ende der Geschichte« einläuten sollte. Siehe Francis Fukuyama, *The End of History and the Last Man*, New York 1992, dt. *Das Ende der Geschichte. Wo stehen wir?*, üb. von Helmut Dierlamm, München 1992.

14 Ebd.

15 Ebd.

Abwendung vom Liberalismus zur Bedeutungslosigkeit verkümmert. Die Kulturmission der Deutschen besteht darin, im Kampf um die Weltmacht zwischen amerikanischer Demokratie und russischer Autokratie ein Wörtchen mitzureden. Aber eben nicht politisch durch Imperialismus und Kolonialismus, sondern durch eine starke ökonomische und wissenschaftliche Stellung in der Welt. »Deutschland soll sein: kapitalistisch, parlamentarisch und auf die Weltwirtschaft hin orientiert. Weltmacht ist Weltmarktmacht, also durchaus Weltpolitik. Aber nicht Weltterritorialpolitik, nicht Weltterritorialimperialismus, sondern Weltmarktimperialismus« – so definiert der Doyen der *Max Weber-Gesamtausgabe* M. Rainer Lepsius Webers politisches Weltbild im letzten Interview[16] vor seinem Tod. Freilich sollte sich diese politische Option erst in der weiteren historischen Entwicklung herausschälen. 1895 in seiner Antrittsvorlesung hingegen betont Weber das bittere Schicksal des Epigonentums,[17] einer politischen Haltung nachgeordneter und sekundärer Natur, unsicher, was die politische Zukunft angeht, unklar, ob überhaupt mit politischer Zukunft gesegnet.

16 Siehe *Berliner Journal für Soziologie* 24, H. 4 (2014), »Max Weber und M. Rainer Lepsius«, darin: Hans-Peter Müller, Steffen Sigmund, »Max Weber zum 150. Geburtstag. Interview mit M. Rainer Lepsius«, S. 559-582, hier S. 563.

17 Karl Immermanns Roman *Die Epigonen* erschien 1836 und bringt die Malaise des Epigonentums ganz gut auf den Begriff: »Wir sind, um in einem Worte das ganze Elend auszusprechen, Epigonen, und tragen an der Last, die jeder Erb- und Nachgeborenschaft anzukleben pflegt. Die große Bewegung im Reiche des Geistes, welche unsre Väter von ihren Hütten und Hüttchen aus unternahmen, hat uns eine Menge von Schätzen zugeführt, welche nun auf allen Markttischen ausliegen. Ohne sonderliche Anstrengung vermag auch die geringe Fähigkeit wenigstens die Scheidemünze jeder Kunst und Wissenschaft zu erwerben. Aber es geht mit geborgten Ideen, wie mit geborgtem Gelde, wer mit fremdem Gute leichtfertig wirtschaftet, wird immer ärmer. Aus dieser Bereitwilligkeit der himmlischen Göttin gegen jeden Dummkopf ist eine ganz eigentümliche Verderbnis des Worts entstanden. Man hat dieses Palladium der Menschheit, dieses Taufzeugnis unsres göttlichen Ursprungs, zur Lüge gemacht, man hat seine Jungfräulichkeit entehrt. Für den windigsten Schein, für die hohlsten Meinungen, für das leerste Herz findet man überall mit leichter Mühe die geistreichsten, gehaltvollsten, kräftigsten Redensarten. Das alte schlichte: Überzeugung, ist deshalb auch aus der Mode gekommen, und man beliebt, von Ansichten zu reden. Aber auch damit sagt man noch meistenteils eine Unwahrheit, denn in der Regel hat man nicht einmal die Dinge angesehn, von denen man redet, und womit beschäftigt zu sein, man vorgibt.« (*Die Epigonen. Familienmemoiren in neun Büchern*, Düsseldorf 1836, S. 121)

Wenn nicht mehr Adel und noch nicht Bürgertum, was ist dann mit den »aufsteigende[n] Volksmassen«? Wer nach oben will, sollte schließlich eine Vision und Mission haben. »Selbstbewußt meldet sich das moderne Proletariat als Erbe der bürgerlichen Ideale. Wie steht es mit seiner Anwartschaft auf die politische Leitung der Nation?«[18] Tatsächlich sieht er ökonomisch eine bemerkenswerte Entwicklung in den höheren Kreisen der Arbeiterschaft, aber mit diesem ökonomischen Fortschritt vermag die Sozialdemokratie politisch nicht Schritt zu halten. Einerseits öffentlich geäußerte und proklamierte revolutionäre Gesinnung, andererseits kleinteilige Parteimitarbeit am politischen Prozess: »Dabeisein und Dagegensein!«[19] Dieses Vexierspiel zwischen bloßer Revolutionsrhetorik und bescheidenem politischen Mitmachversuch beschert der Sozialdemokratie den Status eines Scheinriesen: Auf die Weite und ohne nähere Detailkenntnis ein Riese, aber je näher man der Sozialdemokratie kommt, desto mehr offenbart sich ihre politisch überschaubare Größe. »Allein sie [die Sozialdemokraten, HPM] sind unendlich harmloser, als sie sich selbst erscheinen, es lebt in ihnen kein Funke jener katilinarischen Energie der *Tat*«,[20] so Webers vernichtendes Urteil. Auch in der deutschen Arbeiterklasse und bei ihren politischen Vertretern in der Sozialdemokratie sieht er keine politische Führungsstrategie, die zu ihrer offiziellen Revolutionsrhetorik und der Errichtung des Sozialismus als Gesellschaft der Zukunft passen würde. »Kümmerliche politische Kleinmeister sind sie, – es fehlen ihnen die großen Machtinstinkte einer zur politischen Führung berufenen Klasse.«[21] Trotz dieser harschen Kritik sollte Weber die Hoffnung nicht gänzlich aufgeben und nahm am Mannheimer Parteitag der Sozialdemokratie in Mannheim 1906 eigens teil, um sich selbst ein Bild zu machen und sein etwaiges, vorschnelles Vorurteil zu revidieren. Was er erlebte, ließ ihn tief erschüttert zurück, zu sehr hatte er sich wohl insgeheim gewünscht, in seinem Vorverständnis

18 Weber, »Der Nationalstaat und die Volkswirtschaftspolitik«, S. 22.

19 So Niklas Luhmanns Formel in seinem Nachruf auf die alte Bundesrepublik. Vgl. ders., »Dabeisein und Dagegensein. Anregungen zu einem Nachruf auf die Bundesrepublik«, in: ders., *Short Cuts*, Frankfurt/M. 2000, S. 81-87. Luhmann sieht eine Kette von unablässiger Protestgeschichte, die sich längst von der Sozialdemokratie, sehr zu deren Leidwesen, abgelöst hat. Sein Resümee: »Man bleibt alternativ. Dagegensein verpflichtet«, ebd. S. 87.

20 Weber, »Der Nationalstaat und die Volkswirtschaftspolitik«, S. 22.

21 Ebd., S. 22.

der Sozialdemokratie revidiert zu werden. »Der Kontrast von revolutionärer Agitation und nüchterner Scheu vor revolutionärer Aktion, bei gleichzeitiger Ablehnung eines konsequent revisionistischen Kurses, wie er in Mannheim zutage trat, stieß ihn deshalb aufs Äußerste ab; er folgerte daraus, daß sich hinter aller ›revolutionären Zukunftsmusik‹ das Gefühl völliger Ohnmacht verberge.«[22]

Wo Weber sich auch umschaute, nirgendwo erblickte er eine Klasse oder eine Partei, die in seinen Augen Regierungsverantwortung in Deutschland übernehmen zu können in der Lage gewesen wäre. Zu lange waren die Deutschen fremdgeführt in unpolitischer Passivität, ja in politischer Ahnungslosigkeit gehalten worden, weshalb Weber »eine ungeheure *politische* Erziehungsarbeit« vor sich sieht und zugleich nachdrücklich vor einem »weichen Eudämonismus« als Politikersatz warnt. Die Fortsetzung einer weitergehenden Entpolitisierung breiter Kreise der Bevölkerung sieht er in der Ersetzung von Real- und Machtpolitik durch glückverheißende Sozialpolitik.

Aber das Gegenteil von politischer Erziehung bekundet auch das schablonenhafte Gekläff jenes stets anwachsenden Chorus der […] Wald- und Wiesen-Sozialpolitiker, und ebenso jene menschlich liebenswürdige und achtungswerte, dennoch aber unsäglich spießbürgerliche Erweichung des Gemütes, welche politische Ideale durch ›ethische‹ ersetzen zu können meint und diese wieder harmlos mit optimistischen Glückshoffnungen identifiziert.[23]

Die Sorge um die politische Führung in Deutschland sollte Weber bis ans Ende seines Lebens nicht mehr loslassen.

Der Erste Weltkrieg und seine Folgen

Sofort nach Ausbruch des Krieges[24] unterbricht Weber seine wissenschaftliche Arbeit, meldet sich freiwillig zum militärischen Dienst und wird sodann schließlich als Lazarettoffizier in Heidelberg mehr als ein Jahr in Uniform dienen. Er teilt zunächst die allgemeine

22 So Mommsen, *Max Weber und die deutsche Politik*, S. 115.

23 Weber, »Der Nationalstaat und die Volkswirtschaftspolitik«, S. 24.

24 Siehe hierzu jetzt die informative Studie von Hinnerk Bruhns, *Max Weber und der Erste Weltkrieg*, Tübingen 2017.

Kriegsbegeisterung[25] und bedauert, als 50-jähriger Mann nicht an der Front dienen zu können. In seiner Hochachtung für die Kriegsfreiwilligen hält Weber nichts von den »Daheimgebliebenen«, jenen die glaubten, in einem »Krieg der Geister« ihr Fernbleiben von der Front kompensieren zu können.[26] Dennoch hält er sich mit öffentlichen Stellungnahmen zurück und tauscht sich nur im kleinen Briefkreis über die Ereignisse aus. Das ändert sich, als im Rausch des Sieges die alldeutsche Rechte immer weiter ausufernde Kriegsziele formuliert. Weber beginnt bald eine publizistische Tätigkeit, vor allem in der *Frankfurter Zeitung*, und arbeitet neben der Wissenschaft als politischer Journalist. Er wendet sich vehement gegen einen »Siegfrieden« und wirbt für einen »Verständigungsfrieden«. Er setzt den »Ideen von 1914« entschieden die »Ideen von 1918« entgegen. Johann Plenge und Ernst Troeltsch hatten erstere Formel einer »Deutschtumsmetaphysik«[27] geprägt und gegen die »Ideen von 1789« gewandt, um den Krieg philosophisch aufzuwerten. »Deutsches Wesen«, »deutsche Freiheit« und weiteres dilettantisches Literatengeschwätz, so Weber, hatten eine ideologische Dynamik in Gang gesetzt, die zu Illusionen über den Krieg, die Kriegsziele, die Sieg- wie die Friedenschancen geführt hatten.

Die »Ideen von 1918«, sein Gegenentwurf, werden sich neben Krieg und Frieden vor allem mit der unumgänglichen Neuordnung Deutschlands befassen. Weber mischt sich wortgewaltig in die Diskussionen ein. Seine streitbaren Interventionen werden öffentlich zur Kenntnis genommen, was das kritische Gewicht seiner Stimme in Deutschland anzeigt. Die Warnung eines Max Weber kann einfach nicht wort- oder kommentarlos übergangen werden, gilt er doch als einer der wichtigsten, nüchternen wie kritischen Intellektuellen im Kaiserreich. Seinen Vorschlägen wird aber nicht gefolgt. Im Gegenteil: Je länger der Krieg dauert, desto schlechter werden die Aussichten für einen »ehrenvollen« Frieden. Weber muss sich wie Kassandra vorgekommen sein – jene Seherin, die das dräuende Unheil haargenau prophezeit hat, aber auf taube Ohren ihrer Zeit-

25 »Denn einerlei was der Erfolg ist, – dieser Krieg ist groß und wunderbar« – schreibt Weber in seinem Brief an Karl Oldenberg am 28. August 1914. Siehe MWG II/8, S. 782 f.

26 Bruhns, *Max Weber und der Erste Weltkrieg*, S. 34.

27 So das gelungene Kürzel in Hermann Lübbes klassischer Studie, *Politische Philosophie in Deutschland*, Basel-Stuttgart 1963, S. 187.

genossen gestoßen ist. Eindringlich warnt er vor dem verschärften U-Boot-Krieg, weil er die neutralen Vereinigten Staaten von Amerika in den Krieg hineinziehen könnte. Die Versenkung der RMS Lusitania im Jahre 1915, bei der 1998 Menschen, darunter auch 178 amerikanische Staatsbürger, ums Leben kommen, führt zwar zu dessen vorübergehender Einstellung. Aber 1917 wird der verschärfte U-Boot-Krieg wieder aufgenommen und die USA besiegeln mit ihrem Kriegseintritt das Schicksal Deutschlands und der Mittelmächte. Weber hält auch die Annexionsgelüste der alldeutschen Kreise für illusorisch und absurd, denn wie sollte Deutschland auf Frieden in Europa hoffen können, wenn Belgien und Polen dem deutschen Reich zugeschlagen würden. Weber erinnert mit Nachdruck an die besonnene Außenpolitik von Bismarck: »Wenn etwas die sachlichen Ziele der Bismarckschen Politik auszeichnete, so war es das Augenmaß für das Mögliche und politisch dauernd Wünschbare, gerade auf den höchsten Höhen berauschender militärischer Erfolge. [...] Es widerstreitet auch heute den deutschen Interessen, einen Frieden zu erzwingen, dessen hauptsächliches Ergebnis wäre: *daß Deutschlands Stiefel in Europa auf jedermanns Fußzehen ständen.*«[28]

Er vermisst weiterreichende, realistische Erörterungen über die Zukunft Deutschlands nach dem Krieg; entsprechend gnadenlos rechnet er mit den zeitgenössischen Vorstellungen ab:

Die ›deutschen Ideen von 1914‹ waren ein Literatenprodukt. Der ›Sozialismus der Zukunft‹ ist eine Phrase für die Rationalisierung der Wirtschaft durch eine Kombination von weiterer Bürokratisierung und Zweckverbandsverwaltung durch Interessenten. Wenn der Fanatismus wirtschaftspolitischer Ressortpatrioten für diese rein technischen Maßnahmen, statt sachlicher Erörterung ihrer Zweckmäßigkeit, die zum guten Teil ganz nüchtern finanzpolitisch bedingt ist, die Weihe nicht nur der deutschen Philosophie, sondern auch der Religion herabbeschwört, – wie es heute massenhaft geschieht –, so ist das nichts als eine widerwärtige Geschmacksentgleisung sich wichtig nehmender Literaten. Wie die realen ›deutschen Ideen von 1918‹, bei deren Formung die heimkehrenden Krieger das Wort haben werden, aussehen könnten oder sollten, kann heut vorweg wohl noch niemand sagen. Auf diese aber wird es in Zukunft ankommen.[29]

28 Max Weber, »Bismarcks Außenpolitik und die Gegenwart«, in: ders., *Zur Politik im Weltkrieg.* Schriften und Reden 1914-1918, MWG I/15, hg. von Wolfgang J. Mommsen in Zusammenarbeit mit Gangolf Hübinger, Tübingen 1988, S. 89 f.

29 Weber, »Der Sinn der ›Wertfreiheit‹«, S. 540.

Wie die realen Ideen aussehen sollten, konnte man 1917 in der Tat nicht voraussehen. Allein, Weber machte sich seine Gedanken zum Sozialismus und der Neuordnung Deutschlands.

Sozialismus als Alternative?

Weber hat sich eigentlich zeit seines Lebens mit der sozialen Frage und dem Sozialismus[30] beschäftigt. Die Studien zu den Landarbeitern vor und die Studien zur Industriearbeiterschaft nach dem Jahrhundertwechsel bezeugen sein empirisches Interesse an der sozialen Frage. Zudem hat er sich kundig gemacht über sozialistische Ideen und Theorien und beobachtet den Aufstieg der sozialdemokratischen Partei.[31] Das trifft auch biographisch zu, denn er nimmt lebhaften Anteil an der Studie seiner Frau: *Fichtes Sozialismus und sein Verhältnis zur Marxschen Doktrin*.[32]

Als es in Russland im Herbst und Winter 1904 nach dem verlorenen Krieg gegen Japan zu einem ersten Aufstand gegen das Zarenregime kommt, lernt Weber wie elektrisiert durch die revolutionären Ereignisse Russisch und legt zwei Studien vor: »Zur Lage der bürgerlichen Demokratie in Rußland« und »Rußlands Übergang zum Scheinkonstitutionalismus« – beide 1906[33] erschienen.

30 Einen guten Überblick zum Thema bei Frank Ettrich, »Sozialismus und soziale Frage«, in: *Max Weber-Handbuch*, S. 127-132. Siehe auch Herfried Münkler, »Max Weber und der Sozialismus«, in: Max Weber, *Der Sozialismus*, hg. von Herfried Münkler, Weinheim 1995, S. 7-67.

31 Ein wichtiger Gesprächspartner in diesen Fragen wird für ihn Robert Michels. Michels war ein Spezialist für den Syndikalismus und hatte mit dem *ehernen Gesetz der Oligarchie* auch die Tendenz aller auch noch so demokratischen Massenparteien wie der Sozialdemokratie, eine interne politische Elite auszubilden, gleichsam eine »politische Klasse« innerhalb der »sozialen Klasse«, aufgedeckt. Siehe ders., *Zur Soziologie des Parteiwesens in der modernen Demokratie. Untersuchungen über die oligarchischen Tendenzen des Gruppenlebens*, Leipzig 1911. Zum aktuellen Diskussionsstand siehe Harald Bluhm, Skadi Krause (Hg.), *Robert Michels' Soziologie des Parteiwesens*, Wiesbaden 2012. Zu Michels siehe das Standardwerk von Timm Genett, *Der Fremde im Kriege. Zur politischen Theorie und Biographie von Robert Michels 1876-1936*, Berlin 2008.

32 Marianne Weber, *Fichtes Sozialismus und sein Verhältnis zur Marxschen Doktrin*, Tübingen 1900.

33 Max Weber, »Zur Lage der bürgerlichen Demokratie in Rußland« und »Ruß-

In Deutschland wird gerade unter Marxisten heiß diskutiert, ob das Aufbegehren gegen das zaristische Regime die Zeit des Sozialismus einläuten wird, wie Rosa Luxemburg glaubt und Karl Kautsky verneint.[34] Weber zeigt sich ebenfalls skeptisch, was die Chancen für eine liberale Demokratie anbetrifft. Russland ist ein Agrarstaat, dominiert durch sein Bauerntum, dessen Landhunger eher von Nachteil für eine demokratische Entwicklung ist. Die russische Revolution von 1917 wird Weber als kurzlebige Militärdiktatur[35] ansehen, die wie jede Militärdiktatur wohl am Ende zusammenbrechen wird, noch ehe der Sozialismus verwirklicht ist. Da sollte sich Max Weber freilich gewaltig irren, obwohl er sich durch sein Selbststudium in russischer Sprache, Geschichte und Kultur so kundig gemacht hatte.

Ein letzter Grund spricht für Max Webers durchgängiges Interesse am Sozialismus als *Alter ego* des Kapitalismus. Denn moderner Kapitalismus und moderner Sozialismus sind wie verfeindete Zwillinge, die beide auf dem Boden der freien Arbeit und der Fabrikdisziplin entstehen. Mit Sklaven und Unfreien kann es weder das eine noch das andere geben.

Aber jetzt wird das Problem zum Ende des Krieges virulent, denn gerade sozialdemokratische Kreise sehen im Sozialismus die politische Zukunftsordnung Deutschlands, zumal die Russische Revolution 1917 das Zarenreich hinweggefegt und die Weichen in Richtung Sozialismus gestellt hatte. Das ruft Max Weber auf den Plan. Vor österreichischen K.-u.-k.-Offizieren hält er im Juni 1918 einen Vortrag zum Thema und diskutiert den Sozialismus als technische Alternative zum Kapitalismus. Ganz ähnlich, wie er ein formales Konzept von Demokratie bevorzugt, so interessiert ihn auch der Sozialismus vornehmlich rein formal im Leistungsvergleich zum Kapitalismus. Die Gretchenfrage lautet: Kann der rationale

lands Übergang zum Scheinkonstitutionalismus«, in: ders., *Gesammelte Politische Schriften*, 2. Aufl., Tübingen 1958, S. 30-65 und S. 66-108.

34 Rosa Luxemburg, »Die Russische Revolution« [1906], in: dies., *Gesammelte Werke*, Bd. 2.5, Berlin 1974 und Karl Kautsky, »Die Agrarfrage in Rußland«, in: *Neue Zeit* 24, Jg. 1/15 vom 20. 12. 1905, S. 412-423.

35 Max Weber, »Rußlands Übergang zur Scheindemokratie«, in: ders., *Gesammelte Politische Schriften*, S. 192-210. Siehe auch den guten Überblick bei Harald Bluhm, »Zur russischen Revolution von 1905 (1905-1917)«, in: *Max Weber-Handbuch*, S. 190-198.

Sozialismus dem rationalen Kapitalismus Paroli bieten? Wenn ja, warum und wodurch? Wenn nein, warum nicht?

Sozialismus gibt es in allen möglichen Spielarten, aber heute, so Weber, kleidet sich der Sozialismus in das Gewand demokratischer Parteien. Das *Kommunistische Manifest* von 1848 von Marx und Engels ist der programmatische Grundstein für die zeitgenössische Sozialdemokratie. Sein überragender Stellenwert ergibt sich aus der kongenialen Kombination von Prophetie und »wissenschaftliche[r] Leistung ersten Ranges«.[36] Auf der Basis des historischen Materialismus wird eine schlüssige Argumentation zur Krisenhaftigkeit des Kapitalismus angeboten. Doch diese Erklärung wird überfrachtet durch die Heilserwartung, dass der Sozialismus alle gesellschaftlichen Probleme lösen werde. Die Herrschaft des Menschen über den Menschen soll abgelöst werden durch eine Assoziation von Individuen. So verspricht das verführerische Ideal. Ein Ideal als attraktives Ideenpaket mit Heils- und Erlösungscharakter wird aber nur dann historisch und empirisch erfolgreich sein, wenn es einher geht mit den notwendigen »Ausführungsbestimmungen« für seine Realisierbarkeit. Es muss also so etwas wie eine »reale Utopie« sein, die neben der *Wünschbarkeit* auch die *Machbarkeit* und *Erreichbarkeit* der politischen Vision und Mission[37] zumindest andeutet. Weber scheint nun genau darin, dass es keine weiteren Ausführungen dazu gibt, wie denn die Lenkung der Wirtschaft in der Praxis wohl aussehen könnte, die Achillesferse des Sozialismus zu erblicken. Das macht den Sozialismus für ihn zu einer säkularen Prophetie.

Dieser *Prophetie* begegnet Weber nüchtern und sachlich mit den Folgeproblemen sozialistischer Wirtschaft. Stellen wir uns also einfach vor, wir hätten Sozialismus. Was dann? Wie sähe die soziale Wirklichkeit dieser Wirtschafts-, Gesellschafts- und Lebensform im Alltag konkret aus? Zunächst macht Weber klar, dass die Entfremdung, die angeblich aus der Trennung des Arbeiters von den Arbeitsmitteln erfolgen soll, eine durchgehende Erfahrung aller modernen Arbeitsorganisation sei, weil auch der Professor von

36 Max Weber, »Der Sozialismus«, in: ders., *Gesammelte Aufsätze zur Soziologie und Sozialpolitik*, Tübingen 1924, S. 504 f. Jetzt auch in MWG I/15, S. 616.

37 So formuliert, wie bereits erwähnt, Eric Olin Wright, *Reale Utopien. Wege aus dem Kapitalismus*, übers. von Max Henninger und mit einem Nachwort von Michael Brie, Berlin 2017 die aktuellen Anforderungen an einen zeitgemäßen Sozialismus.

seinen wissenschaftlichen Betriebsmitteln getrennt ist. Es handelt sich hierbei also keineswegs nur um eine *kapitalistische* Erfahrung, sondern um eine *moderne* Entwicklung. Denn man kann alle möglichen Lebensbereiche durchdeklinieren und wird auf diese Form der »Depossedierung« stoßen. Der Beamte ist von seinen Sachmitteln getrennt, ja nicht einmal das Büro oder sein Schreibtischstuhl gehören ihm. Ebenso »besitzt« der Arzt in einem großen Krankenhaus kein einziges Krankenbett usf.

Sodann stellt Weber die Frage, wie denn die »Diktatur des Proletariats« und die »Assoziation der Individuen« in der Praxis funktionieren sollten. Tatsächlich stehen dazu aus seiner Sicht prinzipiell zwei Wege offen: die Leitung »von oben« oder die Bestimmung »von unten«. Im ersten Fall tritt die Partei an die Stelle des Proletariats und dort finden sich dann die Intellektuellen wieder, die doch gerade nicht über die Arbeiter herrschen sollten. Aber auch die zweite, syndikalistische Alternative, wonach die Gewerkschaften die Selbstorganisation der Arbeiterschaft anleiten sollten, wird nicht ohne ausgebildete Experten auskommen. So oder so stellt sich schließlich die Frage, was es für den einzelnen Arbeiter eigentlich für einen Unterschied macht, ob er für ein Unternehmen oder für Partei und Staat arbeitet. »Aber der Unterschied ist, daß gegen den Staat kein Streik möglich ist, daß also die Abhängigkeit des Arbeiters bei dieser Art Staatssozialismus ganz wesentlich gesteigert ist.«[38] *Staatssozialismus* bedeutet in Webers Augen nur *Bürokratismus auf erweiterter Stufenleiter*, werden doch wirtschaftliche und politische Organisation eng verknüpft, ja fusioniert. Schließlich stellt sich am Ende auch stets das Problem der *Gewalt*. »Es ist bisher noch keine, auch noch keine proletarische Herrschaft, wie etwa die der Kommune in Paris oder jetzt die der Bolschewiki, ohne das Standrecht ausgekommen in Fällen, wo die Grundlagen ihrer Disziplin gefährdet waren.«[39]

Die Zwänge der Arbeitsorganisation wie der Lohn- und Preisbildung – auch im rationalen Sozialismus muss schließlich rentabel gewirtschaftet werden –, die Fusionierung von politischer und ökonomischer Leitung als Bürokratisierung auf erweiterter Stufenleiter und das Problem der Gewalt verweisen zwar auf praktische Probleme des Sozialismus. Weber ist überzeugt, dass der rationale Sozialis-

38 Weber, »Der Sozialismus«, S. 503.
39 Ebd., S. 517-518.

mus sich schwertun wird, dem rationalen Kapitalismus auf seinem eigenen Feld – der Wohlstandsproduktion – Paroli zu bieten. Aber: Das tut der Erwartungshaltung indes keinen Abbruch. Weber ist überzeugt: »Jede Arbeiterschaft wird immer wieder in irgendeinem Sinne sozialistisch sein.«[40]

Gerade weil die eschatologischen Erwartungen so hochgeschraubt werden, gilt das auch für die Enttäuschungsanfälligkeit dieser Gesellschaftsformation. Der Sozialismus steht vor der Gefahr, im Alltag leicht als »grau« und »ineffizient« entzaubert zu werden, vor allem weil die großspurigen Versprechen so sicht- und erfahrbar im Kontrast zur sozialen Wirklichkeit stehen. Das Ideal wird durch die Realität gnadenlos kompromittiert, was zu chronischer politischer Legitimationsschwäche führt, so dass nur die »harte Hand der Partei« für »sozialistische Ruhe und Ordnung« sorgen kann. Insofern bietet auch der Sozialismus keinen Ausweg aus dem »Gehäuse der Hörigkeit«, wird aber in den endemischen Krisenzeiten des Kapitalismus als politische Alternative immer wieder gern aufgeboten. Weber schließt also keineswegs aus, dass sich der Sozialismus in der Zukunft politisch durchsetzen mag, aber er warnt eindringlich vor den Folgen dieses Regimes. Der Sozialismus mag vielleicht das Versprechen der Gleichheit verwirklichen, wenn man von der *Nomenklatura*, der herrschenden politischen Klasse, einmal großzügig absieht. Aber meist geht diese Politik mit einem Freiheitsverlust[41] einher, steht doch der Einzelne ziemlich verloren auf weiter Flur einem übermächtigen politökonomischen Herrschaftskomplex gegenüber.

Im Jahre 1918 konnte Weber die Strukturprobleme des real existierenden Staatssozialismus noch nicht empirisch studieren, aber durch scharfsinnige soziologische Analyse vermochte er die

40 Ebd., S. 517.

41 Weber reiht sich damit in die große Phalanx liberaler Denker ein, die zwar das Ideal des Sozialismus anerkennen, in der politischen Praxis freilich einen veritablen Freiheitsverlust befürchten, wie er im real existierenden Sozialismus dann ja auch zum Ausdruck kam. Vgl. etwa Karl Popper, *Die offene Gesellschaft und ihre Feinde* (1945), 2 Bde., Tübingen 1992; Friedrich August von Hayek, *Der Weg zur Knechtschaft* (1943), München 2003. Dennoch zeigt gerade Joseph Alois Schumpeter, dass dennoch die Zeit des Sozialismus jederzeit schlagen kann, eben weil sein Zwilling, der Kapitalismus so krisenhaft ist. Siehe sein *Kapitalismus, Sozialismus und Demokratie* (1942), übersetzt von Susanne Preiswerk und mit einer Einleitung von Edgar Salin, Bern 1946.

typischen Krisen dieser Regimeform vorauszusehen: bürokratische Erstarrung, Innovationsfeindlichkeit, politischer Kadavergehorsam und die gewalttätige Verfolgung von vermeintlichen Feinden des Sozialismus. Die stalinistischen Säuberungen und Maos Kulturrevolution wurden mit einem Blutzoll bezahlt, die den sanften Versprechungen des Sozialismus zur Verwirklichung von Freiheit, Frieden und sozialer Gerechtigkeit im 20. Jahrhundert ziemlich Hohn sprechen. Vom Traum zum Trauma ist es bisweilen eben nur ein kleiner Schritt.

Zusammenbruch, Revolution und die politische Neuordnung Deutschlands

Max Webers Mahnungen und Warnungen blieben ungehört. Der uneingeschränkte U-Boot-Krieg und der unerbittliche Zwangsdiktatfrieden von Brest-Litowsk machten den Kriegsgegnern vollends klar, dass Deutschland und die Mittelmächte niedergerungen werden mussten. Ohne einen Sieg würde es mit diesem unerbittlichen Feind keine Ruhe, geschweige denn einen Frieden geben können. Die Kriegsniederlage traf die Deutschen hart und einen Patrioten wie Weber besonders hart.

Dennoch hatte Max Weber schon gegen Ende des Krieges immer wieder die Zeit nach dem Frieden und die politische Neuordnung Deutschlands in Augenschein genommen und zahlreiche Vorschläge »für die Zeit danach« unterbreitet. Der berühmteste Text unter den zahlreichen politischen Schriften Webers ist sicherlich »Parlament und Regierung im neugeordneten Deutschland« aus dem Jahre 1917/1918. Ausgangspunkt seiner Überlegungen ist eine Generalabrechnung mit Bismarcks politischem Erbe:

> Er hinterließ eine Nation *ohne alle und jede politische Erziehung,* tief unter dem Niveau, welches sie in dieser Hinsicht zwanzig Jahre vorher bereits erreicht hatte. Und vor allem eine Nation, *ohne allen und jeden politischen Willen,* gewohnt, daß der große Staatsmann an ihrer Spitze für sie die Politik schon besorgen werde. Und ferner, [...] eine Nation, daran gewöhnt, unter der Firma der ›monarchischen Regierung‹ fatalistisch *über sich ergehen zu lassen,* was man über sie beschloß [...].[42]

42 Max Weber, »Parlament und Regierung im neugeordneten Deutschland«, in: MWG I/15, S. 449 und *Gesammelte Politische Schriften,* S. 307.

Kurz: Bismarck hinterließ einen politischen Scherbenhaufen. Keine politische Erziehung, keine Heranbildung einer politischen Elite, kein wirksames Parlament, fatalistische Ergebenheit in die Obrigkeit. In dieses Machtvakuum ist einerseits ein nervöser, eitler und geltungssüchtiger Kaiser als wilhelminischer Staatstheaterschauspieler auf der Vorderbühne der Gesellschaft hineingestoßen; auf der Hinterbühne dagegen hat sich eine arkane und omnipotente Beamtenherrschaft breitgemacht. Das Resultat dieser politischen Malaise besteht in tüchtiger Verwaltung, aber ohne politische Führung. Die Bürokratie herrscht, aber sie führt nicht. So lautet seine vernichtende Zeitdiagnose zum politischen System des Kaiserreiches.

Was tun? Weber skizziert mehrere Schritte, die in seinen Augen eine grundlegende Neuordnung von Verfassung, Regierung und Parlament ermöglichen. Unter dem Stichwort »Beamtenherrschaft und politisches Führertum« geht er zunächst dem Problem der rasanten Bürokratisierung nach, da Wirtschaft und Politik inklusive der Parteien gleichermaßen diesem Prozess rationaler Organisation ausgesetzt sind. »Angesichts der Grundtatsache des unaufhaltsamen Vormarsches der Bürokratisierung« wirft Weber drei zentrale Fragen zum Verhältnis von Bürokratie und Individualität, Demokratie und politische Führung auf: *Erstens* fragt er sich, wie es denn »angesichts dieser Übermacht der Tendenz zur Bürokratisierung *überhaupt noch möglich* [*ist*], *irgendwelche* Reste einer in *irgend*einem Sinn ›individualistischen‹ Bewegungsfreiheit zu retten? Denn schließlich ist es eine gröbliche Selbsttäuschung, zu glauben, ohne diese Errungenschaften aus der Zeit der ›Menschenrechte‹ vermöchten wir heute (auch der konservativste unter uns) überhaupt zu leben.«[43] *Zweitens*, was ließe sich der unentbehrlichen Beamtenschaft entgegensetzen, um Demokratie überhaupt zu ermöglichen? *Drittens* schließlich, was vermag die Bürokratie trotz ihrer souveränen Organisationsleistung nicht zu erringen? Aus Webers Sicht wäre das: *politische Führung*. Im nächsten Schritt skizziert er die Kontrollinstanzen in Gestalt von Monarch und Parlament, um der bürokratischen Beamtenherrschaft Einhalt zu gebieten. Zentral hierfür sind Parlamentarisierung und Demokratisierung, denn mit einem allgemeinen und gleichen Wahlrecht, der Existenz von Be-

43 Ebd., S. 465-466.

rufspolitikern, der Demokratisierung der Massen kann man diese Gegeninstanzen und Kontrollmechanismen entwickeln. Vor allem gilt es, das preußische Dreiklassenwahlrecht abzuschaffen, um auch hier so etwas wie Reichseinheit zu schaffen.

Weber spricht sich für eine plebiszitäre Führerdemokratie aus, den direkt durch das Volk gewählten Reichspräsidenten. In gewisser Weise hält dieser Vorschlag das monarchische Prinzip unter neuem Namen aufrecht – vom Kaiser zum Präsidenten. Zum anderen stärkt es die Legitimität der Spitze, wenn sie vom Volk direkt gewählt wird. Nach dem Nationalsozialismus stieß das Konzept der Führerdemokratie natürlich auf harsche Kritik, so als habe es eine direkte Linie von Max Weber zu Adolf Hitler gegeben. Von da aus war es häufig dann auch nur noch ein kleiner Schritt, um zu behaupten, dass von Luther über Weber eine direkte geistige Linie und Wahlverwandtschaft zu Hitler geführt habe. Wer »Parlament und Regierung« genau liest, wird eine solche Interpretation als offenkundigen, aber spektakulär aufmerksamkeitsheischenden Unsinn entlarven. Schließlich diskutiert Weber das Verhältnis von »Parlamentarisierung und Föderalismus«. Er plädiert trotz der Macht- und Legitimitätsverdichtung an der Spitze für einen Föderalismus als Staatsorganisation – Vorstellungen, die durchaus Eingang in die Weimarer Verfassung gefunden haben.

Der Hintergrund für Webers Vorstellungen zur Parlamentarisierung und Demokratisierung Deutschlands ist seine große Sorge vor der *Bürokratisierung der Welt*, dem Schicksal der Moderne. Wirtschaft und Staat weben gemeinsam an einer gigantischen Maschinerie, die ihm – wie das Schicksal – schier unaufhaltsam zu sein scheint. Mit Pathos wählt Weber daher große Worte für seine Zeitdiagnose als Warnung an Zeitgenossen und Nachwelt, wenn er die Fusionierung von »toter Maschine« – damit meint er den Maschinenpark einer Fabrik – und der »lebenden Maschine« der Verwaltungsorganisation befürchtet.

Eine leblose Maschine ist *geronnener Geist. Nur* daß sie dies ist, gibt ihr die Macht, die Menschen in ihren Dienst zu zwingen und den Alltag ihres Alltagslebens so beherrschend zu bestimmen, wie es tatsächlich in der Fabrik der Fall ist. *Geronnener Geist* ist auch jene *lebende Maschine*, welche die bureaukratische Organisation mit ihrer Spezialisierung der geschulten Facharbeit, ihrer Abgrenzung der Kompetenzen, ihren Reglements und hierarchisch abgestuften Gehorsamsverhältnissen darstellt. Im Verein mit der toten Maschine ist sie an der Arbeit, das Gehäuse jener Hörigkeit der Zukunft herzustellen, in welche vielleicht dereinst die Menschen sich, wie die Fellachen im altägyptischen Staat, ohnmächtig zu fügen gezwungen sein werden, *wenn ihnen eine rein technisch gute und das heißt: eine rationale Beamten-Verwaltung und -Versorgung der letzte und einzige Wert ist, der über die Art der Leitung ihrer Angelegenheiten entscheiden soll.* [...] Eine ›organische‹, d. h. eine orientalisch-ägyptische Gesellschaftsgliederung, aber im Gegensatz zu dieser so streng rational wie eine Maschine es ist, würde dann heraufdämmern. [...] Nehmen wir nur einmal an: gerade diese Möglichkeit wäre ein unentrinnbares Schicksal, – wer möchte dann nicht lächeln über die Angst unserer Literaten davor, daß die politische und soziale Entwicklung uns künftig *zuviel* Individualismus oder ›Demokratie‹ [...] bescheren könnte und daß die ›wahre Freiheit‹ erst aufleuchten werde, wenn die jetzige ›Anarchie‹ unserer wirtschaftlichen Produktion und das ›Parteigetriebe‹ unserer Parlamente *beseitigt* sein werden zugunsten ›sozialer Ordnung‹ und ›organischer Gliederung‹ – das heißt: des Pazifismus der Ohnmacht unter den Fittischen der einzigen ganz sicher *unentfliehbaren* Macht: der Bureaukratie in Wirtschaft und Staat![44]

Maschine, tot und lebendig, Fabrik und Bürokratie, Wirtschaft und Staat und das menschliche Schicksal altägyptischer Fellachisierung als Diagnose, wenn – wie im Sozialismus als Zukunftsgesellschaft – soziale Ordnung und organische Gliederung auf Kosten von Individualismus und Demokratie geschaffen wird. Deutlicher kann man nicht werden. Dennoch ist das nicht Webers letztes Wort.

Seine Vision und Mission von moderner Politik wird er in seinem berühmten Vortrag »Politik als Beruf« entfalten, den man wohl ohne Übertreibung als sein politisches Vermächtnis bezeichnen kann. Diesem Vortrag ebenso wie dem zweiten berühmten Vortrag, »Wissenschaft als Beruf«, werden wir uns abschließend zuwenden.

Ein Mahner, keine politische Führungsfigur

Nach Kriegsende, nach seinem Dienstantritt an der Universität München, gerät Weber mitten hinein in den Revolutionsstrudel der Räteregierung von Kurt Eisner. Obgleich er dieses revolutionäre Zwischenspiel als »Karneval« ansieht, reizt ihn die Politisierung der

44 Weber, »Parlament und Regierung im neugeordneten Deutschland«, S. 320-321 und MWG I/15, S. 463-465.

Zeit dazu, eine verantwortungsvolle politische Position zu bekleiden. Er wird Mitglied der Deutschen Demokratischen Partei, dem auch sein Bruder Alfred angehört, aber bei den Wahlen ergattert er nur einen aussichtslosen Listenplatz für Hessen-Dessau. Er wird Mitglied der deutschen Delegation, die nach Versailles fährt, um über den Friedensvertrag zu verhandeln. Entgegen der Auffassung des Gegners und linker pazifistischer Kreise in Deutschland, die von der deutschen Alleinschuld überzeugt sind, lehnt er diese einseitige Sichtweise des Kriegsausbruchs ab und ist schwer enttäuscht von den harten Friedensbedingungen des Versailler Vertrages. Lord Keynes, der auf englischer Seite mit von der Partie in Versailles ist, wird bereits 1919 seine Studie, *The Social Consequences of Peace*,[45] veröffentlichen, in der er sich überzeugt zeigt, dass den Deutschen nichts weiter übrigbleibt, als einen weiteren Krieg anzetteln zu müssen, um dieses Friedensdiktat zu korrigieren. So weit wäre Weber vermutlich nie gegangen. Vielmehr sah er die Erschöpfung und das Entsetzen der Bevölkerung über die vielen Kriegstoten. Insofern herrschte eher die Stimmung in Deutschland vor: »Nie wieder Krieg!« Denn Krieg bedeutet Zerstörung und Vernichtung und der Mythos vom Heldentod hatte sich angesichts des Massensterbens in den Schützengräben des Stellungskrieges auch erledigt. Weber hofft abermals auf ein Amt, als die Weimarer Reichsverfassung ausgearbeitet werden soll. Statt seiner wird jedoch schließlich Hugo Preuß zum Staatssekretär berufen, eine Position, auf die auch Weber spekuliert hatte. Auch der Versuch von Preuß, Weber wenigstens zu seinem Unterstaatssekretär zu machen, scheitert. Alles, was ihm zugestanden wird, ist eine Beratertätigkeit. Die vermag er indes zu nutzen – und die Vorstellungen von einem unitarischen Föderalismus und das Enqueterecht des Parlaments finden unter maßgeblichem Einfluss Webers Eingang in die Weimarer Verfassung. Letztendlich aber muss Weber begreifen, dass bei allem politischen Temperament und aller Leidenschaft für Deutschland er doch Gelehrter ist und bleibt. Seinem untrüglichen Realismus bleibt diese Einsicht nicht verborgen und er zieht sich komplett aus der Politik zurück.

Dennoch bietet dieses Kapitel die Chance, einen resümierenden

45 John Maynard Keynes, *The Social Consequences of Peace*, London 1919, dt. *Die wirtschaftlichen Folgen des Friedensvertrages*, übers. von Moritz Julius Bonn und Carl Brinkmann, München 1920.

Blick zurück auf Webers politische Einstellung und Positionierung zu wagen. Denn auffällig ist der Wandel seiner politischen Auffassungen. Ergibt die Betrachtung seiner Antrittsvorlesung, dass Weber ein Patriot, ja Nationalist war, dem die Nation, der Machtstaat und die Weltmachtstellung Deutschlands als Herzensanliegen gelten durften, der zwar von sozialer Herkunft her national-liberal ist, als junger Mann aber national-konservativ gewählt und sogar zeitweise dem Alldeutschen Verband angehört hat, so wandelt sich seine Position mit der veränderten Situation und dem Kontext der Gesellschaft unter dem Eindruck von Krieg und Kriegsniederlage, dem Übergang von der Monarchie zur Demokratie, vom Machtstaat zur Pariagesellschaft der Welt. M. Rainer Lepsius hat Webers politischen Werdegang treffend wie folgt zusammengefasst:

> Er gehört zu den sehr wenigen Personen, die, aus einem national-liberalen bürgerlichen Hause kommend, ein demokratisches System befürworteten, zu den Parteien eine kritische, aber systematisch positive Einstellung einnahmen, denen am Parlamentarismus und seinem kraftvollen Funktionieren wesentlich gelegen war und deren dauernde Sorge sich auf die Ausbildung einer kraft- und verantwortungsvollen politischen Führung, nicht einer bloßen Verwaltung der Politik richtete.[46]

Ein politischer Mensch wie Max Weber wollte auch politisch wirken. Um politisch wirken zu können, hätte er ein Amt gebraucht. Ein solches Amt aber hat Weber nie ergattern können. Aus heutiger Sicht der Nachgeborenen freilich ist es ein Glück und ein Segen, dass er sich nicht im Mahlstrom des politischen Betriebs vergeblich aufgerieben hat. Sonst hätten wir wohl weder sein religionssoziologisches Werk noch *Wirtschaft und Gesellschaft*.

Weber als Kassandra und ewiger Mahner hat ein ungleich größeres historisches Vermächtnis als Weber der Politiker. Sein agonales Temperament, seine wilde Leidenschaft, sein rückhaltloses und rücksichtsloses Urteilsvermögen hätten ihn vielleicht zum politischen Scharfrichter gemacht: Weber als der »Robespierre« der Deutschen. Aber politische Scharfsicht allein macht einen nicht unbedingt zu einem erfolgreichen Berufspolitiker. Mit der

46 M. Rainer Lepsius in »Politik als Kampf – Politik als Beruf. Eine Diskussion mit Christian Graf von Krockow, M. Rainer Lepsius und Hans Maier«, in: Christian Gneuss, Jürgen Kocka (Hg.), *Max Weber. Ein Symposion*, München 1988, S. 25-46, hier S. 25.

Guillotine in der Hand wird man im politischen Betrieb nichts, denn man braucht Netzwerke und politische Freundschaften,[47] um Fuß zu fassen und ein Amt angetragen zu bekommen. Seine wissenschaftliche und intellektuelle Redlichkeit, sein Wille zur unbedingten Wahrheit, koste es, was es wolle, ist im Wissenschaftsbetrieb sicherlich wertvoll. Im politischen Machtgetriebe hingegen zählen auch Fähigkeiten wie Diplomatie, Distanz, Takt, Diskretion und ein gewisser politischer Opportunismus, der eben auch mal fünfe gerade sein lassen muss. Die Gabe zum Kompromiss war Weber eher nicht gegeben. Am Ende des Tages schließlich wollte er auch stets Recht behalten.

Weber wäre als Politiker sicherlich auf ganzer Linie gescheitert. Insofern sind auch Diskussionen von Freunden und Zeitgenossen, was wohl gewesen wäre, wenn Weber länger gelebt hätte, letztlich wohlfeile Spekulation. Hätte er nicht eine politische Führungsposition in der Weimarer Republik bekleiden können? Was hätte sein können, wenn Max Weber zum Reichspräsidenten gewählt worden wäre? Wäre uns und der Welt dann vielleicht sogar der Nationalsozialismus erspart geblieben? Kurz: Hätte Weber Hitler gestoppt? Das ist natürlich schwer zu sagen. Wahrscheinlich wäre er ein kritischer Kommentator geblieben, der die Missstände in der Weimarer Republik rückhaltlos angesprochen hätte. Auch ihm wäre nicht die fehlende demokratische Basis verborgen geblieben und die unpolitische Haltung der Deutschen, die für radikales Gedankengut in Zeiten der Krise so anfällig macht. Schon im Kaiserreich hatte er die fehlende politische Erziehung scharf kritisiert. Hitler hätte vermutlich auch er nicht verhindern können, aber er wäre rasch zu einem seiner schärfsten Gegner avanciert. Das hätte seine Existenz und seinen Verbleib in Deutschland vermutlich unmöglich gemacht. Wie Thomas Mann[48] wäre er nach langem Zögern wohl ausgewandert – in die Schweiz oder nach Italien und schließlich in die USA. Eine wissenschaftliche Existenz in Amerika, etwa in New York an der Columbia University oder an der New School mit all

47 Das macht die gelungene empirische Studie von Vincenz Leuschner deutlich. Siehe ders., *Politische Freundschaften. Informelle Beziehungen im Deutschen Bundestag*, Baden-Baden 2011.

48 Zu den zahlreichen Parallelen zwischen den beiden siehe die klassische Studie von Harvey Goldman, *Max Weber and Thomas Mann. Calling and the Shaping of the Self*, Berkeley, Los Angeles 1988.

den anderen Emigranten wäre gut möglich gewesen. Sicher wäre er nach dem Zweiten Weltkrieg, wenn er dessen Ende als dann über achtzig Jahre alter Wissenschaftler und Intellektueller noch erlebt hätte, unverzüglich ins zerstörte Deutschland zurückgekehrt, um sich am Wiederaufbau geistig und politisch zu beteiligen.

10. Das Weber-Paradigma

Dichte Fragmentarität und sparsame Systematik

So zerrissen, wie sich die Moderne präsentiert, so zerrissen erscheint auch Webers Werk. Die Fertigstellung der vorzüglichen *Max Weber-Gesamtausgabe*, die erstmals den vollen Umfang seiner Arbeiten der Allgemeinheit zugänglich macht, bestätigt diesen Eindruck aufs Neue, nun aber unwiederbringlich. Das Werk ist ein einziger Torso. Themen über Themen, Probleme über Probleme, Begriffe über Begriffe, Studien über Studien. Genau das macht die überbordende Fülle seines Werkes aus, lässt aber auf Anhieb eine innere Einheit vermissen. Neu ist dieser Befund nicht. Wie eingangs bereits erwähnt, haben Generationen von Weber-Interpreten nach dem überragenden Thema, der grundlegenden Problematik und der zentralen Botschaft gesucht – und sie nicht gefunden. Was auf diese Weise entstanden ist, darf als gigantische Interpretationsindustrie und ein dissonantes Konzert von Stimmen gelten, die zu behaupten versuchen, sie wüssten, was den »Mythos von Heidelberg« in letzter Instanz umgetrieben hat. Es ist gleichsam ein Rezeptionswerk neben dem eigentlichen Werk entstanden, ganz ähnlich wie im Falle von Karl Marx, dem Marxismus und der Kritischen Theorie. Auch wenn sich letztlich keine kodifizierte Standardlesart herauskristallisiert hat, vermochte diese Fülle von gescheiten Interpretationen das Verständnis von Weber entscheidend voranzutreiben. Wir wissen heute ungleich mehr als zu den Zeiten, als Marianne Weber und dann Johannes Winckelmann Webers Werk einer staunenden Öffentlichkeit vorgelegt haben. Konsens bei einem Klassiker wäre wohl auch eine vollkommen verfehlte Hoffnung. Im Gegenteil: Dissens, und das ganz im Geiste von Weber, treibt den Kampf, die Konkurrenz und den Konflikt um schlüssige Rezeptionsweisen voran. Und es ist dieser pluralistische Lektürekosmos, der den interpretatorischen Mehrwert ausmacht.

Aber wie kann man angesichts dieser zerrissenen Werk- und Interpretationslage die Kühnheit besitzen, von einem »Weber-Paradigma« zu sprechen? Und worin genau könnte es bestehen? Ganz erneut im Geiste von Weber hat sich als nicht-intendierte Folge der vielen einschlägigen Bemühungen um das Verständnis seiner Studien die Einsicht herauskristallisiert, dass es einen Kern gibt, wie Weber *seine* Soziologie als Wirklichkeits-, Kultur-, Erfahrungs- und Lebenswissenschaft betreibt. Auch wenn er einige der Kennzeichnungen synonym gebraucht, transportieren doch alle diese Begriffsmarker eine Konnotation der Eigenart seines Paradigmas. Ausgangspunkt ist zweifellos die soziale Wirklichkeit und ihr »So-und-nicht-anders-Gewordensein«. Die Besonderheit seiner Soziologie besteht darin, dass sie eine Kulturwissenschaft ist, denn durch Sinn und Bedeutung findet der Mensch als Kulturmensch zu seinem Wirklichkeitsverständnis, den ihn drückenden Problemen und interessierenden Phänomenen. Die Soziologie ist aber auch eine Erfahrungswissenschaft, insofern die realen Probleme durch soziokulturelle Konstruktionen reflexiv gefiltert zum Gegenstand theoretisch inspirierter, methodisch raffinierter und empirisch gesättigter Analyse werden. Am Ende muss seine Soziologie auch als Lebenswissenschaft verstanden werden. Webers ganze Bemühungen und seine Sorgen blieben unverständlich, wenn sie nicht stets auf das Schicksal des Menschentums, die Persönlichkeit und ihre Lebensführung, ihre Freiheit und Individualität, bezogen würden. Die Lebensführung bezeichnet die Endmoräne von Webers Denken.

Dieses Wissenschaftsverständnis haben wir in den jeweiligen konkreten Anwendungen bereits kennengelernt. Wie kann unsere Spurensuche so zusammengezogen werden, dass wir auf sein Paradigma stoßen? Ließe sich Max Weber in eine Matrix packen, dann wäre die Spur seines Werkes die Summe ihrer Eigenwerte. Allein, wir sind nicht in der linearen Algebra, sondern in den Kultur- und Sozialwissenschaften. Mit der Exaktheit der Mathematik können wir es nicht aufnehmen. Aber es lassen sich die Wege, die wir bisher beschritten und zurückgelegt haben, »trassieren« zugunsten einer Hauptspur, um in Webers »Kraftwerk« vorzudringen. Weniger pathetisch und metaphorisch ausgedrückt, benötigt jedes Paradigma, wie einst Thomas Kuhn[1] eindrücklich formuliert hat, einen Kern. Was ist der Webersche Kern?

1 Thomas Kuhn, *Die Struktur wissenschaftlicher Revolutionen*, Frankfurt/M. 1967.

Es lohnt sich, an dieser Stelle einen Blick zurückzuwerfen auf das Jahr 2003, in dem das Weber-Paradigma konzeptuell aus der Taufe gehoben wurde. Die Organisatoren der Weber-Tagung in Heidelberg gingen zwar auch davon aus, dass wenig Übereinstimmung bei der »Frage nach einem geistigen Zentrum« besteht. Zugleich hoben sie vier Momente hervor, worin »Webers paradigmatischer Beitrag zur aktuellen Neuorientierung«[2] liegen könnte. Erstens, Webers *Interdisziplinarität*, denn er lehnt die klassischen Disziplingrenzen als ernsthaftes Hindernis jeder seriösen wissenschaftlichen Beschäftigung ab. Das zeigt seine eigene breite Fachbildung. Als gelernter Jurist beschäftigt er sich mit rechtshistorischen Fragen in Antike und Mittelalter, als angehender Nationalökonom machte er sich mit empirischen Studien zum Experten für agrarpolitische Probleme in Ostdeutschland, schrieb über die Börse und die Psychophysik der Arbeit. Als Historiker untersucht er »Die römische Agrargeschichte«, »Die sozialen Gründen des Untergangs der Antike«, seine »Agrarverhältnisse im Altertum« leitet er mit einer Theorie der antiken Staatenwelt ein und legt eine bahnbrechende Studie zur Geschichte der Stadt vor. Auf dem Weg in die Soziologie setzt er sich mit methodischen Grundfragen der Sozialwissenschaft auseinander. Die kulturellen Grundlagen des Kapitalismus machen ihn zum Religionssoziologen und Religionswissenschaftler. Diese interdisziplinäre Ausrichtung ging einher mit *Multidimensionalität*, denn sein Ansatz verknüpft Handeln und Handlungskoordination mit institutionellen Ordnungskonstellationen und kulturellen Wertorientierungen sowie deren dynamischen Wechselwirkungen. Weber zeichnet sich ferner durch *Offenheit* aus. Offenheit gegenüber Geschichte und Gesellschaft, denn es existiert keine teleologische Finalität trotz der »Fortschrittsrhetorik« seiner Zeit. Offenheit aber auch gegenüber neuen Entwicklungen in Wissenschaft und Gesellschaft. Typisch für ihn wird deshalb auch die Idee, die »Verkettung von Umständen« in Konstellationsanalysen von Handeln, Ordnung und Kultur zu studieren. Schließlich zeichnet sein Denken *Individualismus* aus, sowohl in methodologischer Hinsicht,

2 Gert Albert, Agathe Bienfait, Steffen Sigmund und Claus Wendt (Hg.), *Das Weber-Paradigma*, Tübingen 2003, S. 1.

denn alle seine Studien gehen stets vom Handeln individueller oder kollektiver Akteure aus. Das gilt aber auch in ethischer Hinsicht, denn Freiheit und Selbstbestimmung des Individuums in institutionellen Handlungskontexten gelten ihm als höchster Wert.

Wenn diese vier Momente den »Geist« von Webers Paradigma atmen, welche »Form« nimmt es an? Aus meiner Sicht lässt sich seine Gestalt in drei Einzelformen rekonstruieren: *analytisch*, über seinen Ansatz; *historisch*, über seine Studien zur Genealogie von Kapitalismus und Moderne; *zeitdiagnostisch* in seinem Versuch, »unser Schicksal« in der kapitalistischen Moderne abzuschätzen. Das ist natürlich eine künstliche, wenn man so will, »unweberianische« Trennung zu systematischen Darstellungszwecken unserer Hauptspur. Der analytische Kern wird über seine Problemorientierung, sein Theorie- und Methodendesign, seine Erklärungslogik der Konstellationsanalysen und sein Bild von Gesellschaften als Wertsphären und Lebensordnungen aufgeschlossen. Manches muss dabei zwangsläufig wiederholt werden, aber stets zu dem Zweck, seine Bedeutung für Webers analytischen Kern klarzulegen. Am Ende wird sich allerdings immer wieder das Gleiche erweisen. Webers Motto lautet: So viel Analyse wie möglich, so wenig Theorie wie nötig.

Weber selbst hat Soziologie einfach gemacht: *Doing sociology*, könnte sein Motto gewesen sein. Stets geht er von einem *Problem* aus, nicht von Themen oder Dingen. Und es ist wichtig, sich klarzumachen, was das genau bei ihm heißen soll. Das lässt sich paradigmatisch an seiner Spielart der *Sozialökonomik*[3] studieren, die auf das Verhältnis von »Wirtschaft und Gesellschaft« gerichtet ist. »Sozialökonomisch« meint nicht die Wesensart einer Erscheinung, sondern zielt auf ein bestimmtes Erkenntnisinteresse. Ein solch perspektivisches Erkenntnisinteresse ist es, das die Methodologie seiner Sozialökonomie informiert und inspiriert.

Nicht die ›*sachlichen*‹ Zusammenhänge der ›*Dinge*‹, sondern die ›*gedanklichen*‹ Zusammenhänge der *Probleme* liegen den Arbeitsgebieten der Wissenschaften zugrunde: wo mit neuer Methode einem neuen Problem nach-

3 Siehe zum Folgenden Hans-Peter Müller, »Max Webers Sozialökonomik«, in: Klaus Kraemer, Florian Brugger (Hg.), *Schlüsselwerke der Wirtschaftssoziologie*, Wiesbaden 2017, S. 89-134.

gegangen wird und dadurch Wahrheiten entdeckt werden, welche neue bedeutsame Gesichtspunkte eröffnen, da entsteht eine neue ›Wissenschaft‹.[4]

Was heißt dann die »Sozialökonomik« eines Phänomens? Weber gibt eine allgemeine, recht weit gespannte Definition:

Daß unsere physische Existenz ebenso wie die Befriedigung unserer idealsten Bedürfnisse überall auf die quantitative Begrenztheit und qualitative Unzulänglichkeit der dafür benötigten äußeren Mittel stößt, daß es zu ihrer Befriedigung der planvollen Vorsorge und der Arbeit, des Kampfes mit der Natur und der Vergesellschaftung mit Menschen bedarf, das ist, möglichst unpräzis ausgedrückt, der grundlegende Tatbestand, an denen sich alle jene Erscheinungen knüpfen, die wir im weitesten Sinne als ›sozialökonomische‹ bezeichnen.«[5]

Bedürfnisse und ihre Befriedigung, Mittel und ihre Knappheit, Arbeit und Kampf mit der Natur, Vergesellschaftung und ihre planvolle Gestaltung umschreiben den Kriterienkatalog, der ihn die Untersuchung eines Phänomens (und *nicht* das Phänomen selbst) als »sozial-ökonomisch« bezeichnen lässt.

Dieser sozialökonomische Ansatz zielt natürlich auf das Studium des Kapitalismus. Als Max Weber mit Edgar Jaffé und Werner Sombart im Jahre 1904 das *Archiv für Sozialwissenschaft und Sozialpolitik* übernahm, drückten sie dieses sozialökonomische Erkenntnisinteresse bereits in der Ausrichtung ihrer Zeitschrift aus, die zum bedeutendsten wirtschafts- und sozialwissenschaftlichen Journal des wilhelminischen Kaiserreiches aufsteigen sollte. »Unsere Zeitschrift wird heute die historische und theoretische Erkenntnis der *allgemeinen Kulturbedeutung der kapitalistischen Entwicklung* als dasjenige wissenschaftliche Problem ansehen müssen, in dessen Dienst sie steht.«[6] Diese sozioökonomische Dimension des sozialen Lebens

4 Max Weber, »Die ›Objektivität‹ sozialwissenschaftlicher und sozialpolitischer Erkenntnis« (1904), in: ders., *Gesammelte Aufsätze zur Wissenschaftslehre*, Tübingen [4]1973, S. 146-214, hier S. 166 und MWG I/7, S. 167 f.

5 Ebd., S. 161

6 Max Weber, »Geleitwort zum ›Archiv für Sozialwissenschaft und Sozialpolitik‹« (zus. mit Edgar Jaffé und Werner Sombart) (1904), in: ders., *Zur Logik und Methodik der Sozialwissenschaften.* Schriften und Reden 1900-1907, hg. von Gerhard Wagner et al., MWG I/7, Tübingen 1918, S. 120-134, hier S. 130. Auch abgedruckt in Max Weber, *Schriften 1894-1922,* ausgewählt von Dirk Kaesler, Stuttgart 2002, S. 74.

heißt nun gerade nicht, die moderne Gesellschaft durch und durch ausschließlich ökonomisch zu verstehen. Weber, der das Werk von Karl Marx durchaus schätzte und sich immer wieder mit dessen Kritik der Politischen Ökonomie auseinandergesetzt hat, grenzt sich scharf von allen Spielarten eines solchen »Ökonomismus« ab. Die ökonomische Basis bestimmt nicht einseitig den gesamten gesellschaftlichen Überbau: Wirtschaft ist nicht gleich Gesellschaft. Weber unterscheidet daher drei Klassen von sozialökonomischen Erscheinungen: ökonomische, ökonomisch relevante und ökonomisch bedingte Phänomene. »Jener Komplex menschlicher Beziehungen, Normen und normbestimmter Verhältnisse, die wir ›Staat‹ nennen, ist beispielsweise bezüglich der staatlichen Finanzwirtschaft eine ›wirtschaftliche‹ Erscheinung; – insofern er gesetzgeberisch oder sonst auf das Wirtschaftsleben einwirkt [...,] ist er ›ökonomisch relevant‹; – sofern endlich sein Verhalten und seine Eigenart auch in anderen als in seinen ›wirtschaftlichen‹ Beziehungen durch ökonomische Motive mitbestimmt wird, ist er ›ökonomisch bedingt‹.«[7]

Sein *Problem,* der »Kapitalismus in seinem Gewordensein und seiner Kulturbedeutung«,[8] sein sozialökonomischer *Ansatz,* der auf die Verhältnisbestimmung von Wirtschaft und Gesellschaft mit den drei Klassen von ökonomischen, ökonomisch relevanten und ökonomisch bedingten Phänomenen zielt, legt ihm ein ungeheuerlich weit gespanntes *Forschungsprogramm* auf: »die wissenschaftliche Erforschung der *allgemeinen Kulturbedeutung der sozialökonomischen Struktur des menschlichen Gemeinschaftslebens* und seiner historischen Organisationsformen«.[9]

Das geht nun nicht so, dass man vom Problem einfach zur Analyse übergeht. Wo der direkte Sprung mit wissenschaftlichem Anspruch geschieht, könnte man von *Empirismus* sprechen. Wo das in informativer Absicht passiert, trifft man auf das Gros des *Journalismus.*[10] Vielmehr tritt zwischen Problem und Analyse das

7 Ebd., S. 162 und MWG I/7, S. 163.

8 Ebd., S. 174 und MWG I/7, S. 180.

9 Ebd., S. 165 und MWG I/7, S. 166.

10 Man trifft die übereilte Forschungs- und Mitteilungsabsicht in einem Teil der empirischen Sozialforschung und dem *ready-made*-Journalismus an, wo der Zeitdruck die notwendige Reflexion zu ersetzen scheint. Ausgerechnet der Dilettantismus neigt zur ausgeprägten Meinungs- und Urteilsfreudigkeit. Wer wenig

Theorie- und Methodendesign. Ohne eine solche Untersuchungsanlage gibt es keine Wissenschaftlichkeit. *Theorie* ist, wie wir gesehen haben, für Weber gleichbedeutend mit Begriffsbildung. Genau deshalb entwirft er eine Fülle von Idealtypen, die ein Phänomen in übersteigerter Reinheit auf den Begriff bringen. In der Anwendung gewinnt man einen Erkenntnismehrwert durch die Abweichungen vom Begriff, die die historisch-empirische Analyse zutage fördert.

Seine *Methode* zielt auf das erklärende Verstehen in historisch-empirischen Konstellationsanalysen. Das lässt sich paradigmatisch anhand eines Rückblicks auf die explanatorische Bedeutung der »Protestantischen Ethik« nachvollziehen. Weber will ja nicht an die Stelle der materialistischen eine idealistische Geschichtsdeutung setzen. Vielmehr will er *methodisch* verdeutlichen, wie Ideen in der Geschichte wirksam werden, und *historisch-empirisch*, wie durch eine »Verkettung von Umständen« der Puritanismus ungewollt zum Steigbügelhalter des Kapitalismus wurde. Denn indem er ihm eine methodisch-rationale Berufsethik auf der Basis innerweltlicher Askese zur Verfügung stellt, hat er dem Kapitalismus willige Unternehmer und Arbeitnehmer geliefert.

Webers Erklärungslogik arbeitet mit einem *Modell der sukzessiven Kontextdifferenzierung*.[11] Der erste Kontext ist ideeller Natur. Die *Idee* des Puritanismus entwirft ein religiöses Dogma auf der Grundlage von Prädestinationsgedanke und Bewährungserfolg. Gott ist allmächtig und deshalb vermag das Heil weder durch kirchliche Sakramente wie die Buße noch durch gute Werke erzielt werden. Die rational geschlossene Theodizee ist makellos, weil logisch und in sich widerspruchsfrei. Insofern sind Theodizeen stets das Werk von religiösen Virtuosen und Intellektuellen, die dem Kosmos unbedingt einen metaphysisch wahren Sinn verleihen wollen und die deshalb auf die Bedürfnisse der religiösen Laien wenig Rücksicht nehmen. Es geht hier um Theorie, nicht um Praxis. Deshalb muss ein zweiter Handlungskontext der *Praxis* ausdifferenziert

weiß, wird gern moralisch, um sich die nötige Aufmerksamkeit – und das heißt heute neudeutsch: *Likes* – abzuholen. Wer also nach den tieferen Ursachen unseres hektisch-flachatmigen öffentlichen Diskursniveaus heute sucht, könnte hier fündig werden.

11 Ich folge hier M. Rainer Lepsius' vorzüglichen Analysen. Siehe »Eigenart und Potential des Weber-Paradigmas« und »Max Weber (1864-1920)«, beide in ders., *Max Weber und seine Kreise*, Tübingen 2016, S. 3-19 und S. 58-75.

werden, der die Lehre lebbar und dadurch überhaupt erst annehmbar macht. »Das ist das Wirkungsfeld der seelsorgerischen Praxis, der Priester und Lehrer.«[12] Gottes Ratschluss bleibt unergründlich, so dass auch die Ungewissheit über das Seelenheil prinzipiell weiter existiert. Aber es wird der Glaube kreiert, dass sein Segen auf dem Erfolg asketischer Berufsarbeit ruht. Das »züchtet« eine harte und strenge Berufsethik. Wichtig für die Geburt einer ungeheuren Leistungsmotivation ist genau diese Kombination von prinzipieller Ungewissheit und der Heilschance, durch harte Berufsarbeit am Ende des Lebens zum Ziel zu gelangen: dem Platz im jenseitigen Paradies. Angst und Arbeit peitschen zum Erfolg. Der Puritanismus gilt als häretischer Glaube und wird politisch verfolgt. Das eröffnet einen dritten Handlungskontext der Vergemeinschaftung, die aus der religiösen Bewegung die Organisationsform der *Sekte* schmiedet. Nach innen religiös und sozial eng vergemeinschaftet, nach außen fest gegenüber der feindlichen und als religiös inferior wahrgenommenen Gesellschaft. Was in den Klöstern und der außerweltlichen Askese der Mönche begann, setzt sich in moderner Form mit den puritanischen Sekten fort. Ihre Praxis ist nicht nur religiös erfolgreich, sondern vor allem auch ökonomisch. Ein vierter Handlungskontext entsteht dann, wenn die puritanische Geschäftspraxis – harte Arbeit, geringer Konsum, dadurch hohe Sparleistung und Kapitalbildung – nach außen in die *Gesellschaft* diffundiert. »Die busy-ness ist gut für das Business!« – so könnte das Motto lauten. Weber fasst das Erfolgscredo des Puritanismus in die Formel: »Wie die Einschärfung der asketischen Bedeutung des festen Berufs das moderne *Fachmenschentum* verklärt, so die providentielle Deutung der Profitchancen den *Geschäfts*menschen.«[13] Ein letzter Handlungskontext der *gesamtgesellschaftlichen Dissemination* entsteht, wenn »aus dem Demonstrationseffekt des Verhaltens einer Minderheit das institutionalisierte Verhaltensmodell des Kapitalismus«[14] wird. Das freilich geschieht nur um den Preis des Verblassens der religiösen Ursprünge der Berufsethik, was Weber am Beispiel der schon fast utilitaristischen Geschäftsethik von

12 Lepsius, »Max Weber«, S. 72.

13 Max Weber, »Die protestantische Ethik und der Geist des Kapitalismus«, in: ders., *Gesammelte Aufsätze zur Religionssoziologie*, Bd. I., Tübingen [6]1972, S. 17-206, hier S. 178 und MWG I/18, S. 438.

14 Lepsius, »Max Weber«, S. 73.

Benjamin Franklin (»Zeit ist Geld«) zeigt. Der Schluss ist bekannt, denn das ist auch heute noch Realität: »Der Puritaner *wollte* Berufsmensch sein, – wir *müssen* es sein.«[15] Der einzige Unterschied zu Webers Zeiten besteht vielleicht in dem »wir«. Denn trotz männlicher Form schließt das heute Männer *und* Frauen ein. Im Falle der Frauen gilt das als Errungenschaft der weiblichen Emanzipation, auch wenn heute aus dem »Wollen« längst ein »Müssen« geworden ist.

Dieses Modell demonstriert, was Weber unter Konstellationsanalyse versteht. Es beginnt mit einem Individuum/Akteur und dessen charismatischer Idee. Sie findet eine kleine Anhängerschaft, die das Dogma durch ihre Lebensführung in die Praxis übersetzt. Das schließt zwei Prozesse ein. Zum einen muss auf der kulturellen Ebene aus der konstitutiven Idee ein lebbares Ideal werden, das den »Geist«, also Sinn und Sinnhaftigkeit, der charismatischen Gemeinschaft verkörpert. Zum anderen muss auf der strukturellen Ebene eine institutionelle »Form« gefunden werden, die das labile Gebilde auf Dauer zu stellen vermag. Von der »intentionalen Lebensgemeinschaft«[16] über eine soziale Bewegung bis hin zu einer religiösen oder politischen Sekte gibt es viele Formen, in der das geschehen kann. Der Bewährungserfolg entscheidet über die Disseminationschancen in die Gesellschaft. Spätestens in dem Moment, wo eine Idee in der Mitte der Gesellschaft angekommen ist, haben Geist und Form, Ideal und Institution, meist eine ganze Reihe von Transformationen hinter sich. Die Folge ist häufig, dass sich die ursprüngliche Idee kaum noch identifizieren lässt. Karl Marx etwa hätte sich wahrscheinlich im real existierenden Sozialismus mit seinen Ideen auch nur schwer wiedererkannt, so wenig, wie ein auf die Erde zurückgekehrter Johannes Calvin sich in amerikanischen Businesspraktiken wiedergefunden hätte. Genau das meint Weber mit der Formel: »Die Paradoxie der Wirkung gegenüber dem Wollen!«

Die Konstellationsanalyse ist das eine, die *mehrebenenartige Architektonik* seines Erklärungsmodells[17] ist das andere. Auch hier hat

15 Weber, »Die protestantische Ethik«, S. 203 und MWG I/18, S. 487.

16 Diesen gelungenen Begriff übernehme ich von Matthias Grundmann et al. (Hg.), *Soziale Gemeinschaften. Experimentierfelder für kollektive Lebensformen*, Münster 2006.

17 Ich folge hier den vorzüglichen Analysen von Wolfgang Schluchter. Siehe seine Studien zu »Religiöse Wurzeln frühkapitalistischer Berufsethik: Die Weber-The-

die »Protestantische Ethik« wiederum als paradigmatisches Vorbild gedient. Der erste, der diese Architektonik entdeckt hat, war David McClelland in seinem Buch über die Leistungsgesellschaft.[18] James Coleman hat sie dann in sein berühmtes Badewannenmodell[19] auf der Basis der Rational-Choice-Theorie übersetzt, um zu demonstrieren, wie Mikro- und Makro-Ebene relationiert sind. Schließlich hat Hartmut Esser die Badewanne in das RREMM-Modell[20] eingebaut. Das Akronym steht für die Eigenschaften des »homo complexus«, der sowohl den »homo oeconomicus« wie den »homo sociologicus« ablösen soll: *resourceful, restricted, expecting, maximizing man*,[21] so wird der Akteur in dem Modell vorgestellt. Und doch rechnet auch die dahinterstehende Werterwartungstheorie mit der Rationalität als Interessenmaximierung. Insofern sagt die Badewanne mehr über die Mikro-Makro-Logik im RC-Modell aus, als über Max Weber. Tatsächlich muss ja die »Protestantische Ethik« auch als eine Ablehnung des »homo oeconomicus« gelesen werden, der bereits zu seiner Zeit die neoklassische Ökonomie beherrscht hat. Genau deshalb arbeitet Weber stets mit Begriffspaaren und Dualitäten. Neben dem zweckrationalen Handeln, das der »homo oeconomicus« genauso wie der »homo complexus« verfolgt, gibt es wertrationales Handeln. Zweckrationalität ist erfolgsorientiert, Wertrationalität ist geltungsorientiert. Erfolg und Geltung müssen unterschieden werden, denn im ersten Fall soll das Handeln ein Ziel erfüllen, im zweiten Fall soll ein Wert um seiner selbst willen verwirklicht werden. Weber entwickelt eine Fülle solcher Begriffspaare, ohne dass sie sich einfach aufeinander abbilden ließen. Im Falle unserer Auseinandersetzung mit seinem Rationalisierungs-

se in der Kritik«, in: ders., *Die Entzauberung der Welt,* Tübingen 2009, S. 40-62 und »Die Dualität von Struktur und Handeln«, in: ders., *Handeln im Kontext. Neue Studien zu einem Forschungsprogramm im Anschluss an Max Weber,* Tübingen 2018, S. 3-23.

18 David McClelland, *The Achieving Society,* New York 1961, S. 47.

19 James S. Coleman, *Foundations of Social Theory,* Cambridge/Mass. 1990, S. 8.

20 So das Grundlagenwerk von Hartmut Esser, *Soziologie. Allgemeine Grundlagen,* Frankfurt/M., New York 1993, S. 98 für das Grundmodell und die Kapitel 14 u. 15 für die Modellierung sozialer Prozesse, S. 231-250.

21 Das RREMM-Modell selbst stammt ursprünglich von Siegwart Lindenberg, »An Assessment of the New Political Economy: Its Potential for the Social Sciences and Sociology in Particular«, in: *Sociological Theory,* 3 (1985), S. 99-114, hier S. 100 f.

theorem hatten wir gesehen, dass er neben Zweck- und Wertrationalität formale und materiale Rationalität unterscheidet sowie theoretischen und praktischen Rationalismus. In der »Protestantischen Ethik« wird aber die Unterscheidung zwischen Interessen und Ideen wichtig, wie seine berühmte »Weichensteller«-Metapher zum Ausdruck bringt, nach der zwar Interessen das Handeln beherrschen, aber »die ›Weltbilder‹, welche durch ›Ideen‹ geschaffen wurden, haben sehr oft als Weichensteller die Bahnen bestimmt, in denen die Dynamik der Interessen das Handeln fortbewegte«.[22] Ein Ensemble von Ideen kann sich zu einem Weltbild formen. In dem Maße, als ein solches Weltbild Geltung gewinnt und Nachachtung erlangt, kann es die Weichen stellen. Diese Weichenstellung wiederum kann die Richtung des bislang gewohnten Handelns komplett verändern. Neue, innovative Wege werden beschritten und was als außeralltägliches Ideenensemble und charismatisches neues Weltbild begann, geht durch Konventionalisierung, Routinisierung und Habitualisierung in den alltäglichen Interessenhaushalt ideeller und materielle Natur ein. Es ist demnach das religiöse Weltbild des Puritanismus mitsamt seinen Ideen, welche die asketische Berufsethik geschaffen hat, und nicht die Herrschaft auch noch so etablierter, kapitalistischer Interessen.

Um die mehrebenenartige Architektonik genauer zu bezeichnen, hat Wolfgang Schluchter deshalb die ursprüngliche Badewanne zu einem »*zweiseitigen* Makro-Mikro-Makro-Modell«[23] erweitert. Zu diesem Zweck unterscheidet er zwischen Kultur- und Ordnungskonfiguration, um »Geist« und »Form« unabhängig voneinander variieren zu lassen, auch wenn sie häufig genug korrespondieren. Die »Protestantische Ethik« auf der Makroebene beeinflusst durch ihre Berufsethik (»Geist«) und ihre Sektenorganisation (»Form«) die Heilsinteressen auf der Mikroebene und bestimmt Orientierung wie Handeln.

Wir bezeichnen die mit diesem Modell verbundene Erklärungslogik als methodologischen Relationismus.[24] Wir entfernen uns damit von einem

22 Max Weber, »Einleitung«, in: ders., *Gesammelte Aufsätze zur Religionssoziologie*, Bd. I, S. 237-275, hier S. 252 und MWG I/18, S. 101.

23 Schluchter, »Die Dualität von Struktur und Handlung«, S. 10, dort auch die Abbildung des Schemas.

24 Schluchter rückt mit dieser Neuinterpretation Weber sehr viel näher an seinen Kollegen und Freund Georg Simmel, der auch auf der Strukturebene einen Rela-

radikalen methodologischen Individualismus, ohne ins Lager der methodologischen Holisten überzugehen. Denn wir betonen die Wichtigkeit der Konfigurationen von Kulturen *und* [Kursivierung von HPM] Ordnungen (einschließlich Beziehungen und Verbänden), also von zwei Kategorien von Makrophänomenen, die über Internalisierung und Sanktionierung (soziale Kontrolle) auf den Handelnden einwirken, zugleich aber durch dessen Handeln nicht nur aufrechterhalten, sondern unter Umständen auch neu interpretiert und verändert werden. Diese Makrogrößen sind weder gesetzmäßig noch funktional miteinander verknüpft. Dies bezeichnet der Begriff der Wahlverwandtschaft.[25]

Wie anhand des Modells der sukzessiven Kontextdifferenzierung gezeigt, kann sich über die Zeit die religiöse Pastorallehre mit dem Berufserfolg als Zeichen der Erwählung für das Jenseits in eine säkulare Nützlichkeitslehre transformieren mit dem Berufserfolg aufgrund eigener Werke im Diesseits. Die Arbeitsethik bleibt bestehen, aber wechselt die Farbe von wert- zu zweckrationalem Handeln. Die Heilsethik wird zur Erfolgsethik. Wir haben gesehen, dass Weber glaubte, der etablierte Kapitalismus benötige gar keinen »Geist« mehr, um zu funktionieren. Das würde freilich sein Modell gleich in doppelter Weise[26] verletzen: Erstens würde die Form ohne Geist weiter existieren, gleichsam mental leerlaufen und damit Sinn wie Bedeutung in den Augen der Menschen verlieren. Zweitens wäre dann das realisiert, was er theoretisch doch so scharf ablehnt. Die Gesellschaft und hier der Kapitalismus würden wie die Mechanik einer Maschine automatisch funktionieren. Aber weder Gesellschaft noch Kapitalismus will er andererseits als System verstanden

tionismus und auf der Kulturebene einen Relativismus vertreten hatte. Zugleich präsentiert er Weber als Strukturationstheoretiker *avant la lettre*. Das sind jedenfalls die Positionen von Anthony Giddens, *Die Konstitution der Gesellschaft. Grundzüge einer Theorie der Strukturierung*, mit einer Einführung von Hans Joas, Frankfurt/M., New York 1988 und Pierre Bourdieu, *Entwurf einer Theorie der Praxis auf der ethnologischen Grundlage der kabylischen Gesellschaft*, Frankfurt/M. 1979. Zum Übergang von Struktur- zu Strukturationstheorien siehe auch Hans-Peter Müller, *Sozialstruktur und Lebensstile. Der neuere theoretische Diskurs über soziale Ungleichheit*, Frankfurt/M. [3]1997.

25 Schluchter, »Die Dualität von Handlung und Struktur«, S. 10.

26 Deshalb sind auch Luc Boltanski und Ève Chiapello der Auffassung, dass der Kapitalismus stets einen »Geist« braucht – wenn auch nicht unbedingt einen religiösen – , der zum enthusiastischen »Mitmachen« motiviert. Siehe dies., *Der neue Geist des Kapitalismus*, Konstanz 2003.

wissen, wie er auch sämtliche Analogien zu Tiergesellschaften und deren instinktgesteuerten Automatismen ablehnt, weil Menschen mit Sinn und Bedeutung, also auch zweck- und wertorientiert, handeln und nicht einfach wie Maschinen funktionieren.

Wie anhand der Erklärungslogik in Konstellationsanalysen gezeigt, ist die »Protestantische Ethik« durchaus höchst bedeutsam für sein Werkverständnis, weshalb manche Interpreten hier nicht nur eine ganz besondere Studie, sondern das geistige Zentrum von Webers Gesamtwerk[27] erblickt haben. Das gilt zumindest für den analytischen Kern jedoch nur sehr eingeschränkt, denn so etwas wie ein Bild der modernen Gesellschaft findet sich vor allem in seiner »Zwischenbetrachtung«, der wir uns jetzt zuwenden. Webers Soziologie kommt, ähnlich wie die von Georg Simmel, *ohne* den Begriff der Gesellschaft[28] aus. Er spricht lieber von »Vergesellschaftung« und »Vergemeinschaftung«, um den Prozesscharakter des sozialen Lebens zu betonen. Wo das Zusammenleben sich in sozialen Gebilden kondensiert, verwendet er Begriffe wie Ordnungen und Verbände. Er ist also eher Institutionentheoretiker denn Gesellschaftstheoretiker, wenn man ihm das Gütesiegel eines Theoretikers verleihen und ihn nicht lieber als analytischen Denker der modernen Welt begreifen will.

27 Der britische Historiker Peter Ghosh hat keine Mühen gescheut und mit philologischem Furor wie stupender Quellenkenntnis den Nachweis zu liefern versucht, dass die »Protestantische Ethik« nicht nur *ein* Hauptwerk, sondern *in nuce* das Werk überhaupt repräsentiert. Der ganze Weber soll also in dieser Studie stecken. So faszinierend diese Interpretation, die ein lebendiges Porträt des deutschen Klassikers bietet, so wenig kann sie mit der Vielschichtigkeit der Werkgestalt mithalten. Das wäre eine »schöne Geschichte«, wenn es so wäre. Allein Weber ist narrativ widerborstig, wie wir bereits eingangs festgestellt hatten. Siehe Peter Ghosh, *A Historian Reads Max Weber. Essays on the Protestant Ethic,* Wiesbaden 2008 und *The Protestant Ethic. Twin Histories,* Oxford 2014.

28 Siehe dazu Hans-Peter Müller, *Max Weber. Eine Einführung in sein Werk*, Köln u. a. 2007, S. 157-188 und S. 248-263; Wolfgang Schluchter, *Grundlegungen der Soziologie,* Bd. 1, Tübingen 2009, S. 307-311; Thomas Schwinn, »Wertsphären, Lebensordnungen und Lebensführungen«, in: Agathe Bienfait, Gerhard Wagner (Hg.), *Verantwortliches Handeln in gesellschaftlichen Ordnungen. Beiträge zu Wolfgang Schluchters Religion und Lebensführung,* Frankfurt/M. 1998, S. 270-319; ders., *Differenzierung ohne Gesellschaft. Umstellung eines soziologischen Konzepts,* Weilerswist 2001; Hartmann Tyrell, »Max Webers Soziologie – eine Soziologie ohne ›Gesellschaft‹«, in: Gerhard Wagner, Heinz Zipprian (Hg.), *Max Webers Wissenschaftslehre,* Frankfurt/M. 1994, S. 390-414.

Dennoch muss auch er eine Vorstellung von der modernen Gesellschaft entwickeln und sie zumindest als Hintergrundfolie für seine Gesellschaftsanalysen benutzen. Wie konzeptualisiert er diese Hintergrundfolie? Webers Antwort lautet: *Wertsphären und Lebensordnungen*. Wertsphären verweisen auf die ideelle Komponente, Lebensordnungen auf die institutionelle Komponente einer Gesellschaft. Wertsphären[29] repräsentieren verdichtete Sinnzusammenhänge, die sich um einen Zentralwert gruppieren und auf diese Weise auf Dauer stellen. Max Weber hat nun weder eine Wertphilosophie entwickelt noch eine Wertlehre kategorial ausgearbeitet, geschweige denn eine Definition von Wert unterbreitet. Das ist für einen Soziologen, der so großen Wert auf klar geschnittene Begriffe gelegt hat, schon überraschend, zumal er sich zeitlebens für Wertfragen interessiert hat. Aber die hohe Bedeutung für institutionalisierungsfähige Sinnkondensate lässt sich auch daran ablesen, dass er gern mit dem Wortungetüm »Kulturwertideen« arbeitet. In seinen Augen stecken in der Kultur die Leitideen, die als »Werte« das Handeln der Menschen anleiten. Wo sie sich konzentrieren, da spricht er von Wertsphären. Aber nicht alle Lebensgebiete, die Wertsphären ausbilden, sind institutionalisierungsfähig und prägen Lebensordnungen aus. Nur institutionalisierte Lebensgebiete verfügen über Ordnungen und Verbände, die dem Handeln Orientierung, Richtung und Leitlinien anbieten, die internalisiert und durch Sanktionen sozial kontrolliert werden können.

Allerdings, so Weber, bildet die moderne Gesellschaft keine organische Einheit mehr, wie das noch Durkheim in Frankreich oder Othmar Spann unter dem gleichnamigen Titel *Wirtschaft und Gesellschaft*[30] zu konstruieren versucht hatten. Vielmehr zerfällt die

29 Siehe zu diesem Themenkomplex Hans-Peter Müller, »Wert(e), Wertdiskussion und Wertkonflikt«, Thomas Schwinn, »Wertsphären und Lebensordnungen« und Michael Schmid, »Werturteilsfreiheit«, in: Hans-Peter Müller und Steffen Sigmund (Hg.), *Max Weber-Handbuch. Leben – Werk – Wirkung*, Stuttgart 2014, S. 142-152.

30 Vgl. Emile Durkheim, *Über soziale Arbeitsteilung. Studien zur Organisation höherer Gesellschaften*, mit einem Vorwort von Niklas Luhmann, »Arbeitsteilung und Moral«, und einem Nachwort von Hans-Peter Müller und Michael Schmid, »Arbeitsteilung, Solidarität und Moral. Eine werkgeschichtliche und systematische Einführung in die ›Arbeitsteilung‹ von Emile Durkheim«, Frankfurt/M. [2]1988 und Othmar Spann, *Wirtschaft und Gesellschaft. Eine dogmenkritische Untersuchung*, Dresden 1907.

moderne Gesellschaft buchstäblich in verschiedene Wertsphären und Lebensordnungen. Was einmal ausdifferenziert worden ist und sich als eigenständige Institutionenordnungen etabliert hat, kann weder ein gemeinsames (religiöses oder säkulares) Wertsystem noch eine gesellschaftliche Metainstanz wie die Religion oder der Staat zu einer organischen Einheit verschmelzen. Eine solche »Einheitsideologie«[31] würde gerade die Vorzüge der Ausdifferenzierung wieder zunichte machen.

Weber konstruiert nun die Spannungen und Konflikte, die sich ergeben, wenn eine religiöse Ethik mit ihren strengen Geboten auf die anderen Ordnungen der Gesellschaft trifft. Denn: »Immer stieß diese religiöse Brüderlichkeit, je mehr sie in ihren Konsequenzen durchgeführt wurde, desto härter mit den Ordnungen und Werten der Welt zusammen.«[32] Weber analysiert in der Folge das Verhältnis zwischen Religion und Wirtschaft, Politik, Ästhetik, Erotik und Wissenschaft. Es kommt ihm darauf an, die spezifischen Spannungen und potentiellen Konflikte herauszuarbeiten, in die eine rein religiöse Brüderlichkeitsethik mit den anderen, profanen Lebensgebieten zwangsläufig gerät.

Das trifft erstens auf die *ökonomische Sphäre* zu, denn »die sublimierte Erlösungsreligion und die rationalisierte Wirtschaft gerieten in zunehmende Spannung zueinander«. Auf der einen Seite lässt die Ökonomie, die im Ganzen als sachliches Betriebswesen organisiert ist, Geldpreise über den Markt bestimmen.

> Geld ist das Abstrakteste und ›Unpersönlichste‹, was es im Menschenleben gibt. Der Kosmos der modernen rationalen kapitalistischen Wirtschaft wurde daher, je mehr er seinen immanenten Eigengesetzlichkeiten folgte, desto unzugänglicher jeglicher denkbaren Beziehungen zu einer religiösen Brüderlichkeitsethik.[33]

31 Das lässt sich am real existierenden Sozialismus studieren. Die »sozialistische Systemrationalität« widersprach vehement der wirtschaftlichen Eigenrationalität mit den entsprechenden ökonomischen Suboptimalitäten als Ergebnis. Siehe exemplarisch die luzide Analyse bei M. Rainer Lepsius, »Zur Reformunfähigkeit der DDR: Wirtschaftliche Entscheidungsstrukturen und der ›Bereich Mittag‹ im Zentralkomitee der DDR«, in: ders., *Institutionalisierung politischen Handeln. Analysen zur DDR, Wiedervereinigung und Europäischen Union,* Wiesbaden 2013, S. 104-115.

32 Max Weber, »Zwischenbetrachtung: Theorie der Stufen und Richtungen religiöser Weltablehnung«, in: ders., *Gesammelte Aufsätze zur Religionssoziologie*, Bd. 1 (1920), Tübingen [6]1972, S. 536-573, S. 544.

33 Ebd.

In schlichte wirtschaftstheoretische Sprache von heute übersetzt ist das, wie wir gesehen haben, der berühmte »trade-off between efficiency and equality«, zwischen ökonomischer Effizienz und sozialer Gerechtigkeit.[34] Weber übersetzt das in den chronischen Hiatus von formaler und materialer Rationalität.

In ganz ähnlicher Weise gilt das spannungsgeladene Verhältnis, zweitens, auch für die *politische Ordnung*. Obgleich die Religion oft genug die politische Herrschaft als »gottgewollt« legitimiert hat, sind weltliche und geistliche Macht historisch doch häufig aneinandergeraten. »Gebt dem Kaiser, was des Kaisers ist, und Gott, was Gottes ist« (Matthäus 22, 21), mag ein vernünftiger Grundsatz sein, den schon Jesus Christus verfochten hatte. In der gesellschaftlichen Praxis hingegen überwog der Kampf um die jeweilige Suprematie. Ging er erfolgreich aus, entstand entweder eine *Theokratie* oder *Hierokratie* – in diesem Fall hatte die religiöse Seite den Konflikt für sich entschieden. Oder die Fusion von weltlicher und geistlicher Macht endete in einer Art von »Cäsaropapismus«, wie das Max Weber in seiner Herrschaftssoziologie nannte, dann hatte die weltliche Seite den schlussendlichen Sieg errungen. Ein berühmtes Beispiel repräsentiert Heinrich VIII., der nach gescheitertem Scheidungsgesuch beim Papst sich von der römischen Kirche trennt und die anglikanische Kirche begründet. Heinrich VIII. blieb nicht nur König von England, sondern wurde fortan auch zum Oberhaupt seiner Kirche. Weltliche und religiöse Macht verschmolzen zur unitarischen Herrschaft, kurz: Cäsaropapismus. Wie man gerade am Beispiel dieser beiden Lebensmächte sehen kann, bleibt die Verschmelzung jederzeit eine Option, die historisch und empirisch möglich ist. In diesem Fall versucht die weltliche Macht, sich die religiöse Macht zu unterwerfen, wie das gegenwärtig in einigen Autokratien der Fall zu sein scheint. Aber genau dann wird die Chance verspielt, institutionelle Prinzipien gegeneinander zu installieren, damit sie füreinander wirken können. Die ganze Last der Legitimation ruht in der Folge auf den Schultern einer Macht und nicht zweier Mächte, die sich wechselseitig entlasten können.

In dem Maße, in dem die *Kunst* sich als autonomes Lebensgebiet etabliert und von jeglichen Vorgaben religiöser oder politischer Natur emanzipiert, gelten für sie nur eigene Wertstandards und

34 Arthur Okun, *Equality and Efficiency, The Big Trade-off*, Washington 1975.

Maßstäbe. Das Motto lautet: *L'art pour l'art.* Insofern muss auch die *ästhetische Sphäre* an diesem Punkt mit der Religion in Konflikt geraten. Religiöse Ethik sieht sich mit reiner Ästhetik konfrontiert. In der Philosophie wird Sören Kierkegaard diesen Konflikt auf den Begriff bringen: »Entweder-Oder«.[35] Der religiösen Ethik erscheint reine Kunst als eitles und verantwortungsloses Genießen, das von dem »Einen, das nottut«, gefährlich abzulenken vermag. Die puritanische Kultur gibt sich, wie wir an der »Protestantischen Ethik« gesehen haben, zwar als »rein«, wie der Name schon sagt. Aber diese Reinheit geht eben auf Kosten der Ästhetik, die deshalb alles in allem recht »dürftig« ausfällt. Das gilt zumindest dann, wenn man sie am Maßstab einer ästhetischen Kultur misst, die sich der ungeheuren Vielfalt künstlerischer Kreativität nicht verschließt. Das lässt sich am Beispiel der katholischen Kirche sehen, die jahrhundertelang die Kunst in ihren mäzenatischen Dienst genommen und auf religiöse Motive aus der Bibel verpflichtet hat, zugleich aber dem artistischen Ausdrucksvermögen gewisse Freiräume eröffnet hat. Freilich: Auch hier vermochte die Religion die Büchse der Pandora nicht dauerhaft geschlossen halten. Mit der Renaissance und der Rückwendung zur Antike beginnt der allmähliche Ablösungs- und Autonomisierungsprozess der Kunst. Prinzipiell gilt also auch hier, dass es eine *trade-off* zwischen Ethik und Ästhetik gibt.

»Wie zur ästhetischen Sphäre, so steht die religiöse Brüderlichkeitsethik der Erlösungsreligionen auch zu der größten irrationalen Lebensmacht: der geschlechtlichen Liebe, in einem tiefen Spannungsverhältnis.«[36] Ursprünglich ist der Geschlechtsverkehr noch eng eingebunden in der magischen Religiosität wie etwa bei der »heiligen Prostitution«. Doch spätestens mit der Abstreifung der Magie gingen alle Religionen daran, den Sexualverkehr zugunsten der Ehe zu reglementieren. Am Beispiel der charismatischen Herrschaft hatten wir gesehen, wie gerade Herrscherhäuser auf Ehe- und Familienaffiliationsregeln drängen, um eine ordentliche Nachfolge zu sichern. Mit der Sublimierung der Sexualität zur Erotik mussten die Spannungen zwischen geschlechtlicher *Liebe* und Religion vollends entbrennen. Die gelungene Liebe avanciert zur

35 Sören Kierkegaard, *Entweder-Oder. Ein Lebensfragment* (1843), hg. von Victor Eremita, München 1975.

36 Weber, »Zwischenbetrachtung«, S. 556.

»innerirdischen Erlösungssensation«[37] und kann an die Stelle der Religion treten. Sie entwickelt geradezu diesseitige Heilsqualität, die als außerirdisches Erfahrungserlebnis genossen wird. Dadurch gewinnt die Erotik regelrecht den Status *säkularer Sakralität*. Das innige Band der Liebe wird als »heilig« empfunden, beruht freilich auf weltlichen und zumeist auch profan körperlichen Grundlagen. Liebe verkörpert Lust, Leidenschaft und Leiden, vor allem dann, wenn sie scheitert. Gleichwohl ist sie in Webers Augen eine gewaltige Schicksalsmacht, außeralltäglich und unaufhaltsam. »Keine volle erotische Gemeinschaft wird sich selbst anders als durch geheimnisvolle *Bestimmung* für einander: *Schicksal* in diesem höchsten Sinn des Wortes, gestiftet und dadurch (in einem gänzlich unethischen Sinn) ›legitimiert‹ wissen. Aber für die Erlösungsreligion ist dies ›Schicksal‹ nichts anderes als der reine Zufall des Entbrennens der Leidenschaft.«[38] In diesem Spiel, religiöse gegen erotische Konkurrenz, dürfte die Religion in den allermeisten Fällen glatt den Kürzeren ziehen. Denn Gott und Kosmos sind fern und abstrakt, ja auch in diesem Sinn das Jenseits, Liebe und Körper wie auch die Seele des geliebten Menschen sind nah und konkret.

In einem Punkt freilich ist und bleibt die Religion der Liebe stets voraus. Nicht nur ist die Gottesliebe auch eine religiöse Schicksalsmacht, sondern die erotische Wertsphäre lässt sich nicht in eine institutionalisierte Lebensordnung wie Kirchen und Sekten verlängern. Die erotische Lebensführung, auch das trägt zu ihrer herausgehobenen Stellung bei, bleibt gebunden an die Stabilität oder häufig genug auch die Labilität der Zweierbeziehung. Tiefe Irrationalität und höchstes Risiko machen sie knapp, wertvoll und begehrenswert. Wem das Liebesgefühl auf Dauer zu stellen gelingt, dem dämmert, dass

> durch alle Nuancen des organischen Lebensganges hindurch: ›bis zum Pianissimo des höchsten Alters‹ in dem Einander-Gewähren und Einanderschuldig-werden (im Sinne Goethes) etwas Eigenartiges und Höchstes liegen könne. Selten gewährt es das Leben rein; wenn es gewährt wird, der spreche von Glück und Gnade des Schicksals, – nicht: von eigenem ›Verdienst‹.[39]

37 Ebd., S. 561.
38 Ebd., S. 562.
39 Ebd., S. 563.

Am größten freilich und regelrecht dramatisch fällt der Gegensatz zwischen Religion und *Wissenschaft*, Glaube und Wissen aus. »Wo immer aber rational empirisches Erkennen die Entzauberung der Welt und deren Verwandlung in einen kausalen Mechanismus konsequent vollzogen hat, tritt die Spannung gegen die Ansprüche des ethischen Postulates: daß die Welt ein gottgeordneter, also irgendwie ethisch *sinnvoll* orientierter Kosmos sei, endgültig hervor«.[40] Nach einem oder gar *dem* Sinn der Welt fragt die moderne Wissenschaft nicht mehr – das gilt ihr als Metaphysik, also als »unwissenschaftlich«. Ihre Aufgabe besteht darin, der Natur alle ihre Geheimnisse zu entreißen und sie als kausalen Mechanismus möglichst in Gestalt von Gesetzeswissen zu fassen. Wissenschaftliche Aufklärung bringt daher die Religion regelmäßig in »Erklärungsnot« – man erinnere sich nur an die Auseinandersetzung zwischen Galileo Galilei und der katholischen Kirche. Schließlich ließ sich deren religiöse Auffassung, dass die Erde eine »Scheibe« und nicht eine »Kugel« sei, nicht mehr aufrechterhalten. Die Kosmologie der Religion musste am Ende der Erklärungskraft der Wissenschaft weichen. Das Drama dieser geistigen Revolution lässt sich daran ablesen, dass der Religion durch die verlorene Konkurrenz mit der Wissenschaft ein zentraler Pfeiler ihrer Macht weggebrochen ist. Ihre Glaubwürdigkeit und unhinterfragte Legitimität hingen eben auch davon ab, der Menschheit die Welt verbindlich erklären zu können. Das Monopol der legitimen Weltauslegung ging verloren und das veränderte ihren Platz in der Gesellschaft. Die Religion rückt nun aus dem Zentrum heraus und wird an den Rand gedrückt. Das treibt die Religion aus dem Feld der Vernunft vom rationalen Pol auf die Seite des irrationalen Pols. In der Sphäre der Erkenntnis erweist sich der Glaube als dem Wissen systematisch unterlegen. »Mit jeder Zunahme des Rationalismus der empirischen Wissenschaft wird dadurch die Religion zunehmend aus dem Reich des Rationalismus ins Irrationale verdrängt und nun erst: *die* irrationale oder antirationale überpersönliche Macht schlechthin.«[41]

Das scheint das unausweichliche Schicksal der Religion in der Moderne zu sein. Den Entzauberungsprozess setzt sie ja selbst auf ihrem Boden in Gang, indem sie ihre Lehren dogmatisch fixiert

40 Ebd., S. 564.
41 Ebd.

und von Magie reinigt. Fast wäre man versucht zu sagen, sie tut das »wissenschaftlich«, weil theologisch untermauert. Aber genau dadurch macht die Religion Platz für die Forschung und setzt sich in der Folgezeit dem nagenden Zweifel der Wissenschaft aus. Die modernen Naturwissenschaften werden dann ganze Arbeit leisten und sich an die Stelle der Religion als oberste Wahrheitsverkünderin setzen. Es ist eine feine Ironie, die das Los der Religion bestimmt, und ein weiteres Beispiel für die »Paradoxie der Wirkung gegenüber dem Wollen«. Sie selbst ist es, die den Entzauberungsprozess unabsichtlich beginnt, indem sie sich von der Magie befreit und den Kultus rationalisiert. Der Wandel von der Magie zur Religion sollte sich aber für sie als »vergifteter Fortschritt« herausstellen. Das markiert zwar die erste Stufe des Entzauberungsprozesses, an dem der Prozess der Rationalisierung allerdings nicht stehenbleibt, sondern nur einen ersten Halt einlegt. Die zweite Stufe des Entzauberungsprozess wird erreicht, indem nun auch die Religion als reiner (Aber-)Glaube entlarvt und als Wissen diskreditiert wird.[42]

Wir haben Webers »Zwischenbetrachtung« genutzt, um sein Bild der modernen Gesellschaft als differenzierte und institutionell jeweils eigenständige, spannungsgeladene und konfliktreiche Ordnungskonfiguration zu entwerfen. Allerdings ist das, wie er selbst betont, lediglich die soziale Konstruktion der modernen Gesellschaft in idealtypischer Reinheit. Spannungen und Konflikte zwischen den Wertsphären und Lebensordnungen sind möglich, aber nicht unbedingt nötig. Auf der Ebene der Institutionen gibt es stets Kompromisse und auf der Ebene der Individuen sind es vor allem die Intellektuellen, die, dem Gebot der Sinnkonsequenz ausgesetzt, alle möglichen Spannungen und Konflikte zwischen den Ordnungen entdecken werden. Marx folgend, ließen sich sogar »Widersprüche«[43] ausmachen.

42 So auch Wolfgang Schluchter, »›Die Entzauberung der Welt‹: Max Webers Sicht auf die Moderne«, in: ders., *Die Entzauberung der Welt,* Tübingen 2009, S. 1-19.

43 Es scheint fast so, dass viele Krisentheorien des Kapitalismus auf solchen »logologischen Denkkonstruktionen« von Intellektuellen beruhen. Theoretisch anspruchsvoll, fallen sie logisch konsistent in ihrer idealtypischen Reinheit aus, treffen aber nicht unbedingt in gleicher Weise auf die soziale Wirklichkeit zu. Vgl. die seinerzeit maßgeblichen Studien von Jürgen Habermas, *Legitimationsprobleme im Spätkapitalismus,* Frankfurt/M. 1973 und Claus Offe, *Strukturprobleme des kapitalistischen Staates,* Frankfurt/M. 1972, wieder aufgelegt und in erweiterter Form hg. von Jens Borchert und Stephan Lessenich, Frankfurt/M.

Weber weiß indes auch, dass Menschen »denkfaule Tiere« sind und im Alltag schon rein aus Bequemlichkeit gern zu Kompromissen neigen. Typischerweise sind die Leute keine Wissenschaftler oder Intellektuellen, so dass der Sinn- und Konsistenzbedarf in ihrem Lebenshaushalt deutlich geringer ausfällt. »Erst kommt das Fressen, dann die Moral!«, meinte Bert Brecht – und man könnte mit Weber hinzufügen: »und die Reflexion«. Weber betont deshalb auch ausdrücklich, dass es sich hierbei um »gedanklich konstruierte Typen von Konflikten der ›Lebensordnungen‹« handelt. Das heißt, »an diesen Stellen sind diese innerlichen Konflikte *möglich* und ›adäquat‹, – *nicht* aber etwa: es gibt keinerlei Standpunkt, von dem aus sie als ›aufgehoben‹ gelten könnten«.[44]

Als Fazit darf gelten: Moderne Gesellschaften, je komplexer, differenzierter und rationalisierter ihre Wertsphären und Lebensordnungen ausfallen, bilden eine spannungsgeladene und konfliktreiche Ordnungskonfiguration aus. Hoffnungen auf Einheit, »Gemeinschaft«, Versöhnung und Erlösung, was harmoniebedürftige Menschen suchen, hat die Moderne nicht im Angebot – es sei denn um den Preis der Regression oder der Zwangsherrschaft. Ihre Charaktereigenschaften wie Komplexität, Kontingenz, Konkurrenz und Ambivalenz hingegen schaffen das Saatbeet, auf dem Persönlichkeiten wachsen, Freiheit und Individualität unter Umständen möglich werden.

Problemstellung, Begriffs- als Theoriebildung, Konstellationsanalysen als historisch-empirische Verfahren und ein konfliktreiches Gesellschaftsbild – so könnte man in wenigen Worten den analytischen Kern seines Paradigmas zusammenfassen. Wohlgemerkt, künstlich getrennt, dient dieser analytische Kern einem gewaltigen historischen Forschungsprogramm.

Das historische Forschungsprogramm

Angesichts dieser ehrgeizigen Programmatik sieht sich Weber gehalten, seinen sozialökonomischen Ansatz in einen universalgeschichtlichen Rahmen zu stellen. Er betreibt *Universalgeschichte*, aber nicht

2006. Zur Diskussion siehe Manfred Kopp, Hans-Peter Müller, *Herrschaft und Legitimität in modernen Industriegesellschaften*, München 1980.

44 Ebd., S. 537.

um eine summarische Gesamtdarstellung der Weltgeschichte[45] zu geben. Zwar unternimmt er den umfassenden Versuch, die gesellschaftlichen Ordnungen und Mächte in Antike, Mittelalter und Neuzeit in ihrer Konfiguration zu erfassen und ihren jeweiligen Einfluss auf die Lebensführung der Menschen abzuschätzen. In aller Regel analysiert er Wirtschaft, Politik und Religion je einzeln und in ihrem Wechselspiel. Um solch ein Mammutprogramm wenigstens in Grundzügen umzusetzen, bedarf es – wie gesehen – einer genauen Problemstellung, klar geschnittener Begriffe, einer genuinen Methode und eines analytischen Ansatzes. Aber selbst dann wird man bestenfalls kongeniale Skizzen in universalgeschichtlicher Absicht[46] vorlegen können, die dann die Einzelforschung programmatisch zu befruchten vermögen.

Obgleich die Genealogie des Kapitalismus und der Moderne Webers Erklärungsziel ist, hat er weder eine Gesellschaftstheorie noch eine ausgearbeitete Gesellschaftsgeschichte vorgelegt. Von großen Theoriegebäuden mit universalem Erklärungsanspruch hielt er nichts, wie seine Kritik an Marx und Nietzsche zeigt. Mit

45 So auch Ernst Schulins Definition von Universalgeschichte: »Das bedeutet keineswegs eine enzyklopädische Gesamtbestandsaufnahme der Menschheit in ihrer Vergangenheit, sondern ihre Erforschung, Einteilung, Bewertung und Darstellung unter universalgeschichtlichem Erkenntnisinteresse. Darunter ist die Anwendung von Fragestellungen und Modellen sowie die Heranziehung von Fakten zu verstehen, die man bezüglich der Veränderungen der Menschheit bis zu ihrem heutigen Zustand und ihren heutigen Zielvorstellungen für relevant hält.« Ders., »Einleitung«, in: ders. (Hg.), *Universalgeschichte,* Köln 1974, S. 11. Der Sammelband stellt eine gelungene Zusammenstellung älterer Ansätze dar. Diese Tradition wird heute als »Globalgeschichte« fortgeführt. Siehe Christopher Bayly, *The Birth of the Modern World 1780-1914. Global Connections and Comparisons,* Oxford 2004; Jürgen Osterhammel, *Die Verwandlung der Welt. Eine Geschichte des 19. Jahrhunderts,* München 2009. Wolfgang Reinhard, *Die Unterwerfung der Welt. Globalgeschichte der Europäischen Expansion 1415-2015,* München 2016. Zur »Big History« siehe das bahnbrechende Werk von David Christian, *Maps of Time. An Introduction to Big History,* Berkeley, Los Angeles 2004.

46 Max Weber, »Vorbemerkung«, in: ders., *Gesammelte Aufsätze zur Religionssoziologie,* Bd. 1, Tübingen 1972, S. 13 f. denkt durchaus bescheiden von seinem Versuch. Also keine »umfassende Kulturanalysen«, »Begrenztheit des Zweckes«, »der vollkommen provisorische Charakter dieser Aufsätze, insbesondere der auf Asien sich beziehenden Teile«. »Sie sind in einem ungleich stärkerem Maß und Sinn dazu bestimmt, bald ›überholt‹ zu werden, als dies letztlich von aller wissenschaftlicher Arbeit gilt.«

klar geschnittenen Begriffen dagegen konnte man historisch-vergleichende und soziologische Studien anstellen. Von einer ausgearbeiteten Gesellschaftsgeschichte kann man bei Weber durch seinen frühen Tod auch nicht sprechen. Alles blieb Anspruch, Fragment und Stückwerk. Zudem nahm er sich nicht allgemeiner, sondern stets spezifischer Probleme an. Weber will nicht den Kapitalismus an sich wie Marx, sondern den modernen okzidentalen Betriebskapitalismus erklären. Abenteuer- und Handelskapitalismus hat es in Ansätzen in der gesamten Menschheitsgeschichte gegeben. Er will nicht die Moderne erklären, sondern die okzidentale Moderne in ihrer Eigenart und Einzigartigkeit. Insofern wäre Weber heute ein leidenschaftlicher Anhänger der These von den »multiple modernities«,[47] denn viele Wege führen in irgendeine Form von Moderne. Der Welt bleibt nicht viel übrig, auch wenn einzelne Gesellschaften sich noch so anstrengen, »traditional« oder gar »traditionalistisch« zu sein. Die Uhr der Geschichte lässt sich nicht zurückdrehen, es sei denn um den Preis der Barbarei.[48] Bei der Alternative zwischen Moderne und Barbarei dürfte klar sein, wohin die Mehrheit der Menschen, wenn sie denn die freie Wahl hätte, wohl hintendieren würde.

Angesichts der Fragmentarität des Weberschen Werkes muss man seine einzelnen Erklärungsstücke rekonstruieren und ihren kleinsten gemeinsamen Nenner als *seine* Genealogie der Moderne postulieren. Bereits dieses Postulat ist eine Interpretation und darf füglich als solche bestritten werden. Den Begriff der Genealogie benutzt Weber selbst nicht, auch nicht im Sinne von Nietzsches *Genealogie der Moral*[49] noch im Foucaultschen Sinne.[50] Für We-

47 Zur These von den »multiple modernities« siehe Shmuel N. Eisenstadt, *Multiple Modernities,* Milton Park, New York 2002 und Thomas Schwinn (Hg.), *Die Vielfalt und Einheit der Moderne. Kultur- und strukturvergleichende Analysen,* Wiesbaden 2006.

48 So Max Miller, Hans-Georg Soeffner (Hg.), *Modernität und Barbarei. Soziologische Zeitdiagnose am Ende des 20. Jahrhunderts,* Frankfurt/M. 1996.

49 Friedrich Nietzsche, *Genealogie der Moral,* in: ders., *Kritische Studienausgabe in 15 Bänden,* Bd. 5, hg. von Giorgio Colli und Mazzino Montinari, 2. Aufl. Berlin, New York 1988, S. 245-412.

50 Michel Foucault, »Nietzsche, die Genealogie, die Historie« (1971), in: ders., *Schriften in vier Bänden, Dits et Écrits,* Bd. 2, Frankfurt/M. 2001-2005, S. 166-191. Zur Genealogie siehe die vorzügliche Studie von Martin Saar, *Genealogie als Kritik. Geschichte und Theorie des Subjekts nach Nietzsche und Foucault,* Frank-

ber heißt es schlicht, herauszufinden, was die Besonderheit und Eigenart der okzidentalen Konstellation bedeutet und wie sie sich erklären lässt. Frei nach dem lapidaren Motto: »Wie wir wurden, was wir sind!« Dieses »So-und-nicht-anders-Gewordensein« umschreibt das Erkenntnisinteresse der »okzidentalen Modernitäter«. Eine so verstandene Genealogie lässt sich weder mit Ereignisgeschichte, noch mit einer reinen Strukturgeschichte bewerkstelligen. Vielmehr sucht Weber in seiner universalgeschichtlichen Problemstellung, wie sein analytischer Kern offenbart, Struktur- und Kulturgeschichte zu verknüpfen über eine institutionelle Konstellationsanalyse mit einem wachen Auge auf Sinn und Bedeutung für historische Weichenstellungen. Das so verstandene genealogische Erkenntnisinteresse kommt auch in der gegen Ende seines Lebens hurtig zusammengestellten Programmatik zum Ausdruck.

In der Tat lässt sich festhalten: Selten wurde ein Werk mit solch einer Untertreibung eingeleitet wie Max Webers *Gesammelte Aufsätze zur Religionssoziologie* in drei Bänden. Denn was Weber hier auf sechzehn dichten Seiten des ersten Bandes als »Vorbemerkung« anbietet, ist eine systematische Skizze seines gesamten Forschungsprogramms. Das *Thema* ist der Kapitalismus als »schicksalsvollste[] Macht unsres modernen Lebens«.[51] Die *Problemstellung* zielt auf die Entstehung und Durchsetzung des okzidentalen Rationalismus. Die Eigenart und Einzigartigkeit der technischen und sozialen Entwicklung im Westen charakterisieren die *institutionelle Konstellation.*

Seine zentrale Fragestellung aus der Religionssoziologie[52] lautet:

> Universalgeschichtliche Probleme wird der Sohn der modernen europäischen Kulturwelt unvermeidlicher- und berechtigterweise unter der Fragestellung behandeln: welche Verkettung von Umständen hat dazu geführt, daß gerade auf dem Boden des Okzidents, und nur hier, Kulturerscheinungen auftraten, welche doch – wie wenigstens wir uns gern vorstellen – in einer Entwicklungsrichtung von *universeller* Bedeutung und Gültigkeit lagen?[53]

Webers universalhistorischer Blick ist auf die besondere »Verkettung von Umständen« gerichtet, die zum *Take-off* der kapitalisti-

furt/M. 2007.

51 Weber, »Vorbemerkung«, S. 4.

52 Siehe zum Folgenden auch Müller, *Max Weber*, S. 76-84.

53 Weber, »Vorbemerkung«, S. 1.

schen Entwicklung in Europa geführt haben. Wie die Auflistung der westlichen Besonderheiten andeutet, so seine zugrundeliegende These, ist es der spezifischen institutionellen Konstellation und der Eigenart ihres Zusammenspiels geschuldet, die diesen unvorhergesehenen Aufstieg Europas zur Weltmacht möglich gemacht haben. Man vertue sich allerdings nicht in Ton und Verständnis. Webers leicht pathetisch anmutende Fragestellung soll nicht eine stolze Leistungsschau Europas einleiten, die kurz darauf allerdings in der Tat folgen wird. Sondern ihm ist es um die *Unwahrscheinlichkeit* dieser Entwicklung zu tun. Um 1500 verfügen alle Kontinente[54] dieser Welt über ein vergleichbares Reichtumsniveau und das heißt, sie sind allesamt arm in unseren heutigen Augen. Der kleine Wurmfortsatz Asiens, Europa, zerfällt in viele kleine Einheiten, die ständig in Konflikte und Kriege verwickelt sind. Demgegenüber verfügt China über das mächtige »Reich der Mitte« und wäre prädestiniert gewesen als Hort des technischen, wissenschaftlichen und wirtschaftlichen »Fortschritts« für den ökonomischen *Take-off*. In Webers Augen wäre also am ehesten China dieser gewaltige Schritt zuzutrauen gewesen, nicht aber dem kleinen, zerstrittenen Europa.

Worin soll nun die Eigenart der westlichen Konstellation bestehen? Nur im Okzident, so behauptet Max Weber, hat es rationalen Kapitalismus, rationale Wissenschaft, rationale Kunst, rationales Recht, rationalen Staat, rationale Bürokratie und professionell geschultes Fachbeamtentum sowie freie Lohnarbeit gegeben. Wichtig an dieser Aufzählung ist der jeweilige Zusatz: »rational«. Das ist nicht nur einer Marotte von Weber geschuldet, einer gleichsam in seine Persönlichkeit eingebauten Rationalitätsobsession. Sondern erst dieser Zusatz enthält den historischen Kern der Erklärung. Natürlich hat es Wirtschaft, Wissenschaft, Kunst, Recht, Staat, Verwaltung, Beamte und Arbeiter auf der ganzen Welt immer schon gegeben. Aber eben nicht in der *rationalen* Ausprägung und nicht in dieser besonderen *Konstellation*. Das explanatorische Prinzip von Webers historischem Forschungsprogramm liegt in diesen beiden Faktoren: Rationalität und Konstellation.

Das zeigen im Einzelnen seine Charakterisierung der institutionellen Komplexe. Natürlich ist die Menschheitsgeschichte eine

54 Das zeigt sehr anschaulich Angus Maddison, *The World Economy. A Millennial Perspective*, Paris 2001, in seinen historischen Statistiken.

wahre Fundgrube von »avaratia« und voller Beispiele für Erwerbstrieb, Geldgier und Gewinnstreben, wie Webers »Wirtschaftsgeschichte« als unablässige Abfolge von Appropriationen und Expropriationen im nächsten Kapitel zeigen wird. Nicht umsonst zählt Immanuel Kant »Ehrsucht, Herrschsucht, Habsucht«[55] zu den drei elementarsten Leidenschaften des Menschen. Eine solche, neutral formuliert, »ökonomische Einstellung« ist nicht gleichbedeutend mit *Kapitalismus*, geschweige denn mit dem modernen okzidentalen Kapitalismus.

Schrankenloseste Erwerbsgier ist nicht im mindesten gleich Kapitalismus, noch weniger gleich dessen ›Geist‹. Kapitalismus *kann* geradezu identisch sein mit *Bändigung*, mindestens mit rationaler Temperierung, dieses irrationalen Triebes. Allerdings ist Kapitalismus identisch mit dem Streben nach *Gewinn*, im kontinuierlichen, rationalen kapitalistischen Betrieb: nach immer *erneutem* Gewinn: nach ›*Rentabilität*‹.[56]

Weber definiert daher: »Ein ›kapitalistischer‹ Wirtschaftsakt soll uns heißen zunächst ein solcher, der auf Erwartung von Gewinn durch Ausnützung von *Tausch*-Chancen ruht: auf (formell) *friedlichen* Erwerbschancen also.«[57] *Gewinnerwartung* und *(formell) friedlicher Tausch*[58] – das sind die Spezifika des modernen okzidentalen Kapitalismus. Weber sucht auf diese Weise den Typ des *rationalen Kapitalismus*[59] von allen Spielarten des Abenteuer- oder

55 So Immanuel Kant, *Anthropologie in pragmatischer Absicht* (1798/1800), in: ders., *Werke*, Bd. 6, hg. v. Wilhelm Weischedel, Darmstadt 1983, S. 605.

56 Weber, »Vorbemerkung«, S. 4.

57 Ebd.

58 »Formell friedlich« ist eine typisch Webersche Ausdrucksweise. Natürlich unterschätzt Weber nicht die »Gewalt« von Kaufkraftverhältnissen, wie wir an seiner Ungleichheits- und Klassenanalyse gesehen haben. Aber es macht eben einen Unterschied, ob eine Wirtschaft, auf *Raub* fußend, Güter mit physischer Gewalt sich aneignet oder auf der Grundlage von *Tausch* und eben im Vergleich dazu mit »friedlichen« Mitteln.

59 Das neu erwachte Interesse am Kapitalismus richtet sich, neben der notorischen Kritik, vor allem auf die institutionellen Grundlagen dieser Wirtschafts-, Gesellschafts- und Lebensform, was ganz auf der Linie von Weber liegen dürfte. Aus der Fülle der neueren Literatur siehe nur als gute Einführung Gerhard Willke, *Kapitalismus*, Frankfurt/M., New York 2006; für den Stand der historischen Forschung klug Jürgen Kocka, *Geschichte des Kapitalismus*, München 2013 und als ausführlicher Überblick Larry Neal, Jeffrey G. Williamson, *The Cambridge History of Capitalism*, 2 Bde., Cambridge 2014.

Beutekapitalismus abzugrenzen, die auf Spekulation, Macht und Gewalt[60] beruhen. Die Geldwirtschaft, Ansätze von Kapitalismus und Unternehmertum auf der Basis von Handel hat es bereits sehr früh gegeben. Der bürgerliche Betriebskapitalismus, wie ihn Weber definiert, ist modernen Ursprungs und sein Geburtsort liegt nun einmal vornehmlich im Westen.

Eine ganz ähnliche Argumentation verfolgt Weber mit Blick auf die *Wissenschaft*. Das Nachdenken über den Menschen, die Natur und den Kosmos, auch religiöses oder magisches Wissen – Erkenntnisformen dieser Art finden sich in allen Kulturen. Die babylonische Astronomie verfügt indes nicht über eine mathematische Grundlage, die erst die Griechen schufen. Gleiches gilt für den Beweis, auch von den Griechen erbracht, der der indischen Geometrie fehlt. Ebenso unbekannt sind Mechanik und Physik. Den indischen Naturwissenschaften geht das rationale Experiment ab, wie es auch eine rationale Chemie nur im Westen gegeben hat. Das Muster scheint sich zu wiederholen. Einerseits existieren einige zentrale Entwicklungen nicht, andererseits ist das Verhältnis von Theorie und Praxis unterschiedlich ausgestaltet. Beides – das *Fehlen* und die *Anwendung* machen den Unterschied.[61] Ein Beispiel: Joseph Needham weist darauf hin, dass Su Song im 11. Jahrhundert bereits eine Uhr hatte, aber die offizielle chinesische Astronomie war streng geheim. In der Folge ging diese Uhr nach verschiedenen Machtwechseln verloren und damit die Uhrmacherkunst. Als der Jesuit Matteo Ricci 1600 an den Pekinger Hof gerufen wurde, um das von Giovanni de Dondi erfundene mechanische Uhrwerk vorzuführen, traf er auf »niemanden, der den Jesuitenmissionaren die chinesische Mathematik, Astronomie oder andere Wissenschaften hätte erklären

60 Den modernen Finanzmarktkapitalismus kann Weber also nicht gemeint haben, auch wenn er formell friedlich ist. Er hätte ihn wohl so charakterisiert, wie das Paul Windolf tut. Siehe ders. (Hg.), *Finanzmarkt-Kapitalismus. Analysen zum Wandel von Produktionsregimen*, Sonderheft 45 (2005) der *Kölner Zeitschrift für Soziologie und Sozialpsychologie*, Wiesbaden 2005, S. 20-57.

61 Auch diese starke Weber-These hat eine rege Diskussion ausgelöst. Siehe basal Joseph Needham, *Science and Civilization in China*, 4 Bde., Cambridge 1954-1965, dt. *Wissenschaft und Zivilisation in China*, Bd. 1, Frankfurt/M. 1984 und ders., *Wissenschaftlicher Universalismus. Über Bedeutung und Besonderheit der chinesischen Wissenschaft*, hg. u. eingel. von Tilman Spengler, Frankfurt/M. 1993; Benjamin Nelson, *Der Ursprung der Moderne*, Frankfurt/M. 1977, S. 7-57; Toby Huff, *The Rise of Early Modern Science. Islam, China, and the West*, Cambridge 1993.

können«.[62] Wissenschaftliche Entdeckung, technologische Applikation und kapitalistische Verwertung – dieser Entwicklungsdreiklang verbürgte den institutionalisierten »Fortschritt« und begründete den dynamischen Vorsprung, der zum Aufstieg des Westens führte. Ein weiteres Beispiel mag dies verdeutlichen: Das Schießpulver etwa wurde in China erfunden, dort aber nur zu sehr primitivem Waffengebrauch und vornehmlich als »Feuerwerk« genutzt. Im Westen vermochte es die Militärtechnologie zu revolutionieren und die Epoche der imperialen Eroberung der Welt einzuleiten.[63]

Alle Kulturen entwickeln ihre eigene *Kunst* und das in allen möglichen Bereichen wie Musik, Architektur, Malerei usf. »Das musikalische Gehör war bei anderen Völkern anscheinend eher feiner entwickelt als heute bei uns; jedenfalls nicht minder fein.« Ebenso finden sich Polyphonie, das Zusammenwirken von Instrumenten, das Diskantieren, die Berechnung der Tonintervalle.

Aber rationale harmonische Musik: – sowohl Kontrapunktik wie Akkordharmonik, – Bildung des Tonmaterials auf der Basis der drei Dreiklänge mit der harmonischen Terz, unsre, nicht distanzmäßig, sondern in rationaler Form seit der Renaissance harmonisch gedeutete Chromatik und Enharmonik, unser Orchester mit seinem Streichquartett als Kern und der Organisation des Ensembles der Bläser, der Generalbaß, unsre Notenschrift (die erst das Komponieren und Ueben moderner Tonwerke, also ihre ganze Dauerexistenz überhaupt, ermöglicht), unsre Sonaten, Symphonien, Opern, – obwohl es Programmusik, Tonmalerei, Tonalteration und Chromatik als Ausdrucksmittel in den verschiedensten Musiken gab, – und als Mittel zu dem alle unsre Grundinstrumente: Orgel, Klavier, Violine: dies alles gab es nur im Okzident.[64]

62 Joseph Needham, Wang Ling, Derek J. de Solla Price, *Heavenly Clockwork,* Cambridge 1960, S. 6 und Jean Gimpel, *Die industrielle Revolution des Mittelalters,* Zürich, München 1980, S. 147-168, zitiert nach Gimpel, S. 150.

63 David S. Landes wundert sich über die chinesische Zurückhaltung. Seine Erklärung: »The inventiveness and ingenuity of the Chinese, which has given so much to mankind – silk, tea, porcelain, paper, printing and more – would no doubt have enriched China further and probably brought to the threshold of modern industry, had it not been for this stifling state control. It is the State that kills technological progress in China.« Das trifft auf das heutige China nicht zu. Es hat seine Zurückhaltung gegenüber der Weltherrschaft abgelegt. Ders., »Why Europe and the West? Why not China?«, in: *Journal of Economic Perspectives,* 20, 2 (2006), S. 3-22, hier S. 8.

64 Weber, »Vorbemerkung«, S. 2.

An dieser Stelle stoßen wir auf Webers große Entdeckung, die das Studium des Kapitalismus auf den des Rationalismus hin erweitert hat. Marianne Weber schreibt:

Für Weber bedeutet diese Erkenntnis der Besonderheit des okzidentalen *Rationalismus* und der ihm zugefallenen Rolle für die abendländische Kultur eine seiner wichtigsten Entdeckungen. Infolge davon erweitert sich seine ursprüngliche Fragestellung nach dem Verhältnis von Religion und Wirtschaft nun zu der noch umfassenderen, nach der *Eigenart der ganzen abendländischen Kultur.* [...] Er plant nun auch eine Soziologie der Kunst, und unternimmt als ersten Versuch dazu inmitten seiner anderen Arbeiten die Untersuchung der Musik auf rationalen und soziologischen Grundlagen etwa um 1910.[65]

Die »Soziologie der Kunst« wäre in der Tat interessant gewesen aus der Feder eines polyhistorischen Kultursoziologen. Allein der Ausflug in die Musikgeschichte blieb ein Intermezzo. Zwar erschien seine »Musiksoziologie«[66] schließlich posthum, aber das geplante Buch über Tolstoi[67] blieb ungeschrieben.

In der orientalischen Architektur fehlt »die rationale Verwendung des gotischen Gewölbes als Mittel der Schubverteilung und der Ueberwölbung beliebig geformter Räume«,[68] obwohl das Spitzbogen-Kreuzgewölbe bekannt war. In der Malerei entwickelt die Renaissance die Linear- und Luftperspektive. Kurz: Es fehlt im Orient »jene Art von ›klassischer‹ Rationalisierung der gesamten Kunst [...], welche die Renaissance bei uns schuf«.[69]

Alle Kulturen kennen *Recht* in mannigfacher Form, aber auch hier entwickelt sich das okzidentale Recht in besonderer Weise.

Für eine rationale Rechtslehre fehlen anderwärts trotz aller Ansätze in Indien (Mimamsa-Schule), trotz umfassender Kodifikationen besonders in Vorderasien und trotz aller indischen und sonstigen Rechtsbücher, die streng juristischen Schemata und Denkformen des römischen und des dar-

65 Marianne Weber, *Max Weber. Ein Lebensbild.* Mit einem Essay von Guenther Roth, München, Zürich 1989, S. 349.

66 Max Weber, *Zur Musiksoziologie,* Nachlaß 1921, hg. von Christoph Braun und Ludwig Finscher, MWG I/14, Tübingen 2004.

67 Vgl. dazu Edith Hanke, *Prophet des Unmodernen. Leo N. Tolstoi als Kulturkritiker in der deutschen Diskussion der Jahrhundertwende,* Tübingen 1993, S. 168-208.

68 Weber, »Vorbemerkung«, S. 2.

69 Ebd., S. 3.

an geschulten okzidentalen Rechtes. Ein Gebilde ferner wie das kanonische Recht kennt nur der Okzident.[70]

Die westliche Rechtstradition[71] schuf mit ihren Grundlagen den verbindlichen Rahmen für Wirtschaft und Gesellschaft auf der Grundlage des römischen Rechts und des kanonischen Rechts.

Das gilt auch für den modernen Staat, die Bürokratie und das Fachbeamtentum, wie wir anhand seiner Herrschaftssoziologie bereits sehen konnten.

Der ›Staat‹ überhaupt im Sinne einer politischen *Anstalt*, mit rational gesatzter ›Verfassung‹, rational gesatztem Recht und einer an rationalen, gesatzten Regeln: ›Gesetzen‹, orientierten Verwaltung durch *Fach*beamte, kennt, in dieser für ihn wesentlichen Kombination der entscheidenden Merkmale, ungeachtet aller anderen Ansätze dazu, nur der Okzident.[72]

In dieser rationalen Form spielen Staat, Recht und Verwaltung eine zentrale Rolle, um dem modernen Kapitalismus die notwendigen Rahmenbedingungen zu seiner Entfaltung zu ermöglichen. Denn neben Frieden und Sicherheit ist die *Kalkulierbarkeit* die wichtigste Basis für erfolgreiches Wirtschaften. Hinzu kommt natürlich, und auch hier befindet er sich wieder auf einer Linie mit Karl Marx, »die rational-kapitalistische Organisation von (formell) *freier Arbeit*«.[73] Sie darf ebenso als Voraussetzung für eine kapitalistische Arbeitsorganisation gelten wie die Trennung von Haushalt und Betrieb sowie die rationale Buchführung. Die Differenzierung von Privat- und Betriebsvermögen verlangt verbindlich, dass Familie und Unternehmen voneinander sauber geschieden werden. Die Familie als primäre Versorgungseinheit konsumiert, der Betrieb als Wirtschaftseinheit investiert. Das Mittel zur exakten Kalkulation von Gewinn und Verlust ist die rationale Buchführung, die das Verhältnis von Einsatz und Risiko, die Berechnung von Aufwand und Ertrag abzuschätzen erlaubt.

Vor der Folie dieser institutionellen Konstellation bezeichnet Weber nochmals genau »das zentrale Problem« einer »Universal-

70 Ebd., S. 2.

71 Grundlegend hierzu Harold J. Berman, *Recht und Revolution. Die Bildung der westlichen Rechtstradition*, Frankfurt/M. 1991.

72 Weber, »Vorbemerkung«, S. 3 f.

73 Ebd., S. 7.

geschichte der Kultur«: *Kapitalismus* und *Rationalismus*. Der Fokus seines historischen Forschungsprogramms zielt zum einen auf

die Entstehung des *bürgerlichen Betriebs*kapitalismus mit seiner rationalen Organisation der *freien Arbeit*. Oder, kulturgeschichtlich gewendet: die Entstehung des abendländischen *Bürgertums* und seiner Eigenart, die freilich mit der Entstehung kapitalistischer Arbeitsorganisation zwar im nahen Zusammenhang steht, aber natürlich doch nicht einfach identisch ist. Denn ›Bürger‹ im ständischen Sinn gab es schon vor der Entwicklung des spezifisch abendländischen Kapitalismus. Aber freilich: *nur* im Abendlande.[74]

Zum anderen sucht er die Konturen des »›Rationalismus‹ der okzidentalen Kultur«[75] zu bestimmen, wenn da nur nicht die Polyvalenz der Begrifflichkeit wäre. Denn *Rationalisierung* bezeichnet einen mehrdeutigen Begriff je nach gewählter Perspektive und je nach spezifischem Bezug, wie wir bereits in unserer Auseinandersetzung mit *Wirtschaft und Gesellschaft* gesehen haben.

Es gibt z. B. ›Rationalisierungen‹ der mystischen Kontemplation, also: von einem Verhalten, welches, von anderen Lebensgebieten her gesehen, spezifisch ›irrational‹ ist, ganz ebenso gut wie Rationalisierungen der Wirtschaft, der Technik, des wissenschaftlichen Arbeitens, der Erziehung, des Krieges, der Rechtspflege und Verwaltung. Man kann ferner jedes dieser Gebiete unter höchst verschiedenen letzten Gesichtspunkten und Zielrichtungen ›rationalisieren‹, und was von einem aus ›rational‹ ist, kann, vom andern aus betrachtet, ›irrational‹ sein.[76]

Weber arbeitet keine Rationalisierungs*theorie* aus, die die unterschiedlichen Bedeutungen des Begriffs, die diversen Formen und Richtungen wie seine Prozesslogik und -dynamik ausarbeiten würde. Entscheidend ist die spezifische Fragestellung: »Es kommt also zunächst wieder darauf an: die besondere *Eigenart* des okzidentalen und, innerhalb dieses, des modernen okzidentalen Rationalismus zu erkennen und in ihrer Entstehung zu erklären.«[77]

Eine solch unbefangene, kühne und neugierige Art der Frageweise gilt heutzutage als regelrecht anrüchig und illegitim. Der Vorwurf, den universalgeschichtliche und makrosoziologische Pro-

74 Ebd., S. 10.
75 Ebd., S. 11.
76 Ebd., S. 11.
77 Ebd., S. 12.

blemstellungen dieser Art auf sich ziehen, lautet typischerweise: *Eurozentrismus.* In Europa und dem Westen ist alles »rational«, was ja im Umkehrschluss und nach der Nullsummenlogik nur heißen kann, dass der Rest der Welt zur Irrationalität verdammt ist. Das ist freilich nicht Webers Argument, sondern die Rationalisierungsprozesse sind in anderen Teilen der Welt anders gelagert und treten in anderer Kombination auf. Zudem will Weber sein universalgeschichtliches Projekt vergleichend anlegen, aber in seiner Sprache auch »werturteilsfrei«. Das betont er mit Nachdruck: »Welches *Wert*verhältnis zwischen den hier vergleichend behandelten Kulturen besteht, wird hier mit keinem Wort erörtert.«[78] Im Gegenteil: Wie wir gleich an seinen zeitdiagnostischen Bemerkungen sehen werden, steht er der westlichen Kultur zutiefst skeptisch gegenüber. In seinem gesamten Werk wird man also keinerlei Jubelarien auf die westliche Kultur finden. Keine Rede von »Fortschritt« oder »Emanzipation« der Menschheit – er lehnt es kategorisch ab, als »Beifallssalve der jeweiligen ›Entwicklungstendenz‹«[79] aufmerksamkeitsheischend sich zu betätigen. Dennoch ist Weber bewusst, dass es sich bei einer solchen Problemstellung um »Schicksalsfragen« handelt.

> Daß der Gang von Menschheitsschicksalen dem, der einen Ausschnitt daraus erblickt, erschütternd an die Brust brandet, ist wahr. Aber er wird gut tun, seine kleinen persönlichen Kommentare für sich zu behalten, wie man es vor dem Anblick des Meeres und des Hochgebirges auch tut, – es sei denn, daß er sich zu künstlerischer Formung oder zu prophetischer Forderung berufen und begabt weiß.[80]

Weber hält sich aber weder für einen Künstler wie Stefan George, dem er bei aller Distanz sein Charisma nicht absprechen mag. Noch glaubt er sich zum Propheten berufen, obwohl die jüdischen Propheten mit ihrem religiösen Pneuma zu seinen historischen Lieblingsfiguren zählen. Und nur große Künstler oder Propheten sollten *Werturteile* abgeben, die sich dann als neue, kreative Richtungen in Ästhetik und Ethik erweisen können. Hochschullehrer und -lehrerinnen sollten asketische Enthaltung üben, sind doch

78 Ebd., S. 14.

79 Max Weber, »Der Sinn der ›Wertfreiheit‹ der soziologischen und ökonomischen Wissenschaften«, in: ders., *Gesammelte Aufsätze zur Wissenschaftslehre*, 4. Aufl., hg. von Johannes Winckelmann, Tübingen 1973, S. 513 und MWG I/12, S. 478.

80 Ebd.

ihre Werturteile weitgehend »wertlos«, weil parteiisch und die akademische Autorität missbrauchend »manipulativ«.

Wie steht es dann mit dem Vorwurf des Eurozentrismus,[81] der im Raum steht und nicht nur Weber, sondern vielen Wirtschafts-, Geschichts- und Sozialwissenschaftlern vorgehalten wurde, die sich mit diesem Fragenkomplex[82] beschäftigten. Zunächst scheint darin die Idee oder Ideologie gesehen zu werden, wonach alle vorfindlichen Gesellschaften nach europäischen Maßstäben zu beurteilen seien. Darüber hinaus meint es den Übergang von der kognitiven zur normativen Erwartung. Danach werden alle Gesellschaften im Lichte europäischer Wertmaßstäbe als »besser« oder »schlechter«[83] beurteilt. Die kognitive Form könnte man als *methodischen* oder *heuristischen*, die moralische Form als *normativen* Eurozentrismus bezeichnen. Die erste Form trifft auf Weber zu, die zweite indes nicht. Eben weil er im Westen die »modernsten« Gesellschaften im Sinne der rationalen Institutionenkomplexe und ihres Zusammenspiels erblickt, nimmt er das als Ausgangspunkt und Maßstab, um zu fragen, warum es nur hier und nicht anderwärts zu einer ähnlichen Entwicklung gekommen ist. Aber die modernsten Gesellschaften sind in seinen Augen mitnichten die »fortschrittlichsten«.

81 Siehe dazu Samir Amin, *L'Eurocentrisme,* Paris 1988; James M. Blaut, *The Colonizer's Model of the World. Geographical Diffusionism and Eurocentric History,* New York 1993; Gerhard Hauck, *Die Gesellschaftstheorie und ihr Anderes. Wider den Eurozentrismus in den Sozialwissenschaften,* Münster 2003. Blaut, *Eight Eurocentric Historians,* New York 2000 kritisiert eine Reihe der Autoren, die in der nächsten Fußnote genannt sind.

82 Auf den Spuren von Weber sind das u.a. Daron Acemoglu, James A. Robinson, *Warum Nationen scheitern. Die Ursprünge von Macht, Wohlstand und Armut,* Frankfurt/M. 2013; Jean Baechler, John A. Hall, Michael Mann, *Europe and the Rise of Capitalism,* London 1988; Eric Jones, *The European Miracle. Environments, Economies and Geopolitics in the History of Europe and Asia,* Cambridge 1981; David Landes, *The Wealth and Poverty of Nations. Why some are so rich and some so poor,* New York, London 1998; Joel Mokyr, *The Lever of Riches. Technological Creativity and Progress,* Cambridge 1990; Douglass C. North, Robert P. Thomas, *The Rise of the Western World. A New Economic History,* Cambridge 1973.

83 Tatsächlich folgen statistische Klassifikationen diesem Muster, ohne das ausdrücklich zu beabsichtigen. Von der Berichterstattung der OECD bis hin zu Transparency International lässt sich das feststellen. Wenn TI etwa einen globalen Korruptionsindex berechnet, dann bringt es die Reihe des Korruptionsausmaßes in eine Rangfolge von »mehr« oder »weniger« korrupten Staaten auf dieser Welt.

Durch den Vergleich will er das Augenmerk dafür schärfen, welche kleinen und großen Unterschiede über die Zeit zu der »großen Divergenz«[84] in der Entwicklung von Regionen und Religionen beigetragen haben. Methodischer Maßstab heißt nicht normatives Maß. Der Westen ist nicht »besser« als der Rest der Welt und Weber ist nicht der Auffassung der Modernisierungstheorie, wonach alle Gesellschaften dem Pfad des Westens folgen sollten. Das ließe die historisch komplexe und kontingente »Verkettung der Umstände« auch gar nicht zu. Es überrascht von daher kaum, dass die entwicklungsökonomischen und -politischen Projekte nach dem Zweiten Weltkrieg in diesem »modernistischen Geist« mit Ausnahme von Südkorea allesamt nur durchaus bescheidene Ergebnisse zutage gefördert haben. Im Falle von Weber ist der Vorwurf des Eurozentrismus besonders pikant, ist er doch einer der wenigen Historiker und Soziologen, die den Blick über den »Tellerrand« von Europa gerichtet und Asien anhand von China und Indien in die vergleichende Analyse mit einbezogen hat, auf wie unvollkommener Quellenlage auch immer.

Wichtig ist die Gegenfrage: Wie lässt sich der *Falle des Eurozentrismus* entkommen? Die Protagonisten dieses Vorwurfs glauben sich auf der sicheren Seite wähnen zu dürfen, indem sie den Westen für seine imperiale Wirtschaftsweise und globale Ausbeutung scharf kritisieren. Auch wenn ein Gutteil der Kritik zutreffen mag, bleibt diese Kritik am Ende des Tages immer noch ein eurozentrischer Beitrag, wenn auch in bester Absicht. Nur weil man sich flugs auf die Seite der vermeintlich »Schwachen« schlägt, ist man damit der Falle noch lange nicht entkommen. Auch radikale Kritik *am* Westen bleibt Kritik *aus* dem Westen und insofern zumindest methodisch »eurozentrisch«. Das nimmt ihr nichts von ihrer Schärfe und etwaigen Richtigkeit wie Berechtigung. Es handelt sich hierbei offenkundig um einen Selbstkorrekturmechanismus, wie er nach Claus Offe typisch für die europäische Denkweise[85] sein soll.

84 So Kenneth Pomeranz, *The Great Divergence. China, Europe, and the Making of the Modern World Economy*, Princeton 2002.

85 So Claus Offe, »Gibt es eine europäische Gesellschaft? Kann es sie geben?«, in: *Blätter für deutsche und internationale Politik*, 4 (2001), S. 423-435, hier S. 420): »Aufgrund dieser verwirrenden *coincidentia oppositorum* [von Taten *und* Untaten, HPM] stellt die *selbstkritische Bewertung* der Untaten, welche die Europäer in der eigenen Geschichte begingen, wiederum eine europäische Besonderheit dar.«

Dennoch gibt es *den* »Blick von nirgendwo«[86] einfach nicht, wie Thomas Nagel das treffend genannt hat. Gerade bei Weber und Simmel kann man lernen, dass jede Erkenntnis perspektivisch ist und man insofern stets »standortgebunden« (Karl Mannheim) argumentiert, selbst wenn man einen anderen, kritischen Standpunkt[87] einnimmt. Epistemologische Naivität und beste moralische Absichten schützen nicht vor methodologischen Fehleinschätzungen. So wichtig die Debatte zum »Eurozentrismus« als eine Spielart des Ethnozentrismus auch sein mag, so scheint ihr die Befreiung aus dem Korsett westlichen Denkens nicht recht zu gelingen. Der geometrische Ort aller Perspektiven existiert eben nicht. Vollends verfehlt wird indes der Versuch, durch Verschärfung der Kritiktonalität von »Eurozentrismus« auf »westlichen Rassismus« die Sache moralisch für sich zu entscheiden und Fragen differentieller Entwicklungspfade und -niveaus als »illegitim« aus dem Kanon wissenschaftlich erlaubter Fragen auszuschließen. Damit wäre übrigens am wenigsten den Menschen aus dem »globalen Süden« geholfen, die mit einer solchen Kritik aus dem »globalen Norden« angeblich normative Unterstützung erfahren sollen. Das gleicht häufig der »folgenlose Güte« (Bert Brecht) advokatorischer Hilfsrhetorik[88] wohlfeiler Natur: »Hört ihr unterdrückten Völker – wir sind ganz bei Euch!« Davon wird niemand auf der Welt satt, aber der Kritiker oder die Kritikerin fühlt sich deutlich besser, hat man es dem »verfluchten Westen«, in dem es einem gutgeht, doch mal wieder so richtig gegeben. Weber hätte diese Art von »Literatenkritik«, der es vornehmlich um die Radikalität der aufmerksamkeitsheischenden Sensation zu Zwecken der Selbstbestätigung geht, sicherlich abgelehnt. Gleichwohl hätte er zugleich für radikale Kritik plädiert, aber nicht durch diskriminierende, übertriebene Begriffsbildung, sondern durch sorgfältige Analyse der Mechanismen und Zusammenhänge, um damit Politik und sozialen Bewegungen das notwendige Sach- und Fachwissen vermitteln zu können.

86 Thomas Nagel, *Der Blick von nirgendwo*, Frankfurt/M. 1992.

87 Das gleiche Schicksal teilen natürlich auch Karl Marx und Friedrich Nietzsche: Es sind radikale Kritiken am Eurozentrismus aus dem Munde von Eurozentrikern.

88 Luc Boltanski hat diesem ambivalenten Modus der Kritik eine wissenssoziologisch aufschlussreiche Studie gewidmet: *La souffrance à distance. Morale humanitaire, médias, et politique*, Paris 1993.

Abschließend lässt sich festhalten, dass Weber ganz bewusst einen Standpunkt des methodischen Eurozentrismus einnimmt, um einen heuristischen Maßstab zur Beurteilung der Genealogie von Kapitalismus und Moderne zu gewinnen. Wie seine Zeitdiagnostik zeigen wird, ist damit alles andere als ein »westlicher Hurrapatriotismus« verbunden.

Drastische Zeitdiagnostik

Weder die Komplexität des analytischen Zuschnitts seines Ansatzes noch seine universalgeschichtlichen Analysen im Einzelnen haben Weber einer breiteren Öffentlichkeit wirklich bekannt gemacht. Zu komplex, zu kompliziert, ja verwinkelt und regelrecht verborgen in den universalgeschichtlichen Stoffmassen stecken seine bahnbrechenden Erkenntnisse. Vielmehr sind es seine zeitdiagnostischen (Wert-)Urteile, die er mit expressiver Wucht, gnadenloser Rücksichtslosigkeit und extremer Zuspitzung meist am Ende seiner Ausführungen in die Welt schleudert, die Bekanntheit erlangt haben. Weber als griechischer Gott Zeus, der seine Hellenen mit Blitzschlägen eindeckt, um sie aufzurütteln oder zu bestrafen. Webers Strafgericht gilt nicht den Menschen selbst, sondern ihrem drohenden Schicksal in der kapitalistischen Moderne. Viel Rücksicht auf die Empfindlichkeiten seines Publikums oder seiner Leserschaft nimmt er dabei nicht. Weber ist nach heutigem Verständnis so ungefähr das Gegenteil von *politisch korrekt.* »Vorsicht, Weber!« möchte man einer jungen Leserschaft besorgt zurufen. Schließlich scheint es fast so, als wollte er mit seinen wortgewaltigen Metaphern schocken, um die größtmögliche Wirksamkeit zu entfalten. Die Resonanz ist ihm bis zum heutigen Tag erhalten geblieben – und zwar gleichgültig, wie man seine drastische Rhetorik heute findet und für sich empfindet.

Einige dieser heftigen Verdikte sind uns auf dem bisherigen Weg schon begegnet. Hier sollen sie nochmals systematisch zusammengestellt und auch in den berühmtesten Zitaten präsentiert werden, um Webers Bild der zerrissenen Moderne[89] als den aktuellen Teil

89 Den »zeitdiagnostischen Weber« treffend porträtieren Volker Heins, *Max Weber zur Einführung,* Hamburg 1990; Wilhelm Hennis, *Max Webers Fragestellung. Studien zur Biographie des Werks,* Tübingen 1987; Christian Marty, *Max Weber.*

seines Paradigmas zu präsentieren. So ergibt sich aus den wenigen Bemerkungen von ihm selbst ein Zitationspotpourri, das sich zu seiner soziologischen Zeitdiagnose der klassischen Moderne, wie wir sie heute nennen, fügt.

Bereits in seiner Freiburger Antrittsrede von 1895 schildert er recht unverblümt den normativen Standard, dem er sein Fach der Wirtschaftswissenschaften gern unterstellt sehen würde. Nicht das Problem der Güterproduktion und auch nicht »das Problem der Güterverteilung, der ›sozialen Gerechtigkeit‹«, wie die »›Wertmaßstäbe‹« in seinem Fach gemeinhin definiert werden, sieht er als vorrangig an, sondern »diejenige Ausprägung des Menschentums, die wir in unserem eigenen Wesen finden«.

> Nicht wie die Menschen der Zukunft sich *befinden*, sondern wie sie *sein* werden, ist die Frage, die uns beim Denken über das Grab der eigenen Generation hinaus bewegt [...]. Nicht das Wohlbefinden der Menschen, sondern diejenigen Eigenschaften möchten wir in ihnen emporzüchten, mit welchen wir die Empfindung verbinden, daß sie menschliche Größe und den Adel unserer Natur ausmachen.[90]

Schon zu Webers Zeiten umschreibt das kein Ideal des ökonomischen *mainstream*. Der Nationalökonomie geht es entweder um den »Wohlstand der Nationen« (Adam Smith) oder um »soziale Gerechtigkeit« (Karl Marx), nicht aber um das »Menschentum«, »menschliche Größe« und den »Adel unserer Natur«. Das klingt eher nach einem philosophischen und pädagogischen Ideal denn nach einer makroökonomischen Zielsetzung. Das ist natürlich auch Weber schon bewusst, aber er möchte seine wissenschaftliche Zunft aufrütteln, dass sie sich der Ideale, die ihre Forschung anleitet, ernsthaft bewusst wird und sie auf diese Weise methodisch kontrolliert. Ohne eine solche grundlagentheoretische Reflexion gerät dann die »Produktivität« der Volkswirtschaft zum alles überragenden Ideal und Wertmaßstab einer Gesellschaft, der das Zusammenleben blind und sklavisch unterworfen wird. Die drei

Ein Denker der Freiheit, Weinheim, Basel 2019; Detlef J. K. Peukert, *Max Webers Diagnose der Moderne*, Göttingen 1989; Lawrence A. Scaff, *Fleeing the Iron Cage. Culture, Politics, and Modernity in the Thought of Max Weber*, Berkeley, Los Angeles 1989.

90 Max Weber, »Der Nationalstaat und die Volkswirtschaftspolitik«, in: ders., *Gesammelte Politische Schriften*, Tübingen [3]1971, S. 12 f.

»W« avancieren so, fast unbewusst, zum hegemonialen Ideal einer kapitalistisch entfesselten Gesellschaft: »Wachstum, Wohlstand und Wohlfahrt« – das olympische Prinzip des »Höher, Schneller, Weiter« der Moderne. Das begann sich zu Webers Zeiten bereits abzuzeichnen, das scheint auch heute noch so zu sein. An dieser Frage, wie der grenzenlose Narzissmus einer Einzeldisziplin[91] sich zum »spiritus rector« einer ganzen Gesellschaft aufschwingen kann, wird sich später der »Werturteilsstreit« entzünden. Freilich ist das für Weber der Prüfstein für den Charakter einer Gesellschaft. »Wirtschaft und Gesellschaft« sollten für den Menschen da sein und nicht umgekehrt. Das Ideal eines Außenseiters in seiner ökonomischen Disziplin deutete also schon von daher unweigerlich seinen vorherbestimmten Weg in die Soziologie an, ohne dass es dem jungen Weber vielleicht bewusst gewesen sein mag. Am Ende seines Lebens hat er die Königsdisziplin verlassen und das zugunsten einer Soziologie, in der er »den niedrigen Status dieser Pariawissenschaft«[92] auch noch auf sich genommen hat.

Die »Protestantische Ethik« wird jedenfalls ein erstes, niederschmetterndes Ergebnis erbringen, wie es um den »Adel unserer Natur« steht. Was als unwahrscheinliche Liaison zwischen asketi-

91 Robert L. Heilbroner hat die Zunft der Ökonomen deshalb treffend als »worldly philosophers« bezeichnet. Siehe seine ausgezeichnete Studie zum »ökonomischen *mindset*«: *The Worldly Philosophers. The Lives, Times, and Ideas of the great Economic Thinkers,* 6. Aufl., New York 1992, auf dt. unter dem blassen Titel, *Die Denker der Wirtschaft. Ideen und Konzepte der großen Wirtschaftsphilosophen,* München 2006 erschienen und ders., *Teachings from the Worldly Philosophers,* New York 1996.

92 Das ist nicht Originalton Weber, sondern Bourdieu, zwei enge Geistesverwandte. Siehe Pierre Bourdieu, *Meditationen. Zur Kritik der scholastischen Vernunft,* Frankfurt/M. 2001, S. 15. Bourdieu übernimmt den Pariabegriff von Weber und wendet ihn auf die Soziologie an, wohlwissend, was er da tut. Auch dem folgenden Satz von Bourdieu hätte Weber seufzend zugestimmt: »Die Besonderheit des Soziologen – die nichts von einem Privileg hat – liegt in seiner Aufgabe, die Tatsachen der sozialen Welt auszusprechen und sie, soweit möglich, auszusprechen, wie sie sind.« Ebd., S. 13 bzw. S. 12. So trivial die Aufgabe, so schwierig ist sie zu lösen, denn die Menschen, die Politik und die Medien ziehen Illusionen dem harten Realismus nun einmal vor. Genau deshalb wird Weber für »Werturteilsfreiheit« kämpfen und Bourdieu wird sich an dieses Postulat fast bis an das Ende seines Lebens halten, um dann als Intellektueller gegen den Neoliberalismus anzukämpfen. Der politische Kampf war letztlich vergeblich, aber das wissenschaftliche Werk von Weber und Bourdieu, zwei erznüchternen Realisten, bleibt.

schem Protestantismus und Kapitalismus begonnen hatte, hinterließ nur einen Sieger und der hieß Kapitalismus.

> Nur wie ›ein dünner Mantel, den man jederzeit abwerfen könnte‹, sollte nach Baxters Ansicht die Sorge um die äußeren Güter um die Schultern seiner Heiligen liegen. Aber aus dem Mantel ließ das Verhängnis ein stahlhartes Gehäuse werden. Indem die Askese die Welt umzubauen und in der Welt sich auszuwirken unternahm, gewannen die äußeren Güter dieser Welt zunehmende und schließlich unentrinnbare Macht über den Menschen, wie niemals zuvor in der Geschichte.[93]

Die moderne Gesellschaft baut aus dem Kapitalismus als Wohlstandsmaschine und dem Staat als Wohlfahrtsbürokratie mit einem primär materialistischen Wertsystem ein »stahlhartes Gehäuse«, gewaltige »Apparate«, die »das geistige Antlitz des Menschengeschlechts fast bis zur Unkenntlichkeit verändert hat und weiter verändern wird«.[94] Das Resultat dieser Entwicklung ist der *Ordnungsmensch*. »Diese Leidenschaft für die Bureaukratisierung«, die Weber in Deutschland ohnehin um sich greifen sieht, scheint dahin zu führen,

> als ob wir mit Wissen und Willen Menschen werden *sollten*, die ›Ordnung‹ brauchen, die nervös und feige werden, wenn diese Ordnung einen Augenblick wankt, und hilflos, wenn sie aus ihrer ausschließlichen Angepasstheit an diese Ordnung herausgerissen werden. Daß die Welt nichts weiter als Ordnungsmenschen kennt – in dieser Entwicklung sind wir ohnehin begriffen, und die zentrale Frage ist also nicht, wie wir das noch weiter fördern und beschleunigen, sondern was wir dieser Maschinerie *entgegenzusetzen* haben, um einen Rest des Menschentums freizuhalten von dieser Parzellierung der Seele, von dieser Alleinherrschaft bureaukratischer Lebensideale.[95]

Tatsächlich sieht er neben dem diskreten Wohlstandscharme des Kapitalismus auch die wachsende Bedeutung des Staates angesichts seiner wachsenden Aufgaben.

93 Weber, »Die protestantische Ethik«, S. 203 f.

94 So dekretiert Weber am Ende seiner Ausführungen zur »Auslese und Anpassung in der Arbeiterschaft« (1908), in: ders., *Gesammelte Aufsätze zur Soziologie und Sozialpolitik*, Tübingen 1924, S. 1-60, hier S. 60.

95 So Weber in den Diskussionsreden auf den Tagungen des Vereins für Socialpolitik. Ders., *Gesammelte Aufsätze zur Soziologie und Sozialpolitik*, S. 414.

Die Entwicklung der letzten Jahrzehnte [...] haben das Prestige gerade des *Staates* gewaltig gesteigert. Ihm allein von allen sozialen Gemeinschaften wird heute ›legitime‹ Macht über Leben, Tod und Freiheit zugeschrieben und seine Organe machen davon Gebrauch: im Krieg gegen äußere Feinde, im Frieden und Krieg gegen innere Widerstände. Er ist im Frieden der größte Wirtschaftsunternehmer und machtvollste Tributherr der Bürger, im Krieg aber der Träger schrankenlosester Verfügung über alle ihm zugänglichen Wirtschaftsgüter.[96]

Kapitalismus und Staat, ja der ganze Rationalismus der Moderne zusammengenommen, führen zur *Bürokratisierung der Welt*. Das ist Webers größte Befürchtung, der er mit Diagnosen und drastischen Formulierungen zu Leibe rückt.

Im Verein mit der toten Maschine ist sie an der Arbeit, das Gehäuse jener Hörigkeit der Zukunft herzustellen, in welche vielleicht dereinst die Menschen sich, wie die Fellachen im altägyptischen Staat, ohnmächtig zu fügen gezwungen sein werden, *wenn ihnen eine rein technisch gute und das heißt eine rationale Beamtenverwaltung und -versorgung der letzte und einzige Wert ist, der über die Art der Leitung ihrer Angelegenheiten entscheiden soll.* Denn das leistet die Bürokratie ganz unvergleichlich viel besser als jegliche andere Struktur der Herrschaft.[97]

Angesichts dieser dräuenden Entwicklung zur Beamtenherrschaft als »ein unentrinnbares Schicksal« und der Hoffnung auf den Sozialismus als Lösung aller Probleme der modernen Gesellschaft vermag Weber die Sorgen der Intellektuellen seiner Zeit nicht recht zu verstehen:

wer möchte dann nicht lächeln über die Angst unserer Literaten davor, daß die politische und soziale Entwicklung uns künftig *zuviel* ›Individualismus‹ oder ›Demokratie‹ [...] bescheren könnte und daß die ›wahre Freiheit‹ erst aufleuchten werde, wenn die jetzige ›Anarchie‹ unserer wirtschaftlichen Produktion und das ›Parteigetriebe‹ unserer Parlamente *beseitigt* sein werden zugunsten ›sozialer Ordnung‹ – das heißt: des Pazifismus der sozialen Ohnmacht unter den Fittichen der einzigen ganz sicher *unentfliehbaren* Macht: der Bürokratie in Staat und Wirtschaft!«[98]

96 Weber, »Der Sinn der ›Wertfreiheit‹«, S. 539 und MWG I/12, S. 510.

97 Max Weber, »Parlament und Regierung im neugeordneten Deutschland,«, in: ders., *Gesammelte Politische Schriften*, Tübingen ²1973, S. 320.

98 Ebd., S. 321.

Wie wir in der Diskussion über »die dunkle Seite der Moderne« gesehen haben, erblickt Weber im Sozialismus zwar eine historisch mögliche und vielleicht sogar wahrscheinliche Lösung, versteht sie aber eher als eine *Verschlimmbesserung* der Problematik. Denn rationaler Sozialismus heißt für ihn Bürokratie auf erweiterter Stufenleiter und produziert vor allem *Ordnungsmenschen* – Tendenzen, wie sie die real existierende Spielart dieser Regimeform ja auch eindrucksvoll vorgeführt hat. Weber wirft dann die für ihn entscheidenden Gretchenfragen auf:

1. Wie ist es angesichts dieser Übermacht der Tendenz zur Bürokratisierung *überhaupt noch möglich, irgendwelche* Reste einer in *irgend*einem Sinn ›individualistischen‹ Bewegungsfreiheit zu retten? Denn schließlich ist es eine gröbliche Selbsttäuschung, zu glauben, ohne diese Errungenschaften aus der Zeit der ›Menschenrechte‹ vermöchten wir heute (auch der konservativste unter uns) überhaupt zu leben. […]
2. Wie kann, angesichts der steigenden Unentbehrlichkeit und der dadurch bedingten steigenden Machtstellung des uns hier interessierenden Beamtentums, *irgend*welche Gewähr dafür geboten werden, daß Mächte vorhanden sind, welche die ungeheure Übermacht dieser an Bedeutung stets wachsenden Schicht in Schranken halten und sie wirksam kontrollieren? Wie wird Demokratie auch nur in diesem beschränkten Sinn *überhaupt möglich* sein?[99]

Auf der Suche nach Gegenmächten zu Wirtschaft und Staat, Kapitalismus und Bürokratie kommen nur einige wenige Gegenkräfte in Frage. Das jedenfalls hat der kursorische Durchgang durch seine Zeitdiagnostik erwiesen: Das Charisma von Führungsfiguren gleich welcher Art – aber ein Stefan George mag eine künstlerische Sekte[100] leiten, sein »geheimes Deutschland« hätte Deutschland nie

99 Ebd.

100 Zu George siehe Stefan Breuer, *Ästhetischer Fundamentalismus. Stefan George und der deutsche Antimodernismus,* Darmstadt 1995; zur Biographie grundlegend Thomas Karlauf, *Stefan George. Die Entdeckung des Charisma,* München 2007; Manfred Riedel, *Geheimes Deutschland. Stefan George und die Brüder Stauffenberg,* Köln, Wien, Weimar 2006 und zum Einfluss in der Bundesrepublik Ulrich Raulff, *Kreis ohne Meister. Stefan Georges Nachleben,* München 2009.

regieren können. Zudem der Individualismus und die Menschenrechte eher etwas für widerständige Leute und ihre Entfaltung sind, aber nichts für Webers Ordnungsmenschen. Ferner die erotische Kraft der Liebe als irrationale Gegenmacht, aber sie trifft, sieht man von der Polyamorie ab, nur auf zwei Menschen zu, lässt sich nicht in eine Lebensordnung gießen, ist deshalb also chronisch prekär. Schließlich die Demokratie als Gegengift zur Bürokratie, aber auch hier war sich Weber nicht sicher, ob das am Ende nicht auch in eine »bürokratische Demokratie« einmünden könnte. Die Auspizien für Freiheit, Individualität und autonome Lebensführung scheinen also eher recht schlecht zu stehen. Damit kehren wir ein letztes Mal zur »Protestantischen Ethik« zurück und damit wohl zu seinem düstersten Ausblick.

> Niemand weiß noch, wer künftig in jenem Gehäuse wohnen wird und ob am Ende dieser ungeheuren Entwicklung ganz neue Propheten oder eine mächtige Wiedergeburt alter Gedanken und Ideale stehen werden, *oder* aber – wenn keins von beidem – mechanisierte Versteinerung, mit einer Art von krampfhaftem Sich-wichtig-nehmen verbrämt. Dann allerdings könnte für die ›letzten Menschen‹ dieser Kulturentwicklung das Wort zur Wahrheit werden: ›Fachmenschen ohne Geist, Genußmenschen ohne Herz: dies Nichts bildet sich ein, eine nie vorher erreichte Stufe des Menschentums erstiegen zu haben.‹[101]

Fortgesetzte Entzauberung zur weiteren Sinnentleerung des »Gehäuses« oder Wiederverzauberung und die charismatische Erneuerung durch alte oder neue Ideale scheinen die Alternativen zur zukünftigen Entwicklung aus Webers Sicht. Freilich: »Was passiert, wenn nichts passiert?« Dann steuern wir auf die letzten Menschen zu und die – und damit kehren wir zum Anfang unserer zeitdiagnostischen Reise durch Webers Werk zurück – verkörpern nun gerade *nicht* den »Adel unserer Natur«. »Fachmenschen ohne Geist, Genußmenschen ohne Herz« scheinen eher zur Spezies der Ordnungsmenschen zu gehören. Aber während die Ordnungsmenschen sich ängstlich und gehorsamsbereit anpassen, glauben Fach- und Genussmenschen auch noch an ihren eigenen »Adel«. Das »Nichts« als »Größe« wäre dann die Endmoräne des Individu-

101 Weber, »Die protestantische Ethik«, S. 204 und *Asketischer Protestantismus und Kapitalismus*. Schriften und Reden 1904-1911, MWG I/9, S. 423.

alismus, bei der wir heute angekommen wären. Das könnte man serielle Singularität[102] nennen.

Freilich: Im gleichen Atemzug, wo Weber dieses pessimistische Verdikt in die Welt setzt, scheint er es auch gleich wieder zurücknehmen zu wollen. Denn er betont, dass er hier »auf das Gebiet der Wert- und Glaubensurteile«[103] geraten würde und das dürfe man ja schließlich nicht nach seiner eigenen Wissenschaftsauffassung. Gleichwohl geht man nicht fehl in der Beobachtung, dass Weber stets geschickt mit der Grenzüberschreitung zwischen Wertfreiheit und strammen Werturteilen gespielt hat. Das eröffnet ihm unvermutet eine »Ick bün all hier!«-Position und Positionierung, von Wissenschaftler und Intellektuellem, wie sie aus dem Märchen von »Hase und Igel« bekannt ist. Und wie gesehen, lassen sie an Drastik und Deutlichkeit nichts zu wünschen übrig. Freilich, gerade in der Zusammenschau der berühmtesten zeitdiagnostisch verwertbaren Zitate von Weber, die immer wieder gern zu eigenen Interpretationszwecken herangezogen werden, fällt die »Arbeit der Zuspitzung«,[104] ja der Pointierung und Übertreibung eines Punktes auf. Die »Best of« von Weber leuchten wie Diamanten aus den universalgeschichtlichen Stoffbergen seiner Argumentation hervor. Je häufiger sie zitiert werden, desto stärker verdichtet sich der Eindruck, »das *sei* Weber«. Das ist er aber nicht, jedenfalls nicht der »ganze« Weber. Freilich: Es scheint das typische Schicksal der Klassiker zu sein, das ihn nun genauso ereilt wie Marx und Nietzsche, auf deren Schultern er steht. »Weber wurde gewissermaßen zum Goethe der Sozialwissenschaften für Maximen und Reflexionen.«[105] Zweifellos hat Weber viele Gesichter und in der Rezeption sticht seine Janusköpfigkeit heraus. Da ist der Weber von Rationalismus und Charismatismus, von Kapitalismus und Bürokratismus, von Sozialismus und Individualismus, von Herrschaft und Liebe, von Puritanismus und von dem Zaubergarten der asiatischen Religi-

102 Siehe die umfassende Studie von Andreas Reckwitz, *Die Gesellschaft der Singularitäten,* Berlin 2017, der zu diesem Ergebnis kommt.

103 Ebd.

104 Genau das ist natürlich die Aufgabe von Zeitdiagnosen. Siehe Hans-Peter Müller, »Sinn deuten. Über soziologische Zeitdiagnostik«, in: *Merkur. Deutsche Zeitschrift für Europäisches Denken* 51, H. 577 (1997), S. 352-357 und Manfred Prisching, *Zeitdiagnose. Methoden, Modelle, Motive,* Weinheim, Basel 2018.

105 Lepsius, »Eigenart und Potential des Weber-Paradigmas«, S. 3.

osität usf. Webers Ansatz spiegelt damit nur das, was er für *seine* Soziologie ohnehin fordert: den *Multiperspektivismus*.

Schließlich darf stets die Warnung vor den Grenzen einer wissenschaftlichen Fachdisziplin am Ende bei Weber nicht fehlen. Denn

> Wir kennen keine wissenschaftlich beweisbaren Ideale. Gewiß: die Arbeit ist nun härter, sie aus der eigenen Brust holen zu sollen in einer Zeit ohnehin subjektivistischer Kultur. Allein wir haben eben überhaupt kein Schlaraffenland und keine gepflasterte Straße dahin zu versprechen, weder im Diesseits noch im Jenseits, weder im Denken noch im Handeln; und es ist das Stigma unserer Menschenwürde, daß der Friede unserer Seele nicht so groß sein kann als der Friede desjenigen, der von seinem Schlaraffenland träumt.[106]

Max Webers zeitdiagnostische Sorgen und Befürchtungen wurden in der Folgezeit sehr ernst genommen. Wenn ein so realistischer, nüchterner und illusionsloser Denker wie er solch schrille Töne anschlägt, dann sollte man seine Warnungen ernst nehmen. Dementsprechend machte der Topos von der »Bürokratisierung der Welt«[107] eine rasante zeitdiagnostische Karriere. So wurde die Sichtweise der Moderne in der Kritischen Theorie ganz enorm nicht nur von Marx, sondern auch von Max Weber bestimmt. Seit Horkheimers und Adornos *Dialektik der Aufklärung*[108] wurde die »verwaltete Welt« (Adorno) zu einem Menetekel und fungierte gleichsam als Hintergrundmelodie für die Kritik an der Moderne. Genauer

106 Weber in den Diskussionen auf den Tagungen des Vereins für Socialpolitik. Ders., *Gesammelte Aufsätze zur Soziologie und Sozialpolitik*, S. 420.

107 Aus der Fülle der Literatur siehe nur Martin Albrow, *Bürokratie*, München 1972; Henry Jacoby, *Die Bürokratisierung der Welt. Ein Beitrag zur Problemgeschichte*, Berlin 1969; Niklas Luhmann, *Funktionen und Folgen formaler Organisation*, Berlin 1964; Renate Mayntz (Hg.), *Bürokratische Organisation*, Köln 1968; Frank Meier, Uwe Schimank, »Bürokratie als Schicksal? Max Webers Bürokratiemodell im Lichte der *Organizational Studies*, in: Müller, Sigmund (Hg.), *Max Weber-Handbuch*, S. 355-361; Wolfgang Schluchter, *Aspekte bürokratischer Herrschaft*; Wolfgang Seibel, *Verwaltung verstehen. Eine theoriegeschichtliche Einführung*, Berlin 2016. Als jüngster Wiedergänger von Weber vgl. David Graeber, *Bürokratie. Die Utopie der Regeln*, Stuttgart 2016.

108 Max Horkheimer, Theodor W. Adorno, *Dialektik der Aufklärung. Philosophische Fragmente* (1947), mit einem Nachwort von Jürgen Habermas, Frankfurt/M. 1986.

und wesentlich überzeugender synthetisierte erst Jürgen Habermas Max Webers Zeitdiagnose in seiner bahnbrechenden Interpretation[109] und verdichtete sie in der »These vom Freiheitsverlust« (die verwaltete Welt) und der »These vom Sinnverlust« (die Entzauberung der Welt).

Allerdings soll abschließend gezeigt werden, wie sich Weber das Verhältnis von Wertsphären und Lebensführung in modernen Gesellschaften vorgestellt hat. Darum diskutieren wir im letzten Kapitel Wissenschaft und Politik als Beruf. Webers Paradigma haben wir, reichlich künstlich, zerlegt in Ansatz, historisches Forschungsprogramm und Zeitdiagnose, um auf diese Weise etwas Licht in sein geistiges Zentrum zu werfen. Nach der Explikation der okzidentalen Konstellation fehlt noch der zweite Teil seines historischen Forschungsprogramms, die Genealogie des Kapitalismus *in concreto.* Deshalb wenden wir uns jetzt seiner »Wirtschaftsgeschichte« zu.

109 Jürgen Habermas, *Theorie des kommunikativen Handelns,* Bd. 1, S. 225-366, hier S. 336f.

11. Wirtschaft und Geschichte: Die Genealogie des Kapitalismus

Eine Nachschrift als Juwel

Zum 1. April 1919 nahm Max Weber seine Tätigkeit als Professor für Gesellschaftslehre, Wirtschaftsgeschichte und Nationalökonomie an der Universität München[1] auf. Zu dieser Zeit arbeitete er intensiv an seiner »Wirtschaftssoziologie«, seiner forschungsprogrammatischen »Vorbemerkung« zu den *Gesammelten Aufsätzen zur Religionssoziologie* und hielt im Wintersemester 1919/20 auf Wunsch der Studenten eine Vorlesung über »Wirtschaftsgeschichte«. Seine Studenten Siegmund Hellmann und Melchior Palyi rekonstruierten Max Webers Vorlesung »Abriß der universalen Sozial- und Wirtschaftsgeschichte« nach dessen Tod im Jahre 1920 aus den Kollegmitschriften einer Reihe von Hörern und veröffentlichten diesen Text im Jahre 1923.[2]

Wie eng der Konnex zwischen Webers Großprojekten *Wirtschaft und Gesellschaft* und der »Wirtschaftsethik der Weltreligionen« ist, machen die Anlage und der Aufbau der Vorlesung deutlich. Weber stellt ihr eine begriffliche Vorbemerkung voraus, welche die zentralen Grundbegriffe und die Typen der wirtschaftlichen Leistungsgliederung umfasst und zugleich die Aufgaben einer Wirtschaftsgeschichte umreißt. Ein Vergleich mit dem Kapitel II von *Wirtschaft und Gesellschaft*, den soziologischen Grundkategorien des Wirtschaftens, zeigt, dass Weber zur Orientierung seiner Studenten ihnen die konzeptuelle Systematik seines wirtschaftssoziologischen Grundgerüsts zur Verfügung stellt. Insofern eignet sich

1 Zum Folgenden siehe Hans-Peter Müller, »Max Webers Sozialökonomik«, in: Klaus Kraemer, Florian Brugger (Hg.), *Schlüsselwerke der Wirtschaftssoziologie*, Wiesbaden 2017, S. 89-134, S. 119-134.

2 Max Weber, *Wirtschaftsgeschichte. Abriß der universalen Sozial- und Wirtschaftsgeschichte* (1923), hg. aus den nachgelassenen Vorlesungen von S. Hellmann und M. Palyi, dritte ergänzte Auflage von Joh. F. Winckelmann, 4. Aufl., Berlin 1981, jetzt als *Abriß der universalen Sozial- und Wirtschaftsgeschichte. Mit- und Nachschriften 1919-1920*, hg. von Wolfgang Schluchter in Zusammenarbeit mit Joachim Schröder, MWG III/6, Tübingen 2012. Im Folgenden wird nach der alten Ausgabe zitiert.

die »Begriffliche Vorbemerkung« aus der Wirtschaftsgeschichte durchaus als »Einführung« in die Systematik seiner Wirtschaftssoziologie. Wie gesehen, enthält die »Vorbemerkung« zu den *Gesammelten Aufsätzen zur Religionssoziologie* Webers Forschungsprogramm zur okzidentalen Konstellation und dessen Schlüsselidee, die Vorstellung von Rationalisierung als Treiber der Genealogie der Moderne. Die konflikthaften Folgen für die strukturelle und kulturelle Ausgestaltung der modernen Gesellschaft skizziert die »Zwischenbetrachtung«, ebenfalls in der Religionssoziologie. Hier entwickelt Weber ein Theorem, Theorie wäre zu viel gesagt, der Wertsphären und Lebensordnungen im Verhältnis zur Religion. Je weiter die Entwicklung voranschreitet, desto mehr entfernen sich die verschiedenen Wertsphären und Lebensordnungen voneinander, weil sie jeweils einer Eigenlogik und Eigendynamik von Rationalitätsstandards und Werten folgen. Erst hier wird deutlich, was Weber mit seiner Bemerkung meint, dass der Rationalismus eine »Welt von Gegensätzen« umfasst. Alles das ist ziemlich abstrakt, wenn auch systematisch argumentiert. Erst in seinen beiden Reden »Wissenschaft als Beruf« und »Politik als Beruf« verdeutlicht er das Eigenleben dieser Wertsphären und wie diese Lebensordnungen unser Leben bestimmen, wenn wir in ihrem Rahmen als Wissenschaftler oder Politiker mitspielen wollen. Wie das nächste Kapitel zeigen wird, diskutiert Weber recht genau, wie sie unsere Lebensführung prägen. Diese beiden fulminanten Reden dürfen als geistiges Vermächtnis gedeutet werden, weil hier sein großes und großartiges Forschungsprogramm paradigmatisch und beispielhaft erläutert wird.

Die Wirtschaftsgeschichte – ein universalgeschichtlicher Abriss

Was soll ein »Abriss der universalen Sozial- und Wirtschaftsgeschichte« leisten? Weber stellt sich drei Aufgaben in seiner »begrifflichen Vorbemerkung«. 1. Die Rekonstruktion der *Arten und Weisen der Leistungsverteilung und -verbindung*. Hier geht es um die Frage: »Wie sind die *wirtschaftlichen Leistungen* in einer gegebenen Epoche *verteilt*, *spezialisiert*, *kombiniert* gewesen, und zwar technisch, ökonomisch, endlich mit Rücksicht auf die und in Verbindung mit der Eigentumsordnung?«[3] Die Beantwortung der Frage schließt die Eruierung der jeweiligen Sozial- und Klassenstruktur als »Rückgrat« der Gesellschaftsordnung mit ein. 2. Die *Typen der Wirtschaftsweise*: Haushalt oder Erwerb. 3. Die Beziehung zwischen *formaler und materialer Rationalität.* »Die heutige Wirtschaftsverfassung ist namentlich dank des Durchdringens der Buchführung in hohem Grade rationalisiert, und in gewissem Sinn und in gewissen Grenzen ist die gesamte Wirtschaftsgeschichte die Geschichte des heute zum Siege gelangten ökonomischen, auf Rechnung aufgebauten Rationalismus.«[4]

Fluchtpunkt der sozial- und wirtschaftsgeschichtlichen Entwicklung zum modernen Kapitalismus ist der *Rationalismus.* Webers Genealogie des Kapitalismus wird also eingebettet in die Gegenüberstellung von Traditionalismus und Rationalismus oder, in der späteren Sprache einer Soziologie der Moderne gewendet, in den Gegensatz zwischen Tradition und Moderne. Seine Wirtschaftsgeschichte hat deshalb stets auch Einflüsse außerökonomischer Natur zu berücksichtigen. »Zu diesen gehören: magische und religiöse Momente – das Streben nach *Heils*gütern; politische – das Streben nach *Macht*; ständische Interessen – das Streben nach *Ehre.*«[5] Religion, Politik und Status bzw. Heil, Macht und Ehre sind gesellschaftliche Kräfte, die die moderne Erwerbswirtschaft dank ihrer Autonomie und Autokephalie als ausdifferenzierter Lebensbereich in ihrem Wirkungskreis weitgehend neutralisiert hat. Das heißt jedoch nicht, dass diese Kräfte einfach verschwunden sind. Vielmehr kehren sie im Gewand des Hiatus zwischen formaler Rationalität (Wirtschaft) und materialer Rationalität (Gesellschaft) wieder. »Aber immer noch ragen starke materiale Irrationalitäten in diese formale Rationalität hinein, gegeben vor allem durch die Einkommensverteilung, die unter Umständen eine (vom Standpunkt z. B. material ›bestmöglicher Güterversorgung‹ aus gesehen) material irrationale Verteilung der Güter herbeiführt, ferner durch Haushalts- und spekulative Interessen, die, vom Standpunkt des Erwerbsbetriebs aus gesehen, irrationaler Natur sind.«[6] Ähnliches gilt für die Rechtsordnung »in dem Streit zwischen formaler

3 Ebd., S. 15 f.
4 Ebd., S. 16.
5 Ebd.
6 Ebd.

Rechtsanwendung und materialem Gerechtigkeitsgefühl«[7] oder für die Kunst im Gegensatz zwischen materialem Ausdrucksbedürfnis und formalen Ausdrucksmitteln. Schließlich unterstreicht Weber mit Nachdruck, »daß Wirtschaftsgeschichte (und vollends die Geschichte der ›Klassenkämpfe‹) nicht, wie die *materialistische Geschichtsauffassung* glauben machen will, identisch mit der Geschichte der gesamten Kultur überhaupt ist«. Eine solche Vorstellung wäre nicht nur einseitig, sondern völlig überzogen. In Webers Augen gibt die Wirtschaftsgeschichte »einen Unterbau [...], ohne dessen Kenntnis allerdings die fruchtbare Erforschung irgendeines der großen Gebiete der Kultur nicht denkbar ist«.[8]

Seine »Wirtschaftsgeschichte« gliedert sich in vier große Kapitel. Die ersten drei Kapitel behandeln Agrarverfassung, Gewerbe und Bergbau sowie Güter und Geldverkehr im vorkapitalistischen Zeitalter, während das vierte Kapitel die Entstehung des Kapitalismus rekonstruiert. Stets geht es ihm darum, die Grundzüge einer wirtschaftlichen Konstellation aufzuzeigen, ihre Entstehung, Wirkungsart und Auflösung, wobei Appropriations- und Expropriationsvorgänge als Aneignung und Enteignung eine zentrale Rolle spielen, aber auch die Einbettung in Politik/Herrschaft und Religion/Kultur. Die Formen des wirtschaftlichen Verkehrs werden durch enormen Stoffreichtum illustriert, indem Weber die europäische Entwicklung mit den Entwicklungen in China, Indien, Vorderasien und Russland vergleicht. Angesichts der Stoffdichte werden die ersten drei Kapitel nur knapp behandelt, um das Augenmerk auf seine Genealogie des Kapitalismus zu legen.

Ausgangspunkt: Die Agrarverfassung

Zunächst diskutiert Weber die Agrarverfassung unter den Stichworten »Haushalt, Sippe, Dorf und Grundherrschaft«. Entgegen der These eines ursprünglichen »Agrarkommunismus« weist er anhand der deutschen Agrarverfassung nach, dass die Dorfgemeinschaft zwar am Ideal der Gleichheit ausgerichtet war, gleichwohl aber von einer Verteilung der »Hufe« als Gesamt der »Habe« an

7 Ebd., S. 16f.
8 Ebd. S. 17.

Gartenland, Ackerflur, Wald und Allmende auszugehen ist. Aufgrund der unterschiedlichen Kinderzahl und der Erbteilung sind in der Folge Voll-, Halb- und Viertelhufner entstanden und die Dorfgemeinschaft wurde auch durch nicht-bäuerliche Bewohner erweitert. Die Auflösung dieser egalitären Wirtschafts- und Sozialverfassung erfolgte durch »Eingriff von oben«. »Seit dem Ewigen Landfrieden stieg das Interesse der Ritterschaft an ihrer Wirtschaft. Der dadurch geweckte Rationalismus eines Teils der Grundherren ist es gewesen, der die alte Agrarverfassung zerstört hat, namentlich in Süddeutschland.«[9] Der Vielfalt der äußeren Agrarverfassung, der Weber durch eine Fülle von historisch-komparativen Vergleichen nachgeht, entsprechen die verschiedenen Typen der Appropriation. Prinzipiell unterscheidet Weber zwei Formen: 1. werden Grund und Boden als sachliche Arbeitsmittel angesehen, sind sie häufig der Sippe der Frau appropriiert; 2. gilt der Boden als erobertes Gebiet, als »Speerland«, ist es der männlichen Sippe appropriiert. Weber ist es wichtig zu betonen, dass keineswegs rein wirtschaftliche Aspekte für die ursprüngliche Aneignung maßgeblich waren, sondern sie häufig militärischer, magischer oder religiöser Natur war. Zudem ist der Einzelne stets in eine Mehrheit von Verbänden eingebettet: den Hausverband, die Sippe, den magischen Verband, den Dorf- und Markverband, den politischen Verband und, falls besitzlos, den Verband mit dem Grundherrn, falls unfrei, dem Leibherrn. Weber diskutiert in der Folge historisch-vergleichend die Vielfalt der Entwicklung von Hausverband, Familie und Sippe vor dem Hintergrund von Vater- und Mutterrecht. Ein besonderes Augenmerk bei der Entstehung einer traditionalistisch gebundenen, inegalitären Wirtschafts- und Sozialverfassung legt Weber auf die Entstehung des Herreneigentums und in dessen Folge die Durchsetzung der Gutsherrschaft. Die Besitzdifferenzierung nahm ihren Ausgangspunkt von der Häuptlingswürde, sei es als Sippen- oder Kriegshäuptling, und konnte sich – analytisch gesehen – auf sechs Wegen durchsetzen: 1. als innere Differenzierung durch die Entwicklung eines Berufskriegerstandes; 2. durch Eroberung und Unterwerfung eines Feindeslands, dessen Bevölkerung als hörige Arbeitskräfte in den Dienst genommen werden, sei es kommunistisch wie die Heloten in Sparta oder sei es individualistisch unter der Herrschaft einer

9 Ebd., S. 29.

Schicht von Leibherren; 3. durch Kommendation, also die freiwillige Unterwerfung Waffenloser unter den Schutz der Herrschaft eines wehrhaften Standes wie dem *patronus* in Rom oder dem *senior* bei den merowingischen Franken; 4. die grundherrliche Siedlung, kann doch der Häuptling dank seines größeren Besitzes an Menschen und Arbeitstieren mehr Land roden als der gewöhnliche Bauer, was er seinerseits durch Leihe verwertet wie im Kolonat – »Auch Geld- und Getreideleihe wird häufig ein Mittel zur Akkumulation von Menschen und Boden. Neben Kolonen und Sklaven spielen daher namentlich in der antiken Wirtschaft die *Schuldsklaven*, die *nexi*, eine große Rolle«[10] –; 5. durch magisches Charisma, denn der Priester kann sich durch »Tabu«-Sprüche Sondereigentum sichern; 6. durch Handel in Gestalt von Zöllen und Marktkonzessionen. Monopolisiert der Häuptling den Eigenhandel, kann er seinen Stammesgenossen Geld leihen oder sich sogar deren Grund und Boden aneignen. Tun sich mehrere Häuptlinge an einem Ort zusammen, entsteht eine Stadt mit einem Patriziat, das Handel treibt.

»Herreneigentum kann aber auch *fiskalische* Wurzeln in der Steuer- und Dienstverfassung des Staates haben«[11] in zweierlei Form: 1. als patrimoniale Herrschaft des Fürsten, dessen Beamte von den Verwaltungsmitteln getrennt sind; 2. als »*ständische Appropriation der Verwaltung*«, bei dem neben dem fürstlichen Großhaushalt Vasallen, Pächter oder Beamte das Land bewirtschaften und die Verwaltung selbst vornehmen. Je nach den wirtschaftlichen Verhältnissen, gestaltet sich auch die Staats-, Herrschafts- und Verwaltungsverfassung. »Orient und Okzident gehen hier in typischer Weise auseinander. Für die Wirtschaft des Orients (China, Vorderasien, Ägypten) ist die *Bewässerungskultur* bestimmend geworden, für den Okzident, wo die Niederlassungen durch Rodung entstehen, die *Waldkultur*.« Die patrimoniale »*Großkönigswirtschaft des vorderen Orients*«[12] beruht auf einer großen Bürokratie, die die Bewässerungsregulierung planwirtschaftlich vornimmt. »Gegenüber der geldwirtschaftlich-fiskalischen Appropriation von staatlichen Rechten im Orient steht das *naturalwirtschaftliche Feudalsystem im Okzident* (und in Japan), die Entstehung von Herreneigentum

10 Ebd., S. 62.
11 Ebd., S. 63.
12 Ebd., S. 64.

durch *Lehen.*«[13] Die okzidentale Herrengewalt ruht dabei auf drei Grundlagen: »*Bodenbesitz* (grundherrliche Gewalt), *Menschenbesitz* (Sklaverei), Appropriation *politischer Rechte* (durch Usurpation oder Verleihung), besonders der *Gerichtsgewalt*; diese letztere ist für die Entwicklung im Okzident weitaus am wichtigsten geworden.«[14] Im Lichte dieses Ansatzes untersucht Weber detailliert Stellung und Status der Bauern in verschiedenen Ländern, diskutiert die kapitalistischen Formen der Grundherrschaft in Gestalt von Plantagenwirtschaft und Gutswirtschaft und beleuchtet schließlich die Sprengung der Grundherrschaft als Basis für moderne wirtschaftliche Verhältnisse.

In analytischer Hinsicht gab es vier Kräfte und Tendenzen, die schließlich die *Grundherrschaft* unterhöhlten. 1. Wirtschaftlich gesehen, entwickelten Grundherren *und* Bauern ein Interesse, ihre Produkte am Markt abzusetzen in dem Maße, wie sich der Markt durch die Geldwirtschaft erweiterte. 2. Das städtische Bürgertum seinerseits hatte ein Interesse an der Auflösung der Gutsherrschaft, weil sie ganz praktisch eine Schranke für seine Absatzinteressen bildete. 3. Der Kapitalismus selbst hatte ein Interesse an der Schaffung eines freien Arbeitsmarktes und auch das Kapital entwickelte ein Grunderwerbsinteresse an Grund und Boden. 4. Schließlich waren es auch die fiskalischen Interessen des Staates, die davon ausgingen, dass sich das Steueraufkommen des Landes erhöhen sollte, nachdem die Grundherrschaft gesprengt war.

Das Interesse an der Sprengung war das eine, ihre Art und Weise das Andere: »das Ergebnis hing von der Frage ab, *wer* expropriiert werden sollte, der Grundherr oder der Bauer, und wenn letzterer, ob mit oder ohne Land.«[15] Die Expropriation der Bauern, die ihnen die Freiheit, wenn auch ohne Landbesitz brachte, erfolgte in England, Mecklenburg-Vorpommern sowie in Teilen von Schlesien. Umgekehrt: Die Expropriation des Grundherrn, der sein Land an die Bauern verlor, fand statt in Frankreich, Südwestdeutschland, in großen Teilen Polens durch die Intervention der Russen. Die dritte Lösung war ein Kompromiss, bei der die Bauern mit einem Teil ihres Landes die Freiheit erlangten. So etwa in Preußen, wo der Staat auf die von der Grundherrschaft lebenden Landräte angewiesen

13 Ebd., S. 68.
14 Ebd., S. 71.
15 Ebd., S. 94.

blieb, weil er sich einen besoldeten Beamtenstand schlichtweg nicht leisten konnte. Entscheidend für die Durchsetzung kapitalistischer Verhältnisse auf dem Land waren jedoch die Beseitigung aller mit der Grundherrschaft verbundenen Rechte und Privilegien wie die Patrimonialgerichtsbarkeit, die Bannrechte, die Lehensverbindlichkeiten, die Steuerfreiheit und die politischen Vorrechte. Das war nicht nur ein allmählicher, sondern auch ein höchst verschiedenartiger Prozess, wie Weber historisch-vergleichend anschaulich zeigt.

Gewerbe und Bergbau im vorkapitalistischen Zeitalter

Sodann skizziert Weber die Entstehung und Auflösung der Zünfte, die Heraufkunft des Verlagswesens und der Fabrik. Er grenzt das Gewerbe von der Landwirtschaft, aber auch von Bergbau, Handel und Transportwesen ab und unterscheidet die Produktion für den Eigenbedarf von der Produktion für den Erwerb, also das Handwerk. »Unter *Handwerk* sei der Tatbestand verstanden, daß gelernte gewerbliche Arbeit in irgendeinem Umfang verrichtet wird, die spezialisiert, entweder durch Berufsspaltung oder technische Spezialisierung ausgeführt wird, einerlei, ob als freier oder unfreier Beruf, für einen Herrn, eine Gemeinschaft oder auf eigene Rechnung.«[16] Das Hausgewerbe ist die notwendige Vorstufe für das Stammesgewerbe. Was zunächst als Nebentätigkeit betrieben wird, kann auch kommerziell zum interethnischen Tausch genutzt werden, meist zwischen benachbarten Stämmen wie in Afrika, oder es ergibt sich eine Weiterentwicklung zu einer verfestigten Sozialstruktur wie bei der indischen Kastenbildung, in der ursprünglich horizontal nebeneinander stehende ethnische Stämme unter der Vorherrschaft eines Stammes vertikal übereinandergeschichtet wurden. Im fürstlichen Großhaushalt des Oikos in der Antike gibt es neben den *officia*, den Positionen im Großhaushalt, die *artificia*, die notwendigen Handwerksstellen, die von Sklaven besetzt für den Eigenbedarf produzieren. Um zur Kunden- und Marktproduktion überzugehen, bedarf es einer entwickelten Tauschwirtschaft und eines regelmäßigen Abnehmerkreises. »Und nun ergab sich hier, bei der Entwicklung des Gewerbes aus dem Schoß des Oikos heraus,

16 Ebd., S. 111.

dasselbe wie bei der Entwicklung der Bauern. Der Fürst, Grundherr, Sklavenhalter hatte die Wahl, entweder die gelernten Arbeiter als Arbeitskraft zu verwenden und mit ihrer Hilfe selbst für den Markt zu produzieren, oder sie als Rentenquelle zu benutzen.«[17] Im ersten Falle wurde aus dem Herrn ein *Unternehmer*, im zweiten Fall ein *Rentier*, der aber einen *negotiator* oder Verwalter für seine Produktion benötigte. Antike und Mittelalter weisen also eine ganz ähnliche Arbeitsverfassung für Gewerbe und Handwerk auf, unterscheiden sich aber diametral in der Nutzung des Marktes. »In der Antike sind die Sklaven in der Gewalt des Herrn geblieben, im Mittelalter frei geworden.«[18]

Weber nennt fünf Gründe für diese unterschiedliche Entwicklung: 1. Der höhere Konsumbedarf im Okzident gegenüber dem Rest der Welt: Ein japanischer oder griechischer Haushalt der Antike war bescheiden im Vergleich etwa zum üppigen Hausrat eines mittelalterlichen Patriziers. 2. Die erweiterte Marktaktivität im Vergleich zur Antike: Die Antike als Küstenkultur hatte kein kaufkräftiges Hinterland, da es weiterhin in Naturalwirtschaft verharrte. Im Mittelalter hingegen hatten gerade die Fürsten ein großes Interesse an steuerkräftigen Untertanen, was sie durch Städtegründungen und Marktkonzessionen selbst vorantrieben. 3. Die geringe Rentabilität der Sklaverei als Arbeitskraft, die sich nur lohnte, wenn der Sklave – wie im Krieg und in südlichen Ländern – billig zu haben war. Im Norden hingegen »lohnte« ein Sklave buchstäblich nicht. 4. Die Labilität der Sklavenverhältnisse selbst, denn ein entlaufener Sklave konnte ohne weiteres woanders anheuern. 5. Die Rolle der Städte, deren Privilegien den Grundsatz prägten: »Stadtluft macht frei!« Freilich gilt: Solche Rechte wurden niemals ohne größere Auseinandersetzungen gewährt. »Es war ein Machtkampf, bei dem schließlich die politische Macht der Fürsten, die ein Interesse an den Städten nahmen, stärker war als die wirtschaftliche der Grundherren, die ein Interesse daran hatten, den zinspflichtigen Leibeigenen festzuhalten.«[19]

Vor diesem Hintergrund analysiert Weber Aufstieg und Auflösung der *Zünfte*. »Zunft ist eine nach der Art der Berufsarbeit spezialisierte Vereinigung von Handwerkern. Sie funktioniert, in-

17 Ebd., S. 119.
18 Ebd., S. 123.
19 Ebd., S. 125.

dem sie zwei Dinge in Anspruch nimmt: *Regelung der Arbeit* nach innen und *Monopolisierung* nach außen. Sie erreicht das, indem sie verlangt, daß jeder der Zunft beitritt, der an dem betreffenden Ort das Handwerk ausübt.«[20] Ansätze zur Zunftentwicklung hat es seit der Antike gegeben, aber da, wo Sippe oder Kaste vorherrschen, fehlt sie. »Der *Geist* der abendländisch-mittelalterlichen Zunft wird am einfachsten wohl durch den Satz charakterisiert: Zunftpolitik ist Nahrungspolitik.«[21] Das setzt nach innen die Sicherung der Chancengleichheit für die Zunftgenossen voraus, die mit rigorosen Regelungen durchgesetzt wurde. So wurde die Anzahl der Arbeiter und Lehrlinge festgesetzt, das Rohmaterial wie die Werkzeuge kontrolliert, wurden Kapitalschranken und Preistaxen errichtet. »Die *Zunftpolitik nach außen* ist reine Monopolpolitik«,[22] die mit Zunftzwang und Zunftbann einherging. Die okzidentalen Zünfte entstehen auf dem Boden der Stadt und gewinnen ihre Autonomie und Autokephalie erst im Kampf mit den Stadtherren, um von militärischen und steuerlichen Auflagen entlastet zu werden. Zur Durchsetzung ihres Monopols kämpfen sie mit den Konsumenten, gegen die Konkurrenz durch ländliche, meist klösterliche Handwerker sowie gegen die Kaufleute und Detaillisten. Aber auch intern und zwischen den Zünften tobte der Kampf um Stellung und Status im Produktionsprozess wie um das Recht, die Produkte auf den Markt zu bringen.

Die Zersetzung der Zünfte geht einher mit dem Aufstieg des *Verlagssystems*. Einigen Handwerkern gelingt der Aufstieg zu Händlern oder Verlegern bzw. eine Zunft vermag sich auf Kosten der anderen durchzusetzen. Die Kostbarkeit von Rohstoffen wie bei der Seide oder die Abhängigkeit von Exporteuren, die die Absatzchancen gut einzuschätzen wussten, waren eine weitere Quelle für die Durchsetzung des Verlegers. Oft sind Handwerk und frühkapitalistisches Verlagssystem im Okzident nebeneinander entstanden und nicht unbedingt nacheinander.

Weber lehnt Marx' strikte Unterscheidung zwischen *Manufaktur* und *Fabrik* ab und definiert: »Fabrik in diesem Sinne bedeutet also kapitalistische Organisation des Produktionsprozesses d.h. Organisation spezialisierter und kombinierter Arbeit innerhalb der

20 Ebd., S. 127.
21 Ebd., S. 129.
22 Ebd., S. 131.

Werkstätte unter Nutzung stehenden Kapitals mit gleichzeitiger kapitalistischer Rechnung.«[23] Voraussetzungen hierfür sind: 1. ein steter Markt und Massenabsatz; 2. eine gewisse Kaufkraft auf der Basis der Geldwirtschaft; 3. eine relativ kostengünstige Technik des Produktionsverfahrens; 4. die Existenz einer freien Arbeiterschaft. Die Fabrik ist nicht direkt aus dem Handwerk hervorgegangen, sondern neben ihm, indem sie sich »auf neue Produktionsformen geworfen oder auf neue Produkte, z. B. Baumwolle, Porzellan, Goldbrokat oder Surrogate«[24] gestützt hat.

Abschließend skizziert Weber die Entwicklung des *Bergwesens*. Rechtlich gesehen, war stets die Frage, wem die Bodenschätze eigentlich gehörten: 1. nach dem *pars fundi* dem Grundherrn des Bodens, nicht aber dem Bauern; 2. nach dem Regal dem jeweiligen politischen Herrscher; 3. nach dem Finder dem Entdecker einer Ader. Ökonomisch gesehen, findet sich zunächst der Eigenbetrieb des Herrn, dann folgen die genossenschaftlichen Gewerkschaften. Die große Macht der Bergwerksarbeiter »hatte zunehmende Appropriation des Bergwerks an die Arbeiter zur Folge und zunehmende Expropriation des Herrn, der zum bloßen Zinsherrn wird und seine Bergschätze nur noch als Rentenquelle nutzt«.[25] Mit dem zunehmenden Kapitalbedarf, der Konzentration des Erzhandels und der Differenzierung innerhalb der Arbeiterschaft kann schließlich der Kapitalismus Einzug halten. »Die Gewerkschaft wurde jetzt Kapitalbesitzerin«[26] und die Entstehung von Ungleichheit wurde durch die erlaubte Akkumulierbarkeit wie die freie Veräußerlichkeit der Anteile befördert – Prozesse, »die in manchem an die Geschichte der Zünfte erinnern«.[27]

Güter- und Geldverkehr im vorkapitalistischen Zeitalter

Im dritten Schritt schildert Weber die Entwicklung des Handels und des Geldes und seiner institutionellen Formen wie Gilden

23 Ebd., S. 149.
24 Ebd., S. 158.
25 Ebd., S. 167.
26 Ebd., S. 170.
27 Ebd., S. 171.

und Banken. Der Handel entsteht als interethnischer Außenhandel entweder in Gestalt des Stammeshandels mit ethnischer Spezialisierung oder als Herrenhandel auf eigene Rechnung oder gegen Entgelt über ortsfremde Händler sowie bei Monopolisierung als Fürstenhandel oder als Schenkhandel zwischen Fürsten zur Erhaltung des Friedens. Die entscheidenden technischen Vorbedingungen für Handel und die Entstehung einer Händlerschicht sind Transportgelegenheiten wie Wegenetz, Lasttiere und Karren für den Landhandel, Schiffe und ihre Besatzung für den Seehandel. Weber unterscheidet zwischen ortsfremden und ortsansässigen Händlern und skizziert die Entwicklung von Seehandel, Landhandel und Binnenschifffahrt. »Seehandel ist ursprünglich überall gleichzeitig *Seeraub*; Kriegsschiff, Raubschiff und Handelsschiff sind anfänglich nicht voneinander geschieden.«[28] Angesichts der Risiken von Natur und Piraterie bildeten sich entweder Genossenschaften aus Reeder, Kapitän, Mannschaft und mitreisenden Kaufleuten oder man bediente sich der Seedarlehen von Kapitalisten und organisierte die Reisen als Karawanen. »Beim *Landhandel* war das Risiko geringer, da Gefahr nur von Räubern, nicht von Naturgewalten drohte. Aber dafür waren die Spesen unvergleichlich viel höher.«[29] Die Binnenschifffahrt war zunächst grundherrliches oder klösterliches Privileg, aber nach der Entstehung der Städte bildeten sich rasch Schifffahrtszünfte, die den Verkehr genossenschaftlich regelten. Der ortsansässige Kaufmann, der *mercator*, beginnt zunächst als reisender Händler, dann lässt er reisen und bei genügender Kapitalbildung schafft er das Faktoreiensystem mit interlokalem Filialsystem. Das erfolgt erst im späten Mittelalter, weil es »genügende Sicherheit der interlokalen Transportverhältnisse und ebenso genügende interterritoriale Rechtssicherheit voraussetzte«.[30] Um zu einem angesehenen Stand aufzusteigen, musste der hiesige Händler einen vierfachen Kampf erfolgreich bestehen. Dazu gehörten: 1. »Der *Kampf um das Monopol des städtischen Marktes*«,[31] was sich vor allem gegen ortsfremde Händler wie die Juden und Händler auf dem Lande richtete. 2. Der Kampf um »Die *Gleichheit der Chancen nach innen*«, was durch Vorkaufsverbot und Einstandsrecht sicher-

28 Ebd., S. 180.
29 Ebd., S. 185.
30 Ebd., S. 192.
31 Ebd.

gestellt wurde. Das Vorkaufsverbot sah vor, dass alle Waren auf den lokalen, städtischen Markt kommen müssen. Das Einstandsrecht verlangte für den Fall, dass ein kapitalkräftiger Kaufmann mehr von einer Ware als die anderen eingekauft hatte, diese Waren mit den anderen Händlern gegen reinen Kostenersatz ohne Gewinnaussicht zu teilen. 3. Der Kampf um »den *Erwerbsspielraum*«, der aus dem »Kampf um *Stapel- und Straßenzwang*« resultierte, also dem Zwang, die Ware an einem bestimmten Platz umzuschlagen. »Jeder Territorialherr versuchte, sich durch Krieg in den Besitz von Stapel- und Straßenrecht zu setzen.«[32] 4. Der Kampf mit den »*Konsumenteninteressen*« und der Konflikt innerhalb der Kaufmannschaft zwischen Lokal- und Fernhandel. Der Konsument hätte am liebsten alles aus erster Hand beim ortsfremden Händler bezogen; der ortsansässige Händler suchte den Absatz nach Detaillistenprinzipien zu eigenem Vorteil zu organisieren.

Überall ist der Handel der Ursprung der Rechenhaftigkeit gewesen, aber ihre technischen Mittel blieben bis zum Beginn der Neuzeit suboptimal. »Unser heutiges *Positionszahlensystem* ist eine Schöpfung der Inder, von denen es die Araber übernahmen, worauf es vielleicht die Juden nach Europa gebracht haben. [...] An der Hand dieser Vertrautheit mit dem Positionszahlensystem ist die okzidentale *Buchführung* erwachsen. [...] Der Okzident und nur er ist die Stätte der Geldrechnung geworden, während der Orient die Stätte der Naturalrechnung geblieben ist.«[33] Die erste Vergesellschaftung des Handels erfolgt in der Form der sogenannten »*commenda*« als Gelegenheitsgeschäft, wobei in Südeuropa der Auftragnehmer als Unternehmer agiert und mehrere Aufträge von verschiedenen Auftraggebern annimmt. In Nordeuropa hingegen fungiert der Auftraggeber als Unternehmer, der Aufträge an mehrere Geschäftspartner vergibt. Zentral für den dauerhaften Betrieb und die Trennung von Haushalt und Betrieb wird der Kredit. Die Kreditsicherung erfolgt im Süden zunächst durch Solidarhaftung der Hausgemeinschaft, im Norden durch die Haftung aller am Unternehmen Beteiligten, während ab dem 14. Jahrhundert in Florenz das Sondervermögen der Handelsgesellschaft ins Leben gerufen wird. Die *Gilde*, über die gesamte Erde verbreitet, wird die orga-

32 Ebd. S. 194 f.
33 Ebd. S. 198 f.

nisatorische Gestalt der Kaufleute als sozialer Stand. Im Okzident nimmt sie entweder die Form der Stadtgilde als Händlerinnung, sei es als Militärverband, sei es als Verband der Händler, an, die mit den Zünften aufsteigt. Daneben existiert in England die Steuergilde, die vom Staat die Steuer pachtete. Während es im Mittelalter zu keiner eigenständigen Handelspolitik seitens der Gilden kam, gelang das der deutschen Hanse zu Beginn des 16. Jahrhunderts. Nur Hansebürger haben Privilegien, zielen auf den direkten Detailhandel mit fremden Ländern, benutzen nur ihre eigenen Schiffe, betreiben Warenhandel ohne Geld- und Bankgeschäfte wie die Florentiner, setzen die Standardisierung von Warentypen durch, um so »die Herrschaft einer Kaufmannsaristokratie zu bewahren«.[34]

Ist das Positionszahlensystem das technische Mittel, so sind Geld und Banken die sozioökonomischen und institutionellen Mittel zur Sicherung von Handelsgeschäften in Raum und Zeit. »Entwicklungsgeschichtlich betrachtet ist das Geld der *Schöpfer des Individualeigentums*; diese Eigenschaft besitzt es von Anfang an, und umgekehrt gibt es kein Objekt mit Geldcharakter, das nicht individuellen Besitzcharakter gehabt hätte.«[35] Weber unterscheidet die drei klassischen Funktionen des Geldes als Zahlungs-, Tausch- und Schatzbildungsmittel, um dann auf vier Arten des Geldes als vormodernes Tauschmittel näher einzugehen: 1. das *Schmuckgeld* (Glasperlen, Bernstein, Korallen); 2. das *Nutzgeld*, das als Außengeld im Tauschverkehr eine Zahlungsverpflichtung bezeichnete; 3. das *Kleidergeld* wie Häute, Gewebe oder Pelze; 4. das *Zeichengeld*, indem Gegenstände durch Gewohnheit als Besitzgegenstände gewertet wurden, wie etwa das Pelzgeld in Russland, einem Stückchen Pelz ohne Nutzwert. Aufgrund ihres Seltenheitswertes, ihrer Haltbarkeit, ihres Schmuckcharakters und ihrer leichten Stückelung werden Edelmetalle schließlich zur stofflichen Basis der Geldverfassung. Vom Pharao beispielsweise erhoffte sich die Gefolgschaft Schmuckgold, etwa einen Ring. Aber es sollte bis zum 7. Jh. vor Christus dauern, bevor in Lydien die ersten Münzen geprägt wurden und dann nochmals bis zum 17. Jahrhundert, bis man von einer modernen Münzherstellung sprechen kann.

Die Funktionen der *Banken* in der vorkapitalistischen Ära richten sich in erster Linie auf Geldwechselgeschäfte aufgrund der Viel-

34 Ebd., S. 208.
35 Ebd., S. 209.

falt an umlaufenden Geldsorten, sodann auf das Geldzahlungsgeschäft vor allem im Fernverkehr, das Depositengeschäft, also die Geldaufbewahrung, das Geldbeschaffungsgeschäft, da wo es keine Münzsorten gab wie in Babylon, und schließlich das Girogeschäft, also die Überweisung zur Einsparung der Barzahlung. Weber diskutiert die Rolle der Banken in Antike und Mittelalter. In der Antike waren Banken nur selten eine Privatunternehmung, weil sie mit dem Tempel und staatlichen Banken konkurrierten. Der delphische Tempel etwa war eine Depositenkasse für Privatleute und Sklaven. »Zahlreiche Inschriften bekunden, daß Sklaven vom Gotte in die Freiheit gekauft worden seien; in Wirklichkeit war es aus den Ersparnissen des Sklaven geschehen, der sie dem Tempel zur Aufbewahrung übergab, um sie vor dem Herren zu schützen.«[36] Im ptolemäischen Ägypten wie in den meisten hellenistischen Staaten gab es ein Bankenmonopol. Die bescheidenen Anfänge der Banken im Mittelalter waren die Geldwechsler (*campsores*). Für die Geldleihe gaben Banken nur große Summen und die auch nur an öffentliche Einrichtungen, während das kleine Geschäft in der Hand ortsfremder Händler wie den Juden verblieb. Hinzu kamen der Unternehmungskredit, die Girogeschäfte und die Steuerkollektion, die gerade im 13. und 14. Jahrhundert den Reichtum einer Bankiersfamilie wie der Medici begründete. Freilich waren dem Kreditgeschäft enge Grenzen gesetzt. Wer sie verletzte, riskierte den eigenen Untergang, wie das Beispiel der Fugger zeigt, die ihre Kredite an die Krone von Spanien nie mehr wiedersahen. »Weil also die Privatmittel der großen Bankhäuser für die Finanzierung großer Unternehmungen des Staates niemals ausreichten und ihre Liquidität sehr leicht Schiffbruch erlitt, drängte die Entwicklung zur *monopolistischen Bank*.«[37] So wurde die Bank von England etwa 1694 zur Finanzierung des spanischen Erbfolgekrieges gegründet.

Neben der Größe einer Bank und ihrer Liquidität war es das Zinsverbot der Kirche, das dem Kreditgeschäft enge Zügel anlegte. Den Ausweg für Kleinkredite bot der sogenannte »Judenkredit«. »Sein Charakteristikum, daß er den staatlichen Gewalten die Möglichkeit zu einer Schwammpolitik gab, der Ausbeutung der Bevölkerung durch den Judenzins mit in unregelmäßigen Zeitabständen erfolgender Konfiskation des Gewinns und der Außenstände, unter

36 Ebd., S. 225.
37 Ebd., S. 229.

gleichzeitiger Ausweisung der jüdischen Gläubiger. Auf diese Weise sind die Juden von Stadt zu Stadt, von Land zu Land gejagt worden; es wurden förmliche Kartelle zu ihrer Beraubung zwischen den Fürsten geschlossen«.[38] Freilich: Je weiter sich die Geldwirtschaft entwickelte, desto häufiger wurde das Zinsverbot umschifft, so dass die Kirche alle möglichen Ausnahmen zulassen musste. Mit dem Kapitalismus war es ohnehin nicht mehr vereinbar.

Take-off: Die Entstehung des modernen Kapitalismus

Schließlich skizziert Weber in großem Stil die äußeren Rahmenbedingungen des okzidentalen Kapitalismus, diskutiert Bürgertum, Stadt und Staat als die sozialen, räumlichen und politischen Träger dieser Entwicklung, um abschließend auf die Entfaltung der kapitalistischen Gesinnung als innerer Voraussetzung einzugehen. Weber will da von Kapitalismus sprechen, wo eine erwerbswirtschaftliche Bedarfsdeckung durch Unternehmen auf der Grundlage rationaler Kapitalrechnung stattfindet. Kapitalistisch ist eine Epoche nur dann, wenn die Bedarfsdeckung ohne deren kapitalistische Organisation zusammenbrechen würde. Das war der Fall nur im Okzident und auch da erst ab der zweiten Hälfte des 19. Jahrhunderts. Obwohl es also erste Ansätze von Kapitalismus in Antike und Mittelalter, im Orient wie im Okzident gegeben hat, ist der voll entwickelte rationale Betriebskapitalismus jüngeren Datums.

Weber nennt sechs institutionelle Voraussetzungen für seine sachgemäße Funktionsweise: 1. die Aneignung aller sachlichen Beschaffungsmittel als freies Eigentum von Unternehmen; 2. Marktfreiheit ohne ständische Schranken der Lebensführung; 3. Rationale Technik; 4. Rationales Recht; 5. freie Arbeit; 6. Kommerzialisierung der Ökonomie, womit auch der Spekulation Tür und Tor geöffnet wird.

»*Kommerzialisierung* bedeutet einmal Entstehung von Unternehmensanteilspapieren, sodann von Rentenpapieren, besonders in Form von Staatsschuld- und Hypothekenschuldverschreibungen.«[39] Die Aktiengesellschaft wird die Form der Unternehmung,

38 Ebd., S. 237.
39 Ebd., S. 240.

die Kapitalbeschaffung durch Wertpapierausgabe eröffnet. So lassen sich nicht nur zukünftige Einkünfte vorwegnehmen, sondern vor allem auch Handelsunternehmungen und Großunternehmen mit enormem Finanzierungsbedarf ins Werk setzen. Die Kehrseite dieser Medaille sind periodisch auftretende Spekulationskrisen, die Weber anhand des Tulpenschwindels in Holland, aber auch dem ruinösen Wirken von John Law in Frankreich illustriert.

> Krisen im weiteren Sinn, chronische Arbeitslosigkeit, Hungersnot, Absatzstockungen, politische Ereignisse, welche das ganze Erwerbsleben zerstören, hat es von jeher und überall gegeben. Aber es ist ein Unterschied, ob ein chinesischer oder japanischer Bauer hungert und dabei weiß, daß die Gottheit ihm nicht günstig ist oder die Geister in Unordnung sind und infolgedessen die Natur Regen oder Sonnenschein nicht zur rechten Zeit spendet, oder ob die Gesellschaftsordnung als solche auch gegenüber dem letzten Arbeiter für die Krise verantwortlich gemacht werden kann. Im ersteren Falle wird Orientierung an der Religion erfolgen; in letzterem Falle aber erscheint das Menschenwerk als schuldig, und der Arbeiter wird daraus die Folgerung ziehen, daß es geändert werden muß: rationaler Sozialismus wäre ohne die Krisen niemals entstanden.[40]

Sodann diskutiert Weber die Rolle des *Kolonialismus* vom 16.-18. Jahrhundert für die Entstehung des Kapitalismus. Keine Frage: Durch »Monopolisierung der Kolonialprodukte, der Absatzchancen nach den Kolonien [...], der Gewinnchancen aus dem Transport zwischen Mutterland und Kolonie« kam es mittels Gewalt und Sklaverei »zu einer riesenhaften Vermögensakkumulation innerhalb Europas«.[41] Doch die entstandene Klasse von Rentiers hat nur wenig zur Entfaltung einer kapitalistischen Organisationsweise beigetragen. Die Fabrik als »Appropriierung von Werkstatt, Werkzeug, Kraftquelle und Rohstoff«[42] beim Unternehmer wurde vielmehr durch zwei Entwicklungen vor allem in England ermöglicht: Zum einen die Entstehung von Baumwollmanufakturen, die durch die Erfindung des mechanischen Webstuhles durch Cartwright im Jahre 1785 als einer ersten Verknüpfung von Technik und Wissenschaft möglich wurde; zum anderen die neue Nutzung von Kohle und Eisen, denn die Steinkohle emanzipierte die Eisenverhüttung vom Holz als Brennmittel, durch Verkokung wurde die Entwaldung

40 Ebd., S. 251.
41 Ebd., S. 256.
42 Ebd., S. 260.

gestoppt und die Erfindung der Dampfmaschine erlaubte die Produktion von genügend Steinkohle.

Diese Innovationen emanzipierten den Produktionsprozess in dreierlei Weise: 1. »von den Schranken der den organischen Stoffen innewohnenden Gebundenheit« wie tierischer Kraft und Pflanzenwuchs; 2. »von den organischen Schranken der Arbeit«, so dass die menschliche Arbeitskraft durch Mechanisierung freigesetzt wurde; 3. »von jeder Gebundenheit an die überkommene Tradition«.[43] Diese dreifache Emanzipation von Natur, Mensch und Tradition wurde möglich durch die Verbindung von Technik und Wissenschaft und trug maßgeblich zum Wirtschaftswachstum bei. Die Arbeitskräfte für die Fabriken in England wurden einfach per Zwang rekrutiert. Angefangen mit dem Armen- und Lehrlingsgesetz von Königin Elisabeth, vor allem aber durch den Wandel der Agrarverfassung wurde die überschüssige Landbevölkerung in die Fabriken gepresst. »Wer sich nicht freiwillig stellte, wurde in das Arbeitshaus mit seiner strengen Disziplin gesteckt; wer seine Arbeitsstelle ohne ein Entlassungszeugnis von Meister oder Unternehmer verließ, wurde als Vagabund behandelt; kein Arbeitsloser wurde unterstützt außer in der Form des Zwanges, sich in das Arbeitshaus zu begeben.«[44] Abnehmer der Produkte dieser neuen Industrien waren die Heeresverwaltung und der höfische Luxus.

Sicher: Krieg und Luxus – in den Worten Werner Sombarts[45] – waren wichtig, aber nicht ausschlaggebend für die Durchsetzung des Kapitalismus. Auch China und Indien hatten große Heeresausgaben und wiesen ein deutlich ausgeprägteres Luxusgebaren auf als Euro-

43 Ebd., S. 262 f., im Original kursiv.

44 Ebd., S. 264.

45 Werner Sombart, *Studien zur Entwicklungsgeschichte des modernen Kapitalismus*, Bd. 1: *Luxus und Kapitalismus*, Bd. 2: *Krieg und Kapitalismus*, München, Leipzig 1913. Der erste Band wurde wieder aufgelegt unter dem Titel *Liebe, Luxus und Kapitalismus. Über die Entstehung der modernen Welt aus dem Geist der Verschwendung*, Berlin 1983 mit einer instruktiven Einleitung von Silvia Bovenschen, ebd. S. 7-15. Die Neuauflage folgt dem »Grundgedanken« des Autors aus seinem Vorwort von 1912, »nachzuweisen, daß durch die Umwälzungen, die die europäische Gesellschaft seit den Kreuzzügen erfährt, sich das Verhältnis der Geschlechter zueinander wandelt; daß infolge dieses Wandels die gesamte Lebensführung der herrschenden Klassen sich neugestaltet; und daß diese Neugestaltung einen wesentlichen Einfluß auf die Herausbildung des modernen Wirtschaftssystems ausübt.« Ebd. S. 17 f.

pa, ohne dass dort eine kapitalistische Entwicklung eingesetzt hätte. Vielmehr sind es die »*Demokratisierung des Luxus*«[46] und die Durchsetzung des Massenabsatzes, die im Gefolge der Preisrevolution des 16. und 17. Jahrhunderts aufgrund des Zustroms von Edelmetallen nach Europa möglich wurde durch »*Unterbieten im Preise*« statt einem »*Überbieten in der Qualität*«[47] wie bei der Luxusproduktion.

Weber sieht die Eigenart des okzidentalen Kapitalismus in der rationalen Arbeitsorganisation einerseits, der Aufhebung der Schranken zwischen Binnen- und Außenwirtschaft sowie Binnen- und Außenmoral andererseits. Um die Gesamtkonstellation von »Wirtschaft und Gesellschaft« zu verstehen, analysiert er abschließend die Einbettung des Kapitalismus anhand der »Züge seiner allgemeinen Kulturentwicklung« wie dem Bürgertum und der Stadt, dem Staat und dem Recht, der Existenz »von Menschen mit *rationalem Ethos der Lebensführung*«.[48]

Die Rede vom *Bürgertum* verweist auf drei Begriffsbedeutungen: ökonomisch, politisch und sozial. In *ökonomischer* Hinsicht meint sie eine Klasse mit gemeinsamer Interessenlage wie Groß- und Kleinbürgertum. Diese Bedeutung ist genuin okzidental, weil es zwar auch andernorts Handwerker und Unternehmer gab, die jedoch niemals zu einer Klasse zusammengezogen wurden. Der Begriff des Staatsbürgers geht auf die antike und mittelalterliche Stadt des Okzidents zurück und versteht den Bürger als Träger *politischer* Rechte. »Je weiter nach Osten, desto spärlicher werden diese Spuren: der ›Staatsbürger‹ ist der islamitischen Welt, Indien und China unbekannt.«[49] *Sozial* zielt der Begriff des Bürgertums auf Menschen von Besitz und Bildung, die sich zum einen vom Adel, zum anderen vom Proletariat abgrenzen. Damit sind positive und negative Privilegierungen verbunden: *positiv*, durch die Erlaubnis zur Ausübung eines Gewerbes in der Stadt; *negativ*, als Lehens-, Turnier- und Stiftsfähigkeit dem Adel vorbehalten bleiben. »Der Bürger in seiner ständischen Qualität ist stets Bürger einer bestimmten *Stadt*, und die Stadt in diesem Sinn hat es nur im Okzident, sonst, wie in der Frühzeit Mesopotamiens, nur in Ansätzen gegeben.«[50]

46 Weber, *Wirtschaftsgeschichte*, S. 266.
47 Ebd., S. 267.
48 Ebd., S. 270.
49 Ebd., S. 271.
50 Ebd.

Als Institution schreibt Weber der okzidentalen *Stadt*[51] eine bahnbrechende Rolle für Kapitalismus und moderne Kultur zu. Sie ist Trägerin von: 1. Religion und Wissenschaft, Kunst und Kunstgeschichte; 2. Sitz von Gewerbe und Handel; 3. Ort des Militärs als Festung; 4. Sitz der politischen und kirchlichen Verwaltung; 5. Gemeindeverband auf der Basis eines Verbrüderungsaktes. Die sogenannte »coniuratio« schafft »die bewaffnete Verbrüderung zu gegenseitigem Schutz und Trutz und damit die Usurpation politischer Gewalt«.[52] Dieser usurpatorische Charakter ist der Grund, warum in der älteren Version von *Wirtschaft und Gesellschaft*[53] das berühmte Kapitel über die Stadt als »Die nichtlegitime Herrschaft« verhandelt wird. Die Stadt als Gemeinde hat es wegen ihrer Wehrverfassung und der Ablehnung der Magie nur im Westen gegeben. Die Wehrverfassung als »Verbindung von Selbstequipierung und Bürgerrecht«[54] konnte es in Asien wegen der Bewässerungskultur mit ihrem Königtum, ihrer Bürokratie und dem Heer von Untertanen nicht geben. Die jüdische Prophetie mit ihrer Abstreifung der Magie, »das Pfingstwunder, die Verbrüderung im christlichen Pneuma [...], der Tag von Antiochien [...], wo Paulus (im Gegensatz zu Petrus) kultische Gemeinschaft mit Nichtbeschnittenen pflegte«– alle diese universalistischen Entwicklungen führten zur Beseitigung der »magischen Schranken zwischen Sippen, Stämmen und Völkern«.[55] Sucht man nach *einem* entscheidenden Unterschied zwischen Okzident und Orient, so ist es diese *Durchbrechung der Sippenschranken*. Nur auf dieser Basis konnten in letzter Instanz sich Kapitalismus, Demokratie und freiheitliche Menschen- und Bürgerrechte entwi-

51 »Die Stadt« ist als MWG I/22-5, *Wirtschaft und Gesellschaft. Die Stadt*, hg. von Wilfried Nippel, Tübingen 2000 erschienen. Im Unterschied zur »Wirtschaftsgeschichte« hat »Die Stadt« die Historiker bis auf den heutigen Tag fasziniert. Aus der Fülle der Literatur siehe nur Christian Meier, »Max Weber und die Antike«, in: Christian Gneuss und Jürgen Kocka (Hg.), *Max Weber. Ein Symposion*, München 1988, S. 11-24; Hinnerk Bruhns, Wilfried Nippel (Hg.), *Max Weber und die Stadt im Kulturvergleich*, Göttingen 2000, Hinnerk Bruhns, *Max Webers historische Sozialökonomie/L'économie de Max Weber entre histoire et sociologie*, Wiesbaden 2018, darin vor allem Teil I, »Die Stadt«, S. 1-85.

52 Weber, *Wirtschaftsgeschichte*, S. 274.

53 Max Weber, *Wirtschaft und Gesellschaft. Grunriß der verstehenden Soziologie*, 2. Aufl., Tübingen 1925.

54 Ebd., S. 276.

55 Ebd., S. 276f.

ckeln. Benjamin Nelson hat das auf die glückliche *Modernitätsformel* gebracht: »From Tribal Brotherhood to Universal Otherhood«.[56]

In der Neuzeit schließlich verlor die okzidentale Stadt ihre Freiheitsrechte wie Gewerbe-, Gerichts- und Militärhoheit und geriet unter »die Gewalt konkurrierender Nationalstaaten«, was dem rationalen Kapitalismus die günstigsten Entwicklungschancen eröffnete. »Der einzelne Staat mußte um das freizügige Kapital konkurrieren, das ihm die Bedingungen vorschrieb, unter denen es ihm zur Macht verhelfen wollte. Aus dem notgedrungenen Bündnis des Staates mit dem Kapital ging der nationale Bürgerstand hervor, die Bourgeoisie im modernen Sinne des Wortes. Der geschlossene nationale Staat also ist es, der dem Kapitalismus die Chancen des Fortbestehens gewährleistet; solange er nicht einem Weltreich Platz macht, wird also auch der Kapitalismus dauern.«[57]

Auch der rationale *Staat* mit seinem Fachbeamtentum und seinem rationalen *Recht* ist ein Produkt des Okzidents. Das rationale Recht stützt sich formal, aber nicht inhaltlich auf das römische Recht. Die »charakteristischen Institute des modernen Kapitalismus« wie Aktie, Rentenbrief, Wechsel, Hypothek oder die Handelsgesellschaft sind mittelalterlicher Provenienz. Aber: »Das römische Recht war hier [...] das Mittel der Ekrasierung des materialen Rechtes zugunsten des formalen.«[58] Ein formales Recht bietet ein Höchstmaß an Berechenbarkeit, so dass »das Bündnis zwischen Staat und formaler Jurisprudenz indirekt dem Kapitalismus zugute kam«.[59]

Abschließend versucht Weber zu klären, was denn nun in letzter Instanz für die Genealogie der Kapitalismus verantwortlich zeichnet. Bevölkerungsvermehrung und Edelmetallzufuhr mögen notwendige Bedingungen umschreiben, ausschlaggebend sind sie aber nicht. »Was letzten Endes den Kapitalismus geschaffen hat, ist die rationale Dauerunternehmung, rationale Buchführung, rationale Technik, das rationale Recht, aber auch nicht sie allein; es mußte ergänzend hinzutreten die *rationale Gesinnung, die Rationalisierung der Lebensführung, das rationale Wirtschaftsethos*.«[60] Erwerbstrieb und Geldgier sind alt und finden sich auch unter dem

56 Benjamin Nelson, *Der Ursprung der Moderne,* S. 11.
57 Weber, *Wirtschaftsgeschichte*, S. 288 f.
58 Ebd., S. 292.
59 Ebd., S. 293.
60 Ebd., S. 302.

Banner des Traditionalismus. Weber hingegen betont für moderne Wirtschaftsverhältnisse zwei Bedingungen: 1. das Eindringen der *Rechenhaftigkeit* bis hinein in den Haushalt, was Pietäts- und Solidaritätspflichten gemeinschaftlicher Natur erodiert; 2. die *Temperierung hemmungslosen Gewinnstrebens*. Kalkulierbarkeit und Mäßigung sind die beiden entscheidenden Voraussetzungen für den modernen okzidentalen Kapitalismus. Das hat in seinen Augen eine durchaus paradoxe Folge: »Die Keime des modernen Kapitalismus müssen in einem Gebiet gesucht werden, wo offiziell eine von der orientalischen und antiken verschiedene, durchaus kapitalfeindliche Wirtschaftstheorie geherrscht hat.«[61]

Fündig wird Weber bei der »Protestantischen Ethik«, wie wir gesehen haben. Während er in seiner berühmten Studie stark auf die *Prädestinationslehre* setzt, betont er in seiner Wirtschaftsgeschichte den Wert von *Prophetien* vor dem Hintergrund seiner Klassifikation der Weltreligionen. »Die Magie zu brechen und Rationalisierung der Lebensführung durchzusetzen, hat es zu allen Zeiten nur ein Mittel gegeben: große *rationale Prophetien.*«[62] Aber auch nicht alle Prophetien sind dazu gleichermaßen geeignet. Die östlichen Weltreligionen wie Konfuzianismus, Buddhismus, Hinduismus und Taoismus sind Oberschichtenreligionen, die – wenn überhaupt – lediglich *exemplarische Prophetien* entwerfen. Ein indischer Prophet wie Buddha entwickelt eine Erlösungsidee, lebt selbst exemplarisch das richtige Leben vor, ohne vorzuschreiben, wie man zu leben hat. Das Nirwana als Heilsziel wird daher nur verbindlich für intellektuelle Schichten, die eine anbetungswürdige buddhistische Sekte gründen und eine dementsprechend heilsadäquate Lebensführung entwickeln. Heilsziel, -weg und -mittel bleiben für die Massen hingegen auf immer und ewig unerreichbar. Judentum und Christentum sind ihrem Wesen nach »*Plebejerreligionen*«,[63] die eine *ethische Prophetie* entworfen haben, also eine Lehre, die im Prinzip für alle lebbar sein sollte. Auch hier führt das zunächst zur Unterscheidung von Virtuosen- und Massenreligiosität, so dass eine rationale Lebensführung auf mönchische Sekten beschränkt bleibt. Selbst der franziskanischen Bewegung gelang es nicht, mit Hilfe der Tertiarier diese Religiosität auch Laien zugänglich zu machen –

61 Ebd., S. 304, im Original kursiv.

62 Ebd., S. 308.

63 Ebd., S. 309.

solchen Versuchen stand das Institut der Beichte im Wege. Die Kirche hat mit Hilfe ihrer Buß- und Beichtordnung das mittelalterliche Europa domestiziert. [...] Als Menschenkennerin rechnete die Kirche gar nicht damit, daß der Einzelne eine geschlossene ethische Persönlichkeit sei, sondern nahm als feststehend an, daß er trotz Beichtermahnung und noch so strenger Bußen doch wieder ethisch kollabieren würde, d. h. sie ließ ihre Gnade scheinen über Gerechte und Ungerechte.[64]

Mit dieser doppelten Ethik, hier Virtuose und Elite, dort Laien und Masse, räumt die Reformation auf und etabliert flächendeckend wie in der Breite die innerweltliche Askese. Den »Sinn der Reformation«, so Weber, hat Sebastian Franck kongenial erfasst: »Du glaubst, du seist dem Kloster entronnen: es muß jetzt jeder sein Leben lang ein Mönch sein.«[65] Die amerikanischen Denominationen und Sekten, die Beruf, Geschäft (»business«) und Ethik (»busyness«) engführen, sind für Weber das beste Beispiel, wie ethische Vollwertigkeit (Zulassung zum Abendmahl) und geschäftliche Ehrbarkeit (»honesty is the best policy!«) zusammenwirken. »Eine derart machtvolle, unbewußt raffinierte Veranstaltung zur Züchtung kapitalistischer Individuen hat es in keiner andern Kirche oder Religion gegeben.«[66] Die religiöse Wurzel der kapitalistischen Gesinnung in seinem goldenen Zeitalter ist laut Weber mittlerweile längst abgestorben, wie er ja schon in der utilitaristischen Wendung der Moral von Benjamin Franklin in seiner »Protestantischen Ethik« demonstriert hatte. Das 19. Jahrhundert als eisernes Zeitalter des Kapitalismus bedarf des Berufs als Berufung nicht mehr.

Ein vergessenes Meisterstück – und seine Wiederentdeckung

Webers »Wirtschaftsgeschichte«, obgleich nur eine studentische Mitschrift seiner Vorlesung, war das erste Buch, das von Frank H. Knight[67] bereits 1927 ins Englische[68] übertragen wurde. Da Knight

64 Ebd., S. 311 f.
65 Ebd., S. 312.
66 Ebd, S. 314.
67 Frank H. Knight ist einer der Begründer der »Chicago School of Economics«. Zu seinen Studenten zählten James M. Buchanan, Milton Friedman und George

die »Begriffliche Vorbemerkung« indes als vermeintlich unwichtig wegließ und nicht mit übersetzte, konnte auch im anglo-amerikanischen Sprachraum die enge Verknüpfung der Wirtschaftsgeschichte mit Webers Wirtschaftssoziologie nicht nachvollzogen werden. Bei Reinhard Bendix wird die Wirtschaftsgeschichte unter anderem als »Fortsetzungen der Religionssoziologie«[69] erwähnt, während Talcott Parsons in seinem einflussreichen Weber-Buch[70] die englische Übersetzung zitiert, ansonsten aber vor allem mit der religionssoziologischen Seite von Webers Überlegungen zum Kapitalismus beschäftigt ist. Es ist das Verdienst von Randall Collins, auf »Weber's last theory of capitalism«,[71] so der amerikanische Originaltitel von 1980, aufmerksam gemacht zu haben. »Dieses Modell«, so seine These, »stellt die umfassendste allgemeine Theorie der Ursprünge des modernen Kapitalismus dar, die uns derzeit zur Verfügung steht.« Collins systematisiert Webers Argumentation in einem eindrucksvollen Schema.[72] Es modelliert eine Konstellation sich wechselseitig bedingender Faktoren, die von Spannungen geprägt sind, aber in der Konstellation zu einer Balance finden. Es gibt indes weder ein »Bild einer stetig und linear zunehmenden Rationalität« noch ein »Evolutionsmodell der natürlichen Auslese«.[73] Streng genommen ist es auch »keine Theorie«, weil kein »System allgemeingültiger Gesetzmäßigkeiten des wirtschaftlichen Wandels«[74] unterbreitet wird. Arthur Stinchcombe hat neuerdings den Versuch eines »Weber updated« gemacht, um die Voraussetzungen des globalen Kapitalismus zu analysieren. Weber ging davon aus, dass sich die kapitalistische Entwicklung innerhalb von

Stigler. Sein Buch *Risk, Uncertainty, and Profit,* Boston, New York 1921 ist ein Standardwerk der Disziplin.

68 Max Weber, *General Economic History,* übers. von Frank H. Knight, New York 1927.

69 Reinhard Bendix, *Max Weber – Das Werk. Darstellung, Analyse, Ergebnisse*, München 1964, S. 215. Das ist insofern tragisch, als Bendix' Werk nicht nur in den USA, sondern auch in Deutschland lange Zeit als *die* intellektuelle Biographie galt.

70 Talcott Parsons, *The Structure of Social Action,* Bd. 2: *Weber,* New York 1968.

71 Randall Collins, »Webers Kapitalismustheorie: Eine Systematisierung«, in: ders., *Konflikttheorie,* Wiesbaden 2012, S. 323-354.

72 Ebd., S. 333.

73 Ebd., S. 340.

74 Ebd., S. 342.

Nationalstaaten abspielen würde, was jedoch im 21. Jahrhundert nicht länger uneingeschränkt der Fall ist. »So hat sich als Ziel dieses Essays nur die Korrektur eines relativ trivialen Aspekts seiner Theorie herausgestellt – fast alle Vorbedingungen von Webers Kapitalismustheorie behalten weiter ihre Gültigkeit.« Doch die Kluft zwischen globalem Kapitalismus und nationalstaatlicher Solidarität (Pensionssystem, Sozialstaat etc.) zeitigt beträchtliche Folgen, sie »erfordert wesentliche Revisionen in der Art und Weise, wie wir die empirische Form jener theoretischen Vorbedingungen formulieren, so dass die praktische Bedeutung von Webers trivialen theoretischen Irrtümern sehr groß ist«.[75]

Webers Abriss ist eine paradigmatische Studie für die neuere Wirtschaftssoziologie in mehrfacher Hinsicht. Erstens fordert sie nicht nur, sondern demonstriert historisch und empirisch, wie die Einbettung der Wirtschaft in die Gesellschaft[76] erfolgt. Sie zeigt, zweitens, die Stärke von makrosoziologischen Konstellationsanalysen auf, die Träger, Vorbedingungen, Faktoren, Ideen, Interessen und Institutionen in ihrem konkreten Zusammenspiel auszuweisen vermag. Drittens betont sie die Rolle von »legacies«, ihre Latenzfunktion wie ihr Aktivierungspotential. So begründet das römische Recht zwar nicht den Kapitalismus, da dessen wichtigste Institute mittelalterlichen Ursprungs sind. Aber sein formaler Charakter kam dem Bedürfnis des Kapitalismus nach Rechenhaftigkeit enorm entgegen. Sie unterstreicht, viertens, die universalgeschichtliche Weichenstellerfunktion von Ideen: Die okzidentale Stadt durchbricht die Sippenschranken und wird eine Gemeinschaft (*coniuratio*) von Fremden. »Stadtluft macht frei« von Familie, Sippe, Stand und Klasse, wird so zu einer Quelle moderner Individualisierung sowie der Entstehung und Durchsetzung von Menschen- als Bürgerrechten. Fünftens zeigt sie auf, was »Entzauberung« und die Entstehung eines rationalen Menschen- und Weltbildes bedeutet. Angefangen mit der altjüdischen Prophetie bis zum asketischen Puritanismus verliert »Magie« jegliche Erklärungs- oder Rechtfertigungsfunktion. Das Resultat ist, nach Absterben der religiösen Wurzel, eine

75 Arthur Stinchcombe, »The Preconditions of World Capitalism: Weber updated«, in: *The Journal of Political Philosophy*, 11, 4 (2003), S. 411-436, hier S. 434 (Übers. HPM).

76 Dazu klassisch Karl Polanyi, *The Great Transformation. Politische und ökonomische Ursprünge von Gesellschaften und Wirtschaftssystemen* (1944), Frankfurt/M. 1978.

nüchterne, säkulare, wissenschaftlich geprägte Weltanschauung, die eine methodisch-rationale Lebensführung nahelegt. Die kulturelle Eigenart des Westens, seine Magiefeindschaft und die rationale Kooperation zwischen Fremden, steht in bemerkenswertem Gegensatz zu anderen Kulturen und Regionen der Welt.

Webers Wirtschaftsgeschichte, vermeintlich nur eine Vorlesungsmitschrift seiner Studenten, ist von der Rezeption meist stiefmütterlich behandelt worden. Auch wenn es sich im strikten Sinne vielleicht nicht um »Weber's last theory of capitalism« (Collins) handeln mag, da die Erkenntnisse in seiner Wirtschafts- und Religionssoziologie[77] ausgearbeitet vorliegen, so gibt Weber hier doch eine Summa seiner Erkenntnisse zur *Genealogie des Kapitalismus* – historisch und systematisch ein ungehobener Schatz für die Wirtschaftssoziologie.[78] Es wird auch hier auch nochmals ganz deutlich, was *Genealogie* bei Weber meint. Die Geschichte menschlicher Vergesellschaftungen ist nicht einfach eine Geschichte von Klassenkämpfen, wie Marx behauptete. Die historische Entwicklung ist weder gerichtet noch vollkommen zufällig. In dem Auf und Ab von *Appropriations- und Expropriationskämpfen*, in der Bildung von Herrschaftsinstitutionen und ihrer Auflösung, spielen neben den Akteuren die Institutionen eine entscheidende Rolle. So vermögen etwa die Zünfte und Gilden als Korporationen die Welt der Arbeit in ihrer Epoche zu strukturieren. *Institutionen* haben ihre Zeit, aber wenn ihr »Gehäuse« der dynamischen Entwicklung der Markterweiterung und des wachsenden Geldgebrauchs im Wege steht, werden sie erodiert und neue Formen der Vergesellschaftung treten an ihre Stelle. Für die Entwicklung zur modernen kapitalistischen Gesellschaft werden zwei großinstitutionelle Kerne ent-

77 So Wolfgang Schluchters Einwand. Ders., »Einleitung«, in: MWG III/6, S. 1-49.

78 Die Wirtschaftssoziologie hat sich in jüngerer Zeit zu einer der spannendsten speziellen Soziologien gemausert. Siehe grundlegend Neil J. Smelser, Richard Swedberg (Hg.), *Handbook of Economic Sociology*, 2. Aufl., Princeton 2010; Richard Swedberg, *Max Weber and the Idea of Economic Sociology*, Princeton 1998; Andrea Maurer (Hg.), *Handbuch der Wirtschaftssoziologie*, Wiesbaden 2008; dies. (Hg.), *Wirtschaftssoziologie nach Max Weber*, Wiesbaden 2010; Christoph Deutschmann, *Kapitalistische Dynamik. Eine gesellschaftstheoretische Perspektive*, Wiesbaden 2008; Klaus Kraemer, Florian Brugger (Hg.), *Schlüsselwerke der Wirtschaftssoziologie*, Wiesbaden 2017; Patrick Sachweh, Sascha Münnich (Hg.), *Kapitalismus als Lebensform. Deutungsmuster, Legitimation und Kritik in der Marktgesellschaft*, Wiesbaden 2017.

scheidend: Stadt und Staat. Die *Stadt* wird zum Sitz von Handel und Industrie und ihrer Trägergruppe, dem Bürgertum. Aus der Sicht der mittelalterlichen Welt, die die Welt gern als Kosmos und »große Kette der Wesen« angesehen hat, erscheint die »freie« Stadt als Usurpator wie eine illegitime Herrschaft. Es ist die okzidentale Stadt, die aus dem geschlossenen Kosmos ein offenes Universum macht, das wie der Kapitalismus offenkundig nur eine Richtung kennt: das ewige Wachstum. Der *Staat* wird zum Hüter von Recht, Frieden und Sicherheit, der zwar einerseits im System der Staatenwelt um das »Kapital« konkurriert, andererseits ihm aber erst durch die Garantie der Eigentumsrechte Kalkulierbarkeit und Profitabilität eröffnet. Neben den unablässigen Appropriations- und Expropriationskämpfen, neben der Bildung und Auflösung von Institutionen, neben den beiden großinstitutionellen Kernen kennt Weber noch ein viertes Element in seiner genealogischen Erzählung. Es ist der Mechanismus der *legacies*, die überhaupt erst so etwas wie »Pfadabhängigkeit« zu rekonstruieren erlauben. »Legacies« sind wertvolle Erbschaften und einmalige Errungenschaften, die, wenn sie nicht komplett vergessen werden – an das warnende Beispiel des alten China sei erinnert –, bei Bedarf und im richtigen historischen Moment reaktualisiert werden können. Sie verkörpern Leitideen und diese »idées directrices« (Maurice Hauriou)[79] vermögen als Weichensteller zu dienen, die in der Anwendung zu neuen Institutionen werden können, auf deren Bahnen sich die Dynamik materieller und ideeller Interessen anschließend fortbewegt. Wie gesehen, ist das *römische Recht* eine solch bahnbrechende Erfindung und Wiederentdeckung, denn sie eröffnet dem modernen rationalen Betriebskapitalismus in Webers Augen seine Einbettung in ein durch und durch formales Rechtssystem.

Abschließend lässt sich daher Lepsius' Fazit nur zustimmen: »Die Vorlesung ist einzigartig. Es gibt keine vergleichbare Darstellung der Sozial- und Wirtschaftsgeschichte. In ihr entfaltet er seine Ansichten über die den Kapitalismus begründenden okzidentalen Rationalisierungen, die schrittweisen Appropriationen der Verfügungsgewalt über die Produktionsfaktoren und Marktchancen sowie die ›Entstehung des modernen Kapitalismus‹.«[80]

79 Roman Schnur (Hg.), *Die Theorie der Institution und zwei andere Aufsätze von Maurice Hauriou*, mit Einleitung und Bibliographie, Berlin 1965.

80 So M. Rainer Lepsius, »Vorwort«, in: MWG III/6, S. VII-VIII, hier S. VII f.

12. Die Dämonen: Wissenschaft und Politik als Beruf

Ein geistiges Vermächtnis

Die beiden berühmten Reden,[1] die Max Weber im Herbst seines Lebens hält, dürften sein geistiges Vermächtnis darstellen, das er uns zum Studium und zur Belehrung hinterlassen hat. Wer also zum ersten Mal die Berührung mit seinem Werk sucht, könnte sehr gut mit diesen beiden Texten anfangen. Sie führen exemplarisch die Strenge und Eigenart seines Denkens, den Stil und seine Rhetorik gleichermaßen vor sowie seinen Ansatz und seine Analyseweise. Beide Texte haben mittlerweile einen solchen Bekanntheitsstatus erreicht, dass auch Politiker und Journalisten gern auf einzelne ihrer Passagen zurückgreifen, um aktuelle Ereignisse der Gegenwart zu kommentieren. Aber »kennen« ist bekanntlich nicht gleich »wissen«. Daher muss die Fragestellung lauten: Welches »Wissen« enthalten diese beide Reden? Was sagen sie uns über die jeweiligen Wertsphären und Lebensordnungen, hier Wissenschaft, da Politik, aus? Welche Lebensführung fordern sie und welcher Typus von Persönlichkeit erscheint geeignet, sich in der jeweiligen Sphäre zu bewähren? Und schließlich, warum gehören diese beiden Reden innerlich zusammen? Die innere Zusammengehörigkeit muss etwas mit ihrer zentralen Botschaft zu tun haben. Weber, so die These, gibt hier einen intimen Einblick in seine Vorstellungswelt, wie unter modernen Bedingungen eine sinnvolle und selbständige Lebensführung als Wissenschaftler und Politiker möglich werden könnte. Das passt zu der Veranstaltungsreihe, die die Frage aufgeworfen hatte, wie unter den Bedingungen des entwickelten Kapitalismus »Geistige Arbeit als Beruf« auszugestalten wäre.

Am 7. November 1917 hielt Max Weber auf Einladung durch

1 In der ursprünglichen Werkausgabe sind die beiden Reden nach Sachgebieten getrennt »Wissenschaft als Beruf« in: ders. *Gesammelte Aufsätze zur Wissenschaftslehre,* 4. Auflage, Tübingen 1973, S. 582-613 und »Politik als Beruf« in: ders., *Gesammelte Politische Schriften,* 3. Aufl., Tübingen 1971, S. 493-548. Dass sie hier wie dort programmatischen »Ausblickscharakter« haben, zeigt ihre jeweilige Positionierung an letzter Stelle. In der MWG I/17 zusammengeführt als *Wissenschaft als Beruf* 1917/19 – *Politik als Beruf* 1919, hg. von Wolfgang Mommsen und Wolfgang Schluchter in Zusammenarbeit mit Birgitt Morgenbrod, Tübingen 1994. Im Folgenden zitiere ich nach der ursprünglichen Werkausgabe.

den Freistudentischen Bund Landesverband Bayern in München einen Vortrag über »Wissenschaft als Beruf« im Rahmen einer Vortragsreihe eben zu dem Thema »Geistige Arbeit als Beruf«. Gut ein Jahr später, am 28. Januar 1919, ließ er in der gleichen Reihe den Vortrag »Politik als Beruf« folgen. Nicht nur der äußere Anlass, die Präsentation seiner Gedanken in ein und derselben Veranstaltungsreihe, sondern auch der innere geistige Gehalt, Wissenschaft und Politik als Beruf, stellen eine enge Beziehung zwischen diesen beiden Vorträgen her. Max Weber unterbreitet hier wie dort eine sozialphilosophisch eingefärbte Zeitdiagnose, die den Zusammenhang zwischen Beruf, professioneller Ethik und Persönlichkeit[2] beleuchten soll. Es zeigt sich in diesen späten Schriften, dass er den pessimistischen Ausblick auf die Zukunft des Menschentums – »Fachmenschen ohne Geist, Genußmenschen ohne Herz« –, wie er ihn am Ende der »Protestantischen Ethik« vorgenommen hatte, nicht für das letzte Wort in dieser existentiell zentralen Frage hält. Vielmehr sucht er die institutionelle Eigenart der jeweiligen Wertsphäre und Lebensordnung zu charakterisieren, um dann zu prüfen, welche Art von Menschen mit welchem Persönlichkeitstypus für diesen Beruf geeignet ist.

Die beiden Reden haben einen doppelten Status[3] – sie sind philosophisch *und* soziologisch angelegt. Sie sind *philosophisch* ausgerichtet, denn Weber geht es um eine Standortbestimmung der »geistigen und politischen Situation der Zeit« zwischen dem militärischen Zusammenbruch des Deutschen Reiches und der Novemberrevolution. Seine philosophisch inspirierte Zeitdiagnose ruht jedoch auf einer sicheren *soziologischen* Grundlage, denn sie geht einher mit einer soliden Analyse von Wissenschaft und Politik.

2 Wolfgang Schluchter hat diesem Teil von Webers Werk schon recht früh große Aufmerksamkeit gewidmet und damit das Verständnis von Webers Ethik und Wertsystem entscheidend befördert. Siehe ders., *Wertfreiheit und Verantwortungsethik. Zum Verhältnis von Wissenschaft und Politik bei Max Weber,* Tübingen 1971; ders., *Religion und Lebensführung,* Bd. 1, *Studien zu Max Webers Kultur- und Werttheorie*; ders., »Handeln und Entsagen. Max Weber über Wissenschaft und Politik als Beruf«, in: ders., *Unversöhnte Moderne,* Frankfurt/M. 1996, S. 9-70; ders., »Was heißt politische Führung? Max Weber über Politik als Beruf«, in: ders., *Die Entzauberung der Welt,* Tübingen 2009, S. 88-110. Ich folge hier Schluchters einschlägigen Erkenntnissen und Hans-Peter Müller, *Max Weber. Eine Einführung in sein Werk,* Köln u. a. 2007, S. 202-223.

3 So Schluchter, *Handeln und Entsagen,* S. 9-14.

Sie verlängert seine prinzipiellen Überlegungen aus der »Zwischenbetrachtung« in eine konkrete Analyse, wie sich in diesen Lebensgebieten »Geistige Arbeit als Beruf« verwirklichen ließe. Auch hier kann man seine Unterscheidung von »Geist« und »Form« nutzen. Wissenschaft und Politik sind Wertsphären mit eigenen Rationalitätsstandards, die auf den Schlüsselwerten – Luhmann würde von »Codes«[4] sprechen – »Wahrheit« und »Macht« beruhen. Sie sind eingebettet in die Institutionen der Wissenschaft und der Politik, hier also Universität und Staat.

Die Struktur der Reden

In »Wissenschaft als Beruf« untersucht Weber zunächst die äußere Bedeutung des Gelehrtenberufs durch einen Vergleich der Karriereorganisation in Deutschland und in den Vereinigten Staaten, sodann analysiert er die innere Bedeutung des Gelehrtenberufs, fragt nach den Vorbedingungen wissenschaftlicher Arbeit und widmet sich ausführlich dem Sinnproblem in der Wissenschaft, wie es sich aus der inneren Stellung des Wissenschaftlers zu seinem Beruf im Besonderen sowie dem Wert der Wissenschaft für das Gesamtleben der Menschheit im Allgemeinen ergibt.

Ganz ähnlich verfährt Weber in »Politik als Beruf«. Er skizziert die Ausdifferenzierung einer eigenständigen Sphäre der Politik mit dem Staat als Hort der legitimen physischen Gewaltsamkeit, den verschiedenen Herrschaftsformen und ihren Legitimitätsgründen sowie der politischen Führungsauslese in einem Zeitalter, in dem die Menschen nicht *für*, sondern *von* der Politik leben müssen. Welcher Eigenschaften bedarf ein Politiker, wenn er nicht zum karriere- und erfolgsorientierten Gesinnungsopportunisten einerseits, zum reinen Machtpolitiker andererseits degenerieren soll? Nur wer seine Leidenschaft diszipliniert dem Dienst an einer »Sache« unterstellt und seine politische Gestaltungsmacht mit Verantwortlichkeit und Augenmaß zugleich ausübt, nur der, so Weber, hat den Beruf bzw. die Berufung zur Politik.

4 Niklas Luhmann, *Macht*, Stuttgart 1975 S. 31-59, der dann eigens eine Theorie symbolisch generalisierter Kommunikationsmedien entwickelt. Ders., *Die Gesellschaft der Gesellschaft*, Bd. 1, »Kommunikationsmedien«, Frankfurt/M. 1997, S. 190-412.

Die beiden Reden, das demonstriert ihre innere Zusammengehörigkeit, haben also eine identische Struktur. Sie gehen von »außen« nach »innen« und von der *institutionellen* Ebene der Wertsphären und Lebensordnungen »Wissenschaft« und »Politik« zur *individuellen* Ebene der Lebensführung eines Wissenschaftlers und Politikers. Sie weisen darüber hinaus einen doppelten Status auf. Sie sind zum einen *normativ* ausgerichtet, was nicht nur an der sozialphilosophischen Zeitdiagnose in einer politisch wie kulturell schwierigen Lage liegt, sondern auch von dem Anforderungsprofil herrührt, wie ein Wissenschaftler und Politiker sein *sollte*. Der *Idealtyp* der beiden Figuren birgt auch ihr *Ideal* der Berufserfüllung. Nach Webers Auffassung sind seine Überlegungen zum anderen *transzendental* orientiert, weil es ihm um das Zusammenspiel von Beruf, Persönlichkeit und Lebensführung geht. Wenn der Mensch – und das heißt bei Weber stets der Kulturmensch – sich als Berufsmensch in der Wissenschaft und in der Politik *bewähren* soll, welches Bündel von Eigenschaften muss man ihm dann zurechnen können, um seinen *Erfolg* (gelungene *Anpassung* an die institutionellen Herausforderungen und *Bewährung* in ihnen) und seinen *intrinsischen Eigenwert* (souveräne *Haltung* der Persönlichkeit in Zeiten institutioneller Krise) sicherzustellen? Webers Bewährungsmodell enthält also zweckrationale und wertrationale Handlungsmomente und zielt auf eine jeweils spezifische Legierung von Verantwortungs- und Gesinnungsethik. Das wird seine Argumentation – von außen nach innen, von der Institution zur Person – erweisen.

Wissenschaft als Beruf

Die *äußere Bedeutung des Gelehrtenberufes* skizziert Weber über einen Vergleich zwischen amerikanischer und deutscher Universität. Im deutschen Kaiserreich[5] beginnt eine wissenschaftliche Karriere mit Dissertation und Habilitation, die zum prekären Status des Privatdozenten führt. *Prekär*, weil die *venia legendi* zwar das Recht

5 Der historische Bezug ist an dieser Stelle besonders wichtig, denn die auf eine große Zahl von Zertifizierungen getrimmte »Bologna-Universität« von heute hat mit der geistesaristokratischen »Humboldt-Universität« zu Webers Zeiten nicht mehr viel zu tun.

und die Pflicht verleiht zu lehren, aber keineswegs automatisch mit der Zuweisung auf eine Stelle einhergeht. Zu Webers Zeiten gab es wenigstens noch die Kolleggelder, die populäre Privatdozenten wie Georg Simmel angesichts von Beliebtheit und intellektueller Attraktivität sowie großen Hörerzahlen zumindest teilweise den Lebensunterhalt bestreiten ließ. Heute wird die Privatdozentur gar nicht mehr oder minimalst unterhalb des Sozialhilfeniveaus besoldet. Je länger eine wissenschaftliche Person als »Privatdozent« dient, desto weniger kann man ohne sie auskommen, ist sie doch hochqualifiziert und extrem »billig«. Da es die Forschung ist, die zur Professur prädestiniert, spielt die Lehre damals wie heute – und entgegen aller aktuellen Rhetorik von »guter Lehre« – als wichtigste Nebensache der Welt so gut wie keine Rolle an der Universität. Damals zählten große Werke, heute dagegen viele Drittmittel als Ausweis höchster Qualität. Da nicht jeder und jede, der oder die habilitiert, eine Professur bekommen kann – das ist einfach so bei strukturell nach oben sich stark verjüngenden Hierarchien –, fallen viele »would-be scientists« in Deutschland nach vielen Jahren treuen Dienens wieder aus dem System heraus oder fristen ihr Dasein als »akademisches Prekariat«. Kurz, so Webers Resümee zum deutschen Wissenschaftssystem: »Das akademische Leben ist also ein wilder Hasard.«[6]

Ganz anders agiert die amerikanische Universität. Dort steht dem »Assistant Professor«, der vergleichbaren Position der deutschen Assistenz, ein festes, wenn auch mickriges Gehalt zu. Er kann jedoch bis zur Verleihung der »tenure«, also einer Dauerstelle, jederzeit gekündigt werden. Der PhD und ein zweites Buch, aber keine Habilitation, genügen als notwendige Qualifikation, um eine Professur auf Lebenszeit zu ergattern. Die Bewährungslogik der »Assistant Professorship« ist knallhart, denn die Überbeanspruchung in der grundständigen Lehre vor allem in den unattraktiven Bachelor-Programmen raubt der jungen Akademikerschaft die Zeit, ihre eigene Forschung voranzutreiben. Der Assistant Professor ist gerade in den Anfangsjahren der wissenschaftlichen Karriere vollkommen überlastet mit Lehre, worunter seine Forschung leidet. Trotzdem braucht niemand damit zu rechnen, ins »akademische Proletariat« abzurutschen. Allenfalls droht eine schlechtere Universität oder im

6 Weber, »Wissenschaft als Beruf«, S. 588.

schlimmsten Fall ein »community college«. Das amerikanische System erlaubt es, Wissenschaft zum Beruf zu machen, das deutsche System eher nicht.

Ganz im »Geiste der Werturteilsfreiheit« enthält sich Weber jeglichen Urteils, welches System er nun »besser« oder »schlechter« findet. Angesichts des rasanten Aufstiegs der Forschung nimmt er an, dass sich das deutsche Universitätswesen »amerikanisieren« wird, um in der Wissenschaftswelt konkurrenzfähig bleiben zu können. Dennoch lässt er keinen Zweifel daran, dass die wissenschaftliche Karriere ein besonders hartes Bewährungsmodell auszeichnet. Es handelt sich um eine »*geistesaristokratische* Angelegenheit«[7] mit starkem Lotteriecharakter, liegen doch Verdienst und Zufall derart eng und unersprießlich zusammen. Leistung und Bewährung, Erfolg und Scheitern, Konkurrenz und Kontingenz sind wie in kaum einem anderen Beruf so eng verknüpft, dass dieses Anforderungsprofil extrem belastend für die Psyche der wissenschaftlichen Anwärter ausfällt. Weber macht sich da keine Illusionen:

> Wenn junge Gelehrte um Rat fragen kommen wegen Habilitation, so ist die Verantwortung des Zuredens fast nicht zu tragen. Ist er ein Jude, so sagt man ihm natürlich: lasciate ogni speranza. Aber auch jeden anderen muß man auf das Gewissen fragen: Glauben Sie, daß Sie es aushalten, daß Jahr um Jahr Mittelmäßigkeit nach Mittelmäßigkeit über Sie hinaussteigt, ohne innerlich zu verbittern und zu verderben? Dann bekommt man selbstverständlich jedesmal die Antwort: Natürlich, ich lebe nur meinem ›Beruf‹; – aber ich wenigstens habe es nur von sehr wenigen erlebt, daß sie das ohne inneren Schaden für sich aushielten.[8]

»Lasst alle Hoffnung fahren!« steht über dem Hölleneingang in Dantes *Göttlicher Komödie*. Weber zitiert seinen Lieblingsautor Dante mit dieser Formel immer dann, wenn er auf besonders große unerfüllbare Wünschbarkeiten stößt, die sich selbst gern als »Wünschenswertes« und damit als Wert adressieren, dem viele Menschen anhängen. Dazu gehören die Forderungen nach »Glück«, wie er es in seiner Antrittsvorlesung in Freiburg kritisiert, dazu zählen aber auch »soziale Gerechtigkeit«, »Fortschritt« und weitere zivilisations-

7 Ebd., S. 587.

8 Ebd., S. 588. Die Habilitation als zentrales Bewährungsstück ist zwischenzeitlich weitgehend abgeschafft, die Probleme sind geblieben.

optimistische (Leer-)Formeln[9] mit breitenwirksamer Anmutungsqualität, die sich unter modernen Bedingungen nicht verwirklichen lassen – und wenn, dann nur mit unvorhergesehenen und unerwünschten Nebenfolgen wie dem »Sozialismus«. Mit seiner geschulten Rücksichtslosigkeit des Blicks dechiffriert er die äußere Organisation des Gelehrtenberufs und charakterisiert das innewohnende Bewährungsmodell als gnadenlose Selektionsanstalt, deren »geistesaristokratische« Auswahl regelmäßig »Gewinner« und »Verlierer« produziert. Webers soziologische Aufklärung trägt nicht nur zur Entzauberung des Berufs zur Wissenschaft bei, sondern darf auch als Warnung vor einer der schwierigsten Karrieren im Berufsleben gelten. Welcher Eigenschaften bedarf es, um auf dem Kampffeld »Universität« dennoch berechtigte Aussichten auf Erfolg zu haben?

Der *inneren Bedeutung des Gelehrtenberufs* kommt man auf die Spur, wenn man Webers Paradox zu verstehen beginnt. Einerseits gilt: Je reifer und weiter fortgeschritten eine Wissenschaft ist, desto größer wird der Druck zur *Spezialisierung*. Aus den großen Themen werden kleine Themen, aus den großen Fragen werden kleine Fragen, aus den großen Projekten werden kleine Projekte. Der »Dienst an der Sache« fordert, dass diese Fokussierung auf einen immer kleineren Ausschnitt eines Phänomens mit der gleichen Leidenschaft, dem gleichen enormen Engagement und der gleichen stoischen Disziplin angegangen wird wie die weltbewegenden Probleme der Menschheit. Das bedeutet Askese und harte Arbeit. Andererseits braucht es die *innere Berufung* zur Wissenschaft als Berufs- und Lebensform. Ohne sie, das deutet Webers Pathos an, geht Wissenschaft gar nicht:

> wer also nicht die Fähigkeit besitzt, sich einmal sozusagen Scheuklappen anzuziehen und sich hineinzusteigern in die Vorstellung, daß das Schicksal seiner Seele davon abhängt: ob er diese, gerade diese Konjektur an dieser Stelle dieser Handschrift richtig macht, der bleibe der Wissenschaft nur ja fern. Niemals wird er in sich das durchmachen, was man das ›Erlebnis‹ der Wissenschaft nennen kann. Ohne diesen seltsamen, von jedem Draußenstehenden belächelten Rausch, diese Leidenschaft, dieses: ›Jahrtausende mußten vergehen, ehe du ins Leben tratest, und andere Jahrtausende warten schweigend‹: – darauf, ob dir diese Konjektur gelingt, hat einer

9 Dazu klassisch Michael Schmid, *Leerformeln und Ideologiekritik*, Tübingen 1972.

den Beruf zur Wissenschaft *nicht* und tue etwas anderes. Denn nichts ist für den Menschen als Menschen etwas wert, was er nicht mit *Leidenschaft* tun *kann.*[10]

Aber selbst wenn es gelingt, den gordischen Knoten des Paradoxons zu durchschlagen, und stets wachsende und weitergehende spezialisierte Kleinteiligkeit der Forschung mit der inneren Berufung zur Wissenschaft in Einklang zu bringen, um auf diese Weise leidenschaftlichen Enthusiasmus für diesen Beruf zu entfachen, bleibt das Problem der kalkulierten Obsoleszenz. Kaum ist ein Buchprojekt mit der Publikation abgeschlossen und auf dem Markt erschienen, beginnt es zu veralten oder ist bereits veraltet.[11] Man könnte sich mit dem lapidaren Hinweis bescheiden, dass sei halt der Lauf der Dinge: Was neu ist, wird schon bald alt; was als modisch gilt, ist recht rasch altmodisch; was als neue Erkenntnis gefeiert wird, kann durch die nächste Erkenntnis in Frage gestellt und abgelöst werden. Genau das meint ja die Idee der Unaufhörlichkeit der Forschung: »jede wissenschaftliche ›Erfüllung‹ bedeutet neue ›Fragen‹ und *will* ›überboten‹ werden und veralten.«[12] Angesichts dieser schiefen Bilanz zwischen Aufwand und Ertrag und das auch noch unter prekären Arbeits- und Beschäftigungsbedingungen stellt sich die *Sinnfrage* mit besonderer Hartnäckigkeit: »Warum betreibt man etwas, das in der Wirklichkeit nie zu Ende kommt und kommen kann?«[13] Wie lässt sich diese Unaufhörlichkeit, dieses Selbstüberbieten und Selbstüberbotenwerden aushalten? Kurz: Wie wird man Sisyphos und findet das auch noch gut? Eine Antwort könnte lauten, dass die Wissenschaft praktisch zur Gesellschaft beiträgt. Dass Wissenschaft »nützlich« für Gesellschaft sein soll, ist ein beliebtes Argument. Aber stimmt es auch? Spezialisierte Forschung hat mit der Praxis meist recht wenig bis gar nichts zu tun und kann daher nicht im Entferntesten mit so etwas wie praktischer Nützlichkeit punkten. Weber vergleicht den »Zivilisierten« mit dem »Wilden« und weist darauf hin, dass Letzterer auch ohne Wissenschaft ungleich mehr über seine Lebensbedingungen praktisch wusste als der Zivilisierte. Zivilisation heißt Technik mit der Folge, dass moderne Menschen

10 Weber, »Wissenschaft als Beruf«, S. 589.

11 Das gilt natürlich auch für dieses Weber-Buch. Denn die nächste Abhandlung über diesen Klassiker ist irgendwo auf der Welt schon in Arbeit.

12 Ebd., S. 592.

13 Ebd., S. 593.

vor allem im Modus des Einverständnishandelns agieren: Sie nutzen sie, verstehen sie aber nicht. »Wilde« dagegen verfahren nach einem Modus des »Verständnishandelns«, der sie ihre Welt begreifen lässt. Was soll dann die wachsende Rationalisierung und Intellektualisierung der Welt, wenn der »Zivilisierte« ungleich weniger von seiner eigenen Lebenswelt versteht als der »Wilde«? Webers Antwort zielt auf seine berühmte These von der *Intellektualisierung* und *Entzauberung der Welt*:

das Wissen davon oder den Glauben daran: daß man, wenn man *nur wollte*, es jederzeit erfahren *könnte*, daß es also prinzipiell keine geheimnisvollen unberechenbaren Mächte gebe, die da hineinspielen, daß man vielmehr alle Dinge – im Prinzip – durch *Berechnen beherrschen* könne.[14]

Der kalkulierten Obsoleszenz der eigenen Forschung, die schwer auszuhalten ist, steht der »wissenschaftliche Fortschritt« der modernen Forschung insgesamt gegenüber. Wissenschaftler dürfen stolz auf ihr Schicksal als Trägergruppe sein, die den Intellektualisierungsprozess vorantreiben und durch ihre Arbeit die Naturbeherrschung entscheidend voranbringen. Nur stellt sich sogleich die unvermeidliche Anschlussfrage: »Hat der ›Fortschritt‹ als solcher einen erkennbaren, über das Technische hinausreichenden Sinn, so daß dadurch der Dienst an ihm ein sinnvoller Beruf würde?«[15] Was ist der Wert der Wissenschaften für das Gesamtleben der Menschheit?

Auch auf diese Frage fällt die Antwort Webers letztlich negativ aus. Denn auch bei der Wissenschaft wird die *Kette der Entzauberung* nicht unterbrochen, sondern schreitet scheinbar unaufhaltsam fort. So wie sie einstmals die Religion entzaubert hatte, indem sie ihr die Wissensfunktion streitig gemacht hat, so scheint sie sich am Ende fast selbst zu entzaubern. Je weiter sich die Wissenschaften ausdifferenziert und professionalisiert haben, desto weniger können (und wollen) sie die Existenz- und Sinnfragen der Menschen beantworten. Denn die »Life Sciences«, wie sich die Naturwissenschaften heute stolz nennen, können über den »Sinn« des Lebens nichts sagen. Wissenschaft und Leben treten so immer weiter auseinander. Das professionelle Credo besteht in der wissenschaftlichen und technischen Machbarkeit der Welt. Magie und Pathos der Wis-

14 Ebd., S. 594.
15 Ebd., S. 595.

senschaft, die ja zunächst die Nachfolge des Zauberers angetreten hatte, sind längst verflogen. Die Wissenschaften bringen nicht das Heil, wie es Religionen einst und heute im Repertoire ihrer Versprechungen haben. Weber verdeutlicht diesen (Selbst-)Entzauberungsprozess mit einem Exkurs in die Geschichte der Wissenschaft.

Ihr Pathos strahlt hell in der *Antike*. In seinem berühmten »Höhlengleichnis« sieht Platon ihren Wert im »Weg zum wahren Sein« und zur »ewigen Wahrheit« über den philosophischen Begriff.

> [...] daraus schien zu folgen, daß, wenn man nur den rechten Begriff des Schönen, des Guten, oder auch etwa der Tapferkeit, der Seele – und was es sei – gefunden habe, daß man dann auch ihr wahres Sein erfassen könne, und das wieder schien den Weg an die Hand zu geben, zu wissen und zu lehren: wie man im Leben, vor allem: als Staatsbürger, richtig handle.[16]

Die Wissenschaft birgt in sich und bürgt zugleich für das, was offenkundig nottut: eine Lebensphilosophie. Denn wenn man das Wesen der Dinge erst einmal geschaut und auf den Begriff gebracht hat, kann man den idealen Staat einrichten, der das gute Leben ermöglicht.

Die *Renaissance* sah in den Wissenschaften den »Weg zur wahren Natur« über das rationale Experiment.

> Den künstlerischen Experimentatoren von der Art Lionardos und den musikalischen Neuerern bedeutete sie den Weg zur *wahren* Kunst, und das hieß für sie zugleich: zur wahren *Natur*. Die Kunst sollte zum Rang einer Wissenschaft, und das hieß zugleich und vor allem: der Künstler zum Rang eines Doktors, sozial und dem Sinne seines Lebens nach, erhoben werden.«[17]

In der frühen Neuzeit wollten die *Puritaner* die Wissenschaften als »Weg zum wahren Gott« verstehen. Angesichts seiner Allmacht gilt Gott als unergründlich, als ein »deus absconditus«, dessen Motive oder Ziele kein Mensch zu ergründen vermag. Und wenn er es versuchen würde, könnte das als »Blasphemie« gelten. Schon der Versuch hieße, die Allmacht Gottes anzuzweifeln. Aber die exakten Naturwissenschaften könnten in der Lage sein, dem Bauplan der Natur und damit seinen Absichten vielleicht auf die Spur zu

16 Ebd., S. 596.
17 Ebd., S. 597.

kommen. Weber nimmt Swammerdams berühmtes Zitat als Beleg: »Ich bringe Ihnen hier den Nachweis der Vorsehung Gottes in der Anatomie einer Laus.«[18] Freilich sollte sich dieses Bündnis zwischen Puritanismus und Naturwissenschaften als grandiose Illusion entpuppen. Wie der Intellektualisierungs- und Entzauberungsprozess unwiderstehlich demonstriert, ist gerade die Wissenschaft »die spezifisch gottfremde Macht«[19] schlechthin.

Das 19. Jahrhundert gilt als *Zeitalter der großen naturwissenschaftlichen Entdeckungen*. Voller Optimismus dachte man, den Wert der Wissenschaften als »Weg zum wahren Glück« gefunden zu haben. Denn die Fülle von bahnbrechenden Erfindungen schienen in der Folge ganz neue Möglichkeiten zur »Beherrschung des Lebens« zu eröffnen. Diese Art von naivem Fortschrittsoptimismus reizte Weber stets zu besonders ätzend scharfen Kritikausbrüchen: Weg zum Glück? Wohl kaum: »dies darf ich wohl, nach Nietzsches vernichtender Kritik an jenen ›letzten Menschen‹, die das ›Glück erfunden haben‹, ganz beiseite lassen. Wer glaubt daran? – außer einigen großen Kindern auf dem Katheder oder in Redaktionsstuben?«[20]

Weber wischt hier mit großer Geste weg, was auch heute noch der mächtigste Motor für die gewaltige Förderung der Naturwissenschaften ist: Die Glücks- und Komfortversprechen damals wie heute klingen verdächtig ähnlich. Von der Hirnforschung bis zur Digitalisierung von Mensch und Gesellschaft heißt es, wir müssen das machen, weil wir es können und weil dann alles einfacher, besser, schneller und effizienter wird im allfälligen Dienst des »Fortschritts der Menschheit«. Was im Wissenschafsbetrieb vorausgesetzt wird, kann auf dem Boden der Wissenschaft selbst nicht erbracht werden. Genau das markiert die Achillesferse des »wissenschaftlichen Fortschritts«. Ungeklärt bleibt nämlich, ob »das, was bei wissenschaftlicher Arbeit herauskommt, *wichtig* im Sinn von ›wissenswert‹ sei«.[21] Das muss stets stillschweigend vorausgesetzt werden und bohrende Fragen danach würden den Wissenschaftsbetrieb wahrscheinlich in arge Verlegenheit stürzen. Weber rekurriert an dieser Stelle auf Tolstoi und seine beiden Fragen »Was sollen wir tun?« und »Wie sollen wir leben?« Auf diese Fragen gibt es aus dem

18 Ebd.
19 Ebd., S. 598.
20 Ebd.
21 Ebd., S. 599.

wissenschaftlichen Lebensgebiet keine Antworten und das erweist in Webers Augen letztlich die Sinnlosigkeit der Wissenschaft, wenn es um Fragen des guten Lebens geht. Denn: »Alle Naturwissenschaften geben uns Antwort auf die Frage: Was sollen wir tun, *wenn* wir das Leben *technisch* beherrschen wollen? *Ob* wir es aber technisch beherrschen sollen und wollen, und ob das letztlich eigentlich Sinn hat: – das lassen sie ganz dahingestellt oder setzen es für ihre Zwecke voraus.«[22]

Wenn alle diese beschriebenen Wege heute durch die Intellektualisierung und Entzauberung der Welt durch Wissenschaft verbaut sind und klar wird, dass Wissenschaft Religion nicht als oberste Lebensführungsmacht ersetzen kann, dann hilft in Webers Augen nur eins: Werturteilsfreiheit als Ausdruck wissenschaftlicher Redlichkeit. Was Wissenschaft auf ihrem eigenen Boden nicht kann, das sollte sie auch nicht als Kathederprophetie vorspielen und Werte als Tatsachen vorspiegeln. Weber rekurriert auf John Stuart Mills Formel vom *Polytheismus der Werte* und den ewigen Kampf der Götter.

> Wenn irgend etwas, so wissen wir es heute wieder: daß etwas heilig sein kann nicht nur: obwohl es nicht schön ist, sondern: *weil* und *insofern* es nicht schön ist, – in dem 53. Kapitel des Jesaiasbuches und im 21. Psalm können Sie die Belege dafür finden; – und daß etwas schön sein kann nicht nur: obwohl, sondern: in dem, worin es nicht gut ist, das wissen wir seit Nietzsche wieder, und vorher finden Sie es gestaltet in den ›Fleurs du mal‹, wie Baudelaire seinen Gedichtband nannte; – und eine Alltagsweisheit ist es, daß etwas wahr sein kann, obwohl und indem es nicht schön und nicht heilig und nicht gut ist. Aber das sind nur die elementarsten Fälle dieses Kampfes der Götter der einzelnen Ordnungen und Werte.[23]

»Polytheismus der Werte« heißt aber im Klartext »Kampf der Götter«, denn wenn es keinen obersten Leit- oder Richtwert gibt, dann muss die Konkurrenz zwischen Werten ausgefochten werden. Wie wir gleich in »Politik als Beruf« sehen werden, kann man nicht allen Göttern auf einmal und zugleich dienen. In radikalen Wertfragen gibt es für Weber keinen Kompromiss, sondern nur eine Entscheidung für oder gegen einen Wert. Und diese Entscheidung für *einen* Wert verletzt zugleich alle anderen. Vielleicht ist ja dieser antinomische Pluralismus das Kennzeichen für die zerrissene Moderne.

22 Ebd., S. 599f.
23 Ebd., S. 604f.

Weber fasst diese moderne existentielle Situation treffend in diesem Bild vom »Kampf der Götter«:

> Die alten vielen Götter, entzaubert und daher in Gestalt unpersönlicher Mächte, entsteigen ihren Gräbern, streben nach Gewalt über unser Leben und beginnen untereinander wieder ihren ewigen Kampf. Das aber, was gerade dem modernen Menschen so schwer wird, und der jungen Generation am schwersten, ist: einem solchen *Alltag* gewachsen zu sein. Alles Jagen nach dem ›Erlebnis‹ stammt aus dieser Schwäche. Denn Schwäche ist es: dem Schicksal der Zeit nicht in sein ernstes Antlitz blicken zu können.[24]

Es wäre freilich verfehlt, anzunehmen, dass die Wissenschaften vollkommen wertlos seien, nur weil sie das *Sinnproblem* nicht zu lösen vermögen. Stellt man die Fragen richtig, dann wird sofort ihr beachtliches Leistungsrepertoire deutlich. Weber nennt vier Leistungen, die bei näherem Hinsehen zumindest indirekt dem eigenen Leben und der Lebensführung zu helfen vermögen. Erstens vermitteln uns die Wissenschaften Kenntnisse über die *Technik*, wie sich das Leben durch Berechnung beherrschen lässt. Zweitens schulen sie uns in *Methoden* des Denkens. Drittens verhelfen sie zur *Klarheit* über Zweck-Mittel-Relationen, Folgen und Nebenfolgen unseres Handelns. Viertens unterstützen sie uns dabei, sich rückhaltlos Rechenschaft über den letzten *Sinn* unseres eigenen Tuns zu geben.

Die Wissenschaften helfen uns also dabei, *vorletzte* Fragen und Probleme zu lösen – und die *letzten* Fragen uns selbst zu überlassen. Nur dann gewinnt man auf dieser Basis die Freiheit, selbst zu entscheiden, wie man leben will und was man tun soll. Das ist nicht nichts. »Dem großartigen Pathos der christlichen Ethik«[25] zeigen sie sich indes nicht gewachsen, die letzten Sinn- und Wertfragen für uns verbindlich und vorbildlich zu beantworten.

> Es ist das Schicksal unserer Zeit, mit der ihr eigenen Rationalisierung und Intellektualisierung, vor allem: Entzauberung der Welt, daß gerade die letzten und sublimsten Werte zurückgetreten sind aus der Oeffentlichkeit, entweder in das hinterweltliche Reich mystischen Lebens oder in die Brüderlichkeit unmittelbarer Beziehungen der Einzelnen zueinander.[26]

Vor diesem Hintergrund, so Webers Vorschlag, sollte jeder seine eigene Aufgabe erfüllen und der »Forderung des Tages« gehorchen.

24 Ebd., S. 605.
25 Ebd.
26 Ebd., S. 612.

»Die aber ist schlicht und einfach, wenn jeder den Dämon findet und ihm gehorcht, der *seines* Lebens Fäden hält.«[27]

Das war eine »kalte Dusche« für alle jene, die in der Wissenschaft auf einen Ersatz für die Religion als Lebensführerin gehofft hatten. In der Tat war das vornehmlich junge Publikum mehr als enttäuscht. Es hatte Weber gebannt zugehört und gespannt auf den Schluss gewartet – und dann so ein Ende. Sicher, der gebildete Teil unter ihnen hatte die Goethe-Allusionen mit den Forderungen des Tages und dem Dämon wohl verstanden. Aber wo blieb am Ende das »Positive«, wo die Konturen eines neuen Glaubens, wo die Liebessehnsucht nach einem gewaltigen Aufbruch, wo die Hoffnung auf eine lichtvolle Zukunftsvision? Weber verweigerte eine säkulare Version und Mission des christlichen Dreiklangs von »Glaube, Liebe, Hoffnung«. Mitten im Ersten Weltkrieg in einer Existenzkrise – und Deutschland war auf dem Weg, den Krieg zu verlieren – wird die angestrengte Suche nach geistiger Orientierung mehr als verständlich. Webers Stichworte, allesamt richtig und wichtig: Leidenschaft und Askese, Pathos der Wissenschaft und bescheidene Demut angesichts der Obsoleszenz ihrer Forschung, Dienst an der Sache und Spezialisierung, nüchterne Klarheit und wissenschaftliche Redlichkeit auf der Basis von Werturteilsfreiheit. In normalen Friedenszeiten hätte das vielleicht gereicht, aber mitten im Krieg war das nach Ansicht seiner Zuhörerschaft einfach zu wenig. Jede Antwort auf die Sinn- und Existenzfragen der Zeit blieb er seinem Publikum schuldig. Weber betätigte sich als asketischer Ikonoklast, wenn das nicht eine »contradictio in adiecto« ist. Sein Bildersturm zielte bewusst auf die Zerstörung sämtlicher Illusionen einer falschen Erwartungshaltung hinsichtlich der Wissenschaft: Entzauberung seiner Zuhörerschaft durch Enttäuschung.

Diese Illusionen werden fälschlicherweise dann genährt, wenn man die Wissenschaft als Nachfolgerin der Religionen ansieht. Zwischen dem mystischen Haben des Glaubens und dem Besitz von Wissen, darauf beharrt Weber immer wieder, existiert eine unüberbrückbare Kluft ohne Aussicht auf Versöhnung. Die Wissenschaft verschafft Erkenntnis auf der Basis von Wahrheit. Die Religion verspricht Heil auf der Basis von Erlösung. Die Religion nimmt damit ihren Gläubigen die Entscheidung über alle Existenzfragen

27 Ebd., S. 613.

ab, wenn sie nur auf Gott vertrauen. Aber diese Entlastung von der eigenen Entscheidung zur Lebensführung gibt es nur um den Preis der Freiheit und individuellen Autonomie. Gerade diese Offenheit und Freiheit gilt es nach Weber jedoch zu schützen, wenn ernsthaft die autonome Lebensführung der menschlichen Persönlichkeit gewährt sein soll. Die Lösung des Sinnproblems sollte also nicht mit einer Verschärfung des Freiheitsproblems erkauft werden, wie es später in den totalitären Systemen von Faschismus und Kommunismus des 20. Jahrhunderts der Fall war. Dennoch gilt: Einfach ist die geistige Situation der Zeit nicht zu ertragen. Allen wird das wohl auch nicht gelingen, worüber sich Weber vollkommen im Klaren ist. Ohne Häme oder Herablassung hat er dann doch noch einen Ratschlag parat, der aber auch auf wenig Gegenliebe beim Publikum gestoßen sein dürfte.

> Wer dies Schicksal der Zeit nicht männlich ertragen kann, dem muß man sagen: Er kehre lieber, schweigend, ohne die übliche öffentliche Renegatenreklame, sondern schlicht und einfach, in die weit und erbarmend geöffneten Arme der alten Kirchen zurück. Sie machen es ihm ja nicht schwer. Irgendwie hat er dabei – das ist unvermeidlich – das ›Opfer des Intellekts‹ zu bringen, so oder so.[28]

Webers Sympathien ruhen natürlich auf der Wertfreiheit des Wissenschaftlers, um die Entscheidungsfreiheit der individuellen Persönlichkeit offenzuhalten. Bevor wir abschließend genauer auf das Verhältnis von Beruf, Persönlichkeit und Lebensführung eingehen, soll seine Rede »Politik als Beruf« betrachtet werden. Was die Wissenschaft offenkundig nicht zu erbringen vermag, könnte ja unter Umständen die Politik leisten.

Politik als Beruf

Doch weit gefehlt. Auch hier enttäuscht er gleich erst einmal seine Zuhörerschaft, da er sich weigert, über »Tagespolitik« zu sprechen. Wenn, dann wird er am Ende seines Vortrags auf »Fragen der Bedeutung des politischen Tuns innerhalb der gesamten

28 Ebd., S. 612.

Lebensführung«[29] zurückkommen. Das ist nun starker Tobak. Nach dem verlorenen Krieg, der Abdankung des Monarchen und mitten in den Revolutionswirren soll man über Politik *ohne* Tagespolitik reden können? Weber kann und legt gleich mit den äußeren Rahmenbedingungen des politischen Betriebes los. Am Anfang helfen immer erst einmal ein paar ordentliche Definitionen, um den politischen Raum zu vermessen. Weber entwirft sein Bild vor dem Hintergrund seiner Herrschafts-, Staats- und Parteiensoziologie, die wir schon ausführlich diskutiert haben. Deshalb rekapitulieren wir diese Ausführungen über die äußeren Rahmenbedingungen stenogrammartig, um dann die inneren Eigenarten der Politik und ihres Personals ausführlicher zu diskutieren. Politik hat immer mit Macht zu tun, auch wenn sie sich gern zu Legitimationszwecken in das Gewand von Gemeinwohl und der Vertretung von Gesamtinteressen kleidet. Politik, so seine allgemeine Definition, soll heißen: »Streben nach Machtanteil oder nach Beeinflussung der Machtverteilung, sei es zwischen Staaten, sei es innerhalb eines Staates zwischen den Menschengruppen, die er umschließt.«[30] Denn stets gilt: »Wer Politik treibt, erstrebt Macht: – Macht entweder als Mittel im Dienst anderer Ziele (idealer oder egoistischer), – oder Macht ›um ihrer selbst willen‹: um das Prestigegefühl, das sie gibt, zu genießen.«[31] Der Rahmen für den Kampf um Herrschaft ist der politische Verband und heute der Staat, der sich wiederum durch »das Monopol legitimer physischer Gewaltsamkeit«[32] definiert. Nach Maßgabe seiner Herrschaftssoziologie kann Legitimation der Herrschaft traditional, charismatisch oder legal erfolgen. Webers Hauptaugenmerk ist aber auf die charismatische Führung gerichtet, wurzelt doch hier »der Gedanke des *Berufs* in seiner höchsten Ausprägung«.[33]

Wenn das in Grundzügen die Wertsphäre und Lebensordnung der Politik umreißt, dann stellt sich sofort die Anschlussfrage, welche Arten von Politikern sich unterscheiden lassen. Weber unterscheidet drei Typen: Den *Gelegenheitspolitiker*, der sich von Fall zu Fall engagiert. Dazu gehört auch, in einer Demokratie zur Wahl zu

29 Weber, »Politik als Beruf«, S. 493.
30 Ebd., S. 494.
31 Ebd, S. 495.
32 Ebd., S. 494.
33 Ebd., S. 496.

gehen. Der Wahlakt ist dann die politische Handlung und die politische Chance dazu kehrt in den periodischen Wahlzyklen wieder. Zweitens, den *nebenberuflichen Politiker*, der eine politische Funktion ausübt, aber eben nicht hauptamtlich. Dazu gehört klassisch das Ehrenamt oder das politische Engagement in einer Nichtregierungsorganisation. Schließlich als dritten Typus der *Berufspolitiker* in zweifacher Ausprägung. »Es gibt zwei Arten, aus der Politik seinen Beruf zu machen. Entweder: man lebt ›für‹ die Politik, – oder aber: ›von‹ der Politik.«[34] *Für* die Politik zu leben muss man sich leisten können. Erstens sollte man abkömmlich sein können und zweitens über einen sicheren Lebensunterhalt verfügen. Historisch gesehen, haben sich stets Rentiers, Advokaten und Großgrundbesitzer in der Politik engagiert, während Arbeiter, Ärzte und Unternehmer das nicht konnten, weil sie nicht abkömmlich waren. Freilich ist der Gegensatz kein absoluter.

Wer ›für‹ die Politik lebt, macht im *inner*lichen Sinne ›sein Leben daraus‹: er genießt entweder den nackten Besitz der Macht, die er ausübt, oder er speist sein inneres Gleichgewicht und Selbstgefühl aus dem Bewußtsein, durch Dienst an einer ›Sache‹ seinem Leben einen *Sinn* zu verleihen. In diesem innerlichen Sinn lebt wohl jeder ernste Mensch, der für eine Sache lebt, auch von dieser Sache.[35]

Umgekehrt lebt *von* der Politik als Beruf, wer sich ein dauerhaft auskömmliches Einkommen sichern will. Ein Blick auf die Politiker, die ihre Tätigkeit zum Hauptberuf gemacht haben, zeigt historisch die Entwicklung von zwei Typen:

Die Entwicklung der Politik zu einem ›Betrieb‹, der eine Schulung im Kampf um die Macht und in dessen Methoden erforderte, so wie sie das moderne Parteiwesen entwickelte, bedingte nun die Scheidung der öffentlichen Funktionäre in zwei, allerdings keineswegs schroff, aber doch deutlich geschiedene Kategorien: Fachbeamte einerseits, politische Beamte andererseits.[36]

Fachbeamte, die *sine ira et studio* ihrem Herrn unverbrüchlich dienen, waren im Mittelalter die *Kleriker*, in der Renaissance humanistische gebildete *Literaten,* im 17. Jahrhundert dann der *Hofadel,*

34 Ebd., S. 501.
35 Ebd., S. 501.
36 Ebd., S. 507.

im 18. und 19. Jahrhundert die *gentry* als Kleinadel, in der Moderne dagegen fachgeschulte *Juristen*. Der Juristenstand sollte sich den öffentlichen Dienst erobern und das bis auf den heutigen Tag.

> Der moderne Advokat und die moderne Demokratie gehören seitdem schlechthin zusammen, – und Advokaten in unserem Sinn, als ein selbständiger Stand, existieren wiederum nur im Okzident, seit dem Mittelalter, wo sie aus dem ›Fürsprech‹ des formalistischen germanischen Prozeßverfahrens unter dem Einfluß der Rationalisierung des Prozesses sich entwickelten.[37]

Der *politische Beamte* waltet *ira et studium* und tritt mit Leidenschaft und Engagement für seine Ideen und Interessen im Kampf um Macht und Gefolgschaft ein. Weber sieht im Demagogen den hauptsächlichen Typus des führenden Politikers. Vergleichbar dem Demagogen verfügen Journalisten über die Macht des geschriebenen Wortes. Obgleich Weber ihre Leistung durchaus hoch einschätzt, hält er sie für eine »Art von Pariakaste, die in der ›Gesellschaft‹ stets nach ihren ethisch tiefststehenden Repräsentanten sozial eingeschätzt wird«.[38] Weber hält die Journalistenlaufbahn für noch größeren Hasard als die wissenschaftliche Karriere.

Politiker agieren nicht im luftleeren Raum, sondern im Rahmen von Parteien oder noch allgemeiner, Parteiungen. Sie reichten von der persönlichen Gefolgschaft im Mittelalter wie bei den Guelfen und Ghibellinen über die Adelsparteien im *Ancien Régime* weiter zu den Honoratiorenparteien des 19. Jahrhunderts und schließlich zu Weltanschauungsparteien wie die Sozialdemokratie für die Arbeiterschaft oder das Zentrum für den katholischen Bevölkerungsteil im Deutschen Reich. Die vorläufige Endmoräne der Entwicklung sind die heutigen Volksparteien, die für alle Bürger und Bürgerinnen da sein wollen. In seiner vergleichenden Diskussion des Parteiwesens in England, den USA und Deutschland schält sich Webers Präferenz für den angloamerikanischen Typus der politischen Führung heraus. In seinen Augen ist die zentrale Frage aller Politik die *politische Führung*. In der modernen politischen Welt der Demokratie verlangt das ein plebiszitäres Element: »Aber es gibt nur die Wahl: Führerdemokratie mit ›Maschine‹ oder führerlose Demokratie, das heißt: die Herrschaft der ›Berufspolitiker‹ ohne

37 Ebd., S. 511.
38 Ebd., S. 513.

Beruf, ohne die inneren, charismatischen Qualitäten, die eben zum Führer machen.« Weniger vornehm ausgedrückt: »die Herrschaft des ›Klüngels‹«.[39]

Wenn sich so in groben Zügen die Wertsphäre und Lebensordnung der Politik in ihrer äußeren Konstellation charakterisieren lässt, wie sehen dann die *inneren Eigenarten* und *Eigenschaften* der Menschen aus, die den *Beruf zur Politik* besitzen? Die Gretchenfrage lautet also, »was für ein Mensch man sein muß, um seine Hand in die Speichen des Rades der Geschichte legen zu dürfen«.[40] Drei Eigenschaften sind es, die den geschulten Politiker ausmachen: Leidenschaft, Augenmaß und Verantwortungsgefühl. Wie beim Wissenschaftler, so geht auch beim Politiker Beruf als Berufung nur mit *Leidenschaft*. Allerdings, so Weber, sollte man sie nicht mit »steriler Aufgeregtheit« (Georg Simmel) verwechseln, die »jetzt in diesem Karneval, den man mit dem stolzen Namen einer ›Revolution‹ schmückt, eine so große Rolle auch bei unseren Intellektuellen spielt: eine ins Leere verlaufende ›Romantik des intellektuell Interessanten‹ ohne alles sachliche Verantwortungsgefühl«.[41] Das Verantwortungsgefühl erfordert – erneut wie bei der Wissenschaft – vom echten Politiker Dienst an der Sache, die dann »auch die *Verantwortlichkeit* gegenüber ebendieser Sache zum entscheidenden Leitstern des Handelns macht«.[42] Das gelingt am ehesten, wenn als dritte Eigenschaft das *Augenmaß* hinzutritt. Es erfordert Distanz gegenüber den Menschen und den Dingen sowie die Fähigkeit, die Realität ruhig und sachangemessen zu verarbeiten. Ein kritischer Blick auf dieses Eigenschaftsbündel zeigt sofort, dass es zwar nicht vollends unvereinbar ist, aber doch schwierig in eine Balance zu bringen sein dürfte. Wilde Leidenschaft lässt eben gerade jegliches Augenmaß vermissen. Umgekehrt führt ein Übermaß an Augenmaß zum politischen Quietismus, denn das übertriebene Erwägen des Für und Wider gepaart mit einer vorsichtigen Haltung (»keine Experimente«) führt zur Moderierung von Politik und das heißt im Alltag Verwaltung statt politischer Führung. Solange ein Land

39 Ebd., S. 532. Wie der Klüngel im Einzelnen funktioniert, haben anschaulich Erwin K. und Ute Scheuch, *Cliquen, Klüngel und Karrieren*, Reinbek 1998 soziologisch beschrieben.

40 Weber, »Politik als Beruf«, S. 533.

41 Ebd., S. 533 f.

42 Ebd., S. 534.

keinerlei große Krisen kennt, wirkt dieser Regierungsstil beruhigend auf die Bevölkerung, steigert die eigene Beliebtheit wie die Wiederwahlchancen der Politikerin. Krisen dagegen erzeugen Hektik, gefühlige und zugleich opportunistische Reaktionen mit Blick auf die eigene demoskopische Beliebtheit und am Ende des Tages zweifelhafte Entscheidungen mit hohen Folgekosten. Augenmaß ohne Dienst an der Sache und mit unterkühlter Leidenschaft führt zu opportunistischer Moderation von Politik, aber nicht zur politischen Führung. Kurz: Eine *Politik ohne Eigenschaften*, um Robert Musils Romantitel zu paraphrasieren. Weber ist sich der tendenziellen Inkompatibilität dieses Eigenschaftsdreiecks durchaus bewusst: »Denn das Problem ist eben: wie heiße Leidenschaft und kühles Augenmaß miteinander in derselben Seele zusammengezwungen werden können? Politik wird mit dem Kopfe gemacht, nicht mit anderen Teilen des Körpers oder der Seele.« Und dennoch gilt: »Die ›Stärke‹ einer politischen ›Persönlichkeit‹ bedeutet in allererster Linie den Besitz dieser Qualitäten.«[43]

Leidenschaft, Augenmaß und Verantwortungsgefühl definieren den Idealtyp des Politikers, der dem »politischen Geschäft« sich gewachsen zeigen könnte und dem Weber am ehesten zutraut, seine Macht in die Waagschale zu werfen, um den Gang der Geschichte durch seine politische Führung zu beeinflussen. Die Methode des Idealtyps legt auf die Reinheit der Begriffsbildung wert und das heißt stets die einseitige Übersteigerung der in einem Begriff zusammengezogenen Merkmale. Die Folge ist, dass ein Idealtyp in der puren Form in der sozialen bzw. politischen Wirklichkeit so nicht vorkommen dürfte. Das gilt also auch für das Eignungsbündel eines echten Politikers, der damit die Chance hätte, sich in der Sphäre der politischen Herrschaft, des Staates und der Partei erfolgreich zu bewähren. Sicher dürfte sein, dass hier der Idealtyp tatsächlich das Ideal eines »guten« Politikers verkörpert.

Gerade weil er »rein« nicht eben oft vorkommen dürfte, muss sich Weber auch mit den typischen Abweichungen von dieser Definition befassen. Was also macht den »Berufspolitiker ohne Politik« aus? Was passiert in dieser Sphäre, wenn sich politische Führungsfiguren ohne Glauben an eine Sache breitmachen? Zunächst genießt er oder sie das, was das Privileg der Politik ausmacht: Macht

43 Ebd.

und das Prestige sowie die Aufmerksamkeit für alles eigene Tun, die damit einhergehen. Gerade programmlose Stellenjägerparteien ziehen diesen Typus von Mensch geradezu magisch an: Geltung zu besitzen, ohne etwas zu sein. Weder solide Bildung noch ein ordentlicher Beruf, aber die »Selbsterwählung« zum Politiker oder zur Politikerin, also »Berufung ohne Beruf«. Das scheint fast so etwas wie das »politische Paradies« auf Erden zu sein. Wo ließe sich mit so wenig eine glanzvolle Karriere im Berufsleben machen? Das »Nichts« als nackte Prätention, wie man Webers Diagnose der »Fachmenschen ohne Geist, Genußmenschen ohne Herz« paraphrasieren könnte. Zu dem *Machtgenuß* tritt hinzu die bei allen Menschen anzutreffende *Eitelkeit,* die in aller Regel bei Politikern besonders stark ausgeprägt sein dürfte und durch den politischen Betrieb mit seinem gewaltigen Aufmerksamkeitsfokus durch Medien und Presse noch zusätzlich befeuert wird. Zu diesen depravierenden Eigenschaften tritt als drittes Moment zwangsläufig die *Unsachlichkeit.* »Die Sünde gegen den heiligen Geist seines Berufs aber beginnt da, wo dieses Machtstreben *unsachlich* und ein Gegenstand rein persönlicher Selbstberauschung wird, anstatt ausschließlich in den Dienst der ›Sache‹ zu treten.«[44] Denn die Folgen des Tuns von »Berufspolitikern ohne Politik« und des Karriereavancements nur in eigener Sache bestehen in *Verantwortungslosigkeit* und ihren Resultaten. Das gilt, gerade weil »der Demagoge auf ›Wirkung‹ zu rechnen gezwungen ist, – er ist eben deshalb stets in Gefahr, sowohl zum Schauspieler zu werden, wie die Verantwortung für die Folgen seines Tuns leicht zu nehmen und nur nach dem ›Eindruck‹ zu fragen, den er macht.«[45]

Eben weil positive und negative Eigenschaften des Politikers so nah beieinander liegen – oft sind sie einfach die Kehrseite der Medaille und in der politischen Wirklichkeit häufig genug schwierig zu trennen –, fragt Weber nach dem *Ethos* von Politik als *Sache*: »Welchen Beruf kann sie selbst, ganz unabhängig von ihren Zielen, innerhalb der sittlichen Gesamtökonomie der Lebensführung ausfüllen? Welches ist sozusagen der ethische Ort, an dem sie beheimatet ist?«[46] Das Verhältnis von Politik und Ethik ist komplex und kompliziert. Analytisch lassen sich drei Verhältnisbestimmungen

44 Ebd., S. 535.
45 Ebd.
46 Ebd., S. 536.

ableiten. Erstens, Politik und Ethik haben nichts miteinander zu tun, denn da, wo das *Machtpragma* und das Recht des Stärkeren herrschen, hat Ethik nichts verloren. Die Politik ist eine *anethische Sphäre* eigenen Rechts – das macht ihren *sui-generis*-Charakter aus. Zweitens gilt Ethik als allgemein gültig. Wenn sie das ist, darf sie auch Geltung für die Politik beanspruchen. Es gibt keine Sonderethik, sondern nur *ethische Politik*. Drittens, wenn Politik wirklich eine eigenständige Wertsphäre darstellen soll, dann muss sie auch ihre eigene Ethik entwickeln, kurz: eine besondere *politische Ethik*. Alle drei Positionen sind denkmöglich und zuweilen auch politische Wirklichkeit geworden.

Weber lehnt die erste Version als reine Machtpolitik ohne ethische Grundierung ab. »Der bloße ›Machtpolitiker‹, wie ihn ein auch bei uns eifrig betriebener Kult zu verklären sucht, mag stark wirken, aber er wirkt in der Tat ins Leere und Sinnlose.«[47] Reine Machtpolitik vermag politischen Rausch und das Schwelgen in Omnipotenz zu erzeugen, aber Politik als Orgiastik führt direkt in den Nihilismus. Das vermeintliche »Anything goes« kippt um in das Endspiel des »Nothing goes any more«. Die Politik ist eine mächtige Sphäre, weil in ihr die Macht und in Gestalt des Staates auch das Monopol der legitimen physischen Gewaltsamkeit zu Hause ist. Aber gerade deshalb erfordert Macht eine sorgsame, verantwortungsvolle Kultivation, die ihre Grenzen jederzeit beachtet und nicht gedankenlos überschreitet. Am Ende des Tages braucht auch die größte Herrschaft Legitimität, um dauerhafte Stabilität zu gewinnen.

Auch mit der zweiten Version hat Weber seine Probleme. *Ethische Politik* wird genau von Seiten der anständigen (Spieß-)Bürger und (Spieß-)Bürgerinnen gefordert, denn ansonsten wäre Politik ja ohnehin nur ein »schmutziges Geschäft«. Politik soll »sauber« und »anständig« sein. Dass auch Politik sich an die Spielregeln von Recht und Gesetz halten sollte, will Weber gar nicht in Frage stellen.

Aber ist es denn wahr: daß für erotische und geschäftliche, familiäre und amtliche Beziehungen, für die Beziehungen zu Ehefrau, Gemüsefrau, Sohn, Konkurrenten, Freund, Angeklagten die inhaltlich *gleichen* Gebote von irgendeiner Ethik der Welt aufgestellt werden könnten? Sollte es wirk-

47 Ebd., S. 535.

lich für die ethischen Anforderungen an die Politik so gleichgültig sein, daß diese mit einem sehr spezifischen Mittel: Macht, hinter der *Gewaltsamkeit* steht, arbeitet?[48]

Der große Schatten der Dämonie der Gewalt liegt hinter jeder Politik, gleichgültig, was für edle Absichten sie hegen mag. »Sehen wir nicht, daß die bolschewistischen und spartakistischen Ideologen, eben weil sie dieses Mittel der Politik anwenden, genau die gleichen Resultate herbeiführen wie irgendein militaristischer Diktator?«[49]

Die *differentia specifica* dieser Wertsphäre scheint darin zu liegen, dass die Politik stets hehre Ziele zu verfolgen meint, die in den Augen der Betroffenen in der Regel legitime Nachachtung gewinnen wie »Frieden auf Erden«, »Wohlstand für alle«, Gemeinwohl und Gemeinsinn, Sozialismus und soziale Gerechtigkeit. Aber diese Ziele können eben auch mit moralisch fragwürdigen und politisch gefährlichen Mitteln mit unüberschaubaren Nebenerfolgen angegangen werden. »Gut gemeint« ist häufig das Gegenteil von »gut gemacht«. Werden edle Ziele mit brutaler Gewalt gegen den Willen der Betroffenen durchgesetzt, kann das die Ziele ein für alle Mal kompromittieren. Gut gemeinte politische Intervention mit kriegerischen Mitteln, um eine Diktatur oder Terrorherrschaft zu beenden, kann solche Flurschäden, *neudeutsch*: »Kollateralschäden« genannt, anrichten, dass diese »benevolente Intervention« als der typische Imperialismus der »Starken« auf dem Rücken der »Schwachen« angesehen wird – *mission unaccomplished.*

Um diese diabolische Ziel-Mittel-Dialektik mit ihrem Risiko paradoxer Folgen aufzuklären, führt Weber die Unterscheidung von *Gesinnungs-* und *Verantwortungsethik* ein.

Wir müssen uns klarmachen, daß alles ethisch orientierte Handeln unter *zwei* voneinander grundverschiedenen, unaustragbar gegensätzlichen Maximen stehen kann: es kann ›gesinnungsethisch‹ oder ›verantwortungsethisch‹ orientiert sein. Nicht daß Gesinnungsethik mit Verantwortungslosigkeit und Verantwortungsethik mit Gesinnungslosigkeit identisch wäre. […] Aber es ist ein abgrundtiefer Gegensatz, ob man unter der gesinnungsethischen Maxime handelt – religiös gewendet: ›Der Christ tut recht und stellt den Erfolg Gott anheim‹ –, *oder* unter der verantwor-

48 Ebd., S. 538.
49 Ebd., S 538.

tungsethischen: daß man für die (voraussehbaren) *Folgen* seines Handelns aufzukommen hat.[50]

Diese Grundspannung zwischen Gesinnung und Verantwortung ist für den Gesinnungsethiker nur schwer zu ertragen, weshalb er sie geflissentlich ignoriert und sich nur für die reine Gesinnung verantwortlich fühlt. Freilich riskiert er damit jedes Mal die Paradoxie der Folgen seines politischen Handelns, die deshalb externalisiert werden müssen. Wenn es zur Wertkollision zwischen einer solchen Politik und den unerwünschten Folgen kommt, sind immer die »Anderen« schuld: *Die* Gesellschaft, *das* System, *der* politische Feind, also für die »Linke« die »Rechte« und umgekehrt. Eigentlich müsste dann jede reine Gesinnungspolitik mit einem Rest von Verantwortungsgefühl auf das dämonische Mittel der Gewaltsamkeit ganz verzichten und konsequent »Pazifismus« predigen, um sich nicht die Hände schmutzig zu machen. Das ist häufig genug auch der Fall.

In der Welt der Realitäten machen wir freilich stets erneut die Erfahrung, daß der Gesinnungsethiker plötzlich umschlägt in den chiliastischen Propheten, daß z. B. diejenigen, die soeben ›Liebe gegen Gewalt‹ gepredigt haben, im nächsten Augenblick zur Gewalt aufrufen, – zur *letzten* Gewalt, die dann den Zustand der Vernichtung *aller* Gewaltsamkeit bringen würde.[51]

Die Politik ist nicht wie jede andere Sphäre, die einen eigenen Wert und Rationalitätsstandard vertritt. Denn hier überschießen die Mittel die Ziele und wenn die gewünschte Zielerreichung partout nicht eintreten will, hat man ja immer noch die Mittel, mit denen man zur Not erfolgreich drohen kann. Wenn in der Wissenschaft sich eine Hypothese als falsch herausstellt, ist unter Umständen die dahinterstehende Theorie ein für alle Mal erledigt. Das lehrt jedenfalls der Falsifikationismus. Es hilft dann auf dem Weg der Wahrheitsfindung nicht viel weiter, wenn der betroffene Theoretiker seinem Kritiker mit Gewalt droht. In dem Moment, wo dieser Umstand öffentlich wird, ist er erledigt und wird von der »scientific community« ausgeschlossen. Gleiches gilt für den Sportler, wenn er des unerlaubten Dopings überführt wird. Wenn die Liebe in einer Zweierbeziehung erlischt, folgt die Trennung meist auf dem

50 Ebd., S. 539 f.
51 Ebd., S. 541.

Fuße. Das geht zwar nie ohne Konflikte ab, aber auch hier nutzt die Androhung von Gewalt wenig, weil sich auch durch brutalen Zwang keine Liebe wiederherstellen lässt. Das Gegenteil dürfte der Fall sein. Nur patriarchale Macho-Kulturen, die die Frau als Eigentumsrecht und Besitztitel des Mannes ansehen, können das glauben und für den Trennungsfall zur Exekution schreiten. Ähnliches lässt sich für die anderen Sphären sagen: Recht bekommt man nicht durch Unrecht, Gewinn lässt sich in einer Tauschwirtschaft dauerhaft nicht durch Raub oder Androhung von Gewalt machen, obwohl es die Mafia gibt. Deshalb gilt für Weber:

> Wer Politik überhaupt und wer vollends Politik als Beruf betreiben will, hat sich jener ethischen Paradoxien und seiner Verantwortung für das, was aus *ihm selbst* unter ihrem Druck werden kann, bewußt zu sein. Er läßt sich [...] mit den diabolischen Mächten ein, die in jeder Gewaltsamkeit lauern.[52]

Weber entscheidet sich nicht für eine der beiden Varianten: Verantwortungspolitik *oder* Gesinnungspolitik. Er lässt die Entscheidung, wie von ihm nicht anders zu erwarten, am Ende bewusst offen. Ihm kommt es vor allem darauf an, die Besonderheit dieser Wertsphäre und die mit ihr verbundenen »ethischen Paradoxien« seiner Zuhörerschaft näherzubringen. Er liefert soziologische Aufklärung und gibt soziologische Erklärung, aber keine Wertentscheidung in einer Zeit revolutionären Umbruchs in Deutschland. Das dürfte ihm aufgrund seiner eigenen Wertposition auch sichtlich schwergefallen sein. Das betrifft nicht nur die geforderte Wertfreiheit als methodisches Postulat. Es hat auch sachliche Gründe. Webers Faible für das Charisma, das alle politische Führung anleiten sollte, und sein Plädoyer für die Führerdemokratie mit Maschine gegenüber der führungslosen Demokratie bringen ihn in eine echte Zwickmühle. Denn wenn man seine heftige Kritik an der Gesinnungsethik und sein beredtes Schweigen zur Verantwortungsethik zusammennimmt, stellt sich die Frage schon, was er denn nun eigentlich will. Die Auflösung dieses Puzzle kommt der Quadratur des Kreises gleich. Er will nämlich beides und das in kongenialer Kombination. Der echte und damit »gute« Politiker bekommt die Ausbalancierung des Eignungsbündels als Konsequenz seiner er-

52 Ebd., S. 545.

folgreichen Selbstdomestizierung hin und erfüllt so den Idealtyp mit Leben.

Das macht sein abschließender Kommentar deutlich mit dem wohl am häufigsten zitierten Satz zur Politik aus seiner Feder:

> Die Politik bedeutet ein starkes langsames Bohren von harten Brettern mit Leidenschaft und Augenmaß zugleich. Es ist ja durchaus richtig, und alle geschichtliche Erfahrung bestätigt es, daß man das Mögliche nicht erreichte, wenn nicht immer wieder in der Welt nach dem Unmöglichen gegriffen worden wäre. Aber der, der das tun kann, muß ein Führer und nicht nur das, sondern auch – in einem sehr schlichten Wortsinn – ein Held sein. Und auch die, welches beides nicht sind, müssen sich wappnen mit jener Festigkeit des Herzens, die aus dem Scheitern aller Hoffnungen gewachsen ist, jetzt schon, sonst werden sie nicht imstande sein, auch nur durchzusetzen, was heute möglich ist. Nur wer sicher ist, daß er daran nicht zerbricht, wenn die Welt, von seinem Standpunkt aus gesehen, zu dumm oder zu gemein ist für das, was er ihr bieten will, daß er all dem gegenüber: ›dennoch‹ zu sagen vermag, nur der hat den ›Beruf‹ zur Politik.[53]

Das war erneut nicht das, was das orientierungshungrige, junge Publikum hören wollte. Zur Tagespolitik hatte Weber in der Tat eisern geschwiegen, den dämonischen Charakter aller Politik beschworen und vor dem revolutionären Überschwang der Gesinnungsethik, auf dem nicht wenig Hoffnung in der Zeit des dramatischen Umbruchs ruhte, eindringlich gewarnt. Zum zweiten Mal in einem Zeitraum von gut einem Jahr hatte Weber bewusst enttäuscht und viele Zuhörer fühlten sich wieder getäuscht. War das wirklich ein angemessenes Bild von »Politik als Beruf«, was Weber ihnen da gezeichnet hatte? Dieses Bild mochte sich vielleicht aus der Kaiserzeit speisen – »politics as usual« – und so ein Abbild des dortigen politischen Alltagsbetriebs liefern. Aber das Kaiserreich war Geschichte und die Zukunft lag offen vor der jungen Generation. Auch seine praktische politische Einschätzung am Ende seines Vortrags war dazu angetan, vollständig zu deprimieren. Hatte Weber mit dem Shakespeare-Sonett 102 gerade noch den grünen Lenz besserer Zeiten in Deutschland angerufen, sagte er seinem Publikum nach Kriegsniederlage, Friedensschluss und Wiederaufbau »eine Polarnacht von eisiger Finsternis und Härte« voraus, gleichgültig, wer in den revolutionären Wirren am Ende obsiegen würde. »Denn, wo

53 Ebd., S. 548.

nichts ist, da hat nicht nur der Kaiser, sondern auch der Proletarier sein Recht verloren.«[54] Das war einfach nur trostlos.

Wiederum hatte Weber den Ikonoklasten gespielt und sein Bildersturm hatte über die Eigenlogik der Sphäre die immanenten Grenzen von Politik aufgezeigt. Alle Hoffnungen zertrümmert, alle Illusionen zerstört – genau darin sieht Weber die Aufgabe einer nüchternen und kritischen Soziologie. Das ist *seine* »Realpolitik der Vernunft«.[55] Sein Credo, so Weber, der Erzieher, will wissenschaftlich sozialisieren: »in die geschulte Rücksichtslosigkeit des Blickes in die Realitäten des Lebens, und die Fähigkeit, sie zu ertragen und ihnen innerlich gewachsen zu sein.«[56] Bei aller Kritik und tiefen Enttäuschung – diese Mission eines »Ikonoklastors« hatte Weber in beiden Vorträgen gründlich erfüllt.

Beruf, Persönlichkeit und das Studium der Lebensführung

Wichtiger als Webers Wesen und Wirkung als Vortragsredner ist jedoch der theoretische Zusammenhang, der in beiden Reden zumindest ansatzweise aufscheint. Tatsächlich hatten wir uns bei der Diskussion seines modernen Gesellschaftsbildes gefragt, wie man sich den Zusammenhang von Wertsphären, Lebensordnungen und Lebensführungen eigentlich vorzustellen habe. Weber hatte einerseits die antinomische Struktur und spannungsgeladene Konflikthaftigkeit des »Sphärenlebens« skizziert und die Schwierigkeiten einer Lebensführung auf der Basis einer religiösen Brüderlichkeitsethik angedeutet. Andererseits hatte er mit seinem vernichtenden (Wert-)Urteil über das heutige Menschentum aufgewartet, wonach die Moderne scheinbar nur noch »Ordnungsmenschen« und »Fachmenschen ohne Geist, Genußmenschen ohne Herz« als

54 Ebd., S. 547 f.

55 Das ist Bourdieu, nicht Weber. In dieser Aufgabe radikaler Aufklärung sieht Bourdieu die Aufgabe der Intellektuellen, aber auch seiner Soziologie. Weber hätte dem umstandslos zugestimmt, es aber nicht so bombastisch bezeichnet, zumal er den von ihm abgelehnten Begriff der »Realpolitik« nicht auch noch auf diese Weise »adeln« wollte. Siehe Pierre Bourdieu, »Der Korporativismus des Universellen. Die Rolle des Intellektuellen in der modernen Welt«, in: ders., *Die Intellektuellen und die Macht,* hg. von Irene Dölling, Hamburg 1991, S. 41-65, hier S. 51 zur »Realpolitik der Vernunft«.

56 Weber, »Politik als Beruf«, S. 546.

Gipfel des neuzeitlichen Individualismus hervorbringt. Urteilsstark, aber erklärungsschwach, so der Eindruck, hatten wir uns gefragt, ob das wirklich das letzte Wort zum Problemkomplex von Beruf, Persönlichkeit und Lebensführung sein soll.

Sollte die These vom geistigen Vermächtnis Webers in diesen beiden Reden nicht übertrieben sein, dann müssten sich ihrem Gehalt weiterer Aufschluss entnehmen lassen. Zum einen, wie eine selbstbestimmte Lebensführung in der Sphärenwelt überhaupt noch möglich ist. Zum anderen, wenn ja, wie genau sie wohl aussehen könnte. Zum Abschluss unserer Spurensuche und des kursorischen Rundgangs durch sein Werk sollen diese beiden Fragen in zwei Schritten beantwortet werden. Im ersten Schritt klären wir den Zusammenhang der drei Begriffe anhand seiner beiden Reden. Im zweiten Schritt holen wir schlussendlich nochmals weiter aus, um Webers geistiges Vermächtnis wirklich zu heben und diskutieren die seinem Werk zugrundeliegende Konzeptualisierung von Lebensführung als analytischen Schlussstein seines Paradigmas. Tatsächlich, so die These, bezeichnet Lebensführung die Endmoräne von Webers Denken. Sein gesamtes Ensemble von Studien ökonomischer, historischer, kultur- und sozialwissenschaftlicher Natur ist darauf gerichtet zu fragen, was das in Frage stehende Phänomen und die dazugehörige Konstellation für das Menschentum, die Persönlichkeit und die Lebensführung bedeuten.

Lässt man die beiden Reden vor dem geistigen Auge nochmals Revue passieren und untersucht sie auf ihren inneren Zusammenhang, wird man durchaus fündig. Das gemeinsame Band, das sie verknüpft, ist die Idee der *Selbstbegrenzung*. Denn der Beruf hat im Gegensatz zum »modischen Persönlichkeitskult« im Zeitalter spezialisierter Berufsarbeit nur durch die Hingabe an eine Sache Sinn und Wert. Weber zieht Beruf und Persönlichkeit in seinem Denken ganz eng zusammen. Er konstatiert,

> daß ›eine Persönlichkeit zu sein‹ etwas ist, was man nicht absichtlich wollen kann, und daß es nur einen einzigen Weg gibt, um es (vielleicht) zu werden: die rückhaltlose Hingabe an eine ›Sache‹, möge diese und die von ihr ausgehende ›Forderung des Tages‹ nun im Einzelfall aussehen, wie sie wolle.[57]

57 Max Weber, »Der Sinn der ›Wertfreiheit‹ der soziologischen und ökonomischen Wissenschaften«, in: ders., *Gesammelte Aufsätze zur Wissenschaftslehre*, Tübingen 1988, S. 489-540, hier S. 494 und MWG I/12, S. 452.

Beruf, Selbstbegrenzung in der Spezialisierung und Persönlichkeit hängen bei Weber also ganz eng zusammen. Vor dem Hintergrund wird klar, warum Wissenschaft als Beruf Konzentration auf Facharbeit, »Verzicht auf die faustische Allseitigkeit des Menschentums« und entsagungsvolles wie unversöhntes Leben bedeutet. Gleiches gilt für die Politik als Beruf. Auch hier soll der Dienst an der Sache auf der Basis von Leidenschaft, Augenmaß und Verantwortungsgefühl erfolgen, damit der Politiker seiner Berufung gerecht wird. Der gesinnungsethisch inspirierte *und* verantwortungsethisch domestizierte Berufspolitiker lebt so zwar *von* der Politik, aber eben nur, um mit dem kompetenten Eignungsbündel umso besser *für* Politik und Gesellschaft arbeiten zu können.

Wenn es um die Grundfragen der menschlichen Existenz geht, also die berühmten *letzten* Fragen, orientiert sich Weber genauso wie Georg Simmel stets an Goethe:

> [...] dies asketische Grundmotiv des bürgerlichen Lebensstils – wenn es eben Stil und nicht Stillosigkeit sein will – hat auf der Höhe der Lebensweisheit, in den ›Wanderjahren‹ und in dem Lebensabschluß, den er seinem Faust gab, auch *Goethe* uns lehren wollen. Für ihn bedeutete diese Erkenntnis einen entsagenden Abschied von einer Zeit vollen und schönen Menschentums.[58]

Nur unter diesen Voraussetzungen vermag Beruf noch als Berufung verstanden werden und die Ausbildung einer Persönlichkeit begünstigen, die »ihr ›Wesen‹ in der Konstanz ihres inneren Verhältnisses zu bestimmten letzten ›Werten‹ und Lebens-›Bedeutungen‹ findet, die sich in ihrem Tun zu Zwecken ausmünzen und so in teleologisch-rationales Handeln umsetzen«.[59] Das ist eine streng *formale* Definition: Wertewahl, ihre konstante Einhaltung und Realisierung in der methodisch-rationalen Lebensführung. Der Gegenpol ist auch hier romantische Rauschhaftigkeit mit dem *materialen* »Kult« von »Persönlichkeit« und »Erleben«, die Weber als Modeerscheinung seiner Zeit diagnostiziert. »Man quält sich ab zu

58 Max Weber, »Die protestantische Ethik und der Geist des Kapitalismus«, in: ders., *Gesammelte Aufsätze zur Religionssoziologie*, Bd. I., Tübingen [6]1972, S. 17-206, hier S. 203.

59 Max Weber, »Roscher und Knies und die logischen Probleme der historischen Nationalökonomie«, in: *Wissenschaftslehre*, S. 1-145, hier S. 132 und MWG I/7, S. 362.

erleben – denn das gehört ja zur standesgemäßen Lebensführung einer Persönlichkeit –, und gelingt es nicht, dann muß man wenigstens so tun, als habe man diese Gnadengabe.«[60] Und um ganz sicherzugehen, dass seine Warnung vor einem *Kult der Persönlichkeit* bei seiner Mit- und Nachwelt auch wirklich angekommen ist, bekommt selbst das Vorbild Goethe noch kritisch den Sündenfall materialer Persönlichkeitsapotheose ins Stammbuch geschrieben:

> Es hat sich, soweit seine Kunst in Betracht kommt, selbst bei einer Persönlichkeit vom Range Goethes gerächt, daß er sich die Freiheit nahm: sein Leben zum Kunstwerk machen zu wollen. Aber man mag das bezweifeln – jedenfalls muß man ein Goethe sein, um sich das überhaupt erlauben zu dürfen, und wenigstens das wird jeder zugeben: unbezahlt ist es auch bei jemand wie ihm, der alle Jahrtausende einmal erscheint, nicht geblieben.[61]

Wenn selbst Goethe als warnendes Beispiel aufgeführt wird, dann scheinen Webers Befürchtungen vor zu viel »Persönlichkeitsmystik« stark ausgeprägt gewesen zu sein. Das ändert jedoch nichts an der Tatsache, dass im nächsten Schritt das gemaßregelte Vorbild gleich wieder angerufen wird. Wenn nichts und niemand mehr in der Moderne als verbindliche Prägeinstanz der Lebensführung taugt, weder die Religion, die einstmals eine regelrechte Monopolstellung hatte, noch die neuen »Götzen« Wissenschaft und Politik: Woher kommt dann die Inspiration zur Wahl der Werte, die die Persönlichkeit in ihrer auf dem Beruf ruhenden Lebensführung realisieren kann. Sie fällt nicht länger vom Himmel, stammt also weder aus dem Jenseits noch von Oben. Vielmehr sind sie eine Schicksalswahl und Schicksal spielt der Dämon. Aber welcher Dämon?

Wenn von Dämonen oder dem Dämonischen[62] die Rede ist, assoziiert man gemeinhin böse Geister damit. Es ist aber eher der positive griechische Wortgebrauch von »Daimonion« in der Bedeutung von Gewissen oder Schicksal gemeint. Weber selbst spielt direkt auf Goethe und dessen *Urworte. Orphisch* an und hier die

60 Weber, »Wissenschaft als Beruf«, S. 591.

61 Ebd.

62 Siehe dazu den instruktiven Band von Lars Friedrich, Eva Geulen und Kirk Wetters (Hg.), *Das Dämonische. Schicksale einer Kategorie der Zweideutigkeit nach Goethe*, Paderborn 2014, darin die »Einleitung« der Herausgeber, S. 9-23 und Roland Borgards, »Morphologischer Dämon. Zur ersten Strophe von Goethes *Urworte. Orphisch*«, S. 65-78.

berühmte erste Strophe: »Daimon«.[63] Da der volle Wortlaut hilft, Webers Verständnis des Begriffs zu erhellen, sei er vollständig zitiert und in Erinnerung gerufen:

Wie an dem Tag, der dich der Welt verliehen,
Die Sonne stand zum Gruße der Planeten,
Bist alsobald und fort und fort gediehen
Nach dem Gesetz, wonach Du angetreten.
So mußt Du sein, dir kannst Du nicht entfliehen,
So sagten schon Sibyllen, so Propheten;
Und keine Zeit und keine Macht zerstückelt,
Geprägte Form, die lebend sich entwickelt.

Genau das drückt die schicksalhafte Entscheidung aus, wenn »jeder den Dämon findet, der *seines* Lebens Fäden hält«.[64] Bei Goethe meint der »Daimon« den Charakter, die Individualität, ja die Unikalität[65] des Menschen. Jeder Mensch ist unverwechselbar und einzigartig, folgt, wie Simmel sagt, einem »individuellen Gesetz«. Während Goethes »Daimon« den Eindruck erweckt, als wohne das Gesetz jedem Menschen von Geburt an inne und müsse sich nur entelechisch entwickeln, eben: »geprägte Form, die sich lebend entwickelt«, muss das »individuelle Gesetz« bei Simmel und der Dämon bei Weber erst gefunden werden. Dieser Suchprozess ist eine Sache der Wahl. Nicht der rationalen Wahl, denn wir sind nicht in der Welt von »Rational Choice«, sondern hier handelt es sich um eine »Schicksalswahl«. Das verweist zurück auf den Begriff der Lebensführung. Dann, so Weber, wird klar,

daß jede einzelne wichtige Handlung und daß vollends das Leben als Ganzes, wenn es nicht wie ein Naturereignis dahingleiten, sondern bewußt geführt werden soll, eine Kette letzter Entscheidungen bedeutet, durch welche die Seele, wie bei Platon, ihr eigenes Schicksal: – den Sinn ihres Tuns und Seins heißt das – *wählt*.[66]

63 Johann Wolfgang von Goethe, *Werke. Münchner Ausgabe*, Bd. 13.1, *Die Jahre 1820-1826*, München, Wien 1992, S. 156.

64 Weber, »Wissenschaft als Beruf«, S. 613.

65 Siehe dazu Hans-Peter Müller, »Goethe: The Ambivalence of Modernity and the Faustian Ethos of Personality«, in: Christofer Edling, Jens Rydgren (Hg.), *Sociological Insights of Great Thinkers. Sociology through Literature, Philosophy, and Science*, Santa Barbara, Denver, Oxford 2011, S. 169-176.

66 Weber, »Der Sinn der ›Wertfreiheit‹«, S. 507 f. und MWG I/12, S. 470.

Lebensführung – ein Forschungsprogramm im Geiste Max Webers[67]

Das selbst gewählte Schicksal durch eine Kette von Entscheidungen verweist auf das Führungsmoment in der Gestaltung des Lebens. Das macht Lebensführung zu einem zentralen Begriff, wenn er auch nicht als ein Grundbegriff in Webers Werk abschließend definiert wird. Und dennoch gilt, so die These: »Lebensführung« markiert den analytischen und normativen Fluchtpunkt der Soziologie Max Webers. *Der Mensch und seine Lebensführung* – darauf sind seine Studien allesamt in letzter Instanz ausgerichtet. Stets gilt es, im Studium der »Wirtschaft und der gesellschaftlichen Ordnungen und Mächte« auch darauf zu achten, welchen Typus von Menschen und welche Art der Lebensführung die vorherrschende Kultur prämiiert. *Lebensführung* ist das Scharnier zur Relationierung von Individuum und Gesellschaft. Weber geht es um die Stellung des Menschen und seiner *Persönlichkeit* in der Konstellation der Wertsphären und Lebensordnungen der modernen *Gesellschaft*. Lebensführung als Alpha und Omega seiner Vorstellung von Soziologie wird gleich zu Beginn seiner wissenschaftlichen Karriere, aber auch am Ende seiner Laufbahn mit Nachdruck eingefordert, wenn er den »Adel der Natur« als normativen Maßstab auszeichnet und fordert, die Kultur wie die gesellschaftlichen Ordnungen und Mächte daraufhin zu untersuchen, welchen Typus von Mensch sie prämiieren.

Tatsächlich nimmt Weber in sein Paradigma nur ein Existential des Lebens auf. Denn eine, wenn nicht die zentrale Voraussetzung menschlichen Lebens besteht darin, sein Leben zu *führen*. Als instinktarmes, umweltoffenes Wesen und aufgrund seiner »exzentrischen Positionalität«, wie das die Philosophische Anthropologie nennt, ist der Mensch zur Welt- und Lebensgestaltung regelrecht gezwungen. »Der Mensch lebt nur, indem er ein Leben führt«, konstatiert Helmuth Plessner.[68]

67 Ausführlicher dazu Hans-Peter Müller, »Wozu Lebensführung? Eine forschungsprogrammatische Skizze im Anschluss an Max Weber«, in: Erika Alleweldt, Anja Röcke, Jochen Steinbicker (Hg.), *Lebensführung heute. Klasse, Bildung, Individualität,* Weinheim, Basel 2016, S. 23-52.

68 Helmuth Plessner, *Die Stufen des Organischen und der Mensch* (1928), Frankfurt/M. 2003, S. 384.

Dies ist der geistesgeschichtliche Hintergrund, vor dem man Webers Beschäftigung mit Fragen der Lebensführung einordnen muss. Er geht nun weder von der antiken Philosophie der Lebenskunst[69] aus, obwohl die »Sorge um sich selbst«, diese *»epimeleia heautou«,* und der Leitspruch des delphischen Orakels »Erkenne dich selbst!«, *»gnothi seauton«*, die Grundlage jeder bewussten Lebensführung sein dürften, noch folgt er den zeitgenössischen Wertphilosophien von Wilhelm Windelband, Heinrich Rickert oder Max Scheler, um die Problematik der Lebensführung philosophisch zu unterbauen. Er schließt sich weder seinem Kollegen und Freund Georg Simmel auf dem Weg in eine Lebensphilosophie an, noch entwickelt er eine Anthropologie, um die Stellung des Menschen im Kosmos abstrakt zu bestimmen. Das »Bildungsgenie« Max Weber ist natürlich mit all diesen Argumentationen vertraut und baut sie, wo notwendig, auch in seine Überlegungen unauffällig mit ein. Deshalb finden sich in seiner Kultursoziologie zwangsläufig Elemente und Momente antiker Lebenskunst, zeitgenössischer Wert- und Lebensphilosophie wie Anthropologie.[70] Die Folge ist, dass alle diese »Philosophien« in seinem Werk vorhanden sind, aber nur »implizit« und eben nicht explizit. Max Weber ist in erster Linie Soziologe und nicht Philosoph und verfolgt eine

69 Hätte Weber das getan, wären die Parallelen zwischen seinem Konzept von Lebensführung und dem Spätwerk von Foucault noch stärker ins Auge gefallen. Siehe Michel Foucault, *Die Sorge um sich. Sexualität und Wahrheit 3,* Frankfurt/M. 1991 und ders, *Hermeneutik des Subjekts,* Frankfurt/M. 2004; zur Parallelität Hans-Peter Müller, »Lebensführung und Lebenskunst im Zeitalter der Unsicherheit«, in: Brigitte Aulenbacher, Maria Dammayr (Hg.), *Für sich und andere sorgen. Krise und Zukunft von Care in der modernen Gesellschaft,* Weinheim, Basel 2014, S. 18-30 und Arpád Szakolczai, *Max Weber and Michel Foucault. Parallel life-works,* Milton Park, New York 1998.

70 Das ist in der Sekundärliteratur immer wieder beobachtet worden, gleichsam als philosophischer Unterbau von Webers Werk. Vgl. nur Wilhelm Hennis, *Max Webers Fragestellung. Studien zur Biographie des Werks,* Tübingen 1987 und ders, *Max Webers Wissenschaft vom Menschen. Neue Studien zur Biographie*, Tübingen 1996; Dieter Henrich, »Denken im Blick auf Max Weber«, in: Karl Jaspers, *Max Weber. Gesammelte Schriften,* München 1988, S. 7-31; Friedrich Tenbruck, *Das Werk Max Webers. Gesammelte Aufsätze zu Max Weber,* Tübingen 1999 und Eric Voegelin, *Die Größe Max Webers*, München 1995. Auch in den von René König und Johannes Winckelmann gesammelten Kommentaren zu Weber kommt die philosophische Grundierung zum Ausdruck. Siehe dies. (Hg.), *Max Weber zum Gedächtnis* (1963), 2. Aufl., Opladen 1985.

erfahrungswissenschaftliche Strategie. Daher lautet sein Grundsatz: »Die Wissenschaft vermag niemanden zu lehren, wie er leben *soll*, sondern nur, was er *kann* und – unter Umständen – was er *will*.«[71]

Lebensführung spielt in Webers Werk als analytischer und normativer Begriff eine derart zentrale Rolle, dass er dieses Konzept stets in doppelter Hinsicht verwendet. Wenn man sich der Sprache der heutigen Variablensoziologie bedienen würde, die Weber strikt vermieden hätte, könnte man sagen: als abhängige *und* als unabhängige Variable. Als *abhängige* Variable, da eine gesellschaftliche Konstellation eine bestimmte Art und Weise der Lebensführung nahelegt. In dieser Hinsicht wäre die Gesellschaft in der Tat die zentrale Prägeinstanz von Lebensführung. Diese Prägung kann so weit gehen, dass Lebensführung vor allem *Anpassung* an die gesellschaftlichen Verhältnisse bedeutet. Die Fremdführung der Gesellschaft wird zur integralen Selbstführung des Subjekts. Weber analysiert diesen Sachverhalt vor allem anhand von Rationalisierungsprozessen in verschiedenen gesellschaftlichen Lebensbereichen wie Wirtschaft, Recht usw. Je weiter sie vorangeschritten sind, desto mehr bleibt den Menschen nichts anderes übrig, als sich mehr oder minder umstandslos anzupassen. Im Extremfall hieße das: Lebensführung als abhängige Variable. Hier fügt sich die »Kultur« nahtlos der »Struktur«, die »Person« folgt bedingungslos der »Institution«.

Das ist aber nur die eine Seite der Medaille. Die andere Seite beleuchtet Lebensführung als *unabhängige* Variable. Weber als Kulturwissenschaftler interessiert sich für die Eigenbedeutung und Widerständigkeit von »Kulturwertideen«. Lebensführung als *unabhängige* Variable versucht die Chancen abzumessen, wie Kultur, Werte und Ideen die gesellschaftlichen Verhältnisse beeinflussen können. Wie gesehen, bringt diesen Sachverhalt die Metapher der Weichenstellerfunktion von Ideen zum Ausdruck. Am stärksten kommt diese unabhängige Stellung von Kultur und Lebensführung in religiösen Ideen und ihrem Zündstoff an Erlösungsideen zum Ausdruck. Weber zählt stakkatoartig das ganze Arsenal von diversen Heils- und Erlösungsvorstellungen auf, die der religiösen Lebensführung kulturell jeweils die Richtung wiesen. *Erlösung* kann heißen:

71 Max Weber, »Die ›Objektivität‹ sozialwissenschaftlicher und sozialpolitischer Erkenntnis« (1904), in: ders., *Gesammelte Aufsätze zur Wissenschaftslehre*, Tübingen [4]1973, S. 146-214, hier S. 151.

[…] von politischer oder sozialer Knechtschaft zu einem diesseitigen messianischen Zukunftsreich. Oder von der Befleckung durch das rituell Unreine oder von der Unreinheit der Einkerkerung in den Körper überhaupt zur Reinheit eines seelisch-leiblich-schönen oder eines rein geistigen Seins. Oder von dem ewigen sinnlosen Spiel menschlicher Leidenschaften und Begehrungen zur stillen Ruhe des reinen Schauens des Göttlichen. Oder von einem radikal Bösen und von der Knechtschaft unter der Sünde zur ewigen freien Güte im Schoß eines väterlichen Gottes. Oder von der Verknechtung und die astrologisch gedachte Determiniertheit durch die Gestirnkonstellationen zur Würde der Freiheit und Teilhaftigkeit am Wesen der verborgenen Gottheit. Oder von den in Leiden, Not und Tod sich äußernden Schranken der Endlichkeit und den drohenden Höllenstrafen zu einer ewigen Seligkeit in einem, irdischen oder paradiesischen, künftigen Dasein. Oder von dem Kreislauf der Wiedergeburten mit ihrer unerbittlichen Vergeltung von Handlungen abgelebter Zeiten zur ewigen Ruhe. Oder von der Sinnlosigkeit des Grübelns und Geschehens zum traumlosen Schlaf. Der Möglichkeiten gab es noch weit mehr.[72]

Der »Wunsch nach Erlösung« kann ein mächtiger Hebel zur Veränderung der Welt sein. Er gebiert religiöse und revolutionäre Ideen meist in Krisenzeiten, die einmal *in* der Welt, wenn auch nicht *von* der Welt, als Heilsziele existent sind und um dringende Be- und Nachachtung kämpfen. Im Maße ihrer breitenwirksamen Anerkennung lassen sie sich nicht länger einfach ignorieren. Wenn also Webers Arsenal die verschiedenen Heilsziele der Weltreligionen umschreibt, dann wird eine Gesellschaft gut daran tun, Heilswege und -mittel ihren Mitgliedern zur Verfügung zu stellen, um nicht ihr Seelenheil als obersten sakralen Wert zu riskieren. Oder vielleicht schwächer: Nur *die* Institutionen gewinnen in einer religiös inspirierten Gesellschaft Legitimität, die diesen Heilszielen nicht gänzlich im Wege stehen. Wirtschafts-, Gesellschafts- und Lebensform wären entsprechend zu gestalten. Die Kultur prägt die Struktur mit und die Person folgt nur insoweit der Institution, als sie die gewünschte Lebensführung eröffnet.

Wohlgemerkt: Weber hätte die Sprache der zeitgenössischen Variablensoziologie abgelehnt. Aber modelltheoretisch folgt er dieser Logik, da er Marxens berühmtem Basis-Überbau-Schema, seiner vermeintlich einseitigen materialistischen Dynamik – die Struktur

72 Max Weber, »Einleitung«, in: ders., *Gesammelte Aufsätze zur Religionssoziologie*, Bd. I, S. 237-275, hier S. 252 f. Der »traumlose Schlaf« ist sein eigenes Heilsziel.

bestimmt die Kultur –, ein ebenso einseitiges, aber notwendig nicht falsches, sondern nur unvollständiges Gegenstück gegenüberstellen wollte: Die Kultur stellt mitunter die Weichen für die Struktur, die dann die Bahnen der Interessenverfolgung eröffnet. Weber hatte ganz im Geiste von Marx eine sozioökonomische Seite und eine sozialreligiöse im Geiste von Nietzsche – nur so hielt er ein wirklichkeitswissenschaftliches Studium religiöser Lebensführung für möglich und fruchtbar.

Das Studium der Lebensführung hat daher also stets eine materielle *und* eine ideelle bzw. eine (sozial-)strukturelle und eine kulturelle Dimension zu berücksichtigen. Das ist aber nur die eine Seite, welche die beiden Pole von Struktur und Kultur einer Gesellschaft betrifft. Die andere Seite verweist auf die Rolle von Lebensführung als analytisches Verbindungsstück zwischen der Makroebene der Gesellschaft und der Mikroebene des Individuums bzw. der Persönlichkeit.

Eine soziologische Analyse der Lebensführung heute wird daher den Kompaktbegriff »Lebensführung« dekomponieren müssen, um zu einem auch empirisch anschlussfähigen Ansatz zu gelangen. Tatsächlich, so der Vorschlag, sollte man die Lebensführung über ein zweidimensionales Modell zu erfassen suchen, dass Gesellschaft und Individuum sowie Sozialstruktur und Kultur kombiniert. Aus der Kreuzklassifikation ergibt sich ein Vierer-Modell, das den Kompaktbegriff »Lebensführung« über vier Begriffe zu erfassen versucht: Gesellschaft über das Konzept der Wertsphären und Lebensordnungen; Individuum über das Konzept der »Persönlichkeit«; Sozialstruktur über das Konzept der Lebenschancen; Kultur über das Konzept der »Lebensstile«.

Die moderne *Gesellschaft* ist kein einheitlicher, geschlossener Kosmos oder eine überschaubare Gemeinschaft, sondern setzt sich ihrerseits aus einer Fülle von relativ autonomen *Wertsphären und Lebensordnungen* zusammen, wie wir gesehen haben. Da Weber keine Gesellschaftstheorie entwickelt hat, gibt es von ihm kein »System« dieser Ordnungen und Mächte, wie es etwa in der Systemtheorie von Niklas Luhmann oder der Feldtheorie von Pierre Bourdieu unterbreitet wird. Bestenfalls gibt es eine »Systematik« dieser gesellschaftlichen Ordnungen und Mächte, die aber auch eher implizit im Werk steckt. Ein Paradigma der Lebensführungsanalyse wird gut daran tun, sie, Weber folgend, streng nach der Funktionsweise der Weltreligionen und der Diversität ihres Lebensführungsangebots zu modellieren. In modernen Gesellschaften bekommt die Religion indes ernsthafte Konkurrenz durch säkulare Lebensmächte, die aus religiösen Heilszielen mundane Erfolgsversprechen machen. Aus den »Theodizeen« werden so »Soziodizeen«, wie Bourdieu[73] das nennt. Weber als Konflikttheoretiker sah daher den Werteantagonismus oder die Wertekollision als typisch und unvermeidlich für die Moderne an, so dass sein Augenmerk auf die Spannungen zwischen den Wertsphären und Lebensordnungen gerichtet war.

Das *Individuum* entwickelt seine *Persönlichkeit* über die jeweilige Lebensführung, die es wählt. Genau diese Wahl macht die Freiheit des modernen Menschen aus, stellt ihn zugleich aber auch vor das Sinnproblem, sein Leben erfüllt zu gestalten.

Im Prinzip wählt ein Individuum die Werte aus, die seiner Persönlichkeit in der Lebensführung Sinn und Richtung geben soll. Aber jeder Mensch ist eingebettet in eine Gesellschaft, die über Chancen und Restriktionen in der Lebensgestaltung entscheidet. Die *Wirtschafts- und Sozialstruktur* ist es, die über die *Lebenschancen* entscheidet und damit die Lebensbedingungen und die Lebenslage der betroffenen Person oder Statusgruppe definiert. Wie gezeigt, wird der Begriff der »Lebenschance« dabei von Weber sehr weit gefasst und ähnlich wie Lebensführung nicht näher definiert, sondern eher in seiner enormen Bandbreite ausführlich beschrieben. Der Kampf um Lebenschancen tobt meist hart, denn gerade die begehrten Güter und Leistungen sind stets knapp, so dass die Nachfrage meist das Angebot übersteigt.

Die Lebenschancen bilden meist die materielle Seite zur Verfolgung von *Lebensstilen*. Aber es ist die *Kultur*, die in Gestalt von Ideen und Idealen, Bedürfnissen und Wunschvorstellungen, Projekten und Plänen der Lebensführung die Ausgestaltung der Lebensstile maßgeblich beeinflusst. Sicherlich gilt: Ohne ein Mindestmaß an materiellen Lebenschancen bleiben Ideen und Ideale im Projekt- und Planungsstadium stecken. Aber die Kultur und die Persönlichkeit geben überhaupt erst die Richtung vor, die die Stilisierung des Lebens einschlägt.

Liest man diese Kreuzklassifikation von Wertsphären und Le-

73 Pierre Bourdieu, *Die feinen Unterschiede. Kritik der gesellschaftlichen Urteilskraft*, Frankfurt/M. 1982.

bensordnungen (Makro) und Persönlichkeit (Mikro) mit den Lebenschancen (Sozialstruktur) und den Lebensstilen (Kultur) zusammen, ergibt sich eine erste Orientierung, wie der Kompaktbegriff »Lebensführung« aufgeschlüsselt werden kann und wie er selbst in ein Ensemble von Lebensbegriffen eingebettet ist. Eine begriffliche Systematik indes ist das eine, ein analytischer Bezugsrahmen das andere. Eine begriffliche Ordnung sagt noch nichts über die Dimensionen der Analyse zur Lebensführung aus. Um einen solchen analytischen Bezugsrahmen zu gewinnen, muss man etwas weiter ausholen und nochmals auf Webers religionssoziologisches Projekt rekurrieren.

Max Weber war vor allem ein Makrosoziologe, der sich für die gesellschaftliche Transformation, die sich im Gefolge des Kapitalismus und der modernen Wissenschaft und Technik, dem Staat, dem Recht und der Bürokratie sowie einer Kultur der »methodisch-rationalen Lebensführung« herausbildet, interessiert hat. Um makrosoziologische Konstellationsanalysen diesen Typs durchführen zu können, entwickelte er eine Handlungs-, Ordnungs- und Kulturtheorie als begriffliches Gerüst für die Genealogie des Kapitalismus. Von diesem begrifflichen Gerüst zehrt die Soziologie noch heute, auch wenn darüber die Genealogie des Kapitalismus weitgehend aus dem Blickfeld geraten ist. Der Kapitalismus ist Vergangenheit, Gegenwart und Zukunft nicht nur der westlichen Welt, sondern offenkundig der ganzen Welt in dem Maße, wie sich die Globalisierung durchsetzt. Wozu also weiter die Entstehung von einem Tatbestand untersuchen, der offenkundig als Rahmen der Gesellschaft auch in Zukunft das soziale und individuelle Leben beherrschen wird? Der TINA-Status des Kapitalismus zieht zwar große und zum Teil grundsätzliche Kritik auf sich, ohne dass sich realistische Alternativen zu seinem Systemtyp abzeichnen würden. Wie Weber schon gemeint hat, ist der Kapitalismus »Schicksal« und ein Schicksal kann man nicht einfach abwählen wie eine demokratische Führung, sondern man muss mit ihm zu leben lernen. Fatum impliziert nicht Fatalismus, sondern erfordert aktive Bewältigungsstrategien, die den Kapitalismus wieder lebbar machen. Der Kapitalismus braucht als Komplement und Widerlager zugleich eine souveräne Lebensführung, die seinem unstillbaren Begehr Grenzen setzt.

Webers Interesse an der »okzidentalen Konstellation« hat denn auch über der Erforschung der verwickelten und komplexen Gemengelage dieses Transformationspfades ein weiterreichendes Ziel. Das Studium der Genealogie wäre in seinen Augen unvollständig, wenn dabei nicht auch die Frage gestellt werden würde, was dieser Prozess für den Menschen, seine Persönlichkeit und seine Lebensführung bedeuten würde. Was für ein Menschentum gebiert diese westliche Moderne? Welcher Typus von Persönlichkeit wird ausgelesen? Wie sieht eine Lebensführung aus, die der Kapitalismus verlangt? Und wie verträgt sich diese Herausforderung mit der westlichen Kultur des Individualismus, die den Menschen ein erfülltes Leben dann in Aussicht stellt, wenn sie es selbständig führen? Das ist der Fragenkomplex, der Ziel- und Endpunkt von Webers Werk ausmacht.

Diese Problemstellung ist hochaktuell, denn hundert Jahre später im 21. Jahrhundert stellen sich diese Fragen mit unübersehbarer Hartnäckigkeit aufs Neue, wenn auch unter anderen Vorzeichen.

Schlussbetrachtung: Max Weber und wir

Hundert Jahre sind seit Max Webers Tod vergangen, und die Welt hat sich seither gravierend gewandelt. Tatsächlich sollte sich in Russland der Sozialismus als Wirtschafts-, Gesellschafts- und Lebensform durchsetzen, zunächst als revolutionäre Militärdiktatur, dann als stalinistische Gewaltherrschaft und schließlich als zunehmend sklerotischer Realsozialismus. Wohlgemerkt: Weber hatte diese Entwicklungsmöglichkeit nicht ausgeschlossen, eben weil gerade die kleinen Leute stets von einem besseren Leben träumen und der Sozialismus den arbeitenden Klassen genau dieses »Paradies auf Erden« leuchtend in Aussicht stellte. Er war aber überzeugt, dass der real existierende Sozialismus in der Wirtschaftskonkurrenz mit dem Kapitalismus über kurz oder lang den Kürzeren ziehen würde. Genau so ist es gekommen. Der Kapitalismus ist eine gnadenlose *Reichtumsmaschine*, ganz so, wie es schon Karl Marx und Friedrich Engels im *Kommunistischen Manifest* prophezeit haben. Insofern wurde die Bourgeoisie zu der eigentlich revolutionären Klasse, die die gesamte Welt nach ihren wirtschaftlichen Rationalisierungsvorstellungen auf Effizienz und Leistung getrimmt hat. Allerdings geht dieser gewalttätige Prozess gegenüber Natur und Mensch mit veritablen Krisen und sozialer Ungleichheit einher. Nicht alle partizipieren in gleicher Weise am geschaffenen Wohlstand. Heute, so heißt es, sind es nur noch die reichsten 1%,[1] deren Wohlstand weiter wächst, und die Natur scheint dem Angriff auf das Ökosystem auch nicht mehr gewachsen zu sein, wie der Klimawandel anzeigt. Der Sozialismus dagegen ist eine *Egalitätsmaschine*, aber eine Planwirtschaft ist im Alltag ungleich schwerfälliger als eine Marktwirtschaft und neigt zu fatalen investiven Fehlallokationen mit der Folge, dass das Wirtschafts-, Rationalitäts- und Leistungsniveau überschaubar bleibt und nur bescheidene, stationäre Lebensverhältnisse ermöglicht. Gleichheit und Solidarität sind auf Armutsebene auch wesentlicher leichter zu schaffen als auf Wohlstandsebene. Kollektivismus geht ebenfalls besser mit Armut einher, Individualismus hingegen eher mit Wohlstand.

1 Branko Milanović, *Die ungleiche Welt. Migration, das Eine Prozent und die Zukunft der Mittelschicht*, Berlin 2016.

Wie wir gesehen haben, liegt das alles im Horizont von Webers Überlegungen. Was er sich freilich nach dem verheerenden Ersten Weltkrieg, der Urkatastrophe des 20. Jahrhunderts, kaum hätte denken können, ist, dass die Deutschen nach ihrem rasanten Statuswechsel von einer angehenden wirtschaftlichen Großmacht zu einem international geächteten »Pariavolk« den gleichen Fehler noch einmal begehen würden. Der Zweite Weltkrieg und die Judenvernichtung liegen jenseits von Webers Denkhorizont. Weber hatte als Philosemit und großer Bewunderer dieses Kulturvolkes den Antisemitismus etwa eines Heinrich von Treitschke regelmäßig gegeißelt, dessen antijüdische Tiraden er noch als Student vom Katheder der Berliner Universität ertragen musste. Genau deshalb bekämpft er ja die »Kathederprophetie« von Professoren, die ihre Studenten ungeniert mit ihren politischen Vorurteilen unter dem Deckmantel wissenschaftlicher Erkenntnisse traktieren. Eben darum braucht es in der Wissenschaft »Werturteilsfreiheit« und intellektuelle Rechtschaffenheit als gleichsam geistige Hygiene an den Universitäten.

Dass die Deutschen eines Tages so weit gehen sollten, das gut integrierte Judentum in Deutschland aus ihren Reihen zu vertreiben oder zu vernichten, hätte sein Vorstellungsvermögen weit überstiegen. Wir hatten ja spekuliert, ob ein Max Weber einen Adolf Hitler hätte verhindern können. Das wohl nicht, zu sehr war er ein kritischer Intellektueller und krankheitsbedingt ein Außenseiter, um den Gang der politischen Dinge entscheidend persönlich und politisch zu beeinflussen. Er war eben eine intellektuelle und keine politische Führungsfigur, wie alle seine fehlgeschlagenen Versuche, sich politisch zu engagieren, gezeigt haben. Aber er wäre sicherlich rasch zum obersten Mahner gegen Hitler aufgestiegen, so wie er seinerzeit schon Bismarck und Wilhelm II. in ihren politischen Schwächen und ihrem Größenwahn scharf und unnachgiebig kritisiert hatte. Weber hätte stets die Fahne des »anständigen Deutschland« hochgehalten, wenn er wohl auch wie viele andere kritische Gegner des Nationalsozialismus das Schicksal Kassandras geteilt hätte.

Nach dem Zweiten Weltkrieg und in den Zeiten des Kalten Krieges hätte er fest zum westlichen Lager gestanden. Schon zu seiner Zeit hatte er als großer Anhänger der englischen Demokratie der törichten Flottenpolitik des Kaiserreichs fassungslos zugesehen. Wie kann man es sich denn mit England verscherzen, wenn diese Nation durchaus als Vorbild für Deutschland taugen würde? Er meint damit weniger das »Empire«, das wohl schon in seiner Gegenwart die beste Zeit hinter sich hatte, sondern die parlamentarische Demokratie mit einer monarchischen Spitze zur Repräsentation der Einheit Großbritanniens. Diese bei Weber zentrale Idee einer Westbindung betont auch M. Rainer Lepsius:

> Weber wird geprägt durch das Kaiserreich. Einerseits durch den großen industriellen Aufschwung, die Weltmarktbedeutung. Andererseits durch die Schaukelpolitik von Bismarck. Was hat er für ein Weltbild? Das übliche Balance-und-Power-Modell. Das englische Modell. Dem stimmt er zu. Er wählt England als ›relevant other nation‹, und dann: keine Ost-Bindung, nur eine West-Bindung. Deutschlands Zukunft liegt auf dem Weltmarkt, sonst nirgends. Mit dieser Positionierung ist Weber anschlussfähig für die Bundesrepublik.[2]

Überhaupt könnte sich Weber wohl mit der heutigen Bundesrepublik durchaus identifizieren: der Wiedervereinigung nach vierzig Jahren Staatssozialismus, der demokratischen Republik mit einem lebendigen »Verfassungspatriotismus«, einer schwachen nationalen, aber durchaus europaorientierten und kosmopolitischen Identität wie auch einer starken negativen Holocaust-Identität (»Nie wieder«), einem auf die politische Mitte zielenden Parteiensystem, der Tarifautonomie zwischen Arbeitgeberverbänden und Gewerkschaften, einer lebhaften Zivilgesellschaft mit regem Vereinsleben und zahlreichen Nicht-Regierungsorganisationen, einer breitgefächerten Medien- und Presselandschaft und einer freiheitlich-individualistischen Lebensführung auf ökonomisch und sozial solider, um nicht zu sagen, breiter Wohlstandsgrundlage, und das eingebettet in einer Europäischen Union mit friedlichen und freundschaftlich verbundenen Nachbarn in West und Ost. Die problematische Mittellage hat Deutschland jahrhundertelang zum Aufmarschgebiet für alle Kriege in Europa gemacht und große Schäden verursacht. Europas Mitte scheint ein für alle Mal pazifiziert worden zu sein. Die sogenannte »Erbfeindschaft« mit Frankreich ist umgewandelt in ein so enges freundschaftliches Bündnis, wie es zwischen zwei

2 So M. Rainer Lepsius im letzten Interview vor seinem Tod. Hans-Peter Müller, Steffen Sigmund, »Max Weber zum 150. Geburtstag. Interview mit M. Rainer Lepsius«, in: *Berliner Journal für Soziologie*, Bd. 24, H. 4 (2014), S. 559-581, hier S. 564.

Staaten überhaupt vorstellbar sein kann. Und über siebzig Jahre Frieden in Europa, wenn man von den Balkankriegen absieht – das hätte Weber ungläubig staunend zur Kenntnis genommen. Für ein geeintes Europa in Frieden und Freiheit hätte er wohl auch einige Souveränitätsrechte an die Europäische Union abgetreten, selbst wenn er als Jurist die schleichenden Souveränitätsanmaßungen des Europäischen Gerichtshofes sicherlich mit dem einen oder anderen kritischen Kommentar bedacht hätte. Die Globalisierung der Wirtschaft hatte er vor dem Ersten Weltkrieg ja selbst erfahren und erleben können, wie sehr Deutschland bei seinem wirtschaftlichen Aufstieg von einer offenen Weltwirtschaft profitiert hat. Insofern hätte er auch eine multilaterale Welt des freien Handels begrüßt und allen wiederaufkeimenden nationalistischen Populismen und strategischen Handelskriegen als ewig gestriges Renommiergehabe eine definitive Absage erteilt. Kurz: Trotz großer Herausforderungen und aktueller Probleme wäre Max Weber mit der heutigen Welt, wie er sie in Deutschland und Europa vor sich gehabt hätte, durchaus im Großen und Ganzen einverstanden gewesen.

Trotz oder gerade wegen der Kontinuität – wir leben immer noch in der westlichen Moderne, in der das ökonomische Spiel auf Kapitalismus, das politische Spiel auf Demokratie und das kulturelle Spiel auf Individualismus beruht – darf man jedoch die großen Unterschiede bei den gesellschaftlichen und politischen Herausforderungen nicht übersehen. Unsere heutige Welt steht vermutlich vor einer neuen Großen Transformation,[3] die zu bewältigen ist. Was hätte uns Weber dazu noch zu sagen, wenn er dies doch ohne unseren Erfahrungsschatz leisten müsste? Sicher: Auch er spricht in seiner Antrittsvorlesung von dem »ernsten Bevölkerungsproblem«, aber vor hundert Jahren im Jahre 1920 betrug die Weltbevölkerung 1,8 Mrd. und nicht 7,7 Mrd. Menschen wie heute. Vor dem Hintergrund der Vervierfachung der Weltbevölkerung hätte er zweifelsohne die Demographie als eines der größten Probleme adressiert. Angesichts der sozialen Ungleichheit in der Welt und der demographischen Ungleichgewichte zwischen den Kontinenten wie Eu-

3 Siehe Klaus Dörre et al. (Hg.), *Große Transformation? Zur Zukunft moderner Gesellschaften*, Wiesbaden 2019, und darin Hans-Peter Müller, »Eine neue Soziologie für eine neue große Transformation?«, S. 549-566. Die dort genannten zentralen Herausforderungen Demographie, Klima, Ungleichheit, Migration und Europa werden nachfolgend als Fragen gespiegelt an Weber gerichtet.

ropa und Afrika, wäre er als nüchterner Ökonom und Soziologe sicherlich jede Wette auf rasant steigende Migrationsbewegungen eingegangen. Migration ist ein Weg, um ökonomische Ungleichgewichte abzubauen. Mit Hilfe seines Konzepts der Öffnung und Schließung sozialer Beziehungen hätte er einerseits auf Grenzsicherung (Schließung) und andererseits auf der Etablierung eines europäischen Einwanderungsrechts (Öffnung) bestanden. Konsequent hätte er für ein harmonisiertes europäisches Asylrecht und eine europäische Einwanderungspolitik votiert, um die Einwanderung zu ermöglichen und gleichzeitig zu steuern.

Ein drückendes globales ökologisches Problem wie den Klimawandel konnte Weber natürlich noch nicht voraussehen. Er war sich nur sicher, dass der Kapitalismus weiterlaufen würde, »bis der letzte Zentner fossilen Brennstoffs verglüht ist«.[4] Wie das Zitat zeigt, hat er diese Problematik eher durch die Brille der Energieversorgung der Industriegesellschaft, nicht aber der der Umweltverschmutzung wahrgenommen. Weber kannte weder Computer noch Internet, sondern seine Zeit sieht den Beginn von Telefonie und Automobil. Wie sehr diese Entwicklung damals noch in den Kinderschuhen steckte, zeigt die Tatsache, dass er als Kind vor lauter Langeweile das Erfurter Telefonbuch auswendig gelernt hat. Besonders dick kann es nicht gewesen sein, obwohl Weber über grandiose Merkfähigkeiten und ein fotografisches Gedächtnis verfügte. Die digitale Welt als Parallelwelt der realen Welt hätte er sich nicht recht vorzustellen vermocht. Die Digitalisierung selbst dagegen hätte er als nächste Stufe im unaufhörlichen Prozess der Rationalisierung konzeptualisieren können und sich überlegt, wie sie sich wohl auf den Umbau der gesellschaftlichen Institutionen auswirken würde. Am meisten hätte ihn natürlich interessiert, wie wir im letzten Kapitel gesehen haben, welche Konsequenzen die Digitalisierung für die Individualisierung, die Freiheit, die Persönlichkeit und die Lebensführung gehabt hätte. Sein beherrschendes Thema wäre die digitale Bürokratie und die Digitalisierung als Bürokratisierung geworden. Als »Denker der Freiheit« (Marty) hätte er sicherlich zu den Ersten gehört, die vor den gefährlichen Folgen der digitalen Überwachung für die Freiheit und Individualität der Menschen gewarnt hätten.

4 Max Weber, »Die protestantische Ethik und der Geist des Kapitalismus«, in: ders., *Gesammelte Aufsätze zur Religionssoziologie*, Bd. I., Tübingen [6]1972, S. 17-206, hier S. 203.

Denn das wäre ihm von Anfang klar gewesen, dass die »digital surveillance«[5] zum größten Problem von Demokratie und Freiheit werden kann. Und doch hätte er sich als neugieriger Forscher Gedanken gemacht über »digitale Lebensführung« und ihre Konsequenzen. Weber war stets ein »konsequentialistischer Denker«:[6] Was sind die Implikationen, Folgen und Nebenfolgen von Handeln und Ordnungen, Institutionen und Kulturen für die Lebensführung des Menschen? Genau darum ging es immer wieder.

Freilich: Das alles ist wohlfeile Spekulation, und wir wissen nicht, wie ein Max Weber im 21. Jahrhundert gedacht hätte. Es ist nicht einmal klar, wie er zur Soziologie heute gestanden hätte. Einerseits wäre er beeindruckt gewesen von dem Wachstum des Faches und den breitgefächerten Forschungsleistungen. Andererseits hätte er sicherlich seine Kritik erneuert, dass es manchen Bereichen immer noch an Werturteilsabstinenz mangelt. Die großen Fragen, die ihn zeitlebens interessiert haben, werden heute eher in anderen Fächern aufgeworfen: Die Wirtschafts-, Rechts-, Geschichts- und Kulturwissenschaften hätten ihn womöglich mehr interessiert als das »Klein-Klein« in der Soziologie und in Teilen der empirischen Sozialforschung. Wohlgemerkt: Weber selbst war ein großer Anhänger empirischer Forschung. Sie muss aber »problemorientiert« und nicht »datengetrieben« vonstatten gehen, weil sie sonst zu reinem »Empirismus« degeneriert. Was er besonders moniert hätte, wäre der »normative bias« in manchen Soziologien gewesen, die in zu großer »sympathetischer Symbiose« mit ihrem Gegenstand forschen und es von daher an der notwendigen Distanz und nüchtern-sachlichen Kühle fehlen lassen. »Empirisch gesättigte Normativität« wäre ihm ein regelrechter Gräuel gewesen, wie er überhaupt humanistische Gefühlsduselei von »Normativitätern« als »eitles Literatengeschwätz« zur eigenen Bedeutungsaufwertung unerträglich fand. Gesellschaft ist kein Wunschkonzert. Gerade weil die »Weltverbesserung« eine höchst seriöse Angelegenheit ist, die sich nicht allein im diskursiven Geschäft erledigen, sondern nur durch lebenslanges intensives und ernsthaftes politisches Engagement bewerkstelligen lässt, also durch »ein starkes langsames Bohren von harten

5 Wie Shoshana Zuboff, *Das Zeitalter des Überwachungskapitalismus*, Frankfurt/M. 2018.

6 Ganz ähnlich Ulrich Bielefeld in seinem vorzüglichen Vortrag *Wie weiter mit Max Weber?*, Hamburg 2008.

Brettern mit Augenmaß und Leidenschaft zugleich«, hat Weber auf die rein rhetorischen »Fortschrittsmenschen« seiner Zeit so allergisch reagiert. Ernsthafter politischer Kampf und gesellschaftliches Engagement dagegen haben stets seinen höchsten Respekt erfahren, wie sein Faible für gesellschaftliche Außenseiter mit einer Mission und politische Revolutionäre mit einer Vision zeigt.

Die Nüchternheit, Seriosität, Sachlichkeit und Rigorosität seiner Persönlichkeit und seines Stils haben schon damals manche Zeitgenossen vor den Kopf gestoßen, während umgekehrt viele gerade von seinem heroischen Charisma des tragischen »Wirklichkeitsschmerzes«[7] angezogen waren. So war er eben: Askese und Disziplin, Leidenschaft und Leidensfähigkeit – seine intellektuelle Redlichkeit und Rechtschaffenheit, sein geistesaristokratisches Ethos und seine großbürgerliche Ethik fördern zusammengenommen diese seine rückhaltlose bis rücksichtslose Urteilskraft. Wer so scharfsinnig wie scharfzüngig urteilt, mag sich tiefen Respekt und großes Ansehen erwerben, aber sollte nicht auf ungebrochene Sympathie und innige Zuneigung rechnen. Weber tut weh. »Dieses heroisch-tragische Lebensgefühl findet in der Bundesrepublik keine Resonanz mehr, obwohl die Worte immer noch packen. Aber sie bringen ihn in eine Figur eines wirklich übertriebenen oder irgendwie merkwürdigen Menschen.«[8] Das Pathos, das so manche seiner besten Argumentationen durchzieht, mutet heute seltsamer an als zu seiner Zeit. Der gesellschaftliche Haushaltsbedarf für Helden, Heroen, Charisma und Größe im Sinne von Thomas Carlyle[9] ist deutlich gesunken und kann nur noch als nachholende Heroisierung in femininer Form – die Heldinnen – angerufen werden. In langen Friedens- und Wohlstandszeiten verwischt sich am Ende auch so etwas wie ein Gefühl für die Schicksalshaftigkeit von Mensch, Welt und Gesellschaft und die konstitutive Zerbrechlichkeit von gesellschaftlicher und politischer Ordnung. Eine gewisse

7 Das tragische Grundgefühl in Webers Werk wurde oft notiert, zuletzt überzeugend von Stefan Breuer, *Webers tragische Soziologie. Aspekte und Perspektiven,* Tübingen 2006, S. 1-9.

8 So nochmals Lepsius, »Max Weber zum 150. Geburtstag«, S. 569.

9 Thomas Carlyle, *On Heroes, Hero-Worship and the Heroic in History* (1841), London 2020. Norbert Bolz hat in *Das richtige Leben,* München 2014, prinzipielle Arten und Weisen, sein Leben zu führen, vorgestellt, die mit »Der Held in deiner Seele« anfängt und mit dem »Mut, das Gewöhnliche zu tun«, aufhört. Die Reihenfolge sagt alles.

seichte Oberflächlichkeit wie beliebige Lässlichkeit als vorherrschendes Lebensgefühl hält Einzug.

Heute, so steht zu befürchten, möchte man sich dem »Säurebad« Weberschen Denkens nur noch ungern aussetzen, könnten doch die großen Illusionen der eigenen Lebensführung wie Luftblasen zerplatzen. Wie dem auch sei, diese Anstößigkeit auf deutschem Boden hat seiner internationalen Ausstrahlung nicht im Wege gestanden.

So wie Deutschland seine Fühler nach Europa und der heutigen Welt ausgestreckt und sich in ein resonantes Weltverhältnis[10] versetzt hat, so geht es auch dem größten Klassiker der deutschen Soziologie. In der Zwischenzeit hat er alle Grenzen überschritten, und die Faszination für Person und Werk halten unvermindert an. Insofern ist auch Weber längst global geworden. Was indes bei dieser bemerkenswerten Rezeption auffällt, ist, dass wissenschaftlich eher *über* als *mit* Weber gearbeitet wird. Wie eingangs erwähnt, füllt die Sekundärliteratur mittlerweile ganze Bibliotheken. Es scheint fast so, als ob wir heute immer noch dabei sind, uns dieses Werk anzuverwandeln. Genau deshalb haben auch wir uns nochmals auf die »Spurensuche« begeben, um die vielfältigen wie heterogenen und die Disziplingrenzen weit überschreitenden Themen und Probleme, Theoreme und Mechanismen, Ansichten und Einsichten Webers aufzudecken.

Einem Klassiker kann natürlich nichts Besseres passieren. Denn solange der Lernprozess anhält, sich also immer wieder neue Aspekte und Perspektiven seinem riesigen Werk abgewinnen lassen, so lange bleibt er auch aktuell und im kollektiven Gedächtnis von Wissenschaft und Forschung haften. Dabei gibt es Konjunkturen, wie das Beispiel von Karl Marx demonstriert, der immer dann einen lebhaften Aufschwung erlebt, wenn der Kapitalismus mal wieder in eine seiner heftigen Krisen gerät. Davon kann regelmäßig ausgegangen werden, so dass Marx immer wieder seine periodischen Renaissancen erlebt. Karl Marx' Aktualität und die endemische Krisenhaftigkeit des Kapitalismus hängen also besonders eng voneinander ab, wie eben Kapitalismus und Kritik von Beginn an als feindliche Geschwister im Geiste in inniger Hassliebe vereint waren. Im Falle von Weber scheint es sich aber in den letzten Jahrzehnten fast um

10 Wie so etwas geht, kann man in Hartmut Rosas fulminanter Studie *Resonanz. Eine Soziologie der Weltbeziehung*, 5. Aufl., Berlin 2017, studieren.

so etwas wie eine Dauerkonjunktur zu handeln. Woher rührt diese ewige Prominenz? Was verleiht Weber bleibende Jugendlichkeit? Warum wird sogar ein »Weber-Paradigma« verkündet und Weber als einer der zentralen Ansätze in der Soziologie gehandelt? Wieso gibt es dann aber keine typisch »Weberianische Soziologie«, so, wie es einst und heute eine marxistische oder neomarxistische Soziologie gegeben hat? Und was passiert mit einem »Paradigma«, das den Zeitgenossen als bahnbrechend gilt, aber keine Nachfolger findet, die es aktiv weitertreiben und in seinem Rahmen forschen können? Steckt in diesem Paradox vielleicht das Geheimnis von Webers Größe und seiner anhaltenden Faszination?

Die Formel des Paradoxes und damit das Geheimnis lautet: Weber ist stets und überall anwesend, wird aber oft nicht explizit thematisiert. Omnipräsenz ist nicht gleich Omnipotenz. Jedenfalls dann nicht, wenn es um die »mainstream«-Soziologie geht. Sie kann mittlerweile sehr gut »ohne« Weber leben, was nicht automatisch mit einem Gütesiegel verbunden sein muss. Seine Soziologie ist bis heute ein Beispiel für die Reichweite und Tiefe seines Denkens. Seine Struktur-, Institutionen- und Kulturanalyse bleiben unerreicht. Vielleicht ist das ja der Grund, warum sich niemand in die Fußstapfen von Max Weber wagt, weil sie für uns Nachgeborene einfach eine Nummer zu groß sind. Sicher: Das Differenzierungs- und Spezialisierungsniveau, ablesbar an Forschungsaufkommen und Publikationswut, machen es gar nicht mehr möglich, Problemstellungen à la Weber als Einzelforscher in Einsamkeit und Freiheit ernsthaft zu verfolgen, jedenfalls nicht im kleinteiligen Massenbetrieb der Bologna-Universität. Zu rasch würde man sich nicht zu Unrecht den Vorwurf des »Dilettantismus« seitens der professionellen Spezialsoziologien zuziehen, die jede Transgression auf ihr eigenes Terrain eifersüchtig überwachen und alles das als »non sufficit« geißeln, was nicht auch noch die letzte ihrer Spezialstudien (»further research is needed« als Ergebnis) einschlägig zur Kenntnis genommen hat. »Think big!«, dürfte heute vermutlich als Großsünde professioneller Wissenschaft gelten.

Letztlich begann das schon zu Webers Zeiten, denn auch die Zeit von 1890 bis 1920 erlebte einen rasanten Aufschwung der Forschung und die Geburt neuer sozialwissenschaftlicher Einzeldisziplinen wie Psychologie, Soziologie und Religionswissenschaft. Dennoch konnten Ferdinand Tönnies, Georg Simmel, Ernst Troeltsch,

Werner Sombart oder eben Max Weber sich als Pioniere auf ihrem jeweiligen Feld fühlen. Und sie hatten große Themen wie den Kapitalismus, seine Entstehung, Ausbreitung und Folgen. Oder die Religion, deren Erforschung von den ethnographischen Studien zu einfachen Religionssystemen profitierte und von der Religionswissenschaft, die zum Studium der Weltreligionen anregen konnte. Und sie standen jeweils untereinander in engem Austausch, wie die Briefwechsel zeigen, oder trafen sich in diversen Zirkeln, wie etwa die »Heidelberger Kreise« bezeugen. Sicher, der Charme des Anfangs bürgt stets für charismatische Zeiten, in denen viel auf einmal geschieht und Großes geschaffen wird. Und wenn Quellen- und Forschungslage noch nicht so ausgeufert sind, sondern ebenfalls noch in den Anfängen stecken, dann kann man sich auch – den eigenen überragenden Bildungsschatz vorausgesetzt – an große universalgeschichtliche Fragen wagen, wie das Weber getan hat.

Unvermutet ist er damit zum »Klassiker der Klassiker« der Soziologie mutiert, was sogar ein grandioses Missverständnis sein könnte. Weber ist vielleicht gar kein genuiner Soziologe, wenigstens nach heutigem Verständnis nicht, sondern ein Meisterdenker, »un maître penseur«, wie die Franzosen sagen. Auf jeden Fall ist er kein Mainstream-Soziologe, wie die Vertreter der zahllosen Bindestrichsoziologien oder der großspurigen und großflächigen wie bisweilen oberflächlichen Zeitdiagnose. Weber besetzt ein »Zwischenreich«, gleichsam die »Mittelerde« zwischen der basalen empirischen Sozialforschung (Messen und Quantifizieren), die jeden Ausschnitt des sozialen Lebens durchleuchtet, und den Großtheorien und Zeitdiagnosen (»Wägen« und Qualifizieren). Zwischen »Basis« und »Überbau« siedelt Weber kein System, sondern eine Systematik an, keine antagonistische oder organische Totalitätsaspiration wie bei Marx und Durkheim, sondern eine Konstellationsanalyse auf der Grundlage scharf geschnittener Begriffe als analytischem Bezugsrahmen, intimer Feld- und Datenkenntnis, die Struktur und Kultur in ein Wahlverwandtschaftsverhältnis setzt, Skizzen als paradigmatische Studienform, die Vorläufigkeit signalisieren und zu weiterer Forschung in diesem Geiste anregen sollen. Die Ergebnisse dieser Analysen gleichen elementaren Befunden, die sofort zum Sprungbrett für spezialisierte Detailforschungen werden. So bleibt Weber in allen Forschungsbereichen anwesend als *spiritus rector*, als Rat- und Taktgeber, ohne indes die Richtung und die Art der spezialisierten Forschung vorgeben zu müssen oder gar noch zu können. Das erlaubt bzw. erfordert sogar, *mit* Weber *über* Weber hinauszugehen, was regelmäßig geschieht – und wie es Weber selbst seinem Wissenschaftsverständnis nach auch vorgesehen hat. Der wissenschaftliche Fortschritt steht insofern auf den Schultern von Riesen, die bahnbrechende Leistungen auf ihrem Gebiet vorweisen können, dann aber einfach »Geschichte« werden, die – falls es eben nicht eine fleißige Wissenschaftsforschung und Ideengeschichte gibt, die sie dem Vergessen entreißt und ihren verdienten Nachruhm sichert – dann auch der »Amnesie« einer Disziplin anheimfallen. Welcher Ökonom etwa liest heute noch Adam Smith? Sicher, es gibt auch in den Wirtschaftswissenschaften ein Gebiet, altertümlich Dogmengeschichte genannt, das die Geschichte der Disziplin dokumentiert. Aber Vertreter dieser Fachrichtung werden von professionellen Wirtschaftswissenschaftlern eher als putzige, aus der Zeit gefallene Zaungäste angesehen und führen in ihren Instituten ein Rand- und Schattendasein. Sie werden also eher als Ideenhistoriker und nicht als Ökonomen, vielleicht noch als Intellektuelle, aber eben nicht als professionelle Wissenschaftler angesehen. Das ist in der Soziologie ganz anders. »Klassiker gehören in der Soziologie – das gilt für Max Weber in ganz besonderem Maße – also nicht nur zur Ideengeschichte des Fachs, sondern zur Gegenwart der wissenschaftlichen Diskussion und Arbeit.«[11] Aber gerade Weber bleibt Faszinosum und Mysterium[12] zugleich.

So unabgeschlossen wie sein Werk ist auch die Rezeption. Sicher: »Zum 100. Todestag, am 14. Juni 2020, wird die Edition vollendet und auch leichter und kostengünstiger verfügbar sein.«[13] Und doch wird auch ein solcher Mammutakt die letzte Frage nicht beantworten können, was der Klassiker uns mit diesem gewaltigen Torso eigentlich sagen wollte. Weber spricht mit vielen Stimmen und in vielen Disziplinen: als Wissenschaftler, als Politiker und als Journalist, ja als politischer Erzieher und als Lehrer der Moderne mit all ihren Ambivalenzen. Er drückt sich auch in verschiedenen

11 Bielefeld, *Wie weiter mit Max Weber?*, S. 4.

12 Das scheint der typische Eindruck langanhaltender Beschäftigung mit Person und Werk zu sein. Zuletzt nochmals Karl-Ludwig Ay, Knut Borchardt (Hg.), *Das Faszinosum Max Weber. Die Geschichte seiner Geltung*, Konstanz 2006.

13 M. Rainer Lepsius, »Die Max Weber-Edition«, in: ders., *Max Weber und seine Kreise*, Tübingen 2016, S. 287.

Sprachen aus: als Jurist in seinen frühen Arbeiten, aber auch in der Paragrapheneinteilung seiner Soziologie; als Erkenntnistheoretiker und Methodiker in seiner »Wissenschaftslehre«; als Wirtschaftshistoriker in seiner »Römischen Agrargeschichte« und in seinen »Agrarverhältnissen im Altertum«, aber auch in seiner späten »Wirtschaftsgeschichte«; als Musikwissenschaftler in seiner »Musiksoziologie«; als Soziologe in seiner »Protestantischen Ethik« und seiner Religionssoziologie insgesamt sowie in »Wirtschaft und Gesellschaft«; als kritischer Intellektueller und urteilsfreudiger Soziologe zeigt er sich pessimistisch, was die Zukunft der Moderne und die des zerstörten Deutschlands betrifft. Die Moderne löst nicht das Sinnproblem, denn nachdem die Religion durch den Entzauberungsprozess als sinnstiftende Lebensführungsmacht vom Thron gestoßen worden ist, gibt es keine andere Macht, die als Seelenführerin das Leben der Menschen anleiten könnte. Die Wissenschaft vermag das nicht, aber auch politische Ideologien tun nur so, als ob sie es könnten, obwohl Weber im Sozialismus eine geschichtsmächtige Kraft sieht, die die Herrschaft übernehmen könnte, wenn auch zu hohen ökonomischen und gesellschaftlichen Kosten. Aufgrund der Bürokratisierung der Welt in Staat und Wirtschaft stellen sich die Organisationen über den Menschen und verleiben ihn sich ein. Auch das Freiheitsproblem bleibt somit ungelöst. Die Moderne ist eben grundsätzlich ambivalent: Den »Fortschritten« in Wirtschaft, Wissenschaft und Technik – dem modernen Steigerungsspiel – stehen harte Anpassungsleistungen der Menschen gegenüber, die als »Persönlichkeiten« gern ihr Leben selbstbestimmt führen wollen würden. In den Ambivalenzen der Moderne und dem individuellen Anspruch auf ein Stück eigene Lebensführung steckt vielleicht die zentrale Botschaft von Webers Werk. Es gilt, die Moderne auszuhalten und für sich und die Seinen das Beste daraus zu machen. Alle kollektiven Versuche zur Versöhnung von Moderne mit Gemeinschaft, Gleichheit und Gerechtigkeit, wie es der Sozialismus hoffnungsvoll anstrebt, sind, so gesehen, von vornherein zum Scheitern verurteilt. Vom Traum zum Trauma, von der Moderne zur Barbarei ist es häufig nur ein kleiner Schritt, wenn die Umsetzung mit Gewalt versucht wird. Auch die liberale Utopie einer kosmopolitischen Weltgesellschaft als »Beifallssalve« neoliberaler Globalisierung bleibt wohl der vornehme Traum privilegierter Intellektueller in westlichen Großstädten.

Als liberaler Denker und Soziologe hätte er sich sicherlich Poppers Vision einer »offenen Gesellschaft« angeschlossen, die zwar auf Kampf, Konkurrenz und Konflikt beruht, in der aber allen Menschen die Chance eingeräumt wird, mitzukämpfen. Seine pessimistisch eingefärbte Zeitdiagnose erblickt in der Wirtschaft den Kapitalismus als unser Schicksal, in der Politik eine umkämpfte plebiszitär ausgerichtete Demokratie mit einer starken politischen Führung als bestmögliche Alternative und im Individualismus der Menschenrechte den Garanten auf ein Stück Freiheit zur eigenen Lebensführung. Kapitalismus, Demokratie und Individualismus umschreiben nicht zufällig unsere heutige gesellschaftliche Lebensform, zumindest im Westen.

Wenn wir also wissen wollen, wie wir wurden, was wir sind, werden wir Weber lesen – vermutlich auch noch in hundert Jahren. Das gilt jedenfalls, solange sich die Konturen von Moderne und Kapitalismus nicht bis zur Unkenntlichkeit verändert haben. Weber war nämlich durchaus der Auffassung, ein sozialer Wandel würde stets auch einen konzeptuellen Wandel bei der wissenschaftlichen Betrachtungsweise nach sich ziehen:

> Aber irgendwann wechselt die Farbe: die Bedeutung der unreflektiert verwerteten Gesichtspunkte wird unsicher, der Weg verliert sich in der Dämmerung. Das Licht der großen Kulturprobleme ist weiter gezogen. Dann rüstet sich auch die Wissenschaft, ihren Standort und ihren Begriffsapparat zu wechseln.[14]

Insofern rechnete er selbst fest damit, dass sein Werk in hundert Jahren komplett überholt wäre. Wie wir anhand der kalkulierten Obsoleszenz wissenschaftlicher Forschung gesehen haben, hielt er das für normal und natürlich. Wie sonst auch sollte »wissenschaftlicher Fortschritt« möglich sein, wenn sich eine Disziplin nicht neuen Themen und Problemen, neuen Theorien und Methoden, neuen Studien und Analysen zuwenden würde? Überraschenderweise scheint Weber jedoch nicht zu veralten, sondern – wenn man an die Anfänge der Weber-Rezeption zurückkehrt – sogar im Laufe der Zeit immer wichtiger geworden zu sein scheint. Wie ist das möglich?

14 Max Weber, »Die ›Objektivität‹ sozialwissenschaftlicher und sozialpolitischer Erkenntnis« (1904), in: ders., *Gesammelte Aufsätze zur Wissenschaftslehre*, Tübingen ^{4}1973, S. 146-214, hier S. 214, und MWG I/7, S. 234.

Klassiker werden nicht wegen ihrer Problemlösungen, sondern wegen ihrer Problemstellung gelesen. Erstere mögen veralten und als überholt gelten; aber wenn Letztere ihre Bedeutung behalten, kann ein Klassiker sich seine Anschlussfähigkeit bewahren. Diese *Problemhaltigkeit* macht die Stärke und bleibende Relevanz von Webers Werk aus. Das fängt an mit der *Begriffsbildung*. Weber hat unglaublich viele Begriffe gebildet und eine Reihe von ihnen nutzen wir noch heute. Man mache die Nagelprobe: Handeln und Handlungstheorie, Ordnung und Verband, Staat und Anstaltsstaat, Charisma und Tradition, um nur einige wenige zu nennen. »Schlag nach bei Max Weber«, kann nie falsch sein, wenn es darum geht, etwas begrifflich zu fassen. Man wird garantiert fündig. Zudem setzt er diese Begriffe ein zur Identifizierung und Spezifikation von *Problemen*. Nehmen wir nochmals sein Hauptthema Kapitalismus. Nicht der Kapitalismus an sich interessiert ihn, wie Marx, sondern seine historisch-empirischen Ausformungen. Also nicht Beute- und Abenteuerkapitalismus, sondern der okzidentale Kapitalismus und hier wiederum der moderne okzidentale Kapitalismus. Diese analytisch scharfe wie problembezogene Begriffsbildung treibt die Theoriebildung voran und öffnet einen *analytischen Raum*, der die Forschung dann anleiten kann. Auf diese Weise kann der Horizont der Denkmöglichkeiten abgeschritten werden. Seine *Modellbildung*, wie wir heute sagen würden, beruht auf einer Konstellationsanalyse, die die Besonderheit und Dynamik von Konstellationen berücksichtigt, die verschiedenen Kontexte relationiert und ihre Bezüge wie Verschiebungen über die Zeit kontrolliert studiert. Da Weber methodisch stets historisch-vergleichend *und* entwicklungsgeschichtlich arbeitet, gewinnt er schließlich einen *globalen Horizont*. Er holt die Welt in den Bausatz seines analytischen Bezugsrahmens.[15] Sicher, methodisch mag das auf eurozentrischer Grundlage geschehen, aber in universalgeschichtlicher und die Grenzen Europas auf die Welt hin überschreitender Forschung.

Was resultiert aus der paradigmatischen Anlage seines Werkes? Was Kant und Hegel philosophisch versuchten und was zu ihren philosophischen Systemen wie ihrer »Philosophie der Moderne«[16]

15 Insofern hat Ann Swidler Recht, wenn sie im Falle von Webers Theorie von einem »tool kit« spricht. Dies., »Culture in Action. Symbols and Strategies«, in: *American Sociological Review* 51 (1986), S. 273-286.

16 Siehe dazu die informative Vorlesung von Jürgen Habermas, die mit Webers

geführt hat, sucht Weber historisch und soziologisch einzulösen. Im Unterschied zu den beiden größten deutschen Philosophen zielt er auf keinen Systembau, so als ob sich durch ein grandioses Begriffssystem der Kosmos der modernen Welt in einem konzeptuellen Rahmen einfangen ließe. Genau das geht nicht, weil die Welt analytisch unausschöpfbar ist und ohnehin nicht einfach »abgebildet«, sondern nur perspektivisch traktiert werden kann. Vielmehr teilt er mit der Philosophie das Thema: die »Genealogie der Moderne«. Aber dieser überzogen grandiosen Problemstellung begegnet er mit Skizzen in universalgeschichtlicher Absicht. Der soziologische Kniff von Weber besteht also darin, große Fragen durch eine Fülle von Studien »kleinzuarbeiten«. Die Skizzen sind schematisch, die Antworten vorläufig; aber immerhin wird ein forschungsprogrammatischer Rahmen gewonnen. Weber ist der Spurenleger. Kritiker und nachfolgende Generationen von Forschern können sich dann an der Schneise, die er mit seiner Problemspezifikation durch die Phänomene geschlagen hat, abarbeiten, indem sie ergänzen und modifizieren, aber das jeweils auf der von Weber gelegten Spur. Ein Beispiel bietet Webers Beitrag zum Verstehen der »›Weltlichkeit‹ der antiken Kultur«:

So hat Weber eine der wichtigsten Fragen der antiken, ja der Weltgeschichte zum ersten Mal richtig gestellt und den Weg gewiesen, auf dem allein man sie wissenschaftlich zureichend beantworten kann. Wohl meine ich, daß sich das Problem der Entstehung der griechischen Kultur heute schwieriger stellt, daß mehr Faktoren zu berücksichtigen und die Vergleiche umfassender anzulegen sind. Aber eben das kann man nur, wenn man auf den von Weber gewiesenen Wegen fortfährt. Insofern erweist er sich hier als ein bedeutender Neuerer, und er hat darin noch kaum Gefolge gefunden. Seine Ergebnisse sind nicht nur noch nicht überholt, sondern nicht einmal eingeholt worden.[17]

Ähnliche Einschätzungen lassen sich auch auf anderen Gebieten finden. Wo Max Weber geackert hat, da hat er nicht nur den Boden umgepflügt, so dass kein Stein auf dem anderen blieb, sondern er

»Vorbemerkung« einsetzt. Ders. *Der philosophische Diskurs der Moderne. Zwölf Vorlesungen*, Frankfurt/M. 1985, S. 9.

17 So Christian Meier, »Max Weber und die Antike«, in: Christian Gneuss und Jürgen Kocka (Hg.), *Max Weber. Ein Symposion*, München 1988, S. 11-24, hier S. 16. Auf den Spuren von Max Weber präsentiert er kurze Zeit später sein umwerfendes Porträt von *Athen. Ein Neubeginn der Weltgeschichte*, Berlin 1993.

hat ihn auch neu trassiert und bestellt. So hat er paradigmatisch und forschungsprogrammatisch gewirkt und den Nachgeborenen ein reiches Erbe hinterlassen. So wurde er ein multipler Gründervater in allen möglichen Gebieten, innovativ, disziplinübergreifend und breitenwirksam anschlussfähig. Die vielen Schätze in seinem Œuvre sind noch lang nicht alle gehoben und es gibt noch einiges zu entdecken. Das klingt unwahrscheinlich nach hundert Jahren Rezeption, die Bibliotheken füllt. Aber es ist wahr – man muss sich nur auf den Weg machen. Aber Vorsicht: Wer einmal von Weber angesteckt wird, kommt von seinem Werk nicht mehr los. Zu groß sind der Erkenntnisgewinn und das Verständnis der modernen Welt, in der wir leben. Wenn man also keine Angst vor Weber[18] hat und sich von dem voluminösen wie schwierigen Werk nicht abschrecken lässt, dann kann sein Denken zum treuen Begleiter und eigenen Lebensführer werden. Sein Ratschlag schadet nie, wenn man ihn zu befragen weiß. Unsere Spurensuche hat deutlich gemacht, dass es sich lohnt, auf Webers Spuren zu bleiben und eine problemgesättigte wie welthaltige Soziologie als Kultur- und Sozialwissenschaft zu betreiben. Der Schatten von Max Weber ist lang und er wird uns daher noch lange begleiten. Das dürfte nicht die schlechteste Nachricht für Wissenschaft und Gesellschaft sein.

18 Pierre Bourdieu, »Keine Angst vor Max Weber«, in: ders., *Schwierige Interdisziplinarität. Zum Verhältnis von Soziologie und Geschichtswissenschaft,* Münster 2004, S. 20-23.

Literaturverzeichnis

Primärliteratur

Schriften und Reden

MWG I/1: *Zur Geschichte der Handelsgesellschaften im Mittelalter*. Schriften 1889-1894. Hg. von Gerhard Dilcher und Susanne Lepsius. Tübingen 2008.

MWG I/2: *Die römische Agrargeschichte in ihrer Bedeutung für das Staats- und Privatrecht*. 1891. Hg. von Jürgen Deininger. Tübingen 1986.

MWG I/3: *Die Lage der Landarbeiter im ostelbischen Deutschland*. 1892. Hg. von Martin Riesebrodt. 2 Halbbände. Tübingen 1984.

MWG I/4: *Landarbeiterfrage, Nationalstaat und Volkswirtschaftspolitik*. Schriften und Reden 1892-1899. Hg. von Wolfgang J. Mommsen, in Zusammenarbeit mit Rita Aldenhoff. 2 Halbbände. Tübingen 1993.

MWG I/5: *Börsenwesen*. Schriften und Reden 1893-1899. Hg. von Knut Borchardt, in Zusammenarbeit mit Cornelia Meyer-Stoll. 2 Halbbände. Tübingen 1999/2000.

MWG I/6: *Zur Sozial- und Wirtschaftsgeschichte des Altertums*. Schriften und Reden 1893-1908. Hg. von Jürgen Deininger. Tübingen 2006.

MWG I/7: *Zur Logik und Methodik der Sozialwissenschaften*. Schriften und Reden 1900-1907. Hg. von Gerhard A. Wagner. Tübingen 2018.

MWG I/8: *Wirtschaft, Staat und Sozialpolitik*. Schriften und Reden 1900-1912. Hg. von Wolfgang Schluchter, in Zusammenarbeit mit Peter Kurth und Birgitt Morgenbrod. Tübingen 1998.

MWG I/8: *Ergänzungsheft*. Hg. von Wolfgang Schluchter. Tübingen 2005.

MWG I/9: *Asketischer Protestantismus und Kapitalismus*. Schriften und Reden 1904-1911. Hg. von Wolfgang Schluchter, in Zusammenarbeit mit Ursula Bube. Tübingen 2014.

MWG I/10: *Zur Russischen Revolution von 1905*. Schriften und Reden 1905-1912. Hg. von Wolfgang J. Mommsen, in Zusammenarbeit mit Dittmar Dahlmann. Tübingen 1989.

MWG I/11: *Zur Psychophysik der industriellen Arbeit*. Schriften und Reden 1908-1912. Hg. von Wolfgang Schluchter, in Zusammenarbeit mit Sabine Frommer. Tübingen 1995.

MWG I/12: *Verstehende Soziologie und Werturteilsfreiheit*. Schriften und Reden 1908-1917. Hg. von Johannes Weiß, in Zusammenarbeit mit Sabine Frommer. Tübingen 2018.

MWG I/13: *Hochschulwesen und Wissenschaftspolitik*. Schriften und Reden 1895-1920. Hg. von M. Rainer Lepsius. Tübingen 2016.

MWG I/14: *Zur Musiksoziologie.* Nachlaß 1921. Hg. von Christoph Braun und Ludwig Finscher. Tübingen 2004.

MWG I/15: *Zur Politik im Weltkrieg.* Schriften und Reden 1914-1918. Hg. von Wolfgang J. Mommsen, in Zusammenarbeit mit Gangolf Hübinger. Tübingen 1984.

MWG I/16: *Zur Neuordnung Deutschlands.* Schriften und Reden 1918-1920. Hg. von Wolfgang J. Mommsen, in Zusammenarbeit mit Wolfgang Schwentker. Tübingen 1988.

MWG I/17: *Wissenschaft als Beruf* 1917/1919 – *Politik als Beruf* 1919. Hg. von Wolfgang J. Mommsen und Wolfgang Schluchter, in Zusammenarbeit mit Birgitt Morgenbrod. Tübingen 1992.

MWG I/18: *Die protestantische Ethik und der Geist des Kapitalismus – Die protestantischen Sekten und der Geist des Kapitalismus.* Schriften 1904-1920. Hg. von Wolfgang Schluchter, in Zusammenarbeit mit Ursula Bube. Tübingen 2016.

MWG I/19: *Die Wirtschaftsethik der Weltreligionen. Konfuzianismus und Taoismus.* Schriften 1915-1920. Hg. von Helwig Schmidt-Glintzer, in Zusammenarbeit mit Petra Kolonko. Tübingen 1989.

MWG I/20: *Die Wirtschaftsethik der Weltreligionen. Hinduismus und Buddhismus.* 1916-1920. Hg. von Helwig Schmidt-Glintzer, in Zusammenarbeit mit Karl-Heinz Golzio. Tübingen 1996.

MWG I/21: *Die Wirtschaftsethik der Weltreligionen. Das antike Judentum.* Schriften und Reden 1911-1920. Hg. von Eckart Otto, unter Mitwirkung von Julia Offermann. 2 Halbbände. Tübingen 2005.

MWG I/22-1: *Wirtschaft und Gesellschaft. Die Wirtschaft und die gesellschaftlichen Ordnungen und Mächte.* Nachlaß. 1. Teilband: *Gemeinschaften.* Hg. von Wolfgang J. Mommsen, in Zusammenarbeit mit Michael Meyer. Tübingen 2001.

MWG I/22-2: *Wirtschaft und Gesellschaft. Die Wirtschaft und die gesellschaftlichen Ordnungen und Mächte.* Nachlaß. 2. Teilband: *Religiöse Gemeinschaften.* Hg. von Hans G. Kippenberg, in Zusammenarbeit mit Petra Schilm unter Mitwirkung von Jutta Niemeier. Tübingen 2001.

MWG I/22-3: *Wirtschaft und Gesellschaft. Die Wirtschaft und die gesellschaftlichen Ordnungen und Mächte.* Nachlaß. 3. Teilband: *Recht.* Hg. von Werner Gephart und Siegfried Hermes. Tübingen 2010.

MWG I/22-4: *Wirtschaft und Gesellschaft. Die Wirtschaft und die gesellschaftlichen Ordnungen und Mächte.* Nachlaß. 4. Teilband: *Herrschaft.* Hg. von Edith Hanke, in Zusammenarbeit mit Thomas Kroll. Tübingen 2005.

MWG I/22-5: *Wirtschaft und Gesellschaft. Die Wirtschaft und die gesellschaftlichen Ordnungen und Mächte.* Nachlaß. 5. Teilband: *Die Stadt.* Hg. von Wilfried Nippel. Tübingen 1999.

MWG I/23: *Wirtschaft und Gesellschaft. Soziologie.* Unvollendet 1919-1920. Hg. von Knut Borchardt, Edith Hanke und Wolfgang Schluchter. Tübingen 2013.

MWG I/24: *Wirtschaft und Gesellschaft. Entstehungsgeschichte und Dokumente.* Hg. von Wolfgang Schluchter. Tübingen 2009.

MWG I/25: *Wirtschaft und Gesellschaft. Gesamtregister.* Tübingen 2014.

Briefe

MWG II/1: *Jugendbriefe bis 1886.* Hg. von Gangolf Hübinger, in Zusammenarbeit mit Thomas Gerhards und Uta Hinz. Tübingen 2016.

MWG II/2: *Briefe 1887-1894.* Hg. von Rita Aldenhoff-Hübinger in Zusammenarbeit mit Thomas Gerhards und Uta Hinz. Tübingen 2017.

MWG II/3: *Briefe 1895-1902.* Hg. von Rita Aldenhoff-Hübinger in Zusammenarbeit mit Uta Hinz. Tübingen 2015.

MWG II/4: *Briefe 1903-1905.* Hg. von Gangolf Hübinger und M. Rainer Lepsius, in Zusammenarbeit mit Thomas Gerhards und Sybille Oßwald-Bargende. Tübingen 2015.

MWG II/5: *Briefe 1906-1908.* Hg. von M. Rainer Lepsius und Wolfgang J. Mommsen, in Zusammenarbeit mit Birgit Rudhard und Manfred Schön. Tübingen 1990

MWG II/6: *Briefe 1909-1910.* Hg. von M. Rainer Lepsius und Wolfgang J. Mommsen, in Zusammenarbeit mit Birgit Rudhard und Manfred Schön. Tübingen 1994.

MWG II/7: *Briefe 1911-1912.* Hg. von M. Rainer Lepsius und Wolfgang J. Mommsen, in Zusammenarbeit mit Birgit Rudhard und Manfred Schön. 2 Halbbände. Tübingen 1998.

MWG II/8: *Briefe 1913-1914.* Hg. von M. Rainer Lepsius und Wolfgang J. Mommsen, in Zusammenarbeit mit Birgit Rudhard und Manfred Schön. Tübingen 2003.

MWG II/9: *Briefe 1915-1917.* Hg. von Gerd Krumeich und M. Rainer Lepsius, in Zusammenarbeit mit Birgit Rudhard und Manfred Schön. Tübingen 2008.

MWG II/10: *Briefe 1918-1920.* Hg. von Gerd Krumeich und M. Rainer Lepsius, in Zusammenarbeit mit Uta Hinz, Sybille Oßwald-Bargende und Manfred Schön. 2 Halbbände. Tübingen 2012.

MWG II/11: *Briefe. Nachträge und Gesamtregister.* Hg. von Rita Aldenhoff-Hübinger und Edith Hanke. Tübingen 2019 ff.

Vorlesungen und Vorlesungsnachschriften

MWG III/1: *Allgemeine (»theoretische«) Nationalökonomie.* Vorlesungen 1894-1898. Hg. von Wolfgang J. Mommsen, in Zusammenarbeit mit Cristof Judenau, Klaus Scharfen und Marcus Tiefel. Tübingen 2009.

MWG III/2: *Praktische Nationalökonomie.* Vorlesungen 1895-1899. Hg. von Hauke Janssen, in Zusammenarbeit mit Cornelia Meyer-Stoll und Ulrich Rummel. Tübingen 2020.

MWG III/3: *Finanzwissenschaft.* Vorlesungen 1894-1897. Hg. von Martin Heilmann, in Zusammenarbeit mit Cornelia Meyer-Stoll. Tübingen 2017.

MWG III/4: *Arbeiterfrage und Arbeiterbewegung.* Vorlesungen 1895-1899. Hg. von Rita Aldenhoff-Hübinger, in Zusammenarbeit mit Silke Fehlemann. Tübingen 2009.

MWG III/5: *Agrarrecht, Agrargeschichte, Agrarpolitik.* Vorlesungen 1894-1899. Hg. von Rita Aldenhoff-Hübinger. Tübingen 2008.

MWG III/6: *Abriß der universalen Sozial- und Wirtschaftsgeschichte.* Mit- und Nachschriften 1919-1920. Hg. von Wolfgang Schluchter, in Zusammenarbeit mit Joachim Schröder. Tübingen 2012.

MWG III/7: *Allgemeine Staatslehre und Politik (Staatssoziologie).* Mit- und Nachschriften 1920. Hg. von Gangolf Hübinger, in Zusammenarbeit mit Andreas Terwey. Tübingen 2009.

Einzelausgaben

Weber, Max, *Wirtschaftsgeschichte. Abriß der universalen Sozial- und Wirtschaftsgeschichte,* Berlin 1923.

Weber, Max, *Gesammelte Politische Schriften,* 3. erw. Aufl., Tübingen 1971.

Weber, Max, *Gesammelte Aufsätze zur Religionssoziologie,* Bd. 1, 6. Aufl., Tübingen 1972.

Weber, Max, *Wirtschaft und Gesellschaft,* 5. rev. Aufl., Tübingen 1972.

Weber, Max, *Die protestantische Ethik I.* Eine Aufsatzsammlung, hg. von Johannes Winckelmann, 2. Aufl., Hamburg 1972.

Weber, Max, *Die protestantische Ethik II.* Kritiken und Antikritiken, hg. von Johannes Winckelmann, 2. Aufl., Hamburg 1972.

Weber, Max, *Gesammelte Aufsätze zur Wissenschaftslehre,* 4. Aufl., Tübingen 1973.

Weber, Max, *Gesammelte Aufsätze zur Religionssoziologie,* Bd. 3, 6. Aufl., Tübingen 1976.

Weber, Max, *Gesammelte Aufsätze zur Religionssoziologie,* Bd. 2, 6. Aufl., Tübingen 1978.

Weber, Max, *Gesammelte Aufsätze zur Sozial- und Wirtschaftsgeschichte*, 2. Aufl., Tübingen 1988.
Weber, Max, *Gesammelte Aufsätze zur Soziologie und Sozialpolitik*, 2. Aufl., Tübingen 1988.
Weber, Max, *Schriften 1894-1922*, ausgewählt von Dirk Kaesler, Stuttgart 2002.

Sekundärliteratur

Abramowski, Günter (1966): *Das Geschichtsbild Max Webers. Universalgeschichte am Leitfaden des okzidentalen Rationalisierungsprozesses*, Stuttgart.
Acemoglu, Daron/James A. Robinson (2013): *Warum Nationen scheitern. Die Ursprünge von Macht, Wohlstand und Armut*, Frankfurt/M.
Alber, Jens (1984): »Versorgungsklassen im Wohlfahrtsstaat. Überlegungen und Daten in der Bundesrepublik Deutschland«, in: *Kölner Zeitschrift für Soziologie und Sozialpsychologie* 36, S. 225-251.
Albert, Gert (2005): »Moderater methodologischer Holismus. Eine weberianische Interpretation des Makro-Mikro-Makro-Modells«, in: *Kölner Zeitschrift für Soziologie und Sozialpsychologie* 57, S. 387-413.
– (2009): »Weber-Paradigma«, in: Georg Kneer/Markus Schroer (Hg.): *Soziologische Theorien. Ein Handbuch*, Wiesbaden.
– /Agathe Bienfait/Steffen Sigmund/Claus Wendt (Hg.) (2003): *Das Weber-Paradigma. Studien zur Weiterentwicklung von Max Webers Forschungsprogramm*, Tübingen.
– Agathe Bienfait/Steffen Sigmund/Mateusz Stachura (Hg.) (2006): *Aspekte des Weber-Paradigmas. Festschrift für Wolfgang Schluchter*, Wiesbaden.
Albert, Hans (Hg.) (1964): *Theorie und Realität: Ausgewählte Aufsätze zur Wissenschaftslehre der Sozialwissenschaften*, Tübingen.
Albrow, Martin (1972): *Bürokratie*, München.
– (1990): *Max Weber's Construction of Social Theory*, London.
Alexander, Jeffrey C. (1982): *Theoretical Logic in Sociology*. Vol. 3: *The Classical Attempt at Theoretical Synthesis: Max Weber*, Berkeley, Los Angeles.
Alexander, Jeffrey C./Bernhard Giesen/Richard Münch/Neil J. Smelser (Hg.) (1987): *The Micro-Macro-Link*, Berkeley, Los Angeles.
– /Piotr Sztompka (Hg.) (1990): *Rethinking Progress. Movements, Forces, and Ideas at the End of the Twentieth Century*, London.
– (1993): *Soziale Differenzierung und kultureller Wandel*, Frankfurt/M., New York.
Allerbeck, Klaus (1982): »Zur formalen Struktur einiger Kategorien der

verstehenden Soziologie«, in: *Kölner Zeitschrift für Soziologie und Sozialpsychologie* 34, S. 655-676.

Alleweldt, Erika/Anja Röcke/Jochen Steinbicker (Hg.) (2016): *Lebensführung heute. Klasse, Bildung, Individualität,* Weinheim, Basel.

Amin, Samir (1988): *L'Eurocentrisme,* Paris.

Anderson, Benedict (1991): *Imagined Communities. Reflections on the Origin and Spread of Nationalism*, London, dt. *Die Erfindung der Nation. Zur Karriere eines folgenreichen Konzepts*, Frankfurt/M. 1988.

Andō, Hideharu (2003): »Die Interviews mit Else Jaffé, Edgar Salin und Helmuth Plessner über Max Weber 1969/70«, in: *Kölner Zeitschrift für Soziologie und Sozialpsychologie* 55 (3), S. 596-610.

Anter, Andreas (1995): *Max Webers Theorie des modernen Staates. Herkunft, Struktur und Bedeutung*, Berlin.

– /Stefan Breuer (Hg.) (2007): *Max Webers Staatssoziologie. Positionen und Perspektiven*, Baden-Baden.

Antes, Peter (2010): »Max Weber und die moderne Welt«, in: Kay Waechter/Hubert Treiber (Hg.): *Grenzüberschreitende Diskurse: Festgabe für Hubert Treiber*, Wiesbaden, S. 13-20.

Aron, Raymond (2006): *Les sociétés modernes. Introduction de Serge Paugam*, Paris.

Atteslander, Peter (2010): *Methoden der empirischen Sozialforschung*, 13. neu bearbeitete und erweiterte Aufl., Berlin.

Aulenbacher, Brigitte/Maria Dammayer (Hg.) (2014): *Für sich und andere sorgen. Krise und Zukunft von Care in der modernen Gesellschaft,* Weinheim, Basel.

Ay, Karl-Ludwig/Knut Borchardt (Hg.) (2006): *Das Faszinosum Max Weber. Die Geschichte seiner Geltung*, Konstanz.

Bach, Maurizio (1990): *Die charismatischen Führerdiktaturen. Drittes Reich und italienischer Faschismus im Vergleich ihrer Herrschaftsstrukturen*, Baden-Baden.

– ([2]2015): *Europa ohne Gesellschaft. Politische Soziologie der Europäischen Integration*, Wiesbaden.

– /Barbara Hönig (Hg.) (2018): *Europasoziologie. Handbuch für Wissenschaft und Studium*, Baden-Baden.

Bader, Veit/Johannes Berger/ Heiner Ganßmann/ Jost von dem Knesebeck (1980): *Einführung in die Gesellschaftstheorie. Gesellschaft, Wirtschaft und Staat bei Marx und Weber*, Frankfurt/M., New York.

Baechler, Jean/John A. Hall/Michael Mann (Hg.) (1988): *Europe and the Rise of Capitalism,* Oxford.

Baier, Horst (1980): »›Vater Sozialstaat‹. Max Webers Widerspruch zur

Wohlfahrtspatronage«, in: Gneuss, Kocka (Hg.), *Max Weber. Ein Symposion,* S. 47-63.
– (1981): »Die Gesellschaft – der lange Schatten des toten Gottes und die Entstehung der Soziologie aus dem Geiste der décadence«, in: *Nietzsche-Studien* 10, 1, S. 6-33.
Balibar, Étienne, Wallerstein, Immanuel (1990): *Rasse, Klasse, Nation. Ambivalente Identitäten*, Hamburg, Berlin.
Barbalet, Jack (2008): *Weber, Passion and Profits. ›The Protestant Ethic and the Spirit of Capitalism‹ in Context*, Cambridge.
Barth, Fredric (Hg.) (1969): *Ethnic Groups and Boundaries. The Social Organization of Cultural Difference*, Boston.
Bauman, Zygmunt (1987): *Legislators and Interpreters. On Modernity, Post-Modernity and Intellectuals*, Cambridge.
Baumgarten, Eduard (1964): *Max Weber. Werk und Person*, Tübingen.
Baurmann, Michael (2008): »Homo Ökonomikus als Idealtypus. Oder: Das Dilemma des Don Juan«, in: *Analyse & Kritik* 30, S. 555-573.
Bayly, Christopher A. (2008): *Die Geburt der modernen Welt. Eine Globalgeschichte 1780-1914*, Frankfurt/M, New York.
Beck, Ulrich (1986): *Risikogesellschaft. Auf dem Weg in eine andere Moderne*, Frankfurt/M.
–, Edgar Grande (2004): *Das kosmopolitische Europa. Gesellschaft und Politik in der Zweiten Moderne*, Frankfurt/M.
Beetham, David (1974): *Max Weber and the Theory of Modern Politics*, London.
Bell, Daniel (1976): *The Cultural Contradictions of Capitalism*, New York, dt. *Die kulturellen Widersprüche des Kapitalismus,* Frankfurt/M., New York 1991.
Bellah, Robert N. (1957): *Tokugawa Religion. The Values of Pre-Industrial Japan*, New York.
Bendix, Reinhard (1964): *Max Weber – Das Werk. Darstellung, Analyse, Ergebnisse*, München.
– (1974): Inequality and Social Structure: A Comparison of Marx and Weber, in: *American Sociological Review* 39, S. 149-161.
– (1977): *Nation-Building and Citizenship*, Berkeley, Los Angeles.
– (1980): *Könige oder Volk*, Frankfurt/M.
– (1982): *Freiheit und historisches Schicksal. Heidelberger Max-Weber-Vorlesungen 1981*, Frankfurt/M.
– /Seymour Martin Lipset (Hg.) (^{2}1966): *Class, Status and Power. Social Stratification in Comparative Perspective*, New York, London.
- /Guenther Roth (1971): *Scholarship and Partisanship: Essays on Max Weber*, Berkeley, Los Angeles.

Berding, Helmut (Hg.) (1994): *Nationales Bewußtsein und kollektive Identität*, Frankfurt/M.
– (Hg.) (1996): *Mythos und Nation*, Frankfurt/M.
Berkemer, Georg (2012): *Max Weber und Indien. Eine Einführung*, Heidelberg.
Berman, Harold J. (1991): *Recht und Revolution. Die Bildung der westlichen Rechtstradition*, Frankfurt/M.
Bertschinger-Joos, Esther (2014): *Frieda Gross und ihre Briefe an Else Jaffé. Ein bewegtes Leben im Umfeld von Anarchismus, Psychoanalyse und Bohème*, Marburg.
Beyme, Klaus von (1991): *Theorie der Politik im 20. Jahrhundert. Von der Moderne zur Postmoderne,* Frankfurt/M.
Beytia, Pablo, Müller, Hans-Peter (2019): »Towards a Digital Reflexive Sociology: Exploring the Most Globally Disseminated Sociologists on Multilingual Wikipedia«, Ms. Berlin 2019.
Bielefeld, Ulrich (2008): *Wie weiter mit Max Weber?,* Hamburg.
Blaut, James M. (1993): *The Colonizer's Model of the World. Geographical Diffusionism and Eurocentric History,* New York.
– (2000): *Eight Eurocentric Historians,* New York.
Bluhm, Harald (2014): »Zur russischen Revolution von 1905 (1905-1917)«, in: *Max Weber-Handbuch*, S. 190-198.
– /Skadi Krause (Hg.), *Robert Michels' Soziologie des Parteiwesens*, Wiesbaden 2012.
Blumenberg, Hans (1974): *Säkularisierung und Selbstbehauptung*, Frankfurt/M.
Böckler, Stefan/Johannes Weiß (Hg.) (1987): *Marx oder Weber? Zur Aktualisierung einer Kontroverse*, Opladen.
Bollmann, Stefan (2017): *Monte Verità 1900. Der Traum vom alternativen Leben beginnt,* München.
Boltanski, Luc (1992): *La souffrance à distance. Morale humanitaire, médias, et politique,* Paris.
– /Ève Chiapello (2006): *Der neue Geist des Kapitalismus*, Konstanz.
Bolz, Norbert (1989): *Auszug aus der entzauberten Welt. Philosophischer Extremismus zwischen den Weltkriegen*, München.
– (2014): *Das richtige Leben,* Paderborn.
Bonacker, Thorsten (2000): *Die normative Kraft der Kontingenz. Nichtessentialistische Kritik nach Weber und Adorno*, Frankfurt/M., New York.
Borgards, Roland (2014): »Morphologischer Dämon. Zur ersten Strophe von Goethes *Urworte. Orphisch«,* in: Friedrich et al., *Das Dämonische,* S. 65-78.
Boudon, Raymond (1980): *Die Logik des gesellschaftlichen Handelns*, Neuwied.

Bourdieu, Pierre (1982): *Die feinen Unterschiede. Kritik der gesellschaftlichen Urteilskraft*, Frankfurt/M.

– (1991): »Der Korporativismus des Universellen. Die Rolle des Intellektuellen in der modernen Welt«, in: ders., *Die Intellektuellen und die Macht*, hg. von Irene Dölling, Hamburg, S. 41-65.

– (2000): *Les structures sociales de l'économie*, Paris.

– (2000): *Das religiöse Feld. Texte zur Ökonomie des Heilsgeschehens*, Konstanz.

– (2001): *Die Regeln der Kunst. Genese und Struktur des literarischen Feldes*, Frankfurt/M.

– (2001): *Meditationen. Zur Kritik der scholastischen Vernunft*, Frankfurt/M.

– (2004): *Der Staatsadel*, Konstanz.

– (2004): »Keine Angst vor Max Weber«, in: ders., *Schwierige Interdisziplinarität. Zum Verhältnis von Soziologie und Geschichtswissenschaft*, Münster, S. 20-23.

– (2009): *Religion. Schriften zur Kultursoziologie* 5, hg. von Franz Schultheis und Stephan Egger, Konstanz 2009 und als Bd. 13, Berlin 2011.

– (2012): *Sur l'Etat. Cours au Collège de France (1989-1992)*, Paris 2012, dt. *Über den Staat. Vorlesungen am Collège de France (1989-1992)*, Berlin 2014.

Breuer, Stefan (1991): *Max Webers Herrschaftssoziologie*, Frankfurt/M., New York.

– (1994): *Bürokratie und Charisma. Zur politischen Soziologie Max Webers*, Darmstadt.

– (1995): *Ästhetischer Fundamentalismus. Stefan George und der deutsche Antimodernismus*, Darmstadt.

– (2001): »Magie, Zauber, Entzauberung«, in: Hans G. Kippenberg/Martin Riesebrodt (Hg.), *Max Webers Religionssystematik*, S. 119-130.

– (2006): *Max Webers tragische Soziologie*, Tübingen.

– (2011): *›Herrschaft‹ in der Soziologie Max Webers*, Wiesbaden.

– /Hubert Treiber (Hg.) (1984): *Zur Rechtssoziologie Max Webers. Interpretationen, Kritik, Weiterentwicklung*, Opladen.

Brink, Tobias Ten (2007): *Chinas Kapitalismus. Entstehung, Verlauf, Paradoxien*, Frankfurt/M., New York.

Bröckling, Ulrich (2007): *Das unternehmerische Selbst. Soziologie einer Subjektivierungsform*, Frankfurt/M.

– (2017): *Gute Hirten führen sanft. Über Menschenregierungskünste*, Berlin.

– /Susanne Krasmann/Thomas Lemke (Hg.) (2000): *Gouvernementalität der Gegenwart*, Frankfurt/M.

Brodocz, André (2013): »Max Webers Spiegelkabinett der Macht«, in: André Brodocz/Stefanie Hammer (Hg.): *Variationen der Macht*, Baden-Baden, S. 9-21.

Brooks, David (2000): *Bobos in Paradise. The New Upperclass and How They Got There*, New York.
– (2002): *Die Bobos. Der Lebensstil der neuen Elite*, Berlin.
Brose, Hanns-Georg/Bruno Hildenbrand (Hg.) (1988): *Vom Ende des Individuums zur Individualität ohne Ende*, Opladen.
Brubaker, Rogers (1984): *Limits of Rationality. An Essay on the Social and Moral Thought of Max Weber*, London.
– (1996): *Nationalism Reframed. Nationhood and the National Question in the New Europa*, Cambridge.
– (2006): *Ethnicity without Groups*, Cambridge.
Brugger, Winfried (1980): *Menschenrechtsethos und Verantwortungspolitik. Max Webers Beitrag zur Analyse und Begründung der Menschenrechte*, Freiburg i. Br., München.
Bruhns, Hinnerk (2014): *Max Webers historische Sozialökonomie. L'économie de Max Weber entre histoire et sociologie*, Wiesbaden.
– (2017): *Max Weber und der Erste Weltkrieg*, Tübingen.
– /Wilfried Nippel (Hg.) (2000): *Max Weber und die Stadt im Kulturvergleich*, Göttingen.
Brunner, Otto/Werner Conze/Reinhart Koselleck (Hg.) (1972-1997): *Geschichtliche Grundbegriffe*, 9 Bde., Stuttgart.
Bruun, Hans H. (2007): *Science, Values and Politics in Max Weber's Methodology*, Aldershot.
Bryce, James (1995): *The American Commonwealth* (1888), 2 Bde., mit einer Einleitung von Gary L. McDowell, Indianapolis.
Bücher, Karl (1899): *Arbeit und Rhythmus*, Leipzig.
– (1893): *Die Entstehung der Volkswirtschaft*, Tübingen.
Bude, Heinz (2011): *Die Bildungspanik. Was unsere Gesellschaft spaltet*, München.
Bude, Heinz/Fischer, Joachim/Kauffmann, Bernd (Hg.) (2010): *Bürgerlichkeit ohne Bürgertum*, München.
Burger, Thomas (1987): *Max Weber's Theory of Concept Formation. History, Laws, and Ideal Types*, Durham.

Camic, Charles (1980): »Charisma. Its Varieties, Preconditions, and Consequences«, in: *Sociological Inquiry* 50 (1980), S. 5-23.
– /Philip Gorski/David Trubek (Hg.) (2005): *Max Weber's Economy and Society. A Critical Companion*, Stanford.
Campbell, Colin (1987): *The Romantic Ethic and the Spirit of Modern Consumerism*, Oxford.
Carlyle, Thomas (2020): *On Heroes, Hero-Worship and the Heroic in History* (1841), London.
Cassirer, Ernst (1994): *Philosophie der symbolischen Formen*, 3 Bde., Berlin.

Cavalli, Alessandro (2011): *Momenti di storia del pensiero sociologico*, Mailand.
Cavalli, Luciano (1968): *Max Weber – religione e societá*, Bologna.
Christian, David (2004): *Maps of Time. An Introduction to Big History*, Berkeley, Los Angeles.
Coase, Ronald H. (1937): »The Nature of the Firm«, in: *Economica* 4, S. 386-405.
Coleman, James S. (1990): *Foundations of Social Theory*, Cambridge, dt. *Grundlagen der Sozialtheorie*, 3 Bde., München 1991.
Collins, Randall (1986): *Weberian Sociological Theory*, Cambridge.
– (2012): *Konflikttheorie. Ausgewählte Schriften*, hg. von Jörg Rössel, Wiesbaden.
Colliot-Thélène, Catherine (2006): *La sociologie de Max Weber*, Paris.
Colliot-Thélène, Catherine/Menke, Christoph (Hg.), »Subjektive Rechte und Menschenrechte«, in: *Trivium. Deutsch-Französische Zeitschrift für Geistes- und Sozialwissenschaften* 3 (2009).
Cook, Karen S./Margaret Levi (Hg.) (1990): *The Limits of Rationality*, Chicago.

Dahrendorf, Ralf (1959): *Class and Class Conflict in Industrial Society*, London.
– ([3]1974): »Über den Ursprung der Ungleichheit unter den Menschen«, in: ders., *Pfade aus Utopia. Zur Theorie und Methode der Soziologie*, München, S. 352-379.
– (1979): *Lebenschancen. Anläufe zur sozialen und politischen Theorie*, Frankfurt/M.
Demm, Eberhard (2014): *Else Jaffé-von Richthofen. Erfülltes Leben zwischen Max und Alfred Weber*, Düsseldorf.
Deutsch, Karl W. (1972): *Nationenbildung, Nationalstaat, Integration*, Düsseldorf.
Deutschmann, Christoph (2008): *Kapitalistische Dynamik. Eine gesellschaftstheoretische Perspektive*, Wiesbaden.
Dilthey, Wilhelm (1883): *Einleitung in die Geisteswissenschaften. Versuch einer Grundlegung für das Studium der Gesellschaft und Geschichte*, Bd. I, Leipzig.
Döbert, Rainer (1989): »Max Webers Handlungstheorie und die Ebenen des Rationalitätskomplexes«, in: Johannes Weiß (Hg.) (1989): *Max Weber heute. Erträge und Probleme der Forschung*, Frankfurt/M., S. 210-249.
Dörre, Klaus/Stephan Lessenich/Hartmut Rosa (2009): *Soziologie-Kapitalismus-Kritik. Eine Debatte*, Berlin.
– et al. (Hg.) (2019): *Große Transformation? Zur Zukunft moderner Gesellschaften*, Wiesbaden.

Du Bois, W. E. B. (1906): »Die Negerfrage in den Vereinigten Staaten«, in: *Archiv für Sozialwissenschaft und Sozialpolitik*, Bd. 22, S. 31-79.
– (2003): *Die Seelen der Schwarzen*, Freiburg i. Br.
Dumont, Louis (1980): *Homo Hierarchicus. The Caste System and its Implications*, Chicago, London.
Durkheim, Émile (1976): *Die Regeln der soziologischen Methode* (1895), hg. und eingeleitet von René König, Neuwied.
– (1986): »Der Individualismus und die Intellektuellen«, in: Hans Bertram (Hg.), *Gesellschaftlicher Zwang und moralische Autonomie*, Frankfurt/M., S. 54-70.
– (1988), *Über soziale Arbeitsteilung. Studien zur Organisation höherer Gesellschaften*, mit einem Vorwort von Niklas Luhmann, »Arbeitsteilung und Moral«, und einem Nachwort von Hans-Peter Müller und Michael Schmid, »Arbeitsteilung, Solidarität und Moral. Eine werkgeschichtliche und systematische Einführung in die ›Arbeitsteilung‹ von Emile Durkheim, Frankfurt/M.
– (2007): *Die elementaren Formen des religiösen Lebens*, Frankfurt/M.

Ehrenberg, Alain (2004): *Das erschöpfte Selbst. Depression und Gesellschaft in der Gegenwart*, Frankfurt/M.
Eigmüller, Monika/Steffen Mau (Hg.) (2010): *Gesellschaftstheorie und Europapolitik. Sozialwissenschaftliche Ansätze zur Europaforschung*, Wiesbaden.
Eisenstadt, Shmuel N. (1963): *The Political System of Empires*, New York.
– (1968): *Max Weber. On Charisma and Institution Building*, Chicago.
– (1979): *Tradition, Wandel und Modernität*, Frankfurt/M.
– (Hg.) (2002): *Multiple Modernities*, New Brunswick.
– /Stein Rokkan (Hg.) (1973): *Building States and Nations*, 2 Bde. Beverly Hills.
Eliaeson, Sven (2002): *Max Weber's Methodologies*, Cambridge.
Elster, Jon (1983): *Sour Grapes. Studies in the Subversion of Rationality*, Cambridge, dt. *Subversion der Rationalität*, Frankfurt/M. 1987.
– (1985): *Making Sense of Marx*, Cambridge.
Ertman, Tom (1997): *Birth of the Leviathan. Building States and Regimes in Medieval and Early Modern Europe*, Cambridge.
Ess, Hans van (2014): »Konfuzianismus/Taoismus (1915; 1920)«, in: *Max Weber-Handbuch*, S. 265-271.
Esser, Hartmut (1993): *Soziologie. Allgemeine Grundlagen*, Frankfurt/M., New York.
– (2003): »Die Rationalität der Werte. Die Typen des Handelns und das Modell der soziologischen Erklärung«, in: Gert Albert/Agathe Bienfait/Steffen Sigmund/Claus Wendt (Hg.): *Das Weber-Paradigma. Studien*

zur Weiterentwicklung von Max Webers Forschungsprogramm, Tübingen, S. 153-187.
Ettrich, Frank (2014): »Sozialismus und soziale Frage«, in: *Max Weber-Handbuch*, S. 127-132.

Fach, Wolfgang (Hg.) (1978): *Politische Legitimität*, Frankfurt/M, New York.
Ferber, Christian von (1970): *Die Gewalt in der Politik*, Stuttgart.
Festinger, Leon (1957): *A Theory of Cognitive Dissonance*, Stanford, dt. *Theorie der kognitiven Dissonanz*, Bern 2012.
Feuerbach, Ludwig (1841): *Das Wesen des Christentums*, Leipzig.
Fischer, Karsten (1999): *»Verwilderte Selbsterhaltung«. Zivilisationstheoretische Kulturkritik bei Nietzsche, Freud, Weber und Adorno*, Berlin.
Fitzi, Gregor (2004): *Max Webers politisches Denken*, Konstanz.
– (2009): *Max Weber*, Frankfurt/M.
Fleischmann, Eugène (1964): »De Weber à Nietzsche«, in: *Archives Européennes de Sociologie* 5, S. 190-238.
Foucault, Michel (1971): »Nietzsche, die Genealogie, die Historie«, in: ders., *Schriften in vier Bänden, Dits et Écrits*, Bd. 2, Frankfurt/M. 2001-2005, S. 166-191.
– (1991): *Die Sorge um sich. Sexualität und Wahrheit 3*, Frankfurt/M.
– (2004): *Geschichte der Gouvernementalität*, 2 Bde., Frankfurt/M.
– (2004): *Hermeneutik des Subjekts*, Frankfurt/M.
Freud, Sigmund (1986) »Die Zukunft einer Illusion«, in: Ders., *Kulturtheoretische Schriften* (1927), Frankfurt/M., S. 135-189.
Friedrich, Carl J. (1960): »Die Legitimität in politischer Perspektive«, in: *Politische Vierteljahresschrift* 1, S. 119-132.
– (1974): *Tradition und Autorität*, München.
Friedrich, Lars/Eva Geulen/Kirk Wetters (Hg.) (2014): *Das Dämonische. Schicksale einer Kategorie der Zweideutigkeit nach Goethe*, Paderborn.
Frommer, Jörg/Sabine Frommer (1993): »Max Webers Krankheit – soziologische Aspekte der depressiven Struktur«, in: *Fortschritte Neurologie Psychiatrie* 61, S. 161-171.
– /Sabine Frommer (1998): »Max Webers Krankheit. Recherchen zur Krankheits- und Behandlungsgeschichte um die Jahrhundertwende«, in: *Fortschritte Neurologie Psychiatrie* 66, S. 193-200.
Fügen, Norbert (1985): *Max Weber. Mit Selbstzeugnissen und Bilddokumenten*, Reinbek.
Fukuyama, Francis (1992): *The End of History and the Last Man*, New York, dt. *Das Ende der Geschichte. Wo stehen wir?*, üb. von Helmut Dierlamm, München 1992.
Furet, François (1996): *Das Ende der Illusion*, München.

Gabriel, Manfred (Hg.) (2004): *Paradigmen der akteurszentrierten Soziologie*, Wiesbaden 2004.
Galbraith, John Kenneth (1983): *The Anatomy of Power*, Boston, dt. *Anatomie der Macht*, München 1987.
Gebhardt, Winfried/Arnold Zingerle/Michael N. Ebertz (Hg.) (1993): *Charisma. Theorie – Religion – Politik*, Berlin, New York.
Geertz, Clifford (1973): »Thick Description. Toward an Interpretive Theory of Culture«, in: ders., *The Interpretation of Cultures. Selected Essays*, New York, S. 3-30.
Gellner, Ernest (1991): *Nationalismus und Moderne*, Berlin.
Genett, Timm (2008): *Der Fremde im Kriege. Zur politischen Theorie und Biographie von Robert Michels 1876-1936*, Berlin.
Gephart, Werner (1993): *Gesellschaftstheorie und Recht. Das Recht im soziologischen Diskurs der Moderne,* Frankfurt/M.
– (1998): *Handeln und Kultur. Vielfalt und Einheit im Werk Max Webers,* Frankfurt/M.
Gephart, Werner/Daniel Witte (Hg.) (2017): *Recht als Kultur. Beiträge zu Max Webers Soziologie des Rechts,* Frankfurt/M.
Gerhards, Jürgen (1989): »Affektuelles Handeln – Der Stellenwert von Emotionen in der Soziologie Max Webers«, in: Johannes Weiß (Hg.) (1989): *Max Weber heute. Erträge und Probleme der Forschung*, Frankfurt/M., S. 335-357.
Germer, Andrea (1994): *Wissenschaft und Leben. Max Webers Antwort auf eine Frage Friedrich Nietzsches*, Göttingen.
Ghosh, Peter (2005): »Max Weber on ›The Rural Community‹: A Critical Edition of the English Text«, in: *History of European Ideas* 31, S. 327-366.
– (2008): *A Historian Reads Max Weber. Essays on the Protestant Ethic*, Wiesbaden.
– (2014): *Max Weber and the Protestant Ethic. Twin Histories*, Oxford.
Giddens, Anthony (1971): *Capitalism and Modern Social Theory*, Cambridge.
– (1979): *Die Klassenstruktur fortgeschrittener Gesellschaften*, Frankfurt/M.
Giesen, Bernhard (1993): *Die Intellektuellen und die Nation. Eine deutsche Achsenzeit*, Frankfurt/M.
Gilcher-Holtey, Ingrid (1988): »Max Weber und die Frauen«, in: Gneuss, Christian/Jürgen Kocka (Hg.): *Max Weber. Ein Symposion*, München, S. 142-154.
Gimpel, Jean (1980): *Die industrielle Revolution des Mittelalters,* Zürich, München.
Girndt, Helmut (1967): *Das soziale Handeln als Grundkategorie erfahrungswissenschaftlicher Soziologie*, Tübingen.

Gneuss, Christian/Jürgen Kocka (Hg.) (1988): *Max Weber. Ein Symposion*, München.
Goethe, Johann Wolfgang (1997): »Den Vereinigten Staaten«, in: Ders., *Sämtliche Werke*, Bd. 18.1. Münchner Ausgabe, München, Wien.
– (2003): *Faust. Texte*, hg. von Albrecht Schöne, Frankfurt/M.
Goffman, Erving (1959): *The Presentation of Self in Everyday Life*, New York, dt. *Wir alle spielen Theater. Die Selbstdarstellung im Alltag*, mit einem Vorwort von Ralf Dahrendorf, München 1969.
Goldman, Harvey (1988): *Max Weber and Thomas Mann. Calling and the Shaping of the Self*, Berkeley, Los Angeles.
Gorz, André (1980): *Abschied vom Proletariat. Jenseits des Sozialismus*, Frankfurt/M.
Gosepath, Stefan/Georg Lohmann (Hg.) (1998), *Philosophie der Menschenrechte*, Frankfurt/M.
Gothein, Eberhard (1892): *Die Wirtschaftsgeschichte des Schwarzwaldes und der angrenzenden Landschaft*, Straßburg.
Graeber, David (2016): *Bürokratie. Die Utopie der Regeln*, Stuttgart.
Graf, Friedrich Wilhelm (2004): *Die Wiederkehr der Götter. Religion in der modernen Kultur*, München.
– (2014): *Fachmenschenfreundschaft. Studien zu Troeltsch und Weber*, Berlin, New York.
Greshoff, Rainer et al. (Hg.) (2008): *Verstehen und Erklären. Sozial- und kulturwissenschaftliche Perspektiven*, München.
Griffin, James (2008): *On Human Rights*, Oxford.
Gröbl-Steinbach, Evelyn (2004): »Handlungsrationalität und Rationalisierung des Handelns bei Weber und Habermas«, in: Manfred Gabriel (Hg.), *Paradigmen der akteurszentrierten Soziologie*, Wiesbaden, S. 91-102.
Groß, Martin ([2]2015): *Klassen, Schichten, Mobilität. Eine Einführung*, Wiesbaden.
Grundmann, Matthias et al. (Hg.) (2006): *Soziale Gemeinschaften. Experimentierfelder für kollektive Lebensformen*, Münster.
Grusky, David B. (2018): *Social Stratification. Class, Race, and Gender*, New York.

Habermas, Jürgen (1970): *Zur Logik der Sozialwissenschaften*, Frankfurt/M.
– (1973): *Legitimationsprobleme im Spätkapitalismus*, Frankfurt/M.
– (1976): *Zur Rekonstruktion des Historischen Materialismus*, Frankfurt/M.
– (1981): *Theorie des kommunikativen Handelns*, 2 Bde., Frankfurt/M.
– (1985): *Der philosophische Diskurs der Moderne*, Frankfurt/M.
– (1993): *Faktizität und Geltung*, Frankfurt/M.

Hall, Peter A./David Soskice (2001): *Varieties of Capitalism. The Institutional Foundations of Comparative Advantage*, Oxford.
Hamilton, Peter (Hg.) (1991): *Max Weber: Critical Assessments*, London, New York.
Hanke, Edith (1993): *Prophet des Unmodernen. Leo N. Tolstoi als Kulturkritiker in der deutschen Diskussion der Jahrhundertwende*, Tübingen.
– /Wolfgang J. Mommsen (Hg.) (2001): *Max Webers Herrschaftssoziologie. Studien zur Entstehung und Wirkung*, Tübingen.
Härpfer, Claudius/Gerhard Wagner (Hg.) (2016): *Max Webers (vergessene) Zeitgenossen. Zur Vermessung eines Denkraums*, Wiesbaden.
Hartmann, Eddie (2011): *Strategien des Gegenhandelns. Zur Soziodynamik symbolischer Kämpfe um Zugehörigkeit*, Konstanz.
Hauck, Gerhard (2003): *Die Gesellschaftstheorie und ihr Anderes. Wider den Eurozentrismus in den Sozialwissenschaften*, Münster.
Hayek, Friedrich August von (1976): *Der Weg zur Knechtschaft*, München.
Hecht, Martin (1998): *Modernität und Bürgerlichkeit. Max Webers Freiheitslehre im Vergleich mit den politischen Ideen von Alexis de Tocqueville und Jean-Jacques Rousseau*, Berlin.
Heesterman, Jan C. (1984): »Kaste und Karma. Max Webers Analyse der indischen Sozialstruktur«, in: Wolfgang Schluchter (Hg.), *Max Webers Studie über Hinduismus und Buddhismus. Interpretation und Kritik*, Frankfurt/M., S. 72-86.
Hegel, Georg Wilhelm Friedrich (1986): *Vorlesungen über die Philosophie der Religion I*, in: Ders., Werke in 20 Bänden, Bd. 16, Frankfurt/M.
Heilbroner, Robert L. ([6]1992): *The Worldly Philosophers. The Lives, Times, and Ideas of the great Economic Thinkers*, New York, dt. *Die Denker der Wirtschaft. Ideen und Konzepte der großen Wirtschaftsphilosophen*, München 2006.
– (1996): *Teachings from the Worldly Philosophers*, New York.
Heins, Volker (1990): *Max Weber zur Einführung*, Hamburg.
Heintz, Bettina/Hartmann Tyrell (Hg.) (2015): *Interaktion-Organisation-Gesellschaft* revisited. *Anwendungen, Erweiterungen, Alternativen*, Sonderheft der Zeitschrift für Soziologie, Stuttgart.
Held, David et al. (Hg.) (1999): *Global Transformations*, Cambridge.
Hellmich, Wolfgang (2013): *Aufklärende Rationalisierung. Ein Versuch, Max Weber neu zu interpretieren*, Berlin.
Helms, Ludger (2005): *Regierungsorganisation und politische Führung in Deutschland*, Wiesbaden.
Hennis, Wilhelm (1976): »Legitimität. Zu einer Kategorie der bürgerlichen Gesellschaft«, in: *Merkur* 30, 1, S. 17-36.
– (1977): *Politik und Praktische Philosophie. Schriften zur Politischen Theorie*, Stuttgart.

– (1987): *Max Webers Fragestellung. Studien zur Biographie des Werks*, Tübingen.
– (1996): *Max Webers Wissenschaft vom Menschen. Neue Studien zur Biographie des Werks*, Tübingen.
– (2003): *Max Weber und Thukydides. Nachträge zur Biographie des Werks*, Tübingen.
– /Peter Graf Kielmannsegg/Ulrich Matz (Hg.) (1977): *Regierbarkeit. Studien zu ihrer Problematisierung*, Bd. 1, Stuttgart.
Henrich, Dieter (1952): *Die Einheit der Wissenschaftslehre Max Webers*, Tübingen.
Hermes, Siegfried (2003): *Soziales Handeln und Struktur der Herrschaft. Max Webers verstehende historische Soziologie am Beispiel des Patrimonialismus*, Berlin.
Hettlage, Robert/Hans-Peter Müller (Hg.) (2006): *Die europäische Gesellschaft*, Konstanz.
Heuss, Theodor (1973): »Max Weber in seiner Gegenwart«, in: Max Weber, *Gesammelte Politische Schriften*, S. VII-XXXI.
Hirsch, Fred (1976): *Social Limits to Growth*, Cambridge, Mass., dt. *Die sozialen Grenzen des Wachstums*, Reinbek 1980.
Hirschman, Albert O. (1970): *Exit, Voice, and Loyalty. Responses to Decline in Firms, Organizations, and States*, Cambridge, Mass., dt. *Abwanderung und Widerspruch. Reaktionen auf Leistungsabfall von Unternehmungen, Organisationen und Staaten*, Tübingen 2004.
– (1988): *Engagement und Enttäuschung. Über das Schwanken der Bürger zwischen Privatwohl und Gemeinwohl*, Frankfurt/M.
Hobsbawm, Eric J. (1994): *Das Zeitalter der Extreme*, München.
– ([3]2005): *Nation und Nationalismus*, Frankfurt/M.
Hochschild, Arlie R. (1990): *Das gekaufte Herz. Zur Kommerzialisierung der Gefühle*, Frankfurt/M.
Honneth, Axel (Hg.) (2002): *Befreiung aus der Mündigkeit. Paradoxien des gegenwärtigen Kapitalismus*, Frankfurt/M., New York.
Horkheimer, Max, Theodor W. Adorno (1969): *Dialektik der Aufklärung. Philosophische Fragmente* (1944), mit einem Nachwort von Jürgen Habermas, Frankfurt/M.
Hradil, Stefan (1992): »Alte Begriffe und neue Strukturen. Die Milieu-, Subkultur- und Lebensstilforschung der 80er Jahre«, in: ders. (Hg.), *Zwischen Sein und Bewußtsein. Die Vermittlung »objektiver« Lebensbedingungen und »subjektiver« Lebensweisen*, Opladen, S. 15-56.
Hübinger, Gangolf/Thomas Hertfelder (Hg.) (2000): *Kritik und Mandat. Intellektuelle in der deutschen Politik*, Stuttgart.
– (2001): »Intellektuelle, Intellektualismus«, in: Kippenberg, Hans G./Riesebrodt, Martin (Hg.): *Max Webers ›Religionssystematik‹*, Tübingen, S. 279-296.

– (2001): »Politische Wissenschaft um 1900 und Max Webers soziologischer Grundbegriff des ›Kampfes‹«, in: Edith Hanke/Wolfgang J. Mommsen (Hg.) (2001): *Max Webers Herrschaftssoziologie. Studien zur Entstehung und Wirkung*, Tübingen, S. 101-120.
– (2019): *Max Weber. Stationen und Impulse einer intellektuellen Biographie*, Tübingen.
Hufnagel, Gerhard (1971): *Kritik als Beruf – Der kritische Gehalt im Werk Max Webers*, Frankfurt/M.
Huff, Toby (1993): *The Rise of Early Modern Science. Islam, China, and the West*, Cambridge.
Hughes, Henry Stuart (1958): *Consciousness and Society. The Reorientation of European Social Thought 1890-1930*, New York.

Imbusch, Peter (Hg.) (1998): *Macht und Herrschaft. Sozialwissenschaftliche Konzeptionen und Theorien*, Opladen.
Immermann, Karl (1836): *Die Epigonen. Familienmemoiren in neun Büchern*, Düsseldorf.

Jacoby, Henry (1969): *Die Bürokratisierung der Welt*, Neuwied.
James, William (1997 [1901/02]): *Die Vielfalt religiöser Erfahrung. Eine Studie über die menschliche Natur*, Frankfurt/M., Leipzig.
Jaspers, Karl (1958): *Max Weber. Politiker, Forscher, Philosoph*, München.
– (1984): *Philosophische Autobiographie*, München, Zürich.
– (1988): *Max Weber. Gesammelte Schriften*, Hg. von Hans Saner, mit einer Einführung von Dieter Henrich, München.
Jellinek, Georg (²1904): *Die Erklärung der Menschen- und Bürgerrechte*, Leipzig.
Joas, Hans (2011): *Die Sakralität der Person. Eine neue Genealogie der Menschenrechte*, Berlin.
– (2017): *Die Macht des Heiligen. Eine Alternative zur Geschichte von der Entzauberung*, Berlin.
– /Helmut Steiner (Hg.) (1989): *Machtpolitischer Realismus und pazifistische Utopie: Krieg und Frieden in der Geschichte der Sozialwissenschaften*, Frankfurt/M.
Jonas, Friedrich (1976): *Geschichte der Soziologie*, 2 Bde., Opladen.
Jones, Eric (1981): *The European Miracle*, Cambridge.

Kaelber, Lutz und William H. Swatos (Hg.) (2005): *The Protestant Ethic Turns 100. Essays on the Centenary of the Weber Thesis*, London, New York.
Kaesler, Dirk (2003): *Max Weber. Eine Einführung in Leben, Werk und Wirkung*, 3. Aufl., Frankfurt/M., New York.

– (Hg.) (2004): *Klassiker der Soziologie*, München.
– (2004): Einleitung, in: Ders. (Hg.): *Max Weber: Die protestantische Ethik und der Geist des Kapitalismus*, München 2004.
– (2011): *Max Weber*, München.
– (2014): *Max Weber. Preuße – Denker – Muttersohn*, München.
Kahneman, Daniel/Paul Slovic/Amos Tversky (1982): *Judgement under Uncertainty. Heuristics and Biases*, Cambridge.
Kaiser, Michael/Harald Rosenbach (Hg.) (2014): *Max Weber in der Welt. Rezeption und Wirkung*, Tübingen.
Kalberg, Stephen (1980): »Max Weber's Types of Rationality: Cornerstones for the Analysis of Rationalization Processes in History«, in: *American Journal of Sociology* 85, S. 1145-1179.
– (1994): *Max Weber's Comparative Historical Sociology*, Cambridge.
– (2013): *Deutschland und Amerika aus der Sicht Max Webers*, Wiesbaden.
Kamphausen, Georg (2002): *Die Erfindung Amerikas in der Kulturkritik der Generation von 1890*, Weilerswist.
Kant, Immanuel (1983 [1784]): *Idee zu einer allgemeinen Geschichte in weltbürgerlicher Absicht*, in: ders., *Werke in sechs Bänden*, hg. von Wilhelm Weischedel, Bd. 6., Darmstadt, S. 31-50.
– (1983) [1785]: *Grundlegung zur Metaphysik der Sitten*, in: ders., *Werke*, Bd. 4, hg. von Wilhelm Weischedel, Darmstadt.
– (1983 [1798/1800]): *Anthropologie in pragmatischer Absicht*, in: ders., *Werke*, Bd. 6, hg. v. Wilhelm Weischedel, Darmstadt.
Kanter, Rosabeth Moss (1972): *Commitment and Community. Communes and Utopia in Sociological Perspective*, Cambridge/Mass.
Karlauf, Thomas (2007): *Stefan George. Die Entdeckung des Charisma*, München.
Kast, Bas ([2]2004): *Die Liebe und wie sich Leidenschaft erklärt*, Frankfurt/M.
Kaube, Jürgen (2014): *Max Weber. Ein Leben zwischen den Epochen*, Berlin.
Kaufmann, Thomas (2017): *Erlöste und Verdammte. Eine Geschichte der Reformation*, München.
Kautsky, Karl (1905): »Die Agrarfrage in Rußland«, in: *Neue Zeit* 24, Jg. 1/15 vom 20. 12. 1905, S. 412-423.
Keynes, John Maynard (1919): *The Social Consequences of Peace*, London, dt. *Die wirtschaftlichen Folgen des Friedensvertrages*, übers. von Moritz Julius Bonn und Carl Brinkmann, München 1920.
Kielmansegg, Peter Graf (1971): »Legitimität als analytische Kategorie«, in: *Politische Vierteljahresschrift*, 12, S. 389-401.
– (Hg.) (1976): *Legitimitätsprobleme politischer Systeme*, in: Politische Vierteljahresschrift, Sonderband 7, Opladen.
Kierkegaard, Sören (1975): *Entweder-Oder. Ein Lebensfragment* (1843), hg. von Victor Eremita, München.

Kippenberg, Hans G. (1977): *Seminar: Die Entstehung der antiken Klassengesellschaft*, Frankfurt/M.

Kippenberg, Hans G./Martin Riesebrodt (Hg.) (2001): *Max Webers ›Religionssystematik‹*, Tübingen.

Klinger, Cornelia (2003): »Ungleichheit in den Verhältnissen von Klasse, Rasse und Geschlecht«, in: Knapp, Gudrun-Axeli/Angelika Wetterer (Hg.), *Achsen der Differenz. Gesellschaftstheorie und feministische Theorie II*, Münster, S. 14-49.

Knight, Frank H. (1921): *Risk, Uncertainty, and Profit*, Boston, New York.

Knöbl, Wolfgang (2001): *Spielräume der Modernisierung. Das Ende der Eindeutigkeit*, Weilerswist 2001.

Kocka, Jürgen (1973): »Karl Marx und Max Weber im Vergleich. Sozialwissenschaften zwischen Dogmatismus und Dezisionismus«, in: Hans-Ulrich Wehler (Hg.): *Geschichte und Ökonomie*, Köln.

– (Hg.) (1986): *Max Weber, der Historiker*, Göttingen.

– (Hg.) (1987): *Bürger und Bürgerlichkeit im 19. Jahrhundert*, Göttingen.

– (2015): *Geschichte des Kapitalismus*, München.

König, Matthias (2002): *Menschenrechte bei Durkheim und Weber*, Frankfurt/M., New York.

König, René/Johannes Winckelmann (Hg.) (1963): *Max Weber zum Gedächtnis*, Opladen.

Koopmann, Helmut (2004): *Goethe und Frau von Stein. Geschichte einer Liebe*, München.

Kopp, Manfred/Hans-Peter Müller (1980): *Herrschaft und Legitimität in modernen Industriegesellschaften*, München.

Koselleck, Reinhart (1982): »Herrschaft«, in: Otto Brunner/Werner Conze/ders. (Hg.): *Geschichtliche Grundbegriffe. Historisches Lexikon zur politisch-sozialen Sprache in Deutschland*, Bd. 3, Stuttgart, S. 1-102.

Kraemer, Klaus/Florian Brugger (Hg.) (2017): *Schlüsselwerke der Wirtschaftssoziologie*, Wiesbaden.

Krasner, Stephen D. (1999): *Sovereignty. Organized Hypocrisy*, Princeton.

Krech, Volkhard (2018): »Religion«, in: Hans-Peter Müller/Tilman Reitz (Hg.), *Simmel-Handbuch. Begriffe, Hauptwerke, Aktualität*, Berlin, S. 453-460.

– (2018): ›Die Religion‹, in: Hans-Peter Müller/Tilman Reitz (Hg.), *Simmel-Handbuch. Begriffe, Hauptwerke, Aktualität*, Berlin, S. 682-690.

Kreckel, Reinhard ([3]2004): *Politische Soziologie der sozialen Ungleichheit*, Frankfurt/M.

Kroll, Thomas (2001): »Max Webers Idealtypus der charismatischen Herrschaft und die zeitgenössische Charisma-Debatte«, in: Edith Hanke/Wolfgang J. Mommsen (Hg.) (2001): *Max Webers Herrschaftssoziologie. Studien zur Entstehung und Wirkung*, Tübingen, S. 47-72.

Krüger, Christa (2001): *Max und Marianne Weber. Tag- und Nachtansichten einer Ehe*, Zürich.

Kruse, Volker/Uwe Barrelmeyer (2012): *Max Weber. Eine Einführung*, Konstanz, München.

Kuchler, Barbara/Stefan Beher (Hg.) (2014): *Soziologie der Liebe. Romantische Beziehungen in theoretischer Perspektive*, Berlin.

Kuhn, Thomas (2003): *Die Struktur wissenschaftlicher Revolutionen*, Frankfurt/M.

Küenzlen, Gottfried (1980): *Die Religionssoziologie Max Webers*, Berlin.

Landes, David S., (1986): *Der entfesselte Prometheus. Technologischer Wandel und industrielle Entwicklung in Westeuropa von 1750 bis zur Gegenwart*, Köln.

– (1998): *The Wealth and Poverty of Nations. Why some are so rich and some so poor*, New York, London, dt. *Wohlstand und Armut der Nationen. Warum einige so reich sind and andere so arm*, Berlin 2009.

– (2006): »Why Europe and the West? Why not China?«, in: *Journal of Economic Perspectives* 20, 2, S. 3-22.

Landshut, Siegfried (1969): *Kritik der Soziologie und andere Schriften zur Politik*, Neuwied, Berlin.

Laslett, Peter ([2]1979): *Locke's Two Treatises of Government. A Critical Edition with Introduction and Notes*, Cambridge.

Lebow, Richard Ned (Hg.) (2017): *Max Weber and International Relations*, Cambridge.

Lehmann, Hartmut (2009): *Die Entzauberung der Welt. Studien zu Themen von Max Weber*, Göttingen.

– /Guenther Roth (Hg.) (1993): *Weber's Protestant Ethic. Origins, Evidence, Contexts*, Cambridge.

– /Jean Martin Ouédraogo (Hg.) (2003): *Max Webers Religionssoziologie in interkultureller Perspektive*, Göttingen.

Lenski, Gerhard (1973): *Macht und Privileg. Eine Theorie der sozialen Schichtung*, Frankfurt/M.

Lepenies, Wolf (1985): *Die drei Kulturen. Soziologie zwischen Literatur und Wissenschaft*, München.

Leppin, Volker (2016): *Die fremde Reformation. Luthers mystische Wurzeln*, München.

Lepsius, M. Rainer (1990): *Interessen, Ideen und Institutionen*, Opladen.

– (1990): »Soziale Ungleichheit und Klassenstrukturen in der Bundesrepublik Deutschland«, in: ders., *Interessen, Ideen und Institutionen*, Opladen, S. 117-152.

– (1990): »Zur Soziologie des Bürgertums und der Bürgerlichkeit«, in: ders., *Interessen, Ideen und Institutionen*, Opladen, S. 153-169.

– (1993): *Demokratie in Deutschland. Soziologisch-historische Konstellationsanalysen*, Göttingen.
– (2003): »Eigenart und Potenzial des Weber-Paradigmas«, in: Gert Albert/Bienfait, Agathe/ Sigmund, Steffen/ Wendt, Claus (Hg.): *Das Weber-Paradigma. Studien zur Weiterentwicklung von Max Webers Forschungsprogramm*, Tübingen, S. 32-41.
– (2004): »Mina Tobler, die Freundin Max Webers«, in: Bärbel Meurer (Hg.), *Marianne Weber. Beiträge zu Werk und Person,* Tübingen, S. 77-89.
– (2007): »Max Weber (1864-1920). Begründer der modernen Sozialwissenschaften«, in: Ulrike Leutheusser/Heinrich Nöth (Hg.): *München leuchtet für die Wissenschaft*, München, S. 64-74.
– (2008): »Die Soziologie und die Kriterien sozialer Rationalität«, in: Adalbert Hepp/Martina Löw, *M. Rainer Lepsius. Soziologie als Profession,* Frankfurt/M., S. 151-160.
– (2013): »Max Weber und die Gründung der Deutschen Gesellschaft für Soziologie«, in: Hans-Georg Soeffner/Kathy Kursawe (Hg.): *Transnationale Vergesellschaftungen: Verhandlungen des 35. Kongresses der Deutschen Gesellschaft für Soziologie in Frankfurt/M. 2010*, Berlin, S. 775-785.
– (2016): »Max Webers Liebe zu Else Jaffé«, in: ders., *Max Weber und seine Kreise*, S. 232-251.
– (2016): *Max Weber und seine Kreise. Essays*, Tübingen.
Lessenich, Stephan (2016): *Neben uns die Sintflut. Die Externalisierungsgesellschaft und ihr Preis*, München.
Leuschner, Vincenz (2011): *Politische Freundschaften. Informelle Beziehungen im Bundestag,* Baden-Baden.
Lévi-Strauss, Claude: *Das wilde Denken*, Frankfurt/M. 1968.
Lichtblau, Klaus (1996): *Kulturkrise und Soziologie um die Jahrhundertwende*, Frankfurt/M.
– (2001): »Ressentiment, negative Privilegierung, Parias«, in: Kippenberg, Hans G./Martin Riesebrodt (Hg.): *Max Webers ›Religionssystematik‹*, Tübingen, S. 279-296.
– (Hg.) (2006): *Max Webers ›Grundbegriffe‹. Kategorien der kultur- und sozialwissenschaftlichen Forschung*, Wiesbaden.
– (2011): *Die Eigenart der kultur- und sozialwissenschaftlichen Begriffsbildung*, Wiesbaden.
– (2012): »Max Webers Verständnis von ›Sozialökonomik‹: werkgeschichtliche Betrachtungen zum Ursprung seiner Verstehenden Soziologie«, in: Georg Peter/ Reuß-Markus Krauße (Hg.): *Selbstbeobachtung der modernen Gesellschaft und die neuen Grenzen des Sozialen*, Berlin, S. 203-214.
– (2017): *Zwischen Klassik und Moderne. Die Modernität der klassischen deutschen Soziologie,* Wiesbaden.

Lindenberg, Siegwart (1985): »An Assessment of the New Political Economy: Its Potential for the Social Sciences and Sociology in Particular«, in: *Sociological Theory* 3, S. 99-114.
Lindenlaub, Dieter (1967): *Richtungskämpfe im Verein für Sozialpolitik*, Wiesbaden.
Lipset, Seymour Martin (1963): *The First New Nation. The United States in Historical and Comparative Perspective*, New York.
– (1981): »Whatever happened to the Proletariat? An Historical Mission Unfulfilled«, in: *Encounter* 56, S. 18-34.
Llanque, Marcus (2007): »Max Weber on the Relation between Power Politics and Political Ideals«, in: *Constellations* 14/4, S. 483-497.
Lockwood, David (1981): »The Weakest Link in the Chain. Some Remarks on the Marxist Theory of Action«, in: *Research in the Sociology of Work* 1, S. 435-481, dt. »Das schwächste Glied in der Kette. Einige Anmerkungen zur marxistischen Handlungstheorie«, in: *PROKLA. Zeitschrift für kritische Sozialwissenschaft* 15/85 (1985), S. 5-34.
Loos, Fritz (1970): *Zur Wert- und Rechtslehre Max Webers*, Tübingen.
Lovejoy, Arthur O. (1985): *Die große Kette der Wesen. Geschichte eines Gedankens* (1936), Frankfurt/M.
Loewenstein, Karl (1965): *Max Webers staatspolitische Auffassungen in der Sicht unserer Zeit*, Frankfurt/M., Bonn.
Löwith, Karl (1973): *Weltgeschichte und Heilsgeschehen*, Stuttgart.
– (1988): »Max Weber und Karl Marx«, in: ders.: *Sämtliche Schriften*, Bd. 5. Stuttgart, S. 324-407.
– (1988a): »Von Hegel zu Nietzsche«, in: ders.: *Sämtliche Schriften*, Bd. 4. Stuttgart.
Luckmann, Thomas (1992): *Theorie des sozialen Handelns*, Berlin.
Lübbe, Hermann (1963): *Politische Philosophie in Deutschland. Studien zu ihrer Geschichte*, Basel, Stuttgart.
Lübbe, Weyma (1991): *Legitimität kraft Legalität. Sinnverstehen und Institutionenanalyse bei Max Weber und seinen Kritikern*, Tübingen.
Luhmann, Niklas (1964): *Funktionen und Folgen formaler Organisation*, Berlin.
– (1965): *Grundrechte als Institution. Ein Beitrag zur politischen Soziologie*, Berlin.
– (1971): *Politische Planung. Aufsätze zur Soziologie von Politik und Planung*, Opladen.
– (1973): *Zweckbegriff und Systemrationalität. Über die Funktion von Zwecken in sozialen Systemen*, Frankfurt/M.
– (^{2}1973): *Vertrauen. Ein Mechanismus der Reduktion sozialer Komplexität*, Stuttgart.
– (1975): *Legitimation durch Verfahren*, Neuwied.

– (1975): *Macht*, Stuttgart.
– (1975): »Interaktion, Organisation, Gesellschaft«, in: ders., *Soziologische Aufklärung 2. Aufsätze zur Theorie der Gesellschaft*, Opladen, S. 9-24.
– (1981): *Politische Theorie im Wohlfahrtsstaat*, München.
– (1984): *Soziale Systeme. Grundriß einer allgemeinen Theorie*, Frankfurt/M.
– (Hg.) (1985): *Soziale Differenzierung. Zur Geschichte einer Idee*, Opladen.
– (1993): »›Was ist der Fall?‹ und ›Was steckt dahinter?‹ – Die zwei Soziologien und die Gesellschaftstheorie«, in: *Zeitschrift für Soziologie* 22, S. 245-260.
– (1998), *Die Gesellschaft der Gesellschaft*, 2 Bde., Frankfurt/M.
– (2000): »Dabeisein und Dagegensein. Anregungen zu einem Nachruf auf die Bundesrepublik«, in: ders., *Short Cuts*, Frankfurt/M., S. 81-87.
Lukács, Georg (1962): »Die Zerstörung der Vernunft«, in: ders., *Werke*, Bd. 9, Neuwied.
– (1968): *Geschichte und Klassenbewußtsein. Studien zur marxistischen Dialektik*, Neuwied, Berlin.
Lukes, Steven (1974): *Power. A Radical View*, London.
– (Hg.) (1986): *Power*, New York.
Luxemburg, Rosa (1974): »Die Russische Revolution« [1906], in: dies., *Gesammelte Werke*, Bd. 2.5, Berlin.

Mackert, Jürgen (1994): *Kampf um Zugehörigkeit. Nationale Staatsbürgerschaft als Modus sozialer Schließung*, Opladen.
– (Hg.) (2004): *Die Theorie sozialer Schließung. Tradition, Analysen, Perspektiven*, Wiesbaden.
– /Hans-Peter Müller (Hg.) (2007): *Moderne (Staats)Bürgerschaft. Nationale Staatsbürgerschaft und die Debatten der Citizenship Studies*, Wiesbaden.
Maddison, Angus (2001): *The World Economy. A Millennial Perspective*, Paris.
Mann, Michael (1986): *The Sources of Social Power*, Vol. 1: A History of Power from the Beginnings to A.D. 1760, Cambridge, dt. *Geschichte der Macht*, Bd. 1, Frankfurt/M., New York.
Manow, Philip (2019): »Demokratisierung der Demokratie«, in: *Merkur. Deutsche Zeitschrift für Europäisches Denken* 73, 847, S. 5-15.
March, James G./Johan P. Olsen (1989): *Rediscovering Institutions. The Organizational Basis of Politics*, New York.
Marra, Realino (1995): *La libertà degli ultimi uomini. Studi sul pensiero giuridico e politico di Max Weber*, Turin.
Marramao, Giacomo (1999): *Die Säkularisierung der westlichen Welt*, Frankfurt/M., Leipzig.

Marshall, Alfred (1890): *Principles of Economics*, London.
Marshall, Gordon (1982): *In Search of the Spirit of Capitalism. An Essay on Max Weber's Protestant Ethic Thesis*, New York.
Marty, Christian (2019): *Max Weber. Ein Denker der Freiheit*, Weinheim, Basel.
Marx, Karl (1973): *Das Kapital. Kritik der Politischen Ökonomie* (1867), Bd. 1, in: Marx-Engels-Werke (MEW), Bd. 23, Berlin.
– (1978): »Zur Kritik der Hegelschen Rechtsphilosophie, Einleitung«, in: Marx-Engels-Werke (MEW), Bd. I, Berlin.
– (1978): »Der achtzehnte Brumaire des Louis Bonaparte«, in: Marx-Engels-Werke (MEW), Bd. 8, Berlin, S. 111-207.
– /Friedrich Engels (1977): *Manifest der kommunistischen Partei*, in: Marx-Engels-Werke (MEW), Bd. 4, Berlin, S. 459-493.
Mau, Steffen (2012): *Lebenschancen. Wohin driftet die Mittelschicht?*, Frankfurt/M.
Maurer, Andrea (Hg.) (2008): *Handbuch der Wirtschaftssoziologie,* Wiesbaden.
– (Hg.) (2010): *Wirtschaftssoziologie nach Max Weber*, Wiesbaden.
– /Uwe Schimank (Hg.), *Die Rationalitäten des Sozialen*, Wiesbaden.
Mazower, Mark (2000): *Der dunkle Kontinent. Europa im 20. Jahrhundert*, Berlin.
Mayntz, Renate (Hg.) (1968): *Bürokratische Organisation*, Köln.
– (1977): *Soziologie der Organisation*, Reinbek.
McAuley, Christopher A. (2019): *The Spirit vs. the Souls: Max Weber, W. E. B. Du Bois, and the Politics of Scholarship (African American Intellectual Heritage)*, Indiana.
McClelland, David (1961): *The Achieving Society*, Princeton.
Meier, Christian (1988): »Max Weber und die Antike«, in: Gneuss, Christian/Jürgen Kocka (Hg.): *Max Weber. Ein Symposion*, München, S. 11-24.
– /Reinhart Koselleck (1975): »Fortschritt«, in: Otto Brunner/Reinhart Koselleck/Werner Conze (Hg.), *Geschichtliche Grundbegriffe. Historisches Lexikon zur politisch-sozialen Sprache in Deutschland*, Bd. 2, Stuttgart, S. 351-423.
Meier, Frank/Uwe Schimank, Uwe (2014): »Bürokratie als Schicksal? Max Webers Bürokratiemodell im Lichte der *Organizational Studies,* in: Müller, Sigmund (Hg.), *Max Weber-Handbuch,* S. 355-361.
Mercure, Daniel/Jan Spurk (Hg.) (2003): *Le travail dans l'histoire de la pensée occidentale,* Québec.
Merton, Robert K. (1968): »Manifest and Latent Functions«, in: ders., *Social Theory and Social Structure*, New York, London, S. 73-138
– (1985): »Der Matthäus-Effekt in der Wissenschaft« (1968), in: Ders.,

Entwicklung und Wandel von Forschungsinteressen. Aufsätze zur Wissenschaftssoziologie, Frankfurt/M., S. 147-171.

Merz, Peter-Ulrich (1990): *Max Weber und Heinrich Rickert. Die erkenntnistheoretischen Grundlagen der verstehenden Soziologie*, Würzburg.

Merz-Benz, Peter-Ulrich/Gerhard Wagner (2007): »Idealtypus und Verstehen: Max Webers Logik der Handlungsdeutung«, in: Carsten Klingemann (Hg.): *Soziologisches Erbe: Georg Simmel, Max Weber, Soziologie und Religion, Chicagoer Schule der Soziologie*, Wiesbaden, S. 53-66.

Meurer, Bärbel (2010): *Marianne Weber: Leben und Werk*, Tübingen.

Michels, Robert (1911): *Zur Soziologie des Parteiwesens in der modernen Demokratie. Untersuchungen über die oligarchischen Tendenzen des Gruppenlebens*, Leipzig.

Milanović, Branko (2016): *Die ungleiche Welt. Migration, das Eine Prozent und die Zukunft der Mittelschicht*, Berlin.

Miller, Max/Hans-Georg Soeffner (Hg.) (1996): *Modernität und Barbarei. Soziologische Zeitdiagnose am Ende des 20. Jahrhunderts*, Frankfurt/M.

Mills, C. Wright (1963): *Power, Politics & People. The Collected Essays of C. Wright Mills*, hrsg. u. mit einer Einl. von Irving Louis Horowitz, London u. a.

Milton, John (2008): *Das verlorene Paradies* (1667), Wiesbaden.

Mitzman, Arthur (1969): *The Iron Cage. An Historical Interpretation of Max Weber*, New York.

Mommsen, Wolfgang (³2004): *Max Weber und die deutsche Politik*, Tübingen.

– (1974): *Max Weber. Gesellschaft, Politik und Geschichte*, Frankfurt/M.

– /Wolfgang Schwentker (Hg.) (1988): *Max Weber und seine Zeitgenossen*, Göttingen.

Mokyr, Joel (1990): *The Lever of Riches. Technological Creativity and Progress*, Cambridge.

Morcillo Laiz, Alvaro (2009): »Vom Lauf der Ideen. Max Webers Rezeption in Süd- und Mittelamerika«, in: *WeltTrends* 66, S. 101-108.

Mosler, Peter (1977): *Was wir wollten, was wir wurden. Zeugnisse der Studentenrevolte*, Reinbek.

Müller, Hans-Peter (1992): »Gesellschaftliche Moral und individuelle Lebensführung. Ein Vergleich von Emile Durkheim und Max Weber«, in: *Zeitschrift für Soziologie* 21, S. 49-60.

– (1994): »Abschied von der Klassengesellschaft? Über ein ›Menetekel‹ im Spiegel der soziologischen Diskussion«, in: Christoph Görg (Hg.): *Gesellschaft im Übergang*, Darmstadt, S. 120-140.

– (³1997): *Sozialstruktur und Lebensstile. Der neuere Diskurs über soziale Ungleichheit*, Frankfurt/M.

– (1997): »Sinn deuten. Über soziologische Zeitdiagnostik«, in: *Merkur. Deutsche Zeitschrift für Europäisches Denken* 51, H. 577, S. 352-357.
– (2003): »Kultur und Lebensführung durch Arbeit?«, in: Gert Albert/Agathe Bienfait/Steffen Sigmund/Claus Wendt (Hg.): *Das Weber-Paradigma. Studien zur Weiterentwicklung von Max Webers Forschungsprogramm*, Tübingen, S. 271-297.
– (2003): »Travail, Profession et ›Vocation‹. Le Concept de Travail chez Max Weber«, in: Daniel Mercure/Jan Spurk (Hg.), *Le travail dans l'Histoire*, S. 251-277.
– (2004): »Editorial«, in: *Berliner Journal für Soziologie* 14: Zur Methodologie der Sozialwissenschaften: 100 Jahre Max Webers Objektivitätsaufsatz, S. 435-438.
– (2004): »Das Gefühl, ein Problem zu sein. Über W. E. B. Du Bois«, in: *Merkur* 660, S. 344-348.
– (2006): »Europäischer Kapitalismus?«, in: Robert Hettlage/Hans-Peter Müller (Hg.), *Die Europäische Gesellschaft*, Konstanz, S. 249-269.
– (2007): »Die Zukunft der Klassengesellschaft«, in: *Merkur. Deutsche Zeitschrift für Europäisches Denken* 61, 695, S. 189-199.
– (2007): »Auf dem Weg in eine europäische Gesellschaft? Begriffsproblematik und theoretische Perspektiven«, in: *Berliner Journal für Soziologie* 1, S. 7-31.
– (2007): *Max Weber. Eine Einführung in sein Werk*, Köln u. a.
– (2008): »Lebenschancen und Lebensstile. Die kulturellen Dimensionen sozialer Schichtung«, in: Steffen Sigmund u. a. (Hg.), *Soziale Konstellation und historische Perspektive. Festschrift für M. Rainer Lepsius*, Wiesbaden, S. 177-206.
– (2011): »Rationalität, Rationalisierung, Rationalismus. Von Weber zu Bourdieu?«, in: Maurer/Schimank, *Die Rationalitäten des Sozialen*, S. 43-64.
– (2011): »Goethe: The Ambivalence of Modernity and the Faustian Ethos of Personality«, in: Edling, Christofer/Jens Rydgren (Hg.): *Sociological Insights of Great Thinkers. Sociology through Literature, Philosophy, and Science*, Santa Barbara u. a., S. 169-176.
– (2012): »Max Weber in Amerika«, in: *Merkur* 756, S. 433-440.
– (2014): *Pierre Bourdieu. Eine systematische Einführung*, Berlin.
– (2014): »Lebensführung und Lebenskunst im Zeitalter der Unsicherheit«, in: Aulenbacher/Dammayr (Hg.), *Für sich und andere sorgen. Krise und Zukunft von Care in der modernen Gesellschaft*, S. 18-30.
– (2015): »Meritokratie als Schimäre? Gleichheit und Ungleichheit in Bildungsprozessen und ihre Folgen«, in: Ders./Tilman Reitz (Hg.), *Bildung und Klassenbildung. Kritische Perspektiven auf eine Leitinstitution der Gegenwart*, Weinheim, Basel, S. 104-122.

– (2016): »Wozu Lebensführung? Eine forschungsprogrammatische Skizze im Anschluss an Max Weber«, in: Alleweldt et al. (Hg.), *Lebensführung heute*, S. 23-52.
– (2017): »Max Webers Sozialökonomik«. In: Klaus Kraemer/Florian Brugger (Hg.): *Schlüsselwerke der Wirtschaftssoziologie*, Wiesbaden, S. 89-134.
– (2017): »Von der Meritokratie zur Expertokratie? Bedeutung und Wandel des Leistungsideals ›sozialer Gerechtigkeit‹«, in: Brigitte Aulenbacher et al. (Hg.), *Leistung und Gerechtigkeit. Das umstrittene Versprechen des Kapitalismus*, Weinheim, Basel, S. 46-63.
– (2019): »Eine neue Soziologie für eine neue große Transformation?«, in: Dörre et al., *Große Transformation?*, S. 549-566.
– (2019): »Émile Durkheims Moraltheorie«, in: ders., *Das soziologische Genie und sein solides Handwerk. Studien zu Émile Durkheims Forschungsprogramm*, Wiesbaden, S. 127-156.
– /Michael Schmid (Hg.) (1998): *Norm, Herrschaft und Vertrauen. Beiträge zu James Colemans Grundlagen der Sozialtheorie*, Wiesbaden.
– /Michael Schmid (Hg.) (2003): *Hauptwerke der Ungleichheitsforschung*, Opladen.
– /Steffen Sigmund (Hg.) (2014): *Max Weber-Handbuch. Leben – Werk – Wirkung*, Stuttgart, 2. erw. Aufl. 2020.
– /Tilman Reitz (Hg.) (2018): *Simmel-Handbuch. Begriffe, Hauptwerke, Aktualität, Berlin.*
Münch, Richard (1982): *Theorie des Handelns. Zur Rekonstruktion der Beiträge von Talcott Parsons, Emile Durkheim und Max Weber*, Frankfurt/M.
Münkler, Herfried (Hg.) (1994): *Lust an der Erkenntnis: Politisches Denken im 20. Jahrhundert*, München.
– (1995): »Max Weber und der Sozialismus«, in: Max Weber, *Der Sozialismus*, hg. von Herfried Münkler, Weinheim, S. 7-67.
– /Harald Bluhm (Hg.) (2001): *Gemeinwohl und Gemeinsinn. Historische Semantiken politischer Leitbegriffe*, Berlin.
Münsterberg, Hugo (2009): *Die Amerikaner* (1904), 2 Bde., Charleston.

Nagel, Thomas (1992): *Der Blick von nirgendwo*, Frankfurt/M.
Neal, Larry/Jeffrey G. Williamson (2014): *The Cambridge History of Capitalism*, 2 Bde., Cambridge.
Needham, Joseph (1954-1965): *Science and Civilization in China*, 4 Bde., Cambridge 1954-1965, dt. *Wissenschaft und Zivilisation in China*, Bd. 1, Frankfurt/M. 1984.
– /Wang Ling/Derek J. de Solla Price (1960): *Heavenly Clockwork*, Cambridge.
Nelson, Benjamin (1984): *Der Ursprung der Moderne*, Frankfurt/M.

Nietzsche, Friedrich ([2]1988): *Genealogie der Moral*, in: ders., *Kritische Studienausgabe in 15 Bänden*, Bd. 5, hg. von Giorgio Colli und Mazzino Montinari, Berlin, New York, S. 245-412.
– ([2]1988): *Jenseits von Gut und Böse. Vorspiel einer Philosophie der Zukunft*, in: ders., *Kritische Studienausgabe*, Bd. 5, hg. von Giorgio Colli, Mazzino Montinari, München, S. 9-243
Nippel, Wilfried (Hg.) (2000): *Virtuosen der Macht. Herrschaft und Charisma von Perikles bis Mao*, München.
Noguchi, Masahiro (2006): »Universalgeschichtliche Probleme in der japanischen Weber-Diskussion«, in: Ay, Karl Ludwig/Knut Borchardt (Hg.), *Das Faszinosum Max Weber. Die Geschichte seiner Geltung*, Konstanz, S. 123-133.
Norkus, Zenonas (2001): *Max Weber und Rational Choice*, Marburg.
North, Douglass C. (1992): *Institutionen, institutioneller Wandel und Wirtschaftsleistung*, Tübingen.
– /Robert P. Thomas (1973): *The Rise of the Western World. A New Economic History*, Cambridge.
Nusser, Karl-Heinz (1986): *Kausale Prozesse und sinnerfassende Vernunft. Max Webers philosophische Fundierung der Soziologie und der Kulturwissenschaften*, Freiburg i.Br., München.
Nutzinger, Hans G. (2002): *Religion, Werte und Wirtschaft. China und der Transformationsprozess in Asien*, Marburg.

Oakes, Guy (1990): *Die Grenzen kulturwissenschaftlicher Begriffsbildung. Heidelberger Max-Weber-Vorlesungen 1982*, Frankfurt/M.
Oevermann, Ulrich (1996): »Theoretische Skizze einer revidierten Theorie professionalisierten Handelns«, in: Arno Combe, Werner Helsper (Hg.), *Pädagogische Professionalität. Untersuchungen zum Typus pädagogischen Handelns*, Frankfurt/M.
Offe, Claus (1972): *Strukturprobleme des kapitalistischen Staates*, Frankfurt/M.
– (2001): »Gibt es eine europäische Gesellschaft? Kann es sie geben?«, in: *Blätter für deutsche und internationale Politik* 4, S. 423-435.
– (2004): *Selbstbetrachtung aus der Ferne. Tocqueville, Weber und Adorno in den Vereinigten Staaten*, Frankfurt/M.
Okun, Arthur (1975): *Equality and Efficiency, The Big Trade-off*, Washington.
Ossowski, Stanislaw (1962): *Die Klassenstruktur im sozialen Bewußtsein*, Neuwied.
Osterhammel, Jürgen (1998): *Die Entzauberung Asiens. Europa und die asiatischen Reiche im 18. Jahrhundert*, München.
– (2014): *Die Verwandlung der Welt. Eine Geschichte des 19. Jahrhunderts*, München.

Palonen, Kari (1998): *Der ›Webersche Moment‹. Zur Kontingenz des Politischen*, Opladen.
– (2012): »Der Begriff des Parlamentarismus bei Max Weber«, in: Olaf Asbach/Rieke Schäfer/Veith Selk/Alexander Weiß/Michael Th. Greven/Kerstin Kock (Hg.): *Zur kritischen Theorie der politischen Gesellschaft: Festschrift für Michael Th. Greven zum 65. Geburtstag*. Berlin, S. 194-206.
Pankoke, Eckart (1970): *Sociale Bewegung – Sociale Frage – Sociale Politik. Grundfragen der Sozialwissenschaft im 19. Jahrhundert*, Stuttgart.
Parkin, Frank (1979): *Marxism and Class Theory. A Bourgeois Critique*, London.
Parsons, Talcott (1951): *The Social System*, London.
– (1968): *The Structure of Social Action*, 2 Bde. (1937), New York.
Pautler, Stefan (2015): »Ernst Troeltschs ›Die Soziallehren der christlichen Kirchen und Gruppen‹«, in: *Akademie aktuell* 1, S. 1-5.
Peters, Tom (2001): *TOP 50 Selbstmanagement. Machen Sie aus sich die Ich AG*, München.
Peukert, Detlev J. K. (1989): *Max Webers Diagnose der Moderne*, Göttingen.
Piketty, Thomas (2014): *Das Kapital im 21. Jahrhundert*, München.
Plessner, Helmuth (1974): *Die verspätete Nation. Über die politische Verführbarkeit bürgerlichen Geistes* (1935), Frankfurt/M.
– (2003): *Die Stufen des Organischen und der Mensch* (1928), Frankfurt/M.
Poggi, Gianfranco (2001): *Forms of Power*, Cambridge.
Polanyi, Karl (1973): *The Great Transformation. Politische und ökonomische Ursprünge von Gesellschaften und Wirtschaftssystemen* (1944), Frankfurt/M.
Popitz, Heinrich (1969): *Prozesse der Machtbildung*, Tübingen.
Popper, Karl (1966): *Logik der Forschung*, Tübingen.
– (1975): *Die offene Gesellschaft und ihre Feinde*, München.
– (1989): *Conjectures and Refutations. The Growth of Scientific Knowledge*, London.
Powell, Walter L./ Paul DiMaggio (Hg.) (1991): *The New Institutionalism in Organizational Analysis*, Chicago u. a.
Prager, Jeffrey (1981): »Moral Integration and Political Inclusion. A Comparison of Durkheim's and Weber's Theories of Democracy«, in: *Social Forces* 59, 4, S. 918-950.
Preisendörfer, Bruno (2017): *Als unser Deutsch erfunden wurde. Reise in die Lutherzeit*, Berlin.
Prewo, Rainer (1979): *Max Webers Wissenschaftsprogramm*, Frankfurt/M.
Prisching, Manfred (2018): *Zeitdiagnose. Methoden, Modelle, Motive*, Weinheim, Basel.
Putnam, Robert (2000): *Bowling alone. The Collapse and Revival of American Community*, New York.

Quensel, Bernhard K. (2007): *Max Webers Konstruktionslogik: Sozialökonomik zwischen Geschichte und Theorie*, Baden-Baden.

Raab, Jürgen (2011): Lebensführung und Lebensstile: Individualisierung, Vergemeinschaftung und Vergesellschaftung im Prozess der Modernisierung. In: Friedrich Jaeger/Jörn Rüsen (Hg.): *Handbuch der Kulturwissenschaften*. Bd. 3: *Themen und Tendenzen*, Stuttgart, Weimar, S. 341-356.

Radkau, Joachim (2005): *Max Weber. Die Leidenschaft des Denkens*, München.

Raiser, Thomas (2006): *Grundlagen der Rechtssoziologie*, Tübingen.

Raulff, Ulrich (2009): *Kreis ohne Meister. Stefan Georges Nachleben*, München.

Rawls, John (1975): *Eine Theorie der Gerechtigkeit*, Frankfurt/M.

Reckwitz, Andreas (2000): *Die Transformation der Kulturtheorien: Zur Entwicklung eines Theorieprogramms*, Weilerswist.

– (2017): *Die Gesellschaft der Singularitäten*, Berlin.

Rehberg, Karl-Siegbert (1994): »Kulturwissenschaft und Handlungsbegrifflichkeit. Anthropologische Überlegungen zum Zusammenhang von Handeln und Ordnung in der Soziologie Max Webers«, in: Wagner, Gerhard/Heinz Zipprian (Hg.), *Max Webers Wissenschaftslehre. Interpretation und Kritik*, Frankfurt/M., S. 602-661.

Rehbinder, Manfred (1963): »Max Webers Rechtssoziologie: Eine Bestandsaufnahme«, in: König, René/Johannes Winckelmann (Hg.): *Max Weber zum Gedächtnis*, Opladen, S. 470-488.

Reich, Robert (1991): *The Work of Nations. Preparing Ourselves for 21st Century Capitalism*, New York.

Reinhard, Wolfgang (2016): *Die Unterwerfung der Welt. Globalgeschichte der Europäischen Expansion 1415-2015*, München.

Renan, Ernest (1993): »Was ist eine Nation? Rede an der Sorbonne vom 11. März 1882«, in: Michael Jeismann/Henning Ritter (Hg.), *Grenzfälle – Über neuen und alten Nationalismus*, Leipzig, S. 308.

Richthofen, Elisabeth von (1901): *Über die historischen Wandlungen in der Stellung der autoritären Parteien zur Arbeitsschutzgesetzgebung und die Motive dieser Wandlungen*, Diss. phil. Heidelberg.

Riedel, Manfred (2006): *Geheimes Deutschland. Stefan George und die Brüder Stauffenberg*, Köln, Wien, Weimar.

Riesebrodt, Martin (1990): *Fundamentalismus als patriarchalische Protestbewegung*. Tübingen.

– (2001): »Charisma«, in: Kippenberg, Hans G./Martin Riesebrodt (Hg.) (2001): *Max Webers ›Religionssystematik‹*, Tübingen, S. 279-296.

Riesman, David (1968): *Die einsame Masse. Eine Untersuchung der Wandlungen des amerikanischen Charakters*, Reinbek.

Ringer, Fritz K. (2004): *Max Weber. An Intellectual Portrait*, Chicago.

Röcke, Anja (2006): *Losverfahren und Demokratie. Historische und demokratietheoretische Perspektiven*, Münster.

Rogers, Howard J. (Hg.) (1905-6): *Congress of Arts and Science: Universal Exposition, St. Louis, 1904*, 6 Bde., Boston.

Rosa, Hartmut (2016): *Resonanz. Eine Soziologie der Weltbeziehung*, Berlin.

Rossi, Pietro (1987): *Vom Historismus zur historischen Sozialwissenschaft. Heidelberger Max-Weber-Vorlesungen 1985*, Frankfurt/M.

Roth, Guenther (1979 [1962]): *The Social Democrats in Imperial Germany. A Study in Working-Class Isolation and National Integration*, New York.

– (1987): *Politische Herrschaft und persönliche Freiheit. Heidelberger Max-Weber-Vorlesungen 1983*, Frankfurt/M.

– (1989): »Marianne Weber und ihr Kreis«. Einleitung zur Taschenbuchausgabe von: Marianne Weber: *Max Weber. Ein Lebensbild*. München, S. IX-LXXII.

– (2001): *Max Webers deutsch-englische Familiengeschichte 1800-1950*, Tübingen.

– /Claus Wittich (Hg.) (1968): Max Weber – Economy and Society. An Outline of Interpretative Sociology, New York.

– /Wolfgang Schluchter (1979): *Max Weber's Vision of History*, Berkeley.

Rothkopf, David (2009): *Die Super-Klasse. Die Welt der internationalen Machtelite*, München.

Rousseau, Jean-Jacques (1978): *Schriften*, 2 Bde., hg. von Henning Ritter, München.

Ruano de la Fuente, Yolanda (1996): *Racionalidad y conciencia trágica. La modernidad ségun Max Weber*, Madrid.

– (2006): »Max Weber in the Spanish-speaking World«, in: Ay, Karl-Ludwig/Knut Borchardt (Hg.), *Das Faszinosum Max Weber. Die Geschichte seiner Geltung*, Konstanz, S. 135-167.

Rueschemeyer, Dietrich (1986): *Power and the Division of Labour*, Cambridge.

Runciman, Walter G. (1972): *A Critique of Max Weber's Philosophy of Social Science*, Cambridge.

Saar, Martin (2007): *Genealogie als Kritik. Geschichte und Theorie des Subjekts nach Nietzsche und Foucault*, Frankfurt/M.

Sachweh, Patrick/Sascha Münnich (Hg.) (2017): *Kapitalismus als Lebensform. Deutungsmuster, Legitimation und Kritik in der Marktgesesellschaft*, Wiesbaden.

Salomon, Albert (2008): *Werke*, Bd. 1+2, hg. v. Peter Gostmann und Gerhard Wagner, Wiesbaden.

Samuelson, Paul/Wilhelm D. Nordhaus ([16]1998): *Economics*, Boston u. a.
Savage, Mike (2000): *Class Analysis and Social Transformation*, Philadelphia.
Scaff, Lawrence A. (1989): *Fleeing the Iron Cage. Culture, Politics, and Modernity in the Thought of Max Weber*, Berkeley, Los Angeles.
– (2011): *Max Weber in America*, Princeton, Oxford.
– (2013): *Max Weber in Amerika*, mit einer Einführung von Hans-Peter Müller, Berlin.
– (2016): *Weber and the Weberians*, London.
Schelsky, Helmut (1965): »Die Bedeutung des Schichtbegriffs für die Analyse der gegenwärtigen deutschen Gesellschaft«, in: ders., *Auf der Suche nach Wirklichkeit*, Düsseldorf, Köln, S. 331-336.
– (1975): *Die Arbeit tun die anderen. Klassenkampf und Priesterherrschaft der Intellektuellen*, Opladen.
Schelting, Alexander v. (1934): *Max Webers Wissenschaftslehre*, Tübingen.
Scheuch, Erwin/Ute Scheuch (1998): *Cliquen, Klüngel und Karriere*, Reinbek.
Schiera, Pierangelo/Friedrich Tenbruck (Hg.) (1989): *Gustav Schmoller in seiner Zeit: Die Entstehung der Sozialwissenschaften in Deutschland und Italien*, Berlin.
Schilling, Heinz (2016): *Martin Luther. Rebell in einer Zeit des Umbruchs. Eine Biographie*, München.
Schimank, Uwe (1996): *Theorien gesellschaftlicher Differenzierung*, Opladen.
– (2000): *Handeln und Strukturen. Einführung in die akteurtheoretische Soziologie*, Weinheim, München.
– /Steffen Mau/Olaf Groh-Samberg (2014): *Statusarbeit unter Druck? Zur Lebensführung der Mittelschichten*, Weinheim, Basel.
Schluchter, Wolfgang (1971): *Wertfreiheit und Verantwortungsethik. Zum Verhältnis von Wissenschaft und Politik bei Max Weber*, Tübingen.
– (1972): *Aspekte bürokratischer Herrschaft*, München.
– (1979): *Die Entwicklung des okzidentalen Rationalismus. Eine Analyse von Max Webers Gesellschaftsgeschichte*, Tübingen.
– (1980): *Rationalismus der Weltbeherrschung. Studien zu Max Weber*, Frankfurt/M.
– (Hg.) (1981): *Max Webers Studie über das antike Judentum*, Frankfurt/M.
– (Hg.) (1983): *Max Webers Studie über Konfuzianismus und Taoismus*, Frankfurt/M.
– (Hg.) (1984): *Max Webers Studie über Hinduismus und Buddhismus*, Frankfurt/M.
– (Hg.) (1985): *Max Webers Sicht des antiken Christentums*, Frankfurt/M.
– (Hg.) (1987): *Max Webers Sicht des Islams*, Frankfurt/M.

– (1988): *Religion und Lebensführung. Studien zu Max Webers Religions- und Herrschaftssoziologie*, Frankfurt/M.
– (1988): »Max Webers Forschungsprogramm«, in: ders., *Religion und Lebensführung*, Bd. 1, Frankfurt/M.
– (Hg.) (1988a): *Max Webers Sicht des okzidentalen Christentums*, Frankfurt/M.
– (1996): *Unversöhnte Moderne*, Frankfurt/M.
– (2009): »Kantianisierende Soziologie – Max Weber«, in: Ders., *Grundlegungen der Soziologie*, Bd. I, Tübingen.
– (2005): *Handlung, Ordnung und Kultur*, Tübingen.
– (2005): »Rationalität – das Spezifikum Europas?«, in: Hans Joas/Klaus Wiegandt (Hg.), *Die kulturellen Werte Europas*, Frankfurt/M., S. 237-264.
– (2006): *Grundlegungen der Soziologie*, Bd. 1, Tübingen.
– (2007): *Grundlegungen der Soziologie*, Bd. 2, Tübingen.
– (2009): *Die Entzauberung der Welt. Sechs Studien zu Max Weber*, Tübingen.
– (2009): »Was heißt politische Führung? Max Weber über Politik als Beruf«, in: ders., *Die Entzauberung der Welt*, S. 88-110.
– (2016): *Max Webers späte Soziologie*, Tübingen.
– /Friedrich Wilhelm Graf (Hg.) (2005): *Asketischer Protestantismus und der ›Geist‹ des modernen Kapitalismus*, Tübingen.
Schmid, Michael (1972): *Leerformeln und Ideologiekritik*, Tübingen.
– (1994): »Idealisierung und Idealtyp. Zur Logik der Typenbildung bei Max Weber«, in: Gerhard Wagner/Heinz Zipprian (Hg.): *Max Webers Wissenschaftslehre. Interpretation und Kritik*, Frankfurt/M., S. 415-444.
– (1996): *Rationalität und Theoriebildung. Studien zu Karl R. Poppers Methodologie der Sozialwissenschaften*, Amsterdam, Atlanta.
– (2004): »Kultur und Erkenntnis. Kritische Bemerkungen zu Max Webers Wissenschaftslehre«, in: *Berliner Journal für Soziologie* 14, S. 545-560.
– (2018): *Der ›Neue‹ Institutionalismus. Studien zum Vergleich seiner Forschungsprogramme*, Wiesbaden.
Schmidt, Manfred G. ([3]2000): *Demokratietheorien. Eine Einführung*, überarbeitete und erw. Aufl., Opladen.
Schmitt, Carl ([2]1968): *Legalität und Legitimität*, Berlin.
– (1954): *Verfassungsrechtliche Aufsätze aus den Jahren 1924-1954. Materialien zu einer Verfassungslehre*, Berlin.
Schnädelbach, Herbert (1983): *Philosophie in Deutschland 1831-1933*, Frankfurt/M.
Schnur, Roman (Hg.) (1965), *Die Theorie der Institution und zwei andere Aufsätze von Maurice Hauriou*, mit Einleitung und Bibliographie, Berlin.
Schöllgen, Gregor (1984): *Handlungsfreiheit und Zweckrationalität. Max Weber und die Tradition praktischer Philosophie*, Tübingen.

Schönberger, Christoph (2007): »Max Webers Demokratie. Utopisches Gegenprinzip zur bürokratischen Herrschaft«, in: Anter/Breuer (Hg.), *Max Webers Staatssoziologie*, S. 157-174.
Schulin, Ernst (Hg.) (1974): *Universalgeschichte*, Köln.
Schulze, Hagen (2004): *Staat und Nation in der europäischen Geschichte*, München.
Schumpeter, Joseph A. (1975): *Kapitalismus, Sozialismus und Demokratie*, München.
Schuppert, Gunnar Folke (2007): *Verflochtene Staatlichkeit. Globalisierung als Governance-Geschichte*, Baden-Baden.
Schuppert, Gunnar Folke/Ingolf Pernice/Ulrich Haltern (Hg.) (2005), *Europawissenschaft*, Baden-Baden.
Schütz, Alfred (1974): *Der sinnhafte Aufbau der sozialen Welt. Eine Einleitung in die verstehende Soziologie*, Frankfurt/M.
Schwaabe, Christian (2002): *Freiheit und Vernunft in der unversöhnten Moderne. Max Webers kritischer Dezisionismus als Herausforderung des politischen Liberalismus*, München.
Schwentker, Wolfgang (1988): »Leidenschaft als Lebensform. Erotik und Moral bei Max Weber und im Kreis von Otto Gross«, in: Wolfgang Mommsen/Wolfgang Schwentker (Hg.), *Max Weber und seine Zeitgenossen*, Göttingen, S. 661-681.
– (1998): *Max Weber in Japan*, Tübingen.
Schwinn, Thomas (1998): »Wertsphären, Lebensordnungen und Lebensführungen«, in: Agathe Bienfait/Gerhard Wagner (Hg.): *Verantwortliches Handeln in gesellschaftlichen Ordnungen*, Frankfurt/M., S. 270-319.
– (2001): *Differenzierung ohne Gesellschaft. Umstellung eines soziologischen Konzepts*, Weilerswist.
– (Hg.) (2006): *Einheit oder Vielfalt der Moderne. Kultur- und strukturvergleichende Analysen*, Wiesbaden.
– (2013): *Max Weber und die Systemtheorie*, Tübingen.
Schwinn, Thomas/Gert Albert (Hg.) (2016): *Alte Begriffe – Neue Probleme. Max Webers Soziologie im Lichte aktueller Problemstellungen*, Tübingen.
Seibel, Wolfgang (2016): *Verwaltung verstehen. Eine theoriegeschichtliche Einführung*, Berlin.
Sennett, Richard (1998): *Der flexible Mensch. Die Kultur des neuen Kapitalismus*, Berlin.
Seyfarth, Constans (1989): »Über Max Webers Beitrag zur Theorie professionellen beruflichen Handelns, zugleich eine Vorstudie zum Verständnis seiner Soziologie als Praxis«, in: Johannes Weiß (Hg.), *Max Weber heute. Erträge und Probleme der Forschung*, Frankfurt/M., S. 371-405.
– /Walter M. Sprondel (Hg.) (1973): *Seminar: Religion und gesellschaftliche Entwicklung Studien zur Protestantismus-Kapitalismus-These Max Webers*, Frankfurt/M.

Shapira, Reuven (2008): *Transforming Kibbutz Research. Trust and Leadership in the Rise and Decline of Democratic Cultures*, Cleveland.
Shils, Edward (1972): *The Constitution of Society*, Chicago.
Sica, Alan (Hg.) (2017): *The Anthem Companion to Max Weber*, Cambridge.
Simmel, Georg (1900): *Philosophie des Geldes*, Leipzig, jetzt in Georg Simmel-Gesamtausgabe (GSG) (1989): hg. von David P. Frisby und Klaus Christian Köhnke, Frankfurt/M.
– (1907): *Schopenhauer und Nietzsche. Ein Vortragszyklus*, Berlin.
– ([5]1968): *Soziologie. Untersuchungen über die Formen der Vergesellschaftung* (1908), Berlin und *Georg Simmel-Gesamtausgabe*, Bd. 11, Frankfurt/M. 1992.
– (1999): *Lebensanschauung. Vier metaphysische Kapitel* (1918), in: *Georg Simmel Gesamtausgabe*, Bd. 16, hg. von Gregor Fitzi und Otthein Rammstedt, Frankfurt/M., S. 209-425.
Sinclair, Upton (1906): *The Djungle*, New York, dt. *Der Dschungel*, Reinbek 1985.
Sintomer, Yves (1999): *La démocratie impossible? Politique et modernité chez Weber et Habermas*, Paris.
Smelser, Neil J. (1997): *Problematics of Sociology. The Georg Simmel Lectures*, 1995, with an introduction by Hans-Peter Müller, Berkeley, Los Angeles.
– /Richard Swedberg (Hg.) ([2]2010): *The Handbook of Economic Sociology*, Princeton, [2]2010.
Smith, Adam (1978): *Der Wohlstand der Nationen* (1776), München.
Smith, Anthony D. (2001): *Nationalism. Theory, Ideology, History*, Cambridge.
Snow, Charles Percy (2005): *The Two Cultures (1959)*, Reprint, Cambridge.
Soeffner, Hans-Georg (2000): *Gesellschaft ohne Baldachin. Über die Labilität von Ordnungskonstruktionen*, Weilerswist.
Sohm, Rudolph (1892): *Kirchenrecht*, Bd. 1: *Die geschichtlichen Grundlagen*, Berlin.
Sombart, Nicolaus (1984): *Eine Jugend in Berlin, 1933-1943. Ein Bericht*, München.
Sombart, Werner (1902): *Der moderne Kapitalismus*, Leipzig.
– (1983): *Liebe, Luxus und Kapitalismus. Über die Entstehung der modernen Welt aus dem Geist der Verschwendung*, mit einer Einleitung von Silvia Bovenschen, Berlin.
Spann, Othmar (1907): *Wirtschaft und Gesellschaft. Eine dogmenkritische Untersuchung*, Dresden.
Spinoza, Baruch de (1999): *Ethik in geometrischer Ordnung dargestellt* (1677), Hamburg.
Spiro, Melford E. (1956): *Kibbutz. Venture in Utopia*, Cambridge.
– (1958): *Children of the Kibbutz*, Cambridge.

Sprondel, Walter M./Constans Seyfarth (Hg.) (1981): *Max Weber und die Rationalisierung sozialen Handelns*, Stuttgart.
Stallberg, Friedrich Wilhelm (1975): *Herrschaft und Legitimität: Untersuchungen zu Anwendungen und Anwendbarkeit zentraler Kategorien Max Webers*, Meisenheim.
Stammer, Otto (Hg.) (1965): *Max Weber und die Soziologie heute. Verhandlungen des 15. Deutschen Soziologentages*, Tübingen.
Steinert, Heinz (2010): *Max Webers unwiderlegbare Fehlkonstruktionen. Die protestantische Ethik und der Geist des Kapitalismus*, Frankfurt/M.
Sternberger, Dolf (1967): »Max Webers Lehre von der Legitimität«, in: Wilfried Röhrich (Hg.): *Macht und Ohnmacht des Politischen. Festschrift für Michael Freund*, Köln, S. 111-126.
– (1970): »Max Weber und die Demokratie«, in: ders., *Ich wünschte ein Bürger zu sein*, Frankfurt/M. 1970, S. 93-113.
Stinchcombe, Arthur (1986): »Reason and Rationality«, in: *Sociological Theory* 4, 2, S. 151-166.
– (2003): »The Preconditions of World Capitalism: Weber updated«, in: *The Journal of Political Philosophy*, 11, 4, S. 411-436.
Stirner, Max (1845): *Der Einzige und sein Eigentum*, Leipzig.
Strange, Susan (1996): *The Retreat of the State. The Diffusion of Power in the World Economy*, Cambridge.
Strauss, Leo (1953): *Naturrecht und Geschichte*, Stuttgart.
Strecker, David (2012): *Logik der Macht. Zum Ort der Kritik zwischen Theorie und Praxis*, Weilerswist.
Strong, Tracey B. (1988): »Max Weber und Sigmund Freud: Berufung und Selbsterkenntnis«, in: Wolfgang Mommsen/Wolfgang Schwentker (Hg.), *Max Weber und seine Zeitgenossen*, Göttingen, S. 661-681.
Sukale, Michael (2002): *Max Weber. Leidenschaft und Disziplin*, Tübingen.
Swedberg, Richard (1998): *Max Weber and the Idea of Economic Sociology*, Princeton.
– /Ola Agevall (Hg.) (2005): *The Max Weber Dictionary*, Stanford.
Swidler, Ann (1973): »The Concept of Rationality in the Work of Max Weber«, in: *Sociological Inquiry* 43, S. 35-42.
– (1986): »Culture in Action. Symbols and Strategies«, in: *American Sociological Review* 51 S. 273-286.
Symonds, Michael (2016): *Max Weber's Theory of Modernity. The endless Pursuit of Meaning*, London, New York.
Szakolczai, Arpád (1998): *Max Weber and Michel Foucault. Parallel life-works,* Milton Park, New York.

Taylor, Charles (2007): *A Secular Age*, Cambridge 2007, dt. *Ein säkulares Zeitalter*, üb. von Joachim Schulte, Frankfurt/M. 2009.

Tenbruck, Friedrich H. (1975): »Das Werk Max Webers«, in: *Kölner Zeitschrift für Soziologie und Sozialpsychologie* 27, S. 640-660.
– (1999): *Das Werk Max Webers. Gesammelte Aufsätze zu Max Weber*, hg. von Harald Homann, Tübingen.
Thomas, William Isaac (1966): *On Social Organization and Social Personality: Selected Papers*, hg. v. Morris Janowitz, Chicago.
Thompson, E. P. (1966): *The Making of the English Working Class*, New York.
Tilly, Charles (Hg.) (1975): *The Formation of National States in Western Europe*, Princeton.
Tocqueville, Alexis de (1987): *Über die Demokratie in Amerika.* 2 Bde. (1835+1840), Zürich.
Topitsch, Ernst (Hg.) (1965): *Logik der Sozialwissenschaften*, Köln.
Tönnies, Ferdinand (2019): *Gemeinschaft und Gesellschaft. 1880-1935*, hg. v. Bettina Clausen und Dieter Haselbach, Ferdinand Tönnies Gesamtausgabe, Bd. 2, Berlin, Boston.
Treiber, Hubert/Karol Sauerland (Hg.) (1995): *Heidelberg im Schnittpunkt intellektueller Kreise. Zur Topographie der ›geistigen Geselligkeit‹ eines ›Weltdorfes‹: 1850-1950*, Opladen.
– (2017): *Max Webers Rechtssoziologie – eine Einladung zur Lektüre*, Wiesbaden.
Troeltsch, Ernst (1912): *Die Soziallehren der christlichen Kirchen und Gruppen*, Tübingen.
– (2001): *Schriften zur Bedeutung des Protestantismus für die moderne Welt (1906-1913)*, Bd. 8 der kritischen Gesamtausgabe, hg. von Trutz Rendtorff, Berlin, New York.
Turner, Bryan S. (1992): *Max Weber. From History to Modernity*, London, New York.
Turner, Stephen P. (Hg.) (2000): *The Cambridge Companion to Weber*, Cambridge.
– /Regis A. Factor (1994): *Max Weber. The Lawyer as Social Thinker*, London, New York.
Tyrell, Hartmann (1980): »Gewalt, Zwang und die Institutionalisierung von Herrschaft. Versuch einer Neuinterpretation von Max Webers Herrschaftsbegriff«, in: Rosemarie Pohlmann (Hg.): *Person und Institution. Helmut Schelsky gewidmet*, Würzburg 1980, S. 59-92.
– (1981): »Ist der Max Webersche Bürokratietypus ein objektiver Richtigkeitstypus? Anmerkungen zu einer These von Renate Mayntz«, in: *Zeitschrift für Soziologie* 10, 1, S. 38-49.
– (1994): »Max Webers Soziologie – eine Soziologie ohne ›Gesellschaft‹«, in: Gerhard Wagner/Heinz Zipprian (Hg.), *Max Webers Wissenschaftslehre. Interpretation und Kritik*, Frankfurt/M., S. 390-414.

– (2010): »Stratifikation, Ritualismus, Ethnizität: zur Systematik von Max Webers Pariabegrifflichkeit«, in: Kay Waechter/Hubert Treiber (Hg.): *Grenzüberschreitende Diskurse: Festgabe für Hubert Treiber*, Wiesbaden, S. 215-240.
– (2011): »Max Webers ›jüdisches Pariavolk‹ – Zur Ideengeschichte einer folgenreichen Begriffsbildung«, in: Nicolas Berg (Hg.): *Kapitalismusdebatten um 1900 – über antisemitische Semantiken des Jüdischen*, Berlin.
– (2014): *»Religion« in der Soziologie Max Webers*, Wiesbaden.

Vahland, Joachim (2001): *Max Webers entzauberte Welt*, Würzburg.
Veyne, Paul (1992): *Brot und Spiele. Gesellschaftliche Macht und politische Herrschaft in der Antike*, Frankfurt/M., New York.
Vincent, Jean-Marie (1998): *Max Weber ou la démocratie inachevée*, Paris.
Vobruba, Georg (2009): *Die Gesellschaft der Leute. Kritik und Gestaltung der sozialen Verhältnisse*, Wiesbaden.
– (2019): *Die Kritik der Leute. Einfachdenken gegen besseres Wissen*, Weinheim, Basel.
Voegelin, Eric (1995): *Die Größe Max Webers*, München.
Vollrath, Ernst (1987): *Grundlegung einer philosophischen Theorie des Politischen*, Würzburg.
Voß, G. Günter/Hans J. Pongratz (1998): »Der Arbeitskraftunternehmer. Eine neue Grundform der Ware Arbeitskraft?«, in: *Kölner Zeitschrift für Soziologie und Sozialpsychologie* 50, H. 1, S. 131-158.

Wagner, Adolph ([3]1893): *Grundlegung der politischen Ökonomie*, Bd. 1: *Grundlagen der Volkswirtschaft*, Leipzig.
Wagner, Gerhard/Heinz Zipprian (Hg.) (1994): *Max Webers Wissenschaftslehre. Interpretation und Kritik*, Frankfurt/M.
Waltz, Kenneth (1979): *Theory of International Politics*, Reading.
Watkins, John W. N. (1964): Idealtypen und historische Erklärung. In: Albert, Hans (Hg.), *Theorie und Realität: ausgewählte Aufsätze zur Wissenschaftslehre der Sozialwissenschaften*, Tübingen, S. 331-356.
Weber-Schäfer, Peter (1983): »Die konfuzianischen Literaten und die Grundwerte des Konfuzianismus«, in: Wolfgang Schluchter (Hg.): *Konfuzianismus und Taoismus. Interpretation und Kritik*, Frankfurt/M., S. 202-228.
Weber, Marianne (1900): *Fichtes Sozialismus und sein Verhältnis zur Marxschen Doktrin*, Tübingen.
– (1907): *Ehefrau und Mutter in der Rechtsentwicklung. Eine Einführung*, Tübingen.
– (1919): *Frauenfragen und Frauengedanken. Gesammelte Aufsätze*, Tübingen.

– ([5]1972): »Vorwort zur ersten Auflage« (Oktober 1921), in: Max Weber, *Wirtschaft und Gesellschaft. Grundriss der verstehenden Soziologie*, Tübingen.
– (1989): *Max Weber. Ein Lebensbild* (1926), München.
Wehler, Hans-Ulrich (2007): »Das analytische Potential des Charisma-Konzepts: Hitlers charismatische Herrschaft«, in: Anter, Breuer (Hg.), *Max Webers Staatssoziologie*, S. 175-189.
– ([5]2019): *Nationalismus. Geschichte, Formen, Folgen*, München.
Weichlein, Siegfried (2007): »Max Weber, der moderne Staat und die Nation«, in: Anter/Breuer (Hg.), *Max Webers Staatssoziologie*, S. 103-117.
Weiller, Edith (1994): *Max Weber und die literarische Moderne. Ambivalente Begegnungen zweier Kulturen*, Stuttgart.
Weiß, Johannes (1975): *Max Webers Grundlegung der Soziologie. Eine Einführung*, München.
– (Hg.) (1989): *Max Weber heute. Erträge und Probleme der Forschung*, Frankfurt/M.
Weischenberg, Siegfried (2012): *Max Weber und die Entzauberung der Medienwelt: Theorien und Querelen – eine andere Fachgeschichte*, Wiesbaden.
– (2012): »Max Weber: ›Wirklichkeitswissenschaftler‹ und streitbarer Geist«, in: *Medien & Kommunikationswissenschaft* 60/2, S. 262-285.
Whimster, Sam (Hg.) (1999): *Max Weber and the Culture of Anarchy*, Basingstoke, London.
– (2007): *Understanding Weber*, New York.
Whitley, Richard (Hg.) (2002): *Competing Capitalisms. Institutions and Economies*, 2 Bde., Cheltenham.
Williamson, Oliver E. (1990): *Die ökonomischen Institutionen des Kapitalismus: Unternehmen, Märkte, Kooperationen*, Tübingen.
Willke, Helmut (1983): *Entzauberung des Staates. Überlegungen zu einer sozietalen Steuerungstheorie*, Königstein im Taunus.
Winch, Peter (1966): *Die Idee der Sozialwissenschaft und ihr Verhältnis zur Philosophie*, Frankfurt/M.
Winckelmann, Johannes Friedrich (1952): *Legitimität und Legalität in Max Webers Herrschaftssoziologie*, Tübingen.
– (1957): *Gesellschaft und Staat in der verstehenden Soziologie Max Webers*, Tübingen.
Windelband, Wilhelm (1904 [1894]): *Geschichte und Naturwissenschaft.* Rede zum Antritt des Rektorats der Kaiser-Wilhelms-Universität Straßburg, geh. am 1. Mai 1894, Straßburg.
Winkler, Heinrich August (Hg.) (1978): *Nationalismus*, Königstein im Taunus.
Wolfe, Alan (1977): *The Limits of Legitimacy. Political Contradictions of Contemporary Capitalism*, New York.

Wright, Eric Olin (2017): *Reale Utopien. Wege aus dem Kapitalismus*, übers. von Max Henninger und mit einem Nachwort von Michael Brie, Berlin.
Wright Mills, Charles/Hans Gerth (Hg.) (2009): *From Max Weber. Essays in Sociology*, London u. a.
Wrong, Dennis H. ([2]1997): *Power. Its Forms, Bases, and Uses*, New Brunswick, London.
Würtenberger, Thomas (1973): *Die Legitimität staatlicher Herrschaft. Eine staatsrechtlich-politische Begriffsgeschichte*, Berlin.

Young, Michael (1958): *The Rise of Meritocracy 1870-2033. An essay on education and society*, London, dt. *Es lebe die Ungleichheit. Auf dem Wege zur Meritokratie*, Düsseldorf 1961.

Zingerle, Arnold (1981): *Max Webers historische Soziologie. Aspekte und Materialien zur Wirkungsgeschichte*, Darmstadt.
Zuboff, Shoshana (2018): *Das Zeitalter des Überwachungskapitalismus*, Frankfurt/M.

Namenregister

Acemoglu, Daron 340
Adorno, Theodor W. 65, 351
Alber, Jens 278
Albert, Gert 14, 112, 310
Albrow, Martin 351
Alexander, Jeffrey C. 178 f.
Alleweldt, Erika 411
Althoff, Friedrich 32
Amin, Samir 340
Anderson, Benedict 219
Andō, Hideharu 38
Anter, Andreas 182, 205, 208, 227
Arendt, Hannah 187
Aristoteles 183
Atteslander, Peter 60
Augustinus 183
Aulenbacher, Brigitte 232, 412
Ay, Karl-Ludwig 38, 429

Bach, Maurizio 180, 206-208
Bachofen, Johann Jakob 239
Baechler, Jean 340
Baier, Horst 12, 41, 198, 206, 235
Balibar, Étienne 219
Band, Henri 9
Barbalet, Jack 67
Barth, Fredric 272
Baudelaire, Charles 391
Bauman, Zygmunt 119
Baumgarten, Eduard 17
Baumgarten, Emmy 28
Baumgarten, Hermann 27
Baurmann, Michael 162
Baxter, Richard 74
Bayly, Christopher 329
Beck, Ulrich 206, 274
Beher, Stefan 154
Beiersdörfer, Kurt 259
Bell, Daniel 87
Bellah, Robert N. 85
Bendix, Reinhard 208, 211, 219, 238, 376
Berding, Helmut 224
Bergson, Henri 249
Berman, Harold J. 337
Bermbach, Udo 259
Bertram, Hans 160, 216
Beyme, Klaus von 182
Beytia, Pablo 14
Bielefeld, Ulrich 424, 429
Bienfait, Agathe 181, 310, 320
Bismarck, Otto von 22, 287, 289, 294, 300 f.
Blaut, James M. 340
Bluhm, Harald 205, 295 f.
Blumenberg, Hans 174
Bohley, Bärbel 89, 168
Bollmann, Stefan 38
Boltanski, Luc 88, 319, 342
Bolz, Norbert 425
Borchardt, Knut 38, 429
Borchert, Jens 327
Borgards, Roland 409
Bourdieu, Pierre 86, 119-121, 137, 151, 161, 191, 207, 250, 275-277, 319, 345, 406, 415 f., 434
Bovenschen, Silvia 370
Braun, Christoph 30, 110, 336
Braun, Heinrich 43
Brecht, Bertolt 342
Brentano, Lujo 36
Breuer, Stefan 34, 174, 182, 208, 219, 227, 348, 425
Brie, Michael 297
Bröckling, Ulrich 158 f., 207
Brooks, David 86
Brose, Hanns-Georg 160
Brubaker, Rogers 163, 219, 272

Brugger, Florian 71, 311, 353, 378
Bruhns, Hinnerk 292 f., 372
Brunkhorst, Hauke 288
Brunner, Otto 178
Bryce, James 94 f.
Bube, Ursula 67, 110
Buchanan, James M. 375
Buddha 119
Bude, Heinz 258, 261
Bücher, Karl 101, 185
Burger, Thomas 44
Busch, Wilhelm 48

Calvin, Johannes 73 f., 255, 316
Camic, Charles 208
Campbell, Colin 87
Carlyle, Thomas 142, 425
Cassirer, Ernst 116
Chiapello, Ève 319
Christian, David 329
Churchill, Winston 235
Cicero 26
Clausen, Bettina 155
Coase, Ronald H. 172
Coleman, James S. 85, 158, 317
Colli, Giorgio 241
Collins, Randall 376
Colliot-Thélène, Catherine 216
Combe, Arno 86
Comte, Auguste 114
Conze, Werner 178
Cook, Karen S. 163
Cromwell, Oliver 229

Dahrendorf, Ralf 242, 244, 249, 252, 255 f.
Dammayr, Maria 411
Dante Alighieri 183
Darwin, Charles 184, 266
Demm, Eberhard 30, 239
Deutsch, Karl W. 219
Deutschmann, Christoph 378
Diederichs, Eugen 224
Dierlamm, Helmut 289
Diltheys, Wilhelm 46
DiMaggio, Paul 48
Dölling, Irene 406
Dörre, Klaus 84, 422
Du Bois, W. E. B. 16, 98, 100, 269
Dumont, Louis 264
Durkheim, Émile 114-117, 122, 151, 155, 157, 160, 179, 216, 276, 321, 428

Ebbighausen, Rolf 192
Ebertz, Michael N. 208
Edling, Christofer 410
Egger, Stephan 120
Ehrenberg, Alain 84
Eigmüller, Monika 180, 206
Eisenstadt, Shmuel N. 219, 330
Eisner, Kurt 303
Elia 119
Elster, Jon 163, 212, 244
Engels, Friedrich 241, 297
Eremita, Victor 324
Esser, Hartmut 85, 158, 317
Ettrich, Frank 295
Eulenburg, Franz 267

Fach, Wolfgang 192
Fallenstein, Georg Friedrich 95
Festinger, Leon 212
Feuerbach, Ludwig 114
Fichte, Johann Gottlieb 41
Fischer, Joachim 258
Fischer, Karsten 65
Finscher, Ludwig 30, 110, 336
Fitzi, Gregor 182, 250
Fleischmann, Eugène 198 f.
Ford, Henry 96
Foucault, Michel 158, 207, 330, 412
Franck, Sebastian 375
Franklin, Benjamin 73, 94, 316, 375

Franz von Assisi (Franziskus) 181
Freud, Sigmund 33, 114
Freund, Michael 192
Friedman, Milton 375
Friedrich, Joachim 192
Friedrich, Lars 409
Frisby, David P. 43
Frommer, Jörg 33
Frommer, Sabine 33, 41
Fügen, Hans Norbert 27
Fukuyama, Francis 289

Gabriel, Manfred 158, 163
Galbraith, John Kenneth 187
Galilei, Galileo 326
Gebhardt, Winfried 208
Geertz, Clifford 121
Gehlen, Arnold 14
Gellner, Ernest 219
Gennett, Timm 295
George, Stefan 339, 348
Gephart, Werner 150, 253
Geulen, Eva 409
Ghosh, Peter 68, 320
Giddens, Anthony 275 f., 319
Giesen, Bernhard 224
Gilcher-Holtey, Ingrid 9, 29
Gilmer, Eva 9
Gimpel, Jean 335
Gneuss, Christian 13 f., 305, 372
Göhre, Paul 286
Goethe, Johann Wolfgang 15, 26, 36 f., 59, 80, 91, 99, 142, 222, 249,325, 393, 408-410
Goffman, Erving 121
Goldman, Harvey 306
Golzio, Karl-Heinz 111
Gorz, André 245
Gosepath, Stefan 216
Gothein, Eberhard 68
Graeber, David 351
Graf, Friedrich Wilhelm 106, 174
Grande, Edgar 206
Green, Martin 38
Greshoff, Rainer 47, 159
Griffin, James 216
Gröbl-Steinbach, Evelyn 162
Groh-Samberg, Olaf 258
Gross, Frieda 35
Groß, Martin 238
Gross, Otto 35, 239
Gross, Peter 239
Grundmann, Matthias 316
Grusky, David B. 238

Habermas, Jürgen 65, 146, 158, 163, 192, 327, 351 f., 432
Haeckel, Ernst 266
Hall, John A. 340
Hall, Peter A. 46
Haltern, Ulrich 205
Hanke, Edith 38, 150, 182-185, 336
Härpfer, Claudius 41
Hartmann, Eddie 277
Haselbach, Dieter 155
Hauck, Gerhard 340
Hayek, Friedrich August von 299
Heesterman, Jan C. 263
Hegel, Georg Wilhelm Friedrich 123, 432
Heilbroner, Robert L. 345
Heinrich VIII. 323
Heins, Volker 343
Held, David 204
Hellmann, Siegmund 353
Helsper, Werner 86
Hennis, Wilhelm 65, 182, 192, 198 f., 343, 412
Henrich, Dieter 11, 44, 65
Hepp, Adalbert 169
Hermes, Siegfried 150, 253
Hettlage, Robert 46, 180, 206
Herodot 26
Hess, Moses 94

Heuss, Theodor 153, 224
Hildenbrand, Bruno 160
Hirsch, Fred 251
Hirschman, Albert O. 89, 184
Hitler, Adolf 224, 302, 306, 420
Hobsbawm, Eric J. 219
Hochschild, Arlie 84
Hölzing, Philipp 9
Homer 26
Hönig, Barbara 180, 206
Honneth, Axel 84
Horkheimer, Max 65, 351
Horowitz, Irving Louis 187
Hradil, Stefan 245
Hübinger, Gangolf 12, 184, 266, 294
Huff, Toby 334

Imbusch, Peter 187
Immermann, Karl 290

Jacoby, Henry 351
Jaffé, Edgar 34, 43, 106, 239, 312
Jaffé-von Richthofen, Else 30 f., 36 f., 100, 239
James, William 95, 114-116
Jaspers, Karl 11, 412
Jefferson, Thomas 100
Jellinek, Georg 68, 215
Jesus 118 f., 181
Joas, Hans 175, 216, 319
Jones, Eric 340
Judenau, Cristof 68

Kaden, Tom 41
Kaelber, Lutz 67
Kaesler, Dirk 12, 25 f., 32, 36, 312
Kahneman, Daniel 161
Kalberg, Steven 163
Kamphausen, Georg 91
Kant, Immanuel 26, 36, 42, 99, 160, 170, 333, 432
Kanter, Rosabeth Moss 233
Kapp, Friedrich 94
Karlauf, Thomas 348
Kast, Bas 154
Kaube, Jürgen 12, 22, 28, 36, 267
Kauffmann, Bernd 258
Kaufmann, Thomas 118
Kautsky, Karl 296
Keynes, Lord 35 f., 304
Kielmansegg, Peter Graf 192 f.
Kierkegaard, Sören 324
Kippenberg, Hans G. 112, 150, 174
Klinger, Max 16
Kneer, Georg 159
Knies, Karl 31, 41, 49
Knight, Frank H. 375 f.
Knöbl, Wolfgang 197
Kocka, Jürgen 13 f., 258, 305, 333, 372
Köhnke, Klaus Christian 43
Kolonko, Petra 80, 110
König, Matthias 216-218
König, René 11, 38, 151, 412
Koopmann, Helmut 59
Kopp, Manfred 182, 190, 192, 194, 328
Koselleck, Reinhart 178
Kraemer, Klaus 71, 311, 353, 378
Krasmann, Susanne 158, 207
Krasner, Stephen D. 204
Krause, Skadi 295
Krech, Volkhard 116
Kreckel, Reinhard 243
Krockow, Christian Graf von 305
Kroll, Thomas 150
Kuchler, Barbara 154
Kuhn, Thomas 309

Landes, David S. 335, 340 f.
Laslett, Peter 91
Lehmann, Hartmut 67, 174
Lemke, Thomas 158, 207

Lepenies, Wolf 47, 249
Leppin, Volker 118
Lepsius, M. Rainer 12, 14 f., 30, 36, 119, 169, 208, 211 f., 219-223, 235, 258, 274, 278 f., 290, 305, 314, 322, 421, 425, 429
Lessenich, Stephan 84, 327
Leuschner, Vincenz 306
Levi, Margaret 163
Lévi-Strauss, Claude 201
Lichtblau, Klaus 156, 199, 249
Lincoln, Abraham 235
Lindenberg, Siegwart 317
Lindenlaub, Dieter 47
Ling, Wang 335
Lipset, Seymour Martin 219, 238, 246
Locke, John 91
Lockwood, David 246
Loewenstein, Karl 198
Lohmann, Georg 216
Lovejoy, Arthur O. 58
Löw, Martina 169
Lübbe, Hermann 182, 293
Lucius 26
Lucke, Doris 193
Luhmann, Niklas 146, 151, 155, 158, 163, 166, 179, 187, 192, 206, 222, 291, 321, 351, 382, 415
Lukács, Georg 259
Lukes, Steven 187
Luther, Martin 72 f., 75, 118, 302
Luxemburg, Rosa 296

Machiavelli, Niccolò 183
Mackert, Jürgen 160, 222, 275-277
Maddison, Angus 332
Makropoulos, Michael 9
Malinowski, Bronislaw 122
Mann, Michael 187, 340
Mann, Thomas 306
Mannheim, Karl 342
Manow, Philipp 236
Mao, Tse-tung 146
March, James G. 158
Marra, Realino 183
Marramao, Giacomo 174
Marshall, Alfred 48
Marty, Christian 16, 65, 199, 343, 423
Marx, Karl 13 f., 17 f., 24, 33, 45, 50, 54, 78, 94, 114, 124-126, 131, 183 f., 190 f., 232, 238, 240, 243-248, 256 f., 273, 275, 280, 282, 288, 297, 308, 313, 316, 327, 329 f., 342, 362, 378, 414 f., 428, 432
Mau, Steffen 180, 206, 255, 258, 337, 344
Maurenbrecher, Max 224
Maurer, Andrea 157, 378
Mayntz, Renate 203, 351
Mazower, Mark 284
McClelland, David 86, 317
Meier, Christian 178, 372, 433
Meier, Frank 351
Meier, Hans 305
Meitzen, August 27
Menger, Carl 42, 47 f.
Menke, Christoph 216
Mercure, Daniel 73
Merton, Robert K. 122, 252
Meurer, Bärbel 29 f.
Meyer, Eduard 40 f.
Meyer, Michael 150
Michels, Robert 235, 295
Milanović, Branko 283, 419
Mill, John Stuart 391
Miller, Max 330
Mills, C. Wright 187
Milton, John 74
Mokyr, Joel 340
Mommsen, Wolfgang 12, 20, 24 f., 153, 182-185, 191, 199, 227, 284 f., 292, 380

Montinari, Mazzino 241
Morgenbrod, Birgitt 153, 191, 380
Mosler, Peter 89
Müller, Kai 41
Müller, Walter 274
Münch, Richard 192
Münkler, Herfried 205, 295
Münnich, Sascha 378
Münsterberg, Hugo 34, 94f.
Musil, Robert 399

Nagel, Thomas 342
Napoleon 229
Nau, Heino N. 68
Naumann, Friedrich 20, 285f.
Neal, Larry 333
Needham, Joseph 334f.
Nelson, Benjamin 334, 373
Niemeier, Jutta 112, 150
Nietzsche, Friedrich 17f., 33, 37, 124-126, 198f., 241, 249, 266, 329f., 342, 390f., 415
Nippel, Wilfried 150, 228, 372
Nordhaus, William D. 250
North, Douglass C. 48, 340
Nutzinger, Hans G. 146

Oevermann, Ulrich 86
Offe, Claus 92, 327, 341
Offermann, Julia 111
Okun, Arthur 323
Oldenberg, Karl 293
Olsen, Johan P. 48
Ossowski, Stanislaw 282
Osterhammel, Jürgen 329
Ostwald, Wilhelm 42
Otto, Eckart 111

Palonen, Kari 183
Palyi, Melchior 149, 353
Pankoke, Eckart 241
Pareto, Vilfredo 47
Paris, Rainer 197
Parkin, Frank 275f.
Parsons, Talcott 48, 112, 151, 179, 208, 376
Pautler, Stefan 106
Pernice, Ingolf 205
Peters, Tom 160
Peukert, Detlev J.K. 199, 267, 269, 344
Philippovich, Eugen von 62
Piketty, Thomas 283
Plenge, Johann 293
Plessner, Helmuth 38, 219, 411
Ploetz, Alfred 16, 266, 269f.
Poggi, Gianfranco 183, 187
Polanyi, Karl 70, 377
Pomeranz, Kenneth 341
Pongratz, Hans 84
Popitz, Heinrich 197
Popper, Karl 89, 299
Powell, Walter L. 48
Prager, Jeffrey 227
Preisendörfer, Bruno 118
Preuß, Hugo 304
Prewo, Rainer 44
Prisching, Manfred 350
Putnam, Robert 102

Radcliffe-Brown, Alfred Reginald 122
Radkau, Joachim 12, 36
Rammstedt, Otthein 250
Raulff, Ulrich 348
Rawls, John 251
Reckwitz, Andreas 84, 350
Reinhard, Wolfgang 329
Reitz, Tilman 86, 116
Renan, Ernest 226
Rendtorff, Trutz 68
Reventlow, Franziska von 239
Rickert, Heinrich 52, 57, 112, 250, 412

Riedel, Manfred 348
Riesebrodt, Martin 112, 174
Riesman, David 102
Ritter, Henning 230
Robespierre 216, 227, 305
Robinson, James A. 340
Röcke, Anja 231, 411
Rogers, Howard J. 93
Röhrich, Wilfried 192
Rokkan, Stein 219
Roosevelt, Theodore 97, 104, 235
Rosa, Hartmut 84, 426
Roscher, Wilhelm 41, 49
Roth, Guenther 29, 67 f., 96, 215, 336
Rothkopf, David 283
Rousseau, Jean-Jacques 59, 215, 230, 241
Rudhard, Birgit 285
Rueschemeyer, Dietrich 179
Rydgren, Jens 410

Saar, Martin 330
Sachweh, Patrick 378
Salin, Edgar 38
Sallust 26
Salomon, Albert 45
Samuelson, Paul 250
Sauerland, Karol 12
Savage, Mike 238
Scaff, Lawrence A. 95, 183, 344
Scharfen, Klaus 68
Scheler, Max 250, 412
Schelsky, Helmut 119, 274
Schelting, Alexander von 44, 65
Scheuch, Erwin K. 398
Scheuch, Ute 398
Schiller, Friedrich 99, 222
Schilling, Heinz 118
Schilm, Petra 150
Schimank, Uwe 157, 163, 179, 258, 351
Schloffer, Frieda 239
Schluchter, Wolfgang 12, 20, 44, 47, 67, 85, 110, 112 f., 135, 146, 153, 164, 170,174, 181, 185, 191, 199, 208, 227, 236, 316-319, 327, 351, 353, 378, 380 f.
Schmid, Michael 48, 85, 155, 158 f., 241, 321, 386
Schmidt, Manfred G. 183
Schmidt-Glinzer, Helwig 80, 111
Schmitt, Carl 183, 192
Schmoller, Gustav 42, 47 f., 50, 57, 99
Schneider, Wolfgang Ludwig 159
Schön, Manfred 285
Schönberg, Gustav von 147
Schönberger, Christoph 227, 233
Schöne, Albrecht 249
Schopenhauer, Arthur 26, 249, 251
Schulin, Ernst 329
Schultheis, Franz 120
Schumpeter, Joseph A. 234, 299
Schuppert, Gunnar Folke 205 f.
Schurz, Carl 94
Schwarz, Laurin 9
Schwinn, Thomas 151, 181, 320 f.
Scott, W. Richard 158
Seibel, Wolfgang 351
Sennett, Richard 84
Seyfarth, Constans 67, 86, 163
Shakespeare 405
Shapira, Reuven 233
Shepher, Joseph 233
Shils, Edward 208
Siebeck, Paul 35, 147, 185
Siemens, Georg 94
Sigmund, Stephen 13, 22, 244, 248, 285, 290, 310, 351, 421
Simmel, Georg 16, 31, 43, 114-116, 151, 155, 178, 249 f., 318, 320, 342, 384, 398, 408, 410, 412, 427
Simon, Herbert A. 158

Sinclair, Upton 96
Sloterdijk, Peter 116
Slovic, Paul 161
Smelser, Neil J. 378
Smith, Adam 179, 256, 344, 429
Smith, Anthony D. 219
Snow, Charles Percy 47
Soeffner, Hans Georg 18, 330
Sofsky, Wolfgang 197
Sohm, Rudolf 208
Solla-Price, Derek J. de 335
Sombart, Nicolaus 26
Sombart, Werner 24, 34, 43, 312, 370, 428
Soscice, David 46
Spann, Othmar 321
Spencer, Herbert 179
Spengler, Tilman 334
Spengler, Oswald 17
Spinoza, Baruch de 26, 174
Spiro, Melford E. 233
Sprondel, Walter M. 67, 163
Spurk, Jan 73
Stallberg, Friedrich W. 192
Stammler, Rudolf 41 f.
Steinbicker, Jochen 411
Steinert, Heinz 68
Sternberger, Dolf 182, 192, 227
Stigler, George 375 f.
Stinchcombe, Arthur 163, 376 f.
Stirner, Max 161
Strange, Susan 204
Strasser, Jan-Eric 9
Strauss, Leo 183
Strecker, David 187
Sukale, Michael 39
Swatos, William H. 67
Swedberg, Richard 378
Swidler, Ann 163, 432
Szakolzai, Arpád 412
Sztompka, Piotr 178
Taylor, Charles 175
Ten Brink, Tobias 146
Tenbruck, Friedrich 19, 412
Thomas, Robert P. 340
Thomas, William Isaac 173
Thompson, E. P. 280
Tiefel, Marcus 68
Tiger, Lionel 233
Tilly, Charles 219
Tobler, Mina 29, 31, 36 f.
Tocqueville, Alexis de 91 f., 95, 104, 230
Tolstoi, Lew Nikolajewitsch 38, 336, 390
Tönnies, Ferdinand 31, 155, 427
Trautmann, Günter 259
Treiber, Hubert 12, 254, 285
Treitschke, Heinrich von 57, 98, 265 f., 420
Troeltsch, Ernst 68, 95, 104, 106, 293, 427
Tversky, Amos 161
Tyrell, Hartmann 71, 112, 179, 203, 320

Van Ess, Hans 146
Vergil 26
Veyne, Paul 198
Villard, Henry 94
Vobruba, Georg 120
Voegelin, Eric 183, 412
Voelcker, Friedrich 30
Vollrath, Ernst 183
Voß, G. Günter 84

Wagner, Adolph 57, 99, 205
Wagner, Gerhard 41, 164, 181, 312, 320
Wagner, Richard 99
Wallerstein, Immanuel 219
Walras, Léon 47
Waltz, Kenneth 204

Washington, Booker T. 100
Washington, George 100
Weber, Alfred 30, 304
Weber, Helene 26, 28
Weber, Marianne 26, 28 f., 41, 68, 95 f., 98, 100, 108-110, 149 f., 240, 295, 336
Weber, Max *sen.* 25, 32, 284
Wehler, Hans-Ulrich 208, 219
Weichlein, Siegfried 219, 226
Weischedel, Wilhelm 160
Weiß, Johannes 41, 86
Wendt, Claus 310
Wetters, Kirk 409
Whimster, Sam 38
Whitley, Richard 46
Wilhelm II. 22 f., 285, 289, 301, 420
Wilke, Gerhard 333
Wilke, Helmuth 205
Williamson, Jeffrey G. 333
Williamson, Oliver E. 48, 172
Winckelmann, Johannes 11 f., 38, 67, 149, 153, 186, 192, 204, 264, 353, 412
Windelband, Wilhelm 46, 57, 412
Windolf, Paul 334
Winkler, Heinrich August 219
Witte, Daniel 254
Witte, Karl 183
Wolfe, Alan 192
Wright, Eric Olin 232, 297
Wrong, Dennis H. 187
Würtenberger, Thomas 192

Young, Michael 86

Zahn, Angelika 41
Zingerle, Arnold 208
Zipprian, Heinz 164, 320
Zuboff, Shoshana 424